Forschungsstelle für den Handel Berlin (FfH) e.V.
Trommsdorff (Hrsg.)
Handelsforschung 1998/99 – Innovation im Handel

D1941885

Forschungsstelle für den Handel Berlin (FfH) e.V.
Volker Trommsdorff (Hrsg.)

Handelsforschung 1998/99

Innovation im Handel

Jahrbuch der Forschungsstelle
für den Handel Berlin (FfH) e.V.

GABLER

Herausgeber:
Forschungsstelle für den Handel Berlin (FfH) e.V.
Fehrbelliner Platz 3, 10707 Berlin, Tel.: 030/863094-0
Wissenschaftlicher Direktor: Prof. Dr. Volker Trommsdorff
Geschäftsführer: Dr. Helmut Bunge

Schriftleitung:
Dipl.-Kauffrau Andrea Bookhagen

Die Deutsche Bibliothek – CIP-Einheitsaufnahme

Handelsforschung ... : Jahrbuch der Forschungsstelle für den Handel
Berlin (FfH) e.V. – Wiesbaden : Gabler
Bis Bd. 3. im Physica-Verl., Heidelberg.
Forts. von: Forschungsstelle für den Handel <Berlin, West>: FfH-Mitteilungen
ISSN 0931-5926
1998/99. Innovation im Handel. – 1998
Innovation im Handel / Forschungsstelle für den Handel
Berlin (FfH) e.V. Volker Trommsdorff (Hrsg.). – Wiesbaden : Gabler, 1998
(Handelsforschung ... ; 1998/99)
ISBN 3-409-13441-7

Alle Rechte vorbehalten
© Betriebswirtschaftlicher Verlag Dr. Th. Gabler GmbH, Wiesbaden, 1998
Lektorat: Ralf Wettlaufer/Annegret Heckmann

Der Gabler Verlag ist ein Unternehmen der Bertelsmann Fachinformation GmbH.

Das Werk einschließlich aller seiner Teile ist urheberrechtlich geschützt. Jede Verwertung außerhalb der engen Grenzen des Urheberrechtsgesetzes ist ohne Zustimmung des Verlages unzulässig und strafbar. Das gilt insbesondere für Vervielfältigungen, Übersetzungen, Mikroverfilmungen und die Einspeicherung und Verarbeitung in elektronischen Systemen.

http://www.gabler-online.de

Die Wiedergabe von Gebrauchsnamen, Handelsnamen, Warenbezeichnungen usw. in diesem Werk berechtigt auch ohne besondere Kennzeichnung nicht zu der Annahme, daß solche Namen im Sinne der Warenzeichen- und Markenschutz-Gesetzgebung als frei zu betrachten wären und daher von jedermann benutzt werden dürften.

Höchste inhaltliche und technische Qualität unserer Produkte ist unser Ziel. Bei der Produktion und Verbreitung unserer Bücher wollen wir die Umwelt schonen: Dieses Buch ist auf säurefreiem und chlorfrei gebleichtem Papier gedruckt. Die Einschweißfolie besteht aus Polyäthylen und damit aus organischen Grundstoffen, die weder bei der Herstellung noch bei der Verbrennung Schadstoffe freisetzen.

Textverarbeitung und Layout: Textverarbeitung N. Behrens, Berlin
Druck und Buchbinder: Lengericher Handelsdruckerei, Lengerich/Westf.
Printed in Germany

ISBN 3-409-13441-7

BIBLIOTHEK
der Industrie- und Handelskammer
für München und Oberbayern
Nr. 1025/128 (1998/99)

Vorwort des Herausgebers

Das dreizehnte Jahrbuch der Forschungsstelle für den Handel (FfH) e.V. ist im Schwerpunkt demjenigen betriebswirtschaftlichen Thema gewidmet, das zur Zeit die Wirtschaft am meisten bewegt und das in seinen verschiedenen Erscheinungsformen in Wissenschaft und Praxis wohl am meisten diskutiert wird: *Innovation*. Man unterscheidet Prozeßinnovationen und Produktinnovationen. Beide sind für das Handelsmanagement von hoher Relevanz.

Immer noch aktuelle Konzepte der *Prozeßinnovation* wie "Lean Management" oder "Business Reengineering" zielen auf die Effizienz und die Kostenposition des Unternehmens. Mit der massiven Durchsetzung dieser Konzepte ist die Kostenseite der Ertragsgleichung (E=U-K) und wurde der kurzfristig vorzeigbare Erfolg in den Vordergrund gerückt. Weitgehend auf der Strecke geblieben ist dabei die *Umsatzseite* und die langfristige Wettbewerbsposition. Jetzt wird vielen Unternehmen klar: Abspecken und Fitmachen allein führt nicht nur zu Wettbewerbsfähigkeit, sondern auch zur Auszehrung.

Die Steigerung der Innovationskraft ist zu einem unumstritten kritischen Wettbewerbsfaktor geworden. Ein Feuerwerk von Entwicklungen macht *Innovationsdruck*: Strukturveränderung der Märkte, internationale Wettbewerbsverschärfung, Preisdruck, technologischer Fortschritt, steigende Kosten bei kürzeren Produktlebenszyklen. Basistechnologische Neuerungen suchen neue Anwendungsfelder und lassen im Zusammenwirken mit neuen Bedürfnissen neue Märkte entstehen. Alle diese Faktoren wirken vernetzt zusammen und stellen Unternehmen vor Innovationsprobleme, die mit den Instrumenten klassischer Betriebswirtschaft allein nicht gelöst werden können: Auf den Innovationsdruck müssen Unternehmen einerseits strategisch-langfristig, andererseits sehr flexibel reagieren; langfristig muß zielsicher gehandelt werden mit klarem Blick für künftige Marktanforderungen. Aber niemand kann die Zukunft voraussagen! Zugleich muß schnell agiert werden, um Chancen zu nutzen, bevor die Konkurrenz es tut. Innovationsprojekte und innovative Unternehmen sind in diesem Dilemma großen Risiken und Hindernissen ausgesetzt.

Kundenprobleme von heute sind Innovationsprobleme von gestern. Technologische Neuerungen von heute sind *Innovationspotentiale* für morgen. Innovationsmarketing soll zukünftig relevante Entwicklungen bereits heute berücksichtigen. Das erfordert die Beherrschung sehr komplexer Zusammenhänge: Wechselwirkungen, Fernwirkungen, Nebenwirkungen, z.B. zwischen Querschnittstechnologien, neuen technischen Lösungen, neuen Anwendungen, Wettbewerberreaktionen, Wertewandel und Kundenbedürfnissen usw., sind explizit zu beachten. *Innovationsmarketing* entwickelt und beurteilt neue Geschäftsfelder und richtet die Initiierung, Planung und Durchsetzung von Innovationen an den Marktbedürfnissen aus.

Marktorientierte *Neuproduktpositionierung* muß die Kundenbedürfnisse von der Initiierung, über die Entwicklung bis zur Markteinführung im Fokus haben. Bei technologieinduzierten Neuerungen (technology push) ist Kreativität gefragt, um diese in marktadäquate Problemlösungen überzuführen, die "objektiv subjektiv" aus Zielkundensicht über Leistungsvorteile verfügen und einem kaufrelevanten Bedürfnis entsprechen. Der umgekehrte Fall (market pull) braucht technische Kreativität für marktinduzierte Innovationsanstöße, in Form bisher nicht oder schlecht befriedigter (offener oder latenter) Bedürfnisse, die in technologische Anforderungen übersetzt werden können.

Innovation im Handel unterscheidet sich nicht grundsätzlich von diesen allgemeinen Konzepten, Problemen und Erkenntnissen der Innovationsforschung und -praxis, aber es gibt im Handel andere Schwerpunkte. Erstens sind Produktinnovationen im Handel in aller Regel *Dienstleistungsinnovationen.* Zweitens spielen Prozeßinnovationen hier eine größere Rolle, nicht zuletzt wegen des Prozeßcharakters von Dienstleistungen. Drittens ist der wissenschaftliche Erkenntnisfundus über Handelsinnovationen wesentlich geringer als über industrielle Innovationen, weil die Innovationsforschung den Handel weitgehend unbeachtet gelassen hat.

Der Handel ist in den letzten Jahren von einer beispiellosen Rationalisierungswelle erfaßt worden. Kostensenkungsprogramme haben manchmal den Blick dafür getrübt, daß eine reine Preis-Mengen-Strategie hohe Risiken birgt und meist keinen dauerhaften Wettbewerbsvorteil schafft. Wie in der Industrie zeigt sich auch im Handel: Erstens ist die *Präferenzstrategie* für viele, insbesondere für mittelständische, Unternehmen sicherer und ertragreicher, aber sie stellt hohe Anforderungen an Ideen für Innovation und intelligentes Marketing. Zweitens sind viele Unternehmen, die sich bisher auf Kostensenkung konzentriert haben, angesichts weiter steigenden Wettbewerbsdrucks darauf angewiesen, ihre Strategie um Präferenzbildungsmaßnahmen zu ergänzen. An die Stelle der Entweder-oder-Entscheidung für die Preis-Mengen-Strategie oder die Präferenzstrategie ist bei den besonders erfolgreichen Unternehmen die Sowohl-als-auch-Entscheidung für günstige Preise und zugleich hohe Leistungs1ualität getreten ("Outpacing-Strategie"). Damit gewinnt Innovation gegenüber Kostensenkung auch im Handel an Bedeutung.

Prozeßinnovationen und Produktinnovationen greifen im Handel stärker ineinander als in der Industrie. Die meisten Prozeßinnovationen, die der Handel in den letzten Jahren vollzogen hat, waren *Rationalisierungsinnovationen.* Ein stärkeres Bemühen um wertschöpfungssteigernde Prozeßinnovationen weist Potentiale auf, die nachhaltigere Wettbewerbsvorteile versprechen. Dabei ist selbstverständlich, aber keineswegs ausschließlich, an den Einsatz der neuen Informations- und Kommunikationstechniken zu denken. Der dienstleistungsgeprägte Handel hat weiterhin ungenutzte Potentiale der Prozeßinnovation im Bereich des Humankapitals. Produktinnovationen im Handel setzen oftmals derartige Prozeßinnovationen voraus. Sie bieten sich insbesondere dort an, wo systemisch statt komponentenhaft auf Kundenbedürfnisse eingegangen werden kann, sei es bei den Sortimenten, der Geschäfts- und Betriebsformengestaltung, dem Service, der Kommunikation oder dem Nachkaufmarketing. Die Innovationspotentiale des Handels sind bei weitem nicht ausgeschöft.

Das vorliegende Jahrbuch möchte diese Lücken in der Handelsforschung verringern. Es ist nach einer einleitenden Glosse in folgende Abschnitte gegliedert:

- Theorie und Bedeutung von Innovation im Handel
- Innovationsrelevantes Handelskundenverhalten
- Informations- und kommunikationstechnische Handels-Innovationen
- Innovationsmanagement im Handel
- Innovationsorientierte Handels-Marktforschung und -Werbung

Zu den Beiträgen

Der Humor und die Wissenschaft sind nicht gerade miteinander verheiratet, und sie verkehren so selten miteinander, daß ihre Art vom Aussterben bedroht ist. Manchmal begegnen sie sich, flüchtig nur. Man soll dann den Flirt nicht stören. Hans-Otto SCHENK, bekannter Handelsforscher, hat eine Satire über den Begriff "Innovation" geschrieben, zu deren Abdruck sich der Herausgeber kurzerhand entschlossen hat, nicht obwohl, sondern weil er anderer Meinung ist, weil meinungskonforme Satire keine ist, und weil sie, wenn sie es ist, einen wahren Kern hat. SCHENKS "Betrachtungen eines Betroffenen" warnen vor dem "Innovationsvirus". Der betroffene, da scheinbar schon angesteckte, Herausgeber erkennt als wahren Kern der Schenk-Satire die Warnung vor einer "Wort-Hure" (Kroeber-Riel). Ihr Ansteckungspotential mag groß sein, aber die Beiträge über Innovation in diesem Jahrbuch sind "anständige Mädchen", denen es ehrenwert um die künftige Wettbewerbsfähigkeit von Handelsunternehmen geht.

Beiträge zu Theorie und Bedeutung von Innovation im Handel

MÖHLENBRUCH & NICKEL erörtern zunächst grundsätzlich und konzeptionell das Konstrukt "Wettbewerbsvorteil", das sich für ein Handelsunternehmen nicht im "Strategischen Dreieck" (Unternehmen-Kunde-Wettbewerber) abbilden läßt, sondern im "Strategischen Viereck" (Unternehmen-Kunde-Lieferant-Wettbewerber). Aus dieser Perspektive heraus werden dann systematisch Möglichkeiten bzw. Quellen für die Schaffung und Absicherung eines dauerhaften Wettbewerbsvorteils eines Handelsunternehmens geprüft. Während der Schwerpunkt des Wettbewerbsvorteils allgemein leistungs- oder kostenbedingt ist, hat sich das Handelsunternehmen auf vier Faktoren zu konzentrieren: Kostenvorteil, Zeitvorsprung, Qualität und Flexibilität, und das jeweils aus der subjektiven Kundensicht.

FUNCK konzipiert aus einer – konstruktiv-kritisch an Gutenberg orientierten – Analyse der Leistungsfaktoren des Handels (dispositiver Faktor, menschliche Arbeit, sachliche Betriebsmittel, Handelsware, Kapital, Information, ökologische Umwelt, Fremdleistungen, zeitliche Leistungsbereitschaft und Kunde) sowie deren Systematisierung ein Leistungsfaktor*system* als theoretischen Bezugsrahmen für das handelsbetriebliche Innovationsmanagement. In diesem Modell haben der dispositive Faktor und der Faktor "Kunde" eine herausgehobene Stellung. Die Arbeit beschränkt sich auf die Ableitung, Begründung und Visualisierung des Modells, auf konkrete Umsetzungsmöglichkeiten in Innovationsvorhaben wird nicht eingegangen.

OLBRICH betreibt Ursachenanalyse für die Konzentration (als Ausdruck von Durchsetzungsfähigkeit) im Einzelhandel. Seiner Basishypothese zur Folge ist Erfolg eher auf Innovationspotentiale, insbesondere innovative Betriebsformen, als auf Größenvorteile zurückzuführen. Zur Überprüfung formuliert er ein komplexes hypothetisches Kausalmodell, das Gestaltungsparameter, Zwischenziele (Determinanten der handelsbetrieblichen Effizienz) und Erfolgskriterien, welche die Überlebensfähigkeit des Unternehmens bestimmen, miteinander verbindet. Auf der Basis von 78 Befragungen deutscher Handelsunternehmen verschiedener Branchen und Größen wurde dieses Modell, unterteilt in faßbare Teilmodelle, empirisch geschätzt. Danach sind intelligente und innovative Strategien tatsächlich wichtiger als schiere Größe.

Beiträge über innovationsrelevantes Handelskundenverhalten

GRÖPPEL-KLEIN, THELEN & ANTRETTER untersuchen die Frage, in wie weit unterschiedliche Motive von Einzelhandelszielkunden die Erwartungen vor dem Betreten eines Geschäfts und das Verhalten am PoS beeinflussen, so daß motivspezifische Segmente gebildet werden können. Entsprechende Einkaufsmotive aus der Literatur werden referiert. Hypothesen über die motivabhängige Ladenbeurteilung und Stimmung am PoS sowie über die Abhängigkeit des Preisinteresses von den Preiskenntnissen werden formuliert. Sie werden empirisch am Fall eines Möbelhauses untersucht. Den Ergebnissen zufolge gibt es dabei vier dominierende Einkaufsmotive (Preisorientierung, Stimulation, Kaufinteresse, Beratungswunsch) und durch deren Kombination drei Zielkundencluster (Erlebnisorientierte, Kommunikationsorientierte und Preisorientierte). Die Hypothesen werden weitgehend bestätigt. Differenzierte Empfehlungen für das motivspezifisch segmentierte Handelsmarketing werden gegeben.

SCHWEIGER, MAYERHOFER, KOPPE & GOTTWALD untersuchen die Kaufverhaltensrelevanz von Schlüsselreizen wie Marke, Preis und Qualitätszeichen unter besonderer Berücksichtigung der Handelsmarke. Besonders interessant für das strategische Handelsmarketing ist die untersuchte Frage, in wie weit ein anerkanntes Qualitätszeichen (hier das österreichische AMA-Prüfsiegel, analog dem CMA-Siegel in Deutschland) der Handelsmarke Vorschub leisten kann. Eine Conjoint-Studie zu Vollmilch, Essiggurken, Fruchtjoghurt und Speiseöl über je drei Ausprägungen der Produktmerkmale Marke, Zeichen, Verpackungsart und Preis ergab zwar eine Dominanz von Preis und Marke, aber auch eine hohe und mit anderen Merkmalen gleichgewichtige Bedeutung des Qualitätszeichens für das Segment der "anspruchsvollen" (i. G. z. markenorientierten und preisorientierten) Konsumenten. Naheliegende Konsequenz für die Handelsmarke ist das Bemühen um die Erlangung etablierter Qualitätszeichen.

FRANKE untersucht das *Kundenverhalten* des Handels in Abhängigkeit vom Image, das der Handel vom Hersteller hat. Exemplarisch wird das Buchhändler-(Präsentations-)Verhalten in Abhängigkeit von seinem Image einem Verlag gegenüber untersucht. Dieses wird unterschieden in "Image 1. Art" (Einstellungen des Händlers zum Verlag), "Image 2. Art" (vom Händler vermutete Einstellungen seiner Kunden zum Verlag) und "Image als Nutzer" (des Buchhändlers Rolle als Leser). In einer empirischen Studie werden vier Hypothesen zur Wirkung der Images untersucht: 1) auf die eingeräumte Präsentationsfläche, 2) zur Relativierung dieser Wirkung durch Einsatz eines Warenwirtschaftssystems, 3) zur Verstärkung der Wirkung 2. Art durch starken Wettbewerb und 4) zum Einfluß der Hierarchieposition des befragten Händlers auf die Imagewirkung. Die Hypothesen werden bis auf 4) bekräftigt. Mehr Beachtung der Theorie des Konsumentenverhaltens im Handelsmarketing der Hersteller wird empfohlen.

WEIBER & BILLEN behandeln Verbesserungsmöglichkeiten beim persönlichen Verkauf im Handel durch das nonverbale Verkäuferverhalten. Argumentiert wird primär unter dem Ziel der Positionierung der Produkte, das jedoch im vorliegenden Anwendungsfall (Automarken und Automobilhandel) mit der Handelsgeschäftspositionierung harmoniert. Die praktisch unterschätzte und in der Theorie vernachlässigte Bedeutung des nonverbalen Verkäuferverhaltens wird begründet, und seine verhaltenswissenschaftlichen Grundlagen werden vermittelt. Eine Beobachtungs- und Befragungsstudie an je 20 Verkäufern dreier Automarken ergab erstens keine positionierungsspezifischen nonverbalen Verhaltensweisen der Verkäufer, zweitens schwache Korrelationen zwischen Bebobchtungsindikatoren des nonverbalen Verkäuferverhaltens und der Eindeutigkeit der Markenpositionierung. Das Ergebnis spricht für gezieltere und ausdrucksvollere nonverbale Kommunikation, zumindest am Anfang und Ende des Verkaufsgesprächs.

POPP stellt in Frage, ob es bei der Standortplanung im Lebensmitteleinzelhandel noch gerechtfertigt ist, die räumliche Entfernung zwischen dem Standort und dem Wohnort des Kunden als Schlüsselkriterium zu verwenden. Die meist flächendeckende Filialdichte konkurrierender Ketten und die hohe Mobiltiät der Kunden verringern die Bedeutung des "nearest center". Die Autorin untersucht am Fallbeispiel einer süddeutschen Gemeinde, in wie weit das tatsächliche Einkaufsverhalten von diesem Modell abweicht und – für segmentspezifische Standortanalysen – welches die Haushalte sind, die sich in ihrem Einkaufsverhalten nicht (primär) nach der Nähe richten. Die Ergebnisse sind fallstudienspezifisch explorativ, sprechen aber tendenziell dafür, die Standortplanung auf differenziertere Daten zu stützen. Die Praxis tut das längst, allerdings "ganzheitlich", nur implizit unter Berücksichtigung der dem Zielkundenverhalten zugrundeliegenden Verhaltensdeterminanten.

Beiträge zu informations- und kommunikationstechnischen Handels-Innovationen

ESCH, LANGNER & FUCHS widmen sich einer derjenigen Innovationen im Handel, die durch das Internet ermöglicht werden, dem elektronischen Einkaufszentrum (Electronic Mall). Ihr Beitrag geht nicht von der Informations- und Kommunikations*technik* aus, sondern vom Nutzer*verhalten*. Aufbauend auf modellhaft komprimierten verhaltenswissenschaftlichen Erkenntnissen über Kommunikation, Information und Kaufentscheidung entwickeln die Autoren Empfehlungen für die Gestaltung von Electronic Malls – einschließlich entsprechender Navigationshilfen – mit dem Ziel, das Informationsnutzungs- und Kaufverhalten zu fördern. Der Beitrag liefert eine Grundlage zur Überbrückung der Schnittstelle zwischen Technik und Markt, die bei technisch initiierten Innovationen oft zu ungeahnten Akzeptanzbarrieren führt.

HILDEBRANDT & GÖRZ untersuchen am Beispiel des Buchhandels die sich abzeichnenden Veränderungen infolge des aufkommenden Internet-Buchhandels. Diese Branche liefert ein besonders interessantes Beispiel für technologisch bedingte Innovation im Handel, denn der Buchhandel war bisher von dem fundamentalen Strukturwandel des Einzelhandels weniger stark betroffen, und er bietet besonders günstige Voraussetzungen für die Verlagerung von Käufen aus dem Ladengeschäft in elektronische Distributionskanäle. Der Beitrag beschreibt und bewertet die zum Teil recht unterschiedlichen Formen des Internet-Eintritts der 25 größten deutschen Buchhandelsunternehmen. Dabei werden die aktuellen Wettbewerbstrends im Buchhandel berücksichtigt. Die Ergebnisse signalisieren eine starke Bedrohung des mittelständischen Buchhandels.

FOSCHT & JUNGWIRTH gehen ihrer Überzeugung auf den Grund, daß die neuen interaktiven Medien, insbesondere das WWW, dem Handelsunternehmen (auch) als Kundenbindungsinstrument dienen können. Nicht nur die Interaktivität der Kommunikation über diese Medien, auch die Multimodalität und der Unterhaltungswert können – jedenfalls bei bestimmten Produkten und Zielgruppen – die Kundenbindung unterstützen. Die Analyse geht von einkaufsstätten- und kundenspezifischen Determinanten der Kundenbindung aus und untersucht die zusätzlichen Potentiale herkömmlicher Kundenbindungsinstrumente, wenn sie künftig interaktiv, z.B. über Internet, eingesetzt werden. Diese Potentiale sind über die "drei Säulen der Kundenorientierung" (Flexibilätätsaufbau, Kostensenkung und Leistungserhöhung) gegeben, müssen aber mittels eines neuen, nämlich interaktiven, Kommunikationsverständnisses des Handels intelligent entwickelt werden.

DILLER & TIETZ gehen derselben Hypothese nach (Handelskundenbindung durch Neue Medien), jedoch bezogen auf den Großhandel und mit anderer Theoriegrundlage und Methodik. Anlaß zur Förderung der Kundenbindung hat der Großhandel nicht weniger als der Einzelhandel. Als theoretische Analysegrundlage bietet sich hier (eher als beim Einzelhandel) die Theorie des Beziehungsmanagement an, zu der Diller schon früher fünf Leitprinzipien entwickelt hat. Anhand dieser Prinzipien werden mehrere Studien über den Großhandel mit entsprechenden empirischen Ergebnissen reanalysiert. Das Ergebnis ist eine Befürwortung des Einsatzes von Internet u. ä. Medien zur Kundenbindung sowie ein Katalog von Hemmnissen, die Großhandelsunternehmen davon abhalten können.

TREIS & HOLZKÄMPER behandeln strategische Chancen und – insbesondere – Risiken, denen sich der Handel bei der Einführung der Prozeßinnovation "kooperatives Category Management" gegenübersieht. Die größten Risiken werden in der potentiellen Abhängigkeit von Lieferanten bzw. Herstellern gesehen. Der Beitrag sieht eine Möglichkeit zur Nutzung der Chancen und zur Minderung der Risiken darin, daß die Sortimentsgestaltung des Handels auf ein Aktivitätenprotfolio gestützt wird, das die mit dem Category Management verbundene Make-or-Buy-Entscheidung erleichtert. Dieses prozeßorientierte Portfolio-Instrument wird erläutert und praktisch anwendbar gemacht. Ferner werden verallgemeinerbare Regeln zur Unterstützung von strategischen Category-Management- bzw. Outsourcing-Entscheidungen aufgestellt.

Beiträge über das Innovationsmanagement im Handel

FRANK & MARSCHNER konstatieren ein unterentwickeltes Innovationsverhalten des Handels und entwickeln konzeptionelle Grundlagen für ein integriertes Innovationsmanagement von Handelsunternehmen. Ausgehend von in der Literatur vorliegenden Ansätzen und von qualitativen Erhebungen in der Handelspraxis werden zunächst Handelsinnovationen systematisiert und die Defizite aufgezeigt. Dann werden Grundlagen und Voraussetzungen für das integrierte Innovationsmanagement im Handel und seine Phasen erörtert. Zur Integration wird der interdisziplinär teamorientierte, nach Phasen und Kriterien strukturierte Stage-Gate-Ansatz dargestellt und seine Eignung für Handelsunternehmen begründet.

MEYER & FEND befassen sich mit einem prozessualen Problem bei der Umsetzung von Innovation im Handel, nämlich dem Veränderungsmanagement. Die in den letzten Jahren vielfach veröffentlichte Literatur zu "Change Management", "Business Process Reengineering" usw. berücksichtigt kaum die Besonderheiten, die bei der Umsetzung von innovativen, insbesondere kundenorientierten Veränderungskonzepten in Handelsunternehmen Probleme bereiten. Die durch ihre Arbeiten über Kundenzufriedenheit und besonders das "Deutsche Kundenbarometer" einer breiten Öffentlichkeit bekannt gewordenen Autoren stellen das Verhalten der beteiligten Menschen in den Vordergrund und betrachten es integriert in das technisch-ökonomische und kulturelle Umfeld.

RUDOLPH konkretisiert diesen noch stark entwicklungsbedürftigen Aspekt des Managements von Innovationsprozessen im Handel weitergehend. Ausgehend von systemtheoretischen Überlegungen knüpft der Beitrag an die Methodik des Projektmanagements an. Nach einer theoretischen Grundlegung dieser Methodik werden die Besonderheiten von Innovationsprojekten im Handel herausgestellt und durch eine Befragung von Handelsmanagern gewichtet. Die in der Befragung erhobenen Handelsinnovationsprojekte werden anhand des Ansoff-Strategieschemas klassifiziert, und es werden, differenziert nach Innovationsprojekttypen, Hinweise für das Management von Handelsinnovationen abgeleitet.

HUDETZ überträgt die sich abzeichnende allgemeine Theorie des Innovationsmanagement auf das Problem der Einführung einer *Prozeßinnovation* im Handel, konkretisiert am Problem der Einführung eines *Warenwirtschaftssystems* im *Großhandels*unternehmen. Nach einer Erörterung der wirtschaftlichen Bedeutung und der begrifflichen Grundlagen von Innovation werden die Phasen und Barrieren einer Prozeßinnovation aus der Literatur wiedergegeben. Diese theoretischen Grundlagen und Aussagen zum phasenspezifischen Innovationsmanagement werden auf die Situation im Großhandel übertragen.

STOFFL untersucht angesichts steigender Preisbedeutung im Marketing-Mix entsprechende Innovationsmöglichkeiten des Einzelhandels, nämlich intelligente Preisdifferenzierungen anstelle der bisher vorherrschenden "unsensiblen Niedrig- und Sonderangebotspreispolitik", die das Gegenteil von Kundenbindung bewirkt. Nach einer Zusammenfassung theoretischer Grundlagen der Preisdifferenzierung und der Marktsegmentierung entwickelt und bewertet die Autorin für den Einzelhandel konkrete Alternativen der Preisdifferenzierung – nach den Kriterien Standort, Zeit (diverse Konzepte), Mengen und Nachfrageverhalten (Boni). An Voraussetzungen für die Umsetzung werden erörtert: die Informationsbasis, Transparenz für den Kunden, die Anspruchsberechtigung (zur Unterbindung von Nachfragebündelung) und die kreative Gestaltung. Abschließend wird auf rechtliche Einschränkungen hingewiesen.

Beiträge über innovationsorientierte Handels-Marktforschung und -Werbung

ZANGER & BAIER untersuchen – bewußt in einem noch instabilen Markt – Möglichkeiten der Bindung von (Handelskunden an ein Großhandelsunternehmen durch zufriedenheitsfördernde Maßnahmen. Die empirisch-exploratorische Untersuchung gilt primär methodischen Fragen hinsichtlich der Anwendung der Conjoint-Analyse gegenüber dem Kano-Modells auf das instrumentell operationalisierte Kundenbindungsmanagement. Dieses noch wenig verbreitete Modell macht differenziertere Annahmen über den Zusammenhang zwischen Anforderungserfüllung und Zufriedenheit/Unzufriedenheit als die Conjoint-Analyse, denn es unterscheidet zwischen Basis-, Leistungs- und Begeisterungsanforderungen und faßt Zufriedenheit und Unzufriedenheit als getrennte Dimensionen auf. Die theoretischen Vorteile der Kano-Analyse werden in der Untersuchung bestätigt.

SATTLER, einer der Marketingforscher, die sich an der intensiven Markenwertforschung der neunziger Jahre beteiligt hat, wendet hier sein Instrumentarium zu Messung des monetären Werts von Marken (indirekte Messung des Preis-Premiums mittels Conjoint-Analyse) auf den darauf bislang nicht untersuchten Gegenstand "Handelsmarke" an. Primär geht es dem Autor um eine Demonstration der Leistungsfähigkeit seiner Methode. Die empirische Analyse von Haarshampoo-Handels- und zum Vergleich -Herstellermarken wird durch eine clusteranalytische Marktsegmentierung und eine Imageprofilanalyse ergänzt. Danach liegen Handelsmarken nach Wert und Image zwischen Noname- und Herstellermarken. Die stark streuende Verteilung des Preis-Premium einer Handelsmarke wird in drei Cluster zerlegt, die jedoch nicht näher charakterisiert werden.

KESSLER, Spezialist für Wettbewerbsrecht, untersucht im Anschluß an die kürzlich in Kraft getretene EU-Richtlinie zur vergleichenden Werbung die neue Rechtslage. Danach ist das bisher grundsätzlich geltende, nur unter bestimmten Voraussetzungen ausgesetzte, Verbot der vergleichenden Werbung aufgehoben. So kann kann auch das Handelsunternehmen ab sofort grundsätzlich seine Leistungen im Vergleich zu denen von Wettbewerbern werblich herausstellen. Damit wird die Durchsetzung von Handelsinnovationen wesentlich erleichtert. Allerdings ist die Freigabe der vergleichenden Werbung durch – leider auslegungsbedürftige – Zulässigkeitskriterien begrenzt. Der Beitrag gibt anhand einer Schilderung der Entwicklung und politischen Zielrichtung der EU-Richtlinie Hinweise für die Auslegung und praktische Ausgestaltung der enthaltenen "unbestimmten Rechtsbegriffe".

LITERATURDIENST

Den Abschluß bildet wieder ein umfangreicher Literaturservice, den der gesamte Lehrstuhl Marketing I der Technischen Universität Berlin für das Jahrbuch erarbeitet hat. Wie bereits im Vorjahr sind wir der steigenden Publikationsflut nicht blind gefolgt, sondern haben versucht, ihr durch scharfe Selektion nach Relevanz und Aussagekraft entgegenzuwirken.

Ich danke meinen Mitarbeitern Margit BINSACK (ihr besonders für die Selektion und Organisation dieses Dienstes), Andrea BOOKHAGEN, Sabine GLOBISCH, Constanze HESS und Oliver JOST für ihre kompetente und mühevolle Arbeit, die sie neben ihren Aufgaben in Forschung und Lehre bereitwillig und engagiert übernommen haben.

WEITERE DANKSAGUNGEN

Noch einmal – und in dieser Hinsicht leider schon abschließend – gilt mein besonderer Dank Frau Andrea BOOKHAGEN. Sie hat die sehr umfangreiche Arbeit der Schriftleitung perfekt und effizient bewältigt. Der Umfang des Jahrbuchs und die Ansprüche an seine Qualität sind in den Jahren ihrer Tätigkeit für die Handelsforschung stets gewachsen. Frau Bookhagen hat durch ihre große Kompetenz und Sorgfalt und durch ihren enormen Einsatz wesentlich zu der positiven Entwicklung der Jahrbuchreihe beigetragen. Die Korrekturarbeiten und das Layout hat in bewährter Weise wieder Herr Norbert BEHRENS übernommen. Ihm gebührt Dank für die professionelle und termingerechte Ausführung.

Wieder hat die STIFTUNG BAYRITEX die Entstehung des Jahrbuchs finanziell unterstützt. Persönlich möchte ich dafür Herrn SAND herzlich danken. Einem weiteren Spender, der nicht namentlich genannt werden möchte, danke ich für den Druckkostenzuschuß, ohne den der Verlag den Ladenpreis hätte weiter erhöhen müssen.

Durch die Nennung am Schluß dieser Danksagungen möchte ich die AUTOREN besonders hervorheben. Die hohe Resonanz auf den Call for Papers, die hohe inhaltliche Qualität der Beiträge und die Disziplin bei der Einhaltung des Umfangs und der formalen Regeln haben die Herausgabe dieses Werkes zu einer angenehmen Aufgabe gemacht. Liebe Kolleginnen und Kollegen der Handelsforschung, ich danke Ihnen ganz herzlich für die Verbundenheit.

Call for Papers "Handelsforschung 1999/2000"

Das 14. Jahrbuch der FfH Berlin, das wenige Monate vor der Jahrtausendwende erscheinen wird, ist im Anschluß an die Themen Ladenschluß (Band 2, 1987), Standortfragen (3, 1988), Grundsatzfragen (4, 1989), Internationalisierung (5, 1990), Erfolgsfaktoren und Strategien (6, 1991), Integriertes Europa (7, 1992/93), Systeme (8, 1993/94), Kooperation (9, 1994/95), Informationsmanagement (10, 1995/96), Positionierung (11, 1996/97), Kundenorientierung (12, 1997/98) und jetzt Innovation (13, 1998/99), dem Schwerpunktthema gewidmet:

Verhalten im Handel und gegenüber dem Handel.

Damit sollen die menschlichen Faktoren in das Blickfeld der Handelsforschung gerückt werden, wie sie durch Forschungsansätze aus den Verhaltenswissenschaften beschrieben und erklärt werden können und auf die sich Handelspolitik, das Handelsmanagement und vor allem das Handelsmarketing einzustellen haben. Nach dem jetzt rund dreißigjährigen Siegeszug der verhaltenswissenschaftlichen Marketing-, Führungs- und Organisationsforschung innerhalb der Betriebswirtschaftslehre wird es Zeit, daß die Handelsforschung einmal auf entsprechende Erkenntnisse und Methoden fokussiert wird. Sie sind der Handelsforschung zwar keineswegs fremd, es kommt ihnen aber zu, gegenüber ökonomisch domierten Ansätzen einmal hervorgehoben zu werden. Schließlich ist alles, was im Handel geschieht, letztlich im menschlichen Verhalten der Kunden, Mitarbeiter, Manager, Unternehmer, Wettbewerber, Lieferanten, Partner und Beeinflusser begründet. Über derartige Beiträge zum Schwerpunktthema hinaus sind wie stets auch andere aktuelle Beiträge zur Handelsforschung willkommen.

Berlin im Juli 1998 Volker Trommsdorff

AUTORENHINWEIS

Auszug aus dem *Merkblatt für Autoren*, das auf Anforderung gern zugesandt wird: Die Beiträge sollen inclusive Abstract, Literaturverzeichnis und Abbildungen 15 bis 20 Normseiten lang sein (Times New Roman 12 Punkt, 1,3-zeilig, Seitenränder: links/rechts 3 cm, oben 3,5 cm, 4 cm unten, *kein* Blocksatz, *ohne* Trennung). Überschreitungen der 20-Seiten-Schranke können nicht akzeptiert werden. Erbeten wird ein Ausdruck und eine Diskette bzw. ein E-Mail-Attachment unter Windows (Texte in Word, Tabellen und Diagramme in Excel, Grafiken in PowerPoint). Redaktionsarbeit entsteht hauptsächlich durch Abweichungen von den im Merkblatt genannten Regeln. Nacharbeiten durch die Autoren und eventuell Verzögerungen des Erscheinens sind die – vermeidbare – Folge.

Redaktionsschluß ist der 30. April 1999

Kontaktadresse:

Professor Dr. Volker Trommsdorff
Technische Universität Berlin, Lehrstuhl Marketing I
Wilmersdorfer Straße 148, D-10585 Berlin
Tel. 030-3142-2266 Fax -2664
V.Trommsdorff@ww.tu-berlin.de

Inhaltsverzeichnis

Hans-Otto Schenk

Der Innovationsvirus – Betrachtungen eines Betroffenen 1

Theorie und Bedeutung von Innovation im Handel

Dirk Möhlenbruch und Sylvia Nickel

Wettbewerbsvorteile durch Innovation im Einzelhandel 9

Dirk Funck

Das Leistungsfaktorsystem als Quelle für Innovationen im Handel 31

Rainer Olbrich

Innovationsfreudigkeit in der Vertriebslinienpolitik als zentrale Determinante der 'Überlebensfähigkeit' von Handelssystemen – Ergebnisse einer Kausalanalyse 53

Innovationsrelevantes Handelskundenverhalten

Andrea Gröppel-Klein, Eva Thelen und Christoph Antretter

Der Einfluß von Einkaufsmotiven auf die Einkaufsstättenbeurteilung – Eine empirische Untersuchung am Beispiel des Möbeleinzelhandels 77

Günter Schweiger, Wolfgang Mayerhofer, Peter Koppe und Irene Gottwald

Der Einfluß von Schlüsselreizen wie Marke, Preis und Qualitätszeichen auf die Markenwahl bei Lebensmitteln in Österreich – Eine Anwendung des Conjoint Measurements 101

Nikolaus Franke

Die Erklärung von Händlerverhalten anhand des Imagekonstrukts – Zu einem neuen Ansatz der Absatzkanalforschung 119

Rolf Weiber und Peter Billen

Nonverbale Kommunikation im persönlichen Verkauf als Basis zur Umsetzung der Markenpositionierung im Pkw-Handel 139

Monika Popp

Das Einkaufsverhalten im Lebensmittelbereich und seine Relevanz für die Standortplanung 163

Informations- und kommunikationstechnische Handels-Innovationen

Franz-Rudolf Esch, Tobias Langner und Marcus Fuchs

Gestaltung von Electronic Malls 183

Lutz Hildebrandt und Nicole Görz

Wettbewerb und innovative Strategien im Buchhandel 207

Thomas Foscht und Georg Jungwirth

Interaktive Medien als neues Instrument zur Kundenbindung im Handel 227

Wilfried Tietz und Hermann Diller

Der Einsatz Neuer Medien als Kundenbindungsinstrumente für den Großhandel 247

Bartho Treis und Olaf Holzkämper

Strategische überlegungen des Handels zum Category Management – Das Aktivitätenportfolio 267

Innovationsmanagement im Handel

Alexander Frank und Hubert F. Marschner

Aspekte eines integrierten Innovationsmanagements für Handelsunternehmen 293

Anton Meyer und Lars Fend

Tiefgreifende Veränderungsprozesse in Handelsunternehmen 317

Thomas Rudolph

Projektmanagement – Ein vielversprechender Ansatz zur Förderung von Innovation im Handel 341

Kai Hudetz
Prozeßinnovationen im Großhandel – Relevanz und Anknüpfungspunkte für ein Innovationsmanagement 357

Michaela Stoffl
Preisdifferenzierung im Einzelhandel – Innovative Konzepte zur systematischen Ertragsoptimierung 379

Innovationsorientierte Handels-Marktforschung und -Werbung

Cornelia Zanger und Gundolf Baier
Händlerzufriedenheit mit Telekommunikationsgroßhändlern – Eine empirische Untersuchung zum Methodenvergleich zwischen Conjoint-Analyse und Kano-Modell 407

Henrik Sattler
Der Wert von Handelsmarken – Eine empirische Analyse 433

Jürgen Keßler
Vergleichende Werbung im Einzelhandel – Anmerkungen zur "neuen" Rechtslage ... 451

Literaturdienst

Autorenteam der TU Berlin
Literaturdienst zur Handelsforschung 1998/99 469

Autorenverzeichnis 485

Der Innovationsvirus – Betrachtungen eines Betroffenen

Hans-Otto Schenk, Duisburg

1 AHNUNGEN

Da haben wir wieder so ein *weasel word*: Innovation. Es hat die Wissenschaft und die Wirtschaft, vor allem die Wissenschaft von der Wirtschaft gründlich unterwandert. Es nistet sich überall ein. Innovation eint die Konservativen und die Fortschrittlichen. Trefflicher als der Pressesprecher *der Alma mater Rostochiensis* (gegr. 1419) kann man es kaum formulieren: "Die Universität Rostock – aus Tradition innovativ". Daß "Innovation" für alles und jedes herhalten muß, wäre an sich nicht weiter schlimm. Und der Wettlauf um Begriffsdiffusion belebt ja auch das Geschäft: Jeder will Zweiter sein. (Es sei denn, die *invention* gelingt ihm selbst).

Was die Sache problematisch macht, ist das subliminale Unterwandern, das heimtückische Einschleichen des Begriffs "Innovation". Sein Benutzer erliegt der wahnhaften Idee, etwas unerhört Neues vorzutragen. Der Hörer oder Leser, beeindruckt von der unerhörten Neuigkeit, verspürt sogleich die selbstwerthebende Wirkung des Begriffs und benutzt ihn hinfort selbst so oft wie möglich. Die epidemische Verbreitung des Begriffs ist garantiert – Rudolf *Seyfferts* Ideal der "Werbeweiterpflanzung", kommunikationspathologisch gewendet.

Ich kann das Wort "Innovation" nicht mehr hören, muß es aber hören. Ich kann es auch nicht mehr lesen, muß es aber lesen, da es sich in alle Texte einschleicht. Zum Weghören und Weggucken ist es immer schon zu spät. Erste Ahnungen steigen auf: Der Begriff "Innovation" steckt an, er ist infektiös, er hat *Virus-Charakter* – und ein Anti-Innovationsvirus ist nicht in Sicht.

2 ALLTAGSBEFUNDE

An einem ganz normalen Arbeitstag ergeht es einem Hochschul-Werktätigen wie mir so: Als erstes berichtet das Weckradio, die Innovation aus dem Hause X habe den zweiten Elchtest nicht bestanden. Aus der Frühstückszeitung erfährt man etwas über das riesige Innovationspotential der Fusion von Y und Z. Auf der Fahrt zum Arbeitsplatz grüßen Innovations-Verheißungen einer politischen Partei von Plakatwänden. Bei der Öffnung der Briefpost fällt einem die Einladung zum XXXIII. Kongreß der deutschen Marktforschung entgegen, der unter dem Motto "Kreativität und Innovation" Vorträge über "Neue Methoden der Innovations-Begleitforschung" und "Die Innovationsspirale als Herausforderung für originäre Ansätze der Trendforschung" in Aussicht stellt. Sodann präsentiert sich in einem Prospekt die neue Zeitschrift "European Journal of Innovation Management" (*One innovation you can be part of, right from the start*). Schließlich fällt der Blick auf einen ansprechenden Verlagskatalog – aus dem Hause InnoVatio... Nach der Postdurchsicht sind noch Telefonate und etwas Textverarbeitung fällig. (Hoffentlich sind PC und Faxgerät auch mit dem innovativen Telefon-Adapter von Hicom verbunden!) Was ist für meine folgende Vorlesung angekündigt? "Betriebstypen-Innovation"! Früher war ich glücklich, die *studiosi* zu schöpferischer Neukombination typenbildender Elemente anzuspornen. Meine eigenen Entwürfe eines rollenden Taschenbuch-Automaten und eines Champagner-Zustelldienstes haben mich ehedem mit Stolz erfüllt. (Schenk 1991, S. 166) Jetzt ängstige ich mich. Ständig fallen mir weitere Infektionen ein: Stelle ich in meinen Vorlesungen nicht permanent innovative Kooperationsformen, innovative Logistik- und innovative Präsentationslösungen vor? Auch Service-Innovationen, das Wunschbild der Innovationsfunktion von Handelsmarken und selbst das Innovationsmanagement, für das von Bochum bis Freiberg schon Lehrstühle eingerichtet wurden, haben sich in meinen Lehrstoff eingeschlichen. In wie viele Kladden mag die 6-Felder-Matrix mit Markt- und betrieblicher Innovation sowie mit Produkt-, Prozeß- und Service-Innovation Eingang gefunden haben! Reichlich spät fällt mir nun auf, daß ich – als Lehrender selbst infiziert, dabei nicht einmal Zweiter im Diffusionswettlauf – zahllose junge Menschen fortgesetzt infiziert habe. Nach der Vorlesung hält der Normalarbeitstag noch folgende Normalüberraschungen bereit: Beim One-stop-shopping begegnet man dem Armband-Chronometer mit Weltzeituhr, einer echten(!) Innovation, sowie dem total innovativen elektrischen Käsehobel. Daheim überfällt einen jemand, der seine unzulässige Telefonofferte seit der letzten Fortbildung für *partnership marketing* hält, mit seinem äußerst innovativen Anlagemodell für ein Bananenschiff. Er wird abgelöst von einem Werber für ein INNOVATIO Allfinanz & Immobilien Franchise-System: "Nutzen Sie die Fülle der phantastischen Erfolgs-Chancen, mit denen Sie INNOVATIO auf die Überholspur bringt." Sind die Anlage- und Überholspurwerber abgehängt, darf man zur Tagesschau keine Minute zu früh kommen, will man nicht zu der neuesten Telekom-Innovation überredet werden. Mit der Bettruhe könnte der Innovationsstress enden – wären da nicht die Normalalpträume von deprimierenden Innovationen an meiner Reformuniversität...

3 FRÜHE WARNZEICHEN

Dabei war ich als Handelsforscher gewarnt vor Innovationen in der Wissenschaft. Als Beobachter der unerhört innovativen Selbstvermarktungslehre, welche – dank Herbert *Gross* vor allem – in der alten Bundesrepublik die traditionsreiche Handelswissenschaft in einem Siegeszug sondergleichen geschlagen hat, erkannte ich von Anfang an das Wüten der Innovationsinfektion: Aus "Verkaufsleiter-Clubs" wurden "Marketing-Clubs"; aus der "Einführung in die Lehre von der Absatzwirtschaft" (1968) wurde seit der dritten Auflage (1970) "Marketing"; aus dem *Gutenberg*schen "absatzpolitischen Instrumentarium" wurden die "Elemente des Marketing-Mix"; das "Handwörterbuch der Absatzwirtschaft" (HWA) mutierte 21 Jahre später (1995) zum "Handwörterbuch des Marketing, 2. Aufl." (HWM). Auch Bindestrich-Innovationen bieten ein viröses Tummelfeld. In einem Lexikonbeitrag der gehobeneren Art findet sich unter "Innovation" in nur anderthalb Textspalten folgende bescheidene Auswahl ein: Prozeß-, Produkt-, Verfahrens-, Sozial-, Basis-, Folge-, Verbesserungs-, Radikal- und Inkremental-Innovationen. (Trommsdorff 1992, S. 459 f.) Gleich nach der Wende versuchten Wessis, die renommierte Handelshochschule Leipzig aus dem Jahre 1898 radikal-innovatorisch in eine "Hochschule für Marketing" umzufirmieren. Allerdings fand der Innovationsvirus in der resistenten (oder renitenten?) Leipziger Bildungsstätte, die sogar den real existierenden Sozialismus überlebte, (noch?) keine Eindringpforte. Herzlichen Glückwunsch! Zum 100-jährigen Bestehen.

Was das Innovationsmarketing unter Innovation versteht, hätte mich auch stutzig machen sollen: "Eine Innovation liegt dann vor, wenn entweder der Hersteller ein für ihn neuartiges Produkt entwickelt und anbietet oder wenn das Produkt aus Sicht der Verwender neuartig ist". (Sattler; Schrader 1995, Sp. 996) Na klar: keine Innovation im Handel! Der "Wertkost"-Fruchtsaft wäre demnach für die Edeka als Anbieterin der Eigenmarke nie, sondern allenfalls für unsere Großmutter als Verwenderin eine Innovation gewesen. Welch schöne Logik der innovativen (Vermarktungs-)Forschung: ein und dasselbe Erzeugnis gleichzeitig Innovation *und* Nichtinnovation! Mir war auch nie entgangen, daß manch innovative Idee zur falschen Zeit oder am falschen Ort erprobt wurde und scheiterte, etwa der Automatenladen Ende der 60er Jahre in Wiesbaden oder die fahrenden Läden im Berlin der 30er Jahre, von Gottlieb *Duttweiler* und Konrad *Mellerowicz* bei einem Spaziergang um den Schlachtensee ausgeheckt. Und wie lange ist eine Innovation eine Innovation? Aber die Innovations-Zweifel reichten noch nicht aus.

Als methodologisch aufgeschlossenem Menschen waren mir die ideologischen Tricks aus *Lenins* Lehre der qualitativen Begriffe und sogar der Krypto-Normativismus, der von den Mannheimer Methodologen so gründlich entlarvt wurde, vertraut. Wie man mit positiv oder negativ aufgeladenen Begriffen agitiert; wie man mit wichtigtuerischen Begriffsübernahmen aus entlegenen Wissensgebieten die eigene Fachwissenschaft "penetriert", ohne daß jemand den Bluff erkennt; wie man mit Entlehnungen aus dem Lateinischen, Japanischen und Englischen oder mit Abkürzungen die Fachsprache innovativ-ideologisch durchsetzt, das alles war mir lange geläufig. In meiner Sprachvirologie hatte ich hübsche Beispiele identifiziert: den "klassischen Markenartikel", die "Distribution" über "outlets", den "fraktalen" Bluff eines innovatorischen Trendforschers oder Innovationskürzel wie DPR, ECR, CM, SCM, CR usw. mit ihrem höchst effizienten Early-Adaptor-Infektionspotential. Nun schwant mir die Heimtücke der infektiösen BWL-Kürzel: Sie treiben nur in den Köpfen ihr Unwesen – im Gegensatz zu den Techniker-Kürzeln. Wenn Mercedes-Benz-Ingenieure von ABS, ASR, BAS und ESP in der A-Klasse schwärmen, dann steckt das alles auch drin in der A-Klasse! Aber daß die semantischen Techniken *epidemisch-virös* wirken, das erkenne ich erst seit kurzem.

4 DIAGNOSE

Human- und Tiermedizin lehren uns, die Augen vor Virusinfektionen nicht einfach zu verschließen, sondern sich gründlich an die Diagnose von und auf die Suche nach neuen Viren zu machen. Analogie-bewußt habe ich daher vier Diagnose- und Suchexperimente unternommen. Das erste Experiment führte zu keinem brauchbaren Ergebnis: Im *Deutschen Universal-Wörterbuch* des Dudenverlags (2. Aufl., 1989) stieß ich unter "Innovation (Wirtsch.)" auf "Realisierung einer neuartigen, fortschrittlichen Lösung für ein bestimmtes Problem, bes. die Einführung eines neuen Produkts od. die Anwendung eines neuen Verfahrens". Das konnte es nicht sein. Darunter ließen sich "self-scanning" oder "electronic commerce" ohne weiteres subsumieren, ebenso der *dernier cri* der Prozeßkostenrechnung im Handel, die schon Ende der 20er Jahre diskutiert wurde – nur nicht epidemisch-infektiös. Das zweite Experiment erwies sich als glatter Fehlversuch: Medizinische und psychologische Nachschlagewerke schwiegen sich über den Innovationsvirus gänzlich aus. Das dritte Experiment verlief recht befriedigend: Das Durchkämmen meiner lehrstuhleigenen Literaturdatenbank HAWIST, die ich vormals selbst leichtfertig als Innovation ausgegeben hatte, zeitigte einen Sucherfolg. Nach Aufruf des Stichworts "Innovation" wurden nicht weniger als 106 Zeitschriftenaufsätze ausgewiesen, allein für die letzten acht Jahre. Richtig fündig wurde ich beim vierten Experiment mit Hilfe des Internet: Von den vielen verfügbaren Suchmaschinen habe ich nur drei bemüht, a) AltaVista.digital.com, b) fireball.de und c) lycos.de. Das reichte. Auf die *query* zum Stichwort "Innovation" wurden am 16.4.1998 folgende epidemiologische WWW-Ergebnisse mitgeteilt:

- a): 1.050.750 documents, von "Global Innovation master's program recruits students" bis "HPM, Sheet: Unparalleled Innovation";
- b): 19.313 Treffer, Worthäufigkeiten: 30.421, von "Innovation und Umwelt" bis "Sonntags-Zeitung Nachrichten";
- c): 55.571 Webseiten. Nach 30 Minuten Durchblättern wurde mit Eintrag Nr. 500 "Innovation: Organization for the Promotion of Energy Tech" die Suche beendet.

Mag sein, daß sich das Resultat sehen lassen kann: Die globale Innovations-Infektion ist jedenfalls verifiziert. Auf die vertiefte Innovations-Suche im Internet mögen sich andere begeben und -zigtausende von *links* anklicken – und hoffentlich wieder gesunden!

Über meine Forschungsergebnisse bin ich keineswegs glücklich. Im Gegenteil, ich bin betroffen und gestehe, daß mich beides, die Infektion unschuldiger junger Menschen und die Selbstinfektion mit dem Innovationsvirus, sehr belastet. Die Enttäuschung über die vergebliche Hoffnung, der Befall mit dem Innovationsvirus möge auf meinen Rhein-Ruhr-Dunstkreis beschränkt sein, tut ein übriges.

5 THERAPIE

In dieser Situation habe ich mir, mangels eines Anti-Innovationsvirus, eine ablenkende Therapie auferlegt: Ich wende mich wieder mehr Schöngeistigem zu, nicht zuletzt, um endlich zu Tiefschlaf ohne jene Normalalpträume zurückzufinden. Dabei hat mir die knappe Erzählung von einem Kaiser bestens geholfen. Der Kaiser, der für eine Prozession alle seine Kleider ausgezogen hatte, wurde von den Kammerherren wie von den Leuten auf der Straße ob seiner großartigen *neuen Kleider* bejubelt, bis ein kleines Kind sagte: "Er hat ja nichts an, er hat ja nichts an!" "Und dann spreizte er sich noch stolzer, und die Kammerherren trugen die Schleppe, die garnicht dawar!" (Andersen 1839, S. 194) Eine ähnlich starke und wohltuende therapeutische Wirkung erhoffe ich nun von einer anderen schöngeistigen Lektüre. Ich kann sie kaum erwarten – die Beiträge zu "Innovation im Handel" in diesem Jahrbuch.

LITERATUR

Andersen, H.C.: Märchen und Erzählungen (1839), übertragen aus dem Dänischen von Werner Wolf, Odense 1983.

Sattler, H.; Schrader, St.: Innovationsmarketing. In: Tietz, B.; Köhler, R.; Zentes, J. (Hrsg.), Handwörterbuch des Marketing, 2. Aufl., Stuttgart 1995, Sp. 996–1008.

Schenk, H.-O.: Marktwirtschaftslehre des Handels, Wiesbaden 1991. (Innovationsvirus-infiziert!)

Trommsdorff, V.: Innovation. In: Diller, H. (Hrsg.), Vahlens Großes Marketinglexikon, München 1992, S. 459 f.

Theorie und Bedeutung von Innovation im Handel

Wettbewerbsvorteile durch Innovation im Einzelhandel

Dirk Möhlenbruch und Sylvia Nickel, Halle

Obwohl der deutsche Einzelhandel seit vielen Jahren durch eine hohe Dynamik und Intensität des Wettbewerbs gekennzeichnet ist, wird im handelswissenschaftlichen Schrifttum den Phänomenen 'Wettbewerbsvorteil' und 'Innovation' eine eher untergeordnete Beachtung geschenkt. Im folgenden Beitrag werden vor dem Hintergrund eines permanenten Innovationsdrucks in diesem Wirtschaftszweig Ansatzpunkte innovationsgestützter Wettbewerbsvorteile herausgearbeitet und Möglichkeiten ihrer Absicherung unter Berücksichtigung von Unternehmensressourcen und Marktbedingungen aufgezeigt

1 PROBLEMSTELLUNG

Mit geringer werdenden Ausweichmöglichkeiten durch zunehmende Ausschöpfung von Marktpotentialen geraten Leistungen und Strategien in den Mittelpunkt der Marketingplanung einer Vielzahl von Anbietern im Handels-, Dienstleistungs- und Industriebereich. Als ein charakteristisches Element wettbewerbsbezogener Strategiekonzeptionen kann der Bezug auf das Konstrukt "Wettbewerbsvorteil" bezeichnet werden, welches bereits 1957 von Alderson als "differential advantages in competition" (Alderson 1957, S. 101) skizziert wurde und seit Beginn der 80er Jahre im Mittelpunkt der Strategiediskussion steht (Faix; Görgen 1994, S. 160 ff.; zu Knyphausen-Aufsess, 1995, S. 50 ff.; Porter 1996, S. 59 ff.; Simon 1988, S. 461 ff.). Zentrales Kriterium der Strategieentwicklung ist somit die Zielsetzung, Wettbewerbsvorteile aufzubauen (Gluck 1980, S. 25; Hoitsch; Lingnau 1995, S. 24), wobei differenzierte Ansatzpunkte vornehmlich für Industriebetriebe diskutiert werden. Im handelswissenschaftlichen Schrifttum erfährt die Diskussion von Wettbewerbsvorteilen eine eher untergeordnete Bedeutung, obwohl der Einzelhandelswettbewerb seit jeher durch eine hohe Wettbewerbsdynamik gekennzeichnet ist. In den einschlägigen Grundlagenwerken finden sich lediglich vage Hinweise auf eine Konzeptualisierung und Operationalisierung des Wettbewerbsvorteilskontruktes (Müller-Hagedorn 1993, S. 43), so daß diese Untergewichtung im Rahmen einer intensiven Diskussion von technologischen Neuerungen und Betriebstypeninnovationen im Handel zunehmend an Beachtung gewinnt (Hedderich 1997, S. 541 ff.; Hallier 1997, S. 4 f.).

Vor dem dargestellten Hintergrund werden im folgenden nach einer Diskussion der Besonderheiten des Wettbewerbs im Einzelhandel zunächst verschiedene Möglichkeiten der Konzeptualisierung von Wettbewerbsvorteilen aufgezeigt, um ein Fundament zur Erarbeitung dieser wichtigen Zielgröße im Einzelhandel schaffen zu können. Darauf aufbauend werden sowohl Leistungs- als auch Prozeßinnovationen als mögliche Quellen von Wettbewerbsvorteilen analysiert. Im Anschluß erfolgen Überlegungen zur Möglichkeit der Absicherung von Wettbewerbsvorteilen in diesem Wirtschaftszweig.

2 WETTBEWERB UND INNOVATION IM EINZELHANDEL

2.1 Wettbewerbsobjekt und Wettbewerbsdimensionen

Zur Entwicklung eines Wettbewerbsvorteilskonstruktes sind neben den die Institution des Handelsbetriebes kennzeichnenden Faktoren insbesondere die verschiedenen Wettbewerbsdimensionen zu berücksichtigen. Aufgrund seiner Stellung im Wirtschaftsgefüge nimmt nämlich der Einzelhandel eine Mittlerposition zwischen Produktion und Konsumtion ein, so daß die dualistische Ausrichtung auf beide Marktseiten unterschiedliche beschaffungs- und absatzmarktbezogene Konkurrenzbeziehungen zur Folge hat (Schenk 1991, S. 89). In Anlehnung an die von Porter entwickelten Triebkräfte des Branchenwettbewerbs sind somit differenzierte Wettbewerbskräfte und -dimensionen zu beachten (Möhlenbruch; Nickel 1994, S. 5 f.).

Prinzipiell stehen im relevanten Markt alle Handelsunternehmungen mit Sortimentsüberschneidungen in einem *absatzmarktbezogenen Konkurrenzverhältnis*. Zudem sind der *funktionale Wettbewerb* (beispielsweise Direktvertrieb) sowie überregionale Formen des Einzelhandels (insbesondere Versandhandel sowie verschiedene Formen des Electronic

Commerce) zu berücksichtigen. Darüber hinaus ist der absatzmarktbezogene Wettbewerb im Einzelhandel standortspezifisch, wobei die Ressourcen einer Unternehmung einen wesentlichen Einfluß auf den standortbezogenen Wettbewerb ausüben. Letztlich ist die absatzmarktbezogene Konkurrenzsituation auch von der Reputation abhängig, durch die Erlösvorteile realisiert werden können.

Der *beschaffungsmarktbezogene Wettbewerb* ist einerseits durch Bemühungen um eine (volumendeterminierte) Senkung der Wareneinstandskosten gekennzeichnet. Andererseits wird im Wettbewerb um die möglichst ökonomische Ausübung von Handelsfunktionen über eine Funktionenvor- und -rückwälzung eine Distributionsrationalisierung angestrebt (Barth 1982, S. 107 f.), wodurch den auf die Verhältnisse der Handelsunternehmung abgestimmten Serviceleistungen von Lieferanten eine besondere Bedeutung im Wettbewerb zukommt. Diese Leistungen bestehen nicht nur in warengebundenen Aktivitäten, sondern auch in der Unterstützung des akquisitorischen Potentials der Handelsunternehmung, wie etwa besondere Verkaufsförderungstätigkeiten oder Werbekostenzuschüsse (Möhlenbruch 1985, S. 331), und sind im Gegensatz zum überwiegenden Teil der die Handelsleistung kennzeichnenden Maßnahmen leichter vor den übrigen Markteilnehmern geheim zu halten (sog. Geheimwettbewerb).

Innerhalb einer Branche konkurrieren Handelsunternehmungen mit verschiedenen handelsspezifischen Produktionsverfahren (Betriebstypen) miteinander, wodurch ein *betriebsfaktorbezogener Wettbewerb* interspezifisch primär um wahrgenommene Handelsfunktionen und intraspezifisch um Verfahrenskosten (Waren- und Handlungskosten) besteht. Aus Kundensicht äußert sich diese Wettbewerbsdimension interspezifisch in unterschiedlichen Preis-Leistungskombinationen (Qualitätswettbewerb) und intraspezifisch in Alternativen zur gesuchten Problemlösung (Preiswettbewerb), (Meyer-Ohle 1995, S. 77). Darüber hinaus nehmen standortübergreifende Ressourcen (insbesondere lieferantenbezogene Konditionen, Logistikkapazitäten, Know-how sowie die Finanzkraft) im funktionalen Wettbewerb eine wichtige Rolle in bezug auf den wettbewerblichen Handlungsspielraum ein. Der Betriebstyp bietet als Produktionsverfahren des Handels die Grundlage für die Marktleistung als erfüllte Handelsfunktionen, so daß Leistungsverbesserungen mit Prozeßinnovationen einhergehen. Innovationen können jedoch nur durch adäquate Informationen über mögliche und gewünschte Problemlösungsangebote zur Marktreife gebracht werden. Deshalb kann der Stellenwert der Information bzw. der informationsverarbeitenden Aktivitäten einer Handelsunternehmung mit der Bedeutung von Forschung und Entwicklung für industrielle Unternehmungen verglichen werden (Schenk 1996, S. 449).

2.2 Wettbewerbsdynamik und Innovationsbedarf

Das "Rivalisieren von Marktteilnehmern um Geschäftsabschlüsse mit Dritten" (Müller 1978, Sp. 1556) setzt eine Verfolgung ähnlicher Ziele zwischen konkurrierenden Unternehmungen voraus, welche durch den Aufbau komparativer Vorsprünge im *Parallelprozeß* bestrebt sind, im *Austauschprozeß* mit der Marktgegenseite vor der Konkurrenz zum Zuge zu kommen (Clark 1975, S. 271). Insofern ist Wettbewerb immer ein Entdeckungsverfahren (vgl. v. Hayek 1968, S. 249 ff.), in welchem die Konkurrenten nach besseren Möglichkeiten (*Innovationen*) suchen, um im Austauschprozeß Erfolge zu erzielen. Diese Annäherungsprozesse durch subjektive (*Betriebsneuheit oder -innovation*) oder objektive Neuerungen (*echte Innovation*) erstrecken sich dabei nicht nur auf das Produkt des Handels (Handelsleistung), sondern beinhalten auch eine Verfahrenskomponente im Sinne von Betriebstypeninnovationen (Möhlenbruch & Nickel 1995, S. 109).

Der Einzelhandel zeichnet sich zudem durch eine starke Wettbewerbsdynamik aus, die nicht zuletzt durch *fehlende Schutzrechte für Innovationen* und Marktbearbeitungskonzepte, eine hohe *Anpassungs- und Dispositionsflexibilität* der Wettbewerber (Möhlenbruch 1985, S. 131) sowie durch quantitative und qualitative *Nachfrageveränderungen* determiniert ist. Wettbewerbsvorsprünge können daher leicht eingeholt werden. Aufgrund dieser intensiven Marktdynamik sind Wettbewerbsvorteile nicht als Ergebnis einer statischen Ausrichtung der Marktbearbeitungskonzeption anzusehen, sondern Ausdruck einer *proaktiven Adaptionsstrategie*, welche sowohl absatz- als auch beschaffungsmarktbezogene Impulse unter dem Primat des unternehmungsindividuellen Handlungsspielraumes (Kernkompetenzen) verarbeitet. Deshalb wird die Suche nach möglichen Faktoren für dauerhafte Wettbewerbsvorteile zu einer wesentlichen Aufgabe des Handelsmanagements.

Einen wichtigen Ansatzpunkt zur Innovation bieten qualitative und quantitative Faktorkombinationsprozesse des Handels (Möhlenbruch & Nickel 1995, S. 116 f.). Dabei ist die Grenze zwischen Verbesserung des Leistungsproduktes und/oder Kostensenkungsmaßnahmen (*operative Innovation*) sowie einer Änderung des Produktionsverfahrens durch

Betriebstypeninnovationen (*strategische Innovation*) fließend. Zudem sind ohne zwingenden Ökonomisierungsdruck Variationen der Angebots- und Nachfrageseite möglich (Woll 1964, S. 34), wodurch die qualitative Wettbewerbsintensität erhöht wird. Generell läßt sich festhalten, daß immer dann ein Innovationsbedarf besteht, wenn eine Stabilisierung oder Verbesserung der Lage notwendig erscheint (Berthel 1982, S. 312). Im Gegensatz zum industriebetrieblichen Bereich ist jedoch aufgrund der Anpassungs- und Dispositionsflexibilität sowie relativ niedriger Markteintrittsbarrieren insbesondere im Einzelhandel ein hoher "Innovationsdruck" nahezu systemimmanent.

3 WETTBEWERBSVORTEILE VS. WETTBEWERBSVORSPRÜNGE: DAS KONSTRUKT "WETTBEWERBSVORTEIL"

3.1 Kriterien dauerhafter Wettbewerbsvorteile

Wettbewerbsvorteile sind Ausdruck einer gefestigten Position gegenüber den Wettbewerbskräften einer Branche (Porter 1995, S. 6). Die im Schrifttum genannten Attribute "dauerhaft" (Day; Wensley 1988, S. 3; Porter 1996, S. 31), "strategisch" (Simon 1988 a, S. 461 ff.) und "komparativ" (Backhaus 1997, S. 21 ff.) weisen jedoch auf die Existenz einer *Vielzahl unterschiedlicher Definitionen* des Konstruktes "Wettbewerbsvorteil" hin, so daß die Entwicklung einer klaren Begriffsbestimmung für den Einzelhandel notwendig erscheint.

Weitgehende Einigkeit besteht darin, daß sich Wettbewerbsvorteile auf ein *für Kunden wichtiges Leistungsmerkmal* beziehen (Alderson 1957, S. 101; Bamberger 1989, S. 80; Coyne 1986, S. 51; Day; Wensley 1988, S. 3; Faix; Görgen 1994, S. 163 f., Porter 1996, S. 15) und somit eine Grundlage zur Erwirtschaftung *dauerhaft* überdurchschnittlicher Gewinne bieten, welche die Erfolgswirksamkeit einer Strategie dokumentieren (vgl. Simon 1988 b, S. 3; Tomczak; Feige; Schögel 1994, S. 60 f.; Hannig 1993, S. 21 und die dort angegebene Literatur). Bei der o.g. Vielfalt möglicher Handelsleistungen bietet das gebotene Preis-/Leistungsverhältnis für die jeweilige Zielgruppe einen adäquaten subjektiven Bewertungsmaßstab, so daß Wettbewerbsvorteile im Einzelhandel immer dann vorliegen, wenn längerfristig "das Preis-/Leistungsverhältnis der Betriebsstätte im Sinne aktiver Nachfragelenkung besser auf das Bedürfnis- und Nutzenprofil der Kunden abgestimmt" (Barth 1982, S. 108) ist als jenes der Konkurrenten. Somit lassen sich Wettbewerbsvorteile, die einen quasi-monopolistischen Spielraum bieten, von kurzfristigen Wettbewerbsvorsprüngen abgrenzen (Faix; Görgen 1994, S. 161). Letztere sind Ausdruck kurzfristig aktiver Marktbeeinflussungsmaßnahmen und erodieren aufgrund mangelnder Absicherungsmöglichkeiten relativ schnell (Porter 1996, S. 31). Sie sind daher nicht geeignet, die Unternehmensposition nachhaltig zu verbessern. Die Dauerhaftigkeit von Wettbewerbsvorteilen impliziert somit zwei weitere Merkmale: *Unternehmensspezifität* (bzw. Nicht-Einholbarkeit) und *Reinvestition*, denn eine Überlegenheit im gesamten Leistungsprofil kann angesichts der Veränderungen in den Nachfrage- und Konkurrenzverhältnissen regelmäßig nur durch Reinvestitionen aufrechterhalten werden.

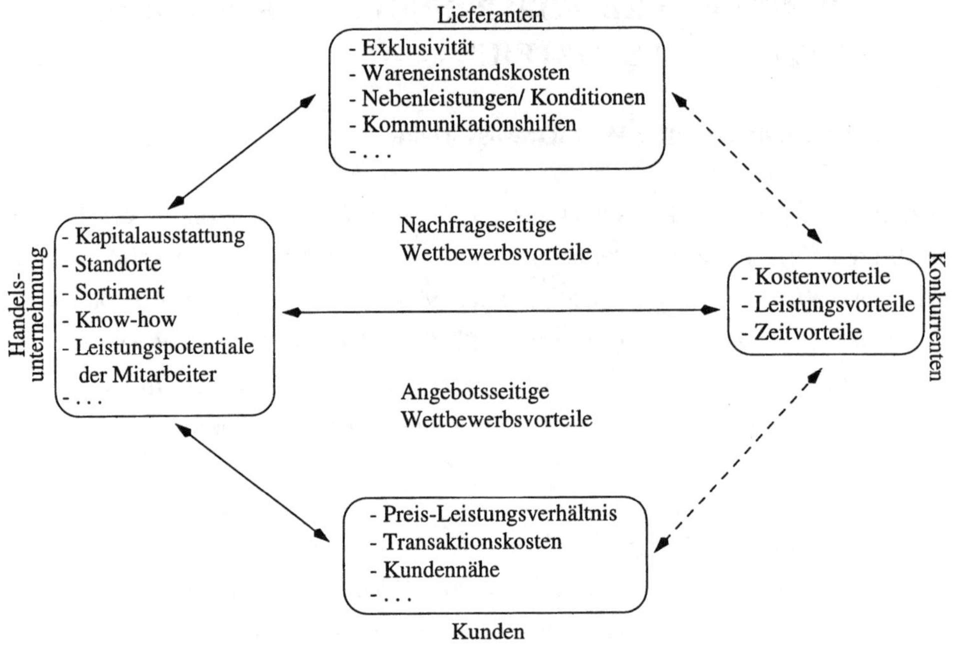

Abbildung 1: Das wettbewerbsstrategische Viereck im Einzelhandel
Quelle: Darstellung der Verfasser.

Damit wird deutlich, daß sich das Konstrukt "Wettbewerbsvorteil" auf Relationen zwischen Unternehmung, Konkurrenten und Kunden (*angebotsseitige Wettbewerbsvorteile*) sowie zwischen Unternehmung, Konkurrenten und Lieferanten (*nachfrageseitige Wettbewerbsvorteile*) bezieht (vgl. *Abbildung 1*). Aufgrund der Bipolarität der Handelsausrichtung empfiehlt sich die skizzierte Erweiterung des strategischen Dreiecks (Ohmae 1987, S. 71 ff.) um Lieferanten, durch die Wettbewerbsvorteile beispielsweise über Exklusivität der Belieferung, Qualität, "Vorverkauf" durch Kommunikationsmaßnahmen, Image, Wertschöpfungspartnerschaften oder Serviceleistungen realisiert werden können. Eine besondere Bedeutung kommt den intensiv diskutierten wirtschaftsstufenübergreifenden Wertschöpfungspartnerschaften zu (Friedrich, S. A.; Hinterhuber, H. H. 1995, S. 40 ff.), welche das Prinzip der dualen Führung im Handel (vgl. Barth 1996, S. 356 ff.) nicht nur im Operating durch prozeßorientiertes Supply Chain Management, sondern auch im Merchandising durch neue Kooperationsformen wie dem Category Management interorganisational ausweiten und die Effizienz von Wertschöpfungsprozessen erhöhen.

Wie bereits dargelegt, ist insbesondere das intraspezifische Wettbewerbsverhältnis (als Ergebnis realisierter Wettbewerbsvorteile) durch Kostenpositionen determiniert, während im interspezifischen Wettbewerb ein den Kundenvorstellungen entsprechendes Preis-/Leistungsverhältnis eine herausragende Bedeutung einnimmt. Aus der Sicht der Kunden bestimmen Transaktionskosten sowie die Qualität des gesamten Leistungsprodukts (Auswahl, Warenqualität, Beratung, Preisstellung, Warenverfügbarkeit etc.) die Wettbewerbsposition. Eine notwendige Voraussetzung zur Generierung der skizzierten angebots- und nachfrageseitigen Wettbewerbsvorteile sind unternehmensindividuelle Ressourcen wie beispielsweise Standorte, Mitarbeiterqualifikationen, Ladeneinrichtungen und Kapitalausstattung.

3.2 Die Kontroverse um mögliche Quellen von Wettbewerbsvorteilen

Obwohl hinsichtlich der Kriterien von Wettbewerbsvorteilen weitgehende Einigkeit im Schrifttum herrscht, sind die Quellen von Wettbewerbsvorteilen umstritten. Zwei grundsätzlich unterschiedliche Auffassungen lassen sich extrahieren: Während der *marktorientierte Ansatz* entsprechend einer Outside-in-Perspektive Marktwahl und Strategie als Ausgangspunkt einer erfolgreichen geschäftsfeldspezifischen Positionierung sieht (Porter 1996, S. 22; zu Knyphausen-Aufsess 1995, S. 24; Rasche 1994, S. 3), wird im Rahmen der Inside-out-Perspektive des *ressourcenorientierten Ansatzes* die Quelle in Unternehmensressourcen gesehen, welche durch die Strategiewahl zu geschäftsfeldübergreifenden *Kernkompetenzen* verwandelt werden können (vgl. Wernerfelt 1984, S. 171 f.; Rasche 1994, S. 219 f.; Rühli 1994, S. 43). Obwohl dieser Begriff häufige Verwendung findet, ist er bislang nicht hinreichend definiert worden. Im überwiegenden Teil der Literatur werden Kernkompetenzen mit der "Beherrschung von Schlüssel-Geschäftsprozessen wie Geschwindigkeit, Qualität, Präzision, Kosten oder Servicegrad sowie (...) der konsequenten Ausrichtung der Gesamtorganisation auf die unternehmerischen Ziele" (Suter 1995, S. 92) umschrieben. Offensichtlich handelt es sich bei Kernkompetenzen um "nicht-tangible, wissensbasierte Ressourcen, für die aufgrund ihres einzigartigen Charakters keine oder nur sehr unvollständige Faktormärkte bestehen" (Rasche 1994, S. 91). Kernkompetenzen werden als für die Realisierung von Kundennutzen signifkante, schwer imitierbare Fähigkeiten charakterisiert, welche der Unternehmung einen potentiellen Zutritt zu einer Vielzahl an Märkten ermöglichen (Pralahad & Hamel 1991, S. 285 f.).

Die Auseinandersetzung um die Erfolgserklärung mittels "Structure-Conduct-Performance"- und "Resources-Conduct-Performance"-Wirkungskette hat weitreichende Konsequenzen für die Identifikation möglicher Quellen von Wettbewerbsvorteilen. Der Argumentation des marktorientierten Ansatzes folgend sind die Quellen von Wettbewerbsvorteilen in generischen Strategien zu sehen (Porter, 1995, S. 62 ff.), welche jedoch durch den Aufbau von markt- und *unternehmensstrukturellen Voraussetzungen* wie Erfahrungskurveneffekte prinzipiell jedem Wettbewerber zugänglich sind (vgl. Hamel & Pralahad 1989, S. 66). Da sich marktliche Bedingungen im Zeitablauf wandeln und Positions- resp. Wettbewerbsvorteile erodieren bzw. durch Konkurrenzmaßnahmen angegriffen werden können (Suter 1995, S. 92), heben die Vertreter des ressourcenorientierten Ansatzes die Individualität der Unternehmensstrategie hervor, welche durch die *Heterogenität der Ressourcenausstattung* von Branchenwettbewerbern determiniert wird (Rasche 1994, S. 13 ff.). Im Vordergrund des strategischen Managements stehen nun organisationale Fähigkeiten sowie das "Strategic Fit" als Übereinstimmung von Fähigkeiten und Strategie (Kernkompetenzen). Diese Abkehr vom "umweltinduzierten Determinismus" (Rasche 1994, S. 13) ermöglicht die insbesondere mit den neueren Managementphilosophien einhergehende dynamische Prozeßbetrachtung (vgl. Rasche 1994, S. 19 f.).

Die Vertreter des ressourcenorientierten Ansatzes können sich jedoch nicht dem Argument verschließen, daß ein zielführender Einsatz der Unternehmensressourcen auf eine Abstimmung zwischen Unternehmensfähigkeiten und Marktstruktur angewiesen ist, da der Begriff der Kernkompetenz eine Relation von Unternehmensressourcen und Marktbedingungen darstellt (vgl. Rühli 1994, S. 50). Ebenso ist eine erfolgreiche Positionierung im Sinne des marktorientierten Ansatzes nur unter Nutzung der spezifischen Unternehmungspotentiale möglich, wie aus dem Verweis auf die Wertkette als Heuristik zur Erarbeitung von Wettbewerbsvorteilen deutlich wird (vgl. Porter 1996, S. 59 ff.). Die konträren Argumentationsketten lassen sich gemäß *Abbildung 2* zusammenfassen und bilden einen Ansatzpunkt für die weiteren Ausführungen.

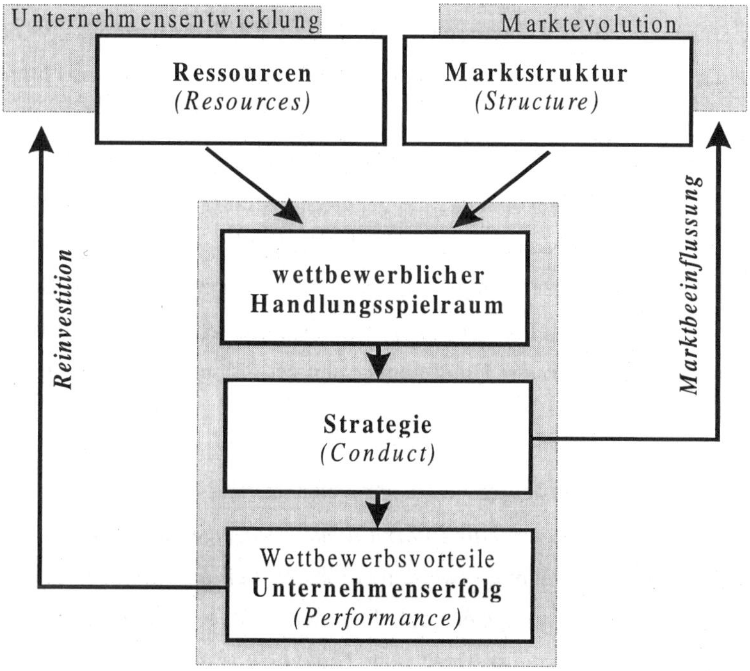

Abbildung 2: Integration von markt- und ressourcenorientiertem Ansatz

Quelle: Darstellung der Verfasser, angeregt durch Rasche 1994, S. 67.

Der wettbewerbliche Handlungsspielraum von Unternehmungen wird demnach durch Unternehmensressourcen und Marktbedingungen begrenzt. Mit der daraus generierten Strategie können höhere Wertigkeiten des Leistungsprodukts und/oder niedrigere relative Kosten realisiert werden, welche als Positionsvorteile die Basis von Wettbewerbsvorteilen darstellen (vgl. Day; Wensley 1988, S. 3 ff.).

4 ANSATZPUNKTE ZUR ENTWICKLUNG VON WETTBEWERBSVORTEILEN DURCH INNOVATIONEN IM EINZELHANDEL

4.1 Die Bedeutung der Marktinformation

Der rasante Entwicklungsfortschritt in der Informationsverarbeitung ist für den Handel wie für die Industrie gleichermaßen von Bedeutung. Durch die Einführung computergestützter geschlossener Warenwirtschaftssysteme (gWWS) in Verbindung mit Scannerkassen stehen artikelspezifische Lager- und Abverkaufsdaten in gewünschtem Umfang jederzeit zur Verfügung und lassen Rückschlüsse auf individuelle Warenkörbe und Marketingreaktionen zu. Diese Datenbasis kann durch die Nutzung weiterer Instrumente wie Self-Scanning, Kundenkarten oder Online-Services verfeinert werden. Zudem ermöglicht die Standardisierung des Datentransfers mittels Electronic Data Interchange (EDI) einen schnellen und umfassenden intraorganisationalen Transfer zwischen den Betriebsstätten sowie einen interorganisationalen Datenaustausch zwischen der Handelsunternehmung und ihren Marktpartnern, so daß Handlungskosten gesenkt und Logistikkapazitäten optimiert werden können.

Die Fähigkeit zum Datenaustausch sowie zur Datenaufbereitung und -interpretation kann daher über *horizontale und vertikale Informationsvorsprünge* zum wesentlichen Erfolgsfaktor einer Handelsunternehmung werden (Möhlenbruch & Nickel 1995, S. 107). Die Umsetzung derartiger Vorsprünge ermöglicht zudem Zeitvorteile, welche in der mehrperiodigen Betrachtung durch die systematische Nutzung und organisatorische Verankerung als "*economies of speed*" einen Ansatzpunkt zur Absicherung realisierter Wettbewerbsvorteile bieten. Somit ermöglicht erst ein leistungsfähiges Informationsmanagement zielführende Entscheidungen über *Kombinationen* fremderstellter Sachleistungen und eigenerstellter Dienstleistungen (Buddeberg 1959, S. 10) sowie die Optimierung von Faktorkombinationsprozessen.

4.2 Die Bedeutung spezifischer Unternehmensressourcen

Eine wesentliche Quelle von Wettbewerbsvorteilen wird im Schrifttum spezifischen, im Vergleich zu den Konkurrenten überlegenen Unternehmensressourcen zugeschrieben. Diese können materieller (z. B. Kapitalausstattung, Standorte, Ladeneinrichtung) und immaterieller (z. B. spezifisches Know-how, Kundendatenbanken, Geschäftsgeheimnisse) Natur sein und sind durch die Eigenschaften Unternehmensspezifität, Nicht-Imitierbarkeit, Nicht-Substituierbarkeit sowie die Fähigkeit der Nutzenstiftung am Markt gekennzeichnet (Rasche 1994, S. 68 ff.; zu Knyphausen-Aufsess 1995, S. 85 f. und die dort angegebenen Quellen). Die bisher vorliegenden Arbeiten weisen jedoch ein *Defizit bezüglich der Identifikation wettbewerbsrelevanter Ressourcen* (Kernkompetenzen) auf, so daß hilfsweise die interne und externe Erfolgsforschung zur Identifikation von Kernkompetenzen herangezogen werden muß. Allenfalls wird partiell auf die Wertkettenanalyse zur Identifikation vorhandener Kernkompetenzen verwiesen (Friedrich 1995, S. 89). Eine mögliche Ausgangsbasis bietet der im Einzelhandel weit verbreitete Betriebsvergleich. Diese Daten geben jedoch nur implizit Auskunft über Einkaufsstättenwahlkriterien, wodurch eine Ergänzung der Daten durch kundenbezogene Analysen, wie sie beispielsweise im Rahmen der Kundenzufriedenheitsforschung aufgezeigt werden, notwendig erscheint (Jungius & Poth 1997, S. 52 ff.). Da Handelsbetriebe aufgrund ihrer Mittlerfunktion quasi als "Arbitrageure" (Kirzner 1978, S. 61 und S. 68 ff.) zwischen Sachleistungsangebot und Problemlösungswünschen auf Marktbearbeitungsinformationen angewiesen sind, ist gerade im *kundenorientierten Informationsmanagement* eine für die Generierung von Wettbewerbsvorteilen unabdingbare immaterielle Ressource zu sehen.

Neben der Kapitalausstattung, den Logistikkapazitäten und der Ladeneinrichtung stellen Standorte eine besondere materielle Ressource von Handelsunternehmungen dar, weil diese zugleich ein absatzpolitisches Instrument im Rahmen der Marktbearbeitungskonzeption repräsentieren. Insbesondere attraktive Standorte in den Innenstädten und auf der "grünen Wiese" (§ 11 Abs. 3 BauNV) sind lediglich begrenzt verfügbar und bieten somit eine wichtige Basis für die Entwicklung von Wettbewerbsvorteilen.

Ressourcen eignen sich jedoch nur dann für die Generierung von Wettbewerbsvorteilen, wenn eine relative Ressourcenheterogenität zwischen den Wettbewerbern besteht (Rasche 1994, S. 55 f. und S. 88 f.). Diese ermöglicht eine Positionierung, die nicht kurzfristig durch Konkurrenten angegriffen werden kann. Darüber hinaus sind zielgruppen- und betriebtstypenspezifische Marktpotentiale zu berücksichtigen. Von daher kann die *Konstellation der branchenspezifischen Wettbewerbskräfte* als eine weitere Quelle möglicher

gruppennähe kann auch als Basis der Markterweiterung und Betriebstypenentwicklung genutzt werden. Die Diskussion um die Erhöhung von Kundennähe ("closeness to the customer") hat bereits vielfältige Möglichkeiten der Informationsbeschaffung für innovative Wettbewerbsvorstöße aufgezeigt (Matzler, Hinterhuber & Handlbauer 1997, S. 645 f.). Aber auch die Fähigkeit zum Dekodieren von Wettbewerbssignalen sowie zur Erstellung eines detaillierten Branchenbildes dient der Verbesserung der Wettbewerbsposition durch eine gezielte Positionierung beispielsweise in nicht-bearbeiteten (Nische) oder unterbesetzten Marktsegmenten (Versorgungslücke), (Böhler 1995, S. 98). Somit bildet die Zielgruppenänderung eine weitere wichtige Möglichkeit zum Aufbau von Wettbewerbsvorteilen.

4.3.2 Kostensenkung

Kostenvorteile können im Einzelhandel sowohl durch die Senkung von Handlungskosten als auch durch die Reduzierung von Waren(einstands-)kosten erzielt werden. Auch hier erfährt die Verbreitung neuer Informations- und Kommunikationstechnologien eine besondere Bedeutung. GWWS und die Nutzung inter- und intraorganisationaler Vernetzungen dienen der Erfassung artikelspezifischer Daten, welche unter Berücksichtigung von Verbundeffekten eine zielgerichtete Sortimentsbereinigung ermöglichen und die Automatisierung betrieblicher Bestellprozesse fördern (Gerling 1996, S. 19 f.). Hierdurch lassen sich stufenübergreifend *Lager- und Logistikkosten* senken sowie die Effizienz von Versorgungsketten durch kooperative Logistiklösungen im Rahmen einer Efficient Consumer Response (ECR) steigern. Die hierbei angestrebte Optimierung vertikaler Arbeitsteilung durch Funktionenrückwälzung auf vorgelagerte Wirtschaftsstufen sowie Funktionenwandel eröffnet erhebliche Möglichkeiten der Kostensenkung von *Wertschöpfungsprozessen.* Einen weiteren Ansatzpunkt zur Kostenreduzierung bietet die Organisationsstruktur in filialisierenden Einzelhandelsunternehmungen, bei denen zunehmend auf eine Kontroll- und Unterstützungsebene verzichtet wird. Eine derartige Umstrukturierung der Organisation setzt eine systematische Überprüfung aller *Unternehmensprozesse* im Sinne der Aufgabenanalyse voraus (Kosiol 1966, S. 64 ff.).

Sind die Kostensenkungspotentiale in den betrieblichen Prozessen weitgehend ausgeschöpft, können Handlungskosten durch *Reduktion des Instrumentaleinsatzes* gesenkt werden. So bietet beispielsweise der Verzicht auf eine aktive *Preispolitik* erhebliche

Einsparungen in den Komplexitätskosten. Die Kostensenkungsmöglichkeiten in der *Leistungs- und Beeinflussungspolitik* haben zudem häufig eine Neupositionierung der Einkaufsstätte im Rahmen eines Trading-down zur Folge, wodurch sich nicht nur die Zielgruppen, sondern auch das Konkurrenzfeld ändern. Hierbei können sich allerdings Konflikte im Hinblick auf das zukünftige Image der Einkaufsstätte ergeben. Aus diesem Grunde empfiehlt sich bei gegebenen Wettbewerbsverhältnissen zunächst eine Konzentration auf die Verbesserung innerbetrieblicher und stufenübergreifender Prozesse. *Wareneinstandskosten* lassen sich nicht nur durch volumendeterminierte Nachfrage (z. B. im Rahmen von Beschaffungskooperationen) oder intensive Konditionenverhandlungen (hard bargaining) senken, sondern auch durch den Wechsel von Lieferanten oder die mit der Einführung von Handelsmarken verbundene Auftrags- oder Eigenfertigung.

4.4 Möglichkeiten zur Absicherung von Wettbewerbsvorteilen

Vor dem Hintergrund der dargestellten Anpassungs- und Dispositionsflexibilität sowie fehlender Möglichkeiten eines Innovationsschutzes im Einzelhandel stellt die Erhaltung bereits erreichter Wettbewerbsvorteile einen großen Problembereich dar. Derartige Vorteile lassen sich aufgrund der aufgezeigten Marktdynamik häufig nur durch Reinvestition aufrechterhalten. Neben dem Auf- und Ausbau der Unternehmensressourcen sind hier vornehmlich strategische Investitionen denkbar, die an die Positionsvorteile unmittelbar anknüpfen (Wieandt 1994, S. 129 ff.). Diese können in Abstimmung mit den jeweiligen Kernkompetenzen beispielsweise eine Erhöhung des wahrgenommenen Kundennutzens (z. B. durch individuellen Service), eine Senkung der Wareneinstands- und Handlungskosten sowie die Reduzierung des Transaktionskostenpegels der Kunden durch Angebotsbündelung (z. B. auf der Grundlage von One-Stop-Shopping oder Cross Selling) beinhalten.

Die für den Industriebereich intensiv diskutierte Option der Marktbeeinflussung durch aggressive Preispolitik ist aufgrund der skizzierten Wettbewerbsdynamik im Handel eher gering. Dennoch können insbesondere durch innovative Marktbearbeitungskonzeptionen neue "Standards" etabliert werden, welche durch die Reputation des Innovators nicht nur einen quasi-monopolistischen Spielraum eröffnen, sondern auch die Konkurrenten unter Reaktionsdruck setzen. Beispielhaft kann hier der Vorstoß sog. Offprice-stores genannt werden, welche ausschließlich Sonderposten und Partien vermarkten (Schmalen 1997,

S. 409 f.).

Da wettbewerbsrelevante Ressourcen einem Erosionsprozeß (asset erosion) unterliegen, sind Investitionen in den *Ressourcenerhalt* und -aufbau mit dem Ziel einer Kompetenzakkumulation notwendig (Rasche 1994, S. 81). Insbesondere Metakompetenzen, die sich durch die Fähigkeit des organisationalen Lernens auszeichnen, dienen der Erarbeitung kreativer Problemlösungen, welche die Unternehmensentwicklung maßgeblich beeinflussen und Erfolgspotentiale aufbauen (Rasche 1994, S. 159 f.). Einen wichtigen Ansatz zur Verbesserung der organisationalen Wissensbasis bietet die Erfolgsforschung, deren Verbreitung im Einzelhandel derzeit relativ gering ist (Schröder 1996a, S. 98; Schröder 1996b, S. 58). Zielsetzung ist die Identifikation erfolgreicher eigener oder fremder Problemlösungskonzeptionen mittels Selbsteinschätzung, Kundenbefragung und Benchmarking-Techniken, wobei der Erfolg auf wenige Schlüsseldimensionen zurückgeführt wird (vgl. Burmann 1995, S. 265). Bei erfolgreicher Identifikation der Kernkompetenzen ist eine gezielte Reinvestition in den Ressourcenaufbau möglich.

4.5 Probleme bei der Operationalisierung des Wettbewerbsvorteilskonstruktes

Die vorangehenden Überlegungen dienten zunächst der Konzeptualisierung des Konstruktes "Wettbewerbsvorteil" im Einzelhandel. Da in der betrieblichen Praxis jedoch die Operationalisierung situativer und betriebsbezogener Wettbewerbsvorteile von Bedeutung ist, sind im folgenden mögliche Ansatzpunkte einer Präzisierung aufzuzeigen. Wie bereits erörtert, stellt insbesondere die Identifikation von Kernkompetenzen ein zentrales Problem bei der Entwicklung von Strategien zur Generierung von Wettbewerbsvorteilen dar, da hier sowohl unternehmungsinterne Daten als auch Konkurrenzdaten relevant sind. Der Einzelhandel zeichnet sich jedoch durch eine starke Heterogenität der Wettbewerber aus, deren strukturelle Merkmale durch sekundär-statistische Quellen nur schwer erfaßbar sind und deren Zahl insbesondere durch die Zunahme des virtuellen Handels in Zukunft steigen wird. Somit stellt sich die Frage nach einem Instrument zur Erkennung spezifischer Vorteile. Einen ersten Anhaltspunkt zur Analyse der Kostenstrukturen und Produktivitäten im Vergleich zu Wettbewerbern bietet der im Einzelhandel verbreitete interne und externe Betriebsvergleich. Imageanalysen sowie die systematische Nutzung vorhandener Kundendaten können zudem zur Operationalisierung der gegenwärtigen wettbewerblichen Positionierung sowie zur Identifikation zukünftiger Marktchancen genutzt werden

(Barth 1996, S. 129 ff.). Wie bereits in *Abbildung 3* skizziert, fällt eine Vielzahl von interpretationsfähigen Daten an, deren Wirkungsketten zu untersuchen sind.

Aus verwerteten Informationsvorsprüngen resultieren im Sinne des Zeitwettbewerbs häufig Kosten- und/oder Leistungsvorteile, die systematisch auf der Grundlage eines hohen Grades an Anpassungs- und Dispositionsflexibilität im Wettbewerbsgeschehen zu nutzen sind. Diese Vorteile sind wiederum auf Ursachenbündel zurückzuführen. Eine Messung der inter- und intraspezifischen Überlegenheiten ist daher nicht nur durch die Auswertung quantitativer, sondern auch qualitativer Steuerungsgrößen wie z. B. Image oder Kundenzufriedenheit möglich.

Eine Integration dieser absatzmarktbezogenen Daten in ein die Wettbewerbskräfte umspannendes *Früherkennungssystem zur Operationalisierung eines Handlungs- bzw. Innovationsbedarfs* als Grundlage der Implementierung einer proaktiven Wettbewerbsstrategie erscheint somit möglich. Einige Ansatzpunkte wurden in *Abbildung 3* aufgezeigt. Beispielsweise liegt mit abnehmender Kundenloyalität ein wichtiger Indikator zur Prüfung der aktuellen Marktbearbeitungskonzeption vor.

5 ENTWICKLUNGSPERSPEKTIVEN UND FAZIT

Insgesamt kann festgestellt werden, daß sich das Konstrukt "Wettbewerbsvorteil" im Einzelhandel auf das Viereck "Unternehmung- Kunden- Lieferanten- Wettbewerber" bezieht, wobei die Quellen von Wettbewerbsvorteilen im wesentlichen in den Faktoren Kosten- und Zeitvorsprung sowie Qualität und Flexibilität zu sehen sind. Voraussetzung für die Erschließung dieser Potentiale ist der Schlüsselfaktor Information, dem eine große Bedeutung für die Realisierung von Wettbewerbsvorteilen zukommt.

Weiterhin ist deutlich geworden, daß Wettbewerbsvorteile auf einer dauerhaft niedrigen Kostenposition bzw. dauerhaft besserer Leistung im Vergleich zur Konkurrenz beruhen, welche regelmäßig nur durch kontinuierliche Verbesserungen aufrechterhalten werden können. Vor dem Hintergrund intensiver Konkurrenzverhältnisse und Diskontinuitäten erscheint in vielen Betriebstypen des Einzelhandels somit zukünftig eher die Verfolgung hybrider Strategien geboten, bei denen gleichzeitig günstige Kostenpositionen und Leistungsvorteile angestrebt werden (Fleck 1995, S. 84 ff.). Während sich die Ermittlung der jeweils wesentlichen Kostenstrukturen relativ einfach gestaltet, ist die Operationalisierung der den Leistungsvorteil bewirkenden Faktoren jedoch ein äußerst komplexes Unterfangen, welches zudem hohe Reaktionsgeschwindigkeiten auf Umfeldveränderungen und teilweise sensible Reaktionen in bezug auf das Konstrukt Handelsleistung bedingt. Die Konsumenten nehmen beispielsweise nicht nur je nach Zielgruppenzugehörigkeit, sondern auch in Abhängigkeit von einer Vielzahl aktivierender Prozesse (Kroeber-Riel; Weinberg 1996, S. 53 ff.) sowie dem jeweiligen Anlaß der Problemlösungssuche (dringender Ersatzbedarf versus freizeitorientiertes Shopping) die Einkaufsstätte mit ihrem Leistungsangebot differenziert wahr. Einen wichtigen Anhaltspunkt für den Konsumenten zur Auswahl der Einkaufsstätte bieten zudem kognitive Prozesse und insbesondere Erfahrungen.

LITERATUR

Alderson, W.: Marketing Behavior and Executive Action, Homewood/Ill. 1957.

Backhaus, K.: Industriegütermarketing, 5. A., München 1997.

Bamberger, I.: Developing Competitive Advantage in Small and Medium-size Firms, in: Long Range Planning, 22. Jg. 1989, Nr. 5, S. 80–88.

Barth, K.: Die erkenntnisfördernde Bedeutung der Handelsfunktionen – Plädoyer für einen verkannten Forschungsansatz, in: Mitteilungen des Instituts für Handelsforschung an der Universität zu Köln, 34. Jg. 1982, Nr. 10, S. 106–111.

Barth, K.: Betriebswirtschaftslehre des Handels, 3. überarb. A., Wiesbaden 1996.

Berthel, J.: Innovationsorientierung von Personalführung und Management, in: BFuP, 34. Jg. 1982, Nr. 3, S. 302–322.

Böhler, J.: Marktdynamische Informationsvorsprünge, in: Trommsdorff, V. (Hg.): Handelsforschung 1995/96: Informationsmanagement im Handel, Jahrbuch der Forschungsstelle für den Handel Berlin (FfH) e.V., Wiesbaden 1995, S. 89–106.

Buddeberg, H.: Betriebslehre des Binnenhandels, Wiesbaden 1959.

Burmann, C.: Fläche und Personalintensität als Erfolgsfaktoren im Einzelhandel, Wiesbaden 1995.

Clark, J. M.: Wettbewerb und die Ziele der Wirtschaftspolitik: Wettbewerb als dynamischer Prozeß, in: Herdzina, K. (Hg.): Wettbewerbstheorie, Köln 1975, S. 271–286.

Coyne, K. P.: The Anantomy of sustainable Competitive Advantage, in: The McKinsey Quarterly, o. Jg, 1986, Spring, S. 50–65.

Day, G. S.; Wensley, R.: Assessing Advantage – A Framework for Diagnosting Competitive Superiority, in: Journal of Marketing, 52. Jg. 1988, April, S. 1–20.

Faix, A.; Görgen W.: Das “Konstrukt” Wettbewerbsvorteil. Grundlagen, Kennzeichnung und Planung, in: Marketing – ZFP, 16. Jg. 1994, Nr. 3, S. 160–166.

Fleck, A.: Hybride Wettbewerbsstrategien. Zur Synthese von Kosten- und Differenzierungsvorteilen, Wiesbaden 1995.

Friedrich, S. A.: Mit Kernkompetenzen im Wettbewerb gewinnen, in: io Management, 64. Jg. 1995, Nr. 4, S. 87–91.

Friedrich, S. A.; Hinterhuber, H. H. (1995): Handel und Industrie: Der Wertschöpfungspartnerschaft gehört die Zukunft, in: io Management, 64. Jg. 1995, Nr. 11, S. 40–44.

Gerling, M.: Automatische Disposition jetzt flächendeckend, in: Dynamik im Handel, 40. Jg. 1996, Nr. 10, S. 19–21.

Gluck, F. W.: Strategic Choice and Ressource Allocation, in: The McKinsey Quarterly, o. Jg. 1980, Winter 1980, S. 22–33.

Hallier, B.: Wal Mart-Mythos führt zur falschen ECR-Positionierung, in: Dynamik im Handel, 41. Jg. 1997, Nr. 4, S. 4–9.

Hamel, G.; Pralahad, C.K.: Strategic Intent, in: Harvard Business Review, 67. Jg. 1989, Nr. 3 (May/June), S. 63–76.

Hannig, U.: Die Entwicklung wettbewerbsorientierter Marketingsstrategien auf Basis des Konzepts der strategischen Gruppen, Frankfurt am Main 1993.

Hayek, F. A. von: Der Wettbewerb als Entdeckungsverfahren, Kiel 1968.

Hedderich, R.: Innovation, Imitation und Selektion im Handelsbetrieb, in: ZfB, 67. Jg. 1997, Nr. 5/6, S. 541–560.

Hoitsch, H.-J.; Lingnau, V.: Differenzierungsstrategie und Variantenvielfalt, in: Wirtschaftswissenschaftliches Studium, 24. Jg. 1995, Nr. 8, S. 390–395.

Jungius, U.; Poth, L. L.: Operationalisierung der Kundenzufriedenheit, in: Absatzwirtschaft, 40. Jg. 1997, Nr. 8, S. 52–56.

Kirzner, I. M.: Wettbewerb und Unternehmertum, Tübingen 1978.

Knyphausen-Aufsess, D. zu: Theorie der strategischen Unternehmensführung. State of the Art und neue Perspektiven, Wiesbaden 1995.

Kosiol, E.: Die Unternehmung als wirtschaftliches Aktionszentrum, Einführung in die Betriebswirtschaftslehre, Hamburg 1966.

Matzler, K.; Hinterhuber, H. H.; Handlbauer, G.: Erfolgspotential Kundenzufriedenheit

(1), in: WISU, 26. Jg. 1997, Nr. 7, S. 645–650.

Meyer-Ohle, H.: Dynamik im japanischen Einzelhandel. Einführung, Durchsetzung und Fortentwicklung neuer Betriebstypen 1954 bis 1994, Wiesbaden 1995.

Möhlenbruch, D.: Betriebswirtschaftliche Probleme einer Kontrolle der Nachfragemacht des Handels unter besonderer Berücksichtigung der Marktabgrenzung und des Diskriminierungsverbotes, Göttingen 1985.

Möhlenbruch, D.; Nickel, S.: Kooperationsstrategien als Element der wettbewerbsstrategischen Konzeption von Einzelhandelsunternehmungen, in: Trommsdorff, V. (Hg.): Handelsforschung 1994/95: Kooperation im Handel und mit dem Handel, Jahrbuch der Forschungsstelle für den Handel Berlin (FfH) e.V., Wiesbaden 1994, S. 3–22.

Möhlenbruch, D.; Nickel, S.: Innovationen und Informationsmanagement – Ansatzpunkte zur Entwicklung innovativer Strategien im Einzelhandel, in: Trommsdorff, V. (Hg.): Handelsforschung 1995/96: Informationsmanagement im Handel, Jahrbuch der Forschungsstelle für den Handel Berlin (FfH) e.V., Wiesbaden 1995, S. 107–122.

Müller, U.: Wettbewerbstheorie, in: Handwörterbuch der Volkswirtschaftslehre, Wiesbaden 1978, Sp. 1555–1556.

Müller-Hagedorn, L.: Handelsmarketing, 2. A., Stuttgart 1993.

Ohmae, K.: Japanische Strategien, Hamburg 1986.

Porter, M. E.: Wettbewerbsstrategie. Methoden zur Analyse von Branchen und Konkurrenten, 8. A., Frankfurt am Main 1995.

Porter, M. E.: Wettbewerbsvorteile. Spitzenleistungen erreichen und behaupten, 4. A., Frankfurt am Main 1996.

Pralahad, C. K. ; Hamel, G.: The Core Competence of the Corporation, in: HBR, 68. Jg. 1990, Nr. 3 (May-June), S. 79–91, wiederabgedruckt in: Montgomery, C. A.; Porter, M. E. (Hg.): Strategy. Seeking and Securing Competitive Advantage, Boston/Mass.: Harvard Business Press 1991, S. 277–290.

Rasche, C.: Wettbewerbsvorteile durch Kernkompetenzen. Ein ressourcenorientierter Ansatz, Wiesbaden 1994.

Rühli, E.: Die Resource-based View of Strategy, in: Unternehmerischer Wandel, Wiesbaden 1994, S. 31–57.

Schenk, H.-O.: Marktwirtschaftslehre des Handels, Wiesbaden 1991.

Schenk, H.-O.: Informationsmanagement aus der Sicht der Handelspsychologie, in: Trommsdorff, V. (Hg.): Handelsforschung 1996/97: Positionierung des Handels,

Jahrbuch der Forschungsstelle für den Handel Berlin (FfH) e.V., Wiesbaden 1996, S. 445–461.

Schmalen, H.: Wandel im Handel, in: WiSt, 26. Jg. 1997, Nr. 8, S. 405–411.

Schröder, H.: Benchmarking im Handel: Minimalprogramm, in: Absatzwirtschaft, 39. Jg. 1996, Nr. 9, S. 94–99.

Schröder, H.: Noch besteht hoher Nachholbedarf. Bestandsaufnahme zum Umfang des Benchmarking im Handel, in: LZ 1996, Nr. 47 vom 22.11.1996, S. 58–59.

Schumacher, A.: Unvollkommene Information in der neoklassischen Informationsökonomik und im evolutionsökonomischen Ansatz, Frankfurt am Main 1994.

Simon, H.: Management strategischer Wettbewerbsvorteile, in: ZfB, 59. Jg. 1988, Nr. 4, S. 461–481.

Simon, H.: Management strategischer Wettbewerbsvorteile, in: Simon, H. et al. (Hg.): Wettbewerbsvorteile und Wettbewerbsfähigkeit, Stuttgart 1988, S. 3–22.

Suter, A.: Kernfähigkeiten managen – strategisch und operativ, in: io Management, 64. Jg. 1995, Nr. 4, S. 92–95.

Tomzcak, T.; Feige, St.; Schögel, M.: Zum Management von komparativen Konkurrenzvorteilen im vertikalen Marketing – Ein Ergebnis einer empirischen Studie, in: Trommsdorff, V. (Hg.): Handelsforschung 1994/95: Kooperation im Handel und mit dem Handel, Jahrbuch der Forschungsstelle für den Handel Berlin (FfH) e.V., Wiesbaden 1994, S. 57–70.

Vidal, M.: Wettbewerbsstrategien für Pionierunternehmen, Frankfurt am Main 1993.

Wernerfelt, B.: A resource-based view of the firm, in: Strategic Management Journal, 5. Jg. 1984, S. 171–180.

Wieandt, A.: Die Entstehung, Entwicklung und Zerstörung von Märkten durch Innovationen, Stuttgart 1994.

Woll, A.: Der Wettbewerb im Einzelhandel – Zur Dynamik der modernen Vertriebsformen, Berlin 1964.

Beispiele für Kernkompetenzen im Handel sind eine segmentspezifische Kundenbindung durch entsprechende Leistungsangebote, besondere Beziehungen zum Beschaffungsmarkt, eine effiziente Ablauforganisation aber auch das Unternehmensimage oder die Firmenkultur in Zusammenhang mit der Firmengeschichte. Notwendige Voraussetzung zum Aufbau von Kernkompetenzen ist ein "Ressourcen-Check-Up", bei dem die strategisch relevanten Ressourcen des Unternehmens ermittelt und analysiert sowie Kompetenzlücken aufgedeckt werden können. Als Instrumente werden hierzu u. a. die Wertkettenanalyse, Kundenbefragungen oder auch die Skill-Cluster-Analyse vorgeschlagen (Freiling 1998a, S. 66; Freiling 1998b, S. 70–71).

Sollen nun darauf aufbauend Kompetenzlücken geschlossen bzw. neuartige Kernkompetenzen aufgebaut werden, stellt sich die Frage nach dem Instrumentenkasten für eine derartige Aufgabenstellung. In dieser Abhandlung sollen mit Hilfe faktortheoretischer Überlegungen Antworten auf diese Frage gefunden werden. Diesem Ansatz liegen folgende Überlegungen zugrunde:

In der Betriebswirtschaftslehre sind Produktionsfaktoren die zur Erreichung des sachlichen Betriebszieles notwendigen Mittel (Maleri 1994, S. 117–118). Faktorsysteme haben in diesem Zusammenhang insbesondere die Produktions- und Kostentheorie maßgeblich beeinflußt (Kern; Fallaschinski 1978, S. 580; Weber 1980, S. 1057 und S. 1067; Schanz 1997, S. 556–557). Etwas grundlegender formuliert kann damit eine möglichst vollständige Erfassung der Produktionsfaktoren eine wichtige Basis für die problemgerechte wissenschaftliche Beschäftigung mit betriebswirtschaftlichen Optimierungskalkülen im Rahmen von Ansätzen, Theorien, Konzepten, Prozessen und Methoden bilden (Gutenberg 1983, S. 4; Bohr 1979, Sp.1490) und Ausgangspunkt für die Ausgestaltung von handelsbetrieblichen Kernkompetenzen und Innovationen im Wettbewerb sein (Zelewski 1994, S. 70).

Diese Aufgaben können Faktoraufstellungen dabei um so besser erfüllen, wenn diese nicht nur erfaßt würden, sondern es zusätzlich gelänge, die Beziehungen zwischen ihnen abzubilden – eine Anforderung, die sich im übrigen auch aus dem Begriff des Produktionfaktorsystems ableiten ließe, da ein System nicht nur die Elemente, sondern auch die Beziehungen zwischen den Elementen abbilden sollte (Ulrich 1970, S. 105).

Gemessen an diesen Anforderungen können die existierenden Produktionsfaktorsysteme für Handelsbetriebe nicht überzeugen (vgl. Buddeberg 1959; S. 41–55; Klein-Blenkers 1964, S. 196–259; Marzen 1987, S. 53–58; Falk; Wolf 1992, S. 53–98; Lerchenmüller 1995, S. 202–236; Barth, 1996, S. 52–81). Wie die nachfolgenden Ausführungen zeigen werden, sind sie aus heutiger Sicht weitestgehend unvollständig, berücksichtigen die Beziehungen zwischen den Faktoren nicht ausreichend und geben schließlich dem Manager in der Unternehmenspraxis zu wenige Anhaltspunkte, um die aufgestellten Systeme für die Entscheidungsfindung und -durchsetzung im Betrieb bzw. die Suche nach innovativen Handelsleistungen zu nutzen.

Ziel dieser Abhandlung soll es daher sein, ein handelsbetriebliches Faktorsystem zu entwickeln, welches den genannten Anforderungen nach Vollständigkeit sowie Abbildung des Beziehungssystems entspricht und welches Impulse für die Ausgestaltung handelsbetrieblicher Innovationen geben kann.

In diesem Sinne sollen – aufbauend auf einige grundlegende Überlegungen zur Faktortheorie (Abschnitt 2) – die Leistungsfaktoren des Handels im dritten Abschnitt isoliert und kurz charakterisiert werden. Abschnitt vier dient dann einer vertiefenden und systematisierenden Analyse der Beziehungen der verschiedenen Leistungsfaktoren untereinander. Dabei soll auch die Brücke zwischen dem Faktorsystem und dem Innovationsmanagement im Handel geschlagen werden. Die Ergebnisse der Abhandlung werden im abschließenden fünften Abschnitt zusammengefaßt.

2 VOM PRODUKTIONS- ZUM LEISTUNGSFAKTORSYSTEM

Die Beschäftigung mit Produktionsfaktorsystemen hat in den Wirtschaftswissenschaften eine lange Tradition. Als Begründer der heutigen Produktionsfaktortheorie in der Betriebswirtschaftslehre kann ohne Zweifel Gutenberg angesehen werden. 1951 veröffentlichte er in seinem Buch "Die Grundlagen der Betriebswirtschaftslehre" ein Modell von Produktionsfaktoren, welches bis heute das einzelwirtschaftliche Denken beeinflußt (Gutenberg 1951; Hundt 1977, S. 135–141).

Produktionsfaktoren werden direkt oder indirekt benötigt, um den Prozeß der betrieblichen Leistungserstellung und -verwertung zu unterstützen. Das bedeutet, sie werden im Rahmen der Beschaffung, der Produktion und des Absatzes sowie zur Erhaltung der Betriebsbereitschaft eingesetzt (Busse von Colbe, Lassmann 1988, S. 76).

In diesem Zusammenhang wird häufig die Frage aufgeworfen, ob Produktionsfaktoren entgeltlich oder unentgeltlich zur Verfügung stehen sollten (Bohr 1979, Sp.1482). Dieser Aspekt soll hier nicht berücksichtigt werden, da sich diese Eigenschaft eines Faktors branchen-, unternehmens- oder auch situationsspezifisch verändern kann. In besonderer Weise zeigt sich das am Beispiel der natürlichen Umwelt, die lange Zeit keine Berücksichtigung in Produktionsfaktorsystemen gefunden hat, weil sie als freies Gut angesehen wurde (Reese 1994, S. 743). Eine frühzeitige Sensibilisierung von Wissenschaft und Praxis für die Bedeutung der natürlichen Umwelt im Rahmen der Leistungserstellung und -verwertung hätte möglicherweise die außerordentlichen Anpassungsprobleme abmildern können, denen sich die Wirtschaft gegenwärtig angesichts steigender Umweltprobleme und dadurch entstehender Kosten der Umweltnutzung ausgesetzt sieht (ähnlich argumentierte bereits Weber 1980, S. 1063).

In dieser Untersuchung sollen daher alle Faktoren Berücksichtigung finden, die zur Erstellung der handelsbetrieblichen Leistung beitragen, unabhängig davon, ob sie (gegenwärtig) Kosten verursachen (Kern, Fallaschinski, 1978, S. 582).

Die handelsbetriebliche Leistung kann dabei als Kombination von fremderstellten Sachleistungen mit eigenerstellten Dienstleistungen verstanden werden, welche auf dem Absatzmarkt angeboten wird (Gümbel 1985, S. 72–73). Daraus erwächst der Doppelcharakter des Handels als Dienst- und Sachleister (Hansen 1990, S. 157). Um dieser Besonderheit des handelsbetrieblichen Leistungsprozesses auch terminologisch gerecht zu werden und gleichzeitig der Idee einer primär marktorientierten Kombination der Faktoren zu entsprechen, soll anstatt von Produktionsfaktoren weiterhin von Leistungsfaktoren gesprochen werden (ähnlich: Hansen 1990, S. 158; Barth 1996, S. 53 ff.).

3 DIE LEISTUNGSFAKTOREN DES HANDELS

Dispositiver Leistungsfaktor

Die Kombination der Elementarfaktoren ist das Ergebnis von bewußtem menschlichen Handeln. Die Leistungsfähigkeit dieses sogenannten dispositiven Faktors determiniert damit maßgeblich den Erfolg und die Innovationskraft der Leistungserstellung. Diese originäre dispositive Funktion wird von der Geschäftsleitung übernommen (Gutenberg 1983, S. 5–8). Sie bedient sich dazu der derivativen Funktionen der Planung, Entscheidung, Entscheidungsdurchsetzung und Kontrolle sowie der Organisation und Personalführung (Weber 1980, S. 1059). Aus Sicht des Handels stellt in diesem Zusammenhang insbesondere die Organisation und Entscheidungsfindung in Filialbetrieben eine große Herausforderung dar. Zudem sei angemerkt, daß dem dispositiven Faktor die entscheidende Rolle bei der Gestaltung der "weichen" Erfolgsfaktoren wie der Unternehmenskultur oder dem Betriebsklima zukommt.

Angesichts der Fortschritte bei der Entwicklung der Informationstechnologie und der Forschungsergebnisse im Bereich der künstlichen Intelligenz soll hier darauf hingewiesen werden, daß in zunehmendem Maße auch die Computer-Software als dispositiver Faktor angesehen werden kann. So verfügen wissensbasierte Programme in einem abgegrenzten Bereich über Expertenwissen und sind fähig, dieses eigenständig zur Lösung von Problemen anzuwenden (Gabriel; Gluchowski 1997, S. 537–538). Im Rahmen von ECR-Projekten werden darüber hinaus bereits Routineentscheidungen wie die Nachbestellung von Ware durch die EDV gefällt.

Zukünftig erscheint daher eine Unterteilung des originären dispositiven Faktors in einen menschlichen und einen technologischen Leistungsfaktor als problemgerecht.

Leistungsfaktor "Ausführende menschliche Arbeit"

Grundlage faktortheoretischer Untersuchungen der menschlichen Arbeitskraft ist das von ihm zur Verfügung gestellte Arbeitspotential und nicht der arbeitende Mensch (Heinen 1983, S. 216). Die Ergiebigkeit der menschlichen Arbeitsleistung im Betrieb ist das komplexe Ergebnis sozialer, psychischer und physischer Eigenschaften des Menschen (Gutenberg 1983, S. 11–70) und hängt ab vom Einsatz seiner körperlichen, geistigen und seelischen Energie. (Maleri 1994, S. 154–155).

Die hohe Bedeutung der menschlichen Arbeitskraft für die handelsbetriebliche Leistungserstellung zeigt sich nicht nur darin, daß durchschnittlich über 50% der Handlungskosten auf ihn entfallen. Vielmehr sehen Autoren des Ressourcenansatzes die menschliche Arbeitskraft generell als wesentlichen Baustein für die Entwicklung von Kernkompetenzen und damit von anhaltenden Wettbewerbsvorteilen (Barney 1991, S. 101 u. 110–111; Freiling 1998a, S. 64). Dieses ist für den Handel von besonderer Bedeutung, da die Kernkompetenz eines Händlers letztlich nur aus der spezifischen Kombination fremderstellter Sachleistungen mit eigenerstellten Dienstleistungen hervorgehen kann. Die Qualität und Innovationskraft dieser Dienstleistungen hängt wiederum maßgeblich von der Leistungsbereitschaft und Leistungsfähigkeit der sie erstellenden Personen ab.

Leistungsfaktor "Sachliche Betriebsmittel"

Sachliche Betriebsmittel können unterschieden werden in die Potential- und die Verbrauchsfaktoren. Potentialfaktoren zeichnen sich dadurch aus, daß sie nicht beliebig oder gar nicht teilbar sind, in aller Regel dem Anlagevermögen zugerechnet werden und ihr Verzehr sinnlich selten wahrnehmbar und damit auch schwer zu messen ist (Heinen 1983, S. 215). Wichtige handelsbetriebliche Potentialfaktoren sind Grundstücke, Gebäude, Ladeneinrichtungen, Kühlanlagen, Warenwirtschaftssysteme oder der Fuhrpark. Herauszuheben ist dabei der Standort eines Handelsbetriebes, da die teilweise restriktive Ausweisung von Gewerbeflächen durch die Kommunen in diesem Zusammenhang nicht selten zu erheblichen Markteintrittsbarrien führt.

Verbrauchsfaktoren sind dagegen solche Betriebsmittel, die im betrieblichen Leistungsprozeß verbraucht und sofort als Aufwand verbucht werden (vgl. Heinen 1983, S. 247). Zu den Verbrauchsfaktoren gehören beispielsweise Energieträger, Reinigungsmittel oder auch Bonrollen.

Leistungsfaktor "Handelsware"

Die Ware kann nicht als durchlaufender Posten angesehen werden. Der Handel erhöht vielmehr die Verwendungseignung der Ware, indem er sie mit eigenerstellten Dienstleistungen kombiniert (Henzler 1962, S. 146–147). Je nach Betriebsform entfallen 60 bis 90% der handelsbetrieblichen Kosten auf den Leistungsfaktor Ware, was seine außerordentliche Bedeutung für den Handel unterstreicht (Barth 1996, S. 66–67).

Um dieser Besonderheit der handelsbetrieblichen Leistungserstellung gerecht zu werden, ersetzt Buddeberg den Faktor Werkstoffe aus industriebetrieblichen Produktionsfaktorsystemen durch den Regiefaktor Ware: "Die Handelswaren laufen durch den Betrieb und verbleiben dabei eine gewisse Zeitstrecke sozusagen in der Regie der Handelsbetriebe." (Buddeberg 1959, S. 42).

Die Einordnung der Ware als eigenständiger Leistungsfaktor ist unstrittig; er ist in allen handelsspezifischen Faktorkatalogen bzw. -systemen enthalten.

Leistungsfaktor "Kapital"

Obwohl Gutenberg zu der Überzeugung gekommen ist, daß ohne die Beschaffung und Verwendung von Kapital die Leistungserstellung und -verwertung in Marktwirtschaften nicht möglich ist, hat er das Kapital nicht in sein Faktorsystem aufgenommen (Gutenberg 1983, S. 2). Marzen wehrt sich in diesem Zusammenhang vehement gegen die Berücksichtigung der finanziellen Sphäre und weist darauf hin, daß es sich bei den Sachmitteln und dem Warenbestand auf der einen und dem Kapital auf der anderen Seite um zwei verschiedene Begriffe für eine Sache handelt (Marzen 1987, S. 55–56; ähnlich: Kern; Fallaschinski 1979, S. 7).

Dieser Argumentation ist entgegenzuhalten, daß zur Sicherung des finanziellen Gleichgewichts eines Handelsunternehmens zwischen den genannten Positionen bestimmte Beziehungen beachtet werden müssen, aus denen sich neuartige und eigenständige Problemstellungen ergeben (Buddeberg 1959, S. 42; Lerchenmüller 1995, S. 225). Zudem kann das Kapital im Sinne von Finanzkraft bzw. Liquidität als Potential verstanden werden, welches einem Unternehmen die Flexibilität verleiht, auf unterschiedliche Situationen im Wettbewerb angemessen reagieren zu können. Demgemäß kann das Kapital zum entscheidenen Faktor beim Aufbau von Kernkompetenzen werden.

Aus diesen Gründen soll der Argumentation gefolgt werden, daß das Kapital als Leistungsfaktor anzusehen ist. Um seine besondere Stellung zu unterstreichen, wird der Faktor Kapital häufig auch als Nominalfaktor bezeichnet (exemplarisch Weber 1980, S. 1061–1062; Corsten 1990, S. 100; Maleri 1994, S. 162–163).

3.1 Leistungsfaktor "Information"

Sämtliche Aufgaben im Rahmen des handelsbetrieblichen Kombinationsprozesses sind durch Informationsbeziehungen miteinander verbunden, weshalb die Innovationskraft der betrieblichen Leistung in hohem Maße vom Integrationsgrad der Informationssysteme und der Güte der Information abhängt (Martiny; Klotz 1989, S. 17). Maleri bezeichnet Informationen in diesem Zusammenhang als Wirtschaftsgüter, die als Produktionsfaktoren, als Produkte oder als Teile von Produkten in Form von Daten, Texten, Bildern oder (gesprochener) Sprache auftreten (Maleri 1994, S. 157–158).

Obwohl die damit unterstrichene Bedeutung von Informationen für den betriebswirtschaftlichen Leistungsprozeß nie bezweifelt wurde, hat sie als immaterieller Leistungsfaktor erst spät Einzug in Faktorsysteme gefunden. Angesichts dieser Argumente muß es dabei überraschen, daß der Leistungsfaktor Information auch in den neueren handelsbetrieblichen Faktorsystemen von Marzen, Falk/Wolf, Lerchenmüller und Barth nicht explizit berücksichtigt wird.

3.2 Leistungsfaktor "Ökologische Umwelt"

Die ökologische Umwelt bildet die Lebensgrundlage des Menschen und gleichzeitig eine wesentliche Begrenzung seines Handelns. Sie wirkt in zweifacher Weise an der Erstellung handelsbetrieblicher Marktleistungen mit: Sie dient als Quelle natürlicher Ressourcen (z. B. Erdöl, Erdgas, Tierarten) und als Senke für Abfälle und Umweltgifte (z. B. Atmosphäre, Luft, Boden); (Meadows; Meadows 1992, S. 35–135).

Ökologische Leistungsfaktoren finden teilweise bereits in anderen Leistungsfaktoren ihren Niederschlag. So gelangen Ressourcen über die Urerzeugung und die Weiterverarbeitung in die Wertschöpfungskette und werden beispielsweise über die Ware erworben. Ebenso können zugekaufte Dienstleistungen wie z. B. die Entsorgung von Abfall ein Spiegelbild des Umweltverbrauchs sein. Andere ökologische Faktoren, wie das Sonnenlicht oder die Atmosphäre als Aufnahmemedium für Abgase finden demgegenüber noch keine Berücksichtigung, obwohl sie Bestandteil bzw. Voraussetzung des Leistungsprozesses sind.

Der Leistungsfaktor Ökologie wurde bislang in kein handelsbetriebliches Faktorsystem aufgenommen. In industriellen bzw. universellen Faktorsystemen wird die Ökologie beispielsweise bei Corsten explizit berücksichtigt (vgl. Corsten 1990, S. 102; ein Hinweis auf den Produktionsfaktor Ökologie findet sich auch bei Kern, Fallaschinski 1979, S. 7). Daran angelehnt und in Anknüpfung an die Ausführungen aus dem Abschnitt 2. soll hier aus zwei Gründen für die Aufnahme der Ökologie als eigenständigen Leistungsfaktor des Handels plädiert werden:

1. Der wachsende Umweltverbrauch erweist sich immer mehr als Existenzfrage (vgl. imug 1997, S. 18). Will ein Handelsbetrieb seiner gesellschaftlichen Verantwortung in dieser Frage gerecht werden, bedarf es demgemäß auch der Berücksichtigung des gesamten Umweltverbrauchs des Unternehmens.
2. Die ökonomische Betroffenheit des Handels von ökologischen Fragestellungen wird bislang noch unterschätzt (Funck 1996, S. 91–132). Zudem zeigt sich, daß der Umweltverbrauch in immer stärkerem Maße mit Gebühren und Abgaben belastet wird. Es ist deshalb auch ökonomisch rational, den gegebenenfalls noch kostenfreien Umweltverbrauch eines Handelsbetriebes zu analysieren, um eventuelle zukünftige (Opportunitäts-) Kosten der Nutzung dieses Leistungsfaktors abschätzen zu können. Darauf aufbauend könnten beispielsweise Möglichkeiten zur Vermeidung, Verminderung oder auch Substitution des entsprechenden Faktors gesucht werden (Hallay 1996, S. 27–29).

Um einzelnen Leistungsfaktoren nicht mehrfach in einem Leistungsfaktorsystem zu berücksichtigen, sind der "Ökologie" alle diejenigen Elemente zuzuordnen, die nicht bereits als entgeltliche Leistungsbestandteile bei anderen Faktoren berücksichtigt wurden (z. B. Betriebsmittel, Ware, Gebühren für den Grünen Punkt).

Unter dem Gesichtspunkt der Ausgestaltung innovativer Handelsleitungen (z. B. Handelsmarken, Betriebsformen) spielt die Beachtung ökologischer Restriktionen segmentspezifisch eine herausragende Rolle. In diesem Zusammenhang erscheint es sogar denkbar, daß sich Handelsbetriebe zukünftig zu ökologisch ausgerichteten Handels-, Dienstleistungs- und Beratungszentren entwickeln (Funck 1996, S. 172).

Leistungsfaktor "Fremdleistungen"

Im Rahmen der handelbetrieblichen Leistungserstellung und -verwertung wird eine Vielzahl von Dienstleistungen von den verschiedenen Beschaffungsmärkten bezogen. Dazu gehören beispielsweise Ergebnisse der Marktforschung, die Erstellung von Marketing- und Werbekonzepten, die Beratung bei der Einrichtung von Qualitätsmanagementsystemen oder auch die Regalpflege der Lieferanten. Dem Begriff der Fremdleistung sollen hier auch Verfügungsrechte von Dritten in Form von Patenten, Marken etc. subsumiert werden.

Über die Eigenständigkeit der Fremdleistungen als immaterieller Leistungsfaktor des Handels ließe sich insofern diskutieren, weil sie sich aus anderen Leistungsfaktoren wie Information und menschliche Arbeit zusammensetzt. Dennoch erscheint es berechtigt, die Fremdleistungen in ein Faktorsystem des Handels aufzunehmen, da sie in ihrer spezifischen und häufig individualisierten Kombination teilweise eine erhebliche Bedeutung für die Herausbildung von Kernkompetenzen und für die Gestaltung innovativer Handelsleistungen besitzen (ähnlich: Kern; Fallaschinski 1979, S. 8). Eine Vielzahl von Autoren berücksichtigt demgemäß auch die Fremdleistungen in ihren Faktorsystemen (exemplarisch Weber 1980, S. 1059 u. 1065–1066; Marzen 1987, S. 55; Busse von Colbe; Laßmann 1988, S. 81–83; Maleri 1994, S. 156–157).

Leistungsfaktor "Zeitliche Leistungsbereitschaft"

Sowohl Klein-Blenkers als auch Marzen weisen die Zeit als eigenständigen Leistungsfaktor aus (Klein-Blenkers 1964, S. 252–259; Marzen 1987, S. 55). Gegen diese Vorgehensweise spricht erneut, daß die Nutzung der Zeit sich letztlich in anderen Faktoren widerspiegelt (z. B. menschliche Arbeit, Zinsen für Kapitalnutzung). Dieser Argumentation ist aber entgegenzuhalten, daß die Zeit in den meisten Fällen konstitutives Element von Handels- und auch Dienstleistungsunternehmen ist, da der für den Leistungserstellungsprozeß notwendige Kundenkontakt ohne eine unverbindliche zeitliche Leistungsbereitschaft seitens des Unternehmens i.d.R. schwer zu realisieren ist. In diesem Zusammenhang mag die immer wiederkehrende und recht kontroverse Diskussion um das Ladenschlußgesetz als Indiz der außerordentlichen Bedeutung der zeitlichen Leistungsbereitschaft für die Leistungserstellung und -verwertung im Handel gelten. Dabei hat sich gezeigt, daß die unterschiedliche Ausgestaltung der zeitlichen Leistungsbereitschaft häufig ein Ansatzpunkt bei der Entwicklung neuartiger Handelsleistungen war (z. B. Tankstellen-Shops).

3.3 Leistungsfaktor "Kunde"

Die betriebliche Leistungserstellung und -verwertung in einer Marktwirtschaft ist in jedem Fall durch ein Mindestmaß an Kundenintegration gekennzeichnet (Engelhardt;

Kleinaltenkamp; Redckenfelderbäumer 1993, S. 415; Kleinaltenkamp 1997, S. 350).

Hinsichtlich der Art und Weise der Kundenintegration im Handel kann zunächst der Kunde persönlich gefordert sein, sich an der Leistungserstellung zu beteiligen, indem er immaterielle Leistungen in Form von Zeit (z. B. Warteschlange an der Kasse), Arbeitsleistungen (z. B. Abwiegen von Obst), Informationen (z. B. Marktforschungsergebnisse als Grundlage der Sortimentsgestaltung) oder Nominalgütern (z. B. Vorfinanzierung eines Kaufs) zur Verfügung stellt. Darüber hinaus kann sich der Kunde auch mit materiellen Gütern am Leistungsprozeß beteiligen. Dies geschieht in der Regel dann, wenn die Erhaltung oder Veränderung dieser materiellen Güter (z. B. Reparaturservice für ein technisches Gerät) zum Gegenstand der Nutzenstiftung erhoben wird (Maleri 1994, S. 131–133).

Aus nicht nachvollziehbaren Gründen hat der Kunde bislang keine formale Berücksichtigung in den Leistungsfaktorsystemen von Handelsbetrieben gefunden. Lediglich Barth verweist in einer Randbemerkung auf die Möglichkeit der Beteiligung externer Faktoren am handelsbetrieblichen Leistungsprozeß (Barth 1996, S. 77). Dies muß insbesondere deshalb verwundern, weil sich durch die unterschiedliche Beteiligung des Kunden im Zeitverlauf neue Betriebsformen gebildet haben (z. B. SB-Handel) und durch diese Betrachtungsweise zudem der Blick für mögliche Innovationspotentiale auf dem Absatzmarkt – vor allem hinsichtlich der Zusammenstellung von Sortimenten und des Angebotes an selbsterstellten Dienstleistungen – erheblich geschärft werden könnte.

4 LEISTUNGSFAKTORSYSTEME UND INNOVATIONSMANAGEMENT

Um den eingangs formulierten Zielen dieser Abhandlung zu entsprechen, dient dieser Abschnitt einer Ordnung der dargestellten Leistungsfaktoren des Handels (Abschnitt 4.1.) und einer vertiefenden Analyse ihrer Beziehungen untereinander (Abschnitt 4.2.). Abschließend soll die Kombination der Leistungsfaktoren im Rahmen des handelsbetrieblichen Innovationsmanagements thematisiert werden (Abschnitt 4.3.).

4.1 Ordnung der Leistungsfaktoren des Handels

Die Analyse im zweiten Kapitel hat insgesamt zehn handelsbetriebliche Leistungsfaktoren ergeben, die zur Gestaltung innovativer Handelsleistungen genutzt werden können.

Besteht nun die Absicht, diese zwecks einer übersichtlicheren und möglichst auch graphischen Darstellung in eine Ordnung zu bringen, so werden hierfür in der Literatur verschiedene Ansätze diskutiert. Die nachfolgende *Tabelle 1* gibt einen Überblick über die existierenden Unterscheidungskriterien (in Anlehnung an Corsten 1990, S. 90):

Tabelle 1: Systematisierungskriterien der Leistungsfaktoren

Kriterium	**Leistungsfaktorklasse**	
Knappheit	freies Gut	Wirtschaftsgut
Verbrauch	Potentialfaktoren	Verbrauchsfaktoren
Gattung	personell	sachlich
Materialität	materiell	immateriell
Teilbarkeit	teilbar	nicht teilbar
Sphäre	real	nominal
Produktionsstufe	originär	derivativ
Art der Teilnahme	aktiv	passiv
autonome Disponierbarkeit	intern	extern

Die Frage nach der "Knappheit" wurde in Kapitel 2 behandelt. Die Kriterien "Verbrauch", "Gattung", "Materialität", "Teilbarkeit", "Sphäre" und "Produktionsstufe" haben bereits Einzug in die Ausführungen zu den einzelnen Faktoren gefunden. Die "Art der Teilnahme" (aktiv oder passiv) ist nur sinnvoll im Zusammenhang mit der nachfolgend zu vertiefenden Frage zu diskutieren, ob die Unterscheidung nach der "autonomen Disponierbarkeit" in interne und externe Leistungsfaktoren sinnvoll erscheint.

Als Unterscheidungskriterium für die Einteilung in interne und externe Faktoren wird in der Regel die autonome Disponierbarkeit herangezogen (vgl. Corsten 1990 S. 90–94; Maleri 1994, S. 130). An dieser Argumentation ist zu kritisieren, daß die Disponibilität der verschiedenen Leistungsfaktoren allenfalls tendenziell damit zusammenhängt, ob sie der Sphäre des Unternehmens oder seiner Umwelt zuzurechnen sind. Beispielsweise können langjährige und entsprechend geschützte Mitarbeiter durchaus weniger disponibel sein als Kunden, die aufgrund langjähriger Geschäftsbeziehungen und ungünstiger Marktseitenverhältnisse auf die Leistung des Unternehmens angewiesen sind. Das bedeutet, daß ein Faktor nicht entweder disponibel oder undisponibel ist. Vielmehr ist die

Disponibilität eine stetige Größe, die situationsspezifisch auf einem entsprechenden Kontinuum abzutragen wäre. Zudem ist in diesem Zusammenhang zu kritisieren, daß häufig nur der Kunde als externer Faktor angesehen wird. Eine solche Unterscheidung müßte konsequenterweise zu einer Aufteilung des Kapitals in Eigen- und Fremdkapital führen (Engelhardt; Kleinaltenkamp; Reckenfelderbäumer, 1993, S. 401–402). Zudem bereitet die Zuordnung der Ware oder auch der Fremdleistungen Probleme. Unklar bleibt schließlich auch, warum Corsten die ökologische Umwelt als internen Produktionsfaktor ansieht (Corsten, 1990, S. 102). Sie ist weder generell frei disponibel, noch erscheint die Terminologie besonders glücklich.

Die genannten Gründe führen hier zu der Konsequenz, daß die Unterscheidung in interne und externe Leistungsfaktoren unterbleiben soll.

Als Zwischenergebnis können die isolierten Leistungsfaktoren des Handels gemäß der in *Abbildung 1* dargestellten Form systematisiert werden.

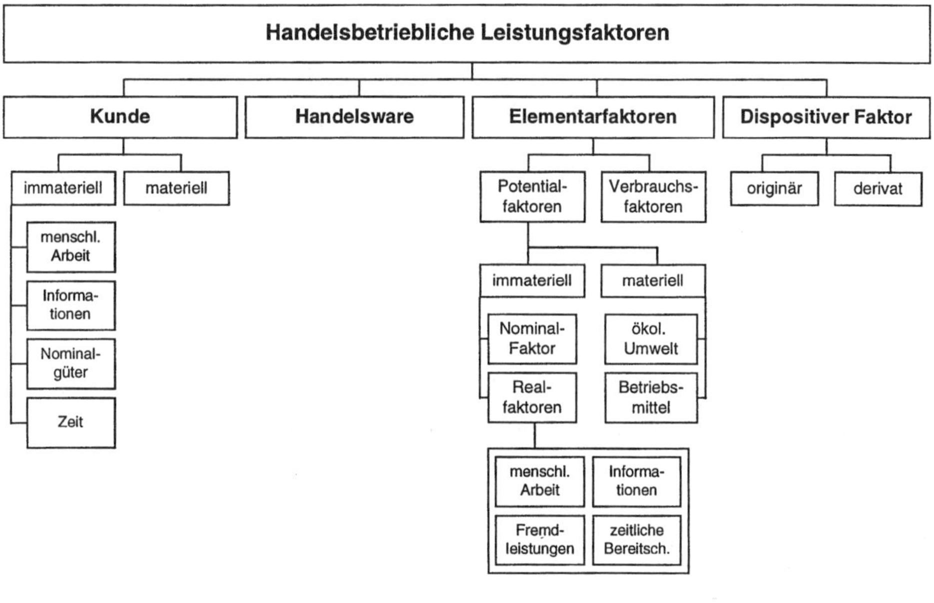

Abbildung 1: Systematik der Handelsbetrieblichen Leistungsfaktoren

Eine derartig strukturierte und vollständige Darstellung bildet eine geeignete Grundlage für die wissenschaftliche Analyse. Sie besitzt aber auch Schwächen: Zum einen werden die Beziehungen zwischen den Leistungsfaktoren nicht ausreichend berücksichtigt, zum anderen wird die Darstellung durch das streng systematische Vorgehen etwas unübersichtlich und spiegelt nicht in jedem Fall die Bedeutung der einzelnen Faktoren in angemessener Weise wider. So befindet sich beispielsweise der Faktor ausführende Arbeit erst in der vierten Ebene unter den Elementarfaktoren.

Der folgende Abschnitt soll deshalb dazu dienen, die Faktoren selbst und ihre Beziehungen untereinander in den Mittelpunkt zu stellen.

4.2 Grundmodell eines Leistungsfaktorsystems für den Handel

Ein System ist eine Gesamtheit von Elementen, zwischen denen Beziehungen bestehen (Ulrich 1968, S. 100–137). Der Grundgedanke der Faktoranalyse beruht dabei auf der Annahme, daß zur Erstellung von (innovativen) Handelsleistungen bestimmte Faktoren eingesetzt werden müssen, durch deren Kombination die gesteckten Sachziele erreicht werden können. Demgemäß wirken alle Faktoren auf den gleichen Zweck und sind in Anbetracht des Ziels der Kombination voneinander abhängig. Interessant ist nun die Frage, wie sich diese Abhängigkeit gestaltet (konditionale Beziehungen), und ob es ggf. möglich ist, einzelne Faktoren durch andere ganz oder teilweise zu ersetzen (substitutive Beziehungen).

Konditionale Beziehungen

Liegen konditionale Beziehungen vor, ist der Einsatz eines Leistungsfaktors Voraussetzung für die Nutzung eines anderen. Mit der Konditionalität wird somit nicht nur ein funktionaler, sondern auch ein zeitlicher Zusammenhang zwischen den Leistungsfaktoren beschrieben.

Zwei Faktoren sollten unter diesem Gesichtspunkt hervorgehoben werden: der dispositive Faktor und der Kunde.

- Der dispositive Faktor initiiert und steuert den Kombinationsprozeß (Weber 1980, S. 1061) und ist damit verantwortlich für den Erfolg oder Mißerfolg eines Unternehmens. Nur durch die lenkenden Eingriffe des dispositiven Faktors können Kernkompetenzen erarbeitet, innovative Handelsleistungen gestaltet und – im Rahmen kontinuierlicher Verbesserungsprozesse – an die sich wandelnden Umfeldbedingungen angepaßt werden.

- Ohne eine Beteiligung des Kunden ist die Leistungserstellung weder möglich noch sinnvoll. Er ist Ausgangspunkt und Ziel eines marktorientierten, handelsbetrieblichen Innovationsmanagements (vgl. Kleinaltenkamp 1997, S. 350–351).

Die übrigen Faktoren zeichnen sich zum größten Teil dadurch aus, daß erst durch ihr Zusammenspiel die zielgerechte Leistungserstellung möglich wird. Beispielsweise kann der Nutzen von Information erst dann realisiert werden, wenn die existierenden Informationssysteme diese zur richtigen Zeit am richtigen Ort zur Verfügung stellen und die entsprechenden Personen in der Lage sind, diese sinnvoll zu interpretieren. Weitere konditionale Beziehungen können deshalb nicht allgemeingültig formuliert werden.

Substitutive Beziehungen

Eine substitutive Beziehung liegt dann vor, wenn die Leistungsfaktoren untereinander austauschbar sind. Dabei zeigt sich, daß sich die Mehrzahl der hier diskutierten Leistungsfaktoren durch intensive Substitutionsbeziehungen auszeichnen. Die Herausforderung für den dispositiven Faktor besteht deshalb darin, die Substitutionsmöglichkeiten zu erkennen und das betriebswirtschaftlich rationale Austauschverhältnis zu bestimmen. Die Entscheidungskriterien sind aus den ökonomischen, sozialen und ökologischen Zielen des Unternehmens abzuleiten.

Interessant erscheint in diesem Zusammenhang die Frage zu sein, ob einzelne Faktoren völlig substituiert werden können bzw. für die Leistungserstellung unverzichtbar sind (vgl. dazu exemplarisch die Unterscheidung in substitutionale und limitationale Produktionsfaktoren bei Bohr 1979, Sp.1486). Wie bereits gezeigt, ist es unstrittig, daß auf die Mitwirkung des Kunden nicht vollständig verzichtet werden kann. Gleiches gilt für den dispositiven Faktor, das Kapital oder auch die Information. Insgesamt dürfte der völlige Verzicht auf einzelne der hier herausgearbeiteten Faktoren Grenzfälle darstellen, die nur selten praktische Bedeutung erlangen werden. Angesichts der vergleichsweise hohen Kosten für die menschliche Arbeitskraft und der technologischen Entwicklung zeigen sich betriebsformenabhängig beispielsweise Tendenzen zu einem Verzicht auf die ausführende menschliche Arbeit (z. B. SB-Self-Scanning-Supermärkte).

Auch in diesem Abschnitt sollen die Ergebnisse mit Hilfe eines Schaubildes zusammengefaßt werden. In *Abbildung 2* werden die beschriebenen Beziehungen zwischen den Faktoren dargestellt.

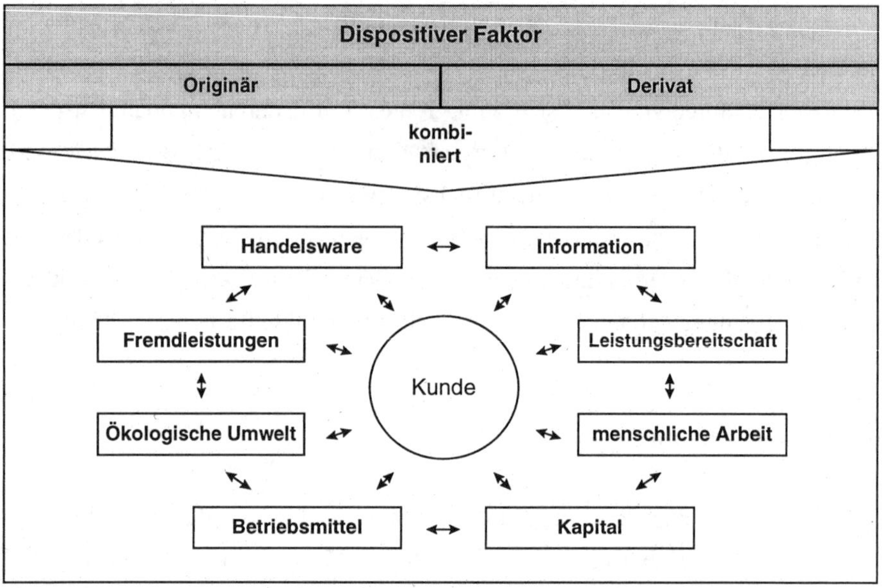

Abbildung 2: Grundmodell eines Leistungsfaktorsystems im Handel

4.3 Leistungsfaktoren und Innovationsmanagement im Handel

In diesem Abschnitt soll der Frage nachgegangen werden, wie die hier betrachteten handelsbetrieblichen Leistungsfaktoren im Rahmen des Handelsmanagement zu ggf. innovativen Handelsleistungen zusammengefügt werden können.

In der Literatur wird in diesem Zusammenhang der Leistungserstellungsprozeß bei Handels- und Dienstleistungsunternehmen häufig in zwei Phasen unterteilt: Die Herstellung der Leistungsbereitschaft und – durch den Kontakt mit dem Kunden, der häufig als externer Faktor bezeichnet wird – die Leistungsrealisierung (vgl. exemplarisch Hansen 1990, S. 158; Corsten 1990, S. 104–105; Maleri 1994, S. 166–169; Kleinaltenkamp 1997, S. 350–351).

Dieser "Zwei-Phasen-Vorstellung" soll hier aus zwei Gründen nicht gefolgt werden:

- Die Integration des Kunden beginnt bei einer konsequenten Marktorientierung des Unternehmens bereits in der Phase der Ideenentwicklung und Konzeptgestaltung für neue Produkte oder Dienstleistungsangebote (vgl. Engelhardt; Kleinaltenkamp; Redckenfelderbäumer 1993, S. 402–403, 421 und die dort angegebene Literatur; Freiling 1998, S. 64; Oppermann 1998, S. 123). Gemäß der oben beschriebenen Argumentation wirkt der Kunde damit bereits bei der Herstellung der Leistungsbereitschaft mit; somit entfällt das in der Literatur herangezogene Kriterium zur Trennung der beiden Phasen.
- Soll der Begriff der Handelsleistung aus der Sicht des Kunden beurteilt werden, so erscheint die Trennung von Leistungsbereitschaft und Leistungsrealisierung auch deshalb problematisch zu sein, weil das Wissen um die verfügbare Leistung eines Handelsbetriebes den Konsumenten im Kaufprozeß kognitiv und emotional entlasten kann und somit einen entsprechenden Nutzen stiftet (z. B. Wissen um die Öffnungszeiten bei der Planung von Einkaufsaktivitäten unter Zeitdruck).

Um die Leistungsfaktoren dennoch vor dem Hintergrund des handelsbetrieblichen Innovationsmanagements diskutieren zu können, soll hier der systemtheoretischen Erkenntnis gefolgt werden, nach der es sich bei Unternehmen um offene Systeme handelt, die vielfältige Beziehungen zu ihrer Umwelt unterhalten (Barth 1996, S. 123). Demgemäß führt die Leistungsfaktorkombination zu unterschiedlichsten Beziehungen zur betrieblichen Umwelt in Form von Beschaffungsmärkten (Ware, Information, Kapital, Arbeit, Dienstleistungen), Absatzmärkten (Wettbewerber und Konsumenten), und Entsorgungsmärkten sowie verschiedenen gesellschaftlichen Anspruchsgruppen und dem Staat, der den Ordnungsrahmen definiert. Im Sinne der Ausführungen in Kapitel 3 kann die ökologische Umwelt weiterhin als umfassend verstanden werden: die Elemente der Mikro- und Makroumwelt und das Unternehmen selbst sind gleichsam in sie eingebettet (Ulrich 1990, S. 69).

Dem dispositiven Faktor – der hier als Handelsmanagement im institutionellen Sinn aufgefaßt werden kann – kommt nun die Aufgabe zu, die Beziehungen zur Umwelt des Unternehmens mit Hilfe einer geeigneten Leistungsfaktorkombination so zu gestalten, daß innovative Handelsleistungen erstellt und die betrieblichen Ziele erreicht werden können. Die Beziehungen des Unternehmens zu seiner Umwelt entstehen dabei unter Nutzung der sachlichen Betriebsmittel durch Real- und Nominalgüterströme (Ware, Information, Geld), mit Hilfe des Leistungsfaktors ausführende Arbeit und durch die Herstellung der zeitlichen Leistungsbereitschaft.

Als Ergebnis dieser system-, entscheidungs- und faktortheoretischen Betrachtung ergibt sich der konzeptionelle Rahmen für das handelsbetriebliche Innovationsmanagement, der in der nachfolgenden *Abbildung 3* zusammenfassend dargestellt wird.

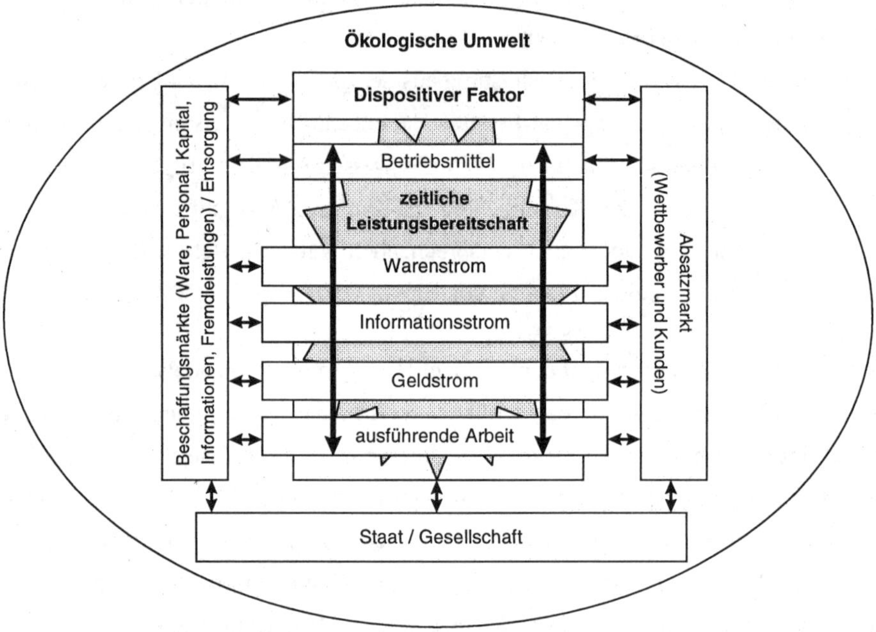

Abbildung 3: Konzeptioneller Rahmen für das handelsbetriebliche Innovationsmanagement

5 ZUSAMMENFASSUNG UND AUSBLICK

Die Ergebnisse dieser Abhandlung können wie folgt zusammengefaßt werden:

1. Eine möglichst vollständige Abbildung der handelsbetrieblichen Leistungsfaktoren und der zwischen ihnen bestehenden Beziehungen bildet einen hilfreichen Analyserahmen bei der logisch-systematischen Suche nach innovativen Handelsleistungen und gegebenenfalls sogar Betriebsformen.

2. Die existierenden Kataloge handelsbetrieblicher Leistungsfaktoren können in diesem Zusammenhang nicht überzeugen. Es wurden deshalb zehn relevante Leistungsfaktoren des Handels isoliert und erläutert: der dispositive Faktor, die ausführende Arbeit, die sachlichen Betriebsmittel, die Handelsware, das Kapital, die Information, die ökologische Umwelt, die Fremdleistungen, die zeitliche Leistungsbereitschaft und der Kunde.
3. Die Analyse der Beziehungen der Faktoren untereinander hat gezeigt, daß höchst vielfältige Substitutionsbeziehungen existieren, wobei im Grenzfall sogar auf einzelne Faktoren vollständig verzichtet werden kann. Aufgrund der konditionalen Beziehungen konnte eine hervorgehobene Stellung des dispositiven Faktors und des Leistungsfaktors Kunde begründet werden.
4. Durch eine Verknüpfung der faktortheoretischen Analyse mit systemtheoretischen und entscheidungstheoretischen Überlegungen wurde ein konzeptioneller Rahmen für das handelsbetriebliche Innovationsmanagement geschaffen.

Insgesamt hat diese Abhandlung gezeigt, daß der faktortheoretische Ansatz eine Integration aktueller Problemstellungen zuläßt und somit immer noch ein leistungsfähiges, betriebswirtschaftliches Paradigma darstellt, welches sich – insbesondere in Verbindung mit anderen wissenschaftstheoretischen Ansätzen – als Grundlage für wissenschaftliche und praxisorientierte Analysen eignet. Aus der Sicht des handelsbetrieblichen Innovationsmanagements soll hier die gedankliche Nähe des faktortheoretischen Ansatzes und des Ressourcenansatzes hervorgehoben werden.

LITERATUR

Bamberger, I.; Wrona, T.: Der Ressourcenansatz und seine Bedeutung für die Strategische Unternehmensführung. In: zfbf, 2 (1996), S. 130–153.

Barney, J.: Firm Ressources and sustained competitive advantage. In: Journal of Management 1991, Heft 1, S. 99–120.

Barth, K.: Betriebswirtschaftslehre des Handels, 3. Auflage, Wiesbaden 1996.

Bohr, K.: Produktionsfaktorsysteme. In: Kern, W.: Handwörterbuch der Produktionswirtschaft 1979, Sp. 1481–1493.

Buddeberg, H.: Betriebslehre des Binnenhandels, Wiesbaden 1959.

Busse von Colbe, W.; Laßmann, G.: Betriebswirtschaftstheorie Bd. 1, Grundlagen Produktions- und Kostentheorie, 4. Auflage, Berlin, Heidelberg 1988.

Corsten, H.; Reiß, M: Hrsg.: Betriebswirtschaftslehre, München, Wien, Oldenbourg 1994.

Corsten, H.: Betriebswirtschaftslehre der Dienstleistungsunternehmen, 2. Auflage, München 1990.

Engelhardt, W.H.; Kleinaltenkamp, M.; Redckenfelderbäumer, M.: Leistungsbündel als Absatzobjekte. In: zfbf 1993, Heft 5, S. 395–426.

Falk, B.; Wolf, J.: Handelsbetriebslehre, 11. Auflage, Landsberg am Lech 1992.

Freiling, J.: Ressourcen-Management: Neue Aufgaben für das Marketing. In: absatzwirtschaft 1998a, Heft 3, S. 64–68.

Freiling, J.: Rüstzeug für den Ressourcen-Check-up. In: absatzwirtschaft 1998b, Heft 4, S. 70–76.

Funck, D.: Ökologische Sortimentspolitik im Handel, Göttingen 1996.

Gabriel, R.; Gluchowski, P.: Management Support Systeme, Teil III. In: WiSt 1997, Heft 10, S. 535–540.

Gutenberg, E.: Grundlagen der Betriebswirtschaftslehre, Erster Band: Die Produktion, 24. Auflage, Berlin, Heidelberg, New York 1983.

Gümbel, R.: Handel, Markt und Ökonomik, Wiesbaden 1985.

Hallay, H.: Ökologische Entwicklungsfähigkeit von Unternehmen, Marburg 1996.

Hansen, U.: Absatz- und Beschaffungsmarketing des Einzelhandels, 2. Auflage, Göttingen 1990.

Heinen, E.: Betriebswirtschaftliche Kostenlehre, 6. Auflage, Wiesbaden 1993.

Henzler, R.: Die Ware als Handelsbetrieblicher Leistungsfaktor. In: Handelsbetrieb und Marktordnung, Festschrift zum 70. Geburtstag von Carl Ruberg, Wiesbaden 1962, S. 141–147.

Hilke, W.: Grundprobleme und Entwicklungstendenzen des Dienstleistungs-Marketing. In: Hilke, W. (Hrsg.): Dienstleistungsmarketing, Wiesbaden 1989.

Hundt, S.: Zur Theoriegeschichte der Betriebswirtschaftslehre, Köln 1977.

Institut für Markt, Umwelt, Gesellschaft e.V. (imug): Unternehmenstest – Neue Herausforderungen für das Management der sozialen und ökologischen Verantwortung, München 1997.

Kern, W.; Fallaschinski, K.: Betriebswirtschaftliche Produktionsfaktoren. In: Das Wirtschaftsstudium 1978, Heft 7 S. 580–584 und 1979, Heft 8, S. 15–18.

Kleinaltenkamp, M.: Kundenintegration. In: WiSt 1997, Heft 7, S. 350–354.

Klein-Blenkers, F.: Die Ökonomisierung der Distribution, Köln, Opladen 1964.

Lerchenmüller, M.: Handelsbetriebslehre, 2. Auflage, Ludwigshafen 1995.

Maleri, R.: Grundlagen der Dienstleistungsproduktion, 3. Auflage, Berlin, Heidelberg 1994.

Martiny, L.; Klotz, M.: Strategisches Informationsmanagement, München, Wien 1989.

Marzen, W.: Das Faktorsystem im Handel. In: ZfB 1987, Heft 1, S. 53–58.

Meadows, D.; Meadows, D.: Die neuen Grenzen des Wachstums, 2. Auflage, Stuttgart 1992.

Meffert, H.; Bruhn, M.: Dienstleistungsmarketing, 2. Auflage, Wiesbaden 1997.

Oppermann, R.: Marktorientierte Dienstleistungsinnovation, Göttingen, (voraussichtliches Erscheinungsdatum: Herbst 1998; Seitenangaben können sich leicht verändern).

Ott, A.E.; Winkel, H.: Geschichte der theoretischen Volkswirtschaftslehre, Göttingen 1995.

Rasche, C.: Kernkomptenzen. In: DBW 1993, Heft 3, S. 425–427.

Reese, J.: Produktion. In: Corsten, H.; Reiß, M. (Hrsg.): Betriebswirtschaftslehre, München, Wien, Oldenbourg 1994, S. 737–836.

Schanz, G.: Wissenschaftsprogramme – Orientierungsrahmen und Bezugspunkte betriebswirtschaftlichen Forschens und Lehrens. In: WiSt 1997, Heft 11, S. 554–561.

Ulrich, U.: Die Unternehmung als produktives, soziales System, 2. Auflage, Bern, Stuttgart 1970.

Ulrich, H.: Unternehmenspolitik, 3. Auflage, Bern, Stuttgart 1990.

Weber, H. K.: Zum System produktiver Faktoren. In: zfbf 1980, S. 1056–1071.

Zelewski, S.: Grundlagen. In: Corsten, H.; Reiß, M. (Hrsg.): Betriebswirtschaftslehre, München, Wien, Oldenbourg 1994, S. 1–140.

Innovationsfreudigkeit in der Vertriebslinienpolitik als zentrale Determinante der 'Überlebensfähigkeit' von Handelssystemen – Ergebnisse einer Kausalanalyse

Rainer Olbrich, Hagen

Der Konzentrationsprozeß im Konsumgüterhandel führt seit geraumer Zeit zu Spekulationen über die Ursachen des rapiden Unternehmenswachstums der verbliebenen 'Handelsriesen' und damit auch über die zentralen Determinanten der Überlebensfähigkeit von Handelssystemen. Der vorliegende Beitrag gibt einen Einblick in eine Untersuchung, die zeigt, daß nicht 'Größenvorteile', sondern innovative, mit Verdrängungspotentialen versehene Betriebsformen für das z. T. enorme Wachstum der Handelsriesen und damit auch für die Handelskonzentration verantwortlich sind. Gegenstand der Untersuchung ist der stationäre Konsumgüterhandel in Deutschland. Die Hypothesen werden mit Hilfe von LISREL-Modellen überprüft. Als Datengrundlage diente eine schriftliche Befragung

1 PROBLEMSTELLUNG, BEZUGSRAHMEN UND DATENGRUNDLAGEN DER ANALYSE

1.1 Problemstellung

In der Wissenschaft zählt die Unternehmenskonzentration zu den klassischen Themen (vgl. zum Überblick Olbrich 1998, S. 16 ff. und 65 ff.). Das hier interessierende Phänomen (Handelskonzentation) läßt sich aus dem Blickwinkel unterschiedlicher theoretischer

Ansätze betrachten (z. B. der Transaktions- und der Industrial Organization-Theorie). Eine zentrale Fragestellung ist, ob es anwachsenden Unternehmen gelingt, aus der 'Vergrößerung' Vorteile im Sinne einer Erfolgssteigerung zu ziehen, die zur Verdrängung kleinerer Wettbewerber eingesetzt werden kann. Mit Blick auf diese Fragestellung ist eine Vielzahl von Wirkungsrichtungen der Unternehmensgröße und des Unternehmenswachstums denkbar, die sich positiv auf den Unternehmenserfolg auswirken können (z. B. die Senkung von Transaktionskosten, Machtwirkungen). U. U. wirken jedoch 'Negative Begleiteffekte' (z. B. Bürokratie, Hierarchisierung, Verzögerung von Abläufen) einer Erfolgssteigerung entgegen.

Letztlich ist auf der Grundlage derartiger Spekulationen ungeklärt, ob Größenvorteile oder u. U. andere Mechanismen für die Verschmelzung des Angebotsfeldes im Handel verantwortlich sind. Die Handelskonzentration hat in den letzten Jahrzehnten zu der Konsequenz geführt, daß die Zahl der wettbewerblichen Einheiten immer weiter abnimmt und gleichzeitig Großunternehmen entstanden sind, die mittlerweile in vielen unterschiedlichen Branchen auf 'Wachstumskurs' gehen (vgl. zur Handelskonzentration Ahlert; Wellmann 1988a und b). Nahezu unverständlich erscheint vor diesem Hintergrund der Umstand, daß die Auswirkungen der von den Handelssystemen verbreiteten Betriebsformen auf die Wachstumsprozesse und die Unternehmenskonzentration bislang nicht untersucht wurden. Entsprechende Vorüberlegungen führten zu einer empirischen Voruntersuchung im deutschen Lebensmittelhandel.

Diese empirische Voruntersuchung hat gezeigt, daß Handelssysteme, die bestimmte, innovative Angebotsformen in ihrer Vertriebslinienstruktur aufweisen, Vorteile im Erfolgsvergleich besitzen (Olbrich 1994). Hingegen verweisen Maßgrößen für die Unternehmensgröße nicht auf Vorteile im Erfolgsvergleich. Aus theoretischer Sicht vermochten die Ergebnisse dieser z. T. explorativen Untersuchung noch nicht befriedigen, da der Nonfood-Handel ebenso wie die Wirkungen ausgewählter Gestaltungsparameter auf bestimmte Determinanten der handelsbetrieblichen Effizienz (Kostenentwicklung, Flächenproduktivität, Synergieeffekte sowie Negative Begleiteffekte) im Rahmen dieser 'Omnibuserhebung' nicht berücksichtigt werden konnten. Darüber hinaus wurden Wechselwirkungen zwischen den dort untersuchten Einflußfaktoren (z. B. Unternehmensgröße und Vertriebslinienstruktur) nicht berücksichtigt.

Die Ergebnisse der Voruntersuchung und weitere empirische Erkenntnisse zum Wachstum und zu einzelnen Erfolgskennziffern der von den Handelssystemen betriebenen Vertriebslinien (Olbrich 1998, S. 125 ff.) nährten die Vermutung, daß Handelssysteme, die innovative und erfolgreiche Angebotsformen verbreiten, ein höheres Wachstumstempo realisieren (können) als Handelssysteme mit weniger erfolgreichen Angebotsformen. Erste deskriptive Analysen zeigten, daß innovative Betriebsformen, die auf überlegenen Distributionsprinzipien beruhen, auch kleineren Unternehmen ein rapides Wachstum ermöglichen, das somit originär nicht auf Größenvorteilen basieren kann. Hinter diesen ersten Ergebnissen steht die Aussage, daß nicht das aus einer hohen Wachstumsgeschwindigkeit resultierende Größenwachstum als kausaler Bestimmungsfaktor des Erfolges, sondern vielmehr der Erfolg der Vertriebslinien als Bestimmungsfaktor eines rapiden Unternehmenswachstums und auch eines vergleichsweise hohen Gesamterfolges des Handelssystems anzusehen ist. Unterschiedlich erfolgreiche Betriebsformen weisen nach diesen Überlegungen eine unterschiedlich schnelle Verbreitung auf, wobei auch Schrumpfungsprozesse zu berücksichtigen sind.

1.2 Der Bezugsrahmen der konfirmatorischen Kausalanalyse

Zur Operationalisierung der zu überprüfenden Hypothesen werden, dem LISREL-Ansatz folgend, hypothetische Konstrukte und zugehörige Meßvariablen (Indikatorvariablen) herangezogen (vgl. zum LISREL-Ansatz Jöreskog; Sörbom 1988; Backhaus u. a. 1996). Mit Blick auf den Handel ist eine zunehmende Zahl von Anwendungsbeispielen des LISREL-Ansatzes zu verzeichnen (Burmann 1995, S. 98 ff.; Kollenbach 1995, S. 148 ff.; Korte 1995, S. 174 ff.; Schröder 1995, S. 143 ff.; Reinke 1996, S. 178 ff.).

Die Komplexität der hier betrachteten Problematik zwingt dazu, im Rahmen der Kausalanalyse Teilmodelle zu bilden, die einzelne Wirkungsmechanismen überprüfen. Im Rahmen dieses Beitrages werden ausgewählte Teilmodelle einer umfangreichen Modellserie vorgestellt. Die Konzeption dieser Teilmodelle orientiert sich an einem übergreifenden Bezugsrahmen, der die Klammer für die einzelnen Modelle bildet (*Abbildung 1*).

In *Abbildung 1* werden die in der Untersuchung berücksichtigten Konstruktebenen '*Gestaltungsparameter*', '*Zwischenziele*' und '*Überlebensfähigkeit*' aufgezeigt. Die in den Kunstruktbereichen '*Unternehmensstrukturelle Merkmale*', '*Integrationsmaßnahmen*',

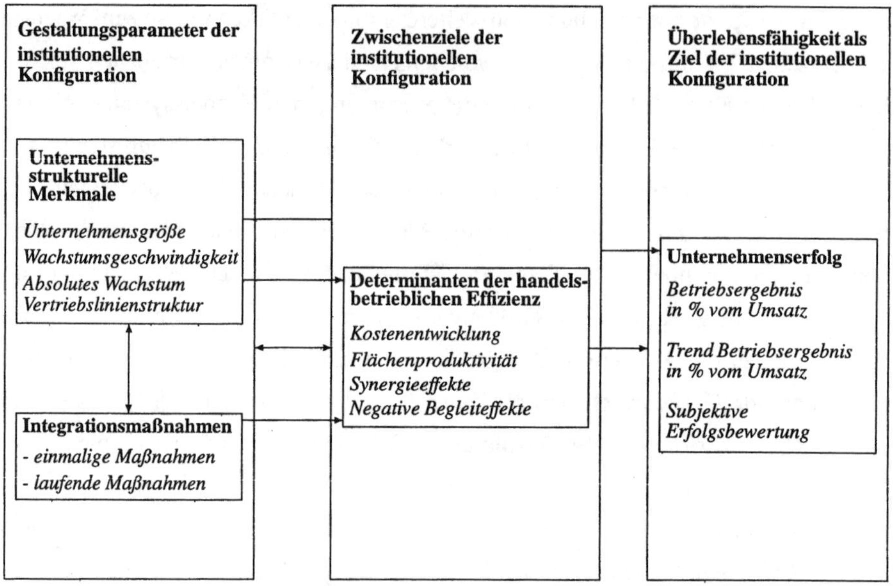

Abbildung 1: Der Bezugsrahmen der konfirmatorischen Kausalanalyse

'*Determinanten der handelsbetrieblichen Effizienz*' und '*Unternehmenserfolg*' genannten Konstrukte (z. B. Unternehmensgröße, Wachstumsgeschwindigkeit) werden in den LISREL-Modellen durch unterschiedliche Meßindikatoren operationalisiert. Die vermuteten Wirkungsrichtungen zwischen den Konstrukten wurden im Rahmen von Hypothesengerüsten tiefergehend aufgezeigt, wobei z. T. interdependente Wirkungsbeziehungen zwischen einzelnen Konstrukten gleicher oder unterschiedlicher Ebenen untersucht wurden (vgl. zum Untersuchungsvorgehen und zu weiteren LISREL-Modellen Olbrich 1998, S. 269 ff.).

Im Zentrum des Bezugsrahmens steht die 'Überlebensfähigkeit' der Handelssysteme, die als Ziel der strukturellen Gestaltung, der 'institutionellen Konfiguration', aufgefaßt wird. Die Überlebensfähigkeit wird durch das Konstrukt 'Erfolg' repräsentiert. Zur Operationalisierung des Konstruktes 'Erfolg' wurden drei Meßvariablen herangezogen. Die Operationalisierung erfolgt in Anlehnung an Meffert; Patt 1987 und Albach 1986. Zwei Variablen bilden Maßgrößen des Rechnungswesens der Handelssysteme ab. Zum einen wurde im Fragebogen das ordentliche Betriebsergebnis des Jahres 1993 in Prozent vom Umsatz (Umsatzrendite) abgefragt. Da diese Größe aber nur das in einem Jahr eingetretene Ergebnis abbildet, wurde – im Sinne einer Längsschnittbetrachtung – zusätzlich eine Maßgröße für die Entwicklung des Unternehmenserfolges in den zurückliegenden 10 Jahren hinzugezogen. Zu diesem Zweck wurde im Fragebogen die Entwicklung des Betriebsergebnisses zwischen 1983 und 1993 (Trend des Betriebsergebnisses in Prozentpunkten) abgefragt. Darüber hinaus wurde eine subjektive Erfolgsbewertung der Befragten hinzugezogen, um nicht nur die Auswirkungen einzelner Konstrukte auf quantitative Maßgrößen des Rechnungswesens zu prüfen. Die Befragten wurden gebeten, die Entwicklung des Unternehmenserfolges zwischen 1983 und 1993 zu bewerten, wobei die Entwicklung von 'äußerst positiv' bis 'äußerst negativ' eingestuft werden konnte.

Auf der Ebene der Gestaltungsparameter wurden zwei unterschiedliche Konstruktbereiche betrachtet:

Einerseits wurden ausgewählte unternehmensstrukturelle Merkmale untersucht, die den grundlegenden institutionellen Aufbau eines Handelssystems bestimmen. Gemäß des Untersuchungsanliegens standen die Betriebsformen des Handels bzw. die aus ihnen 'zusammengesetzten' Vertriebslinienstrukturen der Handelssysteme im Mittelpunkt des Interesses. Die Vertriebslinien der Handelssysteme dienten neben weiteren Merkmalen zur Operationalisierung sämtlicher Konstrukte in diesem Bereich (Unternehmensgröße, Wachstumsgeschwindigkeit, absolutes Wachstum und Vertriebslinienstruktur).

Andererseits wurden ausgewählte Integrationsmaßnahmen untersucht. Integrationsmaßnahmen sollen das 'strukturelle Gefüge' eines Handelssystems bestmöglich 'zusammenhalten'. Dieses geschieht insbesondere über die Erzielung von 'Synergieffekten' und die Vermeidung von 'Negativen Begleiteffekten'.

Handelssysteme besitzen eine Vielzahl unterschiedlicher Gestaltungsparameter, die sich auf ihre Überlebensfähigkeit auswirken können. Dabei ist davon auszugehen, daß bestimmte Gestaltungsparameter nicht der unmittelbaren Beeinflussung des Unternehmenserfolges dienen, sondern zur Beeinflussung bestimmter Zwischenziele eingesetzt werden. Z. B. sollen Integrationsmaßnahmen im Zuge externen Wachstums Synergieeffekte herbeiführen, die die Überlebensfähigkeit steigern helfen (Reinke 1996). Demgemäß existieren bestimmte Zwischenziele, die der Überlebensfähigkeit vorgelagert sind. Auf der Ebene der Zwischenziele wurden in dieser Untersuchung bestimmte Determinanten der handelsbetrieblichen Effizienz betrachtet, auf die noch näher eingegangen wird.

1.3 Datengrundlagen der Analyse

Zur Überprüfung der durch die Hypothesen aufgeworfenen Zusammenhänge wurde eine empirische Untersuchung als *schriftliche Befragung* konzipiert. Es wurden ca. 300 deutsche Handelsunternehmen verschiedener Branchen und Größenklassen gebeten, an der Befragung teilzunehmen. Von dem Rücklauf konnten insgesamt 78 Fragebögen in die Auswertung einbezogen werden.

Die größte Umsatzbedeutung unter den Branchen des Konsumgüterhandels besitzt der Lebensmittelhandel. Da zudem die Unternehmenskonzentration im Lebensmittelhandel unter allen Branchen des deutschen Konsumgüterhandels am weitesten fortgeschritten ist und die Großunternehmen des Lebenmittelhandels häufig gleichzeitig in verschiedenen anderen Branchen tätig sind, liegt der Schwerpunkt der Untersuchung in diesem Bereich.

Von den 78 Unternehmen erzielten 58 im Jahre 1993 einen Umsatz von mehr als 100 Mio. DM. Die Unternehmen der Stichprobe repräsentieren ein Umsatzvolumen von 217,8 Mrd. DM. Das Umsatzvolumen der Stichprobe deckt über 25% des im Jahr 1993 erzielten Umsatzvolumens im stationären Konsumgüterhandel ab. Im Lebensmittelhandel beläuft sich das durch die Stichprobe erfaßte Umsatzvolumen auf 183,8 Mrd. DM. Damit werden über 56% des Umsatzvolumens in diesem Bereich erfaßt.

2 AUSGEWÄHLTE ERGEBNISSE DER KAUSALANALYSE

2.1 Vertriebslinienstruktur und Erfolg

Der Einfluß der Vertriebslinien auf den Unternehmenserfolg wird in einem ersten Modell betrachtet. Unterschiedliche Vertriebslinien erwiesen sich nach deskriptiven Analyseergebnissen als unterschiedlich erfolgreich (Olbrich 1998, S. 125 ff.). Entsprechend wird davon ausgegangen, daß die in der Vertriebslinienstruktur der Handelssysteme vertretenen Vertriebslinien den Unternehmenserfolg unterschiedlich stark beeinflussen.

Die Konstrukte wurden durch eine Indikatorvariable operationalisiert, die die Anzahl der

Outlets in den einzelnen Vertriebslinien in das Verhältnis zur Gesamtzahl der Outlets im jeweiligen Handelssystem setzt. Auf diese Weise wird dem Umstand Rechnung getragen, daß einzelne Vertriebslinien nur aus einigen wenigen, andere in einzelnen Fällen aus einigen hundert Outlets bestehen und dadurch das Ausmaß der Erfolgsbeeinflussung der einzelnen Betriebsform in den Handelssystemen erheblich differieren kann.

Die γ-Werte zeigen bei einem relativ hohen TCD-Wert (0,581) die Bedeutung der einzelnen Vertriebslinien für den Unternehmenserfolg auf (*Abbildung 2*). Da die meisten der in der Stichprobe enthaltenen Handelssysteme über mehrere Vertriebslinien verfügen, weisen die Vorzeichen der Koeffizienten auf eine Richtung der Erfolgsbeeinflussung im Rahmen einer 'gefächerten' Vertriebslinienstruktur hin. Außer für den von dem Konstrukt 'Fachmärkte und filialisierte Fachgeschäfte' ausgehenden Pfad weisen alle γ-Werte negative Vorzeichen auf. Dieses ist darauf zurückzuführen, daß Fachmärkte und filialisierte Fachgeschäfte die mit Abstand höchsten Ausprägungen der Erfolgsgrößen aufweisen.

Hohe und signifikante kausale Effekte gehen von den Vertriebslinien 'Kleinflächige Food-Outlets' ($\gamma_{12} = -0,483$), 'Selbständige Lebensmittel-Einzelhändler' ($\gamma_{13} = -0,389$) und 'Waren- und Kaufhäuser' ($\gamma_{17} = -0,351$) aus. Je mehr Outlets dieser Angebotsformen innerhalb der Vertriebslinienstruktur eines Handelssystems enthalten sind, desto geringer ist der Unternehmenserfolg. Hierbei ist zu beachten, daß die Vertriebslinien des Food-Bereiches zwar alle negative Vorzeichen der γ-Werte aufweisen, was jedoch bei Handelssystemen, die ausschließlich im Food-Bereich tätig sind, nicht zu der Schlußfolgerung führen darf, daß ausschließlich negative kausale Effekte vorliegen. Vielmehr sind die Ausprägungen der negativen γ-Werte als Rangfolge der Erfolgsbeeinflussung zu interpretieren. Eine unter diesen Gesichtspunkten zu bildende Rangfolge würde für den Lebensmittelhandel dazu führen, daß 'Cash-&Carry-Märkte' vor 'Discountern' und 'großflächigen Food-Outlets' rangieren würden. Eine hohe Anzahl an Outlets dieser Betriebsformen in den Vertriebslinien derjenigen Handelssysteme, die ausschließlich im Food-Bereich tätig sind, würde ihren Unternehmenserfolg entsprechend der Rangfolge erhöhen.

Die hier vorliegenden Ergebnisse zur Wirkung der Vertriebslinienstruktur auf den Unternehmenserfolg korrespondieren mit Ergebnissen bezüglich des Erfolges der einzelnen Vertriebslinien (Olbrich 1998, S. 129 ff.). Relativ erfolgreiche Vertriebslinien beeinflussen in entsprechender Weise den Unternehmenserfolg. Dieses Ergebnis war nicht zwingend zu erwarten, da es z. B. über Größeneffekte zu einer Verzerrung des Unternehmenserfolgs weg von den Erfolgskennziffern der einzelnen Vertriebslinien hätte kommen können.

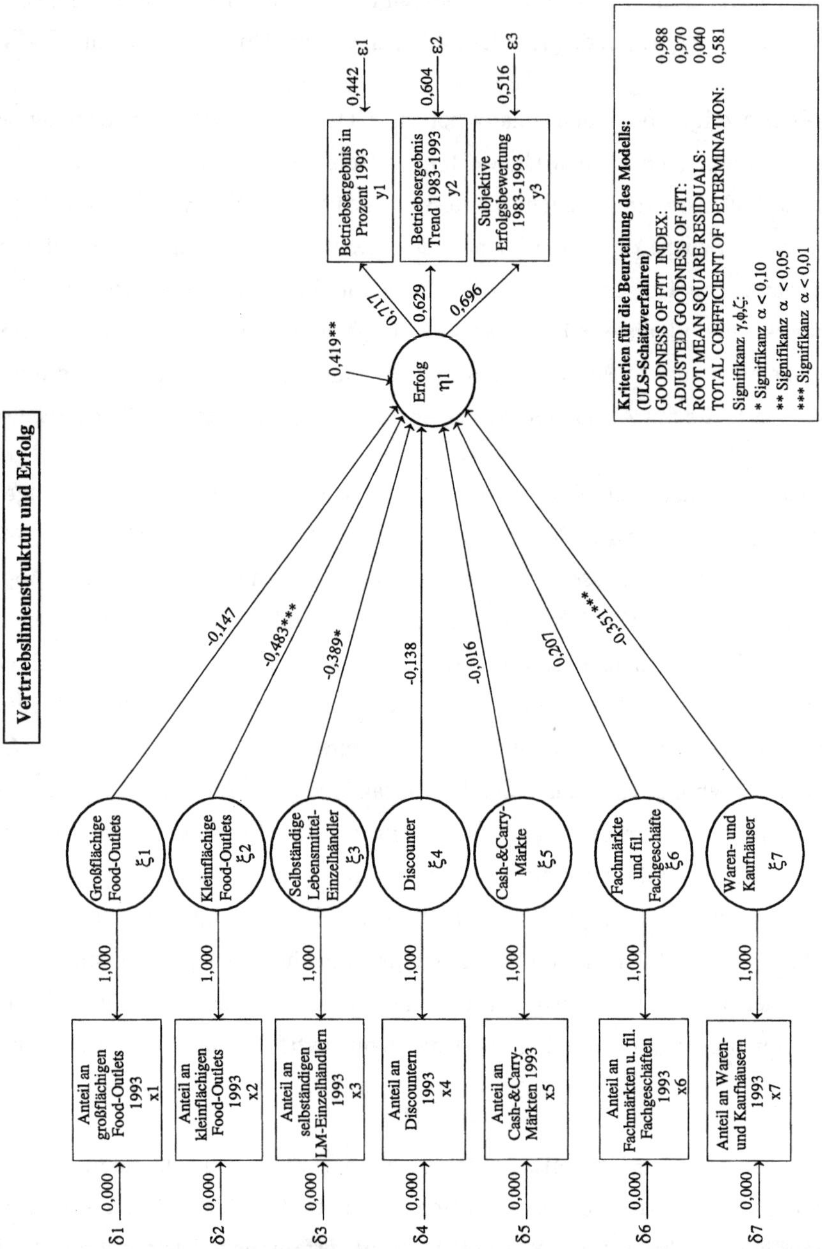

Abbildung 2: Pfaddiagramm mit Schätzergebnissen für das Modell 'Vertriebslinienstruktur und Erfolg'

2.2 Unternehmensgröße, Wachstumsgeschwindigkeit, Schwerpunkt der Vertriebslinienstruktur und Erfolg

Die nachfolgende Betrachtung konzentriert sich auf drei Kernelemente der Untersuchung, die von den drei Konstrukten Unternehmensgröße, Wachstumsgeschwindigkeit und Schwerpunkt der Vertriebslinienstruktur repräsentiert werden. Die Konstrukte wurden mit Blick auf ihren Einfluß auf den Erfolg auch einer isolierten Betrachtung unterzogen. Durch Vergleich mit der nachfolgenden aggregierten Modellstruktur konnte die Gefahr von gravierenden modellspezifischen Einflüssen ausgeschaltet werden.

Das Konstrukt 'Unternehmensgröße' wird durch die absolute Anzahl an Mitarbeitern, die Anzahl der insgesamt betriebenen Outlets und das Umsatzvolumen im Jahre 1993 operationalisiert (vgl. zur tiefergehenden Diskussion der Operationalisierung der einzelnen Konstrukte die Ausführungen in Olbrich 1998, S. 251 ff., 257 ff. und 280 ff. Sämtliche Modellrechnungen haben gezeigt, daß die Konstrukte durch die Faktorladungen λy der Meßindikatoren gut repräsentiert werden). Die bisherigen Überlegungen führen – mit Blick auf den deutschen Konsumgüterhandel – zu der Vermutung, daß in der Summe positive Wirkungen der Unternehmensgröße auf den Erfolg vorliegen.

Hinsichtlich des Unternehmenswachstums wird – korrespondierend zum Einfluß der Unternehmensgröße – von der Hypothese ausgegangen, daß eine hohe Wachstumsgeschwindigkeit den Unternehmenserfolg erhöht. Hintergrund dieser Hypothese ist die Vermutung, daß das Unternehmenswachstum in erfolgsträchtigen Vertriebslinien stattfindet und auf diesem Wege den Gesamterfolg des Handelssystems steigert, obwohl u. U. einzelne Begleiterscheinungen des Unternehmenswachstums gegen eine positive Erfolgsbeeinflussung sprechen (z. B. ein erheblicher Investitionsaufwand).

Das Konstrukt 'Wachstumsgeschwindigkeit' wird aus Gründen der kompatiblen Messung korrespondierend zum Konstrukt 'Unternehmensgröße' durch drei Indikatorvariablen operationalisiert, die sich auf die Anzahl der im Unternehmen beschäftigten Mitarbeiter, die Anzahl der insgesamt vom Unternehmen betriebenen Outlets sowie den Gesamtumsatz beziehen. Um die Variablen von den absoluten Größeneffekten zu bereinigen, wurden neue Variablen gebildet, die das relative Wachstum des Unternehmens zwischen 1983 und 1993 abbilden. Sie geben an, wieviel Prozent der jeweiligen Maßgröße des

Jahres 1993 auf ein Wachstum zwischen 1983 und 1993 zurückzuführen sind.

In diesem Modell werden – wie auch in weiteren Modellen – die Auswirkungen eines Konstruktes, das die Konsequenz einer Vielzahl von einzelnen Handlungen in der Vergangenheit abbildet, auf den Unternehmenserfolg untersucht, der wiederum selbst Konsequenzen einer mehrere Jahre umfassenden Entwicklung enthält. Letztlich wird mit dieser Operationalisierung das Ziel verfolgt, die stets nur als mehr oder weniger umfassend mögliche Messung von bestimmten Handlungsergebnissen auf ihre über einen gewissen Zeitraum aufgetretenen Ursachen zurückzuführen. Vergleichbar ist diese Art der Messung mit der Analyse des menschlichen Gesundheitszustandes in der Medizin, der u. U. ein Resultat vieler Handlungen über mehrere Jahre darstellt (z. B. Krebs als Folge des Rauchens).

Aufbauend auf den Ergebnissen der Voruntersuchung dient eine weitere Hypothese zur Überprüfung der Frage, ob das '*Stammgeschäft*' eines Handelssystems den Unternehmenserfolg maßgeblich beeinflußt. Handelssysteme, die ihren Schwerpunkt der Geschäftstätigkeit in erfolgversprechenden Betriebsformen besitzen, müssen nach den bisherigen Vermutungen einen überdurchschnittlichen Unternehmenserfolg erzielen. Das Konstrukt 'Schwerpunkt der Vertriebslinienstruktur' wird durch einen ordinal skalierten Indikator operationalisiert. Die Vertriebslinien wurden gemäß des Mittelwertvergleiches der Betriebsergebnisse und der subjektiven Erfolgsbewertung in eine Rangfolge gebracht. Die Belieferung selbständiger Lebensmittel-Einzelhändler zeigte das geringste, Nonfood-Fachmärkte/filialisierte Fachgeschäfte zeigten das höchste prozentuale Betriebsergebnis. Diese Ergebnisse korrespondierten mit der subjektiven Erfolgsbewertung. Anschließend wurde für jedes Unternehmen gemäß seiner Anzahl an Outlets im Jahre 1993 der Schwerpunkt der Vertriebslinienstruktur ermittelt.

Das Modell zeigt, daß kein Einfluß der Unternehmensgröße auf den Erfolg vorliegt (*Abbildung 3*). Der γ-Wert besitzt ein negatives Vorzeichen und ist mit $\gamma_{11} = -0,106$ ähnlich niedrig. Das Konstrukt Unternehmensgröße wirkt sich nicht auf die kausalen Effekte der anderen exogenen Konstrukte aus. Dieses lassen die Korrelationskoeffizienten zwischen den exogenen Konstrukten erkennen, die durchweg gering sind ($\zeta 1/\zeta 2 = 0,103; \zeta 1/\zeta 3 = -0,169$). Das Konstrukt 'Erfolg' wird damit nicht kausal durch die Unternehmensgröße erklärt und wirkt sich nicht auf die Konstrukte 'Wachstumsgeschwindigkeit' und 'Schwerpunkt der Vertriebslinienstruktur' aus.

Besondere Beachtung verdienen die signifikanten γ-Werte der Wachstumsgeschwindigkeit $\gamma_{12} = 0,523$ und des Schwerpunktes der Vertriebslinienstruktur $\gamma_{13} = 0,295$. Beide γ-Werte fallen gegenüber der hier nicht vorgestellten isolierten Betrachtung niedriger aus, was auf eine Verbundbeziehung zwischen den Konstrukten hindeutet. Das letztere Konstrukt verliert etwas deutlicher an Erklärungskraft. Die Verbundbeziehung wird durch einen positiven und relativ hohen sowie signifikanten Korrelationskoeffizienten zwischen den Konstrukten ($\zeta2/\zeta3 = 0,504$) bestätigt. Hier ist auf die bereits angesprochene Hypothese bezüglich einer kausalen Beziehung zwischen der 'Erfolgsträchtigkeit' einzelner Vertriebslinien und der Wachstumsgeschwindigkeit zu verweisen. Da sie in einer erweiterten Modellstruktur überprüft wird (*Abbildung 5*), braucht sie an dieser Stelle nicht weiter diskutiert werden. Es ist an dieser Stelle lediglich von einer Wechselwirkung zwischen diesen beiden Konstrukten auszugehen, die sich auf die kausalen Effekte auswirkt.

2.3 Unternehmensgröße, Kostenentwicklung, Flächenproduktivität und Erfolg

Im Rahmen dieses Untersuchungskomplexes wird an einem Beispiel der Frage nachgegangen, ob unternehmensstrukturelle Merkmale Determinanten der handelsbetrieblichen Effizienz beeinflussen.

Gemäß der bereits angesprochenen Wirkungsrichtungen des Größenwachstums wird davon ausgegangen, daß mit zunehmender Unternehmensgröße Kostensenkungen realisiert werden können. Darüber hinaus wird davon ausgegangen, daß als Konsequenz von Kostensenkungen der Unternehmenserfolg ansteigt. Hinsichtlich der Flächenproduktivität besteht die Vermutung, daß insbesondere Großunternehmen des Handels aufgrund von Vorteilen, die aus der Verdichtung des Vertriebsnetzes resultieren (z. B. in Form regional kozentrierter Werbung), überdurchschnittliche Flächenproduktivitäten aufweisen, die es ihnen ermöglichen, Vorteile im Erfolgsvergleich zu erzielen.

Das Konstrukt 'Kostenentwicklung' wird durch drei Indikatorvariablen operationalisiert, die angeben, ob in den zentralen Schlüsselbereichen der Handlungskosten 'Personal', 'Logistik' und 'Warenwirtschaft' zwischen 1983 und 1993 Kostensteigerungen oder Kostensenkungen festzustellen gewesen sind.

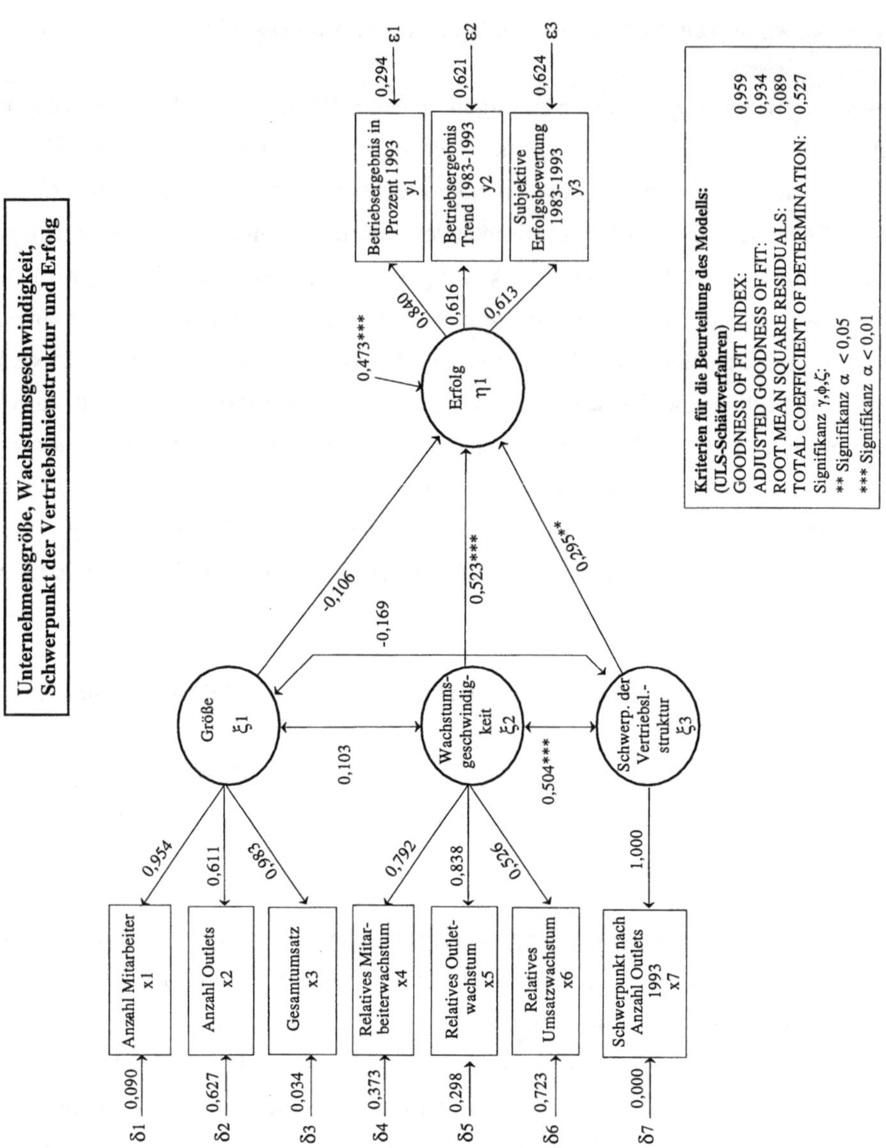

Abbildung 3: Pfaddiagramm mit Schätzergebnissen für das Modell 'Unternehmensgröße, Wachstumsgeschwindigkeit, Schwerpunkt der Vertriebslinienstruktur und Erfolg'

Das Konstrukt 'Flächenproduktivität' wird durch einen Indikator operationalisiert, dessen Ausprägung für jedes Unternehmen berechnet wurde. Der Indikator wurde auf der

Grundlage der umsatzorientierten Flächenproduktivitäten berechnet. Dieser vertriebslinienübergreifende Indikator gibt darüber Auskunft, ob und in welchem Ausmaß ein Handelssystem in seinen Vertriebslinien über- oder unterdurchschnittliche Flächenproduktivitäten realisiert.

Die Unternehmensgröße hat nach den vorliegenden Ergebnissen einen signifikanten Einfluß auf die Kostenentwicklung, wobei mit zunehmender Größe Kostensenkungen eintreten, die sich auf den Erfolg positiv auswirken (*Abbildung 4*). Die Operationalisierung des Konstruktes 'Kostenentwicklung' führt hier dazu, daß ein negatives Vorzeichen zwischen 'Größe' und 'Kostenentwicklung' die gegenläufige Wirkung ausweist (je größer das Unternehmen, umso eher entstehen Kostensenkungen). Entsprechend steigt der Erfolg je kleiner der β-Wert zwischen den Konstrukten 'Kostenentwicklung' und 'Erfolg' ist.

Die Unternehmensgröße hat somit über die Kostenentwicklung einen positiven Einfluß auf den Unternehmenserfolg. Der totale Beeinflussungseffekt zwischen einem exogenen Konstrukt (hier Unternehmensgröße) und einem endogenen Konstrukt (hier Unternehmenserfolg) ergibt sich aus der Addition der direkten kausalen Effekte und der indirekten kausalen Effekte. Der entsprechende indirekte kausale Effekt beträgt hier $0,101(= -0,297 * -0,341)$. Er vermag den direkten kausalen Effekt zwischen der Unternehmensgröße und dem Unternehmenserfolg ($\gamma_{31} = -0,169$), der ein negatives Vorzeichen aufweist, allerdings nicht aufzuwiegen. Ebenso vermag der nahezu nicht vorliegende Zusammenhang zwischen Unternehmensgröße und Flächenproduktivität nicht zu einer Kompensation des direkten kausalen Effektes beitragen. Der indirekte kausale Effekt, den die Unternehmensgröße über die Flächenproduktivität auf den Unternehmenserfolg ausübt, beträgt lediglich $-0,011(= -0,032 * 0,358)$. Die Flächenproduktivität wird nach den vorliegenden Ergebnissen durch die Unternehmensgröße nahezu nicht beeinflußt, was dahingehend interpretiert werden kann, daß große Handelssysteme weder über- noch unterdurchschnittliche Flächenproduktivitäten in den Vertriebslinien aufweisen.

Die Flächenproduktivität wirkt allerdings signifikant positiv ($\beta_{31} = 0,358$) auf den Erfolg. Handelssysteme mit überdurchschnittlichen Flächenproduktivitäten ihrer Vertriebslinien können nach diesen Ergebnissen ihren Unternehmenserfolg erheblich steigern.

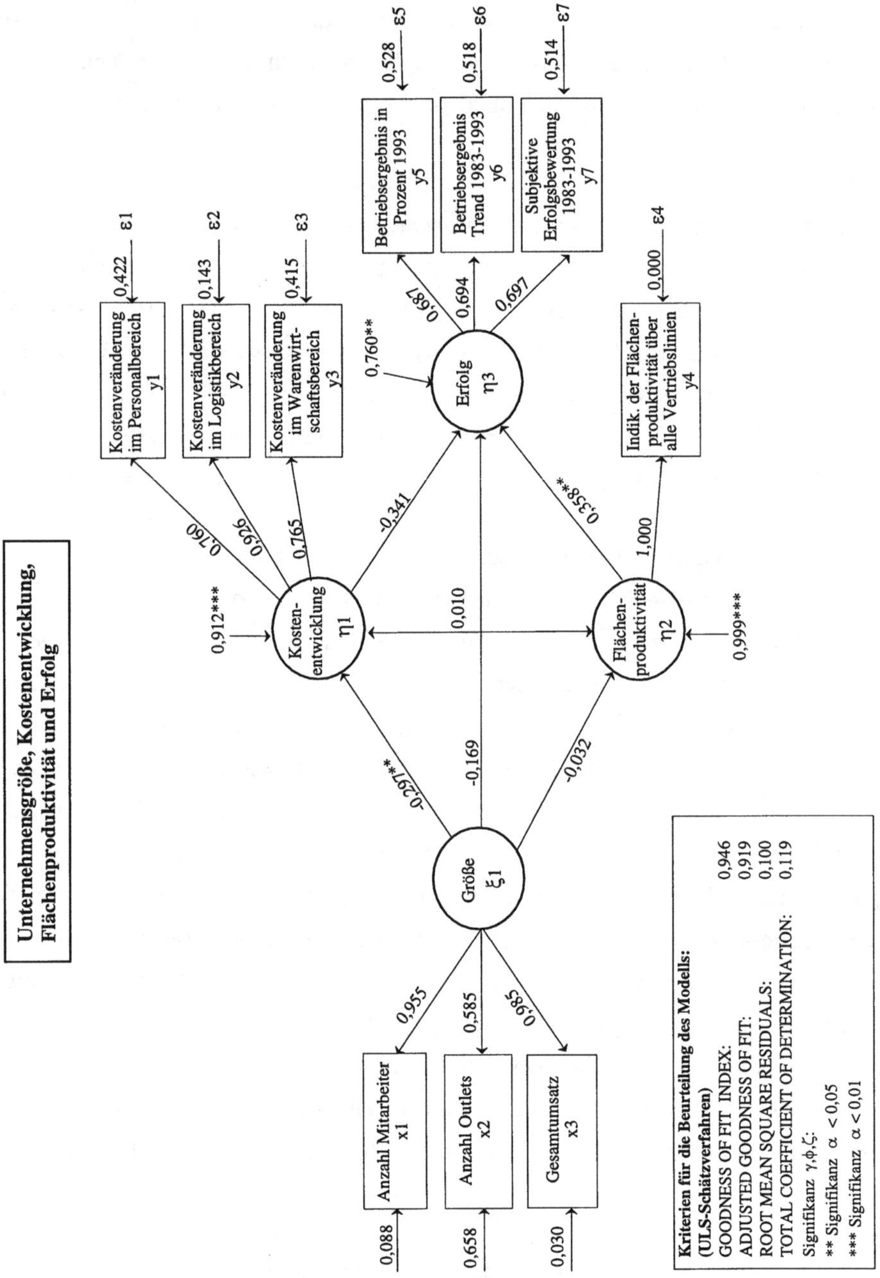

Abbildung 4: **Pfaddiagramm mit Schätzergebnissen für das Modell 'Unternehmensgröße, Kostenentwicklung, Flächenproduktivität und Erfolg'**

Insgesamt erweist sich die Unternehmensgröße auch hier nicht als erklärende Variable für den Unternehmenserfolg. Der totale Effekt der Unternehmensgröße auf den Erfolg beträgt -0,079 (=0,101-0,169-0,011). Es zeigt sich lediglich ein schwach positiver Einfluß auf die Kostenentwicklung in Handelssystemen, der allerdings durch negative Effekte kompensiert wird.

2.4 Unternehmensstrukturelle Merkmale, Determinanten der handelsbetrieblichen Effizienz und Integrationsmaßnahmen

Im Rahmen dieses Untersuchungsabschnittes werden einige ergänzende Hypothesen überprüft, die ausgewählte Wechselwirkungen innerhalb und zwischen den unterschiedenen Konstruktebenen und -bereichen untersuchen. Das Konstrukt Wachstumsgeschwindigkeit wird in diesem Modell als von dem 'Schwerpunkt der Vertriebslinienstruktur' abhängiges Konstrukt definiert. Hier wird somit der bereits angesprochenen Hypothese nachgegangen, die besagt, daß die Wachstumsgeschwindigkeit eines Handelssystems von dem Erfolg der in der Vertriebslinienstruktur vorhandenen Angebotsformen abhängt. Darüber hinaus wird die Hypothese geprüft, ob die Flächenproduktivität als Determinante der handelsbetrieblichen Effizienz neben dem Erfolg auch die Wachstumsgeschwindigkeit positiv beeinflußt. Diese Hypothese erscheint naheliegend, da davon auszugehen ist, daß Angebotsformen mit hoher Marktakzeptanz von den Unternehmen vordringlich verbreitet werden.

Zudem werden die Konstrukte 'Häufigkeit laufender Integrationsmaßnahmen' und 'Häufigkeit von Synergieeffekten' in die Modellstruktur aufgenommen. Neben ihrer Wirkung auf den Erfolg soll überprüft werden, ob die Konstrukte, die unternehmensstrukturelle Merkmale des Handelssystems (Schwerpunkt der Vertriebslinienstruktur und Wachstumsgeschwindigkeit) repräsentieren, mit den Konstrukten, die Integrationsmaßnahmen (laufende Integration) oder Determinanten der handelsbetrieblichen Effizienz (Flächenproduktivität, Synergieeffekte) repräsentieren, korrelieren und somit in einer Wechselbeziehung zueinander stehen.

Die Operationalisierung des Konstruktes 'Häufigkeit von Synergieeffekten' stützt sich auf sechs Indikatoren, die dieses Konstrukt im Rahmen der Modellrechnungen gut repräsentieren. Das Konstrukt 'Häufigkeit von Synergieeffekten' wird in diesem Modell als von der 'Häufigkeit laufender Integrationsmaßnahmen' abhängiges Konstrukt definiert. Die Integration kann einerseits als Auslöser von Synergieprozessen (einmalige Integration) und andererseits als ein den Synergieprozeß begleitendes Maßnahmenbündel (laufende Integration) verstanden werden (Reinke 1996, S. 106 ff.). Laufende Integrationsmaßnahmen sind im Gegensatz zu einmaligen Maßnahmen dadurch gekennzeichnet, daß sie innerhalb desselben Unternehmensbereiches mehrmals ergriffen werden können (z. B. regelmäßige Treffen zwischen Mitarbeitern) oder sich über einen längeren Zeitraum erstrecken (z. B. laufende Verhaltensabstimmung). Zu den einmaligen Integrationsmaßnahmen zählen insbesondere die 'obligatorischen Aktivitäten', die bei einer Eingliederung von Akquisitionsobjekten anfallen (wie z. B. die Zusammenlegung von Stellen oder die aufbauorganisatorische Eingliederung). Das Konstrukt 'Häufigkeit einmaliger Integrationsmaßnahmen' wird aufgrund fehlenden Erklärungsbeitrages in der gesamten Modellserie in dieses Modell nicht einbezogen.

Die GFI-, AGFI- und RMR-Werte weisen auf eine sehr gute Anpassung des Modells an die empirischen Daten hin. Der hohe TCD-Wert von 0,760 zeigt weiterhin, daß die endogenen Konstrukte durch die exogenen Konstrukte in hohem Maße erklärt werden.

Einige γ-Koeffizienten des Strukturmodells weisen zudem mit $0,490(\gamma_{11})$ und $0,729(\gamma_{23})$ hohe und hoch signifikante Werte auf. Sämtliche Vorzeichen der γ- und β-Koeffizienten bestätigen die in vorangegangenen Modellen geprüften und die neu hinzugekommenen Wirkungsrichtungen.

Zusätzlich zu den direkten Effekten sind indirekte Effekte zu berücksichtigen, die über den Einfluß auf die Konstrukte 'Wachstumsgeschwindigkeit' und 'Synergieeffekte' auf den Erfolg wirken. Indirekt wirkt z. B. die laufende Integration über den Einfluß auf das Konstrukt 'Häufigkeit von Synergieeffekten' auf den Erfolg. Die Beeinflussungseffekte errechnen sich wie folgt: totaler Effekt 'Schwerpunkt der Vertriebslinienstruktur': $0,528 = 0,331 + 0,490 * 0,402$; totaler Effekt 'Flächenproduktivität': $0,306 = 0,204 + 0,253 * 0,402$; indirekter Effekt der 'laufenden Integration': $0,222 = 0,729 * 0,305$. Insgesamt ergeben sich totale Beeinflussungseffekte von 0,528 für den Schwerpunkt der Vertriebslinienstruktur, von 0,306 für den Indikator der Flächenproduktivität und 0,222 für die laufende Integration. Demnach ist mit einer zunehmenden Ausprägung dieser Konstrukte eine deutliche Steigerung des Erfolges verbunden. Sämtliche γ- und β-

Pfadkoeffizienten sind signifikant.

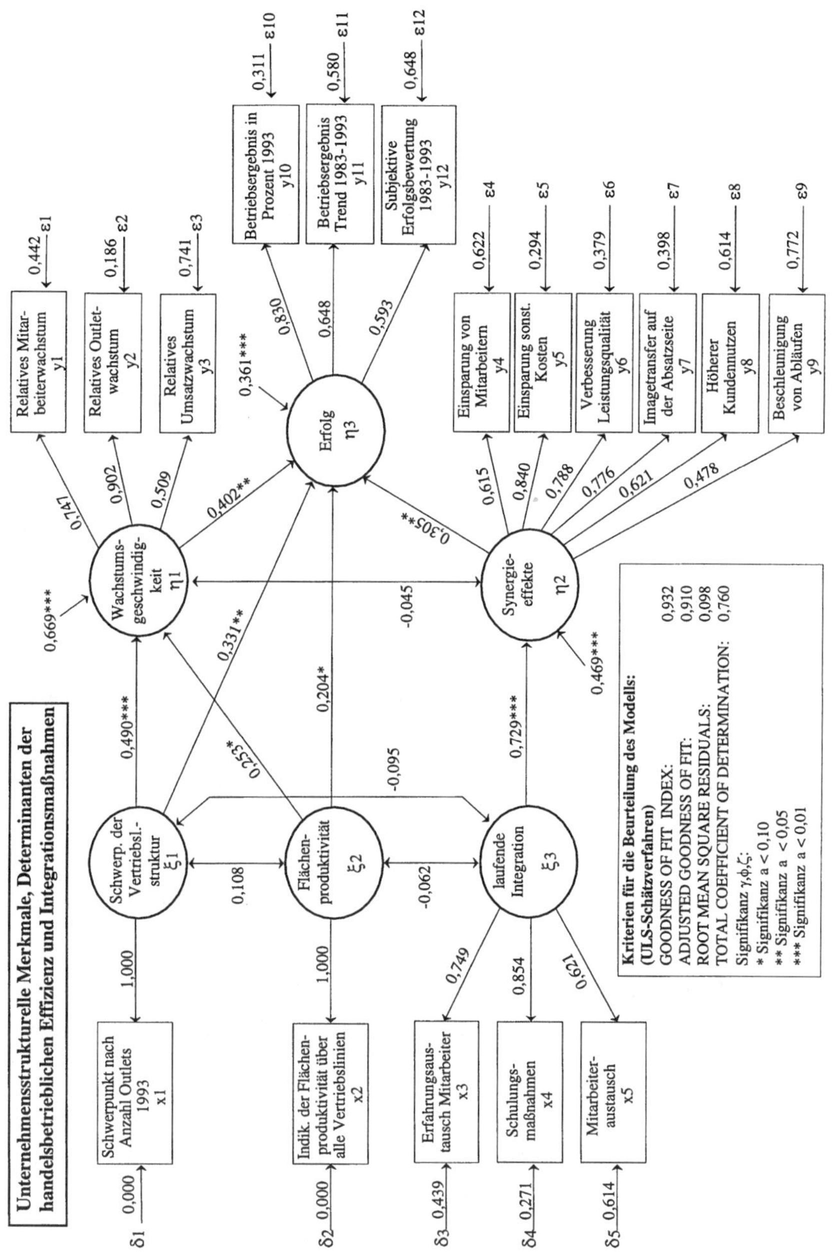

Abbildung 5: Pfaddiagramm mit Schätzergebnissen für das Modell 'Unternehmensstrukturelle Merkmale, Determinanten der handelsbetrieblichen Effizienz und Integrationsmaßnahmen'

Die Korrelationskoeffizienten zwischen den exogenen und endogenen Konstrukten ($\zeta 1/\zeta 2$: $0,108; \zeta 1/\zeta 3$: $-0,095; \zeta 2/\zeta 3$: $-0,062; \eta 1/\eta 2$: $-0,045$) zeigen keine Beziehungen auf. Die Ausprägungen der Korrelationskoeffizienten bestärken somit – insbesondere hinsichtlich der strukturellen Merkmale und der Integrationsmaßnahmen – die Vermutung, daß es sich um unabhängige Gestaltungsbereiche handelt, die den Unternehmenserfolg ohne Wechselwirkung maßgeblich beeinflussen.

3 ZUSAMMENFASSUNG DER ERGEBNISSE

Die Ergebnisse der Untersuchung zeigten zunächst, daß die betrachteten Vertriebslinien den Unternehmenserfolg unterschiedlich stark beeinflussen (*Abbildung 2*). Die Untersuchung hat bestätigt, daß sich ein großer Anteil erfolgversprechender Vertriebslinien positiv auf den Unternehmenserfolg auswirkt. Handelssysteme, die ihren Schwerpunkt der Geschäftstätigkeit ('*Stammgeschäft*') in erfolgversprechenden Betriebsformen besitzen, erzielen einen überdurchschnittlichen Unternehmenserfolg (*Abbildung 3*). Je erfolgreicher die Betriebsform derjenigen Vertriebslinie ist, in der das Handelssystem seinen Schwerpunkt besitzt, desto höher ist auch die Wachstumsgeschwindigkeit des Handelssystems (*Abbildung 5*). Die Untersuchung hat weiterhin offengelegt, daß das Konstrukt 'Erfolg' kausal durch das Konstrukt 'Wachstumsgeschwindigkeit' nicht unerheblich beeinflußt wird (*Abbildung 3 und 5*).

Die Vermutung, daß in der Summe positive Wirkungen der Unternehmensgröße auf den gewählten Erfolgsmaßstab überwiegen, hat sich nicht bestätigt (*Abbildung 3*). Auch im Rahmen des Modells, in dem der Frage nachgegangen wurde, ob unternehmensstrukturelle Merkmale Determinanten der handelsbetrieblichen Effizienz beeinflussen, konnte letztlich kein positiver Einfluß der Unternehmensgröße konstatiert werden (*Abbildung 4*). Zwar treten mit zunehmender Unternehmensgröße nach den vorliegenden Ergebnissen Kostensenkungen ein, die sich letztlich auf den Erfolgsmaßstab positiv auswirken. Dieser Effekt vermag allerdings den vorgefundenen negativen Einfluß zwischen der Unternehmensgröße und dem Unternehmenserfolg nicht aufzuwiegen. Ebenso fehlt ein positiver Zusammenhang zwischen Unternehmensgröße und Flächenproduktivität, womit auch diese Beziehung keine Kompensation des negativen Effektes der Unternehmensgröße auf den Erfolg lieferte.

Insgesamt erweist sich die Unternehmensgröße in dieser Untersuchung nicht als erklärende Variable für die Überlebensfähigkeit als Ziel der institutionellen Konfiguration. Es zeigt sich lediglich ein schwach positiver Einfluß auf die Kostenentwicklung in Handelssystemen, der allerdings durch negative Effekte kompensiert wird. Positiv wirkende Größeneffekte sind anscheinend zwingend erforderlich, um negative Effekte zu kompensieren.

Die Ergebnisse der Untersuchung führen zu der Erkenntnis, daß Handelssysteme, die erfolgreiche Angebotsformen verbreiten, ein höheres Wachstumstempo realisieren (können) als Handelssysteme mit weniger erfolgreichen Angebotsformen. Nicht das aus einer hohen Wachstumsgeschwindigkeit resultierende Größenwachstum ist danach kausaler Bestimmungsfaktor des Erfolges, sondern vielmehr das Verdrängungspotential bestimmter Betriebsformen, die letztlich ein rapides Unternehmenswachstum und auch einen vergleichsweise hohen Gesamterfolg des Handelssystems ermöglichen. Unterschiedlich erfolgreiche Vertriebslinien bewirken nach diesem Erklärungsansatz unterschiedliche Wachstumsgeschwindigkeiten. Hintergrund dieser Überlegungen war die Vermutung, daß das Unternehmenswachstum in erfolgsträchtigen Vertriebslinien stattfindet und auf diesem Wege den Gesamterfolg des Handelssystems steigert, obwohl u. U. einzelne Begleiterscheinungen des Unternehmenswachstums gegen eine positive Erfolgsbeeinflussung sprechen.

Es zeigten sich auch Substitutionsbeziehungen auf dem Gebiet der Wachstumsgeschwindigkeiten in der Vertriebslinienstruktur der Handelssysteme (Olbrich 1998, S. 295 ff.). Innovative, mit Verdrängungspotentialen versehene Betriebsformen werden verbreitet, andere, nicht mehr wettbewerbsfähige Angebotsformen, werden aus dem Markt genommen. Hier bestätigte sich, anknüpfend an die Ergebnisse der Voruntersuchung, daß die institutionelle Konfiguration der Handelssysteme ein Reflex überlegener Angebotsformen ist. Die Ergebnisse verweisen auch auf Substitutionsbeziehungen innerhalb der Warenbereiche. Das rasche Vordringen vieler Handelssysteme in Branchen des Nonfood-Bereiches ist in diesem Zusammenhang auf die Erfolgsträchtigkeit bestimmter Nonfood-Vertriebslinien (Fachmärkte und filialisierte Fachgeschäfte) zurückzuführen. Ursächlich für diese Expansionen ist somit unterschiedlicher Erfolg in den Angebotsformen verschiedener Warenbereiche.

In dem letzten Modell zeigte sich, daß 'laufende Integrationsmaßnahmen' Synergieeffekte herbeiführen. Darüber hinaus konnte der grundsätzliche Wirkungszusammenhang aufgezeigt werden, daß sich mit einer zunehmenden, durch Integrationsmaßnahmen ausgelösten Häufigkeit von Synergieeffekten auch der Erfolg eines Handelsunternehmens erhöht (*Abbildung 5*). Die Analyse von Wechselwirkungen bestärkte die Vermutung, daß es sich bei den strukturellen Gestaltungsparametern Vertriebslinienstruktur und Wachstumsgeschwindigkeit auf der einen Seite und Integrationsmaßnahmen auf der anderen Seite um unabhängige Gestaltungsbereiche handelt, die den Unternehmenserfolg maßgeblich beeinflussen. Dieses führt für diese Untersuchung zur folgenden Schlußfolgerungen:

Vorteilhafte Angebotsformen und ein adäquates Integrationsmanagement sind die Schlüsselfaktoren überlebensfähiger Konfigurationen im sich konzentrierenden Konsumgüterhandel. Die Innovationsfreudigkeit in der Vertriebslinienpolitik erweist sich dann als zentrale Determinante der 'Überlebensfähigkeit' von Handelssystemen, wenn sie Betriebsformen mit hohem Verdrängungspotential hervorbringt.

LITERATUR

Ahlert, D., Wellmann, Th.: Von der Machtkonzentration zur dynamischen Marktbeherrschung im Handel – Wirtschaftswissenschaftliche Grundlagen einer Diskussion zur Kartellrechtsnovelle, in: BFuP, Heft 3, 1988, S. 193–219.

Ahlert, D., Wellmann, Th.: Deregulierung oder Verschärfung des GWB? – Wettbewerbspolitische und wettbewerbsrechtliche Konsequenzen der Konzentration im Handel, 1988, in: BFuP, Heft 3, S. 250–275.

Albach, H.:Innovation und Imitation als Produktionsfaktoren, in: Bombach, G., Gahlen, B., Ott, A. E. (Hrsg.), Technologischer Wandel – Analyse und Fakten, Tübingen, 1986, S. 47–63.

Backhaus, K. u. a.:Multivariate Analyseverfahren – Eine anwendungsorientierte Einführung, 8. verb. Aufl., Berlin u. a. 1996.

Burmann, Chr. Fläche und Personalintensität als Erfolgsfaktoren im Einzelhandel, in: Meffert, H., Steffenhagen, H., Freter, H. (Hrsg.), Schriftenreihe Unternehmensführung und Marketing, Bd. 27, Wiesbaden, 1995.

Jöreskog, K., Sörbom, D.: LISREL 7: A guide to the Program and Applications, Chicago, 1988.

Kollenbach, S.:Positionierungsmanagement in Vertragshändlersystemen – Konzeptionelle Grundlagen und empirische Befunde am Beispiel der Automobilbranche, in: Ahlert, D. (Hrsg.), Schriften zu Distribution und Handel, Band 16, Frankfurt am Main u.a., 1995.

Korte, C.:Customer satisfaction measurement: Kundenzufriedenheitsmessung als Informationsgrundlage des Hersteller- und Handelsmarketing am Beispiel der Automobilwirtschaft, in: Ahlert, D. (Hrsg.), Schriften zu Distribution und Handel, Band 15, Frankfurt am Main u.a., 1995.

Meffert, H., Patt, P.-J.:Strategische Erfolgsfaktoren im Einzelhandelsmarketing – eine empirische Analyse am Beispiel der Bekleidungsfachgeschäfte, in: Trommsdorff, V. (Hrsg.), Handelsforschung 1987, Jahrbuch der Forschungsstelle für den Handel Berlin (FfH) e.V., Heidelberg, 1987, S. 181–198.

Olbrich, R.:Erfolgspositionen im Lebensmittelhandel, Ergebnisse und Konsequenzen einer repräsentativen Befragung, in: ZfB, 64. Jg., Nr. 4, April 1994, S. 425–442.

Olbrich, R.:Unternehmenswachstum, Verdrängung und Konzentration im Konsumgüterhandel, Stuttgart 1998, Schäffer Poeschel-Verlag.

Reinke, B.:Synergiemanagement im Handel – Grundzüge einer handelsbetrieblichen Synergiekonzeption unter Berücksichtigung empirischer Untersuchungen im deutschen Konsumgüterhandel, in: Ahlert, D., (Hrsg.), Schriften zu Distribution und Handel, Bd. 21, Frankfurt am Main, u.a., 1996.

Schröder, H.:Konzeption, Akzeptanz und Organisation der Erfolgsforschung in mehrstufigen Handelssystemen, unveröffentlichte Habilitationsschrift, Münster, 1995.

Innovationsrelevantes Handelskundenverhalten

Der Einfluß von Einkaufsmotiven auf die Einkaufsstättenbeurteilung – Eine empirische Untersuchung am Beispiel des Möbeleinzelhandels

Andrea Gröppel-Klein, Eva Thelen und Christoph Antretter, Frankfurt(Oder)

Im theoretischen Teil dieses Beitrags wird die Fragestellung erörtert, ob unterschiedliche Einkaufsmotive die Erwartungen an eine Einkaufsstätte und das Verhalten der Konsumenten am Point-of-Sale beeinflussen können. Es wird die Hypothese abgeleitet, daß die Beurteilung eines Geschäftes von den vor dem Einkauf empfundenen Einkaufsmotiven abhängt. Diese These wird im Rahmen einer empirischen Untersuchung überprüft. Hierzu werden Kunden eines Innsbrucker Möbelhauses nach ihren Einkaufsinteressen befragt, anschließend zu Gruppen mit unterschiedlichen Motiven gebündelt und geprüft, ob zwischen den einzelnen Clustern signifikante Unterschiede in bezug auf die emotionale und kognitive Einschätzung des Geschäftes zu erkennen sind. Bei der Gruppenbildung kommt insbesondere der Preissensibilität der Konsumenten ein besonderes Gewicht zu, wird doch der sogenannte "Smart Shopper" von Praktikern als wichtigster Kundentyp der nächsten Jahre bezeichnet. Der "Smart Shopper" zeichnet sich durch ein besonderes Preisinteresse aus und ist stets auf der Suche nach "Schnäppchen". Gleichfalls wird untersucht, welche Einkaufsmotive durch das Einzelhandelsunternehmen mehr oder weniger gut befriedigt werden und inwieweit diese Ergebnisse zu einer Analyse der Stärken und Schwächen eines Geschäftes genutzt werden können

1 DIE EMPIRISCHE ERFASSUNG VON EINKAUFSMOTIVEN UND IHRE BEDEUTUNG FÜR DAS EINZELHANDELS-MARKETING

Der amerikanische Marketingprofessor Tauber (1972) stellte Anfang der 70 Jahre die Frage "Why do people shop?" und erklärte dazu: "The most obvious answer 'because they need to purchase something' can be most deceptive one and reflects a marketing myopia which management has been cautioned to avoid – a product orientation. This answer considers only the products which people may purchase and is but a partial and insufficient basis for behavioral explanations. It implicitly assumes that the shopping motive is a simple function of the buying process" (Tauber 1972, S. 46). Zur Widerlegung dieser Annahme führte Tauber eine explorative Studie durch und wählte die Methode des Tiefeninterviews. 30 Amerikaner aus Los Angeles wurden gebeten, ihren letzten Einkaufsbummel zu schildern und mitzuteilen, welche Aktivitäten sie unternahmen, welche Gefühle sie empfanden, kurz, was sie bei den Einkäufen erlebten. Tauber konnte verschiedene Einkaufstypen mit unterschiedlichen Einkaufsmotiven identifizieren, von denen vier von besonderem Interesse sind: Die erste Konsumentengruppe möchte sich mit dem Shopping belohnen, d. h., sie versucht, sich mit dem Kauf irgendeines "netten" Gegenstandes in eine angenehme Stimmung zu versetzen. Die Befragten der zweiten Konsumentengruppe möchten aus ihrer oftmals trostlosen Wohnumgebung in den Vorstädten entfliehen und sehen im Einkaufsbummel eine angenehme Abwechslung. Kunden der dritten Gruppe suchen laut Tauber nach "Sensory Stimulation". Die "Sensory-Stimulation-Sucher" mögen die Reizvielfalt am Point-of-Sale und halten sich gerne unter vielen Menschen in Geschäften auf. Schließlich sollte das Motiv des "Pleasure of Bargaining" beachtet werden. Es beschreibt den Spaß, Preise "herunter zu handeln". Da in den meisten Geschäften die Preise jedoch fixiert sind, versuchen Konsumenten, dieses Einkaufsmotiv durch Preisvergleiche zwischen verschiedenen Geschäften und durch die Suche nach Sonderangeboten zu befriedigen.

Auch wenn Tauber in seiner Studie nur eine kleine Stichprobe gezogen hat und trotz Anwendung der in bezug auf Reliabilität und Validität sicherlich nicht ganz unumstrittenen Methode des Tiefeninterviews, macht Tauber auf das Phänomen aufmerksam, daß versorgungsunabhängige Gründe Kunden zum Einkaufen bewegen können. Tauber hat mit dieser, mehr als 25 Jahre alten Untersuchung viele Forscher angeregt, sich mit der Einkaufsmotivforschung zu beschäftigen. Interessant ist auch Taubers schon vor mehr als 25 Jahren aufgestellte Empfehlung "Retailers may find that these hypothesized shopping motives offer additional opportunities for market segmentation and store differentiation" (siehe hierzu auch Gröppel 1994). Mit diesem Vorschlag beschäftigt sich die hier vorliegende empirische Studie. Doch zuvor soll ein Überblick über wesentliche Erkenntnisse zur Einkaufsmotivforschung gegeben werden.

Unter der Berücksichtigung von Taubers Ergebnissen beschäftigten sich Westbrook und Black (1985) in ihrer empirischen Untersuchung mit sieben verschiedenen Einkaufsmotiven, welche je nach Kundentyp in unterschiedlich hohem Maße beim Shopping auftreten. Die Autoren unterscheiden die folgenden Beweggründe:

- "Anticipated Utility"
  = Innovative Produkte werden gewünscht, Suche nach dem "letzten Schrei" oder nach einem Designerstück
- "Role Enactment"
  = Rollenverständnis, als "gute" Hausfrau stets sorgfältig einzukaufen in bezug auf Qualität und Preis
- "Negotiation"
  = Bedürfnis, mit dem Verkaufspersonal über den Preis zu verhandeln
- "Choice Optimization"
  = Wunsch, das Optimale, "genau das Richtige" zu finden, jedes Detail muß stimmen
- "Affiliation"
  = Wunsch, mit dem Verkaufspersonal, Freunden oder anderen Kunden zu interagieren, Einkaufen wird als ein sozialer Prozeß verstanden
- "Power and Authority"
  = Wunsch, sich beim Einkaufen dem Verkaufspersonal überlegen zu zeigen
- "Stimulation"
  = Einkaufen nur zum Spaß, zur Anregung.

Westbrook und Black (1985) entwickelten eine Statementbatterie zur Erfassung der o. g. Einkaufsmotive, befragten 203 Konsumentinnen und ordneten die Befragten mittels einer Clusteranalyse in sechs homogene Gruppen ein. Demographische Kriterien wurden zur Kontrolle gleichfalls erhoben. Die sechs ermittelten Cluster unterscheiden sich nicht hinsichtlich ihrer soziodemographischen Daten, wohl aber bezüglich ihrer Einstellung zu den Einkaufsmotiven. So können nach Westbrook und Black (1985) sowohl hochinvolvierte Konsumenten identifiziert werden, die versuchen, sämtliche Shopping-Motive zu befriedigen, als auch desinteressierte Konsumenten, für die Einkaufen ein "grauenhafter Akt" ist, der in minimaler Zeit erledigt werden muß. Zwei andere Cluster zeichnen sich dadurch aus, daß sie besonderen Wert vor allem auf ein beschriebenes Motiv legen und werden entsprechend ihrer Vorlieben von Westbrook und Black als "Choice Optimizer" bzw. als "Economic Shopper" bezeichnet.

Vor dem Hintergrund des umweltpsychologischen Verhaltensmodells von Mehrabian und Russell (1974) sowie der Einkaufsmotive von Westbrook und Black führten Dawson, Bloch und Ridgway (1990) eine empirische Studie durch, bei der sie den Zusammenhang zwischen den Einkaufsmotiven auf der einen und den Reaktionen und emotionalen Befindlichkeiten am Point-of-Sale auf der anderen Seite untersuchten. Die Befragung fand auf dem größten Kunstmarkt der USA statt, auf dem nicht nur Kunstobjekte und handwerklich gefertigte Produkte verkauft werden, sondern gleichfalls diverse Unterhaltungsprogramme geboten werden, beispielsweise regelmäßig auftretende Musiker.

Dawson et al. (1990) ließen knapp 300 Besucher dieses spektakulären Marktes zu ihren Einkaufsmotiven und ihren emotionalen und kognitiven Eindrücken befragen. Mittels einer explorativen Faktorenanalyse sind die Aussagen zur Messung der Einkaufsmotive zu zwei übergeordneten Dimensionen reduziert worden. Auf dem ersten Faktor laden Statements, die ein besonderes Produktinteresse widerspiegeln. Dazu zählt das Bedürfnis, eine Vielzahl neuer und einzigartiger Produkte zu finden. Außerdem können dieser Dimension die Wünsche, zu vernünftigen Preisen einkaufen zu können, sich auf den neuesten Produktstandard zu begeben oder etwas Innovatives zu sehen, zugerechnet werden. Der zweite Faktor beschreibt das Motiv "Stimulation" und beinhaltet Aussagen wie "andere Menschen am PoS beobachten", "die Menschenansammlungen genießen", "Unterhaltungsprogramme hören und sehen", "etwas interessantes sehen, riechen und hören", "dem Alltag entkommen". Anschließend prüften Dawson et al., ob sich diese beiden Einkaufsmotive auf die erlebte Stimmung, die Beurteilung des Preis-Leistungsverhältnisses und die allgemeine Zufriedenheit mit dem Kunstmarkt sowie auf die Verweildauer und die Erkundungsbereitschaft auswirken. Es bestätigt sich die Hypothese, daß diejenigen Konsumenten am Einkaufsort das höchste Vergnügen und die stärkste Aktivierung erleben, bei denen beide Einkaufsmotive "Stimulation" und "Produktinteresse" stark entwickelt sind. Gleichfalls beeinflussen diese Einkaufsmotive sowohl die Verweildauer als auch den Wunsch, die Einkaufsumgebung zu erkunden und zu entdecken. Bei getrennter Betrachtung der Einkaufsmotive zeigt sich, daß diejenigen Konsumenten, bei denen das Einkaufsmotiv "Stimulation" besonders stark ausgeprägt ist, vor allem die allgemeine Atmosphäre des Marktes schätzen. Dagegen haben Marktbesucher, die sich vor allem für die Produkte und Marktneuheiten interessieren, positivere Eindrücke von der angebotenen Qualität und kaufen gleichfalls signifikant mehr als Konsumenten, die sich nur von der Atmosphäre anregen lassen möchten. Dieses Ergebnis läßt den Schluß zu, daß Konsumenten in Abhängigkeit von ihren Einkaufsmotiven ihre Wertschätzung auf unterschiedliche Aspekte des Einkaufsortes richten.

Auch Babin et al. (1994) beschäftigten sich in ihrer empirischen Untersuchung mit dem Einkaufsverhalten von Konsumenten. Die Datenerhebung erfolgte in Einkaufszentren. Die Autoren untersuchten die Fragestellung, ob Konsumenten "Einkaufen" eher als erfreuliche Freizeitbeschäftigung oder als "Arbeit" auffassen und entwickelten eine umfassende Statementbatterie zur Messung dieser diametralen Auffassungen. Mittels einer konfirmatorischen Faktorenanalyse belegten Babin et al. (1994), daß zwischen hedonistischen und versorgungsorientierten Einkaufsmotiven unterschieden werden kann:

Das Versorgungsstreben der Konsumenten – Babin et al. (1994) bezeichnen es als "utilitarian value" – erinnert an das Einkaufsmotiv "Produktinteresse" von Dawson, Bloch und Ridgway (1990). Hier werden vor allem funktionale Aspekte des Einkaufs angesprochen. Das in dieser Studie ermittelte hedonistische Einkaufsverhalten ("hedonic value") verdient besondere Aufmerksamkeit, da dieses Einkaufsmotiv umfassender ist als das von Dawson, Bloch und Ridgway identifizierte Motiv "Stimulation". Babin et al. (1994, S. 646) verstehen unter einem "hedonic value" in Anlehnung an Holbrook und Hirschmann (1982) alle mit dem Einkaufen einhergehenden Aktivitäten und Gefühle, die als unterhaltsam erlebt werden: "Hedonic value is more subjective und personal than its utilitarian counterpart and results more fun and playfulness than from task completion. Thus, hedonic shopping value reflects shopping´s potential entertainment and emotional worth".

Babin et al. (1994, S. 646) betonen, daß der Einkaufsbummel für den Konsumenten einen hedonistischen Wert an sich darstellen kann, unabhängig davon, ob tatsächlich hierbei Produkte gekauft werden oder nicht. Der hedonistische Wert kann zudem verschiedene

Ausprägungen annehmen. Die Autoren berufen sich hierbei auf Erkenntnisse explorativer, qualitativer Studien, die gezeigt haben, daß:

- manche Konsumenten gerne durch Spielzeuggeschäfte streifen, weil sie sich dann selbst wieder wie ein kleines Kind fühlen können (Fischer; Arnold 1990, S. 34),
- Einkaufen als "Abenteuer" verstanden werden kann ("Shopping is an adventure"),
- mit Einkaufsbummeln "Eskapismus-Träume" befriedigt werden können ("This shopping trip truly felt like an escape") und daß Einkaufstrips von Problemen ablenken können ("I enjoy shopping, when it helps me forget my problems") (Sherry, 1990).

In einer von Gröppel (1996) in unterschiedlichen Betriebsformen des Möbeleinzelhandels durchgeführten empirischen Studie konnte festgestellt werden, daß der empfundene persönliche Eignungsgrad einer Betriebsform von den Einkaufsmotiven der Konsumenten abhängig ist. Die Einkaufsmotive wurden in Anlehnung an Westbrook und Black (1985) operationalisiert. Die kausalanalytischen Ergebnisse zeigen, daß Fachgeschäfte insbesondere für diejenigen Konsumenten geeignet sind, die eine intensive Beratung und eine angenehme Einkaufsatmosphäre wünschen. Die Preisorientierung ist hier schwach negativ ausgeprägt. Dagegen sprechen Discounter vor allem jene Verbraucher an, die möglichst günstig einkaufen möchten. Die Konsumenten vertrauen auf das Preisgünstigkeitsimage dieser Einkaufsstätten. Gleichfalls ist das Anspruchsniveau der Kunden in bezug auf die Qualität nicht sehr stark ausgeprägt, beispielsweise wenn es darum geht, die Verarbeitung der Möbel zu prüfen oder sich die Details, wie Scharniere und Verleimung, genaustes anzusehen. Ein besonders interessantes Ergebnis lag bei den Kundenurteilen über die Firma IKEA vor. IKEA ist im Gegensatz zu allen anderen untersuchten Discountern nicht nur in der Lage, preisorientierte Kunden anzusprechen, sondern IKEA kann darüber hinaus auch den Wunsch nach einer stimulierenden, erlebnisreichen Einkaufsatmosphäre befriedigen. IKEA ist somit ein ideales Möbelhaus für alle diejenigen Konsumenten, die zwar günstig einkaufen möchten, auf ein besonderes Einkaufsambiente jedoch nicht verzichten möchten. IKEA gelingt es somit, sich von den anderen Händlern abzuheben und bietet einen Kosten- und einen Differenzierungsvorteil zugleich (Outpacing-Strategie aus Sicht der Kunden).

Gröppel (1996) zeigte in ihrer Studie gleichfalls auf, daß Geschäfte, die sich aufgrund ihrer Marktkonzeption gezielt für die Ansprache bestimmter Einkaufsmotive entscheiden und denen es gelingt, diese besser als die Konkurrenzunternehmen aus Sicht der Kunden zu befriedigen, eine besonders vorteilhafte Wettbewerbsposition einnehmen.

Fazit: Die skizzierten Studien zeigen die Bedeutung der Einkaufsmotive für das Verhalten am Point-of-Sale auf. Einkaufsmotive können die am Point-of-Sale erlebten Emotionen und Kognitionen sowie die Verweildauer, die Erkundungsbereitschaft und das Kaufinteresse beeinflussen. Gleichfalls lassen die Untersuchungen den Schluß zu, daß sich in Abhängigkeit unterschiedlich ausgeprägter Einkaufsmotive unterschiedliche Ansprüche an den Einkaufsort ergeben. Im Rahmen dieses Beitrags soll daher die Fragestellung untersucht werden, ob sich die Kunden eines Innsbrucker Möbelgeschäftes anhand ihrer vor dem Betreten des Geschäftes geäußerten Einkaufsmotive zu unterschiedlichen Segmenten bündeln lassen und ob die Segmente das Möbelhaus unterschiedlich beurteilen.

Hypothese 1:

H1: Die Ex-Post-Beurteilung eines Möbelhauses sowie die am PoS erlebte Stimmung sind von den Einkaufsmotiven eines Kundensegmentes abhängig.

Darüber hinaus soll gleichfalls getestet werden, ob das Möbelhaus in der Lage ist, die an das Unternehmen gestellten Erwartungen zu erfüllen. Daher werden zusätzlich die Mittelwerte zwischen den vor dem Betreten des Geschäftes erhobenen Beurteilungsdimensionen mit den Ex-Post-Werten verglichen. Letztere werden beim Verlassen des Geschäftes erfragt. Die Signifikanztests zeigen auf, bei welchen Dimensionen das Geschäft besser bzw. schlechter abgeschnitten hat als erwartet. Die Daten können somit zur Stärken-Schwächen-Analyse des Hauses herangezogen werden und Aufschluß darüber geben, warum ein Geschäft von unterschiedlichen Kundensegmenten mehr oder weniger geschätzt wird.

2 DAS PREISINTERESSE VON KONSUMENTEN

"Cleveres Einkaufen" scheint ein Einkaufsmotiv zu sein, das in den letzten Jahren an Bedeutung gewinnt: Die in der Lebensmittelzeitung im Dezember 1995 veröffentlichte "Regionalpresse-Studie (E & i ´95)", bei der 2500 Interviews zum Einkaufsverhalten in Deutschland erhoben wurden, ergab, daß 34 Prozent der Befragten "gezielt auf der Suche nach Schnäppchen" sind (LZ vom 8.12.1995, S. 50). Nach Ansicht vieler Praktiker ist der sogenannte "Smart-Shopper", der sich durch ein besonders hohes Preisinteresse auszeichnet, im Vormarsch. Es ist daher empfehlenswert, sich mit dem Konstrukt "Preisinteresse" genauer auseinanderzusetzen. Diller (1991, S. 86) definiert das Preisinteresse als das Bedürfnis eines Nachfragers, "nach Preisinformationen zu suchen und diese bei den Einkaufsentscheidungen zu berücksichtigen". Das Preisinteresse kann nach dieser Definition anhand von drei Dimensionen beschrieben werden:

- Die Intensitätsdimension (= Stärke des Preisinteresses)
- Gegenstand und Umfang des Preisinteresses (= inhaltliche Dimension)
- Äußerungsformen des Preisinteresses (= beobachtbare Konsequenzen des Einkaufs).

Während Diller die Konsequenzen des Preisinteresses berücksichtigt, betont Müller-Hagedorn (1983, S. 944) vor allem die Intensitätsdimension und versteht unter Preisinteresse allein den "Wunsch des Verbrauchers, sich über Preise zu informieren". Beiden Definitionen gemeinsam ist der motivationale Charakter des Preisinteresses, welcher auch im Rahmen dieses Artikels im Vordergrund steht. Das Preisinteresse ist dabei kein angeborenes (primäres), sondern ein sekundäres Einkaufsmotiv, das Lernprozessen unterliegt. Ursachen für das Preisinteresse (verstanden als der Wunsch, möglichst preisgünstig einzukaufen) liegen im

- Versorgungsstreben,
- im Wunsch nach Erfüllung sozialer Rollen (z. B. Rolle des aufgeklärten Konsumenten)
- und/oder in Formen der Leistungsmotivation (z. B. Cleverness, Leistungsstolz).

Konträr wirkt nach Diller (1991, S. 88) das Entlastungsstreben von Konsumenten, insbesondere wenn preisorientiertes Verhalten mit hohen Informationsaufwendungen gekoppelt ist. Außerdem kann der Wunsch nach möglichst preisgünstigen Einkäufen oftmals im Konflikt mit dem Qualitätsinteresse und/oder mit Fragen des Sozialprestiges stehen.

Die Stärke des Preisinteresses ist von Situation zu Situation und von Person zu Person unterschiedlich. Ältere empirische Untersuchungen haben sich vor allem mit soziodemographischen und produktspezifischen Merkmalen als Determinanten des Preisinteresses beschäftigt. Nach einer Untersuchung von Wimmer (1982) sind ältere und sozial schwache Personen weit weniger preisorientiert eingestellt, als ihre Einkommenslage es erwarten ließe. Amerikanische Studien zeigen dagegen, daß mit abnehmender sozialer Schicht das Preisinteresse steigt (mit Ausnahme der untersten sozialen Schicht) (Simon, 1992, S. 594). Die Ergebnisse sind somit nicht ganz widerspruchsfrei, demonstrieren jedoch die grundsätzliche Relevanz des Preisinteresse-Konstruktes: Nach Kroeber-Riel (1980, S. 522) zeigten sich bis zu Beginn der 80er Jahre vor allem Personen der sozialen Mittelschicht besonders preisinteressiert, was auf die stark ausgeprägte Leistungsmotivation dieser Schicht zurückgeführt wird. [Kroeber-Riel (1980, S. 522) erklärt in seinem Buch "Konsumentenverhalten", daß der "homo oeconomicus der klassischen Mikroökonomie" in der Mittelschicht am meisten verwirklicht wird. In späteren Auflagen wurde von Kroeber-Riel dieses Einkaufsverhalten der Mittelschicht nicht mehr erwähnt.] In den 80er Jahren wurde die Preisorientierung der Mittelschicht durch höhere Ansprüche an die Qualität und an den Erlebnis- und /oder Prestigecharakter von Geschäften und Marken vielfach überlagert. Aufgrund der veränderten Wirtschaftsdaten gewinnt die sorgfältige Begutachtung des Preis-Leistungsverhältnis in den 90er Jahren wieder an Bedeutung. Karmasin (1994) spricht in diesem Zusammenhang von einer "Renaissance der Mittelstandswerte". Sie berichtet von eigenen Untersuchungen, nach denen die Intensität des Preisinteresses auch zur Kennzeichnung eines neuen Lebensstils herangezogen werden kann. Es gilt als besonders chic und clever, zum einen Preise besonders treffend einschätzen zu können und zum anderen möglichst hochwertige Markenprodukte besonders preisgünstig einzukaufen. Die sogenannten "Schnäppchenführer", die Adressen von Factory Outlets beinhalten, finden einen hohen Absatz und belegen diese These.

Studien aus den 70er Jahren haben ergeben, daß neben den käuferspezifischen Merkmalen die jeweilige Informationssituation auf einem Markt das Preisinteresse beeinflußt. Auf Märkten mit relativ hoher Preistransparenz sei das Preisinteresse höher als auf intransparenten Märkten. Wenn diese These auch noch heute gilt, wird das Preisinteresse in vielen Märkten generell steigen, trägt doch das via Internet verfügbare Informationsniveau erheblich zur Erhöhung der Preistransparenz bei.

Eine weitere erklärende Variable für die Intensität des Preisinteresses kann nach Diller (1991, S. 89) das Produktinvolvement darstellen. Bei Produkten, die das Selbstwertgefühl der Konsumenten berühren, ist danach das Preisinteresse geringer ausgeprägt als bei Gütern des täglichen Bedarfs. Dieses Ergebnis ist jedoch nur vor dem Hintergrund zu verstehen, daß Diller (1991, S. 86) unter Preisinteresse das Bedürfnis versteht, preisgünstig einzukaufen. Hier zeigt sich u. E. deutlich, daß es empfehlenswert ist, das Preisinteresse nur anhand der inhaltlichen und der Intensitätsdimension zu charakterisieren und von der Dimension "Konsequenzen für den Einkauf" abzukoppeln. Ein hoch involvierter Konsument wird sich zwangsläufig auch für die Preise der für ihn bedeutsamen Produktgruppe interessieren (schließlich stellen diese ja auch eine Produkteigenschaft dar), er muß jedoch nicht unbedingt den Wunsch verspüren, möglichst das preisgünstigste Produkt zu erstehen. Nach der Definition Dillers wäre ein solcher Käufer wenig preisinteressiert, wenngleich er aufgrund seines hohen Involvements eine Vielzahl von Preisen gespeichert hat. Im Rahmen dieses Artikels soll daher das Preisinteresse definiert werden als das *Interesse, sich über Preise zu informieren.* Dieses kann beispielsweise auf Basis von Werbeprospekten erfolgen oder auf Basis von Preis-Qualitätsmerkmalen (Hochwertigkeit der Verarbeitung etc.) Die Äußerungsformen des Preisinteresses, also beispielsweise der Wunsch, möglichst preisgünstig einzukaufen, sollen losgelöst davon betrachtet und mit dem Terminus "Preisorientierung" bezeichnet werden. Es ist sicherlich wahrscheinlich, daß Preisorientierung und Preisinteresse in einem gleichläufigen Zusammenhang stehen. Die beiden Konstrukte sollen jedoch getrennt voneinander erhoben und bei der Kundensegmentierung berücksichtigt werden.

Im folgenden soll das Preisinteresse der Konsumenten als ein Einkaufsmotiv behandelt werden und geprüft werden, ob Konsumenten, die in bezug auf Möbel angeben, besonders preisinteressiert zu sein, Preise besser einschätzen können als Konsumenten, bei denen dieses Einkaufsmotiv eine geringere Rolle spielt. Die Ermittlung realistischer Preiskenntnisse kann mit Hilfe eines Preistestes erfolgen. Die zu prüfende These lautet:

Hypothese 2:

H2: Wenn Konsumenten angeben, an Möbelpreisen besonders interessiert zu sein, dann verfügen sie auch über realistischere Preiskenntnisse als Nicht-Preis-Interessierte.

3 AUFBAU DER UNTERSUCHUNG

Im März 1997 wurden im Rahmen eines Marketingseminars am Institut für Handel, Absatz und Marketing an der Universität Innsbruck die Daten bei einem der größten Innsbrucker Möbelgeschäfte erhoben. Es handelt sich bei diesem Möbelhaus um einen Vollsortimenter im mittleren bis gehobenen Genre. Die Studenten des Marketing-Seminars wurden einer Interviewerschulung unterzogen. Jeweils vier Studenten befragten Besucher unmittelbar vor dem Betreten des Möbelhauses. Anschließend erhielten die Befragungsteilnehmer eine persönliche Interviewnummer und wurden gebeten, sich am Ende Ihres Möbelhausbesuches noch einmal zum Interview zur Verfügung zu stellen. Hier wurden die Kandidaten in einem Bereich direkt hinter der Kassenzone befragt. Anhand der Interviewnummer konnten die "vorher" und "nachher"-Fragebogenteile zu einem Gesamtfragebogen einer Person zusammengefaßt werden. Jedes Teilinterview dauerte maximal 15 Minuten. Insgesamt konnten 150 vollständige Fragebögen ausgewertet werden.

Im "vorher"- Teilinterview wurden den Besuchern zunächst einleitende Fragen gestellt, so z. B., ob sie das Möbelhaus bereits kennen, wenn ja, ob sie es mehr oder weniger häufig besuchen, ob sie sich etwas bestimmtes anschauen möchten, wie sie auf das Möbelhaus aufmerksam wurden. Gleichfalls erhielten die Befragungsteilnehmer Fragenkataloge zu ihren Einkaufsmotiven, zu ihrem Preisinteresse sowie eine umfangreiche Statementbatterie zu ihren Erwartungen an das Möbelhaus in bezug auf Sortiment, Ladengestaltung, Service, Beratung und Preisniveau. Der persönliche Möbelgeschmack wurde mittels Bilderskalen über unterschiedliche Wohnstile erfaßt.

Außerdem wurde mit den Probanden ein Preistest durchgeführt. Den Befragungsteilnehmern wurde die Abbildung einer Eckbankgruppe (aus dem Sortiment des Möbelhauses) gezeigt, wie sie in vielen österreichischen Küchen zu finden ist. Die Kandidaten wurden gebeten, den Verkaufspreis dieser Eckbankgruppe zu schätzen. Am Ende des ersten Teils wurde die Uhrzeit notiert, zu der die Probanden das Möbelhaus betraten.

Zu Beginn des zweiten Teils des Interviews ("nachher") wurde die Uhrzeit erneut festgehalten, um die tatsächliche Aufenthaltsdauer der Befragungsteilnehmer errechnen zu können. Anschließend erhielten die Probanden einen Lageplan des viergeschossigen Möbelhauses, anhand dessen sie angeben sollten, in welchen Abteilungen sie sich aufgehalten hatten. Des weiteren erhielten sie noch einmal den bereits im ersten Teil vorgelegten Fragenkatalog zu dem Marketingmix des Möbelhauses. Wurden im ersten Teil die Erwartungen abgefragt, die die Besucher an das Möbelhaus stellten, so wurde im zweiten Teil anhand derselben Kriterien geprüft, wie die Befragungsteilnehmer das Geschäft nach ihrem Besuch beurteilten. Außerdem wurden am Ende des Interviews der Preistest mit der Eckbankgruppe wiederholt. Zudem wurden die Kandidaten befragt, wie ihre Stimmung während des Besuches war und welche Produkte sie gekauft hatten. Schließlich wurden noch sozio-demographische Daten festgehalten.

4 AUSWERTUNG DER DATEN UND PRÜFUNG DER HYPOTHESEN

Zur Prüfung der ersten Hypothese wurden zunächst die Statements zu den Einkaufsmotiven einer Faktorenanalyse unterzogen, um implizite Gewichtungen zu vermeiden und übergeordnete Dimensionen zu erhalten. Das Kaiser-Meyer-Olkin Measure of Sampling Adequacy liefert mit 0,50953 nur einen mäßigen Wert, der gerade über dem Schwellenwert von 0,5 liegt. Der Bartlett Test of Sphericity fällt jedoch hochsignifikant aus, so daß eine Faktorenanalyse über die Einkaufsmotive der Möbelhauskunden durchgeführt werden kann. Die Hauptkomponentenmethode extrahiert vier Faktoren, die gemeinsam eine Varianz von 58,1 % erklären (*Tabelle 1*).

Tabelle 1: Faktorenanalyse über die Statements zu den Einkaufsmotiven (Hauptkomponentenmethode, Quartimax Rotation)

Faktor Statements	Preisorientierung	Wunsch nach Stimulation	Konkretes Kaufinteresse	Beratungswunsch
Interesse preisw. Angebot	**0,79084**	0,10767	-0,00967	0,09188
Schnäppchen schlagen	**0,62998**	-0,15950	0,35799	-0,19721
Raus aus den 4 Wänden	**0,58766**	0,13063	-0,02188	-0,00295
Bummeln durch Geschäfte	0,33755	**0,74061**	-0,05574	-0,16758
Neue Ideen für Einrichtung	-0,22702	**0,73127**	0,22659	0,23285
Bestimmte Produkte prüfen	-0,15776	-0,16114	**0,79488**	-0,13746
Konkreter Kaufabschluß	0,13771	0,18330	**0,58597**	0,11821
Suche nach Speziellem	0,27618	0,12616	0,47678	0,28818
Genaue Beratung durch VP	0,03272	0,04484	0,07198	**0,85736**
Einkaufen lästiges Übel	-0,16744	-0,50991	0,04658	0,54259
Eigenwert	1,942	1,504	1,298	1,069
Faktorvarianz Σ 58,1%	19,4%	15,0%	13,0%	10,7%

Die Ergebnisse können nach der rechtwinkligen Rotation wie folgt erklärt werden: Der erste Faktor, der einen Varianzerklärungsanteil von 19,4 % ausmacht, bündelt Aussagen zum preisorientierten Einkaufen. Insbesondere die Statements "Ich bin an einem sehr preiswerten Angebot interessiert" sowie "Ich bin auf der Suche nach einem preiswerten Schnäppchen" laden sehr hoch auf dieser Dimension, die daher den Titel "Preisorientierung" erhalten soll. Dem zweiten Faktor können die Aussagen "Ich mag die anregende Atmosphäre von Möbelhäusern und bummele gerne durch Möbelgeschäfte - einfach nur zum Spaß" sowie "Ich möchte ein paar neue Ideen für meine Wohnungseinrichtung erhalten". Diese Dimension kann zusammenfassend als "Wunsch nach Stimulation" beschrieben werden. Der dritte Faktor mit einem Varianzerklärungsanteil von immerhin noch 13% faßt die Aussagen "Ich will mir ganz bestimmte Produkte ansehen" sowie "Ich möchte heute unbedingt einen Kaufabschluß tätigen" zusammen. Die dritte Aussage "Ich suche etwas ganz Spezielles, was ich in anderen Geschäften noch nicht gefunden habe" muß wegen zu geringer Faktorladung aus der weiteren Diskussion ausgeschlossen werden. Der dritte Faktor erhält die Überschrift "Konkretes Kaufinteresse". Der letzte Faktor schließlich beinhaltet mit dem Statement "Ich möchte mich von Verkaufspersonal genauestens beraten lassen" den Wunsch nach Beratung.

Zur Operationalisierung des Konstruktes "subjektives Preisinteresse" wurden 3 Fragen gestellt:

- "Meistens gewinne ich meine Preisvorstellungen aus den Werbeprospekten"
- "Ich kann anhand der Verarbeitung und der verwendeten Materialien den Preis sehr gut einschätzen"
- "Ich interessiere mich sehr für Möbelpreise", die gleichfalls einer Faktorenanalyse unterzogen wurden.

Das Interdependenzverfahren ergab, daß die erste und zweite Aussage jeweils einen eigenständigen Faktor darstellen, während die Aussage "Ich interessiere mich sehr für Möbelpreise" auf beiden Dimensionen sehr hoch lädt und daher von der weiteren Analyse ausgeschlossen wurde. Insgesamt können somit sechs Dimensionen festgehalten werden: Preisorientierung, Wunsch nach Stimulation, konkretes Kaufinteresse, Beratungswunsch, Interesse für Preise in Prospekten sowie Preiskenntnis auf Basis der Möbelverarbeitung.

Anschließend wurden auf Basis der hinter diesen sechs extrahierten Dimensionen stehenden Faktorwerten eine partionierende Clusteranalyse (Quick Cluster) durchgeführt. Von den 149 befragten Personen konnten 141 Befragten in drei Gruppen klassifiziert werden.

8 Personen konnten aufgrund fehlender Werte nicht eingeordnet werden. Die nachfolgende *Tabelle 2* zeigt die endgültigen Clusterzentren.

Tabelle 2: Ergebnisse der Clusteranalyse (final cluster centers)

Cluster (s. a. Anmerkung in der Legende)	Erlebnisorientierte Kunden		Kommunikations-orientierte Kunden		Preisorientierte Kunden	
Anzahl	n = 69 (48,9 %)		n = 32 (22,7 %)		n = 40 (28,4 %)	
Preisorientierung	-0,2604	-	-0,8197	- -	+1,0876	++
Stimulation	+0,5242	++	-0,7803	- -	-0,2411	–
Konkreter Kaufwunsch	-0,0531	0	+0,0645	0	-0,0018	0
Kommunikation	-0,3684	-	+0,8739	++	-0,1036	–
Interesse für Preise in Prospekten	-0,0113	0	-0,8687	- -	+0,6155	++
Preiskenntnis auf Basis der Möbel-Verarbeitung	-0,1161	0	-0,0334	0	+0,2499	+

Legende:

0	=	durchschnittlich ausgeprägte Clusterzentren,
-	=	Clusterzentren zwischen -0,1 und -0,4
- -	=	Clusterzentren kleiner -0,4
+	=	Clusterzentren zwischen +0,1 und +0,4
++	=	Clusterzentren größer +0,4

Interessant sind in diesem Zusammenhang vielleicht auch die Wohnungseinrichtungsstile der 3 Segmente. Dazu wurden den Probanden 5 Fotos mit unterschiedlichen Wohnzimmereinrichtungen gezeigt, die die Probanden nach ihrer persönlichen Geschmackspräferenz ordnen sollten. Während die erlebnis- und die kommunikationsorientierten Kunden eindeutig für einen modernen, eleganten Wohnungsstil plädierten (bei beiden Gruppen wurden von mehr als 45 % aller Befragten dieser Wohnstil auf Rang 1 gesetzt), war das Einrichtungsverhalten der preisorientierten Konsumenten nicht so eindeutig ausgeprägt. Diese Kundengruppe setzte den elegant-modernen, einen gutbürgerlichen und einen naturholz-orientierten Wohnungsstil mit fast gleichen Anteilen auf Rang 1.

Die Güte der Clusterlösung wurde mittels einer Diskriminanzanalyse erneut überprüft. Beide Diskriminanzfunktionen sind hochsignifikant, die Eigenwerte liegen über 1, der kanonische Korrelationskoeffizient der ersten Funktion beträgt 0,8394, der zweiten 0,7126. Der Prozentsatz der "richtig klassifizierten" Fälle liegt bei 97,87 %. Die Fisher'schen linearen Diskriminanzfunktionen belegen eindeutig, daß das Einkaufsmotiv "Stimulation" dem ersten Cluster, der Wunsch nach Beratung und Kommunikation dem zweiten Cluster zugeordnet werden kann, während die drei mit der Preisorientierung und dem Preisinteresse der Konsumenten zusammenhängenden Merkmale zur Beschreibung der dritten Gruppe geeignet sind.

Die Ergebnisse der Clusteranalyse zeigen somit, daß drei Gruppen von Konsumenten gebildet werden können, die sich durch unterschiedliche Wünsche und Bedürfnisse an das Möbelhaus auszeichnen. Die Mitglieder des ersten Cluster können als die erlebnisorientierten Konsumenten bezeichnet werden. Diese Personen möchten vor allem eine anregende Atmosphäre erleben und bummeln gerne durch Möbelhäuser, um neue Anregungen für die Wohnungseinrichtung zu erhalten. Dabei möchten sie gerne ganz unverbindlich durch das Möbelgeschäft streifen, ohne sich konkret beraten zu lassen. Das zweite Cluster legt vor allem auf eine gute Beratung wert und wird daher als die Gruppe der "kommunikationsorientierten Kunden" bezeichnet. Bei diesem Cluster ist auffällig, daß sowohl der Wunsch, ein besonders preiswertes Angebot zu erstehen als auch das Interesse für die Preise von Möbelprospekten sehr negativ ausgeprägt sind. Letzteres verhält sich bei der dritten Gruppe diametral. Diese Kunden sind äußerst preisinteressiert und ähneln den anfangs beschriebenen "Smart Shoppern". Sie verfügen nach eigenen Angaben auch über besonders gute Preiskenntnisse. Da sie auf der Suche nach Schnäppchen sind, interessieren sie sich vor allem für die in Prospekten aufgeführten Preise. Das besondere Preisinteresse dieser Kundengruppe scheint im übrigen nicht von dem Haushaltseinkommen, der Haushaltsgröße (Anzahl der im Haushalt lebenden Personen) oder dem Alter abhängig zu sein. Eine varianzanalytische Analyse dieser drei demographischen Variablen ergab keine signifikanten Unterschiede zwischen den drei Cluster. Die Preisorientierten interessieren sich somit für Möbelpreise, nicht deshalb, weil sie sparen müssen, sondern weil sie sparen wollen. Ob die Preiskenntnisse realistisch sind, wird sich im Verlauf der Untersuchung noch zeigen. Zunächst soll jedoch geprüft werden, ob die einzelnen Kundengruppen das Möbelhaus unterschiedlich beurteilen.

Die Prüfung der ersten Hypothese

H1: Die Ex-Post-Beurteilung eines Möbelhauses sowie die am PoS erlebte Stimmung sind von den Einkaufsmotiven eines Kundensegmentes abhängig

erfolgte mittels varianzanalytischer Prüfungen. Zunächst wurden die Skalenwerte der "Nachher-Interviews" standardisiert. Diese standardisierten Werte dienten als abhängige Variablen. Als unabhängige Variablen fungierte die jeweilige Clusterzugehörigkeit. Die folgende *Tabelle 3* zeigt die Ergebnisse der Varianzanalysen ("oneways").

Tabelle 3: Die Beurteilung des Möbelhauses aus Sicht der 3 Kundengruppen

unabhängige Variable abhängige Variable	Mittelwert Erlebnissucher (ES)	Mittelwert kommunikationsorientierte Kunden (KK)	Mittelwert preisorientierte Kunden (PK)	Anzahl ES	Anzahl KK	Anzahl PK	Signifikanz ES - KK	Signifikanz ES - PK	Signifikanz KK - PK	DF	Varianzhomogenität
Möbelhaus mit unterschiedlichen Stilrichtungen	-0,0028	-0,5453	0,3007	65	32	39	0,056	**0,042**	**0,004**	133	nein
zuvorkommende Bedienung	-0,1124	-0,0836	0,2453	64	29	39	0,895	0,072	0,169	129	ja
preisgünstig	-0,1342	-0,2073	0,4532	68	32	39	0,729	**0,003**	**0,005**	136	ja
Beratung wie beim Innenarchitekten	-0,1671	-0,1030	0,3788	53	28	35	0,762	**0,021**	0,066	113	nein
qualitativ hoch-wertig	-0,1599	-0,0982	0,2894	68	32	39	0,772	**0,026**	0,104	136	ja
gute Markenartikel	-0,2246	-0,2211	0,4897	65	29	40	0,978	**0,000**	**0,003**	131	ja
ökologische Produkte	-0,0529	-0,1489	0,1520	59	31	39	0,662	0,316	0,207	126	ja
Beurteilung Selbstbaumöbelabteilung	-0,0656	-0,2954	0,3877	64	31	38	0,281	**0,024**	**0,004**	130	ja
ehrliche Preise	-0,0706	-0,4184	0,4182	66	32	40	0,083	**0,009**	**0,000**	135	ja
überteuert	-0,0053	0,0676	0,0191	67	32	39	0,711	0,913	0,851	135	nein
orientierungsfreundlich	0,0060	-0,0994	0,1081	68	32	40	0,613	0,598	0,369	137	ja
faire Preise	-0,0838	-0,1304	0,2752	68	32	39	0,824	0,070	0,084	136	ja
gelungene Warenpräsentation	-0,0165	-0,4388	0,3056	64	30	39	0,051	0,104	**0,002**	130	ja
VP verfügt über hohes Fachwissen	0,0355	-0,1549	0,0212	58	27	32	0,408	0,948	0,495	114	ja
Möbelhaus zeigt Wohnlandschaften, Lebensstile	-0,0222	-0,4620	0,2481	65	32	38	**0,039**	0,177	**0,003**	132	ja
ganze Zimmereinrichtungen	-0,1030	-0,4227	0,3889	66	30	39	0,199	**0,006**	**0,002**	132	nein
Möbel passen zu finanz. Budget	-0,0808	-0,3468	0,4635	67	31	40	0,201	**0,005**	**0,001**	135	ja

Die varianzanalytischen Ergebnisse zeigen, daß die preisorientierten Konsumenten das Möbelhaus signifikant besser beurteilen als die beiden anderen Kundengruppen. Das Möbelhaus scheint somit vor allem dem Einkaufsverhalten dieses Clusters Rechnung zu tragen. Die erlebnis- und die kommunikationsorientierten Konsumenten unterscheiden sich dagegen in bezug auf die Beurteilung des Geschäftes kaum. Das positive Image, daß das Möbelhaus vor allem bei den preisorientierten Kunden genießt, führt auch dazu, daß diese Kunden tendenziell mehr Geld in dem Geschäft ausgeben als die Mitglieder der beiden anderen Cluster. Auf die Frage: "Können Sie sich noch ungefähr an den Betrag erinnern, den Sie das letzte Mal hier ausgegeben haben?" ergaben sich folgende durchschnittliche Einkaufsbeträge: Preisorientierte: ÖS 15.489,- / Kommunikationsorientierte: ÖS 10.888,- / Erlebnissucher: ÖS 12.265,-.

Interessant ist weiterhin die Fragestellung, ob die preisorientierten Kunden eine positivere Stimmung am Point-of-Sale erleben als die anderen Besucher. Dazu wurden die zur Operationalisierung der empfundenen Stimmung herangezogenen Items zunächst einer explorativen Faktorenanalyse unterzogen. Das Kaiser-Meyer-Olkin-Maß weist hier einen sehr positiven Wert von 0,844 aus. Der Bartlett-Test of Sphericity ist hochsignifikant. Mit zwei übergeordneten Faktoren werden 51,8% der Varianz erklärt. Nach rechtwinkliger Rotation ergibt sich folgende Faktorladungsmatrix (*Tabelle 4*):

Tabelle 4: Faktorladungsmatrix "Stimmung"

Faktor Items	Faktor 1 angeregte Stimmung	Faktor 2 Dominanz
heiter	**0,80077**	0,21873
vergnügt	**0,72187**	0,36965
müde	**-0,66017**	0,22229
gut gelaunt	0,65320	0,46012
freudig erregt	**0,64624**	-0,03547
entspannt	**0,57334**	0,24465
hektisch	-0,44450	-0,06826
frei	0,20684	**0,78441**
sicher	0,32315	**0,72275**
überlegen	0,25710	**0,58849**
Eigenwert	4,01	1,17
Faktorvarianz	40,1%	11,7%

Die Ergebnisse der einfachen Varianzanalyse ergeben, daß die preisorientierten Konsumenten eine signifikant bessere Stimmung am Point-of-Sale erleben als die kommunika-

Tabelle 5: Empfundene Stimmung der drei Kundengruppen am PoS unabhängige Variable

unabhängige Variable / abhängige Variable	Mittelwert Erlebnissucher (ES)	Mittelwert kommunikationsorientierte-Kunden (KK)	Mittelwert preisorientierte Kunden (PK)	Anzahl ES	Anzahl KK	Anzahl PK	Signifikanz ES - KK	Signifikanz ES - PK	Signifikanz KK - PK	DF	Varianzhomogenität
angeregte Stimmung	-0,0418	-0,2497	0,2632	73	31	41	0,329	0,117	**0,031**	142	ja
Dominanz	-0,0681	-0,2303	0,2954	73	31	41	0,445	0,061	**0,027**	142	ja

tionsorientierten Kunden (*Tabelle 5*). Die Preisorientierten fühlen sich sowohl vergnügter, heiterer und entspannter als auch dominanter am Point-of-Sale. Das Konstrukt der Dominanz wurde mit den Items sicher, frei, überlegen operationalisiert. Diese Faktordimension verdient in Zusammenhang mit Überlegungen zum Preisimage besondere Aufmerksamkeit: In einer empirischen Studie von Gröppel (1996) zeigte sich, daß das Konstrukt "Dominanz" in äußerst exklusiven Ladenumgebungen einen besonders hohen Einfluß auf die Beurteilung des Preiswürdigkeitsimages ausübt. In der hier vorliegenden Untersuchung verspüren – wie die Varianzanalyse belegt – die preisorientierten Konsumenten die höchste Dominanz am PoS. Gleichzeitig handelt es sich bei dieser Kundengruppe um diejenigen Konsumenten, die das Preis-Leistungs-Verhältnis des Innsbrucker Möbelhauses am besten beurteilen. Als letzte Größe soll schließlich die allgemeine Beurteilung des Hauses durch die drei Cluster aufgeführt werden (siehe *Tabelle 6*). Das bisher gewonnene Bild wird auch durch diese Interdependenzanalyse bestätigt.

Tabelle 6: Allgemeine Beurteilung des Möbelhauses durch die drei Segmente

unabhängige Variable / abhängige Variable	Mittelwert Erlebnissucher (ES)	Mittelwert kommunikationsorientierte-Kunden (KK)	Mittelwert preisorientierte Kunden (PK)	Anzahl ES	Anzahl KK	Anzahl PK	Signifikanz ES - KK	Signifikanz ES - PK	Signifikanz KK - PK	DF	Varianzhomogenität
Möbelhaus gefällt alles in allem	-0,0990	-0,2498	+0,3683	73	33	42	0,463	**0,015**	**0,007**	145	ja

Fazit: Die Kunden des Innsbrucker Möbelhauses können in drei Gruppen segmentiert werden, die unterschiedliche Einkaufsmotive am Point-of-Sale befriedigen möchten. Die erste Hypothese lautete, daß die Kunden in Abhängigkeit von ihren Einkaufsmotiven das Geschäft unterschiedlich beurteilen. In bezug auf sozio-demographische Kriterien sind keine signifikanten Differenzen zwischen den drei Clustern zu erkennen. Die Varianzanalysen zeigen, daß die preisorientierten Kunden das Möbelhaus besser beurteilen und am PoS eine bessere Stimmung erleben als die beiden anderen Kundengruppen.

Neben einer kundensegmentorientierten Analyse wurde zusätzlich geprüft, ob das Möbelhaus die von den Kunden geäußerten Erwartungen erfüllen kann. Dazu wurden die Beurteilungswerte vor Betreten des Geschäftes mit den Werten beim Verlassen des Ladens verglichen. Grundsätzlich ist anzumerken, daß aufgrund des hohen Stammkundenanteils (knapp 95% der Befragten hatten das Möbelhaus das letzte Mal vor der Befragungsaktion innerhalb der letzten 6 Monate besucht) die Besucher relativ klare Vorstellungen von dem hatten, was sie im Ladeninneren erwarten würde. Dennoch sind einige signifikante Unterschiede zwischen den Vorher- und den Nachher-Werten zu verzeichnen, die Aufschluß darüber geben, warum die preisorientierten das Geschäft am besten und die kommunikationsorientierten Konsumenten am schlechtesten beurteilen (vgl. *Tabelle 7*).

Tabelle 7: Vorher-Erwartungen vS. Nachher-Beurteilungen (Ergebnisse des 2-seitigen T-Testes)

Statement Frage vorher: Es ist für mich sehr wichtig, ... Frage nachher: Ich bin der Ansicht, ...	Mittelwert vorher	Mittelwert nachher	T-Value	df	Signifikanz (2-seitig)
daß ich in dem Möbelhaus Waren finde, die zu meinem finanz. Budget passen.	3,07	3,47	3,77	140	0,000
daß ich vor allem preisgünstige Möbel finde	3,45	3,74	2,97	146	0,003
daß ich Selbstbaumöbel erstehe	3,15	3,67	3,89	140	0,000
daß ich nicht nur Möbel sehe, sondern Wohnlandschaften, die den Lebensstil von Menschen symbolisieren	3,45	3,83	3,38	140	0,001
daß mir nicht einzelne Möbel, sondern stets ganze Zimmereinrichtungen gezeigt werden	3,28	3,90	5,30	140	0,000
daß das Verkaufspersonal über ein sehr hohes Fachwissen verfügt	4,20	3,45	-3,87	124	0,000
daß ich äußerst zuvorkommend bedient werde	3,99	3,74	-2,10	139	0,037
daß ich qualitativ hochwertige Möbel finde	4,25	3,80	-4,45	145	0,000

Die Ergebnisse der T-Tests zeigen, daß in bezug auf die Statements, die sich auf das Fachwissen, die Servicebereitschaft des Verkaufspersonals sowie auf die Sortimentsqualität beziehen, das Handelsunternehmen den Ansprüchen der Kunden nicht gerecht werden kann. Die Besucher des Möbelgeschäftes beurteilen die Kompetenz des Verkaufspersonals nach dem Geschäftsbesuch sowie die qualitative Hochwertigkeit der angebotenen Möbel signifikant schlechter als vor dem Besuch. Dieser negative Befund liefert einen möglichen Erklärungshintergrund für das schlechtere Abschneiden des Möbelanbieters bei der Gruppe der kommunikationsorientierten Gruppe. Hinsichtlich der Ladengestaltung fällt der "Vorher-Nachher-Vergleich" positiv aus. Das Möbelhaus bietet mehr lebensstilsymbolisierende Wohnlandschaften und ganze Zimmereinrichtungen als erwartet. Auch bezüglich der für preisorientierte Kunden besonders wichtigen Beurteilungsdimensionen (Möbel passend zum finanziellen Budget, preisgünstige Artikel, Selbstbaumöbel) werden die Erwartungen an das Möbelhaus "übererfüllt". Dieses Ergebnis könnte somit erklären, warum gerade die preisorientierten Kunden mit dem Möbelhaus so zufrieden sind.

An dieser Stelle empfiehlt es sich jedoch, die zweite These zu prüfen, die sich damit beschäftigt, ob die preisorientierten Kunden nur angeben, sich mit Möbelpreisen auszukennen oder ob sie tatsächlich über realistische Preiskenntnisse verfügen.

Hypothese 2:

H2: *Wenn Konsumenten angeben, an Möbelpreisen besonders interessiert zu sein, dann verfügen sie auch über realistischere Preiskenntnisse als Nicht-Preis-Interessierte.*

Zur Prüfung der zweiten These kann der schon erwähnte Preistest herangezogen werden. Die Konsumenten sollten den Preis einer typischen österreichischen Eckbankgruppe für die Küche einschätzen und zwar vor dem Betreten des Möbelhauses und beim Verlassen. Der tatsächliche Preis der Eckbankgruppe betrug ÖS 9998,-. Die folgende *Tabelle 8* gibt die Schätzwerte der drei Gruppen an.

Die Tabelle zeigt, daß vor dem Betreten des Geschäftes die Vorstellungen der preisorientierten Kunden dem tatsächlichen Preisangebot am nächsten kommen und dieses Segment somit den Preistest am besten besteht. Dieses Ergebnis hat besondere Auswirkungen für praktische Marketingempfehlungen, die im folgenden kurz diskutiert werden sollen.

Tabelle 8: Ergebnisse zum Preistest

unabhängige Variable / abhängige Variable	Mittelwert Erlebnissucher (ES)	Mittelwert kommunikationsorientierte Kunden (KK)	Mittelwert preisorientierte Kunden (PK)	Anzahl ES	Anzahl KK	Anzahl PK	Signifikanz ES - KK	Signifikanz ES - PK	Signifikanz KK - PK	DF	Varianzhomogenität
Preiseinschätzung vor dem Betreten	14.538,-	18.009,-	12.407,-	73	33	42	0,108	0,284	**0,020**	145	nein
Preiseinschätzung am Ende des Besuchs	14.596,-	15.376,-	12082,-	72	33	41	0,633	0,097	0,070	144	ja

5 ZUSAMMENFASSUNG UND EMPFEHLUNGEN FÜR DAS MARKETING DES MÖBELHAUSES

Die von Tauber (1972) vor mehr als 25 Jahren postulierte Empfehlung, Einkaufsmotive stärker bei der Segmentierung von Konsumenten und Geschäften zu berücksichtigen, kann auch heute noch – oder wegen des intensiven Verdrängungswettbewerbs gerade heute – erneut ausgesprochen werden.

Die Analyse belegt, daß Konsumenten in Abhängigkeit ihrer Einkaufsmotive das Möbelhaus unterschiedlich beurteilen. Das untersuchte Einzelhandelsunternehmen wird insbesondere von den Konsumenten präferiert, die in bezug auf Preise am interessiertesten sind und hier auch tatsächlich am besten informiert sind. Die Zufriedenheit resultiert aus einer "Übererfüllung" der für dieses Segment besonders wichtigen Eigenschaften des Handelsbetriebes. Um diese Kundengruppe weiterhin zufriedenzustellen, sollte das Einzelhandelsunternehmen auch in Zukunft auf hohe preispolitische Kompetenz oder aus Sicht der Kunden auf ein positives Preiswürdigkeitsimage wert legen. Dieser Wettbewerbsvorteil muß stets im Bewußtsein des preisorientierten Segmentes verankert sein. Schwieriger ist die Frage zu beantworten, ob das Möbelhaus zwecks Neukundengewinnung auch noch die beiden anderen Kundensegmente gezielter ansprechen sollte. Die Antwort für diese Frage fällt insofern schwer, als daß es dem Unternehmen tatsächlich gelingen muß, einen zusätzlichen Differenzierungsvorteil und zwar entweder in bezug auf die kompetente Beratung oder in bezug auf die Erlebnisorientierung des Geschäftes zu erzielen, ohne daß hierdurch das positive Preisimage verloren geht. Die preisorientierten Kunden würden aufgrund ihrer realistischen Preiskenntnisse durch Trading-Up-Maßnahmen evozierte Preiserhöhungen rasch bemerken. Sollte sich das Unternehmen dennoch entscheiden, sich stärker für die Wünsche der anderen Kundengruppen einzusetzen, ist es aufgrund der vorliegenden Daten ratsamer, einen solchen Outpacing-Vorstoß eher in Richtung Erlebnisorientierung zu wagen. Die erlebnisorientierten Kunden stellen nicht nur das zahlenmäßig größere Segment dar, sondern sie beurteilen schon heute das Möbelhaus in einigen Punkten besser als die kommunikationsbewußten Kunden.

LITERATUR

Babin, B.J. et al.: Work and/or Fun: Measuring Hedonic and Utilitarian Shopping Value, in: Journal of Consumer Research, Vol. 10, March 1994, S. 644–656.

Dawson, A.; Bloch, P.H.; Ridgway, N.M.: Shopping Motives, Emotional States, and Retail Outcomes, in: Journal of Retailing, Vol. 66, No. 4 (Winter)/1990, S. 408–427.

Diller, H.: Preispolitik, 2. Aufl., Stuttgart u.a. 1991.

Fischer, E.; Arnold, S.J.: More than a Labor of Love: Gender Roles and Christmas Shopping, in: Journal of Consumer Research, Vol. 17, Dezember 1990, S. 333–345.

Gröppel, A.: Die Dynamik der Betriebsformen im Handel – ein Erklärungsversuch aus Konsumentensicht, in: Konsumentenforschung – gewidmet Werner Kroeber-Riel zum 60. Geburtstag, hrsg. von der Forschungsgruppe Konsum und Verhalten, München 1994, S. 379–397.

Gröppel, A.: Wettbewerbsstrategien im Einzelhandel – Chancen und Risiken von Preisführerschaft und Differenzierung im Non-Food-Handel unter Berücksichtigung der Managerpersönlichkeit, Habilitationsschrift, Paderborn 1996 (in Druck).

Holbrook, M.B.; Hirschmann, E.C.: The Experiential Aspects of Consumption: Consumer Fantasies, Feelings, and Fun, in: Journal of Consumer Research, Vol. 9, September 1982, S. 132–140.

Karmasin, H.: Der Konsument im Wertewandel, Vortrag anläßlich der Tagung "Möbelhandel im Trend der Zeit", Frankfurt a.M., 21.–22. Juni 1994.

Kroeber-Riel, W.: Konsumentenverhalten, 2. Aufl., München 1980.

LZ, Nr. 49 vom 8.12.1995: Bundesbürger als Schnäppchenjäger, Lebensmittelzeitung Nr. 49, vom 8. Dezember 1995, S. 50–51.

Mehrabian, A.; Russell, J.A.: An Approach to Environmental Psychology, Cambridge

(Mass.) 1974.

Müller-Hagedorn, L.: Wahrnehmung und Verarbeitung von Preisen durch Verbraucher – ein theoretischer Rahmen, in: Zeitschrift für betriebswirtschaftliche Forschung, Heft 11–12/1983, S. 939–951.

Sherry, J. F. jr.: A Sociocultural Analysis of a Midwestern Flea Market, in: Journal of Consumer Research, Vol. 17, June/1990, S. 13–30.

Simon, H.: Preismanagement, 2. Aufl., Wiesbaden 1992.

Tauber, E.M.: Why do people shop? in: Journal of Marketing, Vol.36, Oktober 1982, S. 46–49.

Wimmer, F.: Mangelnde Effizienz im Einkaufsverhalten sozial schwacher, älterer Konsumenten? Eine inhaltliche Spezifizierung und theoretisch-empirische Untersuchung zur These "die Armen zahlen mehr", Habilitationsschrift, Nürnberg 1982.

Der Einfluß von Schlüsselreizen wie Marke, Preis und Qualitätszeichen auf die Markenwahl bei Lebensmitteln in Österreich – Eine Anwendung des Conjoint Measurements

Günter Schweiger, Wolfgang Mayerhofer, Peter Koppe und Irene Gottwald, Wien

Die Markenwahl bei weitgehend austauschbarem Angebot stellt für die Konsumentinnen und Konsumenten in der Regel eine komplexe Entscheidung dar. In dieser Situation spielen Schlüsselreize wie Marke und Preis eine große Rolle, weil sie den Konsumenten eine Entlastung in der Kaufentscheidung bieten. Der Beitrag stellt eine Studie vor, die mittels des Conjoint-Ansatzes den Beitrag von Qualitäts- und Herkunftszeichen im Verhältnis zu anderen wichtigen 'Information Cues' bei der Markenwahl erhob. Desweiteren werden Interaktionen zwischen der Marke und dieser Zeichen, sowie die Vorteilhaftigkeit der Zeichen eher für Hersteller- oder für Handelsmarken diskutiert

Um vor dem Kauf eines Produkts dessen Qualität einschätzen zu können, nutzt der Konsument verschiedene Informationen, die er durch das Produkt, die Verwendungserfahrung und die Kaufsituation erhält. Eine große Rolle spielen in diesem Zusammenhang Schlüsselinformationen, die mehrere andere Informationen substituieren, dem Konsumenten eine entscheidende Hilfestellung geben und so eine wertvolle Entlastungsfunktion bei der Produktbeurteilung darstellen (Kroeber-Riel 1992). 'Information cues' sind entweder durch die physische Gestalt des Produkts selbst (z. B. Größe und Design) gegeben oder sind zusätzlich vorhanden, wie z. B. die Marke oder der Preis.

Zahlreiche Autoren weisen auf die Bedeutung von Marken in der Kaufentscheidungssituation hin und zeigen die Anforderungen an die Schaffung und Führung von Marken auf (vgl. u. a. Kotler; Bliemel 1995, Mayerhofer 1995, Schweiger; Schrattenecker 1995 und Trommsdorff 1997). Erschwert wird in der letzten Zeit die Entscheidung der Konsumenten durch das Auftreten von Handelsmarken, die eine ernstzunehmende Konkurrenz zum klassischen Markenartikel darstellen, da sie in zahlreichen Beurteilungskriterien ebenbürtig sind und, auch was den Einsatz von Marketing-Mix-Instrumenten betrifft, vielfach wie Markenartikel geführt werden. Während eine Handelsmarkenpolitik über den Preis insbesondere für Discounter eine erfolgversprechende Strategie darstellt, liegt die Bedeutung von Handelsmarken für den Fachhandel in der Möglichkeit zur Sortimentsverbreiterung und zur Vermittlung von Kompetenz (Berekoven 1995). Der Konsument sieht sich aber nicht nur in zahlreichen Produktgruppen einem Sortiment an weitgehend ähnlichen und damit austauschbaren Waren und Dienstleistungen gegenüber, sondern auch einer ähnlichen Handelslandschaft. Für die einzelnen Handelsgeschäfte bieten Handelsmarken, die mit einer Premiumstrategie geführt werden, eine Chance, sich gegenüber dem Mitbewerb zu differenzieren (Koppe 1997). Auch für Bruhn (1996) werden Handelsmarken in Zukunft noch an Bedeutung gewinnen, da das Erfolgspotential von Handelsgeschäften nicht unwesentlich davon abhängt, wie weit sie in der Lage sind, innovative Produkte am Markt anzubieten. In Österreich hat der Handel insbesondere bei Bio-Produkten eine solche Vorreiterrolle übernommen (Schweiger; Koppe 1997).

Herkunftsbezeichnungen verschiedenster Art, aber auch Kontroll-, Prüf- und Qualitätszeichen von staatlichen und privaten Organisationen stellen zusätzliche Informationen in der Kaufsituation dar (Sattler 1991). Die tatsächliche Nutzung der verschiedenen 'cues' im Kaufentscheidungsprozeß hängt von verschiedenen Faktoren, wie der Vertrautheit der Konsumenten mit dem Produkt, der Produktgruppe aber auch von der Verfügbarkeit, Glaubwürdigkeit und Relevanz der Informationen ab. In Österreich ist es Aufgabe der AMA (Agrarmarkt Austria Marketing GmbH.; vergleichbar dem der CMA in Deutschland), österreichische Lebensmittel auf ihre Herkunft und Qualität zu prüfen und mit einem Prüfsiegel (AMA-Zeichen) zu kennzeichnen (Schantl 1997).

Beschreibung der Studie

Ziel der vorliegenden Studie war es, mittels Conjoint Measurement (Profilmethode; vgl. zur Diskussion der Conjoint Analyse u. a. Weiber; Rosendahl 1997) den Beitrag das des AMA-Zeichens im Vergleich zu anderen 'information cues' in der Kaufentscheidung zu erheben. Zusätzlich wurden Fragen zum Einkaufsverhalten, sowie zur Bekanntheit von Marken und Gütezeichen gestellt. Im Rahmen von persönlichen face-to-face Interviews wurden im Zeitraum Dezember 1996 bis Jänner 1997 insgesamt 380 Personen mit Schwerpunkt in Ostösterreich befragt, davon 190 Personen zu Vollmilch und Essiggurken und weitere 190 Personen zu den Produktgruppen Fruchtjoghurt und Speiseöl. Die Dauer der Interviews lag im Durchschnitt bei 44 Minuten. Die Stichprobe war quotiert nach dem Geschlecht (65% Frauen und 35% Männer), nach dem Alter (35% bis 30 Jahre, 45% zwischen 31 – 50 Jahre und 20% über 50 Jahre); ferner mußte die AP mindestens 50% der Lebensmitteleinkäufe des Haushalts selbst erledigen. Knapp 60% der Befragten verfügten über Matura/Abitur.

Die Studie wurde mit Unterstützung der Agrarmarkt Austria Marketing GmbH durchgeführt.

Bedeutung der Produktmerkmale für die Kaufentscheidung (Conjoint Measurement)

Ein Produkt oder eine Dienstleistung besteht aus verschiedenen Produktmerkmalen (sog. "Cues"). Bei Milch wären das z. B. der Markenname, die Verpackungsart, das Verpackungsdesign, der Preis, das Ablaufdatum, der Geschmack und die Farbe der Milch, die Nährwerttabelle, der Fettgehalt, die Region, aus der die Milch stammt, Gütezeichen und vieles mehr. In der Kaufsituation wird das Produkt als Ganzes beurteilt, die Produkteigenschaften werden in Relation zueinander bewertet. Es können jedoch nicht alle Produkteigenschaften beim Kauf (z. B. der Geschmack oder die Farbe der Milch) beurteilt werden.

Jedes Produkt oder jede Dienstleistung hat also einen bestimmten Gesamtnutzen für den Konsumenten. Dieser Gesamtnutzen, der sich als Summe der Bewertungen der einzelnen Eigenschaften ergibt, wird beurteilt. Das Produkt / die Dienstleistung setzt sich also aus den Teilnutzen der einzelnen Produkteigenschaften zusammen. Welche Eigenschaften bei der Kaufentscheidung mit welchem Gewicht berücksichtigt werden, hängt von jedem einzelnen Käufer ab. Im Rahmen von Imagemessungen wird jede Produkteigenschaft getrennt bewertet. Manchmal wird auch die Wichtigkeit der Eigenschaften ebenfalls einzeln erhoben, wodurch diese Merkmale unter Umständen anders als in der Kaufsituation beurteilt werden. Die einzelnen Teilurteile werden dann integriert. Das Conjoint Measurement entspricht im Gegensatz dazu einer vereinfachten realen Kaufentscheidung. Es werden komplette Angebotsbündel zur Bewertung vorgelegt. Durch die geschickte Variation von Produkteigenschaften läßt sich später der Beitrag der einzelnen Produkteigenschaften zum Gesamtnutzen schätzen.

Um die Komplexität der Aufgabe für die Auskunftsperson niedrig zu halten, wird die reale Kaufentscheidung vereinfacht. Es werden wenige, relevante Produkteigenschaften, die in der Kaufentscheidung eine Rolle spielen, ausgewählt. Zur Bestimmung der Produktmerkmale wurden zwei Vorstudien durchgeführt. Nach Beobachtung von Konsumenten im Supermarkt und Erhebung von 'Denke-Laut-Protokollen' in einem "Testregal" im Labor, kristallisierten sich folgende entscheidungsrelevante Kriterien heraus: In allen Produktgruppen waren Markenname und Preis wichtig, außerdem war in den Produktgruppen noch jeweils eine weitere unterschiedliche Produkteigenschaft von relevanter Bedeutung in der Kaufentscheidung: bei Vollmilch die Verpackungsart, bei Essiggurken die Gurkengröße, bei Fruchtjoghurt der Fettgehalt und bei Speiseöl der Cholesteringehalt. Zusätzlich wurde das Cue "Gütezeichen" in das Conjoint Measurement-Design aufgenommen, um die Bedeutung dieses Merkmals im Verhältnis zu anderen Kriterien zu prüfen. Im folgenden werden auszugsweise einige interessante Befunde dargestellt. Einen vollständigen Überblick über alle Erhebungstatbestände enthält Gottwald (in Vorbereitung).

Ergebnisse des Conjoint Measurement in der Produktgruppe Vollmilch

In der Variante A des Fragebogens wurden 190 Personen zu den Produktgruppen Vollmilch und Essiggurken befragt. Für die Produktgruppe Vollmilch wurden folgende Produkteigenschaften (Cues) in jeweils drei verschiedenen Ausprägungen ausgewählt:

Marke:	nöm (Marktführer in Ostösterreich)
	Spar (Handelsmarke)
	Vollmilch (No-Name)

Preis (in ATS):	7,90 (niedrig)
	10,90 (durchschnittlich)
	13,90 (hoch)
Verpackung:	Tetrapack
	Giebelpackung
	Glasflasche
Zeichen:	AMA-Zeichen
	Made in A-Zeichen
	kein Zeichen

Für das Conjoint Measurement werden alle Produkteigenschaften (Cues) und ihre Ausprägungen miteinander kombiniert. Die einzelnen Merkmalskombinationen, die dadurch entstehen, wurden den Auskunftspersonen als Karte vorgelegt und sollten in eine Rangreihenfolge gebracht werden. Wenn man alle Cues und deren Ausprägungen miteinander kombiniert, erhält man 81 verschiedene Produkte Angebotsbündel – niemand könnte im Rahmen des Interviews diese Anzahl reihen. Mittels des statistischen Programmes Orthoplan kann man die Anzahl dieser Produkte auf 9 Karten reduzieren, bei denen jede Ausprägung genau drei Mal, jeweils mit jeder Ausprägung der anderen Produktmerkmale kombiniert, vorkommt: (vgl. *Tabelle 1*)

Tabelle 1: Für das Conjoint Measurement vorgelegte Merkmalskombinationen in der Produktgruppe Vollmilch

Conjoint-Karte	Marke	Preis	Zeichen	4. Cue
Nr. 1	Spar	13,90 öS	ohne	Tetrapack
Nr. 2	Vollmilch	13,90 öS	AMA	Glasflasche
Nr. 3	nöm	10,90 öS	ohne	Glasflasche
Nr. 4	Vollmilch	10,90 öS	Made in A	Tetrapack
Nr. 5	Spar	10,90 öS	AMA	Giebelpackung
Nr. 6	Vollmilch	7,90 öS	ohne	Giebelpackung
Nr. 7	nöm	7,90 öS	AMA	Tetrapack
Nr. 8	nöm	13,90 öS	Made in A	Giebelpackung
Nr. 9	Spar	7,90 öS	Made in A	Glasflasche

Die Inhaltsmenge (1 Liter) und der Fettgehalt (3,6%) bleiben auf jeder Karte konstant. Diese Produkteigenschaften wurden nicht variiert, um nicht zusätzlich (unwichtigere) Cues in das Conjoint-Design aufzunehmen. Die Angabe von Inhaltsmenge und Fettgehalt soll jedoch garantieren, daß jede Auskunftsperson an die gleichen Produkte denkt. Die Angebotsbündel wurden nicht, wie bisher meist üblich, in Form von Textkärtchen den Auskunftspersonen vorgelegt, sondern als stilisierte Produktabbildung mit Originallogos und Elementen der Verpackungsgestaltung (vgl. *Abbildung 1*) vorgelegt.

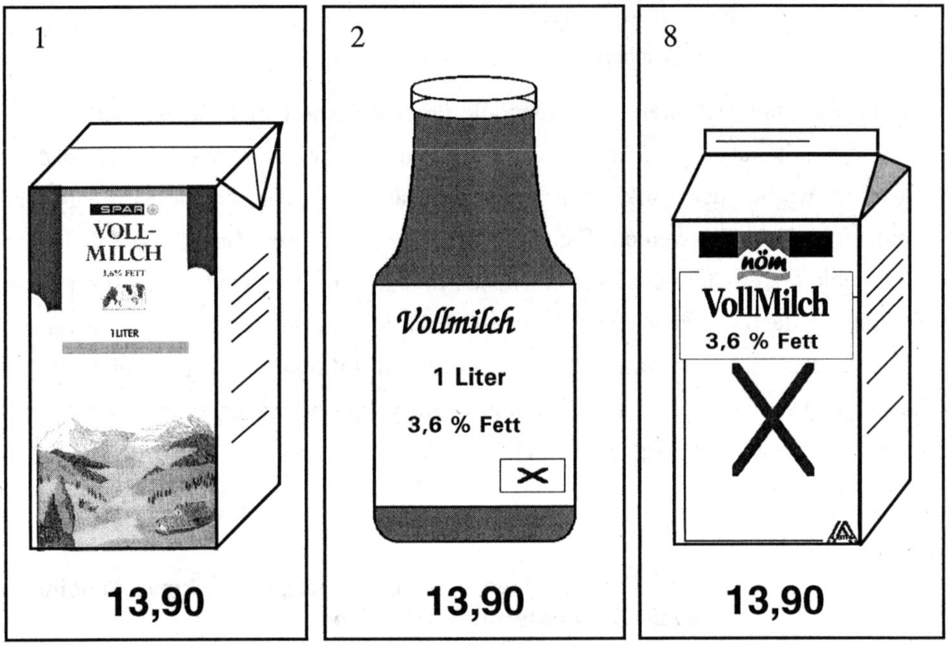

Abbildung 1: Befragungshilfen für das Conjoint Measurement

Wenn man nun das Conjoint Measurement mit allen Auskunftspersonen durchführt, erhält man folgende Ergebnisse: (vgl. *Tabelle* 2)

Die Auskunftspersonen beachten im Durchschnitt am häufigsten den Preis (41,08%): der billigste Preis von öS 7,90 wird dabei präferiert, weist aber auswertungsbedingt einen negativen Teilnutzen auf. An zweiter Stelle folgt die Marke (32,38%). Hier wird die Marke nöm präferiert. Die Handelsmarke Spar und das No-Name "Vollmilch" bringen negativen Nutzen. Noch vor der Verpackung liegt das Cue "Zeichen" mit 18,17%. Posi-

Tabelle 2: Ergebnisse des Conjoint Measurement in der Produktgruppe Vollmilch

```
Averaged
Importance          Utility           Factor

  +--------+                          MARKE        Marke
  |32,38   |          ,8228               |-         nöm
  +--------+         -,0982               |          Spar
           |         -,7246              -|          Vollmilch
           |
      +----+                          ZEICHEN      Zeichen
18,17 |    |          ,4456               |-         AMA
      +----+         -,0228               |          A
           |         -,4228              -|          keines
           |
        +-+                           VERPACK      Verpackungsart
 8,37   | |           ,1719               |          Tetrapack
        +-+          -,2281               |          Glasflasche
           |          ,0561               |          Giebelpackung
           |
+----------+                          PREIS        Preis
|41,08     |         -,9816              -|          7,90
+----------+         -1,9632           ---|          10,90
           |         -2,9447          ----|          13,90
           |         B = -,9816
           |
                      6,9632          CONSTANT

Pearson's R   = 1,000                         Significance = ,
Kendall's tau = 1,000                         Significance = ,0001
```

tiven Nutzen bringt nur das AMA-Zeichen, das Made in A-Zeichen und "kein Zeichen" haben negativen Nutzen. An vierter Stelle der Produktmerkmale folgt die Verpackung (8,37%): Am beliebtesten ist Tetrapack, gefolgt von der Giebelpackung, die Glasflasche bringt negativen Nutzen.

Diese Betrachtungsweise über alle Personen setzt allerdings voraus, daß die Auskunftspersonen eine homogene Gruppe bilden. Das ist jedoch selten der Fall, man kann vielmehr vermuten, daß es Auskunftspersonen gibt, die sich eher am Preis orientieren, andere jedoch eher an der Marke. Zur Teilung der heterogenen Stichprobe in homogene Gruppen wurde eine Clusteranalyse (Ward-Verfahren, Quadrierte Euklidische Distanz) herangezogen. Nach der Durchführung dieser Clusteranalyse zeigen sich folgende Cluster (vgl. *Tabelle 3*).

Tabelle 3: Gewicht der Produktmerkmale zur Beurteilung von Vollmilch bei drei unterschiedlichen Konsumentengruppen

		Markenorientierte (n = 45)		Preisorientierte (n = 55)		Anspruchsvolle (n = 90)	
Produkt-merkmal	Ausprägungen	Teil-nutzen	Bedeutung der Produkt-merkmale	Teil-nutzen	Bedeutung der Produkt-merkmale	Teil-nutzen	Bedeutung der Produkt-merkmale
Marke	nöm Spar Vollmilch	+1,58 - 0,44 - 1,53	65,32%	+0,52 - 0,15 - 0,36	14,26%	+0,63 - 0,09 - 0,54	25,94%
Zeichen	AMA Made in A Keines	+0,40 +0,21 - 0,61	21,15%	+0,24 - 0,04 - 0,20	7,18%	+0,59 - 0,13 - 0,47	23,40%
Verpak-kungsart	Tetrapack Glasflasche Giebel-packung	- 0,16 +0,35 - 0,19	11,35%	+0,05 +0,02 - 0,08	2,16%	+0,41 -0,67 +0,26	23,81%
Preis	7,90 10,90 13,90	- 0,05 - 0,10 - 0,16	2,18%	- 2,35 - 4,71 - 7,06	76,40%	- 0,61 - 1,21 - 1,82	26,84%

Die hypothetisierte Aufteilung in marken- und preisorientierte Konsumenten findet sich in der Ergebnistabelle eindeutig wieder. Beide Personengruppen umfassen jeweils rund ein Viertel der Auskunftspersonen. Beim ersten Cluster weist die Marke eine durchschnittliche Bedeutung von rund 2/3 auf und dominiert ebenso eindeutig wie der Preis (76%) im preisorientierten Cluster. Zusätzlich kristallisierte sich eine dritte Gruppe heraus, die allen vier Cues etwa gleich große Bedeutung beimißt. Das Cue “Zeichen” hat in jedem Cluster ein unterschiedliches Gewicht: Bei den Markenorientierten liegt das Zeichen in der Kaufentscheidung an zweiter Stelle, bei den Preisorientierten an dritter Stelle noch vor der Verpackungsart und bei den Anspruchsvollen nahezu gleichauf mit den anderen Cues.

Das AMA-Zeichen hat in jedem Cluster den höchsten Teilnutzen der Zeichen, bei den

Clustern "Preisorientierte" und "Anspruchsvolle" ist der Teilnutzen des AMA-Zeichens als einziger positiv (das Made in A-Zeichen und "kein Zeichen" haben negativen Nutzen). Die Cluster unterscheiden sich in keinem soziodemographfischen Merkmal signifikant voneinander. Das bedeutet z. B., daß sich die Markenorientierten weder anhand des Geschlechts, der Bildung oder des Alters von den übrigen Gruppen abgrenzen lassen.

In weiterer Folge wurde überprüft, ob es zu einer Verbundwirkung zwischen Marke und Zeichen kommt, d. h. es wird untersucht, ob das AMA-Zeichen auf dem Marktführer besser wirkt als auf einer Handelsmarke oder einem No-Name. Zu diesem Zweck mußten die Auskunftspersonen sogenannte "Interaktions-Karten" beurteilen. Hier wurden im Gegensatz zum Conjoint Measurement nur die Markennamen und die Zeichen variiert, Preis und das jeweils 4. Cue jeder Produktgruppe blieben unverändert. Um alle 9 Kombinationen (Marke – Zeichen) vergleichen zu können, mußte die Teilstichprobe nochmals unterteilt werden. Es ergab sich folgende Aufteilung und Anzahl der Befragten (vgl. *Tabelle 4*).

Tabelle 4: Karten zur Erhebung von Interaktionswirkungen zwischen Marke und Zeichen

Interaktions-Karten	n =
Nr. 1 (nöm, AMA-Zeichen) und Nr. 5 (Spar, kein Zeichen)	40
Nr. 2 (nöm, kein Zeichen) und Nr. 6 (Spar, A-Zeichen)	40
Nr. 3 (nöm, A-Zeichen) und Nr. 7 (No-Name, AMA-Zeichen)	40
Nr. 4 (No-Name, kein Zeichen) und Nr. 8 (Spar, AMA-Zeichen)	40
Nr. 1 (nöm, AMA-Zeichen) und Nr. 9 (No-Name, A-Zeichen)	29

Um einen Einfluß der Merkmale auf die Markenbeurteilung feststellen zu können, ordneten die Befragten folgenden Kriterien anhand einer 6-stufigen Skala (von 1=trifft überhaupt nicht zu bis 6=trifft völlig zu) auf die Interaktionskarten zu:

- Es handelt sich um ein hervorragendes Produkt.
- Ich bin mir bei meiner Beurteilung sehr sicher.
- frisch
- schmeckt besonders gut
- natürlich
- Rohstoffe stammen aus Österreich
- gesund

- hat besonders hohe Qualität
- preiswert
- sympathisch
- exklusiv
- jugendlich

Als wichtigstes Ergebnis kann festgehalten werden, daß es bei Vollmilch eine Verbundwirkung zwischen Marke und Zeichen gibt. Das bedeutet, daß die Wirkung eines Zeichens von der Marke, auf der es sich Zeichen befindet, beeinflußt wird. Das AMA-Zeichen wirkt bei Vollmilch auf No-Names besser als auf Handelsmarken oder auf dem Marktführer nöm. Hier schafft es das Zeichen, das österreichische Qualitätslebensmittel markiert, am besten, die Unsicherheit der Konsumenten beim Kauf eines No-Names zu beseitigen.

Ergebnisse des Conjoint Measurement in der Produktgruppe Essiggurken

Für die Produktgruppe Essiggurken wurden folgende Produkteigenschaften (Cues) in jeweils drei verschiedenen Ausprägungen ausgewählt:

Marke:	efko (Marktführer)
	Spar (Handelsmarke)
	Delikateßgurken (No-Name)
Preis (in ATS):	7,90 (niedrig)
	13,90 (durchschnittlich)
	19,90 (hoch)
Gurkengröße:	kleine Gurken
	große Gurken
	kleine und große Gurken gemischt
Zeichen:	AMA-Zeichen
	Made in A-Zeichen
	kein Zeichen

Wieder wurde die Anzahl der insgesamt 81 Produkte auf 9 Karten reduziert, bei denen jede Ausprägung genau drei Mal, jeweils mit jeder Ausprägung der anderen Produktmerkmale kombiniert, vorkommt (vgl. *Tabelle 5*).

Tabelle 5: Für das Conjoint Measurement vorgelegte Merkmalskombinationen in der Produktgruppe Essiggurken

Conjoint-Karte	Marke	Preis	Zeichen	4. Cue
Nr. 1	Spar	19,90 öS	ohne	kleine Gurken
Nr. 2	Delikateßgurken	19,90 öS	AMA	große Gurken
Nr. 3	efko	13,90 öS	ohne	große Gurken
Nr. 4	Delikateßgurken	13,90 öS	Made in A	kleine Gurken
Nr. 5	Spar	13,90 öS	AMA	gemischt
Nr. 6	Delikateßgurken	7,90 öS	ohne	gemischt
Nr. 7	efko	7,90 öS	AMA	kleine Gurken
Nr. 8	efko	19,90 öS	Made in A	gemischt
Nr. 9	Spar	7,90 öS	Made in A	große Gurken

Die Inhaltsmenge (720 ml) bleibt auf jeder Karte konstant. Diese Produkteigenschaft wurde wiederum nicht variiert, um nicht durch zusätzliche (unwichtigere) Cues das Conjoint-Design aufzublähen. Die Angabe der Inhaltsmenge soll jedoch garantieren, daß jede Auskunftsperson an die gleichen Produkte denkt. Wenn man nun das Conjoint Measurement mit allen Auskunftspersonen durchführt, erhält man folgende Ergebnisse (vgl. *Tabelle 6*).

Die Auskunftspersonen beachten durchschnittlich am häufigsten die Marke (37,16%): Die Marke efko wird am meisten präferiert, die Handelsmarke Spar und das No-Name bringen negativen Nutzen. An zweiter Stelle folgt die Gurkengröße (27,82%). Hier werden kleine Gurken bevorzugt. Gemischte Gurken und große Gurken bringen negativen Nutzen. Knapp dahinter liegt der Preis (26,49%), wobei der niedrigste Preis von öS 7,90 den größten Nutzen stiftet. An letzter Stelle liegt das Cue "Zeichen" mit 8,539%, es hat also einen geringeren Einfluß in der Kaufentscheidung als bei Vollmilch. Schwach positiven Nutzen bringen das AMA-Zeichen und das Made in A-Zeichen, "kein Zeichen" hat einen negativen Nutzen. Zur Teilung der heterogenen Stichprobe in homogene Gruppen wurde wieder eine Clusteranalyse (Ward-Verfahren, Quadrierte Euklidische Distanz) herangezogen. Nach der Durchführung dieser Clusteranalyse zeigen sich folgende Cluster (vgl. *Tabelle 7*).

Tabelle 6: Ergebnisse des Conjoint Measurement in der Produktgruppe Essiggurken

```
Averaged

Importance      Utility            Factor

+---------+                        MARKE        Marke
|37,16    |     1,2193                 |--        efko
+---------+     -,2386                 |          Spar
          |     -,9807               --|          Essiggurken
          |
        +-+                        ZEICHEN      Zeichen
 8,53   | |      ,2105                 |          AMA
        +-+      ,0842                 |          A
          |     -,2947                -|          keines
          |
   +------+                        GROESSE      Gurkengröße
   |27,82 |      ,9018                 |--        klein
   +------+     -,7456                -|          groß
          |     -,1561                 |          gemischt
          |
   +------+                        PREIS        Preis
   |26,49 |     -,7842                -|          7,90
   +------+    -1,5684              ---|          13,90
          |    -2,3526             ----|          19,90
          |   B = -,7842
          |
               6,5684              CONSTANT

Pearson's R   = 1,000                 Significance = ,
Kendall's tau = 1,000                 Significance = ,0001
```

Auch in dieser Produktgruppe findet man die Preis- und Markenorientierten als klar abgegrenzte Gruppen; der dritte Cluster orientiert sich primär an der Gurkengröße. Das Cue "Zeichen" hat in jedem Cluster eine unterschiedliche Bedeutung: Bei den Markenorientierten und den Gurkengrößenorientierten liegt das Zeichen in der Kaufentscheidung an vierter Stelle, bei den Preisorientierten an dritter Stelle noch vor der Gurkengröße. Das AMA-Zeichen hat in jedem Cluster den höchsten Teilnutzen der drei Ausprägungen. Auch in dieser Produktgruppe lassen sich die gebildeten Cluster anhand soziodemographischen Merkmalen nicht diskriminieren.

Auch bei Essiggurken gibt es ebenfalls eine Verbundwirkung zwischen Marke und Zei-

Tabelle 7: Gewicht der Produktmerkmale zur Beurteilung von Essiggurken bei drei unterschiedlichen Konsumentengruppen

		Markenorientierte (n = 73)		Preisorientierte (n = 59)		Anspruchsvolle (n = 58)	
Produkt-merkmal	Ausprä-gungen	Teil-nutzen	Bedeutung der Produkt-merkmale	Teil-nutzen	Bedeutung der Produkt-merkmale	Teil-nutzen	Bedeutung der Produkt-merkmale
Marke	efko Spar Delikateß-gurken	+2,12 - 0,55 - 1,58	70,87%	+0,75 +0,03 - 0,77	22,31%	+0,56 - 0,12 - 0,44	17,06%
Zeichen	AMA Made in A Keines	+0,19 +0,08 - 0,27	8,92%	+0,34 - 0,14 - 0,49	12,19%	+0,10 - 0,03 - 0,13	3,80%
Gurken-größe	klein groß gemischt	+ 0,41 -0,29 -0,12	13,39%	+0,31 -0,41 +0,10	10,61%	+2,12 -1,66 -0,46	64,13%
Preis	7,90 13,90 19,90	- 0,18 - 0,36 - 0,53	6,82%	- 1,87 - 3,74 - 5,61	54,89%	- 0,44 - 0,89 - 1,33	15,01%

chen. Das bedeutet, daß die Wirkung der Zeichen von der Marke, auf der sich das Zeichen befindet, beeinflußt wird. Jede Marke, ob Markführer, Handelsmarke oder No-Name, wird mit Zeichen besser beurteilt als ohne Zeichen. Handelsmarke und No-Name profitieren eher vom Made in A-Zeichen, der Marktführer efko vom AMA-Zeichen.

Ergebnisse des Conjoint Measurement in der Produktgruppe Speiseöl

In der Variante B des Fragebogens wurden 190 Personen zu den Produktgruppen Fruchtjoghurt und Speiseöl befragt. Für die Produktgruppe Speiseöl wurden folgende Produkteigenschaften (Cues) in jeweils drei verschiedenen Ausprägungen ausgewählt:

Marke: Bona (Marktführer)
Spar (Handelsmarke)
Maiskeimöl (No-Name)

Preis (in ATS): 13,90 (niedrig)
18,90 (durchschnittlich)
23,90 (hoch)

Cholesteringehalt: cholesterinfrei
cholesterinreduziert
ohne Hinweis

Zeichen: AMA-Zeichen
Made in A-Zeichen
kein Zeichen

Die Merkmalskombinationen wurden wieder als stilisierte Abbildungen vorgegeben.

Tabelle 8: Für das Conjoint Measurement vorgelegte Merkmalskombinationen in der Produktgruppe Speiseöl

Conjoint-Karte	Marke	Preis	Zeichen	4. Cue
Nr. 1	Spar	23,90 öS	ohne	cholesterinfrei
Nr. 2	Maiskeimöl	23,90 öS	AMA	cholesterinreduziert
Nr. 3	Bona	18,90 öS	ohne	cholesterinreduziert
Nr. 4	Maiskeimöl	18,90 öS	Made in A	cholesterinfrei
Nr. 5	Spar	18,90 öS	AMA	ohne Hinweis
Nr. 6	Maiskeimöl	13,90 öS	ohne	ohne Hinweis
Nr. 7	Bona	13,90 öS	AMA	cholesterinfrei
Nr. 8	Bona	23,90 öS	Made in A	ohne Hinweis
Nr. 9	Spar	13,90 öS	Made in A	cholesterinreduziert

Die Inhaltsmenge (0,5 Liter) bleibt wieder auf jeder Karte konstant, um zu garantieren, daß jede Auskunftsperson an die gleichen Produkte denkt. Nach Durchführung des Conjoint Measurements mit allen Auskunftspersonen, erhält man folgende Ergebnisse (vgl. *Tabelle 9*).

Die Auskunftspersonen beachten im Durchschnitt am häufigsten die Marke (42,11%): Nur Bona bringt positiven Nutzen, Spar und das No-Name haben negativen Nutzen. An zweiter Stelle folgt der Preis (38,89%). Hier wird ein Preis von öS 13,90 eher präferiert. Dann folgt der Cholesteringehalt mit 11,75%. Cholesterinreduziert liegt vor cholesterinfrei, ein fehlender Hinweis auf den Cholesteringehalt bringt negativen Nutzen. An vierter Stelle liegt das Cue "Zeichen" mit 7,25%. Positiven Nutzen bringt das AMA-Zeichen vor dem Made in A-Zeichen, "kein Zeichen" hat einen negativen Nutzen.

Tabelle 9: Ergebnisse des Conjoint Measurement in der Produktgruppe Speiseöl

```
Averaged
Importance    Utility              Factor

+---------+                        MARKE         Marke
|42,11    |   1,3298                  |--          Bona
+---------+   -,2965                  |            Spar
          |  -1,0333                 -|            Maiskeimöl
          |
        +-+                        ZEICHEN       Zeichen
7,25    | |    ,1754                  |            AMA
        +-+    ,0561                  |            A
          |   -,2316                  |            keines
          |
       +--+                        CHOL          Cholesterin
11,75  |  |    ,1579                  |            chol.frei
       +--+    ,2509                  |            chol.reduziert
          |   -,4088                  |            keine
          |
 +--------+                        PREIS         Preis
 |38,89   |   -1,0912                -|            13,90
 +--------+   -2,1825              ---|            18,90
          |   -3,2737             ----|            23,90
          |   B = -1,0912
          |
               7,1825              CONSTANT

Pearson's R   = 1,000              Significance = ,
Kendall's tau = 1,000              Significance = ,0001
```

Nach der Durchführung einer Clusteranalyse zeigen sich folgende Gruppen von Konsumenten mit der jeweils zugehörigen Bedeutung der Produktmerkmale (vgl. *Tabelle 10*).

Grundsätzlich zeigt sich das aus den beiden anderen Produktgruppen bekannte Bild der drei Cluster. Bei Speiseöl ist allerdings die dritte Gruppe (die Cholesterinorientierten) eindeutig kleiner als bei den anderen zwei bisher untersuchten Produktgruppen. Das Cue "Zeichen" hat auch hier in jedem Cluster eine unterschiedliche Bedeutung: Bei den Markenorientierten liegt das Zeichen in der Kaufentscheidung an dritter Stelle noch vor dem Preis. Bei den Preisorientierten und den Cholesterinorientierten hat das Zeichen eine geringe Bedeutung in der Kaufentscheidung, es liegt an vierter Stelle. Das AMA-Zeichen

Tabelle 10: Gewicht der Produktmerkmale zur Beurteilung von Speiseöl bei drei unterschiedlichen Konsumentengruppen

		Markenorientierte (n = 85)		Preisorientierte (n = 72)		Anspruchsvolle (n = 33)	
Produkt-merkmal	Ausprä-gungen	Teil-nutzen	Bedeutung der Produkt-merkmale	Teil-nutzen	Bedeutung der Produkt-merkmale	Teil-nutzen	Bedeutung der Produkt-merkmale
Marke	Bona	+2,35	73,47%	+0,50	14,97%	+0,49	24,77%
	Spar	- 0,61		- 0,02		- 0,18	
	Maiskeimöl	- 1,74		- 0,53		- 0,31	
Zeichen	AMA	+0,20	9,64%	+0,13	3,36%	+0,23	13,93%
	Made in A	+0,14		- 0,02		- 0,01	
	Keines	- 0,34		- 0,11		- 0,22	
Cholesterin-gehalt	Cholesterin-frei	- 0,03	10,70%	+0,25	8,66%	+0,45	40,25%
	Cholesterin-reduziert	+0,31		+0,11		-0,40	
	ohne Hinweise	-0,28		-0,35		-0,86	
Preis	13,90	- 0,17	6,19%	- 2,52	73,02%	- 0,34	21,05%
	18,90	- 0,34		- 4,04		- 0,69	
	23,90	- 0,52		- 7,56		- 1,03	

hat in jedem Cluster den höchsten Teilnutzen, bei den Clustern "Preisorientierte" und "Cholesterinorientierte" ist der Teilnutzen des AMA-Zeichens im Vergleich zum Made in A-Zeichen und zu keinem Zeichen als einziger positiv. Die Cluster unterscheiden sich in keinem soziodemographfischen Merkmal signifikant voneinander.

Bei Speiseöl gibt es keine Verbundwirkung zwischen Marke und Zeichen. Das bedeutet, daß die Wirkung der Zeichen nicht von der Marke, auf der sie sich befinden, beeinflußt wird.

Zusammenfassung

Das Conjoint Measurement in der vierten Produktgruppe – Fruchtjoghurt – erbrachte ähnliche Ergebnisse wie in der Produktgruppe Vollmilch. Die Bedeutung der Zeichen ist aber deutlich geringer, weshalb auf eine genaue Darstellung hier verzichtet wird.

Tabelle 11: Bedeutung der Produktmerkmale für die Kaufentscheidung (Conjoint Measurement) im Vergleich

Produkt-gruppe	Bedeutung des Cues "Zeichen" gesamt	Bedeutung des AMA-Zeichens	Bezeichnung der Cluster	Größe der Cluster n =	Bedeutung des Cues "Zeichen" im Cluster	Bedeutung des AMA-Zeichens im Cluster
Vollmilch	18,2%	0,45 ++	Preisorientierte	55	7,18%	0,24 ++
			Markenorientierte	45	21,15%	0,40 +
			Anspruchsvolle	90	23,40%	0,59 ++
Essiggurken	8,5%	0,21 +	Preisorientierte	59	12,19%	0,34 +
			Markenorientierte	73	8,92%	0,19 +
			Gurkengrößen-orientierte	58	3,80%	0,10 +
Speiseöl	7,3%	0,18 +	Preisorientierte	72	3,36%	0,13 ++
			Markenorientierte	85	9,64%	0,20 +
			Cholesterin-orientierte	33	13,93%	0,23 ++
Frucht-joghurt	4,4%	0,09 +	Preisorientierte	59	6,63%	0,16 +
			Markenorientierte	48	3,23%	0,09 ++
			Fettgehalt-orientierte	83	3,21%	0,03 ⊗

++ Das AMA-Zeichen hat als einziges Zeichen einen positiven Teilnutzen, das Made in A-Zeichen und "kein Zeichen" haben negative Teilnutzen.

\+ Das AMA-Zeichen hat einen höheren Teilnutzen als das Made in A-Zeichen, "kein Zeichen" hat einen negativen Teilnutzen.

⊗ Das Made in A-Zeichen hat einen höheren Teilnutzen als das AMA-Zeichen, "kein Zeichen" hat einen negativen Teilnutzen.

Eine Betrachtung über aller vier Produktgruppen hinweg zeigt, daß die getesteten Herkunfts- und Qualitätszeichen bei der Kaufentscheidung hypothesenkonform an die Bedeutung anderer 'Information Cues' nicht herankommen. Andererseits tragen sie dennoch zum Gesamtnutzen eines Produktes bei und haben somit ebenfalls Anteil an der Entlastung der Konsumenten. Bei Vollmilch weisen solche Zeichen für die Konsumenten die größte Bedeutung unter den getesteten Produktgruppen auf (vgl. *Tabelle 11*). Deutlich geringer ist die Bedeutung bei Essiggurken und Speiseöl und am geringsten bei Fruchtjoghurt. Bei allen vier Produkten ist der Nutzen des AMA-Zeichens größer als des jener des Made in A-Zeichens oder eines fehlenden Zeichens. Teilweise weist das AMA-Zeichen sogar als einziges einen positiven Teilnutzen für die Konsumenten auf.

Bei allen vier Produktgruppen finden sich zwei markant unterschiedliche Personengruppen: ein Teil der Konsumenten orientiert sich primär am Preis, andere hauptsächlich an der Marke. Stets findet sich auch ein dritter Cluster, der sich stärker an anderen Cues orientiert.

Während die unterschiedliche Bedeutung von Zeichen im allgemeinen und die festgestellten Interaktionswirkungen zwischen Zeichen und Marke durchaus hypothesenkonform sind, signalisiert die uneinheitliche Bedeutung des AMA-Zeichens bei verschiedenen Konsumentengruppen einen weiteren Forschungsbedarf.

LITERATUR

Bruhn, M.: Handelsmarken im Wettbewerb: Entwicklungstendenzen und Zukunftsperspektiven der Handelsmarkenpolitik, Frankfurt am Main 1996.

Gottwald, I.: Verbundwirkung zwischen Marke und Qualitäts- bzw. Herkunftszeichen (in Vorbereitung).

Koppe, P.: Handelsmarken als Positionierungsinstrument im österreichischen Lebensmitteleinzelhandel. In: der markt, 36 (1997), Heft 3 und 4, S. 126–135.

Kotler, P.; Bliemel, F. W.: Marketing Management – Analyse, Planung, Umsetzung und Steuerung, 8. Aufl., Stuttgart 1995.

Kroeber-Riel, W.: Konsumentenverhalten, 5. Auflage, München 1992.

Mayerhofer, W.: Imagetransfer – die Nutzung von Erlebniswelten für die Positionierung von Ländern, Produktgruppen und Marken, Wien 1995.

Sattler, H.: Herkunfts- und Gütezeichen im Kaufentscheidungsprozeß – die Conjoint-Analyse als Instrument der Bedeutungsmessung, Stuttgart 1991.

Schantl, M.: Kommunikationsleistung des AMA-Gütezeichens, Wien 1997.

Schweiger, G.; Koppe, P.: Der Lebensmitteleinzelhandel als Markeninnovator bei Bioprodukten – Ergebnisse einer empirischen Studie zu Handelsmarken in Österreich. In: Trommsdorff V. (Hrsg.) Handelsforschung 1996/97, Wiesbaden 1997, S. 277–294.

Schweiger, G.; Schrattenecker, G.: Werbung, eine Einführung, 4. Auflage, Stuttgart1995.

Trommsdorff, V.: 1997; Markenmanagement und Kommunikation – Schwachstellen und Chancen. In: Werbeforschung und Praxis, (1997), Heft 4–5, S. 1–12.

Weiber, R.; Rosendahl, T.: Anwendungsprobleme der Conjoint-Analyse. In: Marketing – Zeitschrift für Forschung und Praxis, 18 (1997), Heft 2, S. 107–118.

Die Erklärung von Händlerverhalten anhand des Imagekonstrukts – Zu einem neuen Ansatz der Absatzkanalforschung

Nikolaus Franke, München

Dem Handel ist es in vielen Branchen gelungen, sich als dominanter Gate-Keeper im Absatzkanal zu profilieren. Sein Einkaufs- und Abverkaufsverhalten, das für die Hersteller einen entscheidenden Filter darstellt, wird damit nachhaltig erklärungsbedürftig. Hierzu wird mit der Übertragung des in der Konsumentenforschung etablierten Imagekonstrukts ein neuer Ansatz der Absatzkanalforschung vorgeschlagen. Die differenzierte empirische Untersuchung im Markt für Taschenbücher in Deutschland zeigt, daß sich anhand des Herstellerimage im Handel das Präsentationsverhalten des Händlers sehr gut erklären läßt. Im Ergebnis liegt somit ein theoretisch und praktisch vielversprechender Ansatz vor, der weiterer theoretischer und empirischer Forschung bedarf

1 PROBLEMSTELLUNG

Der Handel kontrolliert in vielen Branchen den Absatzkanal. Ihm ist durch Machtzuwächse die Funktion eines Gate-Keepers zugewachsen (Becker 1990, S. 496 ff.; Ahlert 1991, S. 1 ff.; Engelhard 1990, S.1 ff.; Meffert 1994, S. 164 ff.; Pabst 1993, 1 ff.; Trapp 1993, S. 219 f. und Trommsdorff 1988, S. 135 ff.). Dies bedeutet, daß er – in gewissen Grenzen – den Kontakt zwischen Hersteller und Konsumenten ermöglichen oder aber auch unterbinden kann. Der Handel wirkt somit als *Filter* (Irrgang 1989, S. 3).

Strategien und Instrumente, wie Hersteller in dieser für sie ungünstigen Situation mit ihren Produkten dennoch physischen Zugang zur Schnittstelle zu den Konsumenten (Point-of-Purchase) erlangen bzw. vom Handel im Abverkauf unterstützt werden können, werden im Rahmen des sogenannten *vertikalen Marketing* diskutiert (Irrgang 1989; Irrgang 1993; Olbrich 1995).

Theoretische Basis der meisten Untersuchungen, die sich der Erklärung des Händlerverhaltens widmen, sind meist *verhaltenswissenschaftliche* Betrachtungen der Ziel-, Macht-, Rollen- oder Konfliktbeziehungen zwischen Hersteller und Handel (Ahlert 1991, S. 88; Anderson; Narus 1986, S. 328; Engelhard 1990, S. 41 ff. und Kuß 1991, S. 163 ff.). Sie betonen in der Regel die Subjektivität der Wahrnehmung durch den Händler (Bauer 1980, S. 9 ff.; Huppert 1976, S. 48 f.; Irrgang 1991, S. 68 f.; Pfeiffer 1981, S. 178 ff.; Schneider 1989, S. 108 ff. und Trapp 1993, S. 42).

Empirische Untersuchungen, die auf diesen Konstrukten aufsetzen, ziehen zur Operationalisierung daher häufig Instrumente heran, die im Rahmen der *Image-* bzw. *Einstellungstheorie* entwickelt wurden, wie z. B. Polaritätenprofile (Dwyer 1980 , S. 65; Hunt; Nevin 1974, S. 188 ff.; Stern; Sterntal; Craig 1973, S.171 ff. und Tomczak; Gussek 1992, S. 783 ff.).

Obwohl die Bedeutung des Image für das Händlerverhalten verschiedentlich betont wird (Bauer 1980, S. 237 ff. und Kunkel 1977, S. 110 ff.), gibt es nur wenige Untersuchungen, die sich mehr oder weniger explizit dem Imagekonstrukt widmen (Diller 1987, S. 89 ff.; Franke 1994, S. 59 ff.; Heeler; Kearny; Mehaffey 1973, S. 34 ff.; Huppert 1976, S. 46 ff. und Pfeiffer 1981, S. 178 ff.). Es fällt auf, daß das Imagekonstrukt meist nur eine von mehreren betrachteten Variablen ist und die Operationalisierung daher oft oberflächlich bleibt (Franke 1997, S. 74 ff.).

Zwischen der vermuteten Bedeutung und dem empirischen Erkenntnisstand bezüglich des Herstellerimage im Handel muß also eine *Diskrepanz* konstatiert werden. Ziel dieses Beitrags ist es daher, nach einer allgemeinen theoretischen Strukturierung in einer exemplarischen empirischen Studie zu untersuchen, inwieweit das Image des Herstellers das Verhalten des Händlers beeinflußt, es mithin zur Erklärung taugt.

2 DAS HERSTELLERIMAGE IM HANDEL

Unter einem Image – das hier mit dem Begriff der Einstellung gleichgesetzt wird (Kroeber-Riel 1992, S. 190; Trommsdorff; Schuster 1981, S. 721) – versteht man "(...) die gelernte, relativ stabile Bereitschaft einer Person, sich gegenüber einem (...) Objekt konsistent (mehr oder weniger) positiv/negativ zu verhalten" (Trommsdorff 1980, S.121). Das Image entsteht im Subjekt als Resultante von subjektiv wahrgenommenen und verarbeiteten Außenreizen, d. h. es wird gelernt. Häufig wird es dabei als System aus einer kognitiven, einer affektiven und einer intentionalen Komponente betrachtet (Geise 1984, S. 58). Kern des Imagekonstrukts und Grund für seine Bedeutung in Theorie und Praxis ist die hypothetische Vermutung, daß es das Verhalten des Subjektes erklärt, also das *psychische Bindeglied* zwischen Marketingaktivitäten des Unternehmens und Verhaltensreaktion v.a. des Konsumenten darstellt (Benninghaus 1976, S. 256 ff.; Geise 1984, S. 183; Kroeber-Riel 1992, S. 164). Herangezogen wird das Image hauptsächlich in Bezug auf den Konsumenten, hier hat es unstrittig eine hohe Bedeutung (Trommsdorff 1993, S. 136).

Was ist bei der Übertragung auf die Hersteller-Händler Situation zu beachten?

Besonders bedeutsam erscheint die Tatsache, daß sich in einem Händler nicht nur ein (wie normalerweise bei einem individuellen Konsumenten), sondern *mehrere Sub-Images* bezüglich eines Herstellers parallel herausbilden, die logisch voneinander unterschieden werden müssen. Damit ist gemeint, daß bei einem Händler verschiedene Rollen unterschieden werden müssen, die jeweils eine bestimmte, abgrenzbare Einstellung zum Hersteller induzieren (sogenannte horizontale Gliederung des Image, vgl. Lilli 1980, S. 183).

Zunächst erlebt der Händler den Hersteller als *Geschäftspartner* (Bauer 1980, S. 238f). Er nimmt also u. a. wahr, wie kulant sich dieser in Konfliktsituationen verhält, wie flexibel und zuverlässig er bei Lieferungen und Remissionen ist, wie freundlich und kompetent der Außendienst ist, welche Konditionen er ihm einräumt und ganz allgemein, wie das Klima und das wechselseitige Vertrauen in der Geschäftsbeziehung ist. Die unübersichtlichen Einzeleindrücke und Vorstellungen bündelt der Händler zu einem aggregierten Image des Herstellers. Da dieses (Sub-)Image originär ist, also aus dem direkten Kontakt mit dem Hersteller stammt, wird es als *Image 1. Art* bezeichnet.

Der Händler lebt davon, daß er die Produkte des Herstellers mit Gewinn an den Konsumenten weiterveräußert. Entsprechend hat er ein vitales Interesse an der Frage, auf welche Nachfrage die Produkte des Herstellers bei den Endabnehmern stoßen. Aus Erfahrungen in der Vergangenheit, bestimmten z. T. unbewußten und wenig reflektierten Hypothesen über die Endabnehmer und deren Präferenzen sowie der Beobachtung der konsumentengerichteten Marketingaktivitäten des Herstellers bildet sich ein zweites (Sub-)Image des Herstellers im Handel, das die *subjektive Einschätzung der Attraktivität des Herstellers für die Konsumenten* umfaßt (Kunkel 1977, S. 110) und logisch unabhängig vom Image 1. Art ist. Im Gegensatz zu diesem wird der Hersteller hier nicht direkt erfahren, sondern indirekt in seiner Wirkung auf den Konsumenten eingeschätzt. Insofern ist es derivativ und wird daher als *Image 2. Art* bezeichnet.

Beide bisher genannten Sub-Images haben gemeinsam, daß der Händler ausschließlich in seiner Rolle als Teil einer Distributionskette betrachtet wird. Selbstverständlich ist er aber nicht nur Händler, sondern u. a. auch Konsument – und zwar sehr häufig auch derjenigen Produkte, die er als Händler vertreibt (Schneider 1989, S. 108). Die Erfahrungen und Vorstellungen in seiner Rolle als privater Nutzer der Herstellerprodukte bündelt er in einem dritten Sub-Image, dem *Image als Nutzer*. Prinzipiell d. h. strukturell entspricht es dem Image, das sich bei den Endabnehmern bildet. Zu beachten ist allerdings, daß der Händler im Vergleich zu diesen meist ganz besonders kenntnisreich und hochinvolviert in Bezug auf die Produkte ist, die er vertreibt.

Diese drei logisch-theoretisch isolierbaren Sub-Images stehen in einem gewissen Zusammenhang, da der individuelle Händler Widersprüche in seinem Einstellungssystem als unangenehme kognitive Dissonanzen erlebt (Franke 1997b, S. 211 ff.). Eigentlich unterschiedliche Eindrücke entlang der Sub-Images werden sich also händlerindividuell einander annähern, was hier jedoch nicht weiter vertieft werden kann.

Als besonders wichtiger Aspekt des Imagekonstrukts wurde die positive *Verhaltenswirkung* gekennzeichnet. Übertragen auf die Beziehung zwischen Hersteller und Handel bedeutet dies, daß vermutet werden kann, daß das *Verhalten des Händlers durch das Herstellerimage beeinflußt wird.* Bersonders bedeutsam sind hierbei diejenigen Variablen, die aus Sicht der Hersteller entscheidende Filter darstellen und den Status des Handels als Gate-Keeper begründen (Irrgang 1989, S. 3 ff.). In *Abbildung 1* wird diese Hypothese ausgeführt.

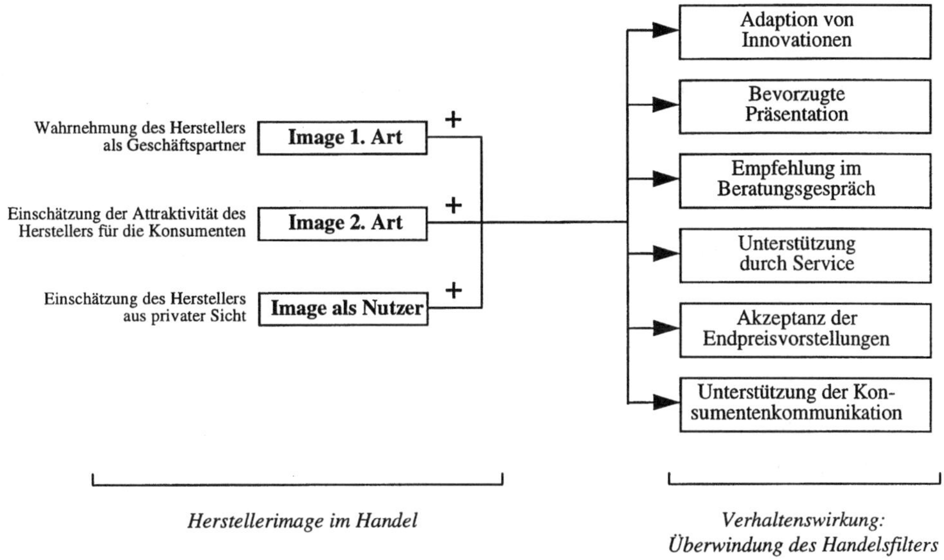

Abbildung 1: Hypothetische Verhaltenswirkung des Herstellerimage im Handel

Natürlich soll damit nicht behauptet werden, daß das Händlerverhalten ausschließlich vom Herstellerimage gleichsam deterministisch bestimmt wird. Es wird vielmehr angenommen, daß das Image einen wichtigen Einflußfaktor darstellt. Dies erscheint inhaltlich auch insofern plausibel, als der Händler – trotz seines wahrscheinlichen Bemühens um einen rationalen, objektiven Entscheidungsprozeß – die Informationenmenge (vgl. Becker 1990, S. 488) seitens der Hersteller nicht wirklich bewältigen kann und somit gezwungen ist, zu seiner kognitiven Entlastung vereinfachende Images (Diedenhofen 1991, S. 56 ff.) zu bilden.

Im Rahmen dieser Untersuchung ist es nicht möglich, alle in *Abbildung 1* enthaltenen, extrem umfassenden Hypothesen zu überprüfen. Stattdessen wird hier eine besonders bedeutsame Hypothese herausgegriffen und in einer ausgewählten Branche exemplarisch überprüft.

Eine entscheidend wichtige Einflußvariable des Händlers auf den Abverkauf von Produkten ist das *Präsentationsverhalten* (Barth 1975, S. 93 ff.; Müller 1982, S. 60 ff.; Schenk 1995, S. 214 ff.). Mit der Entscheidung des Händlers, auf welcher Regalfläche, wo und wie er die Produkte des Herstellers plaziert, ist deren Verkäuflichkeit zu einem gewissen

Grad vorbestimmt.

Es wird daher empirisch untersucht, inwieweit das Herstellerimage das Präsentationsverhalten des Händlers prägt.

3 KENNZEICHNUNG DER EMPIRISCHEN UNTERSUCHUNG

Die Untersuchung wurde im bundesdeutschen Markt für *Taschenbücher* durchgeführt. Dies geschah v.a. deswegen, weil die Marktgegebenheiten hier für eine großzahlige quantitative Imageanalyse sehr günstig sind. Die Hersteller- d. h. die Verlagsseite ist oligopolistisch ausgeprägt (Osten 1996, S. 88), was bedeutet, daß die meisten Händler aktive Geschäftsbeziehungen zu den größten Verlagen unterhalten. Praktische Folge ist, daß eine repräsentative Händlerauswahl sinnvoll über die Images der zehn größten Taschenbuchverlage befragt werden kann.

Weitere Besonderheiten des Taschenbuchmarktes sind die vertikale Preisbindung (Bezold 1991, S. 38 ff.), die dazu führt, daß der Handel (bisher) keinen Preisfilter darstellt und die besonders hohe Handelsmacht. Sie entsteht in erster Linie aus der Begrenztheit des Regalplatzes in Relation zur Zahl der angebotenen Bücher (Osten 1996, S. 88 und Leonhard 1982, S. 1999) und der Tatsache, daß Impulskäufe in dieser Produktgruppe dominieren (Staehler 1993, S. 55 und Witte 1993, S. 38 ff.), was die Entscheidung des Händlers, welche Bücher er frontal d. h. hervorgehoben präsentiert, abverkaufsentscheidend werden läßt.

Die Untersuchung wurde als schriftliche Befragung durchgeführt. Als Urliste für die Zufallsstichprobe von 800 Händlern diente das Kundenverzeichnis von Goldmann, des zum Untersuchungszeitpunkt zweitgrößten Taschenbuchverlags, das 3912 Buchhandlungen umfaßt und als sehr gute Annäherung an die angestrebte Grundgesamtheit aller Taschenbuchhandlungen in Deutschland angesehen werden kann. Der *Rücklauf* betrug 35,1%. Verschiedene Tests ließen die Repräsentativität der Ergebnisse plausibel erscheinen (Franke 1997a, S. 117 f.).

Methodisch gesehen wurden die Images der zehn größten Taschenbuchverlage multiattributiv anhand des *Adequacy-Importance Modells* operationalisiert (Freter, 1979, S. 167;

Andritzky 1976, S. 167; Müller-Hagedorn 1986, S. 182 ff.). Die drei Sub-Images wurden getrennt durch jeweils sechs, sehr sorgfältig identifizierte Attribute beschrieben (Franke 1997a, S. 107 ff.).

In den folgenden Ergebnissen werden allerdings keine Ergebnisse auf der Attributebene präsentiert, sondern ausschließlich die Imagegesamtwerte pro Sub-Image herangezogen. Auch erscheint es nicht notwendig, auf verlagsspezifische Imageunterschiede einzugehen (Franke 1997c, S. 32 ff.). Sichtbar werden im folgenden also nur aggregierte, unabhängige Imagewerte auf Ebene der Sub-Images. Dies bedeutet auch, daß jede Objektbewertung in der Analyse als ein Fall gesehen wurde (Backhaus; Erichson; Plinke; Weiber 1994, S. 191 f.), die Fallzahl sich also um den Faktor 10 erhöhte. Um den Leser nicht zu verwirren, wird in den Abbildungen als Fallzahl n jedoch nur die der Analyse zugrundeliegende Zahl der Händler aufgeführt.

4 DIE WIRKUNG DES HERSTELLERIMAGE AUF DAS PRÄSENTATIONSVERHALTEN DES HÄNDLERS

Von den oben explizierten Image-Verhaltens-Hypothesen interessierte im Rahmen dieser Untersuchung – wie erwähnt – besonders die Wirkung des Image auf das Präsentationsverhalten. Es wurde vermutet, daß der individuelle Händler einem Taschenbuchverlag um so mehr Frontalpräsentationsfläche zur Verfügung stellen würde, je positiver er ihn einschätzen würde. Als Hypothese kann somit festgehalten werden:

H1: Je positiver (negativer) das Image eines Taschenbuchverlages bei einem Händler ist, desto größer (kleiner) wird der Anteil an Frontalpräsentationsfläche sein, den dieser ihm zur Verfügung stellt.

Gemessen wurde die Frontalpräsentationsfläche anhand einer ratingskalierten Frage, die im Fragebogen von den imagebogenen Fragen weit abgesetzt war, um das Untersuchungsziel zu verschleiern. Soziale Erwünschtheit und andere Formen der Antwortverzerrung sind also nicht wahrscheinlich.

Die Messung der Zusammenhänge erfolgte durch Partialkorrelationen, die den Einfluß der jeweils anderen Sub-Images eliminieren, um dadurch die Stärke der isolierten, linearen

Zweierbeziehung deutlich werden zu lassen. Es ergab sich ein interessantes Ergebnis (*Abbildung 2*).

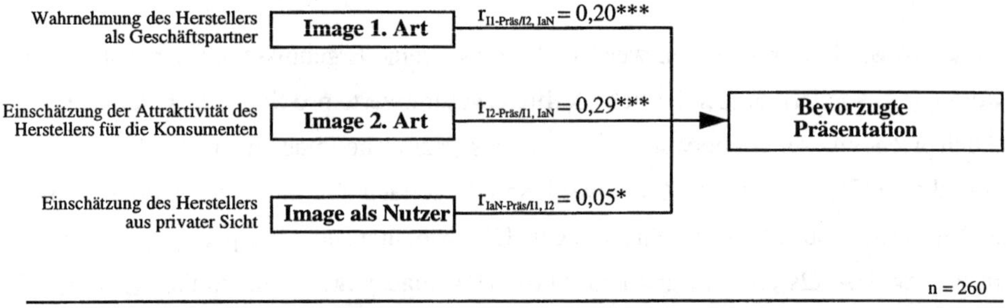

Methode: partieller Bravais-Pearson Korrelationskoeffizient
* = signifikant auf dem 5%-Niveau, ** = 1%, *** = 0,1% , n.s. = nicht signifikant

Abbildung 2: Empirische Beziehung zwischen den Sub-Images und Präsentation

Es zeigt sich, daß alle Sub-Images einen signifikanten Einfluß auf das Händlerverhalten haben. *Hypothese 1 kann somit klar bestätigt werden.* Betrachtet man die einzelnen Sub-Images, so wird deutlich, daß v.a. das Image 2. Art (r = 0,29***) und das Image 1. Art (r = 0,20***) prägend auf das Präsentationsverhalten des Händlers wirken. Beim Image als Nutzer kann zwar ebenfalls eine knapp signifikante Partialkorrelation gemessen werden, doch ist die Stärke des Zusammenhanges sehr schwach (r = 0,05*). Hier kann wohl kaum von einer prägenden (direkten) Einflußwirkung gesprochen werden.

Bei den ausgewiesenen Korrelationswerten muß beachtet werden, daß die Partialisierung, d. h. die Isolierung der Zweierbeziehung angesichts des positiven Zusammenhanges zwischen den Sub-Images natürlich mindernd auf die Höhe des Koeffizienten wirkt. "Normale" bivariate Korrelationen ergeben hier Zusammenhänge der Sub-Images mit dem Präsentationsverhalten in Höhe von r = 0,45*** (Image 1. Art), r = 0,53*** (Image 2. Art) und r = 0,44*** (Image als Nutzer).

Als Ergebnis kann somit festgehalten werden, daß das präsentationsbezogene Händlerverhalten im Taschenbuchmarkt durch die Analyse der Verlagsimages zu einem großen Teil erklärt werden kann. Besonders bedeutsam erscheint die Wahrnehmung des Herstellers als Geschäftspartner (Image 1. Art) und dessen vermutete Attraktivität für die Konsumenten (Image 2. Art), das private Image als Nutzer hingegen hat keinen erwähnenswerten direkten Einfluß (zum indirekten Einfluß Franke 1997b, S. 214 ff.). Praxisbezogen formuliert: das Image eines Taschenbuchverlages im Handel stellt einen entscheidenden Erfolgsfaktor für den Verlag dar. Vertikale Marketingstrategien müssen diesem Umstand Rechnung tragen und gezielt auf die Schaffung von komparativen händlerbezogenen Imagevorteilen gegenüber der Konkurrenz ausgerichtet sein.

5 DIFFERENZIERUNG DURCH KONTEXTANALYSE

Die bisherige Betrachtung ist durch die Aggregation über alle Händler eine Durchschnittsbetrachtung, die viele Feinheiten und Besonderheiten der Image-Verhaltens-Beziehung in Händleruntergruppen verwischt. Durch die folgende Analyse des Kontextes sollen diese aufgedeckt werden. "Kontextanalyse" bedeutet also, daß die bisher als einheitlich betrachtete Menge von Taschenbuchhändlern nach bestimmten Gliederungskriterien unterteilt wird. Für jede der so entstandenen Untergruppen kann die Image-Präsentationsverhal-tens-Analyse wie in Abschnitt 4 vorgenommen werden.

Natürlich gibt es nahezu unendlich viele Möglichkeiten, Händler für die Analyse bestimmten Gruppen zuzuweisen. Es werden daher im folgenden drei beispielhafte Unterteilungen vorgenommen, bei denen aus theoretischen Überlegungen heraus interessante Unterschiede in der Image-Verhaltens-Relation zu erwarten sind (Franke 1997a, S. 184 ff.).

5.1 Komplexität der Situation – Einsatz von Warenwirtschaftssystemen

Eine der Hauptursachen für die Bildung von Images ist die Tatsache, daß durch sie die vielfältigen und komplexen Reize, die von Objekten ausgehen, geordnet und vereinfacht werden können. Der Mensch als Wesen von begrenzter kognitiver Kapazität kann sich damit trotz der permanenten Reizüberflutung in seiner Umwelt behaupten. Das Verhalten eines Subjekts wird also von einem reduzierten Bild des Objektes geprägt (Beilke 1989, S. 114). Es ist daher grundsätzlich zu vermuten, daß die Bedeutung des Image für das Verhalten des Imagesubjektes mit der Komplexität der Außenreize variiert.

Der Kontextfaktor "Komplexität" wurde im Rahmen dieser Untersuchung indirekt operationalisiert. Als ein Mittel zur Bewältigung der Information Overload im Handel werden in der Literatur immer wieder elektronische Warenwirtschaftssysteme genannt (Baader 1986, S. 10 f.; Engelhard 1986, S. 17 ff.; Weinhold-Stünzi 1986, S. 40 f. und Zentes 1988, S. 176 ff.). Mit ihrer Hilfe ist es für den Händler eher möglich, die Leistungen des Herstellers exakt zu beurteilen, da er mit ihnen theoretisch alle relevanten Informationen (Verkaufszahl, Umschlaggeschwindigkeit etc.) permanent artikel- und herstellerbezogen abrufen kann.

Hat der Händler eine derartige Möglichkeit zur Komplexitätsbewältigung, so entstehen bei ihm Images 1. und 2. Art, die einen sehr "objektiven" Charakter haben. Die Push- und Pull-Marketing-Kompetenz des Herstellers, die kausal auf die Images 1. Art und 2. Art wirkt, kann relativ gut beurteilt werden (Franke 1997a, S. 80 ff.). Der Händler wird sich in seinem Verhalten in erster Linie von diesen Sub-Images leiten lassen, weil er ihnen in einem höheren Maß vertrauen kann. Verfügt ein Händler dagegen über kein elektronisches Warenwirtschaftssystem, so ist für ihn die Komplexität hoch und die Sub-Images 1. und 2. Art sind vergleichsweise unsicher. Das Image als Nutzer wird in diesem Fall – weil es relativ gesehen sicherer ist – einen gewissen Einfluß auf das Verhalten haben. Somit wird die Hypothese wie folgt formuliert:

H2: Wenn der Händler über ein Warenwirtschaftssystem verfügt, dann ist die Verhaltensrelevanz des Image als Nutzer niedriger, als wenn er keine derartige Möglichkeit zur Komplexitätsbewältigung hat.

Um die Kontexthypothese prüfen zu können, mußte erst eine Möglichkeit gefunden werden, die Einflußstärken, d. h. die Korrelationen, die sich mit bzw. ohne Warenwirtschaftssystemen ergeben, inferenzstatistisch auf Unterschiede zu prüfen. Nach Kenntnis des Verfassers existiert kein Test auf Gleichheit von Korrelationen bei unabhängigen Stichproben. Es wurde daher eine eigene methodische Vorgehensweise entwickelt: zunächst wurden die betreffenden Skalen (die beiden unabhängigen und die jeweils abhängige) auf die gleiche Skalenlänge transformiert. Dann wurden durch Subtraktion paarweise die Differenzwerte zwischen der unabhängigen und der abhängigen Variable gebildet. Deren Absolutwerte geben – ebenso wie die Korrelation – an, wie ähnlich sich beide Wertereihen sind. Der Unterschied zwischen diesen beiden (Händler mit/ohne Warenwirtschaftssysteme) ermittelten Differenzenreihen wurde mit einem t-Test für unabhängige Stichproben geprüft, da beide Meßreihen Intervallskalenniveau besitzen. Nach Auffassung des Verfassers wird damit ein Test auf Gleichheit der Korrelationen zumindest sehr gut angenähert.

Die Analyse ergab folgenden Befund (*Abbildung 3*).

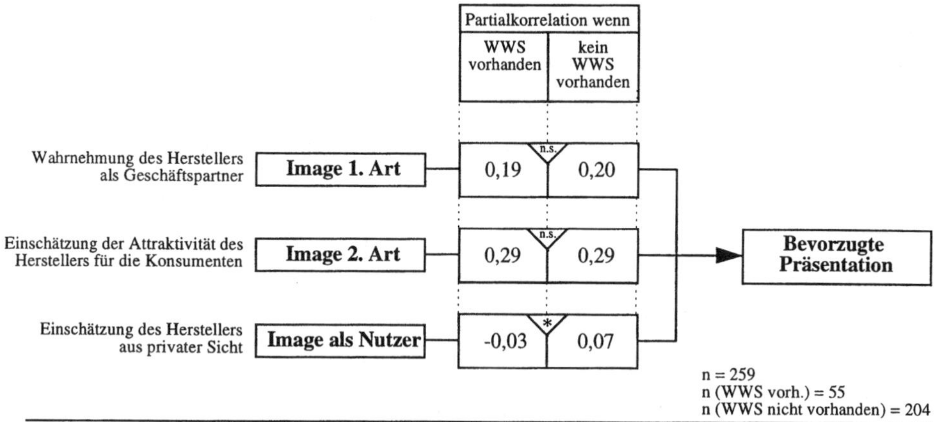

Methode: partieller Bravais-Pearson Korrelationskoeffizient
* = signifikant auf dem 5%-Niveau, ** = 1%, *** = 0,1% , n.s. = nicht signifikant
WWS = Warenwirtschaftssystem

Abbildung 3: Einfluß des Kontextfaktors "Komplexität der Situation" auf die Image-Verhaltens-Beziehung

Man erkennt eindeutig, daß der Einfluß der Images 1. und 2. Art auf das Präsentationsverhalten der Händler kaum durch den Einsatz von Warenwirtschaftssystemen berührt wird. Offensichtlich orientieren sich die Händler auch dann an diesen Images, wenn die Komplexität der Informationseinflüsse geringer ist.

Vor allem aber wird deutlich, daß sich der Einfluß des Image als Nutzer in Abhängigkeit vom Einsatz von Warenwirtschaftssystemen merklich und signifikant ändert ($r = -0{,}03$ gegenüber 0,07). Wenn die Händler Möglichkeiten zur Reduktion der Komplexität haben, ist ihr Verhalten deutlich stärker durch ihre Rolle als Händler, d. h. ausschließlich durch die Images 1. und 2. Art geprägt. Im Gegenfall orientieren sie sich in höherem Maße auch an ihren privaten Vorlieben.

Hypothese 2 kann somit eindeutig bestätigt werden. Die Verhaltensrelevanz des Image als Nutzer ist höher, wenn dem Händler kein elektronisches Warenwirtschaftssystem zur Verfügung steht, die Verlagsseite für ihn also komplexer ist.

5.2 Zentralität des Image – empfundene Geschäftskonkurrenz

Die Zentralität eines Image meint dessen subjektive Wichtigkeit für das Imagesubjekt, also die betreffende Person. In verschiedenen Untersuchungen aus dem Konsumentenbereich konnte dieses Konstrukt als Moderatorvariable für die Höhe der Image-Verhaltens-Beziehung identifiziert werden (Six 1980, S. 62 f.). Die vorliegende Untersuchung beschränkt sich auf die Messung des Einflusses der Zentralität des *Image 2. Art.* Dieses beschreibt die Wahrnehmung und Bewertung der Attraktivität des Herstellers für den Konsumenten durch den Buchhändler. Es ist anzunehmen, daß dieser Aspekt für den einzelnen Händler um so wichtiger, d. h. zentraler sein wird, je stärker er sich mit anderen Buchhandlungen in Konkurrenz um den Konsumenten sieht. Wenn der Wettbewerb als intensiv empfunden wird, die Erfüllung der Konsumentenbedürfnisse also den Engpaßfaktor darstellt, wird sich der Händler in einem höheren Maße um diesen kümmern, als wenn ein (lokaler) Anbietermarkt vorliegt (vgl. grundsätzlich Nieschlag; Dichtl; Hörschgen 1991, S. 8 ff.). Als Hypothese kann also festgehalten werden:

H3: Je stärker der Buchhändler die Konkurrenz mit anderen Buchhandlungen empfindet, desto handlungsrelevanter wird das Image 2. Art sein.

Die empfundene Geschäftskonkurrenz (also die Zentralität des Image 2. Art) wurde anhand einer Ratingskala gemessen. Die empirische Überprüfung der Hypothese ergab folgenden Befund (*Abbildung 4*).

Es wird deutlich, daß die Einflußstärke des Image 2. Art auf das Präsentationsverhalten deutlich höher ist, wenn der Buchhändler die Konkurrenz um den Kunden als hoch empfindet (r = 0,34 gegenüber 0,21). *Hypothese 3 kann also bestätigt werden.* Die Zentralität des Image scheint also nicht nur im Konsumentenbereich, sondern auch in der Hersteller-Handels-Beziehung einen Einfluß auf die Verhaltensrelevanz des Image zu haben.

5.3 Interessenslage – hierarchische Position des Händlers

Mit der hierarchischen Position ist hier gemeint, in welcher Beziehung der Händler zum Handelsunternehmen steht, ob er also Eigentümer, Geschäftsführer, leitender oder einfacher Angestellter etc. ist (Kieser; Kubicek 1992, S. 96 ff.). Es ist einsichtig, daß

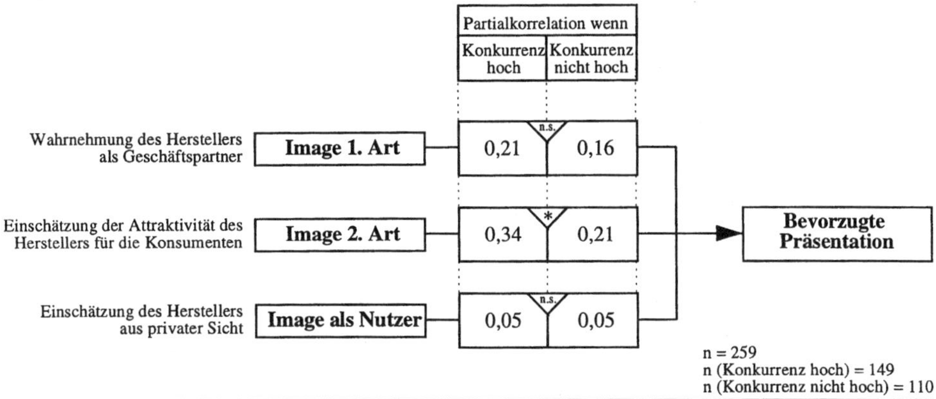

Methode: partieller Bravais-Pearson Korrelationskoeffizient
* = signifikant auf dem 5%-Niveau, ** = 1%, *** = 0,1% , n.s. = nicht signifikant

Abbildung 4: Einfluß des Kontextfaktors "Zentralität des Image 2. Art" auf die Image-Verhaltens-Beziehung

die Angehörigen verschiedener Bezugsgruppen unterschiedliche Interessen bezüglich des Unternehmens haben (Hamel 1992, Sp. 2645 f.).

So kann von den *Inhabern* bzw. *Geschäftsführern* angenommen werden, daß die Ziele, die sie mit der Zugehörigkeit zum Unternehmen verfolgen, in erster Linie instrumentaler Natur sind (Hill; Fehlbaum; Ulrich 1994, S. 158 ff.). Sie möchten mit dem Handelsbetrieb Umsätze erzielen und Renditen erwirtschaften. Bei der Beurteilung von Herstellern werden sie entsprechend eher unternehmensbezogene Kriterien anlegen, also auf Rabatte, Termintreue, die Verkäuflichkeit der Produkte etc. achten. Ihr Verhalten wird also weniger von persönlichen Vorlieben als von zweckrationalen Überlegungen gesteuert sein. Dies bedeutet, daß bei ihnen die Images 1. und 2. Art als verhaltenssteuernder Einflußfaktor gegenüber dem privaten Image als Nutzer eindeutig dominieren werden.

Auch bei den *einfachen Angestellten* wird häufig unterstellt, daß eines ihrer bedeutendsten Ziele hinsichtlich des Unternehmens die Einkommenserzielung ist. Da sie als abhängig Beschäftigte jedoch meist ergebnisunabhängig bezahlt werden, ist ihre Zielstruktur nicht nur auf die Effizienz des Unternehmens gerichtet. Es kann vielmehr erwartet werden, daß ihr Verhalten in einem beträchtlichen Ausmaß auch von persönlichen Zielen geprägt ist (Kieser; Kubicek 1992, S. 5 ff.). Von den Angestellten ist also zu erwarten, daß sie sich in ihrem Verhalten nicht nur von den Images 1. und 2. Art, sondern in spürbarem Ausmaß auch vom privaten Image als Nutzer leiten lassen.

Bei den *Abteilungsleitern* wird vermutet, daß sie nicht nur hierarchisch, sondern auch hinsichtlich ihrer Interessenslage zwischen den Inhabern und den Angestellten liegen werden. Sie haben meist eine höhere Ergebnisverantwortung als die Angestellten und damit ein höheres Interesse an der ökonomischen Effizienz des Handelsunternehmens. Da aber auch in ihrem Gehalt normalerweise eine beträchtliche erfolgsunabhängige Komponente enthalten ist, ist auch bei ihnen zu erwarten, daß ihr Verhalten zumindest auch von persönlichen Interessen, d. h. dem Image als Nutzer geprägt ist.

Damit wird zusammenfassend formuliert:

H4: Je höher die hierarchische Position des Händlers ist, desto verhaltensrelevanter sind die Images 1. und 2. Art und desto weniger verhaltensrelevant ist das Image als Nutzer.

Es ergab sich folgender Befund (*Abbildung 5*).

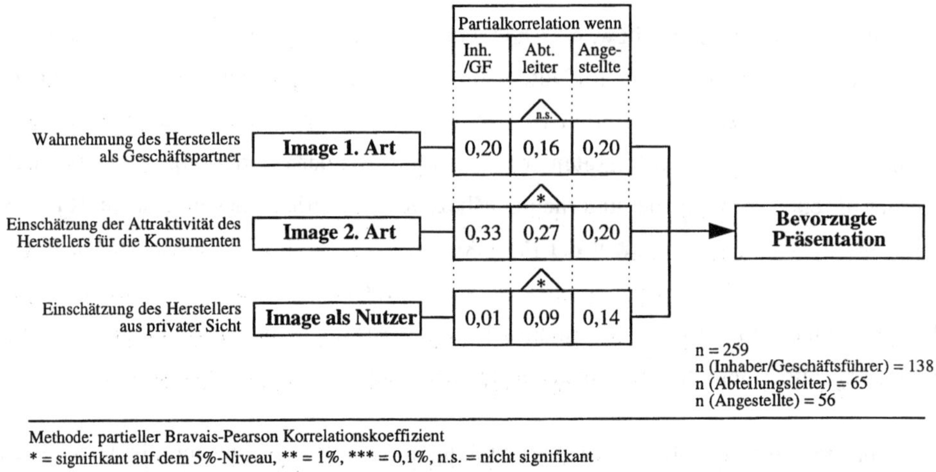

Abbildung 5: Einfluß des Kontextfaktors "Interessenslage" auf die Image-Verhaltens-Beziehung

Man erkennt, daß sich zwischen den drei untersuchten hierarchischen Stufen deutliche Unterschiede ergeben. Ein streng monotoner Verlauf der Einflußstärken – wie er hypothetisch vermutet worden war – ergibt sich jedoch nicht in allen Sub-Images.

Klar bestätigt hat sich der zweite Teil der Hypothese. Je höher die hierarchische Position des Händlers ist, desto weniger verhaltensrelevant ist das *Image als Nutzer.* Tatsächlich orientieren sich also Angestellte in weitaus höherem Maße an ihren persönlichen Vorlieben (r = 0,14) als dies die Abteilungsleiter (r = 0,09) oder Inhaber bzw. Geschäftsführer (r = 0,01) tun.

Hypothesengemäß ist auch die Einflußstärke des *Image 2. Art* auf das Präsentationsverhalten um so höher, je höher die hierarchische Position des Händlers ist (bei Inhabern/Geschäftsführern r = 0,33, bei Abteilungsleitern r = 0,27, bei Angestellten r = 0,20). Je stärker ein Händler also an der ökonomischen Effizienz des Handelsbetriebes interessiert ist, desto deutlicher orientiert er sich am Konsumenten bzw. an der vermuteten Attraktivität der Verlage für die Konsumenten.

Die Unterschiede in der Einflußstärke des *Image 1. Art* entsprechen dagegen nicht dem hypothetischen Verlauf, denn es ergeben sich bei den verschiedenen Gruppen keine signifikanten Unterschiede (r = 0,20; 0,16; 0,20).

Insgesamt kann also nur der Teil der *Hypothese 4* als *bestätigt* gelten, der sich auf das Image 2. Art und das Image als Nutzer bezieht. Das *Image 1. Art* ist in seiner Einflußwirkung wider Erwarten *hierarchieunabhängig*.

6 AUSBLICK: NEUE PERSPEKTIVEN FÜR DIE ABSATZKANALFORSCHUNG?

Es wurde deutlich, daß die Übertragung der aus der Konsumentenforschung stammenden Imagetheorie auf die Hersteller-Handels-Beziehung vielversprechende Ergebnisse erbringt.

Der vorliegende Ansatz, der auf der Aufteilung des Herstellerimage im Handel in verschiedene Sub-Images beruht, ist methodisch gesehen unkompliziert und erscheint inhaltlich in seiner Erklärungskraft vergleichsweise machtvoll. Aus *theoretischer Sicht* gelang damit eine erkenntnisbildende Erklärung des Händlerverhaltens.

Auch für den *Unternehmenspraktiker* – hier speziell für den Verlagspraktiker – ist der Ansatz interessant. Die in ihrer Wichtigkeit für beliebige Händler-Untergruppen klar erfaßbaren Sub-Images stellen sinnvolle und operationale Zielgrößen für die Ableitung von vertikalen Marketingstrategien und deren qualitativem Controlling dar (Franke, in Vorbereitung). Der Ansatz ist somit für Theorie und Praxis gleichermaßen aussichtsreich.

Einschränkend muß angemerkt werden, daß sich die vorliegende empirische Prüfung nur auf den gesamtwirtschaftlich nicht sehr gewichtigen Taschenbuchmarkt bezieht und auch dort nur auf das Präsentationsverhalten (also nicht Innovationsadaption, Unterstützung der Konsumentenkommunikation etc.) bzw. die Ebene der Geschäftsstätten des Einzelhandels (also nicht Zentraleinkauf, Einkaufsgremien, Großhandel etc.). Theoriegeleitete Empirie, die diese engen Begrenzungen schrittweise ausweitet, ist also notwendig.

Der realtheoretisch verpflichteten Absatzkanalforschung, die also gleichsam theoretisch und praktisch relevante Forschung betreiben möchte, eröffnet sich damit ein *breites und chancenreiches Feld.* Vorliegende Untersuchung hofft, zu dessen Erschließung ermutigt zu haben.

LITERATUR

Ahlert, D.: Distributionspolitik. Das Management des Absatzkanals, 2. Auflage, Düsseldorf 1991.

Anderson, J.C.; Narus, J.A.: Toward a Better Understanding of Distribution Channel Working Relationships. In: Backhaus, K.; Wilson, D. (Hrsg.), Industrial Marketing: A German-American Perspective, Berlin 1986, S. 320–336.

Andritzky, K.: Die Operationalisierbarkeit von Theorien zum Konsumentenverhalten, Berlin 1976.

Baader, D.: Vertikales Marketing. In: Thexis, (1986), Heft 3, S. 8–11.

Backhaus, K.; Erichson, B.; Plinke, W., Weiber, R.: Multivariate Analysemethoden. Eine anwendungsorientierte Einführung, 7. Auflage, Berlin u. a. 1994.

Barth, K.: Die Warenpräsentation in Einzelhandelsunternehmungen. In: Mitteilungen des Instituts für Handelsforschung an der Universität zu Köln, Köln 1975, S. 93–97.

Bauer, H.H.: Die Entscheidung des Handels über die Aufnahme neuer Produkte, Berlin 1980.

Becker, J.: Marketing-Konzeption: Grundlagen des strategischen Marketing Managements, 3. Auflage, München 1990.

Benninghaus, H.: Ergebnisse und Perspektiven der Einstellungs-Verhaltens-Forschung, Meisenheim 1976.

Bezold, J.: Preis- und Produktdifferenzierung: Determinanten des strategischen Produktmanagements im Buchverlag, Wiesbaden 1991.

Diedenhofen, H.-J.: Imageanalysen: Aussagefähige Grundlage für Strategien pharmazeutischer Unternehmungen, Bamberg 1991.

Diller, H.: Das Innenleben von Key-Accounts. In: Absatzwirtschaft, (1987), Heft 7, S. 89–93.

Dwyer, F.R.: Channel-Member Satisfaction: Laboratory Insights. In: Journal of Retailing, (Summer 1980), S. 45–65.

Engelhard, T.M.: Partnerschaftssysteme mit dem Fachhandel als Konzept des vertikalen Marketing, St. Gallen 1990.

Engelhard, T.M.: Warenwirtschaftssysteme als Herausforderung für das vertikale Marketing. In: Thexis (1986), Heft 3, S. 17–20.

Franke, N.: Das Image von Taschenbuchverlagen. In: Planung und Analyse, (1994), Heft 6, S. 59–61.

Franke, N.: Das Herstellerimage im Handel. Ein empirische Untersuchung zum vertikalen Marketing, Berlin 1997a.

Franke, N.: Das Image des Herstellers im Handel: theoretische Konzeption eines allgemeinen Modelles und kausalanalytische Überprüfung im Taschenbuchmarkt. In: Marketing Zeitschrift für Forschung und Praxis (1997b), Heft 4, S. 209–219.

Franke, N.: Das Taschenbuch-Image. Was Buchhändler über Taschenbuchverlage denken: eine Imageanalyse der zehn Größten im Taschenbuchwesen. In: BuchMarkt, (1997c), Heft 4, S. 32–38.

Franke, N.: Die Entwicklung einer vertikalen Marketingstrategie aus Imagedaten, Veröffentlichung in Vorbereitung.

Freter, H.: Interpretation und Aussagewert mehrdimensionaler Einstellungsmodelle im Marketing. In: Meffert, H.; Steffenhagen, H.; Freter, H.W. (Hrsg.), Konsumentenverhalten und Information, Wiesbaden 1979, S. 163–184.

Geise, W.: Einstellung und Marktverhalten: Analyse der theoretisch-empirischen Bedeutung des Einstellungskonzepts im Marketing und Entwicklung eines alternativen Forschungsprogramms aus alltagstheoretischer Perspektive, Frankfurt a.M. 1984.

Hamel, W.: Zielsysteme. In: Frese, E. (Hrsg.), Handwörterbuch der Organisation, 3. Auflage, Stuttgart 1992, Sp. 2634–2652.

Heeler, R.M.; Kearny, M.J.; Mehaffey, B.J.: Modeling Supermarket Production Selection. In: Journal of Marketing Research, 10 (February 1973), S. 34–37.

Hill, W.; Fehlbaum, R.; Ulrich, P. (1994): Organisationslehre (Band 1), 5. Auflage, Bern u. a. 1994.

Hunt, S.; Nevin, J.R.: Power in a Channel of Distribution: Sources and Consequences. In: Journal of Marketing Research, (May 1974), S. 186–193.

Huppert, Entscheidung: Image öffnet Regale. In: Absatzwirtschaft, (1976), Heft 8, S. 46–49.

Irrgang, W.: Strategien im vertikalen Marketing: handelsorientierte Konzeptionen der Industrie, München 1989.

Irrgang, W.: Präferenzstrategie zur Motivation des Handels. In: Marktforschung und Management, (1991), Heft 2, S. 67–70.

Irrgang, W.: Strategien im vertikalen Marketing der Industrie. In: Irrgang, W. (Hrsg.), Vertikales Markting im Wandel, München 1993, S. 1–24.

Kieser, A.; Kubicek, H.: Organisation, 3. Auflage, Berlin 1992.

Kroeber-Riel, W.: Konsumentenverhalten, 5. Auflage, München 1992.

Kunkel, R.: Vertikales Marketing im Herstellerbereich: Bestimmungsfaktoren und Gestaltungselemente stufenübergreifender Marketing-Konzeptionen, München 1977.

Kuß, A.: Käuferverhalten, Stuttgart 1991.

Leonhardt, C.: Das Taschenbuch – seine Stellung und sein Einfluß im deutschen Buchmarkt, Würzburg 1982.

Lilli, W.: Zum Vorhersagewert von Einstellungen für das reale Verhalten. In: Marketing Zeitschrift für Forschung und Praxis, (1980), Heft 3, S. 179–184.

Meffert, H.: Marketing-Management: Analyse, Strategie, Implementierung, Wiesbaden 1994.

Müller, H.: Die Warenplazierung als absatzpolitisches Instrument im Selbstbedienungseinzelhandel, Göttingen 1982.

Müller-Hagedorn, L.: Das Konsumentenverhalten: Grundlagen für die Marktforschung, Wiesbaden 1986.

Nieschlag, R.; Dichtl, E.; Hörschgen, H.: Marketing, 16. Auflage, Berlin 1991.

Olbrich, R.: Vertikales Marketing. In: Tietz, B.; Köhler, R.; Zentes, J., Handwörterbuch des Marketing, Stuttgart 1995, Sp. 2612–2623.

Osten, J.: Buchmarkt: Hohe Schule der Verpackung. In: Focus, (1996), Heft 5, S. 88–91.

Pabst, O.: Vertikales Marketing in schnellebigen Märkten. Distributive Leistungssysteme im Damenoberbekleidungsmarkt, St. Gallen 1993.

Pfeiffer, S.: Die Akzeptanz von Neuprodukten im Handel, Wiesbaden 1981.

Schenk, H.-O.: Handelspsychologie, Stuttgart 1995.

Schneider, D.J.G.: Corporate Identity, Corporate Culture und Corporate Image als strategische Erfolgsfaktoren. In: Marktforschung und Management, (1989), Heft 4, S. 103–109.

Six, B.: Das Konzept der Einstellung und seine Relevanz für die Vorhersage des Verhaltens. In: Petermann, F. (Hrsg.), Einstellungsmessung, Einstellungsforschung, Göttingen 1980, S. 55–84.

Staehler, N.: Der gläserne Käufer. In: Buchmarkt, (1993), Heft 5, S. 54–58.

Stern, L.W.; Sternthal, B.; Craig, C.S.: Managing Conflict in Distribution Channels: A Laboratory Study. In: Journal of Marketing Research, (May 1973), S. 169–179.

Tomczak, T.; Gussek, F.: Handelsorientierte Anreizsysteme der Konsumgüterindustrie. In: Zeitschrift für Betriebswirtschaft, (1992) Heft 7, S. 783–806.

Trapp, J.: Wettbewerbsvorteile durch vertikales Öko-Marketing, St. Gallen 1993.

Trommsdorff, V.: Image als Einstellung zum Angebot. In: von Hoyos, C.G. (Hrsg.), Grundbegriffe der Wirtschaftspsychologie, München u. a. 1980, S. 117–127.

Trommsdorff, V.: Veränderungen im Konsumentenverhalten und im Wettbewerb. Marketingstrategische Konsequenzen für den Einzelhandel. In: Trommsdorff, V. (Hrsg.), Handelsforschung 1988, S. 134–141.

Trommsdorff, V.: Konsumentenverhalten, 2. Auflage, Wiesbaden 1993.

Trommsdorff, V.; Schuster, H.: Die Einstellungsforschung für die Werbung. In: Tietz, B. (Hrsg.), Werbung, Landsberg am Lech 1981, S. 717–765.

Weinhold-Stünzi, H.: Zwölf Thesen zur Distributionsinformatik. In: Thexis, (1986), Heft 3, S. 40–45.

Witte, E. (Hrsg.): Kaufentscheidung Taschenbuch – Absicht oder Zufall?, Berichtsband des Methodenpraktikums am Lehrstuhl für Empirische Betriebswirtschaftliche Forschung, München 1993.

Zentes, J.: Warenwirtschaftssysteme. Auf dem Weg zum Scientific Management im Handel. In: Marketing Zeitschrift für Forschung und Praxis, (1988), Heft 3, S. 177–181.

Nonverbale Kommunikation im persönlichen Verkauf als Basis zur Umsetzung der Markenpositionierung im Pkw-Handel

Rolf Weiber und Peter Billen, Trier

Die stark zunehmende Zahl an Pkw-Marken und die Sättigungstendenzen auf dem europäischen Automobilmarkt machen eine eigenständige Markenpositionierung immer dringlicher, um sowohl das Markenbewußtsein zu fördern als auch der Gefahr der wahrgenommenen Austauschbarkeit mit der Konkurrenz entgegenzutreten. Vor diesem Hintergrund analysiert der vorliegende Beitrag das Differenzierungspotential des persönlichen Verkaufs durch nonverbales Verhalten der Verkäufer. In einem ersten Schritt werden zunächst theoretische Erkenntnisse zu nonverbalen Verhaltensweisen herausgearbeitet, die die Grundlage einer empirischen Untersuchung zur Bedeutung des nonverbalen Verhaltens für die Umsetzung der Markenpositionierung in der Automobilbranche bilden. Anschließend werden die Ergebnisse der Studie vorgestellt und Implikationen für die Praxis abgeleitet

1 DIE BEDEUTUNG DER MARKENPOSITIONIERUNG FÜR DEN MARKTERFOLG IN DER AUTOMOBILBRANCHE

Märkte mit Sättigungstendenzen zeichnen sich dadurch aus, daß die Produkte durch eine ausgeprägte technische und qualitative Homogenität gekennzeichnet sind (Röper 1985, S. 14 f.; Dahlhoff 1995, S. 90). Das gilt auch für den deutschen Pkw-Markt, wo das Streben nach immer besserer Aerodynamik zu einer zunehmenden Austauschbarkeit des

Designs vieler Hersteller führt. Weiterhin hemmen die Gleichteilepolitik und die mittlerweile präferierte Plattformstrategie die Abgrenzung von Konkurrenzfabrikaten (Dehnhardt 1990, S. 5). Bspw. liefert BMW für den Opel Omega Dieselmotoren, und VW Golf IV, Audi A3 sowie Skoda Octavia basieren auf einer identischen Plattform, worunter man die Bodengruppe eines Pkw einschließlich Antrieb und Fahrwerk versteht. Schließlich zeigt sich die Austauschbarkeit der Pkw-Marken auch im sog. badge engineering: Ford Galaxy, VW Sharan und Seat Alhambra laufen von denselben Produktionsbändern und sind bis auf wenige Nuancen identisch.

Die hohe Austauschbarkeit von Fahrzeugeigenschaften sowie Dienstleistungen führen dazu, daß der Preis als verbleibender Wettbewerbsfaktor immer mehr an Bedeutung gewinnt (Meyer; Mattmüller 1991, S. 90), was zusätzlich noch durch die aggressive Preispolitik der asiatischen Hersteller verschärft wird. Damit ergibt sich jedoch das Problem, daß sich langfristig gesehen über den Preis kein Wettbewerbsvorteil erzielen läßt, und es zu einem ständigen Wechsel der Marke durch den Nachfrager kommt. Meyer; Mattmüller (1991) sprechen in diesem Zusammenhang von vagabundierendem Kaufverhalten. Der Anbieter muß deshalb versuchen, mit Hilfe von Marken eigenständige Marktprofilierungen zu erreichen, um so das Markenbewußtsein der Zielgruppen für das eigene Produkt zu schärfen. Nur auf diese Weise können komparative Konkurrenzvorteile (KKV) und damit dauerhafte Wettbewerbserfolge erzielt werden (Weiber 1996, S. 14 ff.).

Die Angebotspositionierung stellt dabei eine wesentliche Erfolgsdeterminante des Unternehmens dar, da durch sie ein eigenständiges und unverwechselbares Profil einer Marke im Gedächtnis des Nachfrager aufgebaut wird. Der Erfolg einer Positionierung ist einerseits von dem verfolgten Positionierungskonzept und andererseits von der Konzeptrealisierung abhängig (Esch 1992a, S. 10). Die nachfolgenden Überlegungen fokussieren die Konzeptrealisierung, wobei sich die Betrachtungen auf die Analyse des Einsatzes nonverbaler Kommunikation durch Pkw-Verkäufer zur Umsetzung des Positionierungskonzeptes bestimmter Automarken konzentrieren. Dabei wird unterstellt, daß die Automobilhersteller aufgrund der skizzierten Wettbewerbssituation mittlerweile eigenständige Positionierungskonzepte entwickelt haben. Im folgenden steht die Frage im Vordergrund, inwieweit es den Verkäufern im Verkaufsgespräch gelingt, das spezifische Profil des jeweiligen Automobilherstellers den Kunden auch zu verdeutlichen. Zu diesem Zweck werden zunächst aus theoretischer Sicht Möglichkeiten zur Umsetzung der Positionierung im Verkaufsgespräch mit Hilfe der nonverbalen Kommunikation aufgezeigt. Anschließend werden die Ergebnisse einer empirischen Untersuchung zur nonverbalen Kommunikation von Pkw-Verkäufern vorgestellt und Handlungsempfehlungen für die Praxis abgeleitet.

2 DIE BEDEUTUNG VON PERSÖNLICHEM VERKAUF UND NONVERBALER KOMMUNIKATION FÜR DEN UMSETZUNGSERFOLG VON POSITIONIERUNGSKONZEPTEN

2.1 Der persönliche Verkauf als Implementierungsinstrument der Positionierung

Bei der Realisierung von Positionierungskonzepten ist es von entscheidender Bedeutung, daß die Gestaltung aller Maßnahmen im Rahmen der Marketingkommunikation im Sinne einer integrierten Kommunikation erfolgt (Esch 1992b, S. 35). Unter integrierter Kommunikation ist dabei die Abstimmung aller Maßnahmen der gesamten Kommunikation eines Unternehmens insbesondere im Hinblick auf Werbung, Verkaufsförderung, Öffentlichkeitsarbeit und Verpackungsgestaltung zu verstehen, um einen konsistenten und klaren Gesamteindruck einer Unternehmung oder Marke herauszubilden (Kroeber-Riel 1993, S. 2). Um dies zu erreichen, ist es notwendig, einen über alle eingesetzten Kommunikationskanäle hinweg abgestimmten Gesamteindruck einer Marke zu vermitteln, um so Dissonanzen beim Nachfrager zu verhindern. Gerade Widersprüchlichkeiten sind zu vermeiden, denn nur so kann in der psychologisch-individuellen Wahrnehmung des Nachfragers ein klares Bild einer Marke aufgebaut werden. Führt die Kommunikation zu uneinheitlichen und dissonanten Informationen, so entstehen beim Nachfrager verwirrende Eindrücke, die die Glaubwürdigkeit der Botschaft negativ beeinflussen. Diffuse Eindrücke von einem Unternehmen fördern zudem die Verwechslung mit anderen Anbietern, wodurch das Ziel der Positionierung gefährdet wird.

Gerade im Pkw-Handel ist im Rahmen der integrierten Kommunikation dem persönlichen Verkauf eine besondere Bedeutung beizumessen, da hier die Kaufentscheidung in erheblichem Maße durch die mündliche Präsentation der Verkäufer beeinflußt wird und in der Regel Überzeugungsarbeit durch den Verkäufer voraussetzt. Im Hinblick auf den Kaufentscheidungsprozeß stellt der persönliche Verkauf vor allem in den Phasen der Präferenzbildung, der Einstellungsbildung und der Kaufhandlung das wirkungsvollste Instrument der absatzfördernden Kommunikation dar (Kotler; Bliemel 1995, S. 941). Der direkte Kontakt ermöglicht eine direkte Rückmeldung zwischen Käufer und Verkäufer und damit eine unmittelbare Reaktion auf die Wünsche und das Verhalten des Käufers. Deshalb sollte die Beratung auch unternehmensspezifisch und nicht austauschbar mit der Konkurrenz sein, um das Erfolgspotential des persönlichen Verkaufs zur Markenetablierung zu nutzen.

Die große Bedeutung einer abgestimmten Kommunikation für die Glaubwürdigkeit einer Positionierungsbotschaft wurde in der Literatur bisher primär für Kommunikationsinstrumente mit relativ hoher Reichweite hervorgehoben, d. h. bevorzugt für Massenmedien. Demgegenüber wird die Bedeutung des persönlichen Verkaufs im Rahmen der integrierten Kommunikation nur wenig betont. Dies verwundert, da gerade der persönliche Verkauf eine der besonders wichtigen Stufen auf dem Weg zum Kauf darstellt. Deshalb sollte im Verkaufsgespräch der Vermittlung der Markenpositionierung aus zwei Gründen besondere Beachtung geschenkt werden:

1. *Die Vermittlung der Markenpositionierung im persönlichen Verkauf kann Enttäuschungen beim Nachfrager vermeiden:*
   Durch die Aufnahme einer Marke in das sog. evoked set hat der Nachfrager bereits eine positive Vorauswahl unter allen ihm bekannten Marken getroffen, die auf die durch den Hersteller vorgenommene Positionierung des Unternehmens in der subjektiven Wahrnehmung der Nachfrager zurückgeführt werden kann. Das Wissen um die Leistungsfähigkeit der Marke baut beim Nachfrager Präferenzen für die und Interesse an der Marke auf, was letztendlich zum Aufsuchen von Händlern dieser Marke führt. Die Entscheidung zum Besuch des Händlers einer bestimmten Marke muß durch die im Verkaufsgespräch vermittelten Inhalte Bestätigung finden, denn dieser Besuch beruht bereits auf einer Vorentscheidung, die durch Marketing-Konzepte beeinflußt ist. Die Unterstützung dieser Vorauswahl durch die Vermittlung eines konsistenten Markenbildes wirkt belohnend und wird die Wahrscheinlichkeit eines Kaufabschlusses erhöhen.

2. *Die Glaubwürdigkeit eines persönlichen Gespräches ist im Vergleich zu Informationen aus Massenmedien ungleich höher einzuschätzen:*
   Im Rahmen eines persönlichen Verkaufsgespräches vollzieht sich der größte Teil der Kommunikation auf nonverbaler Ebene (Forgas 1992, S. 126), und dieser ist

eine höhere Glaubwürdigkeit beizumessen als verbalen Aussagen (Weinberg 1986, S. 8; Rückle 1979, S. 15). Das liegt z. B. darin begründet, daß die nonverbale Kommunikation vom Sender weniger zur Täuschung eingesetzt werden kann, da sie aufgrund ihrer Spontanität weniger durch den Kommunikator steuerbar und kognitiv kontrollierbar ist (Argyle 1992, S. 342 ff.). Ein wesentlicher Grund hierfür ist darin zu sehen, daß derartige Verhaltensweisen weniger den individuellen Kontroll- und Steuerungsmöglichkeiten unterliegen als dies bei verbalem Verhalten der Fall ist (Engel; Timaeus 1983, S. 378). Zur Bildung eines Gesamteindrucks kommt deshalb dem persönlichen Verkauf ein herausragender Stellenwert zu. Es ist deshalb der Aussage zuzustimmen, daß "Verkäufer .. die entscheidenden Bindeglieder im Kommunikationsprozeß der Unternehmen mit dem Markt" (Tietz 1993, S. 419) sind.

Aufgrund der starken Wirkung des persönlichen Verkaufs bei der Eindrucksbildung erscheint es sinnvoll, diesen stärker in die Überlegungen zur Positionierungsumsetzung einzubeziehen, da durch ein fehlerhaftes Verhalten von Verkäufern die große Gefahr besteht, das Marken- bzw. Unternehmensimage zu zerstören.

2.2 Die Stützung der Markenposition durch nonverbale Signale

Im Rahmen einer empirischen Untersuchung, bei der zwei Verkäufer eines Möbelhauses hinsichtlich ihrer nonverbalen Verhaltensweisen untersucht wurden, verdeutlichte *Klammer* die Wichtigkeit eines "richtigen" nonverbalen Verhaltens im Rahmen des persönlichen Verkaufs (Klammer 1989, S. 230 ff.). Die Studie führte zu dem Ergebnis, daß der erfolgreiche Verkäufer ein deutlich aktiveres nonverbales Verhalten zeigte als der weniger erfolgreiche Verkäufer.

Obwohl viele Ansatzpunkte darauf hinweisen, "daß der persönliche Verkauf zumindest in weiten Bereichen der Wirtschaft eine bedeutendere Rolle spielt, als manches klassische Marketing-Instrument, wie z. B. die Werbung" (Kuß 1991, S. 107), sind in der Literatur nur wenige Studien zur Wirkung des persönlichen Verkaufs vorhanden. So ist festzustellen, daß wissenschaftliche Arbeiten, die sich mit der Kommunikation zwischen Verkäufer und Kunde auseinandersetzen, in der empirischen Forschung nur rudimentär vorhanden sind, weshalb sie auch als "Stiefkind" der Konsumentenforschung bezeichnet werden (Klammer 1989, S. 3 f.). Andererseits sind die Literaturarbeiten zum optimalen Verkäuferverhalten mannigfaltig. Allerdings beruht der Großteil dieser Veröffentlichungen auf den Erfahrungen erfolgreicher Praktiker. Theoretisch fundiert sind diese individuellen Empfehlungen in der Regel jedoch nicht (Brinker; Mangos 1988; Ruhleder 1984). Diejenigen Arbeiten zum persönlichen Verkauf, die auf einer theoretischen Basis aufsetzen, fokussieren primär den Einsatz von Sozialtechniken wie Argumentationshilfen und Einwandbehandlung (Bänsch 1996; Weis 1995).

Gerade im Pkw-Handel muß das Differenzierungspotential des persönlichen Verkaufs besondere Beachtung finden, da vom Nachfrager als austauschbar wahrgenommene Verkäufer der wahrgenommenen Austauschbarkeit der Angebotsleistungen Vorschub leisten. Leider muß dem Handel und auch den Herstellern diesbezüglich mangelndes Problembewußtsein attestiert werden. In einer herstellerübergreifenden Befragung von Vertragshändlern der Pkw-Branche zur Thematik "Verkäuferaufgaben und deren Bedeutung" wurde die Verdeutlichung bzw. Vermittlung der Markenpositionierung nicht erkannt. Genannt wurden vielmehr technisches Detailwissen, Vermitteln von Finanzierungsangeboten, Ermittlung der Kundenwünsche, aktive Ansprache der Zielkunden etc. (Meffert 1998, S. 829 f.). Dieses mangelnde Problembewußtsein zeigt sich auch in der Literatur. Trotz intensiver Literaturrecherche konnten die Autoren keine Untersuchung ermitteln, die den Zusammenhang zwischen nonverbalen Kommunikationselementen und der Positionierung aufzeigt und empirisch erforscht. Zwar wird erkannt, daß die Beziehungen zwischen verbaler und nonverbaler Kommunikation für das Nachfragerverhalten von besonderer Bedeutung ist, so z. B. für die Käufer-Verkäufer-Beziehung, in der die Frage nach einer erfolgreichen Unterstützung des Verkaufsgesprächs durch nonverbale Kommunikation aufgeworfen wird (DePaulo 1992). Die Frage nach der Umsetzung der Markenpositionierung im Rahmen eines Verkaufsgesprächs mit Hilfe der nonverbalen Kommunikation wird allerdings nicht gestellt.

Demgegenüber wird im folgenden von der These ausgegangen, daß die Positionierung einer Marke gerade im Pkw-Handel durch das Einsetzen verschiedener nonverbaler Signale in entscheidender Weise gestützt wird. Insbesondere zentrale Markenattribute wie Zuverlässigkeit, Spaß am Fahren und Individualismus können mit Hilfe der nonverbalen Kommunikation ausgedrückt werden. So ließe sich beispielsweise das Positionierungskonzept "Lebensfreude" durch einen Verkäufer folgendermaßen zum Ausdruck bringen:

Rege Gestik zur Untermalung des Gesprochenen, ein lockerer Gang, lebhafte Körper- und Kopfbewegungen, schnelles Sprechtempo. Den Verkäufern, die "Zuverlässigkeit" signalisieren wollen, ist zu empfehlen, die Arme nicht geschlossen zu halten, da dies vom Kunden mit Hinterlist verbunden wird. Das Markenattribut "Umweltbewußtsein" kann auch durch nicht materielle Gegenstände vermittelt werden, z. B. durch Kleidung aus naturbelassenen Stoffen und in natürlichen Farben.

Insbesondere emotionale Informationen können durch nonverbale Kommunikation zum Ausdruck gebracht werden (Conen 1991; Mehrabian 1987). Damit ist das nonverbale Verhalten zur Kommunikation einer Markenpositionierung besonders geeignet. Schließlich wird in der Literatur die Emotionalisierung von Marken immer wieder gefordert, da man sich über kognitive Komponenten nur noch schwerlich differenzieren kann (Konert 1986; Weinberg 1992).

2.3 Gestaltungselemente der nonverbalen Kommunikation im persönlichen Verkauf

Vor dem Hintergrund der zunehmend visuellen Orientierung in den unterschiedlichsten Bereichen der Kommunikation (Kroeber-Riel 1993) erfährt die nonverbale Kommunikation eine immer wichtigere Bedeutung. Dabei bildet die nonverbale Kommunikation nicht nur den Hintergrund für die Interpretation visueller Verhaltensweisen, sondern auch für sprachliche Aussagen. Ob Aussagen ein Gewicht beigemessen wird oder ob sie als unbedeutend abgetan werden, ob sie als fesselnd oder als langweilig empfunden werden, hängt weitgehend von nonverbalen Begleitumständen ab (Rückle 1979; Birkenbihl 1979).

Nonverbalen Kommunikationselementen ist besondere Aufmerksamkeit zu schenken, da diesen meist eine höhere Glaubwürdigkeit zukommt als verbalen Äußerungen. Außerdem entlocken nonverbale Signale Gefühle beim Empfänger (Delozier 1976, S. 107), die die Stimmung desselben positiv oder negativ beeinflussen können. In empirischen Untersuchungen wurde gezeigt, daß der Gesamteindruck, der in einem Kommunikationsvorgang hervorgerufen wird, durch die Mimik dominiert wird, gefolgt vom Tonfall. Der Inhalt der Kommunikation ist hierbei von untergeordneter Bedeutung (Mehrabian 1972, S. 182).

In der Literatur existieren unterschiedliche Ansätze zur nonverbalen Kommunikation. Einige Autoren geben wegen der Schwierigkeit der Abgrenzung der Terminologie keine Definition des Begriffs und gehen direkt zur Erklärung des nonverbalen Verhaltens über (Forgas 1992; Scherer 1982; Knapp 1980). Hier werden mit Diller als nonverbale Kommunikation "all die Ausdrucksformen (bezeichnet), die weder schriftlich noch durch das unmittelbar gesprochene Wort übertragen werden" (Diller 1992, S. 821), also die Bestandteile der menschlichen Interaktion, die sich nicht der Sprache (verbale Kommunikation) bedienen. Nonverbale Kommunikation umfaßt damit "alle Formen der Kommunikation, die sich zwischen körperlich anwesenden Personen abspielen und andere Mittel als Sprache benutzen" (Kendon, 1981 S. 3).

Allerdings ist zu beachten, daß grundsätzlich jede Form der Kommunikation, unabhängig davon, ob sie verbal oder nonverbal erfolgt, der Informationsübermittlung dient. Sprache und nonverbale Kommunikation weisen dabei wechselseitige Beziehungen auf, denn immer wenn verbal kommuniziert wird, tritt die nonverbale Kommunikation als zweites Signalsystem neben die Sprache. Die Übertragung von Informationen in einem Interaktionsprozeß erfolgt damit sowohl verbal als auch nonverbal (Klammer 1989, S. 10). Es läßt sich somit feststellen, daß "die nonverbale Kommunikation bei der direkten Interaktion von Mensch zu Mensch als *zweites* Verständigungssystem *neben* die Sprache" (Kroeber-Riel; Weinberg 1996, S. 515) tritt. "Wir sprechen mit unseren Stimmbändern, aber wir verständigen uns mit unserem ganzen Körper" (Frey 1984, S. 30). Diese Verständigung erfolgt im wesentlichen mittels Gesichtsausdruck, Blickkontakt, Gestik und Körperhaltung. Zudem können vokale Mittel wie Sprechmelodie und Sprechpausen ebenso zum Einsatz kommen wie Hautfarbe, Körpergeruch und Körperberührung (Scherer 1982). Damit sind Signale verschiedener Sinnesmodalitäten angesprochen. Damit die Übertragung von Informationen auch erfolgreich ist, muß diese vom Empfänger auch wahrgenommen werden. Diese Informationen lassen sich in verschiedener Form, z. B. durch Gesten oder Sprache, symbolisieren und werden über die verschiedenen Sinne des Menschen auch wahrgenommen.

Zur Klassifizierung nonverbaler Kommunikationselemente kann in Anlehnung an *Weinberg* eine Differenzierung nach vokalen und nonvokalen Elementen vorgenommen werden (vgl. *Abbildung 1*).

<table>
<tr><td rowspan="3">Nonverbale Kommunikation</td><td rowspan="2">Nonvokal</td><td>körperlich</td><td>• Hautfarbe
• Körperkontakt
• Mimik und Gestik
• Körperbewegungen
• Blickkontakt</td></tr>
<tr><td>materiell</td><td>• äußere Erscheinung des Kommunikators, z. B. Kleidung, Parfüm</td></tr>
<tr><td colspan="2">Vokal</td><td>• Zeitliche Abstimmung des Sprechens
• Emotionaler Tonfall
• Akzent, Sprach- und Sprechfehler
• Lautstärke u. Sprechgeschwindigkeit</td></tr>
<tr><td>Verbale Kommunikation</td><td colspan="2"></td><td>• Sprachstil
• Linguistische Sprachstruktur</td></tr>
</table>

Abbildung 1: Einteilung der Kommunikationselemente (in Anlehnung an: Weinberg 1986, S. 85)

Vokale Kommunikationselemente:
Hierunter ist der "paralinguistische" Bereich zu verstehen, der die nonverbale-vokale Kommunikation wie Stimmfrequenz und Sprachgeschwindigkeit umfaßt (Forgas 1992, S. 155). Es geht also darum, wie ein Individuum etwas sagt, und nicht, was es sagt.

Nonvokale Kommunikationselemente:
In Gegenwart anderer Personen senden wir allein durch unsere Kleidung, Körperhaltung und -bewegung, Gesten und den Augenkontakt kontinuierliche und teilweise auch ungewollte Botschaften (Reineke; Damm 1983, S. 9). Die nonvokale Kommunikation kann differenziert werden in materielle Kommunikation und körperliche Kommunikation. Bei der Kommunikation mittels Gegenständen geht es um Verständigungsmittel wie Kleidung, Parfum oder Dinge des täglichen Bedarfs (Weinberg 1986, S. 5).

Da nonverbale Botschaften gleichzeitig auf mehreren Kanälen gesendet werden, kann eine Systematisierung, die alle nicht-kommunikativen Elemente berücksichtigt, anhand der verschiedenen Sinne, d. h. den verschiedenen Übertragungswegen von Informationen (Diller 1992, S. 821 ff.), vorgenommen werden. Lediglich der Geschmackswahrnehmung und der thermischen Wahrnehmung ist im Verkaufsgespräch keine große Bedeutung beizumessen:

Visueller Kanal: Mit den Augen nimmt der Mensch den größten Teil der nonverbalen Signale wahr, so z. B. die Körperbewegung, -haltung, -orientierung, die Mimik, das Blickverhalten und die Entfernung eines anderen Menschen. Dies gilt auch für das äußere Erscheinungsbild eines Menschen wie etwa sein Aussehen oder seine Kleidung.

Akustischer Kanal: Im auditiven Kommunikationskanal werden die kommunikativen Verhaltensweisen übermittelt, die der Empfänger mit dem Gehör wahrnimmt.

Taktiler Kanal: Durch den taktilen Kanal werden Empfindungen aufgenommen, die wir durch den Tastsinn oder durch Hautkontakt erfahren. Berührungen sind vor allem in der Mutter-Kind-Beziehung bedeutsam, aber auch der Händedruck kann hier zugeordnet werden.

Olfaktorischer Kanal: Mit dem olfaktorischen Kanal ist der Geruchssinn des Menschen gemeint. Vor allem durch Parfums und andere Duftwasser wird der olfaktorische Kanal angesprochen.

3 EMPIRISCHE UNTERSUCHUNG ZUR VERMITTLUNG EINER MARKENPOSITIONIERUNG IM PERSÖNLICHEN VERKAUF DURCH NONVERBALE KOMMUNIKATION

3.1 Auswahl des Untersuchungsfeldes und Konzeption des Erhebungsdesigns

Inwieweit es im persönlichen Verkauf gelingt, die spezifische Markenposition eines Automobilherstellers durch nonverbale Kommunikation zu stützen, wurde für den Pkw-Handel im Rahmen einer empirischen Untersuchung analysiert. Die Automobilbranche wurde als Untersuchungsfeld gewählt, da hier die Bedeutung des persönlichen Verkaufs insbesondere aus folgenden Gründen als hoch einzustufen ist (Meffert 1998, S. 822; Weis 1995, S. 21):

- Die soziale Relevanz von Autos und ihre Preise führen ebenso zu einer großen Bedeutung des persönlichen Verkaufs wie die niedrige Kaufhäufigkeit und damit einhergehend die Erklärungsbedüftigkeit des Produkts aufgrund von neuen Bewertungskriterien.

- Beim Automobilkauf besitzen die Kunden durch die Komplexität der Entscheidungssituation in den meisten Fällen ein Informationsdefizit. Damit kommt dem Verkäufer als Berater und Entscheidungshelfer eine zentrale Rolle zu. Häufig obliegt es dem Verkäufer, Bewertungskriterien für Produkte aufzuzeigen, um das vorhandene Kaufrisiko zu reduzieren.
- Aufgrund des hohen Involvement sucht der Pkw-Nachfrager meist den Kontakt zum Verkäufer, der als Kompetenzinstanz angesehen wird.

Das Erhebungsdesign der empirischen Untersuchung definierte sich wie folgt:

Beobachtet wurde das nonverbale Ausdrucksverhalten von Autoverkäufern bei drei bekannten und miteinander konkurrierenden europäischen Pkw-Marken, die sich hinsichtlich ihrer Positionierung eindeutig differenzieren ließen. Die Unterschiede in der Positionierung wurden anhand von markenspezifischen Eigenschaftsmerkmalen, den sog. Markenattributen, bestimmt. Zur Feststellung der Bekanntheit einer Marke wurde der Marktanteil in Europa als Indikator verwendet. Das Positionierungskonzept im Sinne des Selbstimages wurde durch Gespräche mit dem jeweiligen Hersteller ermittelt. Damit ließen sich die Charakteristika formulieren, mit denen die Verkäufer konfrontiert wurden, um das Erreichen der Positionierung im persönlichen Verkauf feststellen zu können. Die Erhebungsdurchführung erfolgte in Form eines Gespräches mit Verkäufern durch zwei Personen im Alter von Mitte 20, die sich als Ehepaar vorstellten und für einen Mittelklassewagen mit klassischem Stufenheck interessierten. Die Verkäufer besaßen somit keine Kenntnis über den eigentlichen Untersuchungsgegenstand, womit eine künstliche und damit unrealistischen Erhebungssituation vermieden werden konnte.

Um ein relativ breites Spektrum an Autohäusern zu erhalten, wurden in 17 verschiedenen Städten, die über mehrere Bundesländer verteilt waren, Verkäufer besucht. Dabei wurden von jeder der drei Automarken 20 Verkäufer aufgesucht, so daß insgesamt 60 Beobachtungen als Datenbasis zur Verfügung standen. Die Untersuchung fand im Zeitraum von August bis Oktober 1997 statt.

3.2 Entwicklung des Beurteilungsbogens zur Charakterisierung nonverbaler Verhaltensmerkmale

Für den Untersuchungszweck mußte ein Beobachtungsbogen für die nonverbalen Kommunikationselemente entwickelt werden. Dabei war zunächst festzulegen, wann nonverbal erfolgreich positioniert wurde. Ein Erfolg wurde dem Verkäufer dann attestiert, wenn alle nonverbalen Kommunikationselemente zu einem Gesamteindruck führten, der der Positionierung der Marke entsprach. Es mußte überprüft werden, ob der Verkäufer durch seine nonverbale Kommunikation die vorgegebenen Markenattribute unterstützte oder diesen eher widersprach.

Die Ausgangsbasis für die Festlegung der zu beobachtenden nonverbalen Kommunikationselemente im Beurteilungsbogen sowie für deren Interpretation bildeten die in der Literatur vorzufindenen theoretischen Überlegungen (Weinberg 1986; Klammer 1989; Scherer 1982). Als problematisch erwies sich zunächst die Generierung von Kriterien, anhand derer die nonverbale Positionierung beurteilt werden sollte. Da in diesem Beitrag die nonverbale Kommunikation in ihrer erweiterten Sichtweise betrachtet wird, d. h. keine Einschränkung auf visuelle Kommunikationsinstrumente wie Handbewegungen vorgenommen wird, mußten auch auditive Faktoren wie das Sprechtempo und taktile Elemente wie im Falle der Produktdemonstration zur Charakterisierung des nonverbalen Verkäufernverhaltens beachtet werden. Im Gegensatz zur verbalen Form der Positionierung, bei der die Nennung von Markenattributen und die Einbeziehung dieser in die Verkaufsargumentation die Positionierung erreicht, ist dies für die nonverbalen Aspekte nicht direkt feststellbar. Erst durch nähere Betrachtung und eingehende Interpretation konnten die nonverbalen Signale, die der Verkäufer absichtlich oder nicht absichtlich sendete, festgestellt werden.

Die Erarbeitung eines geeigneten Beurteilungsbogens stellte sich als ein dynamischer Prozeß heraus, da sich im Rahmen von 12 Pre-Tests immer wieder Verfeinerungen und Veränderungen als notwendig erwiesen. Diese Anpassungsnotwendigkeit resultierte daraus, daß sich in den Pre-Tests zeigte, daß z. B. Augenbrauenbewegungen oder Bewegungen des Körperrumpfes nicht beobachtbar waren und deshalb aus dem Beurteilungsraster gestrichen werden mußten. In der Endversion des Beurteilungsbogens standen in der *Eröffnungsphase* des Verkaufsgesprächs vor allem Elemente des ersten Eindrucks, wie

Kleidung, Händedruck, Gesichtsausdruck und Blickverhalten, im Vordergrund der Beobachtung. Im Bereich der vokalen Kommunikation wurde insbesondere auf die Gestaltung der Sprechweise (z. B. Sprechtempo) sowie Stimme und Lautstärke geachtet. Auch das Distanzverhalten zwischen Verkäufer und Kunde wurde beachtet. Gesichtsausdruck und Blickverhalten sowie Sprechweise und Distanzverhalten zum Kunden wurden weiterhin sowohl während der Verhandlungsphase als auch während der Abschlußphase notiert. Somit konnte eine eventuelle Entwicklung bzw. Änderung der nonverbalen Elemente im Rahmen des gesamten Verkaufsgesprächs identifiziert werden.

In der *Verhandlungsphase* spielten außerdem die Körperhaltung und -bewegung eine zentrale Rolle, da in dieser Phase das gesamte Spektrum der Körpersprache eingesetzt werden kann. Im weiteren Verlauf des Verkaufsgesprächs wurde während der Unterbreitung eines Angebotes insbesondere auf die Sitzhaltung geachtet, da diese Phase in der Regel im Büro des Verkäufers durchgeführt wird. In der Verhandlungsphase sind weiterhin dem Gang und den Fußbewegungen eine besondere Bedeutung beizumessen. Diese Elemente der körperlichen Kommunikation können ebenso wie Handbewegungen in geringerem Maße kontrolliert und manipuliert werden und sind daher von besonderem Interesse, um das Niveau der trainierten Verkäufer feststellen zu können. Auch bei der Produktdemonstration wurde auf nonverbale Signale geachtet und der Frage nachgegangen, inwieweit diese die speziellen Charakteristika der Automarke hervorheben. In der *Endphase* des Verkaufsgespräches wurde besonders auf das Blickverhalten, den Gesichtsausdruck, das Distanzverhalten und den Händedruck geachtet.

Die standardisierten Beobachtungskriterien wurden mittels einer fünfstufigen Ratingskala erfaßt, wobei mit "1" eine schwache und mit "5" eine sehr starke, bei einigen Variablen übertriebene Ausprägung bzgl. des nonverbalen Merkmals charakterisiert wurde. Jede Variable wurde von zwei Beobachtern beurteilt, so daß eine interne Kontrolle der Subjektivität stattfinden konnte.

3.3 Untersuchungsergebnisse

Die Betrachtungen in Kapitel 2 haben gezeigt, daß der nonverbalen Kommunikation zur Verdeutlichung von Markenpositionierungen eine hohe Bedeutung beizumessen ist. Im Rahmen einer empirischen Untersuchung wurde deshalb der Frage nachgegangen, inwieweit Verkäufer unterschiedlicher Automarken durch ihr nonverbales Verhalten die jeweils spezifische Positionierung der von ihnen vertretenen Automarke auch tatsächlich verdeutlichen können.

Zur Untersuchung von Unterschieden zwischen den Verkäufern der drei Marken wurde eine Diskriminanzanalyse (Backhaus; Erichson; Plinke; Weiber 1996, S. 90 ff.) durchgeführt. Die Analyse führte zu dem Ergebnis, daß weder die nonverbalen Merkmalsvariablen noch die ermittelten Diskriminanzfunktionen die Gruppen (Verkäufer der drei Automarken) signifikant trennen konnten. Die Ausprägungen der nonverbalen Merkmalsvariablen zwischen den Gruppen sind als nahezu gleich einzustufen. Die Ergebniswerte für Wilks´ Lambda bewegten sich zwischen 0,89850 (Gesichtsausdruck in der Abschlußphase) und 0, 99983 (Distanzverhalten in der Abschlußphase), die Signifikanzwerte lagen im Wertebereich von 0,0556 (Gesichtsausdruck in der Abschlußphase) und 0, 9953 (Distanzverhalten in der Abschlußphase). Das bedeutet, daß kein signifikanter markenbezogener Unterschied im nonverbalen Kommunikationsverhalten der unterschiedlichen Pkw-Verkäufer feststellbar war: *Die Verkäufer der betrachteten drei Pkw-Marken sind somit beliebig austauschbar!*

Dieses erste Ergebnis ist vor dem Hintergrund der im Pkw-Handel aufgezeigten zwingend erforderlichen Abgrenzung von der Konkurrenz auch durch nonverbale Kommunikation als "katastrophal" zu bezeichnen. Den Verkäufern gelingt es offensichtlich nicht, ihr nonverbales Kommunikationsverhalten im Sinne einer integrierten Kommunikation auf die Positionierung der von ihnen vertretenen Automarke abzustimmen. Eine mögliche Ursache hierfür kann in den Verkäuferinstruktionen durch die Automobilhersteller vermutet werden. In deren Schulungen findet eine Schwerpunktsetzung auf die Vermittlung von Fachwissen zu den Produkten statt. In einer Ära der Qualitäts- und Leistungsunterschiede in der Automobilbranche mag dies vielleicht ausgereicht haben. Mittlerweile ist jedoch mit diesem Wissen allein keine wahrnehmbare Abgrenzung von Konkurrenten mehr möglich, was teilweise damit zu erklären ist, daß die Nachfrager auch bei Pkw von relativ austauschbaren Qualitäten ausgehen. Auch in einer Untersuchung von *Meffert* konnte dieses mangelnde Problembewußtsein verdeutlicht werden (Meffert 1998, S. 829 f.).

In einem zweiten Schritt wurde der Frage nachgegangen, ob ein im Hinblick auf die Positionierung erfolgreicher Verkäufer anhand seines nonverbalen Verhaltens charakterisiert werden kann und ob er sich von einem als nicht erfolgreich eingestuften Verkäufer unterscheidet. Auch hier wurde eine Diskriminanzanalyse durchgeführt und untersucht, welche der nonverbalen Merkmale die Gruppe der erfolgreichen von der Gruppe der nicht erfolgreichen Verkäufter unterscheiden kann. Es zeigte sich, daß die in den Beurteilungsbogen aufgenommenen Merkmalsvariablen nahezu alle zur Diskriminierung eines nonverbal erfolgreichen Verkäufers beitragen konnten. Eine Ausnahme stellten lediglich die in *Tabelle 1* aufgeführten Variablen dar:

Tabelle 1: Trennschwache Variablen der Diskriminanzanalyse über erfolgreiche und nicht erfolgreiche Verkäufer

Variable	Wilks' Lambda	F	Significance
Fußbewegungen	0,94024	3,2413	0,0777
Sitzhaltung	0,99972	0,0143	0,9054
Distanzverhalten Verkäufer/Kunde	0,96847	1,6606	0,2033

Der mangelnde Einfluß von Fußbewegungen und Sitzhaltung dürfte darauf zurückzuführen sein, daß es sich dabei um "periphere Körpersprache" handelt (Mehrabian 1987; Birkenbihl 1979). Hingegen muß das Distanzverhalten individuell an den Kunden angepaßt werden. Es lassen sich keine Distanzregeln in bezug auf die Positionierung aufstellen, da diese unabhängig von der Marke kundenbezogen angepaßt werden soll. Insgesamt kann festgestellt werden, daß die in das Beurteilungsraster aufgenommenen Variablen zur Beschreibung des nonverbalen Verhaltens geeignet sind und damit die relevanten Aspekte zur Charakterisierung der Verkäuferkommunikation ausgewählt wurden.

Anhand der Ergebnisse der statistischen Auswertungen kann nun bestimmt werden, welche der nonverbalen Merkmalsvariablen besonders zur Markenpositionierung beitragen. Hierzu wurde in einem weiteren Schritt eine stufenweise Regressionsanalyse (Backhaus; Erichson; Plinke; Weiber 1996, S. 17 ff.) durchgeführt. Dabei stellte sich heraus, daß von den unabhängigen nonverbalen Kommunikationselementen die Variable "Blickverhalten in der Eröffnungsphase" (ANFBLICK) den größten Einfluß auf eine erfolgreiche Positionierung ausübt. Ebenso ist ein starker Einfluß der Variablen "Gesichtsausdruck in der Abschlußphase" (GESSCHL) sowie "Hand- und Armbewegungen im Sitzen" (ARMBEW) festzustellen. Diese drei Variablen erklären bereits 54,4% der gesamten Streuung der abhängigen Variable "Positionierung" (vgl. *Abbildung 2*).

```
Multiple R              ,73758
R Square                ,54403
Adjusted R Square       ,51611
Standard Error          ,28481
F = 19,48761 Signif F = ,0000
----------Variables in the Equation-----------------
Variable          B            T           Sig T
ANFBLICK       ,147171       3,555        ,0008
ARMBEW         ,076804       2,217        ,0313
GESSCHL        ,145767       2,282        ,0268
(Constant)    -,920537      -4,755        ,0000
```

Abbildung 2: Gütekriterien und Koeffizienten der multiplen Regressionsanalyse

Der starke Zusammenhang zwischen nonverbaler Kommunikation und Erfolg der Vermittlung wird exemplarisch in *Abbildung 3* verdeutlicht, in der der Einfluß des Gesichtsausdrucks in der Abschlußphase des Verkaufsgesprächs auf die Wahrnehmung der Markenpositionierung dargestellt ist. Die lineare Einfachregression zeigt im Ergebnis, daß die Variable Gesichtsausdruck in der Abschlußphase den Erfolg der Markenpositionierung zu mehr als 17 % erklären kann, bei einem Signifikanzniveau von 0,0009. Die Regressionsgerade wurde wie folgt geschätzt:

$$\text{Positionierung} = 0{,}342246 + 0{,}597148 * \text{Gesichtsausdruck}$$

Dieses Ergebnis stützt z. B. die Ausführungen von *Ellsworth* und *Ludwig* (1994) sowie *Knapp* (1992), die über Untersuchungsergebnisse berichten, in denen die Eindrucksbildung einer Person abhängig ist vom Blickverhalten. Empirische Untersuchungen zeigen außerdem, daß die Mimik (z. B. Blickverhalten, Gesichtsausdruck) insbesondere zur Vermittlung verschiedener Arten von Emotionen geeignet ist, während die Gestik eher die Intensität der empfundenen Gefühle widerspiegelt (Weinberg 1986, S. 6).

Zusammenfassend läßt sich zu den obigen Ergebnissen der stufenweisen Regressionsanalyse feststellen, daß, je gezielter ein Verkäufer Blickverhalten, Gestik und Gesichtsausdruck einsetzte, desto eher wurde beim Kunden die Positionierung wahrgenommen.

Positionierung = 0,342246 + 0,597148 * Gesichtsausdruck

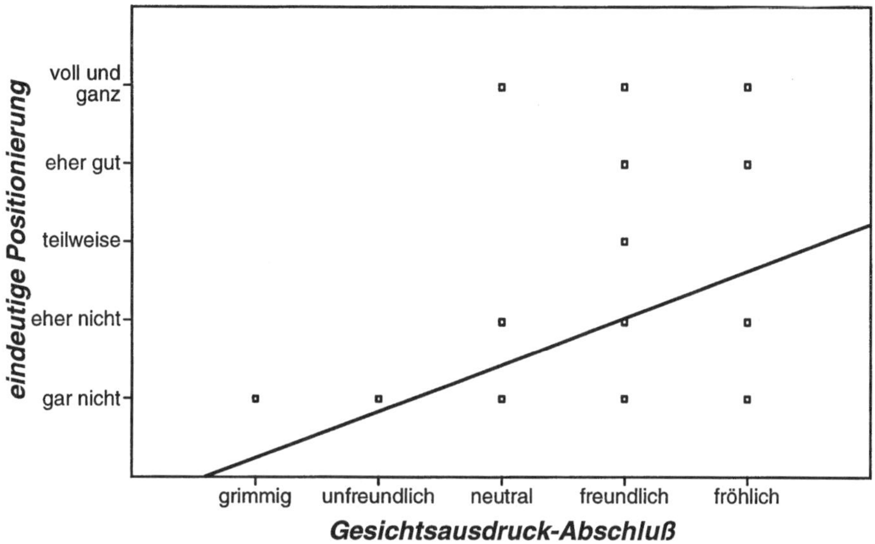

Abbildung 3: Einfluß des Gesichtsausdruckes in der Gesprächsabschlußphase auf die Wahrnehmung der Positionierung

Demgegenüber hat die Sitzhaltung keinen Einfluß, weshalb dieses Kommunikationselement zur Charakterisierung eines nonverbal erfolgreich agierenden Verkäufers nicht geeignet ist. Der Erklärungsbeitrag dieser Variablen liegt bei 0,0% (vgl. *Abbildung 4*). Die Regressionsgerade wurde wie folgt geschätzt:

Positionierung = 1,840321 + 6,16523E-04 * Sitzhaltung

In einem abschließenden Schritt wurden schließlich noch die Mittelwertunterschiede zwischen den Merkmalsvariablen bei nonverbal erfolgreichen und nonverbal nicht-erfolgreichen Verkäufern gegenübergestellt. Dabei wurde als nonverbal erfolgreich ein Verkäufer dann eingestuft, wenn die Beobachter eine Markenpositionierung im Verhalten feststellen konnten. Die in *Tabelle 2* dargestellten Ergebnisse zeigen, daß durch die Unmittelbarkeit der Mimik ein direkter Einfluß auf die Interaktion zwischen Verkäufer und Kunde ausgeübt wird. Dabei spielen nonverbale Kommunikationselemente insbesondere in der Eröffnungs- und Abschlußphase eine zentrale Rolle für die Positionierung. Durch eine offene und freundliche Mimik, durch Zeichen der Zuwendung wie Zuwendung des Kopfes und ausdrucksvolle Körpersprache, kann das Verkaufsgespräch zum Erfolg ge-

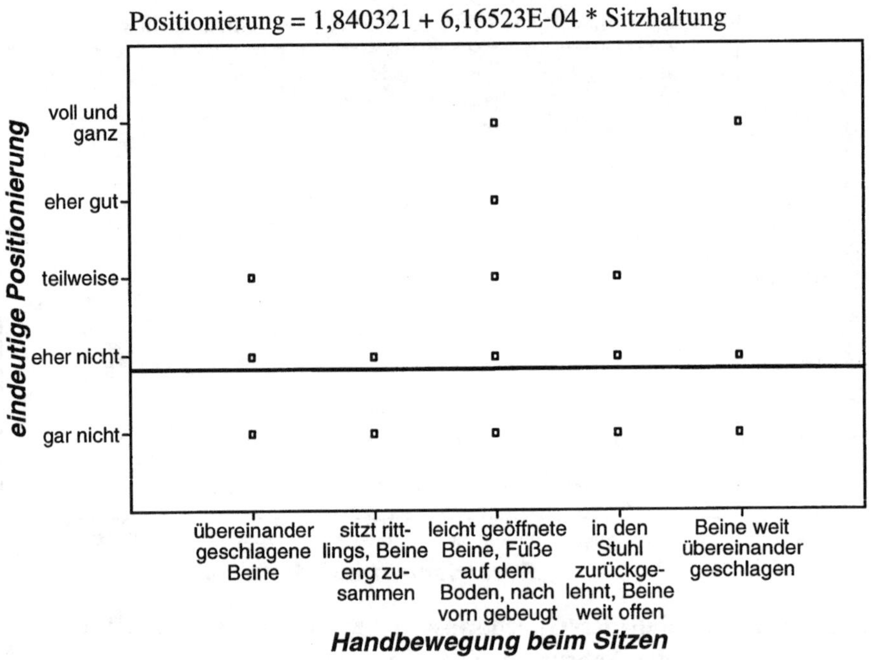

Abbildung 4: Einfluß der Sitzhaltung auf die Wahrnehmung der Positionierung

steuert werden.

In diesem Zusammenhang muß auch auf den Händedruck eingegangen werden, der von vielen Verkäufern vernachlässigt wird. Auch durch den Handschlag wird ein gewisses Vertrauensverhältnis zum Ausdruck gebracht (Scheppach 1984, S. 28). Die Basis für eine entspannte und vertrauensvolle Atmosphäre wird von vielen Verkäufern nicht hergestellt. Noch spezieller sind illustratorische Gesten, die der Veranschaulichung, Unterstreichung oder Widerlegung von sprachlichen Aussagen und damit der Unterstützung der Argumentationstechniken bzgl. der Positionierung einer Marke dienen. Diese Form des Vertrauensaufbaus darf der Verkäufer nicht vernachlässigen.

Hinsichtlich des Blickverhaltens konnte festgestellt werden, daß erfolgreiche Verkäufer ein fast konstantes Blickverhalten während des gesamten Verkaufsgesprächs zeigten. Demgegenüber hatten nonverbal erfolglose Verkäufer zuerst einen gesenkten oder schiefen Blick, der sich erst während der Verhandlungsphase in ein konstantes, offenes und vertrauenerweckendes Blickverhalten entwickelte. Diese anfängliche Verzögerung einer offene Mimik wirkt jedoch negativ auf den Kunden, da der erste Eindruck das gesamte Gespräch prägt.

Tabelle 2: Unterschiede im nonverbalen Verhalten bei Verkäufern, die erfolgreich bzw. nicht erfolgreich positioniert haben, anhand der Durchschnittsbeurteilungen

	Nonverbal erfolgreiche Verkäufer	Nonverbal nicht-erfolgreiche Verkäufer
Blickverhalten in der Eröffnungsphase	4,0	2,4
Blickverhalten in der Verhandlungsphase	4,2	3,0
Blickverhalten in der Abschlußphase	4,3	3,2
Gesichtsausdruck in der Eröffnungsphase	3,6	2,5
Gesichtsausdruck in der Verhandlungsphase	4,3	3,0
Gesichtsausdruck in der Abschlußphase	4,5	3,4
Kopfhaltung	4,3	2,8
Distanzverhalten in der Eröffnungsphase	3,6	2,7
Distanzverhalten in der Verhandlungsphase	3,9	3,4
Distanzverhalten gegenüber Auto in der Verhandlungsphase	4,0	2,7
Distanzverhalten in der Abschlußphase	3,8	3,4
Stimme und Lautstärke in der Eröffnungsphase	4,6	2,7
Stimme und Lautstärke in der Verhandlungsphase	4,8	2,9
Stimme und Lautstärke in der Abschlußphase	4,8	3,0
Sprechtempo	3,6	2,6
Kleidung	3,3	3,0
Produktdemonstration	3,7	2,9
Hand- und Armbewegungen	4,2	2,2
Fußbewegungen	4,0	3,2
Gang	3,9	2,6
Sitzhaltung	2,9	2,8
Körperbewegungen	4,6	2,3
Händedruck am Anfang	2,8	1,3
Händedruck am Ende	3,7	2,0

Es bestätigt sich damit die Erkenntnis, daß Blickkontakte zum Gegenüber dem Verkäufer eine starke soziale Brücke bieten und zu den für ein erfolgreiches Verkaufsgespräch erforderlichen Rückkopplungen führen (Kroeber-Riel; Weinberg 1996, S. 533). Zudem ist aus der Literatur bekannt, daß der Eindruck von einem Gesprächspartner umso besser ist, je öfter Blickkontakt gehalten wird (Knapp 1978, S. 302 ff.). Dieser Aspekt kann anhand von *Abbildung 5* veranschaulicht werden, die die Unterschiede der Mittelwerte zwischen den zwei Gruppen aufzeigt:

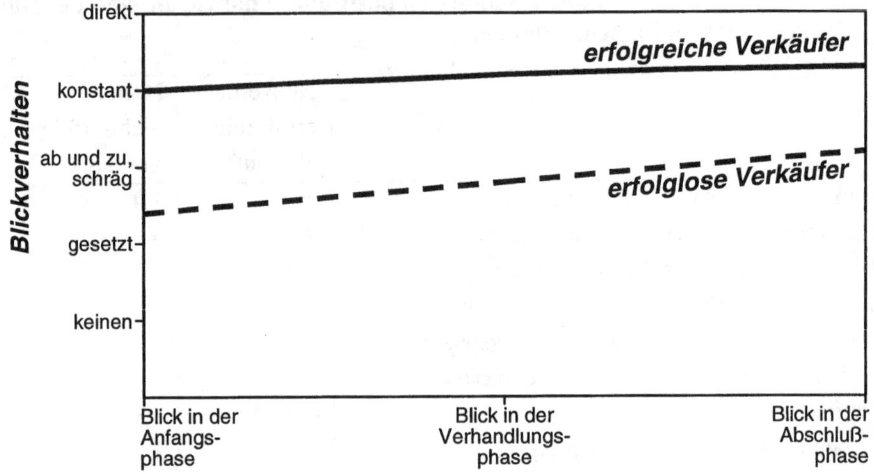

Abbildung 5: Unterschiede im Blickverhalten zwischen nonverbal erfolgreichen und nicht erfolgreichen Verkäufern

4 IMPLIKATIONEN DER UNTERSUCHUNG FÜR DIE UNTERNEHMENSPRAXIS

Die Betrachtungen in diesem Beitrag haben gezeigt, daß die nonverbale Kommunikation einen entscheidenden Einfluß auf die Unterstützung der Markenpositionierung ausüben kann. Durch die empirische Untersuchung konnte belegt werden, daß sich erfolgreiche Verkäufer von nicht erfolgreichen Verkäufern deutlich durch ihr nonverbales Kommunikationsverhalten unterscheiden. Die Wichtigkeit der nonverbalen Kommunikation zeigte sich vor allem während der Eröffnungsphase des Verkaufsgespräches, da diese entscheidend den ersten Eindruck und somit den gesamten Gesprächsablauf prägt. Als zentrales Ergebnis kann somit folgendes herausgestellt werden:

Je gezielter und ausdrucksvoller vor allem am Anfang und am Ende des Verkaufsgesprächs die nonverbale Kommunikation eingesetzt wird, desto eher wird ein Erfolg bzgl. der Wahrnehmung der Positionierung erreicht und gesichert.

Allerdings wurde auch deutlich, daß sich die Verkäufer verschieden positionierter Automarken nicht durch ihr nonverbales Kommunikationsverhalten unterscheiden. Das Differenzierungspotential der nonverbalen Kommunikation wird somit im persönlichen Verkauf nicht genutzt. Den Automobilherstellern ist deshalb zu empfehlen, in den Verkäuferschulungen die Vermittlung nonverbaler Komunikation verstärkt zu beachten. Insbesondere bei der Ausbildung zum Automobilverkäufer – ein entsprechendes Berufsbild zur Zertifizierung der Autoverkäufer wurde von den Automobilherstellern entwickelt – ist es sinnvoll, nonverbale Kommunikationselemente und deren Auswirkung zu vermitteln. Über den sozialen Aspekt hinausgehend können diese Kommunikationselemente nicht nur dem Vertrauensaufbau dienen, sondern auch den Einmaligkeitscharakter der Automarke unterstreichen. Außerdem hören die Kunden aufgrund der Informationsüberflutung immer weniger zu, weshalb der Einsatz von Mimik und Gestik an Bedeutung gewinnt (Ebeling 1988, S. 109).

Für die Forschung stellt sich damit die Herausforderung, den Zusammenhang zwischen Markenpositionierung und nonverbaler Kommunikation zum Inhalt weiterer Forschungsbemühungen zu machen, da in der Literatur ein konkreter Bezug zwischen Markenpositionierung und nonverbaler Kommunikation fehlt. Dort sind nur generelle Verhaltensregeln zu finden. Aus diesen zu gewinnenden Erkenntnissen könnte eine Expertensystem für den persönlichen Verkauf generiert werden. Insbesondere ein interaktives Training von Verkäufern am PC durch den Aufbau einer virtuellen Verkäuferwelt sollte als mittelfristige Perspektive Anreize zu einer Intensivierung der Forschung auf diesem Gebiet schaffen.

DANKSAGUNG

Für die Durchführung der aufwendigen Erhebung sei Frau Tatiana Coviello und Herrn Andreas Schmidt, Diplomanden am Lehrstuhl für Marketing der Universität Trier, sehr herzlich gedankt.

LITERATUR

Argyle, M.: Körpersprache und Kommunikation, 6. Aufl., Paderborn 1992.

Backhaus, K.; Erichson, B.; Plinke, W.; Weiber, R.: Multivariate Analysemethoden, 8. Aufl., Berlin, 1996.

Bänsch, A.: Verkaufspsychologie und Verkaufstechnik, 7. Aufl., München, Wien 1996.

Birkenbihl, V.F.: Signale des Körpers und was sie aussagen, München 1979.

Brinker, G.B.J.; Mangos, C.: Moderne Verkäuferschulung: Erfolgstraining in der Absatzwirtschaft, Ehingen bei Böblingen 1988.

Conen, H.: Die Kunst mit Menschen umzugehen, Köln 1991.

Dahlhoff, H.D.: Markenpolitik im Automobilmarkt. In: Markenartikel, 57 (1995), Nr. 3, S. 90–94.

Dehnhardt, H.-P.: Sondermodelle als Marketing-Instrument – dargestellt am Beispiel der Automobilindustrie, Reihe Wirtschaftswissenschaften, Bd. 365, Frankfurt a.M. 1990.

Delozier, W.M.: The Marketing Communication Process, University of South Carolina 1976.

DePaulo, P.J.: Applications of Nonverbal Behavior Research in Marketing and Management. In: Feldman, R.S. (Hrsg.), Applications of Nonverbal Behavioral Theories and Research, Hillsdale 1992, S. 63–87.

Diller, H. (Hrsg.): Vahlens großes Marketingslexikon, 7. Aufl., München 1992.

Ebeling, P.: Pfiffige Zitate für Verkäufer, Landsberg am Lech 1988.

Ellsworth, P.C.; Ludwig, L.M.: Visuelles Verhalten in der sozialen Interaktion. In: Scherer, K.R.; Wallbott, H.G. (Hrsg.), Nonverbale Kommunikation: Forschungsberichte zum Interaktionsverhalten, 2. Aufl., Weinheim 1982, S. 64–86.

Engel, A; Timaeus, E.: "Face to face"-Interaktion. In: Handbuch der Psychologie, Bd. 12, Göttingen 1983.

Esch, F.-R.: Positionierungsstrategien – konstituierender Erfolgsfaktor für Handelsunternehmen. In: Thexis, 9 (1992a), Nr. 4, S. 9–15.

Esch, F.-R.: Integrierte Kommunikation – ein verhaltenswissenschaftlicher Ansatz. In: Thexis, 9 (1992b), Nr. 6, S. 32–40.

Forgas, J.P.: Soziale Interaktion und Kommunikation, Weinheim 1992.

Frey, S.: Wege zur Entschlüsselung der Körpersprache, Stuttgart 1984.

Kendon, A.: Introduction: Current Issues in the Study of Nonverbal Communication. In: Kendon, A. (Hrsg.), Nonverbal Communication, Interaction and Gesture, The Hague, Paris 1981, S. 1–53.

Klammer, M.: Nonverbale Kommunikation, Heidelberg 1989.

Knapp, M.L.: Essentials of nonverbal Communication, New York 1980.

Knapp, M.L. (Hrsg.): Nonverbal Communication in Human Interaction, 3. Aufl., New York 1992.

Konert, F.-J.: Vermittlung emotionaler Erlebniswerte, Heidelberg 1986.

Kotler, P.; Bliemel, F.: Marketing-Management, 8. Aufl., Stuttgart 1995.

Kroeber-Riel, W.: Bildkommunikation, 1993.

Kroeber-Riel, W.; Weinberg, P.: Konsumentenverhalten, 6. Aufl., München 1996.

Kuß, A.: Käuferverhalten, Stuttgart 1991.

Meffert, H.: Marketing, 8. Aufl., Wiesbaden 1998.

Mehrabian, A.: Nonverbal Communication, Chicago 1972.

Mehrabian, A.: Räume des Alltags: wie die Umwelt unser Verhalten bestimmt, Frankfurt/Main 1987.

Meyer, P.W.; Mattmüller, R., In: Trommsdorff, V. (Hrsg.): Handelsforschung 1991/92, Jahrbuch der Forschungsstelle für den Handel Berlin (FfH) e.V., Wiesbaden 1991, S. 88–101.

Reineke, W.; Damm, F.: Signale im Gespräch, 2. Aufl., Heidelberg 1983.

Röper, B.: Strukturpolitische Probleme der Automobil-Industrie unter dem Aspekt des Wettbewerbs, Schriften des Vereins für Socialpolitik, Bd. 151, Berlin 1985.

Rückle, H.: Körpersprache für Manager und für jeden, der führt, motiviert, verkauft, München 1979.

Ruhleder, R.H.: Verkaufstraining intensiv, Sindelfingen 1984.

Scheppach, J.: Der Händedruck – Die Weltsprache, die keine Worte braucht. In: P.M. Magazin (1984), Nr. 10, S. 28–35.

Scherer, K.R.; Wallbott, H.G. (Hrsg.): Nonverbale Kommunikation: Forschungsberichte zum Interaktionsverhalten, Weinheim, Basel 1979.

Scherer, K.R.: Vokale Kommunikation: nonverbale Aspekte des Sprachverhaltens, Weinheim, Basel 1982.

Tietz, B.: Der Handelsbetrieb, 2. Aufl., München 1993.

Weiber, R.: Was ist Marketing? Ein informationsökonomischer Erklärungsansatz, Arbeitspapier zur Marketingtheorie, 2. Aufl., Trier 1996.

Weinberg, P.: Nonverbale Marktkommunikation, Heidelberg 1986.

Weinberg, P.: Erlebnismarketing, München 1992.

Weis, H.C.: Verkauf, 4. Aufl., Ludwigshafen 1995.

Das Einkaufsverhalten im Lebensmittelbereich und seine Relevanz für die Standortplanung

Monika Popp, München

Wesentliches Kriterium der Standortplanung im Lebensmittelbereich ist – neben dem Kaufkraftpotential und der Konkurrenzsituation – die Entfernung vom Wohnstandort zur Einkaufsstätte. Aufgrund der gestiegenen Motorisierung und dem verändertem Kundenverhalten hat dieser Faktor allerdings auch im Lebensmittelbereich an Bedeutung verloren. Der Artikel befaßt sich deswegen mit der Struktur des räumlichen Einkaufsverhaltens und der Frage, welchen Stellenwert die Entfernung heute noch beim Einkauf von Lebensmitteln einnimmt. In einem zweiten Schritt werden Zusammenhänge zwischen dem Einkaufsverhalten und möglichen Einflußfaktoren herausgearbeitet und ein möglicher Ansatzpunkt für die Standortplanung im Lebensmittelbereich aufgezeigt

1 EINLEITUNG

Standortplanung im Lebensmittelbereich beruft sich immer noch weitestgehend auf die nearest-center-Hypothese, die besagt, daß "Güter und Dienstleistungen nur dort nachgefragt werden, wo sie in der geringsten Distanz zum Wohnort angeboten werden." (Klingbeil 1977, S. 53). In Gesprächen mit Standortplanern verschiedener Lebensmittelketten, insbesondere aus dem Supermarktbereich, wurde allerdings deutlich, daß die Standortsuche nicht nur aufgrund der bereits erreichten Filialendichte erschwert wird, sondern auch durch das diffusere Einkaufsverhalten der Konsumenten unerklärliche bzw. ungeklärte Mißerfolge auftreten.

Im folgenden wird zunächst die Standortplanung im Lebensmittelbereich und ihr theoretischer Hintergrund dargestellt. Es schließt sich eine kurze Beschreibung des Untersuchungsdesigns an, bevor in Kapitel 4 auf die Ergebnisse eingegangen wird. Diese sind in Außenorientierung – d. h. in Einkäufe außerhalb der Wohngemeinde – und Binnenorientierung – also Einkäufe innerhalb der Wohngemeinde – gegliedert. In einem abschließenden Fazit werden die Folgen, die sich aus der Studie für die Standortplanung ergeben, angeführt.

2 STANDORTPLANUNG IM LEBENSMITTELBEREICH

2.1 Theoretische Grundlagen der Standortplanung

Die nearest-center-Hypothese leitet sich aus der Theorie der zentralen Orte ab, die Christaller erstmals 1933 formulierte. Bei seiner Suche nach einer Regelhaftigkeit in der Verteilung städtischer Siedlungen stellt er fest, daß das Siedlungssystem hierarchisch gegliedert ist. Die verschiedenen Größentypen von zentralen Orten mit den entsprechenden Einzugsgebieten ergeben sich dabei aus den Gesetzen der Ökonomie. Dabei werden in ranghöheren zentralen Orten – und zwar nur dort – Güter und Dienstleistungen angeboten, die ein entsprechend großes Einzugsgebiet benötigen. Gleichzeitig werden in ranghöheren zentralen Orten aber auch alle Güter und Dienste der niederrangigeren Orte angeboten. Ein Grundsortiment an Lebensmitteln findet man also in zentralen Orten aller Rangstufen.

Die nearest-center-Hypothese unterstellt somit, daß Kunden sich gemäß des Systems der zentralen Orte rational verhalten und generell bestrebt sind, ihre Wege zu minimieren. Die qualitativen Unterschiede der Betriebstypen und auch der einzelnen Betriebe werden dabei vernachlässigt.

Daß die nearest-center-Hypothese nicht (mehr) die ganze Realität abbildet, ist aufgrund der gestiegenen Mobilität offensichtlich. "Das Konsumentenverhalten im Bereich des Lebensmitteleinzelhandels vollzieht sich auf allen Ebenen mit dem Wohnort als unterster Stufe und dem Oberzentrum als oberster Stufe." (Klein 1988, S. 69) "Die Folge ist eine Verschiebung der Stufenrelationen" (Klingbeil 1977, S. 67).

In der Literatur finden sich bereits zwei modifizierte nearest-center-Hypothesen, die neben der ursprünglichen nearest-center-Hypothese im Rahmen dieser Untersuchung überprüft werden:

- Weitzel formulierte 1989: " ... Lebensmittel als 'Güter des täglichen Bedarfs' (werden) (Einfügung M.P.) meist regelmäßig – also in relativ kurzen Zeitabständen – in der Nähe der Wohnung oder der Arbeitsstätte eingekauft." (Weitzel 1989, S. 182).
- Die zweite modifizierte Hypothese stammt von Kagermeier: "Lebensmittel werden am nächsten Angebotsstandort nachgefragt, sofern dieser über eine gewisse Mindestausstattung verfügt." (Kagermeier 1991, S. 32).

2.2 Die Standortplanung der Lebensmittel-Filialisten

Neben der Entfernung als zentrale Größe werden auch die Konkurrenzsituation und das Kaufkraftpotential bei der Standortplanung moderner Betriebstypen berücksichtigt.

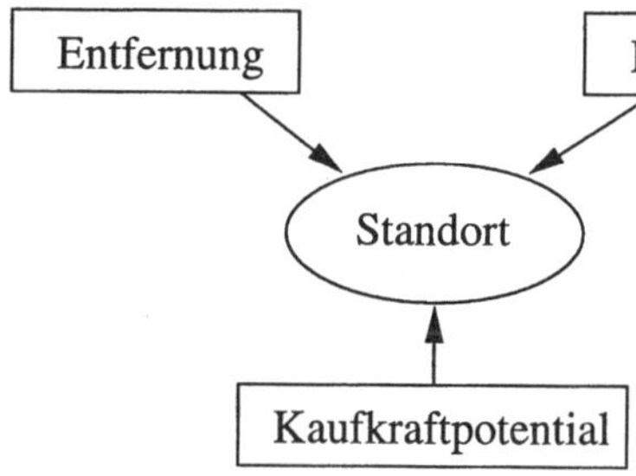

Abbildung 1: Kriterien der Standortplanung im Lebensmittelbereich

Ausgangspunkt einer jeden Standortanalyse ist die Einzugsbereichsabgrenzung, die sowohl die Außengrenze des Einzugsgebiets – die immer fiktiv sein muß, da es keine Grenze im eigentlichen Sinne gibt – festlegt, als auch Zonen unterschiedlicher Kundenbindung innerhalb des Einzugsbereichs ausweist. Die Einteilung beruht im wesentlichen auf dem Kriterium "Entfernung" unter Berücksichtigung verkehrlicher Gegebenheiten. Im fußläufigen Bereich finden dabei die Barrierewirkungen belebter Straßen, zu überwindende Höhendifferenzen, Fußgängerwege u. ä. Beachtung, im weiteren Einzugsbereich insbesondere der Ausbaugrad der Straßen und die Direktheit der Verbindung.

Für die einzelnen Einzugsbereichszonen werden schließlich durch Multiplikation der jeweiligen Einwohnerzahl mit den jährlichen Pro-Kopf-Ausgaben für Lebensmittel (und eventuelle Randsortimente) die jährlichen Gesamtausgaben im Einzugsbereich berechnet. Unter Berücksichtigung des geschätzten Kaufkraftabflusses durch Konkurrenten bzw. des Kaufkraftzuflusses, z. B. durch Touristen, kann dann der Marktanteil, der von einem neuen Lebensmittelgeschäft erreicht werden müßte, berechnet und einer Plausibilitätsabschätzung unterzogen werden (Bienert 1996, S. 73).

Planungsunsicherheiten treten dabei an vielen Stellen auf:

- Identifikation der maßgeblichen Konkurrenten
- Abschätzung der Umsätze der Konkurrenten
- Abschätzung des Einzugsgebiets der Konkurrenten
- Abgrenzung des potentiellen Einzugsgebiets der projektierten Ladeneinheit
- Abschätzung der erreichbaren Marktanteile usw.

Die Bewertung eines potentiellen Standorts ist folglich in einem hohen Maße eine "Entscheidung aus dem Bauch". Die zunehmende Einkaufsmobilität und die Dichte des Geschäftsnetzes, das kaum mehr "weiße Flecken" aufweist, erschweren die Standortplanung zusätzlich und führen zu einer zunehmenden Anzahl von Fehlplanungen. Deswegen scheint es dringend erforderlich, wichtige Basisgrößen der Standortplanung, wie z. B. den Kaufkraftabfluß, über Daten der Gemeindestruktur (Bevölkerung, Haushalte, Erwerbstätige etc.) zu beschreiben. Dadurch könnte eine größere Planungssicherheit erreicht werden.

3 DIE UNTERSUCHUNG

3.1 Fragestellung

Ausgehend von der dargestellten Problematik ergeben sich zwei Kernfragen für die Untersuchung:

- Wie weit weicht das vorgefundene Einkaufsverhalten von der ursprünglichen nearest-center-Hypothese ab? Kann das Verhalten durch die modifizierten Hypothesen ausreichend beschrieben werden?

  Dabei wird die Abweichung von der nearest-center-Hypothese sowohl durch den

Anteil der Haushalte quantifiziert, der sich nicht der Annahme entsprechend verhält, als auch durch den dadurch verursachten Kaufkraftabfluß aus der Untersuchungsgemeinde. Somit kann abgeschätzt werden, inwieweit die Unterstellung der Hypothese in der Standortplanung relativiert werden muß.

- Welche Merkmale weisen Haushalte auf, die sich nicht gemäß der nearest-center-Hypothese verhalten?
  Damit die Ergebnisse der ersten Frage für die Standortplanung konkret nutzbar werden, werden die Haushalte, die sich nicht der nearest-center-Hypothese entsprechend verhalten, näher beschrieben. Als mögliche Einflußfaktoren wurden demographische, sozio-ökonomische und aktionsräumliche Faktoren sowie Anforderungen an eine Lebensmitteleinkaufsstätte, Bewertungen und die Werbung berücksichtigt.

3.2 Haushaltsbefragung und Untersuchungsort

Die Studie stützt sich auf eine Haushaltsbefragung, die im Juni 1997 in Welden durchgeführt wurde. Welden liegt 25 km nordwestlich von Augsburg und somit am Rande des Verdichtungsraums Augsburg. Früher eine land- und forstwirtschaftlich geprägte Gemeinde ist Welden heute als Wohngemeinde mit hohem Auspendleranteil zu charakterisieren. Rund 80% der Erwerbstätigen pendeln überwiegend nach Augsburg. Im Regionalplan wird Welden die Funktion eines Kleinzentrums zugewiesen, d. h. Welden soll die Deckung des Grundbedarfs der verschiedenen Lebensbereiche für die Bevölkerung ihres Verflechtungsbereichs übernehmen. Nächstgelegenes höherrangiges Zentrum ist das mögliche Mittelzentrum Wertingen in 12 km Entfernung, nächstgelegenes Oberzentrum die Stadt Augsburg.

Bei der Versorgung mit Lebensmitteln kann Welden mit seinen zwei Supermärkten à 700 qm an der Ausfallstraße, einem Discounter mit ca. 250 qm in der Ortsmitte, einem Tante-Emma-Laden, zwei Bäckereien und zwei Metzgereien im Vergleich zu den anderen Kleinzentren des Landkreises Augsburg auf eine überdurchschnittliche Lebensmittel-Verkaufsfläche pro Einwohner blicken. Insbesondere mit Einkaufsstätten moderner Betriebstypen (Supermärkte und Discounter) ist Welden überdurchschnittlich ausgestattet.

Attraktive Konkurrenten finden sich in Adelsried (lidl), in Zusmarshausen (Minimal Netto, lidl), in Wertingen (neukauf, Norma, diverse Fachgeschäfte wie Bio-, Obst- oder Gemüseläden) und natürlich in Augsburg und seinen Randgemeinden. Dort befinden sich Verbrauchermärkte, wie z. B. Handelshof, Kaufland und Marktkauf, Discounter wie Aldi oder Norma, diverse Supermärkte, der Stadtmarkt, Feinkostgeschäfte u. v. m.

4 ERGEBNISSE

4.1 Die Struktur der Außenorientierung

4.1.1 Die nearest-center-Hypothese

Obwohl Welden auf eine überdurchschnittliche Ausstattung im Lebensmittelbereich blicken kann, kaufen 75% der Befragten auch außerhalb Weldens Lebensmittel ein, ein Drittel aller Befragten tut dies sogar mindestens einmal pro Woche. Die nearest-center-Hypothese trifft somit nur mehr für ein Viertel der Befragten zu und stellt heute also eher die Ausnahme als die Regel dar.

Gliedert man die außerhalb Weldens aufgesuchten Einkaufsstätten nach Betriebstypen, zeigt sich, daß v. a. Discounter (46%) und Verbrauchermärkte (36%) aufgesucht werden (vgl. *Abbildung 2*).

Diese Betriebstypenwahl läßt sich mit der modifizierten nearest-center-Hypothese Kagermeiers erklären, die besagt, daß "Lebensmittel ... am nächsten Angebotsstandort nachgefragt (werden) (Einfügung M.P.), sofern dieser über eine gewisse Mindestausstattung verfügt." (Kagermeier 1991, S. 32) Die häufige Nennung von Verbrauchermärkten erklärt sich folglich durch das Nichtvorhandensein dieser Betriebsform vor Ort. Für den Discounter in Welden bedeutet dies, daß sein Angebot den Anforderungen der potentiellen Kunden nicht genügt. Die Bewertung der Einkaufsstätten in Welden im Rahmen der Befragung ergibt tatsächlich die schlechtesten Noten für den Discounter (mit Ausnahme des Attributs billig, bei dem der Discounter die besten Noten erhielt). Die modifizierte nearest-center-Hypothese kann also die Betriebstypenwahl außerhalb Weldens erklären. Sie kann allerdings nicht dahingehend interpretiert werden, daß außerhalb Weldens der nächstgelegene Angebotsstandort einer Betriebsform aufgesucht wird, wie folgende Grafik am Beispiel der Discounter Aldi und lidl zeigt:

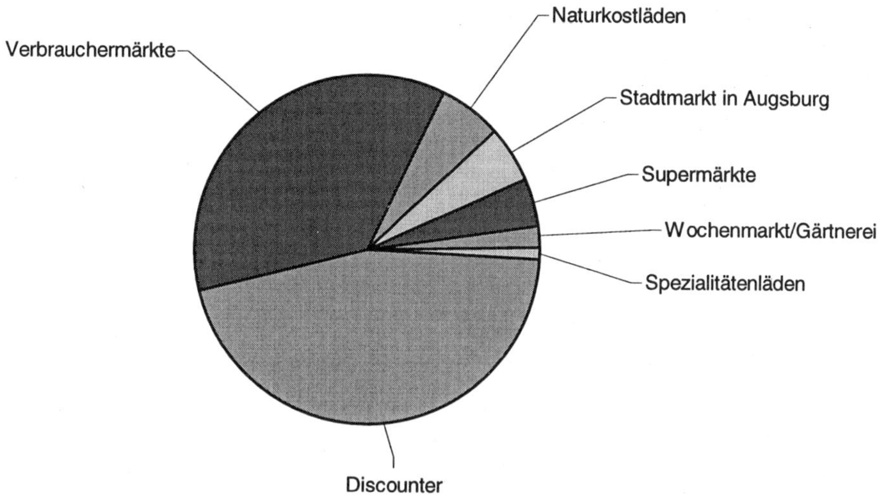

Abbildung 2: Außerhalb Weldens aufgesuchte Einkaufsstätten nach Betriebstypen

So wurden von den Befragten z. B. insgesamt acht verschiedene Aldi-Filialen genannt, wobei sich das Gros auf vier verschiedene Orte verteilt. Die Entfernung per se bestimmt also nicht die (räumliche) Einkaufsstättenwahl außerhalb der Wohngemeinde. Die modifizierte nearest-center-Hypothese ist zur Prognose des räumlichen Einkaufsverhaltens nicht geeignet.

Daß es sich bei der Außenorientierung jedoch um ein Phänomen handelt, daß ernst genommen werden muß, wird noch deutlicher, wenn man den damit verbundenen Kaufkraftabfluß betrachtet: Im Durchschnitt geben die Weldener knapp 30% ihrer Lebensmittelausgaben außerhalb Weldens aus.

4.1.2 Die Mehrfachorientierung

Unter Mehrfachorientierung ist nicht die im vorgehenden Kapitel beschriebene Tatsache zu verstehen, daß die Weldener mehrere Betriebe einer Betriebsform aufsuchen, sondern daß auch der einzelne Befragte mehrere Orte (unabhängig davon wie viele Betriebe er dort aufsucht) für seine Lebensmitteleinkäufe anfährt. Mehrfachorientierung – im allgemeinen v. a. bei längerfristigen Gütern diskutiert – konnte im Rahmen dieser Untersuchung auch

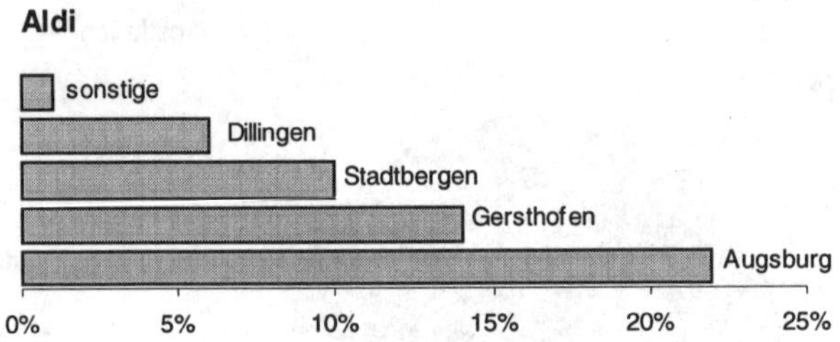

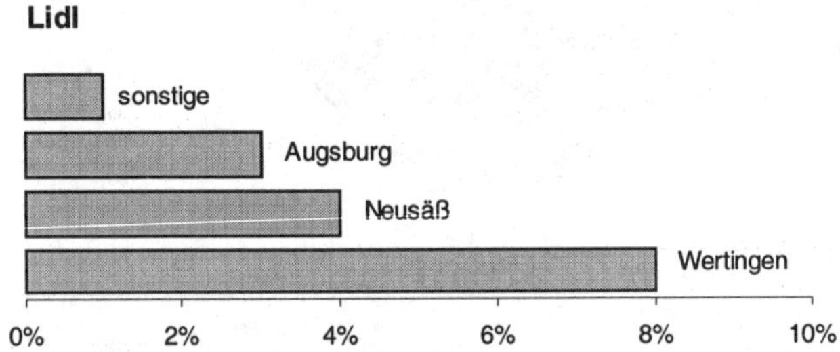

Abbildung 3: Standorte der aufgesuchten Discounter Aldi und Lidl

für Lebensmittel nachgewiesen werden. Dabei wurde bei der Auswertung Augsburg mit seinen angrenzenden Gemeinden Gersthofen, Neusäß und Stadtbergen zum Großraum Augsburg zusammengefaßt und als ein Ort gezählt, da dieser Raum von den Befragten als ein zusammenhängender Raum aufgefaßt wird. Selbst bei dieser Zusammenfassung ergibt sich noch, daß nur die Hälfte der Außenorientierten ausschließlich einen Ort außerhalb Weldens aufsucht. Ein Drittel fährt hingegen in zwei Orte, 12% kaufen in drei und 3% sogar in vier oder mehr Orten Lebensmittel ein. Dabei kaufen diejenigen, die in drei und mehr Orten einkaufen, besonders häufig außerhalb Weldens ein. Der Rückschluß, daß Befragte, die besonders häufig außerhalb Weldens einkaufen, ihre Einkäufe vermutlich auf dem Arbeitsweg erledigen, ist somit nicht zulässig. Vielmehr muß davon ausgegangen werden, daß die Vielzahl von Orten bewußt aufgesucht wird.

4.1.3 Das Kopplungsverhalten

Kopplung, d. h. die zeitliche und räumliche Verbindung mehrerer Tätigkeiten, stellt im Bereich der Versorgung den Regelfall dar (Popien 1995, S. 59). In Welden koppeln fast 60% der Außenorientierten ihre Lebensmitteleinkäufe so gut wie immer mit anderen Einkäufen oder Tätigkeiten, nur 8% koppeln hingegen selten oder (fast) nie. Weitzel ist in seiner modifizierten nearest-center-Hypothese davon ausgegangen, daß "Lebensmittel als Güter des täglichen Bedarfs meist regelmäßig – also in relativ kurzen Zeitabständen – in der Nähe der Wohnung oder der Arbeitsstätte eingekauft" werden. (Weitzel 1989, S. 182). Die Auswertung der Daten ergibt für Welden im Gegensatz dazu, daß Lebensmitteleinkäufe zwar in 49% mit der Arbeit gekoppelt werden, etwas häufiger aber mit Einkäufen in weiteren Geschäften (53%) (Mehrfachnennungen möglich). Als weitere Kopplungsaktivitäten wurden der Besuch von Bekannten und Verwandten (12%) und die Inanspruchnahme von Dienstleistungen (12%) genannt.

Interessant bei den Arbeitskopplern ist, daß nur 56% ihre Einkäufe ausschließlich mit der Arbeit koppeln, während die übrigen auch mit anderen Tätigkeiten koppeln. Unter denen, die nur mit der Arbeit koppeln, hat wiederum ein Drittel auch Einkaufsstätten außerhalb Weldens angegeben, die sich nicht ohne größeren Umweg mit dem Weg zur Arbeit verbinden lassen. Fazit: es können nur 37% der Arbeitskoppler als reine Arbeitskoppler bezeichnet werden. Für die übrigen läßt sich die Einkaufsorientierung nicht aufgrund der Lage des Arbeitsplatzes voraussagen.

Stellt man in diesem Zusammenhang die in Welden Berufstätigen den außerhalb Weldens Berufstätigen gegenüber, so ergeben sich außerdem zwischen den beiden Gruppen keine signifikanten Unterschiede in der Außenorientierung. Die Ausübung des Berufs *außerhalb* Weldens führt also nicht per se zu erhöhter Außenorientierung. Vielmehr scheint die Berufstätigkeit an sich (und der damit verbundene Lebensstil) zu einer erhöhten Einkaufsmobilität zu führen. Dabei ist es unerheblich, ob es sich bei der Tätigkeit um eine Vollzeit- oder Teilzeitbeschäftigung handelt. Alles in allem kann festgehalten werden, daß auch Weitzels nearest-center- Hypothese die Realität nicht ausreichend abbildet.

4.2 Einflußfaktoren der Außenorientierung

4.2.1 Demographische und sozio-ökonomische Faktoren

Vor allem junge Leute sind beim Einkauf von Lebensmitteln mobil und kaufen auch außerhalb ihrer Wohngemeinde ein. Mit steigendem Alter steigt dementsprechend der Anteil derer, die nur in Welden selbst einkaufen. Das gleiche Muster findet man auch bei dem Anteil der Lebensmittelausgaben, die außerhalb der Wohngemeinde ausgegeben werden:

jüngere Bürger geben höhere Beträge außerhalb Weldens aus, so daß die Außenorientierung der Jüngeren für den Standort besonders schwer wiegt (vgl. *Abbildung 4*).

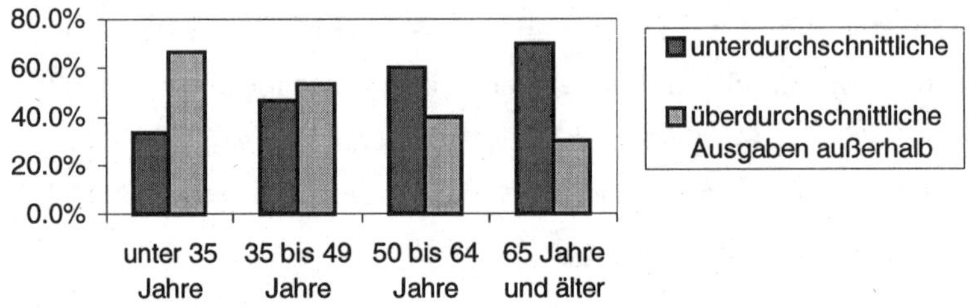

Abbildung 4: Außenorientierte mit unter- bzw. überdurchschnittlichen Ausgaben außerhalb Weldens nach Alter

Auch der Haushaltstyp steht mit der Außenorientierung in Zusammenhang: die Spitzenposition bei der Außenorientierung nehmen die Erwachsenenhaushalte unter 35 Jahre ein, die zu 95% auch außerhalb Weldens einkaufen. Ebenfalls überdurchschnittliche Werte erreichen die Familien (vgl. *Tabelle 1*).

Tabelle 1: Der Anteil der Außenorientierten nach Haushaltstypen

	Erwachsenen-HH		Familie		Rentner-paar	Allein-stehende Person	Insgesamt
	unter 35 Jahre	35 und älter	mit Kleinkind	ohne Kleinkind			
Anteil der Außenorientierten	94,4%	68,6%	87,8%	83,5%	61,8%	59,3%	76,4%

Was die Einkaufshäufigkeit betrifft, kaufen die Alleinstehenden und die Erwachsenenhaushalte überdurchschnittlich häufig außerhalb Weldens ein.

Auch das Haushaltsnettoeinkommen läßt Schlüsse über das Einkaufsverhalten zu: Haushalte mit niedrigem Einkommen fahren überdurchschnittlich oft zu Discountern, jedoch kaum zu Supermärkten, wenn sie außerhalb Weldens einkaufen. Haushalte mit hohem Einkommen kaufen hingegen überdurchschnittlich oft beim Gärtner, auf dem Wochenmarkt oder bei Direktvermarktern sowie auf dem Augsburger Stadtmarkt. Bei den Verbrauchermärkten und auch bei Naturkostläden ist kein Zusammenhang mit dem Haushaltsnettoeinkommen festzustellen. Insgesamt gesehen steigt mit dem Haushaltsnettoeinkommen die Häufigkeit, mit der außerhalb eingekauft wird.

Interessant ist, daß Haushalte, die überdurchschnittlich hohe Ausgaben außerhalb Weldens tätigen, überdurchschnittlich oft Verbrauchermärkte aufsuchen. Verbrauchermärkte stellen somit erwartungsgemäß einen Konkurrenten dar, der einen hohen Kaufkraftabfluß mit sich bringt.

4.2.2 Aktionsräumliche Faktoren

Oft wird angenommen, daß Haushalte, die eine lange Wohndauer vor Ort aufweisen, stärker mit dem Ort verwurzelt sind und folglich auch beim Lebensmitteleinkauf stärker auf den Ort fixiert sind. Dies kann nicht pauschal bestätigt werden. Die Wohndauer beeinflußt zwar die Außenorientierung insofern, daß Haushalte mit längerer Wohndauer in Welden eher unterdurchschnittlich viel außerhalb Weldens ausgeben. Dies wird aber nicht maßgeblich durch die längere Wohndauer, sondern durch das höhere Alter des Haushaltsvorstands bedingt. Wertet man den Zusammenhang zwischen Einkaufsverhalten und Wohndauer getrennt für die einzelnen Altersgruppen aus, kann lediglich für die unter 35-jährigen Neuzuzügler (Wohndauer in Welden unter vier Jahre) festgestellt werden, daß diese überproportional hohe Anteile ihrer Lebensmittelausgaben außerhalb Weldens ausgeben. In allen anderen Fällen wird die Wohndauer vom Faktor Alter überlagert.

Was die Berufstätigkeit betrifft, kann festgestellt werden, daß Hausfrauen sowie auch Frauen, die nur stundenweise beschäftigt sind, eher seltener außerhalb Weldens einkaufen (vgl. *Abbildung 5*), dabei aber relativ hohe Summen ausgeben (vgl. *Abbildung 6*). Bei den Berufstätigen steigt mit dem Grad der Berufstätigkeit (Vollzeit-/ Teilzeit) sowohl die Einkaufsfrequenz als auch der Anteil derer, die überdurchschnittliche Ausgaben außerhalb Weldens tätigen.

4.2.3 Werbung

Auf der einen Seite wurde der Einfluß von Werbebeilagen untersucht, auf der anderen Seite wurde auch überprüft, ob Schnäppchenjäger ein spezifisch anderes Einkaufsverhalten in Bezug auf die Außenorientierung aufweisen. Das Merkmal "Schnäppchenjäger" wurde dabei über eine Selbsteinschätzung erfaßt. Die Auswertung ergibt, daß Schnäppchenjä-

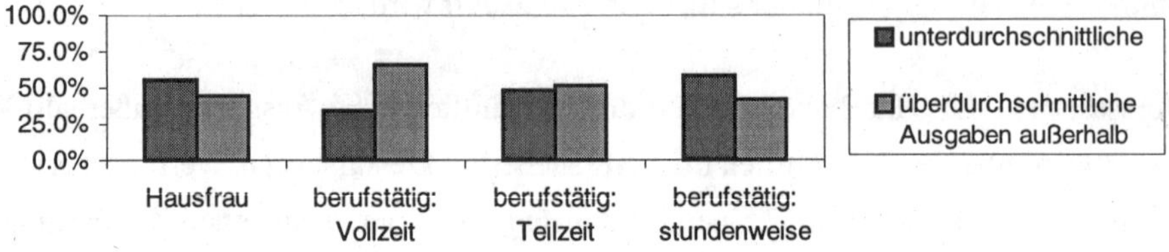

Abbildung 5: Tätigkeit der Frau und Maß der Außenorientierung

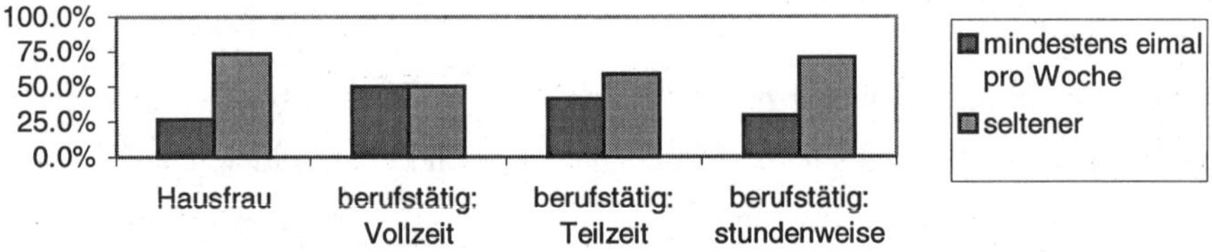

Abbildung 6: Tätigkeit der Frau und Einkaufshäufigkeit außerhalb der Wohngemeinde

ger nicht häufiger außerhalb Weldens einkaufen. Wenn sie dies allerdings tun, kaufen sie wesentlich häufiger beim Discounter.

Bei den Werbebeilagen zeigt sich, daß die, die nicht außerhalb Weldens einkaufen, ihnen am wenigsten Beachtung schenken. Diejenigen, die die Beilagen hingegen oft lesen, kaufen verstärkt ein- bis viermal pro Woche außerhalb ein. Kauft ein Weldener noch häufiger außerhalb Weldens ein, liest er Werbebeilagen wiederum eher selten bis nie. Diese letzte Gruppe, in der DINK und Kopplung mit dem Arbeitsweg eine große Rolle spielen, kann also kaum durch Sonderangebote in Werbebeilagen zum Einkauf in Welden bewegt werden, da sie diesen generell keine Beachtung schenkt.

4.3 Die Struktur der Binnenorientierung

Auch für die Einkaufsstättenwahl innerhalb Weldens wurde die nearest-center-Hypothese überprüft (nearest-center bezeichnet streng genommen nur den nächsten Ort im Sinne der zentralörtlichen Theorie, bei der Binnenorientierung soll hierunter die nächstgelegene Einkaufsstätte in Welden vom Wohnstandort aus gesehen verstanden werden. Der Wohnstandort wurde bei der Befragung durch die Zuordnung des Haushalts zu Teilgebieten erfaßt).

Um die einzelnen Teilgebiete miteinander vergleichen zu können, wurden die Ergebnisse auf Nennungen pro 100 Einwohner normiert (Kundenbindung). Ein signifikanter Zusammenhang zwischen den Besuchshäufigkeiten und dem Wohnstandort ergibt sich nur für den zentral gelegenen Discounter: im Nahbereich kann dieser eine signifikant höhere Kundenbindung als im übrigen Einzugsgebiet realisieren (vgl. *Abbildung 7*). Grund hierfür ist der hohe Anteil an Fußgängerkunden. Dieser erklärt sich u. a. durch das geringe Parkplatzangebot des Discounters und den relativ hohen Anteil an Haushalten im Naheinzugsgebiet, die über keinen Pkw verfügen. Außerdem trägt die zentrale Lage und die damit verbundene Funktion des Standorts als Kommunikationspunkt zu dem insgesamt hohen Anteil an Fußgängerkunden mit hoher Einkaufsfrequenz bei.

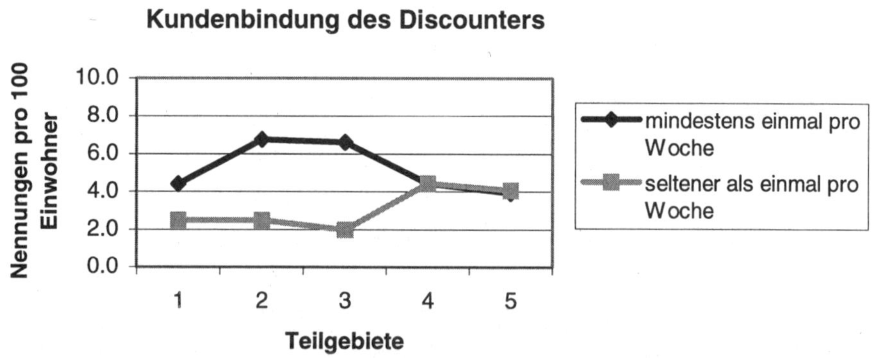

Abbildung 7: Kundenbindung des Discounters in den einzelnen Teilgebieten (Naheinzugsbereich des Discounters = Teilgebiet 2 und 3)

Die beiden Supermärkte an der Ausfallstraße weisen hingegen keinen signifikanten Zusammenhang zwischen Wohnstandort und Besuchshäufigkeit auf. Die Kundenbindung schwankt innerhalb Weldens nur unwesentlich, was darauf zurückzuführen ist, daß hier zum Einkauf fast ausschließlich das Auto benutzt wird. Autokunden sind folglich bei der Einkaufsstättenwahl innerhalb Weldens kaum distanzempfindlich.

Im Ladenhandwerk spielt die Entfernung bei Brot- und Backwaren eine größere Rolle als bei Fleisch- und Wurstwaren, d. h. die Kundenbindung fällt bei ersteren schneller ab. Die höchsten Kundenbindungen erreichen die Bäckereien und Metzgereien erwartungsgemäß im Naheinzugsbereich. Die Konkurrenz der Supermärkte mit ihren integrierten Backshops und Fleisch- und Wursttheken macht sich für das Ladenhandwerk im Bereich Brot- und Backwaren wesentlich stärker bemerkbar. Die Akzeptanz der Fleisch- und Wursttheken ist hingegen in Welden nur mäßig, so kaufen z. B. 40% der Haushalte aus dem Naheinzugsbereich der Supermärkte ihre Fleisch- und Wurstwaren ausschließlich in den weiter entfernten Metzgereien.

4.4 Einflußfaktoren der Binnenorientierung

4.4.1 Demographische und sozio-ökonomische Einflußfaktoren

Der Discounter wird öfter von älteren Personen aufgesucht als die Supermärkte, was sich aber z. T. durch die Überalterung und den niedrigeren Motorisierungsgrad im Naheinzugsbereich erklärt.

Ältere Personen zeigen sich auch in sofern immobiler, als daß sie zu einem höheren Prozentsatz dem alteingesessenen Supermarkt treu geblieben sind: während fast 60% der Haushalte der Altersgruppe "65 Jahre und älter" mindestens einmal in der Woche beim alteingesessenen Supermarkt einkaufen, sind es beim neuen Supermarkt nur 38,6%.

Signifikant ist auch, daß Haushalte mit einem niedrigeren Haushaltsnettoeinkommen öfter beim Discounter einkaufen, was sich allerdings wiederum z. T. durch die niedrigen Einkommen in dessen Naheinzugsgebiet erklärt. Alle weiteren demographischen und sozio-ökonomischen Einflußfaktoren tragen nicht zur Erklärung des Einkaufsverhaltens bei.

4.4.2 Aktionsräumliche Einflußfaktoren

Die untersuchten aktionsräumlichen Faktoren wirken sich nicht auf die Besuchshäufigkeit der Supermärkte aus. Beim Discounter zeigt sich dagegen, daß die Kunden, die häufig dort einkaufen, signifikant häufiger über keinen Pkw verfügen und die Frauen signifikant häufiger der Tätigkeitsgruppe "Hausfrau" angehören. Auch hier erklärt sich dies allerdings wieder mit der leicht überalterten, immobileren Bevölkerungsstruktur des Naheinzugsbereichs.

4.4.3 Zufriedenheit

Der neue Supermarkt erhält durchgehend bessere Bewertungen als der benachbarte eingesessene Supermarkt (nur beim Attribut "alles in einem Geschäft kaufen zu können" erhalten beide die gleiche Bewertung). Trotzdem wird ersterer nicht häufiger, sondern eher seltener aufgesucht. Hier wiegen Faktoren wie Gewohnheit (die Eröffnung des neuen Supermarkts lag zum Zeitpunkt der Befragung erst etwas über ein Jahr zurück) offenbar stärker als die Bewertung bzw. die Zufriedenheit mit der Einkaufsstätte.

4.4.4 Werbung

Die Anteile der Schnäppchenjäger unterscheiden sich bei den beiden Supermärkten und dem Discounter nicht wesentlich. Schnäppchenjäger sind also nicht auf Discounter festgelegt, vielmehr jagen sie in ihren präferierten Einkaufsstätten nach Schnäppchen. Diejenigen Kunden allerdings, die in beiden Supermärkten mindestens einmal pro Woche einkaufen, bezeichnen sich besonders oft als Schnäppchenjäger. Außerdem liest fast die Hälfte von ihnen oft Werbebeilagen, im Durchschnitt tun dies nur 30%.

5 FAZIT

Die vorgefundene Einkaufsmobilität, insbesondere die hohe und differenzierte Außenorientierung, ist v. a. wegen der guten Versorgungssituation in Welden selbst erstaunlich hoch. Die überdurchschnittliche Außenorientierung junger Haushalte birgt dabei die Gefahr, daß die Außenorientierung in Zukunft weiter ansteigt, auch wenn die Möglichkeit besteht, daß es sich hier um ein Phänomen handelt, das nur bei jungen Leuten auftritt und daß sich diese, wenn sie älter werden, so verhalten, wie die älteren Leute heute. Eine definitive Prognose ist hier nicht möglich.

Insgesamt kann festgestellt werden, daß das vorgefundene Einkaufsverhalten sich nicht mehr durch die nearest-center-Hypothese oder eine der modifizierten Formen dieser Hypothese erklären läßt. Auch ist es aufgrund der Differenziertheit des Verhaltens nicht möglich, das Verhalten durch eine neue Modifizierung zu erfassen. Dennoch hat die Untersuchung einige Zusammenhänge zwischen Einflußfaktoren und Einkaufsverhalten aufzeigen können, die zumindest eine genauere Abschätzung der Außenorientierung und damit des Kaufkraftabflusses möglich erscheinen lassen. Würden sich diese Zusammenhänge für andere Orte bestätigen, könnte immerhin ein wesentlicher Unsicherheitsfaktor der Standortplanung ausgeschaltet werden.

Zu den möglichen Faktoren, die bei der Abschätzung der Außenorientierung und v. a. des Kaufkraftabflusses hinzugezogen werden sollten, gehören:

- die Altersstruktur der Gemeinde
- die Haushaltstypen (Alleinstehende, Alleinerziehende, Rentnerpaar, junger bzw. älterer Erwachsenenhaushalt, Familie mit bzw. ohne Kleinkind)
- die Tätigkeitsstruktur (Erwerbstätigkeit gegliedert nach Vollzeit- und Teilzeitbeschäftigung, Hausfrauenanteil)

Die Analyse der Binnenorientierung hat im Gegensatz zur Außenorientierung kaum Ansatzpunkte für eine Prognose des Einkaufsverhaltens geliefert. Im fußläufigen Bereich werden die Geschäfte, v. a. der Discounter in der Ortsmitte, zwar etwas häufiger aufgesucht, sobald man aber das Auto für den Einkauf nutzt, spielen die unterschiedlichen Distanzen zu den Geschäften innerhalb Weldens kaum mehr eine Rolle. Auch die Betriebstypenwahl läßt sich nicht mit den untersuchten Einflußfaktoren charakterisieren. Erstaunlich ist dabei insbesondere die Präferenzlosigkeit, die bei der Einkaufsstättenwahl zwischen den beiden benachbarten Supermärkten in Welden vorliegt. Mit den untersuchten Faktoren lassen sich keine wesentlichen Unterschiede zwischen den Supermarktkunden ausmachen.

LITERATUR

Bienert, M. L.: Standortmanagement. Methoden und Konzepte für Handels- und Dienstleistungsunternehmen, Wiesbaden 1996.

Kagermeier, A.: Erklärungsansätze zur Deutung von Einkaufsorientierungen im Vergleich. In: Trommsdorff, V. (Hg.): Handelsforschung 1990, Internalisierung im Handel, Wiesbaden 1990, S. 195–207.

Kagermeier, A.: Versorgungsorientierung und Einkaufsattraktivität. Empirische Untersuchung zum Konsumentenverhalten im Umland von Passau, Passauer Schriften zur Geographie, Heft 8 (1991).

Klein, R.: Der Lebensmittel-Einzelhandel im Raum Verden. Räumliches Einkaufsverhalten unter sich wandelnden Rahmenbedingungen, Flensburger Arbeitspapiere zur Landeskunde und Raumordnung, Heft 6 (1988).

Klingbeil, D.: Aktionsräumliche Analyse und Zentralitätsforschung. Überlegungen zur konzeptionellen Erweiterung der zentralörtlichen Theorie. In: Münchener Geographische Hefte, Heft 39 (1977), S. 45–109.

Popien, R.: Ortszentrenplanung in Münchens Suburbia. Wie attraktiv sind die "neuen Ortsmitten"?, Münchener Geographische Hefte, Heft 73 (1995).

Weitzel, G.: Der Lebensmittelhandel in Bayern. Strukturbild und Entwicklungstrends, ifo-Studien zur Handels- und Dienstleistungsfragen, Heft 35 (1989).

Informations- und kommunikationstechnische Handels-Innovationen

Gestaltung von Electronic Malls

Franz-Rudolf Esch, Tobias Langner und Marcus Fuchs, Gießen

Aufgrund der zunehmenden Bedeutung des Electronic Commerce müssen sich Handelsunternehmen für einen Auftritt im World-Wide-Web rüsten. Electronic Malls können den Zugang zu diesem Vertriebsweg erleichtern. In diesem Beitrag werden aufbauend auf nutzerspezifischen Merkmalen, wichtigen Gestaltungsoperatoren einer Electronic Mall und einem verhaltenswissenschaftlichen Kommunikationsmodell Erkenntnisse und Handlungsempfehlungen zur wirksamen Gestaltung einer Electronic Mall abgeleitet

1 ELECTRONIC MALLS – SHOPPING-CENTER DES WORLD-WIDE-WEB

Gängigen Prognosen zum Electronic Commerce zur Folge werden die Umsätze für Güter und Dienstleistungen über das Internet in den nächsten Jahren boomen. So schätzte der Verband der deutschen Internet Wirtschaft, daß 1997 Güter und Dienstleistungen im Wert von rund 900 Millionen DM über Datennetze, vorwiegend das Internet, verkauft wurden (Hohensee 1998, S. 81). In einer von der Lebensmittelzeitung und Arthur D. Little im Oktober 1997 veröffentlichten Studie rechnet man bis zum Jahr 2000 mit einem multimedialen Anteil am Handelsumsatz von 9 % und im Jahr 2010 mit einem solchen von 18 % (o.V. 1997, S. 54). Der größte Umsatzanteil soll dabei über das Internet erzielt werden. Wenngleich diese Schätzung wie viele andere Prognosen bei einer ex post-Betrachtung eher dem Bereich nicht eingetretener Prophezeiungen zuzuordnen sein wird, so ist doch unumstritten, daß der durch das Internet getätigte Umsatz rapide steigen wird. Dafür sprechen – neben den niedrigen Ausgangsumsätzen – die immer stärker werdende Verbreitung des Internets bei potentiellen Anbietern und die wachsende Akzeptanz bei Nutzern dieses neuen Mediums, was sich nicht zuletzt in den Strukturdaten der Nutzer widerspiegelt. (Fantapié Altobelli 1997; Albers; Peters 1997; Gfk 1998).

Handelsunternehmen müssen sich demnach für eine Präsenz ihres Unternehmens und ihrer Angebote im Internet rüsten. Für große Handelsunternehmen ist der elektronische Verkauf eher leicht zu vollziehen. Unternehmen mit begrenzten finanziellen Möglichkeiten bleibt dieser Schritt oft jedoch verstellt. Hier stellt die Integration des eigenen Angebots in die Struktur einer Electronic Mall eine mögliche Lösung und einen Zugang zum Internet für solche Unternehmen dar.

Electronic Malls sind das Internetpendant eines Shopping-Centers. Im stationären Einzelhandel ist unter einem Shopping-Center "eine als Einheit geplante, errichtete und verwaltete Agglomeration von Einzelhandels- und sonstigen Dienstleistungsbetrieben" (Falk; Wolf 1988, S. 222) verschiedener Art und Größe zu verstehen. Über diese Merkmale eines klassischen Shopping-Centers hinaus spezifizieren die *gemeinsame Internetadresse der Anbieter* in einer Mall und die *einheitliche Benutzeroberfläche* eine Electronic Mall. Die Internetadresse steht dabei als Synonym für den "Standort", die einheitliche Benutzeroberfläche für die "Gebäudearchitektur" der Electronic Mall.

2 VERHALTENSWISSENSCHAFTLICHE GRUNDLAGEN VON ELECTRONIC MALLS

2.1 Spezifika des Nutzerverhaltens

Grundsätzlich kann man zwischen *Akzeptanzbarrieren* gegenüber dem Internet, dem Online-Shopping sowie gegenüber Electronic Malls differenzieren. Wir konzentrieren uns hier auf die letztgenannten Barrieren.

Akzeptanzbarrieren gegenüber dem Online-Shopping, die unmittelbar auf die Nutzung von Electronic Malls ausstrahlen, sind:

- das fehlende Vertrauen in die Sicherheit der Transaktionssysteme,
- die Zurückhaltung der Nutzer, persönliche Daten preiszugeben,

- die Unsicherheit bezüglich des Nachkaufservices (Geppert; Greipl 1997) und
- die fehlende Möglichkeit, die Produkte anfassen und ausprobieren zu können (IFAK Institut 1995).

Die Akzeptanz gegenüber *Electronic Malls* wird vor allem durch vier Faktoren beinflußt:

- die Bedienbarkeit der Mall,
- die Aktualität, Zuverlässigkeit und Anzahl der dargebotenen Informationen,
- die Gestaltung der Erlebnis- und Unterhaltungsangebote der Mall und
- die Zugriffszeiten auf die Electronic Mall und deren Angebote.

Thaler; Geppert (1997, S. 201) untermauern in ihrer Studie den zentralen Einfluß der Bedienbarkeit von Multimedia-Terminals auf deren Akzeptanz. Diese wird wesentlich durch die Übersichtlichkeit des Mall-Layouts, die Logik der Suchmechanismen und durch die einfache Bedienbarkeit des Navigationssystems beeinflußt. Ferner erwarten Kunden der Studie zufolge auch einen gewissen Unterhaltungswert.

Um diese Akzeptanzbarrieren zu überwinden, gilt es, den Konsumenten zu vermitteln, daß der Einkauf in einer Electronic Mall absolut sicher ist, Vorteile bringt, die Bedienung einer Electronic Mall einfach ist und das Shoppen Spaß macht.

Bezüglich des *Kaufverhaltens* unterschiedlicher potentieller Electronic Mall-Nutzer kann man zwischen den Konsummustern des Convenience Shoppings, des Erlebniskaufs, des Versorgungs- und Discountkaufs sowie des Smart Shoppings differenzieren. Je nach vorliegendem Konsummuster werden unterschiedliche Anforderungen an eine Electronic Mall gestellt. Daß diese in besonderem Maße dem *Convenience Shopping* entgegenkommen, steht außer Frage, da man einfach vom Sessel aus Produkte ordern kann. Entscheidend für Convenience-Käufer ist das leichte Zurechtfinden im System. Ähnliches gilt für *Versorgungs- und Discountkäufer*, bei denen der Einkauf rationell und schnell durchgeführt werden soll. Da hier der Preis wichtig ist, muß ein System neben der Übersichtlichkeit auch einfache Vergleichsmöglichkeiten von Artikeln ermöglichen oder die jeweils billigsten Produkte eines Sortiments bei der Wahl eines bestimmten Artikels von vornherein für den Einkaufskorb vorsehen.

Smart Shopper wollen keine billigen Marken sondern "Marken billig kaufen" (Zentes 1996, S. 228). Entsprechend sind hier Lust- und Spaßbedürfnisse durch eine Electronic Mall zu erfüllen. Günstige Preise für Marken und einfache Vergleichsmöglichkeiten reichen keineswegs aus. Vielmehr müssen Electronic Malls für solche Käufer auch erlebnisbetont gestaltet sein. Da bestimmte Marken nicht in jedem herkömmlichen stationären Einkaufsumfeld erwerbbar sind, bilden Smart Shopper eine interessante Klientel für Electronic Malls. *Erlebniskäufer* stellen hohe Anforderungen an ihr Einkaufsumfeld (Weinberg 1992). Sie erwarten anregende und stimulierende Wirkungen sowie eine multisensuale Erlebnisansprache. Für ein solches Zielpublikum reicht eine Übertragung von Versandhauskatalogauftritten in das Internet nicht aus. Vorbild muß hier die Gestaltung einer virtuellen Mall sein. Erlebniskäufer sind aber eher eine Randgruppe für Electronic Malls, da bei diesen das reale Erleben von Einkaufsumwelten gefragt ist.

Das *Surfverhalten* der Benutzer wird durch deren Fertigkeiten und durch die Art und Weise, wie diese durch ein System navigieren, beeinflußt. Das Surfverhalten hängt dabei wesentlich von den zugrundeliegenden Konsummustern und dcm Involvement ab. Der Flow gilt als zentrales Konstrukt bei der Untersuchung der Online-Navigation. Unter dem Flow versteht man die *Fertigkeit des Nutzers, zu surfen* (Hoffman; Novak 1997, S. 39). Grob gesprochen kann man hier zwischen Novizen und Experten differenzieren. Da Electronic Malls in der Regel breite Nutzergruppen ansprechen sollen, muß unterschiedlichen Flow-Fertigkeiten der Nutzer Rechnung getragen werden. Bei der *Art und Weise der Navigation* kann man zwischen Browsen und Searchen differenzieren. *Browsing* bezeichnet das Durchwandern einer Hypermedia-Basis ohne ein klar umrissenes Suchziel (Gall; Hannafin 1994, S. 210). Unter *Searching* versteht man hingegen ein zielgerichtetes Surfen mit einem klaren Suchziel (Gall; Hannafin 1994 S. 210; Hoffman; Novak 1997). Searcher weisen ein erhöhtes kognitves, Browser hingegen eher ein emotionales Involvement auf.

2.2 Konzeption eines verhaltenswissenschaftlichen Wirkungsmodells

In der Literatur, die sich mit den Kommunikationswirkungen des Internets beschäftigt, wird meist die Ansicht vertreten, daß existierende *Kommunikationswirkungsmodelle* nicht dazu geeignet sind, die Mensch-System-Interaktion bei der Nutzung multimedialer Systeme adäquat abzubilden. Zahlreiche Autoren fordern deshalb neue Kommunikationswirkungsmodelle (Hoffman; Novak 1997, S. 40). Diese Modelle sollen stärker die Interaktivität zwischen den Besuchern und der Electronic Mall berücksichtigen. Wir folgen dieser Auffassung nur bedingt. Zwar sollte ein Kommunikationsmodell die *Interaktivi-*

tät dieser Zweiwegekommunikation hinreichend repräsentieren, allerdings unterscheiden sich die zu analysierenden Wirkungen, die während der Benutzung bei Electronic Mall-Besuchern ausgelöst werden, nicht wesentlich von denjenigen in herkömmlichen Werbewirkungsmodellen. Es werden immer emotionale und kognitive Wirkungen erzielt, die ein bestimmtes Verhalten auslösen, z. B. die weitere Nutzung von Internetseiten einer Electronic Mall, einen Kauf oder das Verlassen der Electronic Mall.

Aufgrund dieser Überlegungen kann ein Kommunikationsmodell zur Erklärung der Wirkungen einer Electronic Mall folgendes Aussehen haben (vgl. *Abbildung 1*). Die interaktive Prozeßkomponente des Surfens wird in der Abbildung durch den Kreislauf dargestellt. Ob dieser Kreislauf, also die Interaktion des Nutzers mit den Seiten der Electronic Mall, tatsächlich eintritt, hängt davon ab, ob es zu einem Kontakt mit der Mall kommt. Dieser Kontakt kann dadurch erfolgen, daß ein Konsument aktiv nach einer Electronic Mall aufgrund von Empfehlungen, durch Werbung z. B. auf Bannerseiten oder aufgrund guter Erfahrungen mit der Mall sucht oder zufällig eine Electronic Mall-Seite anklickt.

Die weitere Nutzung des Mall-Angebots hängt nun wesentlich vom Involvement des Nutzers, dessen Flow-Fähigkeiten und seinen Konsummustern ab. Diese Faktoren bestimmen, wie der Aufbau, die Navigationsleisten und -hilfen, die in der Mall dargebotenen Angebote und Anbieter sowie die Atmospherical Surroundings beurteilt werden. Geringes Involvement des Nutzers bedingt z. B. eine aktivierende Gestaltung des Mall-Auftritts, damit der Nutzer die Bereitschaft zeigt, sich weiter durch das Angebot zu klicken. Bei hohem Involvement fallen hingegen die Angebote selbst und deren Darbietung stärker ins Gewicht. Verfügt der Nutzer über geringe Flow-Fähigkeiten, muß die Navigation durch das System einfach durchschaubar und bedienbar sein.

In allen Fällen können die durch das System ausgelösten Wirkungen und die daraus resultierenden Verhaltensreaktionen durch emotionale und kognitive Prozesse beschrieben werden, die eine Einstellungsbildung, die Bildung innerer Bilder und ein bestimmtes Verhalten bewirken können.

Emotionale Prozesse zielen primär auf Gefallens- und Erlebniswirkungen ab, die durch das System ausgelöst werden. Bei hohem emotionalen Involvement, wie dies bei Erlebnis- und Spaßsurfern gegeben ist, sind die ausgelösten Gefallens- und Erlebniswirkungen

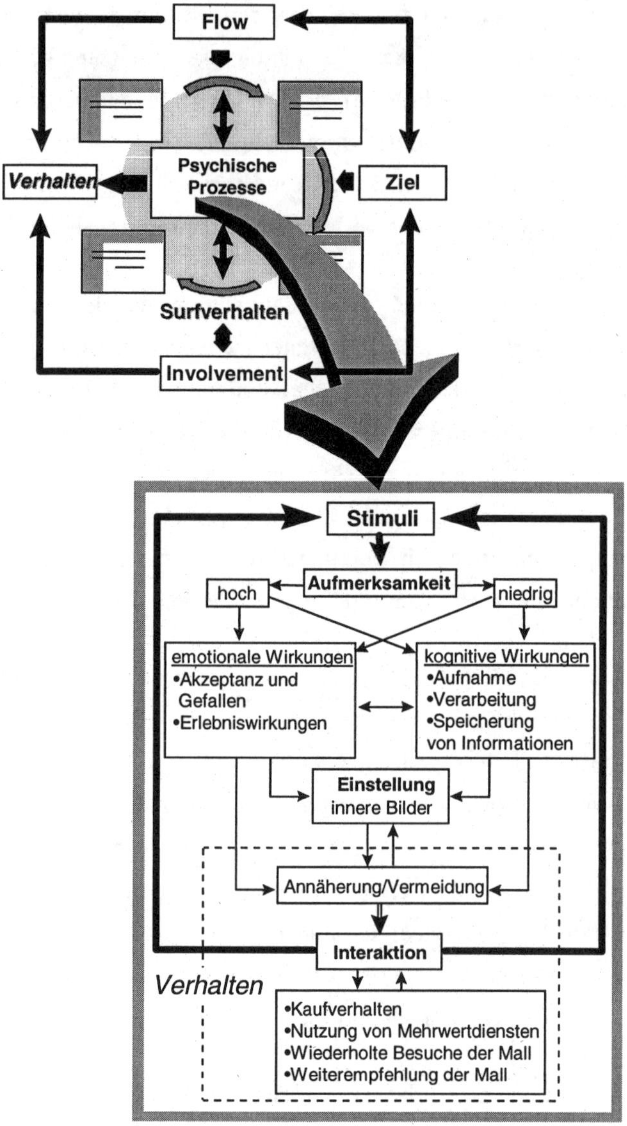

Abbildung 1: Verhaltenswissenschaftliches Wirkungsmodell einer Electronic Mall, Quelle: eigene Darstellung

essentiell für die weitere Nutzung des Systems. Bei Personen mit hohem kognitiven Involvement, z. B. bei reinen Versorgungskäufern, spielen hingegen kognitive Aspekte wie die Übersichtlichkeit der Electronic Mall, die einfache und schnelle Orientierung in der Electronic Mall, Grad und Art der Vergleichsmöglichkeiten verschiedener Produkte, die

Art der Informationsdarbietung, die Flexibilität und Einfachheit der Navigationshilfen sowie die Bildung von Cognitive Maps eine herausragende Rolle. Hier geht es vor allem um die Erleichterung und Unterstützung der Informationsaufnahme, -verarbeitung und -speicherung. Allerdings strahlen atmosphärische Wirkungen auch auf die Beurteilung der gleichen kognitiven Aspekte aus und beeinflussen deren Wahrnehmung positiv. Umgekehrt beeinflussen schlechte Orientierungsmöglichkeiten und ergebnislose Suchen auch die Gefallenswirkungen des Systems negativ. Im positiven Fall resultieren aus diesen emotionalen und kognitiven Wirkungen entsprechend positive Einstellungen zur Mall und möglicherweise ein Kaufverhalten, das Wiederbesuchen oder das Weiterempfehlen der Mall.

Das Nutzerverhalten kann durch eine sozialtechnische Gestaltung der Electronic Mall gezielt beeinflußt werden. Unter einer Sozialtechnik versteht man die systematische Anwendung von sozial- und verhaltenswissenschaftlichen Beeinflussungstechniken. *Abbildung 2* gibt einen Überblick über die Gestaltungsoperatoren und ihren Einfluß auf das Nutzerverhalten.

3 SOZIALTECHNISCHE GESTALTUNG VON ELECTRONIC MALLS

3.1 Navigationssystem

Den Schlüssel zur Interaktion zwischen Mall und Konsument bildet das Navigationssystem [Als Navigation werden die Bewegungen des Nutzers innerhalb des Systems bezeichnet (Haack 1995, S. 155)]. Ermöglicht das Navigationssystem kein einfaches Zurechtfinden in der Mall, wird die Interaktion gefährdet und die Gefahr des Nutzungsabbruchs steigt. Damit die Nutzer/Mall-Interaktion mit größtmöglicher Benutzerfreundlichkeit erfolgen kann, ist das Navigationssystem auf das *Nutzerinvolvement*, unterschiedliche *Konsummuster* und auf unterschiedliche *Flow-Fähigkeiten* der Konsumenten abzustimmen. Das Navigationssystem muß dem ungeübten Nutzer ein einfaches Zurechtfinden ermöglichen, gleichzeitig jedoch den hohen Suchanforderungen eines Experten Rechnung tragen. Es muß weiterhin Browsen und Searchen, spaßbetontes Shoppen und rasche Versorgungskäufe ermöglichen.

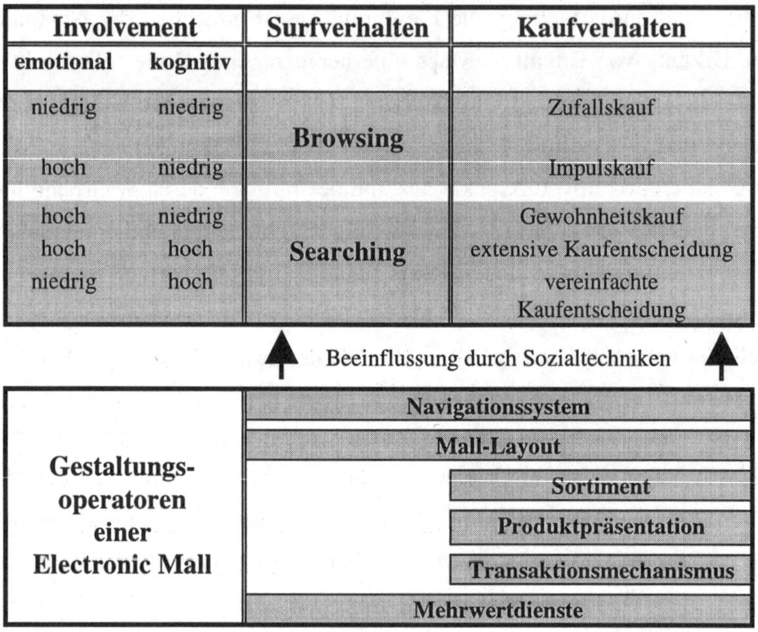

Abbildung 2: Beeinflussung des Nutzerverhaltens durch Gestaltungsoperatoren, Quelle: eigene Darstellung

Eine zentrale Aufgabe des Navigationssystems liegt in der *Befriedigung des Suchziels* des Konsumenten. Das Suchziel kann das Auffinden konkreter Produkte beinhalten und die Ermöglichung eines raschen Einkaufs oder auch das Auffinden der entsprechenden Erlebnisbereiche für den Spaßsurfer. Die Navigation innerhalb einer Mall steht hierbei vor einem Dilemma, da sie zum einen ein leichtes Zurechtfinden ermöglichen muß, zum anderen aber vor dem Problem der großen Komplexität einer Electronic Mall steht, da eine Mall von der Vielfalt der angebotenen Produkte lebt. Dies führt dazu, daß das Navigationssystem eine große Zahl von Wahlmöglichkeiten zur Verfügung stellen muß, in deren Folge aber auch die Gefahr einer Desorientierung oder Verwirrung des Konsumenten steigt. Diese Verwirrung mündet nicht selten in dem sogenannten '*Lost in Hyperspace*' (Gay; Mazur 1991, S. 272 f.; Hofmann; Simon 1995, S. 42). Der Konsument ist dann nicht mehr in der Lage, seinen Standort und seine Herkunft in der Mall zu bestimmen sowie Wege zu seinem aktuellen Suchziel zu finden.

Zur Lösung dieser Probleme bietet sich die Verwendung von *Interaktionsmetaphern* an.

Sie orientieren sich an unserer realen Umwelt und übertragen deren Gesetzmäßigkeiten auf die Navigation multimedialer Systeme (Gay; Mazur 1991; Haack 1995, S. 157). Beispiele wären das Durchwandern eines Hauses, das Reisen in einer Landschaft oder das Schlendern in einer Shopping Mall. Interaktionsmetaphern haben den Vorteil, daß der Konsument bei Nutzung des Navigationssytems auf bestehende *Schemata* [Schemata, die sich auf Ereignisse beziehen, werden auch als Skript bezeichnet]. zurückgreifen kann. Schemata sind große, komplexe Gedächtnisstrukturen, die typische Eigenschaften und standardisierte Vorstellungen umfassen, die man mit Objekten oder Ereignissen verbindet (Esch 1998). Idealerweise sollten die Metaphern so gestaltet sein, daß Schemata aktiviert werden, die dem Nutzer einfache, überschaubare Rezepte zur Lösung seines Navigationsproblems an die Hand geben. Hierzu eignen sich besonders *visuelle Interaktionsmetaphern*, die sich der räumlichen Logik bedienen.

Eine gelungene Umsetzung einer räumlichen Interaktionsmetapher durch die Nachbildung eines Bankgebäudes findet sich in dem Internetauftritt der Dresdner Bank (vgl. *Abbildung 3*). In einer Eingangshalle können einzelne Abteilungen durch das Anklicken der Hinweisschilder direkt angesteuert werden. Die Orientierung wird durch diese Darstellungsform enorm erleichtert, da die Ausbildung von *Cognitive Maps* beim Nutzer unterstützt wird [Cognitive Maps stellen eine Sonderform der Schemastruktur dar]. Als Cognitive Maps bezeichnet man das Wissen über räumliche Anordnungen (Esch; Thelen 1997, S. 116), in diesem Fall eine bebilderte Landkarte einer Electronic Mall. Sie entsteht durch Erfahrungen mit dem Auftritt. Durch Lernprozesse werden Cognitive Maps zunehmend konkreter und detailreicher. Wie in einem realen Laden erleichtern sie bei einer Electronic Mall das Zurechtfinden in der Mall. Mit zunehmendem Detailreichtum der Cognitive Map steigt die Suchzufriedenheit beim Nutzer, die Gefahr eines 'Lost in Hyperspace' wird reduziert.

Räumliche Interaktionsmetaphern können auch Gegensätze zwischen low-involvierten Browsern und high-involvierten Searchern, zwischen Versorgungskauf und Erlebniskauf und unterschiedlichen Flow-Fähigkeiten verschiedener Nutzer überwinden. Der Erlebniskauf wird durch eine angenehme atmosphärische Wirkung der Navigationsmetapher unterstützt. Ein Schlendern durch die Mall wird geradezu provoziert. Gleichzeitig wird durch die Übersichtlichkeit des Auftritts ein rascher Versorgungskauf möglich. Sogar ungeübte Nutzer können das System leicht bedienen, da sie auf bekannte Schemastrukturen

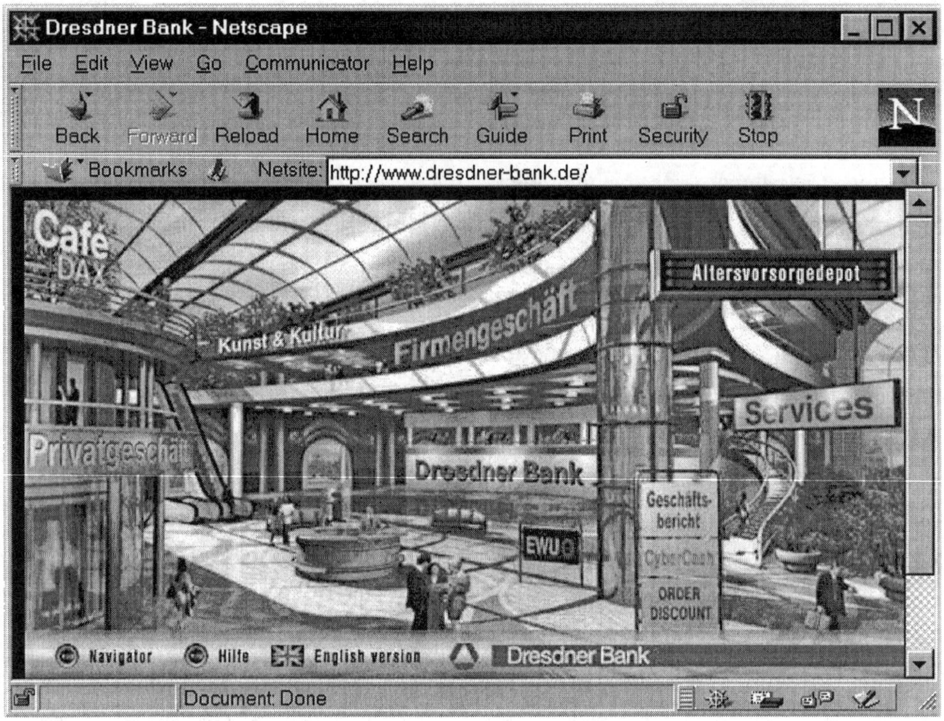

Abbildung 3: Navigationsmetapher der Dresdner Bank

zurückgreifen können. Den hohen Flow-Fähigkeiten geübter Surfer kann durch die große Anzahl von Zugriffsmöglichkeiten Rechnung getragen werden.

Navigationshilfen bezeichnen Werkzeuge, die dem Nutzer das Bewegen innerhalb des Multimediasystems erleichtern. Man kann zwischen linearen und hypermedialen Hilfen unterscheiden (vgl. *Abbildung 4*). Erstere sind Orientierungshilfen, die in den klassischen Printmedien Verwendung finden und nun auf multimediale Anwendungen übertragen werden, z. B. Inhaltsverzeichnisse, Register, alphabetische Glossare, Fußnoten und Verweise (Haack 1995, S. 156). Hypermediale Navigationshilfen tragen hingegen der speziellen Charakteristik des Mediums Rechnung.

Die Gestaltung der Navigationshilfen hängt wesentlich von der zugrundegelegten Navigationsmetapher ab (Hofmann; Simon 1995, S. 43). Bei Verwendung einer Katalogmetapher – die Electronic Mall ist ähnlich einem Versandhauskatalog gestaltet – bietet sich

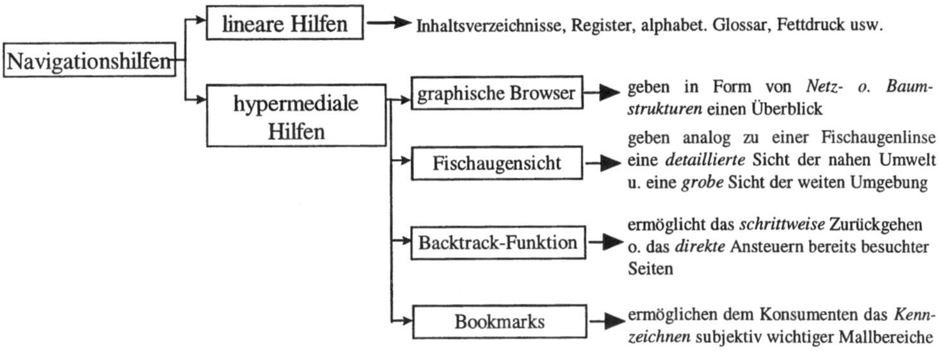

Abbildung 4: Navigationshilfen, Quelle: eigene Darstellung

die Verwendung linearer Navigationshilfen an. Für eine räumliche Metapher empfiehlt sich hingegen die Verwendung eines graphischen Browsers beispielsweise in Form einer architektonischen Grundrißzeichnung.

3.2 Mall-Layout

In engem Zusammenhang mit dem Navigationssystem steht das Mall-Layout. Unter *Mall-Layout* wird die der Electronic Mall zugrundeliegende Architektur der Verknüpfung der einzelnen Angebots- bzw. Erlebnispräsentationen verstanden. Diese gibt die möglichen Pfade der Nutzer/Mall-Interaktion vor. Das Mall-Layout soll dem Nutzer ein einfaches Zurechtfinden ermöglichen. Im Zusammenspiel mit dem Navigationssystem soll der rasche Aufbau lebendiger Cognitive Maps beim Konsumenten unterstützt werden.

In Anlehnung an die in der Hypertextforschung verwendete Begriffsabgrenzung wird zwischen Verknüpfungsgrad und Verknüpfungsmuster unterschieden (Hofmann; Simon 1995, S. 120 f.). Der *Verknüpfungsgrad* bezeichnet die Anzahl der Verbindungen, die von einer Präsentation (z. B. Internetseite) zur anderen bestehen. Je niedriger der Verknüpfungsgrad ist, desto stärker wird das Surfverhalten determiniert. Das *Verknüpfungsmuster* betrachtet den Gesamtaufbau der Interaktionspfade. Man unterscheidet lineare, baumartige und netzwerkartige Strukturen (Hofmann; Simon 1995, S. 121 ff.) (vgl. *Abbildung 5*).

Lineare Struktur: Diese Gestaltungsform entspricht einer Zwangswegeführung des Kunden innerhalb eines Einzelhandelsgeschäftes. Der Kunde wird dazu gezwungen, über mehrere Seiten hinweg zu blättern, bevor er sein Ziel erreicht.

Baumstruktur: Dem Benutzer werden unterschiedliche Pfade vorgegeben. Innerhalb eines Pfades stehen ihm weitere Pfade zur Auswahl. Ein Springen zwischen den Pfaden ist nicht möglich; will der Nutzer beispielsweise einen neuen Anbieter ansteuern, muß er erst wieder auf die Malleröffnungsseite zurückkehren.

Netzstruktur: Dem Konsumenten werden kaum Vorgaben gemacht, er kann grundsätzlich völlig frei surfen. Der Individualablauf im stationären Einzelhandel ist das reale Pendant dieser Pfadstruktur.

Der Gesamtauftritt einer Electronic Mall weist in der Regel eine netzartige Verknüpfungsstruktur auf, die sich aus der Kombination linearer und baumartiger Strukturen ergibt. Die Gestaltung des Mall-Layouts muß unterschiedliche *nutzerspezifische Faktoren* antizipieren. Von zentraler Bedeutung sind die Flow-Fähigkeiten des Konsumenten, sein Surfverhalten (Browsen oder Searchen) und die verwendeten Produkt- und Verwendungszusammenhänge. Das Mall-Layout sollte sich *dynamisch* unterschiedlichen Nutzertypen anpassen. Durch Erfassung nutzerspezifischer Charakteristika (z. B. Anzahl der bisherigen Mall-Besuche, Häufigkeit der Internetnutzung, Ziele seines Besuchs usw.) beim Eintritt in die Mall können unterschiedliche Nutzertypen identifiziert und das Mall-Layout speziell an deren Bedürfnissen ausgerichtet werden.

Berücksichtigung der Flow-Fähigkeit: Die Flow-Fähigkeit des Nutzers hat einen zentralen Einfluß auf die Gestaltung des Mall-Layouts. Ein ungeübter Nutzer gerät beispielsweise schneller in den 'Lost in Hyperspace' als ein erfahrener Surfer. Für ungeübte Konsumenten ist deshalb eine straffere Führung und ein niedrigerer Verknüpfungsgrad zweckmäßig. Erfahrene Nutzer hingegen empfinden eine zu geringe Auswahl an Links als eintönig.

Berücksichtigung des Surfverhaltens: Das gleiche Mall-Layout wird von Browsern und Searchern unterschiedlich wahrgenommen. Eine lineare Verknüpfung kann bei einem Searcher Reaktanz verursachen, da er um sein Suchziel zu erreichen, zuerst an mehreren anderen Angeboten vorbeisurfen muß. Bei einem Browser besteht diese Gefahr kaum. Da er kein spezielles Suchziel hat, empfindet er die lineare Verknüpfung auch nicht als Einengung seiner Verhaltensfreiheit. Bei beiden Arten von Surfverhalten kann der maß-

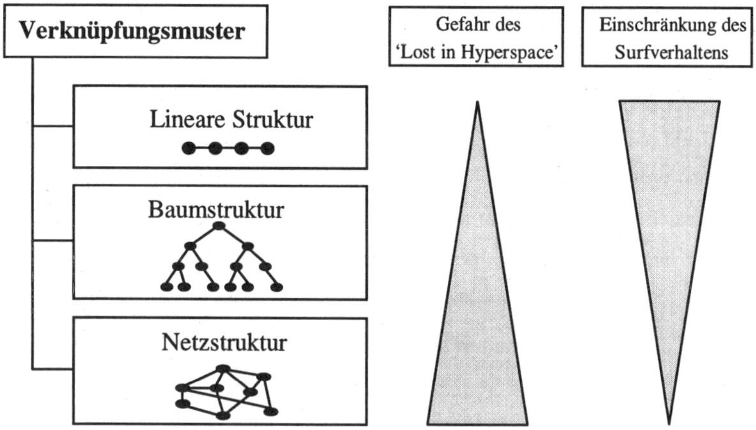

Abbildung 5: Verknüpfungsmuster von Electronic Malls, Quelle: eigene Darstellung

volle Einsatz linearer Verknüpfungen zur gezielten Erhöhung von Impuls- und Zufallskäufen verwendet werden, indem der Konsument automatisch an bestimmten Angeboten vorbeigeführt wird (Kroeber-Riel; Weinberg 1996).

Berücksichtigung von Produkt- und Verwendungszusammenhängen: Häufig werden bestimmte Produkte von Kunden in Verwendungs- und Bedarfszusammenhängen assoziiert (Esch; Thelen 1997, S. 116). So werden mit Kaffee oftmals Milch, Zucker, Kaffeefilter, Kuchen usw. verbunden. Dem Searcher dienen die Produkt- und Verwendungszusammenhänge als *Suchfilter* für den Kauf in der Mall. Die Verknüpfung einzelner Internetseiten sollte sich an solchen Schemastrukturen orientieren. Dadurch wird ein einfaches Zurechtfinden des Konsumenten gewährleistet und Suchzufriedenheit erzielt.

3.3 Sortiment und Produktpräsentation

Das Angebot einer Electronic Mall hängt wesentlich von den jeweiligen Anbietern der Mall ab. Unabhängig von der jeweiligen Sortimentgestaltung und Produktpräsentation ist deshalb darauf zu achten, daß eine Electronic Mall möglichst über einen bekannten Magnetanbieter verfügt, von dem andere, weniger bekannte Anbieter profitieren können. Darüber hinaus sollten zur Schaffung einer optimalen Frequenz die Magnetanbieter so in der Electronic Mall plaziert sein, daß die Besuchsfrequenz sich möglichst gleichmäßig auf die Electronic Mall verteilt.

Sortiment: Die Begrenzung der Produktwahrnehmung auf zwei Sinnesmodalitäten schränkt die Internettauglichkeit des Einzelhandelssortiments ein. Von einer ganzen Reihe von Autoren werden Listen mit Produkten und Dienstleistungen erstellt, die sich für den Verkauf über das Internet besonders gut oder weniger gut eignen. Danach würde sich z. B. der Verkauf von Computern über das Internet empfehlen, der Verkauf von Hobby-Produkten und Kleidung hingegen nicht (Schub von Bossiazky 1997, S. 46; Sperlich 1997, S. 144). Zum Teil erfolgt auch eine Eignungsprüfung der Produkte für das Internet über die informationsökonomische Einteilung in Such-, Erfahrungs- und Vertrauensgüter bzw. -eigenschaften. Würde man auf die klassische Einteilung der Informationsökonomie zurückgreifen (Darby; Karni 1973; Kaas 1994), könnte man die einfache Empfehlung geben, daß Such- und Erfahrungsgüter für den elektronischen Verkauf am besten geeignet sind. Zudem sollten Electronic Malls bei der Darbietung von Artikeln, bei denen die visuellen Attribute wichtig sind, erfolgreicher sein als bei solchen Produkten, wo Geschmacks-, Geruchs- und haptische Empfindungen dominieren.

Diese vordergründige und simplifizierende Einteilung entsprechend dem informationsökonomischen Ansatz sollte jedoch – einem Vorschlag von Wright und Lynch (1995) folgend – reinterpretiert werden (Alba et al. 1997). So erlauben beispielsweise Markennamen bei Erfahrungsgütern zuverlässige Schlußfolgerungen über Konsumnutzen dieser Produkte, wenn man diese bereits einmal gekauft und genutzt hat. Zudem können die gleichen Produkte, je nachdem wo sie angeboten werden, Such- oder Erfahrungseigenschaften aufweisen. Hat der Konsument jedoch erst einmal gelernt, bestimmte Eigenschaften mit einer Marke zu verbinden, bestehen für das Angebot eines Erfahrungsguts in einer Electronic Mall keine Nachteile gegenüber anderen Handelsformen mehr. Dies ist sicherlich auch ein Grund dafür, weshalb die elektronischen Bestellungen bei Dell vorwiegend durch erfahrene Benutzer erfolgen.

Ob Güter mit ausgeprägten Erfahrungseigenschaften demnach für eine Electronic Mall als Produkte geeignet sind, hängt auch von der Art und Weise ab, wie dazu Informationen vermittelt werden. So werden vom elektronischen Buchshop Amazon zu Büchern Leserrezensionen zur Verfügung gestellt (Alba et al. 1997). Die Fähigkeit, die Zufriedenheit mit einem Kauf aufgrund der beobachtbaren Attribute wiederzugeben, ist ebenfalls nicht inhärent an eine bestimmte Vertriebsform gebunden. So vermittelt Road Runner detaillierte Informationen zu seinen angebotenen Sportschuhen (z. B. Eignung für bestimmte Gewichtsklassen, für Senk-Spreizfüße usw.) und bietet die Möglichkeit, alte Sportschuhe zur genauen Analyse einzusenden. Markenschuhe, mit denen man gute Erfahrungen gemacht hat, geben wiederum Sicherheit bei der Wahl der Größe, die über die Angebotspalette vergleichbar gestaltet sind.

Zudem wird die Zufriedenheit nicht zuletzt auch durch die Wahl der herangezogenen Alternativen bestimmt. Gerade hier hat die Electronic Mall Vorteile gegenüber herkömmlichen Geschäften, da man schnell und bequem und ohne hohe Suchkosten viele Alternativen miteinander vergleichen kann. Konsumenten bevorzugen in der Regel flexible Vergleichsmöglichkeiten, die nach ganz unterschiedlichen Zugängen erfolgen können.

Zusammenfassend kann man folgende Schlüsselfaktoren für Produkte und deren Präsentation als Basis für die Nutzung einer Electronic Mall festhalten (Alba et al. 1997, S. 45):

1. Eine Electronic Mall muß schnelle und umfassende Vergleichsmöglichkeiten von Produkten anbieten, da sie ansonsten lediglich eine andere Form eines klassischen Versandhauskatalogs darstellt.
2. Konsumenten müssen die große Zahl erhältlicher Produkte leicht screenen können, da ansonsten die Suchkosten den Suchnutzen übersteigen.
3. Der Konsumnutzen muß auch bei Erfahrungsgütern klar und zuverlässig vermittelt werden, da sonst nach wie vor stationäre Einzelhandelsgeschäfte für solche Produkte dominieren werden.
4. Konsumenten müssen maßgeschneiderte Grundlagen für die Vergleiche von Produkten als Basis für ihre Entscheidungen erhalten.

Produktpräsentation: Durch gezielten Einsatz von Sozialtechniken im Rahmen der akustischen und optischen Produktpräsentation in einer Electronic Mall können Defizite, die aus dem Verzicht auf taktile, olfaktorische und gustatorische Modalitäten der Produktpräsentation entstehen, ausgeglichen werden. Deshalb muß dem Kunden das Produkt so real und direkt erfahrbar wie möglich dargeboten werden.

Die Wahrnehmung eines Reizes hängt stark von dessen Umfeld ab (Kroeber-Riel; Weinberg 1996, S. 285 ff.). Dies kann man sich bei der Produktpräsentation zunutze machen. Durch die Nutzung von Ausstrahlungswirkungen durch Umfeldreize kann die fehlende haptische und olfaktorische Prüfbarkeit der Angebote kompensiert werden. Beispielsweise schließen wir von der Art des Verpackungspapiers auf den Geruch und die Knusprigkeit von Brot und vom metallischen Klang eines Kochtopfs auf seine Stabilität. Die Übersetzung der haptischen und olfaktorischen Reize sollte möglichst durch die Verwendung visueller oder akustischer Stimuli erfolgen (Kroeber-Riel 1993a, S. 50 f.).

Kognitive Beeinflussung des Konsumenten: Eine verstärkte Darbietung rationaler Produktinformationen ist eher bei der Beeinflussung des Searchers von Bedeutung. Aufgrund seines höheren Involvements setzt er sich stärker mit der Prüfung objektiver Produkteigenschaften auseinander. Zur Unterstützung seiner Kaufentscheidung sollten rationale Argumente für das Produkt aufgeführt werden. Wegen ihrer Glaubwürdigkeit eignen sich dazu besonders Testergebnisse der Stiftung Warentest, Prüf- und Qualitätssiegel und die Ergebnisse anderer Produkttests.

Von grundlegender Bedeutung ist in diesem Zusammenhang die Prüfbarkeit des Produktes am Bildschirm. Das Produkt sollte in hinreichender Größe und aus unterschiedlichen Perspektiven betrachtbar sein. Ein Beispiel für eine solche fortschrittliche Präsentation ist die Studie des Darmstädter Zentrums für graphische Datenverarbeitung (vgl. *Abbildung 6*). Aus einem virtuellen Regal können hier Produkte herausgenommen, von allen Seiten betrachtet und per Mausklick in den virtuellen Einkaufskorb gelegt werden. Als weiteres Positivbeispiel sind manche Produktanimationen in der shopping24 Mall zu nennen. Per Mausklick können videoanimierte Vorführungen der Bekleidung gestartet werden.

Eine kognitive Beeinflussung des Konsumenten sollte immer mit der Darbietung von Emotionen einhergehen. Durch emotionale Reize wird eine angenehme Stimmung für die Aufnahme und Verarbeitung der Produktinformationen geschaffen und die Bildung von Gegenargumenten gebremst (Kroeber-Riel 1993b, S. 155 ff.).

Emotionale Beeinflussung des Konsumenten: Browser sollten eher durch die Darbietung emotionaler Produktumfeldreize beeinflußt werden. Aufgrund des geringen kognitiven

Abbildung 6: Beispiel für eine gelungene Produktpräsentation

Involvements erfolgt bei der Kaufentscheidung häufig keine tiefergehende rationale Produktbeurteilung (Kroeber-Riel 1993b, S. 103 f.). Produkte werden eher gefühlsmäßig und aufgrund von Nebensächlichkeiten beurteilt. Eine primär emotionale Beeinflussung kann z. B. durch Einbindung des Produkts in eine emotionale Abbildung, die den Lebensstil des Nutzers reflektiert, erreicht werden.

Um den unterschiedlichen Anforderungen von Browsern und Searchern gerecht zu werden, bieten sich Faszinationspunkte zur adäquaten Vermittlung von Emotionen und eine hierarchische Informationsdarbietung zur Kommunikation von Produktinformationen an.

Faszinationspunkte präsentieren Produkte in emotional aktivierender Form in ihrem Verwendungszusammenhang gemeinsam mit anderen Produkten (Biegel 1994, S. 55 ff.). Faszinationspunkte erhöhen die Erlebnisorientierung einer Electronic Mall. Sie eignen sich durch ihre starke emotionale Aufladung dazu, Browser zu Impulskäufen zu verleiten.

Bei Searchern tragen Faszinationspunkte dazu bei, daß Produkte aufgrund ihrer emotionalen Umfeldreize besser beurteilt werden. Sie fördern zudem Erinnerungsimpulskäufe, indem sie Konsumenten auf einen unbewußten Bedarf aufmerksam machen.

Nach der Regel der *hierarchischen Informationsdarbietung* sind Informationen gestaffelt nach ihrer Wichtigkeit zu vermitteln (Kroeber-Riel 1993b, S. 173 ff.): Die wichtigste Information zuerst, dann die zweitwichtigste usw. Für spezielle und tiefergehende Informationen können Hyperlinks zu anderen Informationsseiten weisen. Dadurch wird sichergestellt, daß der Browser nicht mit unwichtigen Informationen gelangweilt wird. Gleichzeitig werden hoch involvierte Searcher hinreichend mit Informationen versorgt.

3.4 Mehrwertdienste

Die Mehrwertdienste einer Electronic Mall umfassen alle Angebote, die nicht unmittelbar mit Verkaufszielen in Verbindung stehen. Die mit den Mehrwertdiensten verfolgten Kundenziele sind Convenience, Customization, Erlebnisvermittlung und Infotainment. Ferner sollen durch Mehrwertdienste die Loyalität zur Electronic Mall gefördert, die Verweildauer gesteigert und eine positive Ausstrahlung auf die Wahrnehmung des Angebots und auf Käufe erzielt werden. Mall-Mehrwertdienste lassen sich in primär emotionale und primär kognitive Mehrwertdienste differenzieren.

Zu den *emotionalen Mall-Mehrwertdiensten* zählen Chat-Cafés, 'auf der Straße anklicken und chatten' sowie Spiele und Gewinnspiele. Durch diese emotionalen Mall-Mehrwertdienste sollen die Mall-Besucher dazu gebracht werden, länger in der Mall zu verweilen und häufiger wiederzukehren. Spiele und Gewinnspiele dienen ebenfalls primär Unterhaltungszwecken. Solche Spiele sollten so gestaltet werden, daß sie Kunden an die Mall binden und im Idealfall den regelmäßigen und wiederholten Besuch der Mall fördern und gleichzeitig einen Bezug zur Mall und deren Angeboten aufweisen. Ein Idealbeispiel dafür ist das Milka-Gewinnspiel (vgl. *Abbildung 7*), bei dem Milka-Homepage-Besucher eine eigene Kuh zugewiesen bekommen, die sie mit Futter versorgen, pflegen und auf die Weide bringen können usw. Als Belohnung wird dem Besitzer und Pfleger der Kuh deren Wohlbefinden über entsprechende Punkte vermittelt. Der beste Kuh-Betreuer erhält am Ende der Woche ein Geschenk.

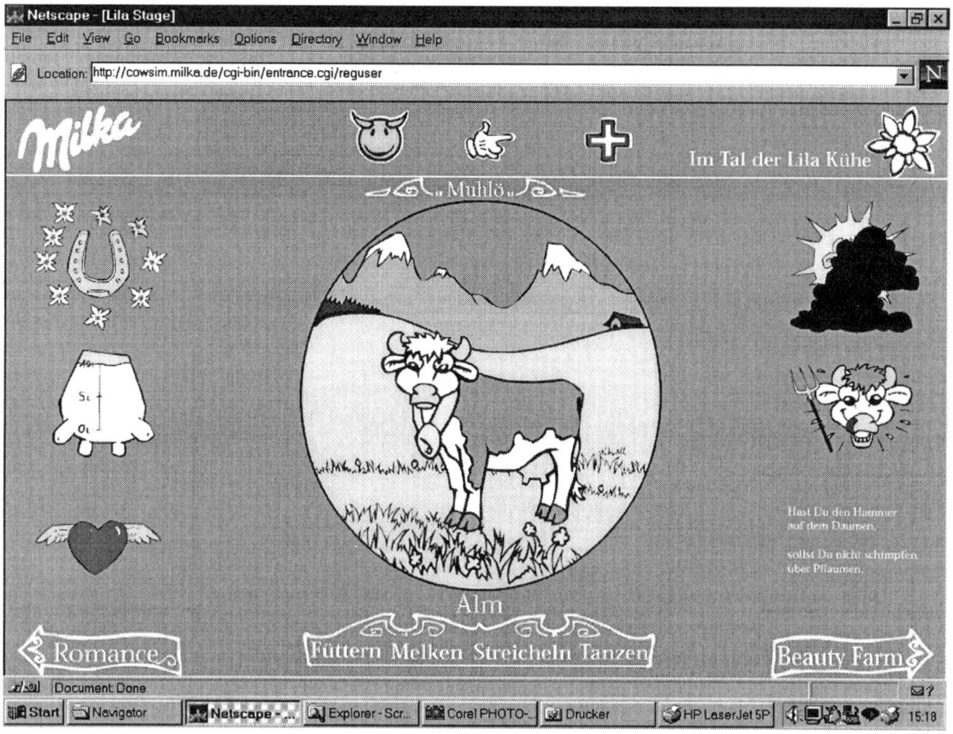

Abbildung 7: Emotionaler Mehrwertdienst von Milka ('Pflege-Kuh')

Kognitive Mall-Mehrwertdienste sind vor allem intelligente Agenten und Preisagenten, Sonderangebote, Suchmaschinen, Pressedienste, Diskussionsforen und Newsgroups (Schwarzes Brett für Neuigkeiten innerhalb der Electronic Mall). Die Suchmaschinen liefern Konsumenten einen schnellen Überblick über ihn interessierende Angebote. Intelligente Agenten zeichnen das Navigationsverhalten eines Konsumenten in einer Electronic Mall bei jedem Besuch auf und ermitteln Gesetzmäßigkeiten im Verhalten, um das Informationsangebot beim folgenden Besuch des Konsumenten immer spezifischer auf dessen Verhaltensmuster zuzuschneiden (Lux 1998, S. 110).

Denkbar wären auch Service- und Beratungsagenten, wie man sie beispielsweise im Möbelhandel in Küchenstudios findet. Solche elektronischen Agenten können quasi die Verkäuferrolle übernehmen und Mall-Besuchern mit Rat und Tat zur Seite stehen, da diese Agenten immer auf eine Datenbank zurückgreifen und ihre Interaktion nicht nur standardisiert sondern auch lernfähig gestaltet werden kann.

3.5 Transaktionsmechanismus

Der Transaktionsmechanismus einer Electronic Mall dient der Abwicklung des Zahlungsverkehrs. Das Vertrauen der Konsumenten in das Internet als sicherem Kommunikationskanal leidet unter den potentiellen Gefahren, daß durch das Abhören der Kommunikation, durch technische Defekte oder Datenmanipulationen die Integrität der Daten bzw. deren Verfügbarkeit verloren geht, Aufträge doppelt ausgeführt werden und aufgrund der fehlenden Beweisbarkeit der Transaktionen geleistete Zahlungen abgeleugnet werden (Thießen 1997, S. 17).

Deshalb muß man Konsumenten die Gelegenheit geben, sich über die Funktionsweise des Zahlungsverkehrs zu informieren, um sich von seiner Zuverlässigkeit und Sicherheit zu überzeugen. Sozialtechnisch geschickt hat diese Aufgabe "my-world" gelöst (vgl. *Abbildung 8*). Hier erhält der Konsument bei der Aufforderung zur Angabe seiner persönlichen Daten für den Zahlungsprozeß die Möglichkeit, sich durch Lektüre oder durch eine bildliche Animation Detailinformationen bzw. wesentliche Basisinformationen einzuholen.

4 KONSEQUENZEN FÜR DIE ZUKÜNFTIGE GESTALTUNG

Die bisherigen Auftritte der Electronic Malls liegen noch weit hinter den oben skizzierten Anforderungen an eine sozialtechnisch wirksam gestaltete Electronic Mall zurück. Will man in seinem Mall-Auftritt nicht als elektronischer Katalog als Ersatz für klassische Versandhandelskataloge verenden, müssen emotionale und kognitive Gestaltungsreserven, die das Internet bietet, ausgeschöpft werden. Dazu zählen vor allem das Angebot einfacher Suchstrukturen und Vergleichsmöglichkeiten zwischen unterschiedlichen Angeboten einer Produktklasse, die sich an den Fähigkeiten der Nutzer und an deren Bedürfnissen und Kriterien der Produktbeurteilung und Produktwahl orientieren müssen. Ferner sind Erlebnis- und Stimulationsakzente zu setzen. Eine Annäherung an die Realität durch entsprechende Shopping-Umgebungen mit Chat-Möglichkeiten und dem virtuellen Test der Produkte, z. B. durch das Anprobieren von Kleidern, ist zu realisieren. Herkömmliche Electronic Malls verfügen in bezug auf diese Aspekte noch über ein erhebliches Optimierungspotential. Erst wenn diese sachlichen und emotionalen Gestaltungsempfehlungen in dem Auftritt einer Electronic Mall realisiert wurden, ist diese neue Angebotsform eine echte Konkurrenz zum herkömmlichen stationären Einzelhandel und zum Versandhan-

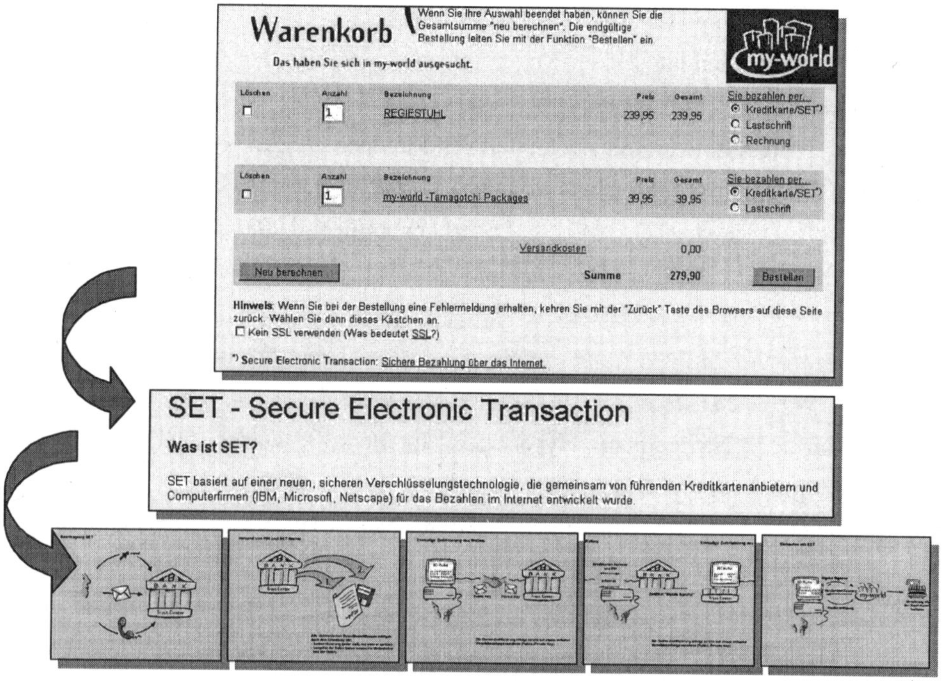

Abbildung 8: Informationen zum Transaktionssystem in '*my-world*'

del. Die Zukunft wird dabei sicherlich der Schritt zu einem virtuellen Shopping Center mit intelligenten Produktvergleichsmöglichkeiten sein (Burke 1996).

LITERATUR

Alba, J.; Lynch, J.; Weitz, B.; Janiszewski, C.; Lutz, R.; Sawyer, A.; Wood, S.: Interactive Home Shopping: Consumer, Retailer, and Manufacturer Incentives to Participate in Electronic Marketplaces, Journal of Marketing, 7 (1997), S. 36–53.

Albers, S.; Peters, K.: Die Wertschöpfungskette des Handels im Zeitalter des Electronic Commerce, Marketing Zeitschrift für Forschung und Praxis, 2 (1997), S. 69–80.

Biegel, B.: Visual Merchandising – Präsentationsstrategien zur Verkaufsförderung, Frankfurt/Main 1994.

Burke, R. R.: Virtual Shopping: Breakthrough in Marketing Research, Harvard Business Review, 3/4 (1996), S. 120–131.

Darby, M. R.; Karni, E.: Free Competition and the Optimal Amount of Fraud, Journal of

Law and Economics, 4 (1973), S. 66–86.

Esch, F.-R.: Wirkungen integrierter Kommunikation – Teil 1: theoretische Grundlagen, Marketing Zeitschrift für Forschung und Praxis, 2 (1998).

Esch, F.-R.; Thelen, E.: Zum Suchverhalten von Kunden in Läden – theoretische Grundlagen und empirische Ergebnisse, der markt, 142 + 143 (1997), S. 112–125.

Falk, B.; Wolf, J.: Handelsbetriebslehre, Landsberg am Lech 1988.

Fantapié Altobelli, C.: Online Marketing im deutschsprachigen Raum, Thexis, 1 (1997), S. 511.

Gall, J. E.; Hannafin, M. J.: A framework for the study of hypertext, Instructional Science, 22 (1994), S. 207–232.

Gay, G.; Mazur, J.: Navigating in Hypermedia. In: Berk, E.; Devlin, J. (Hrsg.): Hypertext/Hypermedia Handbook, New York 1991, S. 271–283.

Geppert, D.; Greipl, E.: Teleshopping im Urteil der Verbraucher, Marktforschung & Management, 5 (1997), S. 191–195.

GFK: Online-Monitor, Nürnberg 1998.

Haack, J.: Interaktivität als Kennzeichen von Multimedia und Hypermedia. In: Issing, L. J.; Klimsa, P. (Hrsg.): Information und Lernen mit Multimedia, Weinheim 1995, S. 151–166.

Hohensee, M.: Marktplatz Internet, Wirtschaftswoche, 11 (1998), S. 80–85.

Hoffman, D. L.; Novak, T. P.: Ein neues Marketing-Paradigma für den elektronischen Handel, Thexis, 1 (1997), S. 39–43.

Hofmann, M.; Simon, L.: Problemlösung Hypertext – Grundlagen, Entwicklung, Anwendung, München, Wien 1995.

IFAK Institut für Markt- und Sozialforschung, Media Perspektiven, 21 (1995), S. 67.

Kaas, K. P.: Ansätze einer institutionenökonomischen Theorie des Konsumentenverhaltens. In: Forschungsgruppe Konsum und Verhalten (Hrsg.): Konsumentenforschung, München 1994, S. 245–260.

Kroeber-Riel, W.: Bildkommunikation, München 1993a.

Kroeber-Riel, W.: Strategie und Technik der Werbung, Stuttgart u. a. 1993b.

Kroeber-Riel, W.; Weinberg, P.: Konsumentenverhalten, München 1996.

Lux, H.: Horror statt Hilfe, Wirtschaftswoche, 13 (1998), S. 110.

o.V.: Handel fürchtet Konkurrenz, Lebensmittelzeitung, 41 (1997), S. 54–56.

o.V.: Die Litfaßsäule des 21. Jahrhunderts. In: Institut der deutschen Wirtschaft Köln (Hrsg.): Informationsdienst der deutschen Wirtschaft, 10 (1998), S. 2.

Ring, Th.; Fink, D.: Offene Sicht der Bedrohung, Lebensmittelzeitung, 41 (1997), S. 58.

Schub von Bossiazky, G.: Prognose von Absatz des «Online Selling», Thexis, 1 (1997), S. 44–46.

Sperlich, T.: Nostalgie Supermarkt, c't report 2 – Geld Online, 2 (1997), S. 140–169.

Thaler, G.; Geppert, D.: Touch the Future – Multimediale Vertriebsunterstützung bei der Kaufhof Warenhaus AG, Marktforschung & Management, 5 (1997), S. 196–202.

Thießen, F.: Internet- und traditionelle Zahlungssysteme im Vergleich, TU-Chemnitz, Lehrstuhl Finanzwirtschaft, Chemnitz 1997.

Tietz, B.: Der Handelsbetrieb, München 1993.

Weinberg, P.: Erlebnismarketing, München 1992.

Wright, A.; Lynch, J. G.: Communication Effects of Advertising Versus Direct Experience When Both Search and Experience Attributes are Present, Journal of Consumer Research, 3 (1995), S. 708–718.

Zentes, J.: Convenience Shopping – Ein neuer Einkaufstrend?. In: Trommsdorff, V. (Hrsg.): Handelsforschung 1996/97, Wiesbaden 1996, S. 227–236.

Wettbewerb und innovative Strategien im Buchhandel

Lutz Hildebrandt und Nicole Görz, Berlin

In den meisten Bereichen des deutschen Einzelhandels haben sich die Strukturen und Wettbewerbsverhältnisse während der vergangenen Jahrzehnte entscheidend gewandelt. Ursprünglich zersplitterte Märkte sind durch Übernahmen und Fusionen oder das Entstehen neuer Wettbewerber konzentrierten Marktformen gewichen. Zu nennen sind der Lebensmittel-, Drogerie- oder Phonobereich. Der Buchhandel war von diesem Trend bisher weitgehend ausgenommen, was nicht zuletzt auf die Preisbindung im Buchhandel und die relativ starren Vertriebsformen in dieser Branche zurückzuführen ist. Mittlerweile gerät aber auch dieser Markt in Bewegung. Zum einen scheint der allgemeine Trend der Erlebnisorientierung im Handelsbereich zu neuen Formen von Geschäftstypen zu führen, die neben der originären Beschaffungs-, Sortiments- und Beratungsleistung neue, "übertragene" Leistungsangebote umfassen. Zum anderen werden einschneidende Veränderungen des Buchhandels im Wettbewerb durch den Verkauf von Büchern über das Internet erwartet. Es ist davon auszugehen, daß der stationäre Buchhandel bis zu 20% des Umsatzes an diesen Vertriebsweg verliert. Der vorliegende Beitrag untersucht diese Situation unter Berücksichtigung der zu erwartenden Wettbewerbstrends. Es wird dabei eine Analyse der gegenwärtigen Strategien des deutschen Buchhandels gegeben und eine Bewertung der Formen des Internetauftritts der 25 größten deutschen Buchhandelsunternehmen vorgenommen

1 EINLEITUNG

In der wissenschaftlichen Forschung zur strukturellen Entwicklung von Branchen, zur Wettbewerbsdynamik durch Innovationen und zu Fragen der Konzentration hat die Buchhandelsbranche in den vergangenen Jahren nur wenig Interesse auf sich ziehen können. Die überwiegende Zahl der Publikationen und empirischen Untersuchungen widmete sich Problemen des Wettbewerbs im Lebensmitteleinzelhandel oder anderen Branchen mit durchgreifenden strukturellen Veränderungen.

Dies ist zum Teil damit zu begründen, daß der Buchhandel im Einzelhandel eine Sonderstellung einnimmt. Zum einen besteht die weit verbreitete Auffassung, daß die Ware Buch ein Teil des Kultur- und Bildungsangebotes in der Gesellschaft ist (z. B. Cronau 1998). Die Akteure in dieser Branche und ihr Angebot werden deshalb nicht nur in Deutschland durch eine Preisbindung geschützt. Zum anderen ist der Buchhandel durch eine weitgehend atomistische Angebotsstruktur gekennzeichnet, in der die Branchenführer lange Zeit kaum mehr als 2% Marktanteil auf sich vereinigen konnten. Hinzu kommt eine weitgehend starre Vertriebsstruktur zwischen dem stationären Handel und den Verlagen, wobei sich alle Akteure im Gegensatz zu anderen Einzelhandelsbereichen in den vergangenen Jahren überdurchschnittlicher Gewinnmargen erfreuen konnten.

In neuester Zeit ist jedoch auch in der Buchhandelsbranche eine Intensivierung des Wettbewerbs zu beobachten, verursacht durch eine Vielzahl von innovativen Strategien der im Markt auftretenden Unternehmen. Die Ursachen dieser Entwicklung sind sowohl in einer allmählichen Auflösung der starren Vertriebsformen zu sehen als auch in einer zunehmenden Konzentration auf Seiten des verbreitenden Buchhandels. Hinzu kommt eine Dynamik, die sowohl durch das Eindringen der Informationstechnologie in die Branche als auch durch die sich ändernden Ansprüche und Erwartungen der Kunden verursacht wird.

Der Beitrag nimmt zunächst eine Bestandsaufnahme der Wettbewerbssituation in der Buchhandelsbranche vor. Dann folgt eine Analyse der treibenden Kräfte, die insbesondere auf der Ebene des stationären Handels zu einer Entwicklung von innovativen Strategien im Branchenwettbewerb geführt haben und weiter führen werden. Der letzte Abschnitt beleuchtet den aktuellen Stand und die Entwicklung des elektronischen Buchhandels unter dem Gesichtspunkt innovativer Strategien der Kundenbindung.

2 DIE WETTBEWERBSSITUATION DES DEUTSCHEN BUCHHANDELS

Die Buchhandelsbranche zählt mit einem Umsatzvolumen von etwa 17,2 Mrd DM (bzw. 15,6 Mrd DM ohne Fach- und wissenschaftliche Zeitschriften) laut Umsatzstatistik von 1996 zu den kleineren Branchen. Pro Haushalt wurden nach der Erhebung des Börsenvereins des Deutschen Buchhandels e. V. im Bereich der alten Bundesländer ca. 31,00 DM pro Monat für Bücher und Broschüren ausgegeben, im Bereich der neuen Länder waren es ca. 23,00 DM (vgl. Börsenverein des Deutschen Buchhandels e. V. 1997). In den Branchenveröffentlichungen werden im allgemeinen sechs Vertriebswege unterschieden, deren Anteile für 1995 und 1996 in *Tabelle 1* zusammengestellt wurden.

Tabelle 1: Geschätzte Anteile der Vertriebswege am Gesamtumsatz im Buchhandel in %

	1995	**1996**
Sortimentsbuchhandel (z. B. Hugendubel, Thalia, Kiepert usw.)	60,2	59,7
Direktvertrieb der Verlage (z. B. Readers Digest)	14,7	15,2
Reise- und Versandbuchhandel (z. B. Weltbild-Versand, ABC-Bücherdienst)	6,4	6,7
Warenhäuser (z. B. Hertie/Karstadt, Kaufhof/Horten)	5,0	4,9
Buchgemeinschaften (z. B. Bertelsmann, Gutenberg)	4,2	3,9
Sonst. Verkaufsstellen (z. B. Supermärkte, Bahnhofsbuchhandlungen)	9,5	9,6

Aus diesen Zahlen wird deutlich, daß der Sortimentsbuchhandel den dominierenden Vertriebsweg in der Branche darstellt. Ihm werden primär die Betriebe zugerechnet, die über ein "klassisches" Sortiment, d. h. ein möglichst breites Angebot von Fachliteratur, Belletristik und Sachbüchern, nahezu alle Bereiche (auch Randbereiche) des Kaufinteresses abdecken. Der Sortimentsbuchhandel erfüllt dabei die klassischen Handelsfunktionen. Die Beschaffung erfolgt je nach Titel entweder direkt von den Verlagen, über Kommissionäre oder unter Einschaltung des Großhandels – der sog. Barsortimenter (z. B. der Marktführer LIBRI und KNO/K&V). Letztere übernehmen für den Einzelhandel Lager-, Sortiments- und Katalogisierungsfunktionen, hinzu kommt die Logistikleistung. Jedes Buch wird durch die Barsortimenter für den stationären Sortimentsbuchhandel innerhalb von 24 Stunden lieferbar.

Die Struktur der Vertriebswege ist in den vergangenen Dekaden weitgehend stabil geblieben, auch wenn sich zwischen den einzelnen Vertriebsformen über die Jahre einige Verschiebungen zuungunsten des Sortimentsbuchhandels ergeben haben – wie auch aus dem Vergleich der Zahlen von 1995 und 1996 in *Tabelle 1* zu ersehen ist. Die Branche ist weitgehend geprägt durch kleine unabhängige Betriebe mit bis zu zehn Beschäftigten. Verwendet man gängige Konzentrationsmaße zur Beurteilung der Wettbewerbsintensität, wie etwa das Konzentrationsmaß CR_{10} (Umsatzanteil der zehn größten Unternehmen am Umsatz der Branche), so ergibt sich bei Betrachtung aller Buchhandelsunternehmen ein geschätzter Wert von $CR_{10} = 0,09$. Bezieht man den Index nur auf den Sortimentsbuchhandel, so erhält man den Wert $CR_{10}^{SORT} = 0,065$ (Börsenverein des Deutschen Buchhandels e. V. 1997). Im Gegensatz dazu ergeben sich für den CR_{10} der vergangenen Jahre im Lebensmittelbereich Werte über 0,70 (Olbrich 1997).

Der Konzentrationsindex für den Buchhandel sagt allerdings wenig über die regionalen Wettbewerbsstrukturen aus. Es kann davon ausgegangen werden, daß aufgrund der großen Umsätze einzelner Firmen mit wenigen Verkaufsstellen auf regionalen Märkten eine stärkere Konzentration auftritt (z. B. Berlin, Kaiserslautern oder auch München). Erkennbar ist auch ein kontinuierlicher Rückgang des prozentualen Umsatzanteils des Sortimentsbuchhandels am Gesamtumsatz der Branche, während andere Vertriebsformen, wie etwa der Versandbuchhandel, deutliche Zuwächse verzeichnen können. Hinzu kommt, daß innerhalb des Sortimentsbuchhandels der traditionelle Betrieb zugunsten von Filialketten und Großflächenbuchhandelsformen zurückgedrängt wird, wie die überproportionalen Wachstumsraten dieser Geschäftstypen in den jährlich erhobenen Branchendaten des Börsenvereins des deutschen Buchhandels belegen (Börsenverein des Deutschen Buchhandels e. V. 1997).

Die Branchenstatistiken machen auch deutlich, daß große Verschiebungen in den Rangplätzen der größten Buchhandelsunternehmen während der letzten zwanzig Jahre stattgefunden haben. So sind in der Statistik der zehn größten Buchhandelsunternehmen von 1991 und 1996 einige der noch im Jahre 1976 großen Buchhandlungen nicht mehr vertreten (vgl. *Tabelle* 2). Andere sind überdurchschnittlich gewachsen, teils durch Übernahmen, teils durch Fusionen. Ein sich abzeichnender Trend zu größerer Konzentration auch auf nationaler Ebene ist aber unverkennbar (Langendorf 1992, 1997).

Tabelle 2: Die zehn größten allgemeinen Sortimentsbuchhandels-Unternehmen 1976–1996

1976		1991		1996	
Unternehmen	Umsatz in Mio DM	Unternehmen	Umsatz in Mio DM	Unternehmen	Umsatz in Mio DM
Bouvier	13,3	Hugendubel	145,0	Hugendubel	220,0
Thalia	13,1	Bouvier	115,0	Bouvier	98,0
Stern-Verlag	13,1	Herder	87,4	Thalia	90,0
Hugendubel	12,8	Buch und Kunst	85,0	Mayersche	85,0
G. D. Baedeker	10,5	Thalia	65,0	Gondrom	72,5
Mayersche	10,1	Mayersche	56,0	Weiland	72,5
Kiepert	10,0	Stern-Verlag	55,0	Stern-Verlag	70,0
Wittwer	10,0	Weiland	52,5	Kiepert	64,0
Elwert und Meurer	9,8	Kiepert	52,1	Pustet	58,0
Chr. Kaiser	9,5	Gondrom	52,0	Buch und Kunst	56,0

Ebenfalls zu beobachten ist ein langsames Eindringen ausländischer Unternehmen in den deutschen Markt. Es treten Unternehmen aus dem deutschsprachigen Ausland (z. B. Librodisk) aber auch aus Übersee auf. So ist die Spielwaren-Unternehmung TOYS'R'US mit ihrer Büchersparte bereits unter den zehn größten Filialisten der Branche zu finden. Hinzu kommt eine Dynamik durch neue Betriebsformen und innovative Angebotsstrategien, die durch unterschiedliche Kräfte im Wettbewerb ausgelöst wurden.

3 WETTBEWERBSTREIBER UND INNOVATIVE STRATEGIEN

Unter Wettbewerbstreibern sollen in diesem Abschnitt die Kräfte im Wettbewerb verstanden werden, die ursächlich sind für strategische Anpassungsprozesse und/oder innovative Strategien der Unternehmen in der Branche auslösen. Es soll dabei unterschieden werden zwischen Kräften des Marktes, Einflüssen aus Verhaltensänderungen der Kunden und Einflüssen durch technologische Entwicklungen, insbesondere in der Informationstechnologie. Als Kräfte des Marktes können u. a. die Gewinnunterschiede einzelner Vertriebsformen oder Unternehmenstypen, das Eindringen neuer Wettbewerber aus vorgelagerten Wirtschaftsstufen oder branchenfremden Bereichen sowie die mit der europäischen Vereinigung verbundene Neuordnung der Märkte angesehen werden. Bei den Kunden können neue Formen des Kaufverhaltens als Treiber fungieren. Bei den technologischen Entwicklungen sind die Datenerfassung am Point of Sales oder das Internet zu nennen. Die folgenden Abschnitte untersuchen die Wirkung ausgewählter Treiber auf das Entstehen innovativer Strategien im Sortimentsbuchhandel.

3.1 Marktinduzierte innovative Strategien

Geht man von der Marktsituation im vergangenen Jahrzehnt aus, so konnte der Buchhandel durchweg positive Zuwachsraten und vereinigungsbedingt sogar zweistellige Gewinne im Betriebsvergleich des IfH ausweisen (Institut für Handelsforschung 1991–1996). Der Trend hat sich auch im Jahre 1997 fortgesetzt, in dem andere Einzelhandelsbranchen stagnierende oder gar rückläufige Umsätze zu beklagen hatten (o. V. 1998b). Allerdings verbergen sich hinter den Gesamtzuwachsraten im Buchhandel drei grundsätzliche Trends.

Erstens waren nur die Zuwachsraten bei Großflächenbuchhandlungen und Filialunternehmen im Vergleich zu den kleinen Geschäftsformen des Sortimentsbuchhandels überdurchschnittlich hoch (Langendorf 1997). Zweitens kann gerade bei kleineren und mittleren Betriebstypen in vielen Fällen ein gleicher, meist konservativ unprofilierter Marktauftritt beobachtet werden, der einen Verdrängungswettbewerb kennzeichnet. Dies zeigt sich bei den geringen Markteintrittsbarrieren der Branche z. B. an einer Vielzahl von Marktaustritten aber gleichzeitig auch einer hohen Zahl von neu in den Markt eintretenden Unternehmen. Drittens ist der Umsatzzuwachs in neuerer Zeit nicht durch ein mengenmäßiges Wachstum an verkauften Titeln entstanden, sondern durch überdurchschnittliche Preiserhöhungen, so daß der Markt real sogar geschrumpft ist (Langendorf 1997). Gleichzeitig hat ein Verteilungskampf um die Gewinnmargen im Vertriebskanal eingesetzt, bei dem die Verlage im allgemeinen höhere Gewinnmargen realisieren als die Händler.

Auf diese Marktentwicklung kann eine Reihe beobachtbarer Strategien zurückgeführt werden. So können das Streben nach Größe im Sortimentsbuchhandel und Zusammenschlüsse kleinerer Betriebe zu Einkaufskooperationen als eine Wettbewerbsstrategie angesehen werden, um gegenüber den Verlagen und den Barsortimentern die Verhandlungspositionen zu stärken und die Logistikkosten zu senken. Zur Einsparung eines Teils der Kosten verzichten große Unternehmen z. T. sogar ganz auf die Einschaltung des Zwischenbuchhandels (o. V. 1994).

Daneben sind mehrere für den Buchhandel innovative Strategien zu beobachten. Beim Marktauftritt gehen immer mehr Unternehmen bei Sortiment und Ladengestaltung dazu über, sich auf Randsortimente und Spezialsortimente zu konzentrieren. Hinzu kommen Sortimentsbuchhändler, die für ihr Angebot in einem Spezialgebiet, z. B. der Computertechnologie, eine Kooperation mit einem Handelsunternehmen der entsprechenden Branche eingehen, um Angebotssynergien auszunutzen und daraus Wettbewerbsvorteile zu entwickeln. Der Kunde findet als Vorteil die Hardware und die unterstützende Literatur unter einem Dach (vgl. etwa die Kooperation des Sortimentsbuchhändlers Kiepert mit der ProMarkt Kette in Berlin und den neuen Bundesländern).

Als Folge der Rentabilitätsunterschiede im Markt kann auch gesehen werden, daß einige bisher auf eine Vertriebsform spezialisierte Handelsunternehmen in andere Vertriebstypen diversifizieren. So tritt das im Versandbuchhandel angesiedelte Unternehmen Weltbild seit einigen Jahren mit den "Weltbild plus"-Läden (in Kooperation mit dem Sortimentsbuchhändler Hugendubel) als Anbieter im stationären Buchhandel auf. Durch dynamisches Wachstum innerhalb kürzester Zeit ist Weltbild fast unter den ersten zehn der Buchhandelsunternehmen zu finden (Langendorf 1998).

Eine ähnliche Strategie verfolgt der führende Buchclub (Bertelsmann), der im Ladenhandel mit seinem Boulevardkonzept auftritt und ebenfalls überdurchschnittliche Zuwachsraten aufweisen kann. Hinter dem Konzept der beiden Konkurrenten stehen neben der Überwindung des traditionell gewählten Vertriebstyps auch größere Kundennähe und die Anpassung an sich ändernde Präferenzen und Beschaffungsmuster der Kunden, wie im folgenden noch aufgezeigt wird.

3.2 Kundeninduzierte innovative Strategien

Kundenorientierung setzt ein aktives Marketing voraus. Studiert man die Fachpublikationen des Buchhandels, dann kann konstatiert werden, daß bis zum Ende der 80er Jahre der Sortimentsbuchhandel nur rudimentäre Formen eines aktiven Marketing betrieb. Im Vordergrund stand die Philosophie, als "Hüter der Kultur" ein möglichst umfassendes Sortiment bereit zu halten und nach dem Motto "Ein gutes Buch verkauft sich von selbst" auf die Kunden zu warten (Heinrichs 1989). Marktforschung, differenzierte Marktbearbeitung und systematische Berücksichtigung von Marktsegmenten und Verhaltensänderungen der Konsumenten lassen sich im Management des Buchhandels und der Strategieplanung erst in neuester Zeit beobachten (vgl. Cronau; Hauck 1998).

Als einer der grundlegenden Treiber von innovativen Strategien ist dabei die zunehmende Erlebnisorientierung der Konsumenten zu betrachten (Weinberg 1992, Kroeber-Riel 1988, Gröppel 1995). Die Erlebnisorientierung schlägt sich im allgemeinen Konsumentenverhalten in einer Suche nach mehr Genuß, Gesundheit, Freizeit und einem ständigen Streben nach mehr Lebensqualität nieder. Emotionale Erlebnisse werden von vielen Konsumenten als gesellschaftliche Ersatzwerte verwendet. Für den Handel hat das folgende Implikationen: Im täglichen Einkaufsverhalten kann eine Trennung von Erlebnis- und Versorgungseinkauf beobachtet werden, der jeweils der Befriedigung unterschiedlicher Bedürfnisse dient. Hinzu kommt eine zunehmende Individualität des Konsumenten, die sich niederschlägt in einem ausgeprägten Differenzierungs- und Anspruchsdenken sowie individuellen Inkonsistenzen bei Kaufentscheidungen. So wird nebeneinander Luxus- und Low-Price-Konsum beobachtet. Schmalen (1994) spricht in diesem Zusammenhang vom hybriden Kunden bzw. Kaufverhalten. Hinzu kommt eine zunehmende Preissensibilität des Konsumenten, deren Ursache im Niedrigpreiswettbewerb in anderen Einzelhandelsbranchen gesehen wird. Diese Entwicklungen können als Ursache mehrerer Formen innovativer Strategien im Buchhandel betrachtet werden.

Bei den Großvertriebsformen des Sortimentsbuchhandels hat sich die Tendenz zum erlebnisorientierten Angebot am weitesten durchgesetzt (z. B. die Ergebnisse in Zentes; Effen 1995, S. 46). Die Unternehmen setzen dabei auf die Entwicklung abteilungsweise abgeschlossener "Shop-in-Shop" Konzepte, die eine bessere emotionale Ansprache der individuellen Leser- bzw. Käuferschaft (z. B. Jugend oder Kinder) ermöglicht. Hinzu kommt die Tendenz, den Anspruch des Verkaufs von "Kultur" als Ganzes buchhändlerisch in einem erlebnisorientierten Ambiente umzusetzen. Als einer der Vorreiter zur Entwicklung dieser innovativen Differenzierungsstrategie kann das Berliner "Kulturkaufhaus" Dussmann angesehen werden. Es bietet um das Buchsortiment herum eine Vielzahl von Warengruppen des Medienbereichs erfolgreich an, die der kulturellen Versorgung zuzuordnen sind (z. B. Videos, CD, Computerspiele usw.).

Neben diesem eher auf den gehobenen Anspruch ausgerichteten Handelskonzept beginnt sich ein gegensätzlicher Typ von Buchhandlungen zu etablieren, der unter dem Begriff "Light & Easy" mit einem begrenzten und selektiven Angebot von Bestsellern und Schnäppchen in den Spitzenlagen der Innenstädte auftritt. Das innovative Konzept soll im Sinne der Trennung von Erlebnis- und Versorgungskauf mit leichten Zugang für potentielle Käufer ohne Kaufzwang und Informationsüberlastung durch Sortimentsvielfalt bedienen. Vorreiter bei dieser Entwicklung sind die in Kapitel 3.1 bereits genannte Kette "Weltbild plus" und die Kette "Boulevard" des Bertelsmann-Clubs.

Als weitere innovative Strategie des Sortimentsbuchhandels, die direkt auf den erlebnisorientierten Kunden fokussiert ist, sind die ambiente- und life-style-orientierten Geschäftstypen anzusehen. Sie bieten den Kunden neben dem klassischen Sortiment Service- und Unterhaltungsangebote (Events). Dieses von der amerikanischen Kette "Borders" entwickelte vergnügungsorientierte Ladenkonzept wird aber erst vereinzelt im deutschen Buchhandel umgesetzt (Singer 1998, Rupp 1998), obwohl Events in Form von Lesungen eine lange Tradition haben.

3.3 Technologieinduzierte innovative Strategien

Der nachhaltigste Einfluß auf die strategischen Anpassungsprozesse im Buchhandel ist aus den Entwicklungen im Bereich der Kommunikationstechnologie und der neuen Medien zu erwarten. Sie berühren den Buchhandel in dreierlei Form (Langendorf 1998). Erstens als internes Kommunikations-, Bestell- und Zahlungsmedium in der Beziehung zu Verlagen und Barsortimentern. Zweitens als Vertriebs- und Verkaufsmedium, wobei sich durch das Internet sowohl ein neuer Vertriebsweg neben den Standardformen des Vertriebs zu etablieren scheint, gleichzeitig aber die Form des Electronic Commerce den etablierten Buchhändlern einen zusätzlichen Zugang zu den Kunden verschafft. Drittens sind die neuen Medien ein eigenes Handelsobjekt, das sich neben dem Buch bereits etabliert hat und zumindest in den Großbuchhandlungen fester Bestandteil des Sortiments geworden ist. Sie liefern in den Großbuchhandlungen z. T. einen Umsatzanteil von bis zu 10%. Die Möglichkeit der innovativen Differenzierung durch Sortimentserweiterung hin zu einem umfassenden Medienanbieter, wie im Falle des Dussmann Kulturkaufhauses, ist bereits aus Sicht der kundeninduzierten Strategien erörtert worden.

Der Einsatz der Kommunikationstechnologie im Business to Business Bereich, z. B. in Form von Warenwirtschaftssystemen, steht noch am Anfang. Es ist aber davon auszugehen, daß sich die Beziehung zwischen Verlag und Handel verändern wird, wodurch Informationsasymmetrien im Vertriebskanal entstehen und zunehmender Integrationsdruck zu erwarten ist. Informationsvorteile des Handels bei der Planung von Auflagen werden von Seiten der Verlage bereits beklagt (o. V. 1994). Konzepte wie Category Management und ECR sollten sich aber auch im Buchhandel durchsetzen (o. V. 1998a). Bei den Buchhandelssparten der Warenhausunternehmen werden bereits erfahrungsbedingte Kostenvorteile vermutet.

Der Internetauftritt des Buchhandels wird als innovative Strategie zum Wachstum durch Erreichung neuer Kunden und zur Kundenbindung angesehen. Die Branche ist insbesondere durch das amerikanische Erfolgsunternehmen amazon.com mit seinem rasanten Wachstum im elektronischen Buchhandel in Bewegung geraten. Das Buch als standardisiertes Produkt mit geringem Qualitätsrisiko wird als prädestiniert für den Internetvertrieb angesehen. Als Vorteile werden u. a. das 24-Stunden-Angebot, die Ortsunabhängigkeit des Kaufs, die Möglichkeit des Cross-Marketing und des direkten Dialogs sowie die Möglichkeiten zur Implementierung von Kundenbindungsstrategien betrachtet. Deshalb finden sich unter den 100 umsatzstärksten Buchhandlungen nur noch wenige Unternehmen, die nicht am Electronic Commerce mit Online Angeboten teilnehmen (Ebert 1998) bzw. am Erfolg der reinen Internet-Unternehmen, wie in Deutschland dem ABC-Bücherdienst mit fast 100% Umsatzsteigerungen im Jahre 1997, teilhaben wollen.

Die Vorgehensweisen des Buchhandels im Internet sind unübersichtlich. Die Sortimentsbuchhandlungen bedienen sich im allgemeinen bei ihrem Internetauftritt der Partnerschaft mit einem Barsortimenter (z. B. KNO/K&V, vgl. *Abbildung 1*), der standardisierte Internetseiten und Katalogfunktionen bereitstellt. Die individuellen Seiten werden über einen Link mit den Angebot des Barsortimenters verbunden.

Inwieweit sich aus dem Internetauftritt echte Wettbewerbsvorteile ergeben, wird aber immer noch skeptisch beurteilt. Insofern ist zu untersuchen, welche Instrumente der Buch-

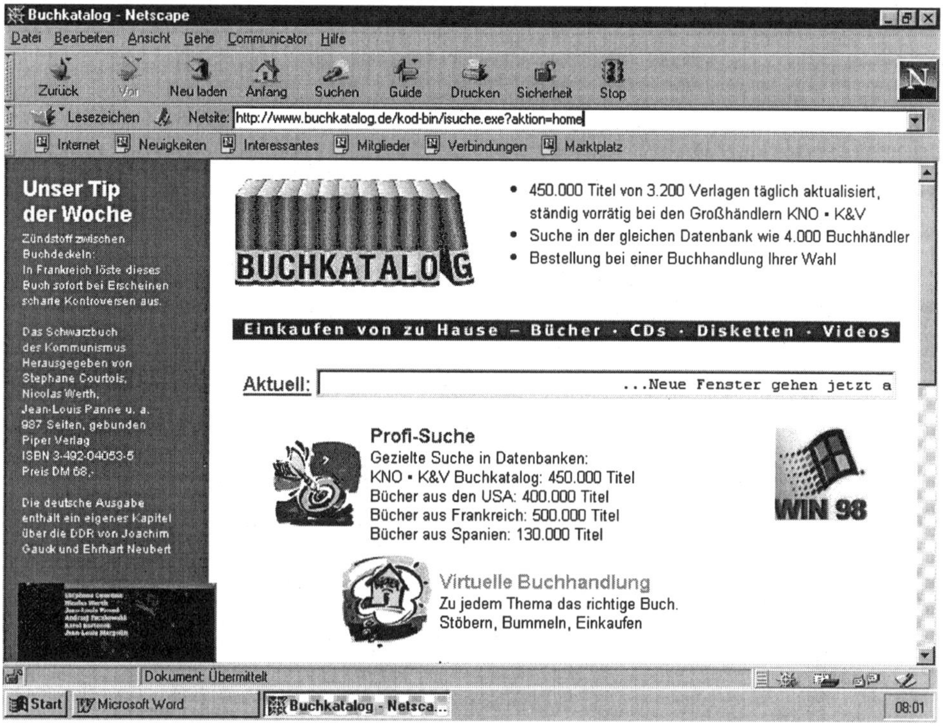

Abbildung 1: Internetauftritt des Barsortimenters KNO/K&V

handel im Electronic Commerce als innovativer Vertriebsschiene einsetzt. Neuere Studien kommen nach einer systematischen Analyse der individuellen Internetauftritte deutscher Buchhändler zu dem Schluß, daß die technischen Möglichkeiten des Internet bei weitem noch nicht ausgenutzt und die Prinzipien des im stationären Geschäft bewährten Handelsmarketing im Online-Auftritt nicht zufriedenstellend umgesetzt werden (Wilking 1997). Dies soll im folgenden Kapitel weiter untersucht werden.

4 ELECTRONIC COMMERCE IM DEUTSCHEN BUCHHANDEL

Für die Unternehmen des verbreitenden Buchhandels repräsentiert das Internet vor allem einen ergänzenden Kanal zur elektronischen Durchführung ihrer Marketing- und Handelsaufgaben im Sinne des Electronic Commerce. Mit Electronic Commerce wird dabei "die über Telekommunikationsnetzwerke elektronisch realisierte Anbahnung, Aushandlung und Abwicklung von Geschäftstransaktionen zwischen Wirtschaftssubjekten" bezeichnet (Schoder; Strauß 1998). Im Jahre 1997 war der Umfang des Internetmarktes im Buchhandel mit einem Gesamtumsatz der deutschen Internetbuchhandlungen von 30 Mio DM zwar noch als relativ unbedeutend einzustufen (Ebert 1998). Wie die GfK ermittelte, zählen in Deutschland nur ca. 3% der 5,8 Mio Personen mit einem Internetanschluß zu den Internetkäufern (Schwietert 1998). Bemerkenswert sind jedoch die übergroßen Wachstumsraten. Es wird davon ausgegangen, daß sich die Zahl der Internetnutzer innerhalb der nächsten Jahre vervielfachen wird, so daß sich ein fehlendes elektronisches Angebot in Zukunft als strategischer Wettbewerbsnachteil erweisen kann. Entscheidend wird dabei der mit dem Internetauftritt erzeugte Grad der Kundenbindung sein.

Im folgenden werden die Internetauftritte der größten deutschen stationären Buchhandelsunternehmen untersucht. Dabei wird die Art des Auftritts verglichen und insbesondere eine Beurteilung der Kundenbindungsaktivitäten der Unternehmen im Internet vorgenommen.

4.1 Der Internetauftritt in der Buchhandelsbranche

Die Erhebung der Internetadressen der 25 größten deutschen stationären Buchhandelsunternehmen erfolgte vorrangig durch die Verwendung von Text-Browsern. Bei Unternehmen, deren World-Wide-Web-Adresse auf diese Weise nicht auffindbar war, wurde die Information über eine telefonische Anfrage ermittelt. Die Übersichten wurden aufgrund der Informationen zusammengestellt, die aus den Internetseiten der einzelnen Unternehmen entnommen werden konnten. Es zeigte sich, daß mittlerweile 80% dieser Unternehmen im World-Wide-Web vertreten sind (vgl. *Tabelle 3*).

Analysiert man die Internetauftritte, dann ist der Einsatz des Internet als Kommunikationsmedium stark von Techniken der Massenkommunikation geprägt. Die interaktiven Fähigkeiten des Internet werden in der Angebotspräsentation und der Kundenansprache wenig genutzt. Für das Auffinden von Einzeltiteln und Themen im Internet haben die Barsortimente eine große Bedeutung. Die Online Recherche- und Bestellfunktionen der Buchhandlungen werden im wesentlichen über deren Datenbanken (wie KNO/K&V oder LIBRI) oder das Verzeichnis lieferbarer Bücher realisiert. Sie übernehmen, wie in *Tabelle 3* zu sehen ist, auch die Lager- und Logistikfunktionen und garantieren eine zügige Auslieferung der Online Bestellungen (Wilking 1998).

Tabelle 3: Der Internetauftritt der 25 größten deutschen stationären Buchhandelsunternehmen 1997 (Teil A)

Unternehmen	Umsatz in Mio DM	Anzahl stationärer Verkaufs-stellen	Internetauftritt	Recherchefunktion	Bestellfunktion
Karstadt/Hertie	259.0	230	www.myworld.de	LIBRI-Datenbank	über www.libri.de
Hugendubel	254.0	14	kein Internetauftritt		
Phönix-Montanus	205.1	50	kein Internetauftritt		
Kaufhof/Horton	170.0*	122	www.kaufhof.de	KNO K&V Buchkatalog	eigene Bestellaufnahme
Bouvier	104.0*	9	www.books.de	* KNO K&V Buchkatalog * Verzeichnis lieferbarer Bücher	eigene Bestellaufnahme
Thalia	103.0*	16	www.thalia.de	LIBRI-Datenbank	über www.libri.de
Mayersche	90.0*	9	www.mayersche.de	keine Recherchemöglichkeit	keine Bestellmöglichkeit
Weiland	75.0*	14	www.weiland.de	* KNO K&V Buchkatalog * Baker & Taylor Datenbank * Verzeichnis lieferbarer Bücher	eigene Bestellaufnahme
Gondrom(Bindlach)	72.2	20	in Vorbereitung		
Stern-Verlag	70.0*	3	www.buchhaus-sternverlag.de	* KNO K&V Buchkatalog * Verzeichnis lieferbarer Bücher * Offline Recherche (via e-mail)	über: * www.buchkatalog.de * www.buchhandel.de
Weltbild plus	70.0*	77	www.weltbild.de (angeschlossen an den Weltbild Versand)	keine eigene Recherchemöglichkeit	keine eigene Bestellmöglichkeit
Kiepert	69.3	9	www.kiepert.de	* KNO K&V Buchkatalog * Verzeichnis lieferbarer Bücher * Eigene Kataloge in Vorbereitung	eigene Bestellaufnahme
Pustet	59.0	11	www.buecher-pustet.de	* KNO K&V Buchkatalog * Baker & Taylor Datenbank * Verzeichnis lieferbarer Bücher * Offline Recherche (via e-mail)	über: * www.buchkatalog.de * www.buchkatalog.de * www.buchhandel.de * direkte Bestellmöglichkeit (ohne Recherche)
Buch und Kunst	56.5	28	kein Internetauftritt		
Wittwer	53.0	4	www.wittwer.de	KNO K&V Buchkatalog	eigene Bestellaufnahme

Tabelle 4: Der Internetauftritt der 25 größten deutschen stationären Buchhandelsunternehmen 1997 (Teil B)

Unternehmen	Umsatz in Mio DM	Anzahl stationärer Verkaufs-stellen	Internetauftritt	Recherchefunktion	Bestellfunktion
Schweitzer Sortiment	52.0*	13	www.schweitzer-sortiment.de	eigene Datenbank (Schweitzer's Vademecum) für registrierte Kunden: * KNO K&V Buchkatalog * Verzeichnis lieferbarer Bücher * Novitätendienste der deutschen Bibliotheken * Bookfind – world edition	eigene Bestellaufnahme
Habel	51.0	14	www.buch-habel.de	LIBRI Datenbank	eigene Bestellaufnahme
J.F.Lehmanns	50.5	27	www.jfl.de oder www.lob.de	* KNO K&V Buchkatalog * Verzeichnis lieferbarer Bücher * Speziellen Online Katalogen für die Spezielgebiete Naturwissenschaften, Informatik und Medizin * Offline Recherche (via e-mail)	über: * www.buchhandel.de * eigene Bestellaufnahme
Schmorl & von Seefeld	50.0*	1	www.schmorl.de	LIBRI Datenbank	eigene Bestellaufnahme
G.D. Baedeker	47.5	4	www.baedeker.de	* KNO K&V Buchkatalog * Baker & Taylor Datenbank * Verzeichnis lieferbarer Bücher * Offline Recherche (via e-mail)	eigene Bestellaufnahme
Gondrom (Kaiserslautern)	44.0	7	www.gondrombuch.de	LIBRI Datenbank	eigene Bestellaufnahme
Osiandersche	35.2	7	www.osiander.de	* KNO K&V Buchkatalog * Baker und Taylor Datenbank * Verzeichnis lieferbarer Bücher * Verzeichnis antiquarischer Bücher * Offline Recherche (via e-mail)	über: * www.buchkatalog.de * www.buchkatalog.de * www.buchhandel.de
Kober/Löffler	35.0	4	kein eigener Internet-auftritt,angeschlossen an www.buchkatalog.de		
Wohltat'sche	34.4	26	kein Internetauftritt		
Rombach	32.8	3	www.bookworld.de	KNO K&V Buchkatalog	über www.buchkatalog.de

**Schätzung*

Quelle der Umsatzzahlen: Buchreport 15/98; Informationsstand: 15.06.1998

Die Eigenständigkeit der Internetauftritte der stationären Buchhandlungen variiert beträchtlich. Vorrangig kleinere Buchhandlungen verzichten auf die Gestaltung einer eigenen Homepage und treten statt dessen lediglich unter dem Dach der Barsortimenter im Internet auf. Eine Vielzahl der größeren Unternehmen richtet zwar eine eigene Homepage ein, wickelt jedoch die gesamten Recherche- und Bestellfunktionen über die Internetseiten der Barsortimente ab, wie Karstadt/Hertie, Thalia usw. Einen eher eigenständigen Internetauftritt haben Buchhandelsunternehmen, die zwar die Datenbanken der beiden Barsortimenter LIBRI bzw. KNO/K&V zur Recherche nutzen, aber die gesamten Bestellvorgänge auf ihrer eigenen Homepage abwickeln, wie z. B. Bouvier und Kiepert. Zusätzlich zu den Datenbanken der Barsortimente wird auf einigen Homepages die Suche und Bestellung in eigenen, fachspezifischen Online Katalogen offeriert, so z. B. bei der Fachbuchhandlung J. F. Lehmanns und dem Schweitzer Sortiment. Um die technischen Hindernisse des World-Wide-Web, insbesondere die langen Wartezeiten, zu umgehen, bieten viele Buchhandlungen auch die Möglichkeit der Offline Recherche via E-Mail an.

Bemerkenswert bleibt jedoch, daß einige der führenden Unternehmungen (wie Hugendubel oder Phönix-Montanus) im Hinblick auf einen Einstieg in den Online-Buchhandel noch in Warteposition verharren.

4.2 Kundenbindung über das Internet

Das Angebot umfangreicher Recherche- und Bestellfunktionen im Internet kann nicht mehr allein als ein entscheidendes Differenzierungskriterium angesehen werden. Der substantielle Vorteil des Internet gegenüber anderen Medien besteht in der Interaktivität, die von Unternehmen zum Aufbau einer individuellen Beziehung zu ihren Kunden genutzt werden kann. *Tabelle 4* erfaßt, inwieweit diese Eigenschaft des Internet zur Gestaltung innovativer Kundenbindungsstrategien bereits genutzt wird. Es werden acht Kundenbindungsinstrumente, wie Zusatzangebote, One-to-One Dialog, angebotene Kostenvorteile usw., bewertet

Wie im stationären Buchhandel wird auch im Internet versucht, ein Zusatzangebot über ein Cross Selling zu erreichen. So werden von einigen Buchhandelsunternehmen im Internet neben Büchern auch ähnliche Produkte, wie z. B. CDs und Computersoftware angeboten. Nahezu alle Buchhandelsunternehmen bieten den Konsumenten die Möglichkeit,

Tabelle 5: Kundenbindungsinstrumente der 25 größten stationären deutschen Buchhandlungen 1997 im Internet

Unternehmen	Kundenbindungsinstrumente im Internet							
	Zusatz-angebote/ cross-selling	Kunden-clubs	Kostenvorteile (Verzicht auf Versandkosten)	One-to-one Dialog zur Informations-beschaffung	Weitere Serviceangebote			
					Bestsellerlisten, Buchtips/Rezensionen	Geschenk-service	Veranstal-tungstips	User-Foren
Karstadt/Hertie	*	*	*	*	über www.libri.de			*
Kaufhof/Horton	*		*	*	*		*	
Bouvier	*		*	*	*		*	
Thalia	*		*	*	*	*		
Mayersche							*	
Weiland	*			*	*		*	
Stern-Verlag	*		*	*	*		*	
Weltbild plus								
Kiepert							*	
Pustet				*	*		*	
Wittwer				*	*		*	
Schweitzer Sortiment								
Habel				*	*		*	
J.F.Lehmanns				*	*			
Schmorl&von Seefeld	*			*	*	in Vorbe-reitung		
G.D. Baedeker			*	*	*	*	*	
Gondrom (Kaiserslautern)			ab 50 DM Bestellwert	*	*		*	
Osiandersche			ab 100 DM Bestellwert	*	*		*	
Rombach				*	*		*	

Informationsstand: 15.06.1998

über E-Mail interaktiv mit ihren Mitarbeitern zu kommunizieren, was insbesondere das Nachkaufmarketing erleichtert. Die Möglichkeit des Dialogs für den Kunden wird jedoch in vielen Fällen kaum explizit herausgestellt. Häufig bedurfte es einer zielgerichteten Suche, um die E-Mail-Dialogmöglichkeit aufzufinden.

Zur Erhöhung der Attraktivität des Auftritts werden von den Unternehmen vorrangig Serviceangebote eingesetzt. Hier dominieren Bestsellerlisten, Tips für den Buchkauf und Rezensionen. Auch über regionale Kulturangebote wird von den meisten Firmen informiert. Trotzdem ist dieses Instrument bisher kaum umfassend von den stationären Buchhandlungen genutzt worden. Besonders fällt auf, daß die Kunden zu wenig in die Serviceangebote mit einbezogen werden.

> Beispielhaft für die interaktive Gestaltung solcher Serviceangebote sei an dieser Stelle das Konzept der “Buchpatenschaften” der Online Buchhandlung ABC-Bücherdienst erwähnt. Für ein von ihnen favorisiertes Buch schreiben die Leser eine Rezension, die auf den Internetseiten des ABC-Bücherdienstes abgedruckt wird. Werden durch diesen Beitrag andere Kunden zum Kauf des Buches angeregt, wird der Empfehlende mit 1 DM pro verkauften Exemplar am Umsatz beteiligt.

Eine geringe Verbreitung hat das Angebot kompletter Problemlösungen gefunden. Unter den größten stationären Buchhandelsunternehmen bieten lediglich Thalia und G. D. Baedeker auf ihren Internetseiten einen sog. Geschenkeservice an, der die Versendung eines Buchgeschenks inclusive Verpackung und persönlicher Grußkarte beinhaltet. Auch die Möglichkeiten der Kundenklubs mit exclusiven Leistungen für Klubmitglieder wird von den stationären Buchhandelsunternehmen im Internet bislang nicht genutzt. Lediglich der Marktführer Karstadt/Hertie als branchenfremder Anbieter wirbt mit besonders vorteilhaften Angeboten um Klubmitglieder.

Der Internetbuchhandel hat dagegen den Preis als Marketinginstrument entdeckt. Nachdem zunächst der größte deutsche Online Buchversand, der ABC-Bücherdienst, mit einem Verzicht auf die Versandkostenpauschale Kunden an sich zu binden versuchte, nutzen auch immer mehr stationäre Buchhändler im Internet diese Möglichkeit, wie die Analyse in *Tabelle 4* aufzeigt.

Insgesamt wird deutlich, daß die Unternehmen des Buchhandels die Möglichkeiten des

Internet zur Kundenbindung unzureichend nutzen. Kundenklubs, Geschenkeservice und Userforen sind kaum entdeckt. Hinzu kommt durch die Anbindung an das Datenbankangebot der Barsortimenter eine relative Ähnlichkeit des Internauftritts. Die Differenzierungspotentiale im Electronic Commerce sind nach wie vor groß.

5 ZUSAMMENFASSUNG UND AUSBLICK

Aus den Analysen der innovativen Strategien im Wettbewerb des stationären Buchhandels kann geschlossen werden, daß mehrere grundlegende strategische Entwicklungsrichtungen zu erwarten sind. Die überkommene Branchenstruktur wird sich zunehmend durch neue, spezialisierte und differenzierte Vertriebstypen und damit größere Kundennähe verändern. Die klassischen Sortimenter werden weiter an Marktanteil verlieren. Von den großen Buchhandelsunternehmen ist zu erwarten, daß sie durch die stärkere Ausrichtung an erlebnisorientierten Strategien und weiteres Größenwachstum an Bedeutung gewinnen. Nach den vorliegenden Schätzungen wird der Marktanteil und die Bedeutung des Internet-Buchhandels in den nächsten Jahren weiter wachsen. Um im Wettbewerb bestehen zu können, kann es für stationäre Buchhandelsunternehmen unerläßlich werden, über das Internet einen zusätzlichen Vertriebsweg aufzubauen. In naher Zukunft sollte trotz der zu erwartenden Dynamik in der Branche nicht mit einer vollständigen Verdrängung des klassischen Sortimentsbuchhandels gerechnet werden.

Zwei weitere Treiber werden jedoch den Wettbewerb in der Branche neu beleben: Die wachsende Internationalisierung des Buchhandels und der zu erwartende Wegfall der Preisbindung.

Ergebnis des Online-Buchhandels wird eine Auflösung der nationalen Marktgrenzen sein. Im Netz können ausländische Anbieter mit aggressiven Strategien tätig werden. Auch läßt sich im Internetbuchhandel bereits ein direktes Eindringen ausländischer Anbieter auf den deutschen Markt feststellen. So hat sich z. B. der Pionier des Cyber-Buchhandels amazon.com mit der Übernahme des deutschen Marktführers im Online-Buchhandel, dem ABC-Bücherdienst, ein festes Standbein im deutschen Markt geschaffen. Ein weiteres Beispiel für eine internationale Expansion im Online Markt ist die Ankündigung des Bertelsmann Verlags, sich im Herbst 1998 mit der internationalen Online Buchhandlung BooksOnline im World-Wide-Web zu präsentieren (Urban 1998).

Mit dem Wegfall der Preisbindung werden sich neue Wettbewerbsverschiebungen ergeben. So ist nach den Erfahrungen aus anderen Branchen mit weiterer Konzentration und dem Eindringen branchenfremder Wettbewerber in den Buchmarkt zu rechnen. Die Großbetriebsformen und die Filialisten werden sich leichter durch segmentspezifische Strategien an die veränderten Marktverhältnisse anpassen als kleine Unternehmen. Der Verlierer wird das profillose Unternehmen werden.

LITERATUR

Börsenverein des Deutschen Buchhandels e. V. (Hrsg.): Buch und Buchhandel in Zahlen. Ausgabe 1997.

Cronau, S.: Das Buch hat eine Doppelnatur, Börsenblatt für den Deutschen Buchhandel, 11 (1998), S. 17–19.

Cronau, S.; Hauck, S.: Gefragt ist Entertainment, Börsenblatt für den Deutschen Buchhandel, 12 (1998), S. 16–18.

Ebert, M.: Schon über 1000 Buchhandlungen im Netz, aber die Umsätze sind weiter bescheiden, Buchreport, 3 (1998), S. 18–24.

Gröppel, A.: Profilierungsstrategien im Buchhandel. In: Kind, H. (Hrsg.): Buchmarketing, Wandel im Handel: Düsseldorf, Metropolis 1995, S. 59–79.

Heinrichs, H. (Hrsg.): Ergebnisbericht zur Untersuchung der Veränderungen der Strukturen im Sortimentsbuchhandel und die daraus erwachsenden Gefahren und Möglichkeiten für den mittelständischen Buchhandel als Grundlage für die zukünftige Unternehmensberatung, Köln 1989.

Institut für Handelsforschung Köln: Branchendokumentation / 4 Facheinzelhandel mit Freizeitartikeln (1991–1996).

Kroeber-Riel, W.: Strategie und Technik der Werbung, Stuttgart u. a.: Kohlhammer 1988.

Langendorf, B.: Zwischen Karstadt und Hugendubel hat diesmal das Zielfoto entschieden, Buchreport, 15 (1998), S. 38–72.

Langendorf, B.: Große werden immer stärker, Buchreport, 41/42 (1997), S. 188–199.

Langendorf, B.: Investitionsfreude, Tendenz zu weiterer Konzentration und neue Märkte im Osten machen Große noch größer, Buchreport, 15 (1992), S. 31–60.

Olbrich, O.: Evaluation von Konzentrationsprozessen im Konsumgüterhandel – Ein Meßinstrumentarium zur Identifizierung von Austausch- und Verkrustungsprozessen in der Spitzengruppe von hoch konzentrierten Märkten. In: Trommsdorff, V. (Hrsg.):

Handelsforschung, 1997/98, Wiesbaden: Gabler 1997, S. 441–462.
o. V.: Trendsetter ´98, BuchMarkt. 2, (1998a), S. 64–78.
o. V.: Internationaler Vergleich der Umsatzentwicklung des Facheinzelhandels im Jahre 1997. In: Müller-Hagedorn, L. (Hrsg.): Mitteilungen des Instituts für Handelsforschung an der Universität zu Köln, 5/50 (1998b), S. 107.
o. V.: Die ruhigen Zeiten sind vorbei. Börsenblatt für den Deutschen Buchhandel, 72 (1994), S. 5–9.
Rupp, P.: Spielend verkaufen. BuchMarkt, 1 (1998), S. 86–90.
Schmalen, H.: Das hybride Kaufverhalten und seine Konsequenzen für den Handel, Zeitschrift für Betriebswirtschaft, 10 (1994), S. 1221–1240.
Schoder, D.; Strauß, R.: Electronic Commerce. In: Hippner, H.; Meyer, M.; Wilde, K. (Hrsg.): Computer Based Marketing, Braunschweig/Wiesbaden, Vieweg 1998, S. 55–64.
Schwietert, S.: Mitmachen müssen alle. Börsenblatt für den Deutschen Buchhandel, 20 (1998), S. 14–17.
Singer, K.: Lifestyle pur. BuchMarkt, 1 (1998), S. 136–137.
Urban, K.: Drehscheibe der Zukunft. Börsenblatt für den Deutschen Buchhandel, 21 (1998), S. 18–20.
Weinberg, P.: Erlebnismarketing. München, Vahlen 1992.
Wilking, T.: Online-Push für die Funktionsverschiebung. Buchreport, 6 (1998), S. 5.
Wilking, T.: Online-Auftritte der Branche sind häufig unprofessionell und wenig kundenorientiert. Buchreport, 47 (1997), S. 22–23.
Wörner, J.; Hardt, G.: Kostspieliger Unfug. BuchMarkt, 2 (1998), S. 90–99.
Zentes, J.; Effen, I.: Perspektiven für den Buchmarkt. Düsseldorf: Econ (1995).

Interaktive Medien als neues Instrument zur Kundenbindung im Handel

Thomas Foscht und Georg Jungwirth, Graz

Interaktive Medien setzen sich als Kommunikations- und Informationsmedium auch im Handel mehr und mehr durch, wobei sich insbesondere das WWW zu einem Massenmedium zu entwickeln scheint. Spezifische Eigenschaften der neuen Medien, insbesondere die Interaktivität, legen eine Nutzung als Instrument zur Kundenbindung für Handelsunternehmen nahe. In diesem Beitrag soll daher nach einer Diskussion der Rahmenbedingungen und medienspezifischer Eigenschaften, die für die Kundenbindung besonders relevant erscheinen, auf die Möglichkeiten und Chancen eingegangen werden, die interaktive Medien im Rahmen der Kundenpolitik bieten können

1 AUSGANGSSITUATION UND PROBLEMHINTERGRUND

Der europäische Einzelhandel hat in den letzten Jahrzehnten tiefgreifende strukturelle Veränderungen erfahren. Auffälligstes Merkmal dieser Entwicklung ist insbesondere das sukzessive Zurückdrängen der zahllosen unabhängigen, kleinen Läden durch die großflächigen und meist relativ personalextensiven Betriebstypen einiger weniger Handelsketten. Der hohe Konzentrationsgrad sowie die zunehmende internationale Expansion der großen europäischen wie amerikanischen Handelskonzerne (Tietz 1995, S. 90) beschleunigten diesen Prozeß, der sich insbesondere in den deutschsprachigen Ländern in einem oft ruinösen Preiswettbewerb niederschlug. Während allerdings zuletzt in mehreren EU-Staaten die Handelsumsätze nur mehr bescheidene Zuwachszahlen aufwiesen oder bereits stagnierten, war das Verkaufsflächenwachstum auch in den 90er Jahren noch weitgehend ungebremst. Als logische Konsequenz dieser Entwicklungen stellten sich in den meisten Handelsbranchen rückgängige Umsatzrenditen und eine rasch fortschreitende Strukturbereinigung ein (Overlack 1992, S. 11).

In dieser prekären Situation eines immer massiveren Wettbewerbs besannen sich viele Handelsbetriebe wieder einer der grundlegenden Marketingoptionen (Kotler; Bliemel 1995, S. 74ff), die auf rasch wachsenden Märkten üblicherweise vernachlässigt wird. Anstatt den Unternehmenserfolg durch immer größere Aufwendungen im Bereich der Neukundenakquisition sichern zu wollen, konzentrierten sich immer mehr Einzelhändler auf Aktivitäten des sogenannten After-Sales-Marketing, mit dessen Hilfe versucht wird, die Zufriedenheit der bestehenden Kunden nachhaltig sicherzustellen und diese in weiterer Folge enger an das eigene Unternehmen zu binden (Haedrich; Hoffmann-Linhard; Olavarria 1997, S. 71 ff.). Diese "neue Sollstrategie des Marketing" (Bliemel; Eggert 1998, S. 37) steht allerdings im krassen Gegensatz zu den aktuellen Entwicklungen im Käuferverhalten. Über kaum eine andere Eigenschaft des "neuen Konsumenten" herrscht solche Einigkeit wie über die abnehmende Bindungsbereitschaft des nach individueller Nutzenmaximierung strebenden "hybriden" oder gar "multioptionalen" Kunden (Schmalen 1994, S. 1221 ff.; Liebmann 1996, S. 42 ff.).

Dennoch erscheinen die Vorteile von Kundenbindungsstrategien äußerst attraktiv: Treue Stammkunden stellen nicht nur die Kontinuität des Absatzes sicher, sie weisen meist auch höhere Durchschnittsausgaben und Einkaufsfrequenzen auf und bewirken nicht zuletzt wegen ihrer geringeren Preissensibilität und der positiven Mund-zu-Mund-Kommunikation im unmittelbaren sozialen Umfeld eine Verbesserung der Unternehmensrentabilität (Diller 1996, S. 81; Jungwirth 1997, S. 37 ff.). Auch zahlreiche empirische Arbeiten unterstreichen immer wieder die positive Korrelation zwischen der Höhe des Stammkundenanteils und der Profitabilität eines Unternehmens (Reichheld 1997, S. 47 ff.). Es verwundert daher nicht, daß periodenübergreifende firmeninterne Kostenanalysen sehr deutlich zeigen, daß – je nach Branche – die Akquisition eines neuen Kunden bis zu siebenmal mehr kostet als das Halten eines bestehenden Kunden. Dabei stellt man auch häufig fest, daß der Deckungsbeitrag eines Verbrauchers normalerweise mit der Dauer der Kundenbeziehung zunimmt, was u. a. auf das immer effizientere Erfüllen der Kundenwünsche, die bessere Umlegbarkeit der Akquisitionskosten sowie generell auf höhere

Umsätze dank des aufgebauten Vertrauensverhältnisses zurückzuführen ist (Reichheld; Sasser 1991, S. 111). Einige Unternehmen errechneten auch das Lebensumsatzpotential ("Life-Time-Value") eines durchschnittlichen Endverbrauchers, um vor allem bei internen Schulungen den enormen Langzeitwert eines jeden Kunden hervorzustreichen (Meyer; Dornach 1994, S. 50).

In diesem Zusammenhang wird die Problematik des Einzelhandels klar ersichtlich. Während früher die genaue Kenntnis der Käufer logische Konsequenz der traditionell engen Kundenbeziehungen war, ist die Verbrauchernähe vor allem in denjenigen Betriebstypen weitgehend verloren gegangen, die es aus Kostengründen bei immer weniger Mitarbeitern mit einer immer größeren Zahl von meist anonymen Kunden zu tun haben.

Da parallel dazu im Zeitalter der Informationsüberlastung auch die Effizienz der klassischen Kommunikationsinstrumente laufend zurückging (Liebmann; Foscht 1998, S. 1094 ff.), schien sich als einzige Alternative zum aus Kostengründen nicht möglichen "echten" persönlichen Kontakt das Direkt Marketing anzubieten. Dabei versuchte man auf der Grundlage einer relationalen Datenbank, vor allem mit personalisierten Briefen die Beziehung zu den eigenen Kunden nicht abreißen zu lassen oder überhaupt erst aufzubauen. Zu den dafür benötigten Stammdaten (Name, Adresse etc.) gelangte man insbesondere durch die Ausgabe von Kundenkarten (Mohme 1993) bzw. die Gründung von Kundenklubs (Butscher 1995; Diller 1997). Während bei emittierten Kundenkarten vor allem mit ökonomischen Vorteilen für den Besitzer geworben wird (Rabatt- bzw. Kreditfunktion), dominieren bei den meisten Kundenklubs emotionale Vorteile wie beispielsweise die Teilnahme an sozialen Events oder das Prestige, das mit der Mitgliedschaft in einem elitären Klub verbunden ist (Diller 1997, S. 33). Beide Kundenbindungsinstrumente entwickeln allerdings ihr volles Potential erst in Kombination mit entsprechenden technischen Begleitmaßnahmen, da beispielsweise ohne Scannerkassen die Informationen über das individuelle Kaufverhalten nicht den jeweiligen Kundenkonten zugeordnet werden können. Auch das Manko vieler Kundenklubs, daß der Kunde keinen Vorteil davon hat, seine Klubkarte beim Einkauf vorzuweisen, erschwerte in der Vergangenheit ein effizientes Database-Marketing (Meyer; Mattmüller 1992, S. 96). Dazu gehören nicht nur Direkt Marketing-Maßnahmen, die auf detaillierten Kundengruppenanalysen basieren, sondern u.a. auch die Möglichkeit des gezielten Cross-Selling sowie die Rückgewinnung inaktiver oder ehemaliger Kunden.

In Zukunft erwartet man vor allem eine Zunahme der "Frequent Shopper-Programme", die in gewisser Hinsicht eine Weiterentwicklung des Kundenkartensystems darstellen und auf der Idee basieren, die Umsätze jedes Endverbrauchers im Laufe seiner Kundenbeziehung elektronisch zu kumulieren und in Treue-Punkte umzurechnen. Durch laufende Kommunikation des jeweiligen Punktestandes sowie der bei Erreichen einer bestimmten Punktezahl zustehenden Treueprämien und -geschenke scheinen sich zur Zeit aufgrund der Sammelleidenschaft vieler Menschen in oft höherem Maße Bindungseffekte erzielen zu lassen als durch herkömmliche Kundenklubs und -kartensysteme (Jungwirth 1997, S. 174 ff.).

Ein Instrument, dessen Kundenbindungspotential in der Vergangenheit nur ansatzweise ausgeschöpft wurde, stellen die neuen Medien dar (Liebmann; Foscht; Jungwirth 1996, S. 68; Liebmann; Ulrich 1997, S. 90). Ihnen könnte unserer Meinung nach in Zukunft eine zentrale Rolle im Relationship Marketing von Handelsunternehmen zukommen.

2 RAHMENBEDINGUNGEN DES EINSATZES NEUER MEDIEN

Die Idee, neue Medien auch für Ziele der Kundenpolitik einzusetzen, ist grundsätzlich nicht neu, sondern geht bis in die 80er Jahre ins Bildschirmtext-Zeitalter zurück. Allerdings haben sich in der Zwischenzeit die Rahmenbedingungen für die interaktive Kommunikation über neue Medien grundsätzlich geändert, sodaß zunächst die Frage geklärt werden muß, was neue Medien als Instrument zur Kundenbindung besonders interessant erscheinen läßt. Die folgenden Betrachtungen beziehen sich dabei grundsätzlich auf "Online-Inhome-Medien" und hier vor allem auf das Medium Internet.

2.1 Die Rolle der Interaktivität

Jene Eigenschaft, die als charakteristisch für neue Medien betrachtet wird, ist die Interaktivität (Foscht 1998, S. 15). Durch diese wird es den Konsumenten bzw. Nutzern von Systemen ermöglicht, in die Gestaltung der Kommunikationsinhalte sowie auch in die Struktur der Informationen einzugreifen. Der Nutzer wählt also nur das aus, was für ihn interessant erscheint und ist daher "informationssouveräner" als bei der Kommunikation über klassische Medien. Besonders bedeutend ist die Interaktivität im Rahmen der neuen

Medien aber vor allem deshalb, weil für eine Interaktion kein anderes Medium benutzt werden muß.

Die Interaktivität ist aber nicht nur eine zusätzliche Eigenschaft von neuen Medien, sondern verlangt auch bei den verantwortlichen Personen im Unternehmen ein völlig neues Kommunikationsverständnis. Klassischen Kommunikationsmodellen liegt ein Sender-Empfänger- bzw. Stimulus-Response-Verständnis zugrunde. Diesem Prinzip zufolge wird, wenn auf einen Stimulus die gewünschte Wirkung nicht eintritt, der Stimulus verstärkt und/oder wiederholt. Wenngleich auf diesem Prinzip beruhende Modelle Fortschritte brachten, scheinen sie für die Erklärung der Kommunikation über interaktive Medien nur mehr bedingt geeignet zu sein. Die aktive Rolle in der Kommunikation wird mehr und mehr von den Konsumenten übernommen. Dieser "shift in activeness" (Anderson 1996, S. 155) kann folgendermaßen charakterisiert werden:

Tabelle 1: Die Schwerpunktverlagerung in der Kommunikationspolitik

Klassischer Aktivitätsschwerpunkt: Handelsunternehmen	**Neuer Aktivitätsschwerpunkt: Endverbraucher**
wählt die Botschaft	selektiert den Inhalt nach Relevanz und paßt ihn an die eigenen Vorstellungen an
wählt das Medium	wählt Teilbereiche des Mediums nach Brauchbarkeit
wählt das Publikum/die Zielgruppe	wählt das werbende Unternehmen nach spezifischen Interessen
wählt den Zeitpunkt	wählt den Zeitpunkt

Charakteristisch für die Kommunikation in interaktiven Medien ist also, daß der Konsument entscheidet, welche Informationen er abrufen will. Unternehmen können nicht wie in klassischen Medien Druck ausüben, sondern lediglich Angebote bereitstellen, die dann u. U. vom Konsumenten abgerufen werden. Grafisch kann diese Form der Kommunikation wie in *Abbildung 1* dargestellt werden (Hofmann; Novak; Chatterjee 1996).

Eine weitere Folge der Interaktivität wird in diesem Zusammenhang auch deutlich. Konsumenten können nämlich nicht nur ohne Medienbruch ausgewählte Informationen abrufen, sondern auch Informationen in den Medien für andere hinterlassen. Konkret können

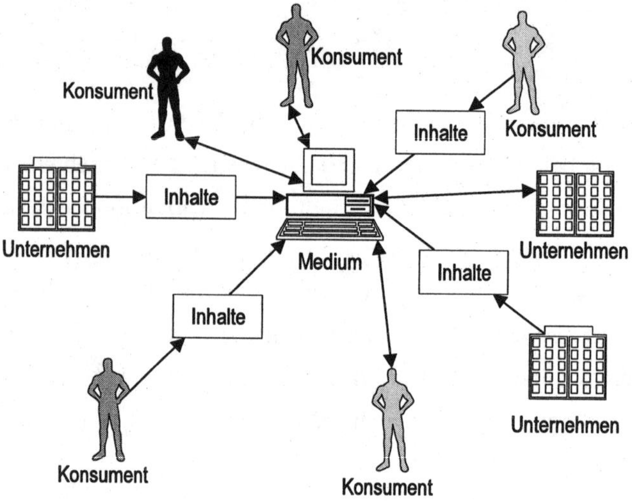

Abbildung 1: Interaktive Kommunikation im WWW

das z. B. Gästebücher von Unternehmen oder Diskussionsgruppen sein. Aber gerade aus kundenpolitischer Sicht scheinen in diesem Bereich weitere wichtige Potentiale zu liegen.

Für die Kundenpolitik, aber insbesondere für den sog. Electronic Commerce, ist die auf der Interaktivität beruhende Möglichkeit, spontan und impulsiv zu handeln, von Bedeutung. Damit können Bedingungen wie im realen Laden geschaffen werden, in dem Konsumenten spontan reagieren und auch tatsächlich zugreifen können. Als erste Anzeichen in diese Richtung können Versteigerungen im Internet betrachtet werden, bei denen es bereits darum geht, sich spontan "ein Schnäppchen zu sichern".

Zusammenfassend kann festgehalten werden, daß die Interaktivität jene Eigenschaft der neuen Medien sein dürfte, die es Handelsunternehmen ermöglicht, individuelle Angebote für jeden einzelnen Kunden zu erstellen. Voraussetzung dafür ist, daß die Kunden bereit sind, ihre Identität bekanntzugeben. Dies scheint aber bei einem für den Konsumenten erkennbaren Nutzen durchaus realistisch zu sein. Der Aufbau einer Kundenbeziehung durch individuelle Kommunikation, die im Idealfall einem persönlichen Gespräch nahekommen soll, wäre somit denkbar.

2.2 Die Bedeutung von Multimodalität und Infotainment

Die Multimodalität ist jene Eigenschaft, die sich aus der computerunterstützten Zusammenführung aller bisher vorhandenen Medien ergibt. Aus der Sicht von kommunizierenden Unternehmen wird oft die These vertreten, daß bei multimedialer Präsentation auch die Kommunikationswirkung höher sei. Weidemann hat diesen Zusammenhang für den Bereich "Lernen" untersucht und kommt zu dem Ergebnis, daß dies lediglich eine naive Annahme sei (Weidemann 1995, S. 66). Unumstritten dürfte hingegen der höhere Unterhaltungswert von multimedial aufbereiteten Informationen sein. Man spricht in diesem Zusammenhang auch von Infotainment.

Die Bedeutung der multimedialen Aufbereitung bzw. des Infotainments für die Kundenpolitik des Handels wird deutlich, wenn man die Ergebnisse von empirischen Untersuchungen betrachtet, die sich allerdings vorwiegend auf den Point of Sale konzentrieren (Swoboda 1996, S. 305 ff.). Es konnte gezeigt werden, daß die Nutzer von multimedialen Systemen am PoS höhere Einkäufe tätigten und das gesamte Einkaufserlebnis besser bewerteten als jene Personen, die das Medium nicht nutzten.

Allerdings muß in diesem Zusammenhang erwähnt werden, daß multimedial aufbereitete Informationen zumindest zur Zeit auf bestimmte Zielgruppen und auf bestimmte Produkte beschränkt sein dürften. Umgekehrt kann aber genau dieser Umstand auch zur Zielgruppenbildung genutzt werden. Mittel- bis langfristig könnte es sogar so sein, daß bestimmte Kundengruppen ausschließlich über neue Medien und multimediale Präsentationen erreichbar sein werden.

2.3 Die Auswirkungen von Electronic Commerce

Der elektronische Vertrieb von Produkten und Dienstleistungen ist ein in letzter Zeit vieldiskutiertes Thema (Geppert; Müller 1997, S. 419 ff.). Die Gründe dafür liegen u. a. in den folgenden Bereichen:

- relativ geringe Kosten im Vergleich zum klassischen Vertrieb
- effizientere Abwicklung von einmal elektronisch erfassten Bestellungen, was zu einer Fehlerminimierung und rascheren Abläufen führt
- praktisch keine Platzrestriktionen wie im realen Handel – zusätzlich kann das An-

gebot laufend aktualisiert werden (Aktionspreise, neue Produkte usw.)

Wenngleich der Bezug zur Kundenpolitik nicht unmittelbar gegeben ist, kann man die hohe zukünftige Bedeutung erkennen, wenn man die Einschätzung von führenden europäischen Handelsmanagern betrachtet (Zentes; Morschett 1997, S. 51). Demnach wird für das Jahr 2000 geschätzt, daß bereits rund 9 Prozent des Handelsumsatzes und im Jahr 2010 bereits rund 16 Prozent des Handelsumsatzes elektronisch abgewickelt werden.

Die hohe Bedeutung einer elektronischen Kundenpolitik für den klassischen Handel wird aber noch deutlicher, wenn man auch die neuen Mitbewerber im e-commerce betrachtet. Der Einschätzung der Manager zufolge wird der Electronic Commerce-Umsatz nämlich folgendermaßen auf drei Gruppen verteilt (Rode 1997, S. 52):

- Klassischer Handel (51 Prozent)
- Neuer virtueller Handel (27 Prozent)
- Industrie (22 Prozent)

Für den Handel scheint es vor diesem Hintergrund besonders bedeutsam zu sein, seinen traditionell engen Kontakt zum Kunden auch über neue Medien weiterzupflegen. Damit könnte der Handel seine Position vor allem der Industrie gegenüber stärken, die vermehrt beginnt, "virtuelle factory outlets" zu betreiben.

2.4 Perspektiven des Einsatzes von neuen Medien für die Kundenpolitik

Versucht man nun, die drei dargestellten Eigenschaften bzw. Perspektiven zusammenzufassen, so kann man erkennen, daß sich jeweils eine ganze Reihe von möglichen Argumenten ableiten läßt, die für einen verstärkten Einsatz von interaktiven Medien in der Kundenpolitik sprechen. Allerdings haben auch bisherige Erfahrungen gezeigt, daß der Einsatz des Mediums an sich (z. B. eine Homepage im Internet) noch nicht ausreicht. Wenngleich man bzgl. der Vielfältigkeit der Einsatzmöglichkeiten auf breite Zustimmung stößt, könnte gerade im großen Spektrum an Möglichkeiten auch die Gefahr liegen, den Überblick über kundenpolitische Ziele zu verlieren. Als Voraussetzung für die Nutzung neuer Medien zur Kundenbindung dürfte daher zunächst einmal eine differenziertere Betrachtungsweise erforderlich sein. Im nächsten Abschnitt sollen daher einzelne Determinanten detaillierter betrachtet werden.

3 NEUE MEDIEN UND POTENTIELLE ANWENDUNGSBEREICHE IM RAHMEN DER KUNDENBINDUNG

Die Treue von Konsumenten zu Handelsunternehmen bzw. Einkaufsstätten kann von verschiedenen Determinanten beeinflußt werden. Dementsprechend präsentieren sich für die "elektronische Kundenpolitik" verschiedene Ausgangssituationen, auf die im folgenden näher eingegangen werden soll.

Grundsätzlich lassen sich bei den Determinanten der Geschäftstreue im klassischen Handel einkaufsstättenspezifische und kundenspezifische Determinanten unterscheiden (Jungwirth 1997, S. 136):

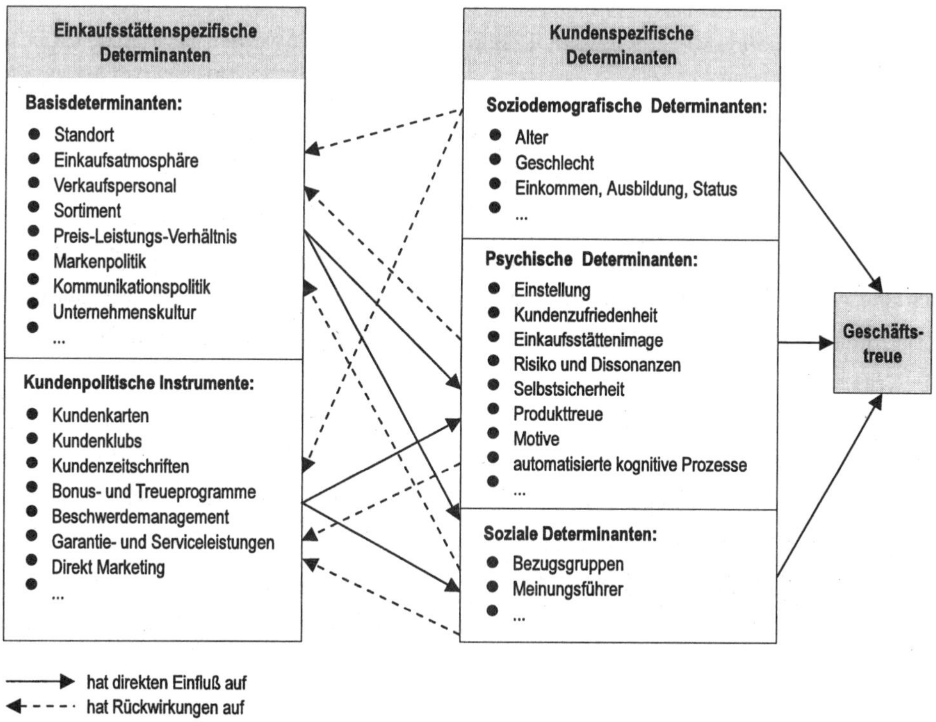

Abbildung 2: Die Determinanten der Geschäftstreue für den klassischen stationären Handel

Im Kontext der interaktiven Kommunikation ist nun die Frage zu diskutieren, inwieweit diese Determinanten auch dabei eine Rolle spielen, wobei auf ausgewählte Aspekte eingegangen werden soll, die in diesem Zusammenhang besonders relevant erscheinen.

Im Rahmen der einkaufsstättenspezifischen Determinanten, das sind jene Faktoren, die im unmittelbaren Einflußbereich des Handelsunternehmens liegen, unterscheidet man zwischen Basisdeterminanten des Handels und neuen kundenpolitischen Instrumenten.

3.1 Basisdeterminanten

Grundsätzlich läßt sich bzgl. der Basisdeterminanten festhalten, daß diese auch in der interaktiven Kommunikation als wichtige Faktoren bezeichnet werden können, aber zumindest teilweise eine neue Bedeutung erhalten dürften.

Die Basisdeterminante Standort, die im stationären Handel eine zentrale Rolle spielt, muß im Rahmen der interaktiven Kommunikation neu interpretiert werden (Fantapié Altobelli; Fittkau 1997, S. 410). Grundsätzlich hat der *Standort* für virtuelle Unternehmen im Vertrieb kaum Bedeutung. Im Prinzip könnte sich der Sitz eines Unternehmens (bzw. des WWW-Servers) an einem beliebigen Ort der Welt befinden, ohne daß sich daraus für die Konsumenten ein Unterschied ergibt. Unter Berücksichtigung von logistischen Aspekten kann der Standort eines Unternehmens bzw. eines Lagers aber doch dieselbe (große) Bedeutung wie im klassischen Handel erhalten. Gerade die schnelle Anlieferung kann ein Kriterium zur Profilierung für Handelsunternehmen und damit im weiteren Sinne auch ein Kriterium zur Kundenbindung sein.

Die *Einkaufsatmosphäre* in neuen Medien stellt in gewisser Hinsicht eine Besonderheit dar, da sie von einem Handelsunternehmen nur schwer beeinflußt werden kann. Selbstverständlich kann die Präsentation von Sortimenten medienadäquat gestaltet werden, was aber nur einen Teil der Atmosphäre abdeckt. Der andere Teil besteht aus der Atmosphäre des privaten Wohnzimmers oder des Büros. Aus diesem Grund dürfte der optimalen Gestaltung des beeinflußbaren Teils der Einkaufsatmosphäre eine besondere Bedeutung zukommen.

Wenn man jüngste Entwicklungen im Bereich Electronic Commerce bzgl. des *Sortiments* betrachtet, so zeigt sich, daß zur Zeit sehr viele Anbieter im WWW versuchen, sich dadurch zu profilieren, daß sie ein beinahe unendliches Sortiment anbieten. Diese Entwicklung kann als durchaus medienadäquat bezeichnet werden, weil im Internet kaum Platzrestriktionen bestehen. Ob derartige Sortimente auch zur Kundenbindung beitragen, sei allerdings dahingestellt. Wenngleich es Branchen geben mag, in denen solche Entwicklungen von den Konsumenten positiv gesehen werden (wie die Beispiele Buch- und Tonträger-Handel zeigen), könnte in anderen Branchen die Kompetenz des Handels gerade darin liegen, nicht ein unendliches Sortiment, sondern ein sorgfältig ausgewähltes Sortiment anzubieten.

Für die Geschäftstreue im klassischen Handel spielt die *Markenpolitik* nur insofern eine Rolle, als versucht wird, mit Handelsmarken-Strategien nicht nur eine Ergebnisverbesserung, sondern letztlich auch stärkere Kundenbindung zu erzielen (Liebmann; Foscht; Jungwirth 1996, S. 38 ff.). Diese Strategie zu verfolgen bietet sich grundsätzlich auch in interaktiven Medien an, insbesondere deshalb, weil damit das Problem einer sich bereits abzeichnenden globalen Transparenz der Märkte bei Markenartikeln zumindest teilweise umgangen werden kann. Allerdings ist einschränkend anzumerken, daß die Handelsmarkenstrategie fast ausschließlich für Stammkunden geeignet erscheint, die damit weiter an das Unternehmen gebunden werden können. Für die Akquisition von neuen Kunden fehlt den Handelsmarkenprodukten sowohl die Glaubwürdigkeit als auch das Image, die weltweit bekannte Markenartikel üblicherweise aufweisen.

Die *Kommunikationspolitik* ist jenes Thema, über das im Zusammenhang mit neuen Medien die meisten Diskussionen geführt wurden. Wenngleich es vor wenigen Jahren noch zur Kundenbindung beigetragen haben mag, auch über neue Medien zu kommunizieren, reicht in der Zwischenzeit das Faktum "im Internet präsent zu sein" weder für Berichte in den Medien noch für die Kundenbindung aus. Faßt man die zahlreichen Empfehlungen zusammen, die zumindest teilweise einer besseren wissenschaftlichen Fundierung bedürften, so kann man festhalten, daß es auch in der Kommunikation über interaktive Medien der "Mehrwert für den Kunden" ist, der zu einer Verstärkung der Beziehung beitragen kann (Foscht 1996, S. 18). Wie ein konkreter Mehrwert geboten werden kann, ist von vielen Faktoren abhängig, wobei eine detailliertere Diskussion den Rahmen dieses Beitrages sprengen würde.

Die Bedeutung der *Unternehmenskultur* im Rahmen der interaktiven Kommunikation kann als grundsätzlich hoch eingeschätzt werden. Gerade in einem Medium, in dem die Möglichkeit besteht, weltweit Markenprodukte und deren Preise zu vergleichen, dürften die weichen Faktoren, wie auch die Unternehmenskultur, weiter an Bedeutung gewinnen. Nicht unerwähnt bleiben soll in diesem Zusammenhang, daß für eine mögliche Verstärkung der Kundenbindung mittels neuer Medien eine Unternehmenskultur, die solche Innovationen überhaupt erst zuläßt, als Grundvoraussetzung betrachtet werden muß, die in manchen Handelsunternehmen noch nicht erfüllt sein dürfte (Liebmann; Foscht 1996, S. 41 ff.).

Neben den Basisdeterminanten werden im Rahmen der Kundenbindungsmaßnahmen in letzter Zeit vor allem die neueren kundenpolitischen Instrumente diskutiert.

3.2 Kundenpolitische Instrumente

Die bereits klassische *Kundenkarte*, die von vielen Handelsmanagern als eines der geeignetsten Instrumente zur Kundenbindung im Handel gesehen wird (Liebmann; Ulrich 1997, S. 89), spielt im physischen Sinne im WWW zur Zeit keine Rolle. Eine virtuelle Kundenkarte, die im Prinzip aus Username, Password und e-mail-Adresse bestehen könnte, ist im Electronic Commerce eigentlich der Normalfall, da sich Kunden bei sehr vielen Aktionen legitimieren müssen. Zur Kundenbindung beitragen kann das Wissen um die Identität und um weitere Merkmale der Kunden aber erst dann, wenn es zu einer individuelleren Kommunikation, zu individuelleren Produkten, Sortimenten usw. genutzt wird.

Einer der bedeutendsten Aspekte in der interaktiven Kommunikation besteht darin, den Kunden ein Gemeinschaftsgefühl zu vermitteln. Gemeinschaften, die in neuen Medien in vielen Formen, z. B. in Form von Diskussionsforen, entstanden, könnten auch als virtuelle *Kundenklubs* konzipiert werden. Sämtliche Informationen, aber auch alle individuellen Dienstleistungen, könnten online angeboten werden und von Klubmitgliedern 24 Stunden täglich abgerufen werden (Mayer 1996, S. 32 ff.). Es bietet sich an, viele Leistungen klassischer Kundenklubs, wie z. B. besondere Angebote von Produkten oder Geburtstagsgeschenke, zu "digitalisieren". Zu berücksichtigen ist bei Online-Kommunikationsangeboten für Stammkunden, daß diese meist bewußt nachgefragt werden (Mann 1996, S. 161) und nicht beim "Surfen" zufällig gefunden werden. Für die

Kommunikation bedeutet dies, daß die Konsumenten die Internet-Angebote von jenen Unternehmen, bei denen sie bereits Stammkunden sind, mit höherem Involvement und auch mit höheren Erwartungen aufrufen (Foscht 1998, S. 279 ff.). Dies stellt eine besondere Chance für bekannte und sympathische Unternehmen dar, birgt aber auch die Gefahr in sich, den hohen Erwartungen u. U. nicht gerecht zu werden. Ein interessanter Aspekt von elektronischen Kundenklubs dürfte sich auch aus der Sicht der Marktforschung ergeben. Denn die Gruppe von involvierten und dem Unternehmen verbundenen Kunden kann auch als Panel betrachtet werden, das für viele kundenspezifische Fragestellungen – z. B. für Produkttests, aber auch zur Messung der Kundenzufriedenheit bei dieser spezifischen Zielgruppe – herangezogen werden könnte. Diese Formen der virtuellen Marktforschung sind meist sehr kostengünstig, da Nutzerdaten protokolliert werden und viele Prozesse automatisiert ablaufen können. Damit wird man schließlich auch der Anforderung gerecht, die Kunden vermehrt ins Unternehmen einzubeziehen (Liebmann 1996, S. 49).

Das kundenpolitische Instrument der *Kundenzeitschrift* kann in adaptierter Form auch im WWW zur Kundenbindung beitragen. Interessant erscheint neben der elektronischen "Zustellung" der Zeitschrift über e-mail und einer möglichen multimedialen Aufbereitung auch die Chance, auf Platzrestriktionen keine Rücksicht nehmen zu müssen. D. h., daß Kundenzeitschriften archiviert werden können und daß Kunden im Archiv der Zeitschrift beliebig suchen können.

Für *Bonus-* und *Treueprogramme* eröffnet sich eine ganze Reihe von neuen Möglichkeiten. Dies resultiert daraus, daß sich Kunden bei den meisten Aktivitäten legitimieren müssen und es somit möglich ist, abhängig von den Käufen spezieller Produkte, der Anzahl der Besuche einer Homepage, der Anzahl der Online-Einkäufe usw., Treuepunkte zu vergeben und daran entsprechende Bonusprogramme anzuknüpfen.

Bei näherer Betrachtung der Möglichkeiten, die sich aus der Interaktivität ergeben, scheint es naheliegend zu sein, auch das *Beschwerdemanagement* elektronisch abzuwickeln. Abgesehen von der Möglichkeit, Beschwerden per e-mail zu empfangen, muß es Ziel einer Kundenbindungspolitik sein, darauf so zu reagieren, daß "das Problem" des Kunden gelöst wird. Dazu eignen sich neue Medien grundsätzlich, da die Kommunikation sehr rasch ablaufen kann. Voraussetzung dafür ist aber, daß im jeweiligen Unternehmen die entsprechenden organisatorischen Maßnahmen gesetzt werden. Weiter bietet es sich an, daß Lösungen für Probleme, die (z. B. im technischen Bereich) öfter auftreten, in einem Archiv von häufig gestellten Fragen (Frequently Asked Questions – FAQs) zu finden sind. Ähnlich den FAQs, aber ohne den Fragencharakter, können auch Informationslisten (For Your Information – FYIs) bereitgestellt werden (Mann 1996, S. 162).

Serviceleistungen im Internet anzubieten kann grundsätzlich auch zur Kundenbindung beitragen, da diese rund um die Uhr verfügbar und immer aktuell sind. Allerdings ist zu berücksichtigen, daß nur bestimmte, nämlich nur immaterielle Services direkt angeboten werden können. Dies schränkt das Spektrum an Möglichkeiten einerseits auf Service-Informationen wie z. B. Tips zur Fehlerbehebung ein und andererseits auf bestimmte Branchen wie z. B. die Softwarebranche, die so laufend aktuelle und verbesserte Programmversionen anbieten kann. Als Service im Bereich des Electronic Commerce können aber auch Mehrwerte im Vergleich zum Kauf bei klassischen Versandhändlern betrachtet werden. Solche lassen sich relativ leicht realisieren, indem z. B. eine besonders hohe Transparenz bzgl. des Bestell- und Liefervorganges angeboten wird. So bieten bereits einige Handelsunternehmen im WWW an, jederzeit den Status der eigenen Bestellung abrufen und u. U. sogar eingreifen zu können. Diese Serviceleistung über ein Call-Center anzubieten, würde sicher noch stärker zur Kundenbindung beitragen, wäre aber aus Kostengründen kaum realisierbar.

Die Möglichkeiten, die sich für das *Direkt Marketing* im Rahmen der Kundenpolitik über interaktive Medien ergeben, sind nahezu unerschöpflich. Dabei können Interaktionen wesentlich besser erfolgen, da die Kommunikation zwischen zwei Partnern nicht, wie im klassischen Direkt Marketing durch einen Medienbruch – ein Konsument, der auf ein Mailing antworten will, muß zum Telefon greifen oder eine Postkarte abschicken – unterbrochen wird. Im Internet dagegen genügt ein Mausklick, um (ohne Medienbruch) über dasselbe Medium zu antworten. Neben diesen Möglichkeiten einer spontaneren Kommunikation können die Kommunikationsangebote beliebig individualisiert werden, sobald sich ein Benutzer legitimiert hat. Diese Form der "persönlichen" Kommunikation könnte einer der wesentlichen Faktoren zur Kundenbindung werden. Einen interessanten Aspekt dürften auch Direkt Marketingaktivitäten darstellen, die auf e-mails basieren. Abgesehen vom Automatisierungsaspekt und den damit verbundenen Kosteneinsparungen, könnten e-mails zur Zeit bei der erwähnten Zielgruppe doch eine größere Wirkung haben als die klassischen Direct Mails per Post ("Snail Mail"). Zu berücksichtigen ist dabei allerdings, daß dieses Instrument ausschließlich zur Kundenbindung eingesetzt werden sollte, da es im Internet verpönt ist, e-mails an unbekannte Personen zu verschicken. Dies würde gegen die ungeschriebenen Internet-Regeln – gegen die sog. "Netiquette" – verstoßen. Durch den verstärkten Einsatz von elektronischen Medien im Direkt Marketing wäre es auch denkbar, daß nicht nur vom Handelsunternehmen sämtliche Prozesse elektronisch abgewickelt werden, sondern daß auch die Kunden in Prozesse einbezogen werden und einzelne Aufgaben übernehmen. So könnte der sehr kostenintensive Aufbau einer Kundendatenbank (z. B. ähnlich den Subscribe-Funktionen in Diskussionsforen) sowie die laufende Wartung der Kundenstammdaten (z. B. über WWW-Formulare) automatisiert und von den einzelnen Kunden selbst übernommen werden.

3.3 Soziodemographische, psychische und soziale Determinanten

Die soziodemographischen, psychischen und sozialen Determinanten, die als kundenspezifische Determinanten zusammengefaßt werden können, stellen sozusagen die Rahmenbedingungen der Kundenpolitik dar. Dies einerseits, weil diese Determinanten von den Unternehmen relativ schwer zu beeinflussen sind und andererseits, weil die Zielgruppen, die über neue Medien erreicht werden können, bzgl. dieser Merkmale eine relativ geringe Streuung aufweisen.

Laufend werden weltweit die *soziodemographischen Merkmale* von WWW-Nutzern erhoben, wobei hier auch auf die Einschränkungen, mit denen diese Untersuchungen behaftet sind, verwiesen werden muß (Batinic; Bosnjak 1997, S. 231 ff.). Allerdings kann grundsätzlich festgehalten werden, daß WWW-Nutzer durchschnittlich ca. 30 Jahre alt, vorwiegend männlich und akademisch gebildet sind (bzw. sich in akademischer Ausbildung befinden) (Fittkau; Maass 1997, S. 13). Aufgrund bisheriger Erfahrungen und Erkenntnisse aus dem Bereich der Kundenforschung können Schlußfolgerungen bzgl. einiger *psychischer Determinanten* gezogen werden. Die Gruppe der Internet-Nutzer dürfte vor allem aufgrund ihrer Alters- und Bildungsstruktur tendenziell eher weniger produkt- und geschäftstreu sein (Jungwirth 1997, S. 193 ff.) bzw. eher Abwechslung suchen als die Nutzer anderer (vor allem Massen-) Medien. Der Versuch, gerade jene Gruppe mittels interaktiver Medien enger an das eigene Unternehmen zu binden, der eine eher niedrige Geschäftstreue attestiert wird, kann für den Handel eine besondere Herausforderung darstellen. Andererseits öffnen sich für neue und u. U. noch unbekannte Unternehmen aufgrund des relativ stark ausgeprägten Wunsches nach Abwechslung große Chancen, Neukunden zu gewinnen. Aber auch für diese neuen Handelsunternehmen stellt sich – wenngleich die Kosten für die Neukundenakquisition in interaktiven Medien geringer sein dürften als im Rahmen der klassischen Kommunikation – früher oder später die Frage, wie diese Kunden zu Stammkunden gemacht werden können. Die *sozialen Determinanten* der Kundenbindung könnten im Kontext der interaktiven Medien eine ähnliche Rolle spielen wie im stationären Handel, allerdings ist die Gruppe der Internet-Nutzer zur Zeit bzgl. dieser Determinanten relativ homogen, sodaß daraus auch kaum differenziertere Schlußfolgerungen abgeleitet werden können.

4 KONSEQUENZEN UND ZUSAMMENFASSUNG

Faßt man die Ergebnisse verschiedener Untersuchungen sowie Expertenmeinungen zusammen, so kann sicher festgehalten werden, daß interaktive Medien – und hier vor allem das WWW – aus der Zukunft des Handels nicht mehr wegzudenken sein werden. Der Handel ist dabei vor allem bzgl. der Dimensionen Ort und Zeit betroffen.

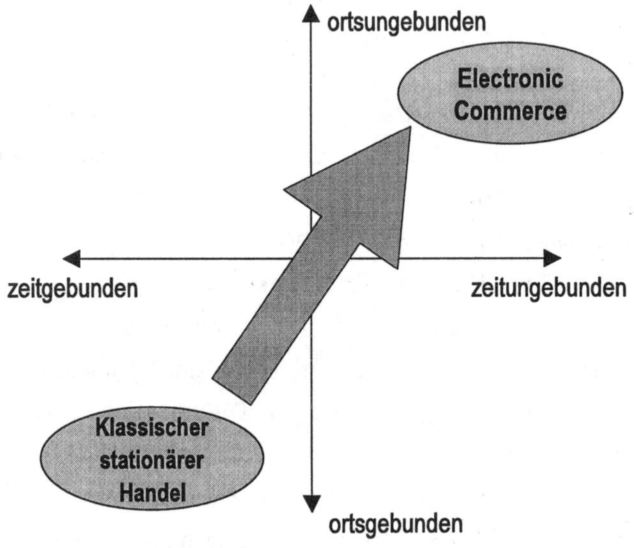

Abbildung 3: Entwicklungsperspektiven im Handel

Die Bedeutung des realen Ortes, an dem Handel betrieben wird, dürfte weiter abnehmen, wodurch gleichzeitig die Bedeutung des virtuellen Handels und des Electronic Commerce steigen dürfte. Zusätzlich erscheinen die Diskussionen um Ladenöffnungszeiten in diesem Kontext überholt zu sein, da virtuelle Läden rund um die Uhr das ganze Jahr über geöffnet sind. Die Entwicklung vom realen zum virtuellen Handel ist in *Abbildung 3* (Sheth; Sisodia 1997, S. 24) dargestellt.

Bezüglich der Kundenbindung kann festgehalten werden, daß diese wahrscheinlich nur dann erreicht wird, wenn man Kundennähe glaubwürdig realisiert. Interaktive Medien bieten dazu vielfältige Möglichkeiten, sowohl sachliche als auch räumliche und zeitliche Kundennähe zu realisieren (Löbler 1997, S. 18). Aber auch bei der Betrachtung der Möglichkeiten, sich kundenorientiert zu profilieren, scheint es für die interaktive Kommunikation Potentiale zu geben. Die sog. drei Säulen der Kundenorientierung sind (Barth; Stoffl 1997, S. 8):

- Flexibilitätsaufbau
- Kostensenkung
- Leistungserhöhung

Insbesondere was die *Flexibilität* betrifft, scheint es für Unternehmen, die die neuen Medien auch medienadäquat nutzen wollen, noch oft ein großes Verbesserungspotential zu geben. Erste Ansätze bieten Medienunternehmen mit flexibel zusammenstellbaren Tageszeitungen, aber gerade im Handel würde es sich anbieten, entsprechend der Präferenzen der Konsumenten auch ein individuelles und flexibles Sortiment zusammenzustellen. Gleichzeitig könnten damit auch völlig flexible "Öffnungszeiten" realisiert werden.

Der Aspekt der *Kosteneinsparung* weist im Handel mehrere Dimensionen auf. Einerseits kann durch den Einsatz interaktiver Medien eine sehr große Gruppe von Konsumenten zu relativ geringen Kosten angesprochen werden. Durch eine vollständig elektronische Kommunikation ist es desweiteren möglich, individuell zu kommunizieren, was die Effizienz der Kommunikation steigern dürfte. Aber auch durch die Möglichkeit, beliebig große Sortimente praktisch ohne Mehrkosten anbieten zu können, stellt aus Kostengesichtspunkten eine interessante Perspektive für den klassischen Handel, aber auch für neu gegründete virtuelle Handelsunternehmen sowie für die Industrie dar.

An zusätzlichen bzw. *verbesserten Leistungen*, die sich durch den Einsatz interaktiver Medien ergeben können, ist insbesondere der Geschwindigkeitsvorteil anzuführen. Die höhere Geschwindigkeit bezieht sich aber nicht nur auf schnellere Antworten auf Anfragen oder den Servicebereich, sondern auch auf vollständige Bestellprozesse. Durch die Digitalisierung von Prozessen ist es nämlich nicht mehr erforderlich, bereits erfasste Daten noch einmal einzugeben, was neben einer höheren Geschwindigkeit auch eine Qualitätssteigerung bringt, da Fehler praktisch ausgeschlossen werden.

So wichtig die Profilierung in allen drei Bereichen der Kundenorientierung auch sein mag, so stellt diese lediglich die Basis der Kundenbindung dar. Entscheidend wird in diesem Zusammenhang sein, inwieweit es gelingt, den Konsumenten in das Unternehmen und in verschiedene Prozesse einzubinden. Gerade dafür können wiederum virtuelle Kundenklubs, die einen Dialog mit dem Kunden und eine Gemeinschaft aufbauen, einen wichtigen Beitrag leisten.

LITERATUR

Anderson, C.: Computer as Audience: Mediated Interactive Messages. In: Forrest, E. et al. (Hrsg.): Interactive Marketing: The Future Present, Chicago 1996.

Barth, K.; Stoffl, M.: Hat das Marketing im Handel versagt? Die Kundenorientierung als Ansatz einer Neubesinnung. In: Trommsdorff, V. (Hrsg.): Handelsforschung 1997/98, Jahrbuch der Forschungsstelle für den Handel, Wiesbaden 1997, S. 3-19.

Batinic, B.; Bosnjak, M.: Fragebogenuntersuchungen im Internet. In: Batinic, B. (Hrsg.): Internet für Psychologen, Göttingen 1997, S. 221-243.

Bliemel, F. W.; Eggert, A.: Kundenbindung – die neue Sollstrategie?. In: Marketing ZFP, Heft 1/1998, S. 37-46.

Butscher, S.: Kundenclubs als modernes Marketinginstrument, 2. Aufl., Ettlingen 1995.

Diller, H.: Kundenbindung als Marketingziel. In: Marketing ZFP, Heft 2/1996, S. 81-94.

Diller, H.: Was leisten Kundenclubs?. In: Marketing ZFP, Heft 1/1997, S. 33-41.

Fantapié-Altobelli, C.; Fittkau, S.: Formen und Erfolgsfaktoren der Online-Distribution. In: Trommsdorff, V. (Hrsg.): Handelsforschung 1997/98, Wiesbaden 1997, S. 397-416.

Fittkau, S.; Maass, H.: Nutzerdaten als Basis eines erfolgreichen Online-Marketing. In: Thexis 1.97, S. 12-15.

Foscht, T.: Die Akzeptanz von Werbung in den Neuen Medien. In: Werbeforschung & Praxis, Heft 4/96, S. 14-18.

Foscht, T.: Interaktive Medien in der Kommunikation: Verhaltenswissenschaftliche und systemtheoretische Analyse der Wirkung neuer Medien, Wiesbaden 1998.

Geppert, D.; Müller, S.: Interaktive Medien als Kommunikations- und Distributionskanal für Güter und Dienstleistungen: Die Akzeptanz bei Handel und Herstellern. In: Trommsdorff, V. (Hrsg.): Handelsforschung 1997/98, Wiesbaden 1997, S. 417-438.

Haedrich, G.; Hoffmann-Linhard, A.; Olavarria, M.: Zielgruppenorientierte Kundenbindungsstrategien im Lebensmittelhandel – Ergebnisse einer empirischen Untersuchung. In: Trommsdorff, V. (Hrsg.): Handelsforschung 1997/98, Wiesbaden 1997, S. 71-91.

Hoffmann, D. L.; Novak, T. P.; Chatterjee, P.: Commercial Scenarios for the Web: Opportunities and Challenges, URL: http://shum.huji.ac.il/jcmc/vol1/issue3/hoffmann.html.

Jungwirth, G.: Geschäftstreue im Einzelhandel: Determinanten – Erklärungsansätze – Meßkonzepte, Wiesbaden 1997.

Kotler, P.; Bliemel, F. W.: Marketing-Management, 8. Aufl., Stuttgart 1995.

Liebmann, H.-P.: Auf den Spuren der "Neuen Kunden". In: Zentes, J.; Liebmann, H.-P. (Hrsg.): Das GDI-Trendbuch No. 1, Düsseldorf 1996, S. 37-54.

Liebmann, H.-P.; Foscht, T.; Jungwirth, G.: GDI-Monitor II/96: Handel und Industrie auf dem Weg zu neuer Kernkompetenz. In: GDI-Handelstrendletter II/96, S. 1-73.

Liebmann, H.-P.; Foscht, T.: Einsatzmöglichkeiten und Akzeptanz von Neuen Medien im Einzelhandel. In: Thexis, Heft 4/96, S. 40-44.

Liebmann, H.-P.; Ulrich, C.: HandelsMonitor 1997, Quantitative Studie. In: Liebmann, H.-P.; Zentes, J. (Hrsg.): HandelsMonitor, Frankfurt am Main 1997.

Liebmann, H.-P.; Foscht, T.: Neuere Informations- und Kommunikationstechnologien und ihre Bedeutung für die Kommunikation im Rahmen des Dienstleistungsmarketing. In: Meyer, A. (Hrsg.): Handbuch Dienstleistungsmarketing, Stuttgart 1998, S. 1094-1111.

Löbler, H.: Kundennah durchs Internet?. In: Information Management 1/97, S. 13-20.

Mann, A.: Online-Service. In: Hünerberg, R.; Heise, G.; Mann, A. (Hrsg.): Handbuch Online-Marketing, Wettbewerbsvorteile durch weltweite Datennetze, Landsberg/Lech 1996, S. 147-179.

Mayer, R.: Kundenbindung online. Kundenclubs im Internet. In: Direkt Marketing, September 1996, S. 32-34.

Meyer, A.; Dornach, F.: Das Deutsche Kundenbarometer 1994; Qualität und Zufriedenheit; Jahrbuch der Kundenzufriedenheit in Deutschland 1994, Deutsche Marketing-Vereinigung e.V., Deutsche Post AG (Hrsg.), München 1994.

Meyer, P. W.; Mattmüller, R.: Kundenbindung im Einzelhandel. In: Trommsdorff, V. (Hrsg.): Handelsforschung '91, Wiesbaden 1992, S. 89-101.

Mohme, J.: Der Einsatz von Kundenkarten im Einzelhandel, Frankfurt am Main 1993.

Overlack, C.: Lebensmitteleinzelhandel in Europa, Frankfurt am Main 1992.

Reichheld, F. F.; Sasser, W. E.: Zero-Migration: Dienstleister im Sog der Qualitätsrevolution. In: Harvard Manager, Heft 4/1991, S. 108-116.

Reichheld, F. F.: Der Loyalitäts-Effekt, Frankfurt am Main 1997.

Rode, J.: Handel fürchtet Kokurrenz. In: Lebensmittelzeitung, Nr. 41 vom 10. Oktober 1997, S. 54-56.

Schmalen, H.: Das hybride Kaufverhalten und seine Konsequenzen für den Handel. In: Zeitschrift für Betriebswirtschaft, Heft 10/1994, S. 1221-1240.

Sheth, J. N.; Sisodia, R. S.: Consumer Behavior in the Future. In: Peterson, R. A. (Hrsg.): Electronic Marketing and the Consumer, Thousand Oaks 1997, S. 17-37.

Swoboda, B.: Interaktive Medien am Point of Sale - Verhaltenswissenschaftliche Analyse der Wirkung multimedialer Systeme, Wiesbaden 1996.

Tietz, B.: Europäisierung des Einzelhandels. In: Scholz, C.; Zentes, J. (Hrsg.), Strategisches Euro-Management, Stuttgart 1995, S. 87-113.

Weidemann, B.: Multicodierung und Multimodalität im Lernprozeß. In: Issing, L. J.; Klimsa, P. (Hrsg.): Information und Lernen mit Multimedia, Weinheim 1995.

Zentes, J.; Morschett, D.: Electronic Shopping – die Zukunft des Handels?, in: GDI-Handelstrendletter I/97, Rüschlikon/Zürich 1997, S. 1-56.

Der Einsatz Neuer Medien als Kundenbindungsinstrumente für den Großhandel

Wilfried Tietz und Hermann Diller, Nürnberg

Der Großhandel steht einmal mehr vor großen Herausforderungen. Marktsättigungstendenzen und eine steigende Mobilität großer Kundengruppen haben dazu geführt, daß vorhandene Geschäftsbeziehungen aufzuweichen beginnen. Vor diesem Hintergrund kommt der Fähigkeit zur Kundenbindung eine zentrale Bedeutung für viele Großhandelsunternehmen zu. Der Beitrag diskutiert, inwieweit sich der Einsatz Neuer Medien im Sinne des Beziehungsmarketing für den Großhandel anbietet bzw. zur Optimierung der Kundenbindungsbestrebungen eignet. Neben theoretischen Überlegungen wird einer Reihe verschiedener Untersuchungsergebnisse aus empirischen Studien zu diesem Themenbereich diskutiert

1 DIE SITUATION DES GROSSHANDELS

Ausgeschöpfte Neukundenpotentiale und gesättigte Märkte kennzeichnen die Situation, in der sich eine Reihe von Branchen und mit ihnen eine Vielzahl von Großhandelsunternehmen befinden. Zugleich fühlen sich viele Großhandelskunden, nicht zuletzt bedingt durch ihre eigene wirtschaftliche Situation, mehr denn je zu einer preisgünstigen Beschaffung gezwungen (These: "Im Einkauf liegt der Gewinn"). Aus Anbieterperspektive erhöht ein damit einhergehender Preis- und Rabattwettbewerb zwischen den einzelnen Lieferanten die Gefahr, daß sicher geglaubte und zum Teil langjährige Geschäftsbeziehungen zusehends erodieren, die Bindung der Kunden an deren Lieferanten sinkt und (Stamm-) Kunden vermehrt zu anderen Anbietern abwandern. Sättigungstendenzen in einzelnen Märkten erschweren zugleich die Möglichkeit, verlorengegangene Kunden effizient durch Neukunden substituieren zu können.

Der Trend zum mobileren Einkaufsverhalten von Großhandelskunden wird auch durch sich verändernde Kommunikations- und Informationsmöglichkeiten verstärkt. Durch den Einsatz von Faxgeräten, Mobiltelefonen, CD-ROM-Anwendungen und letztlich durch den vermehrten Einsatz sog. Online-Medien (wie Internet, Intranet, EDI etc. – Gömann 1996, S. 9 ff.) hat sich die Markttransparenz und die zeitliche Effizienz bei der Informationsbeschaffung und Angebotseinholung für Großhandelskunden deutlich verbessert.

Bereits das seit einer Reihe von Jahren flächendeckend verbreitete und entsprechend häufig eingesetzte Faxgerät zeigt, zu welchen tiefgreifenden Veränderungen das Aufkommen ehemals "Neuer Medien" bereits geführt hat: Waren in den Jahren zuvor Großhandelskunden im Rahmen einer Angebotseinholung zu zeitaufwendigen Telefonaten bzw. persönlichen Gesprächen mit ihren Lieferanten oder zu schriftlichen Bestellungen mit entsprechenden zeitlichen Verzögerungen zwischen Bestellung und Reaktion des Händlers (Bestätigung/ Lieferung) gezwungen, ist es heute durchaus üblich, jederzeit (d. h. auch außerhalb der Geschäftszeiten) identische Faxanfragen parallel an mehrere in Frage kommende Lieferanten auszusenden. Aus den (auch bei Abwesenheit des Kunden) eingehenden Angeboten kann dieser dann zu einem beliebigen Zeitpunkt das für ihn optimale (z. B. günstigste) Angebot auswählen und seinen Bestellauftrag erteilen. Für die Zukunft ist zu erwarten, daß die zuvor beschriebene *jederzeitige Anfrage*möglichkeit (wie beim Faxgerät) bei einer weiteren Diffusion der Online-Medien zunehmend um die Möglichkeit einer quasi-*verzögerungsfreien Antwort* ergänzt wird und sich somit Bestellvorgänge jederzeit in Echtzeit abwickeln lassen werden (Online-Kommunikation – Hünerberg, R.; Heise, G. 1995, S. 9 ff.).

Im Rahmen der weiteren Ausführungen betrachten wir vor allem solche Medien, die eine Online-Kommunikation zwischen Lieferanten und Kunden zulassen. Dabei stehen insbesondere die Möglichkeiten des Internets – in Form des World Wide Web (WWW), sozusagen als typischem Vertreter dieser Klasse – im Mittelpunkt der Darstellungen. Daneben sind auch Electronic-Mail Anwendungen (e-mail als Teil des Internets), Interaktives Fernsehen (ITV), Videokonferenzen, Elektronischer Datenaustausch (EDI), Intranet, Firmen-Chats und ähnliche Medien relevant (vgl. dazu ausführlich Gömann 1996, S. 8 ff.).

Dem Großhandel (GH) stellt sich vor dem Hintergrund der beschriebenen Situation die Frage, ob sich die skizzierten Effekte (steigende Mobilität und sinkende Bindungsbereitschaft der Kunden, sinkende Handelsspannen, höherer Preiswettbewerb) weiterhin verstärken werden und ob und ggf. wie sich die Neuen Medien zur Optimierung der Kundenpolitik und zur Sicherung bzw. Erhöhung der Kundenbindung einsetzen lassen.

Gerade in gesättigten Märkten kommt der Fähigkeit zur Kundenbindung eine Schlüsselposition für das langfristige Überleben des eigenen Unternehmens am Markt zu (Diller 1996, S. 81). Eigene empirische Untersuchungen in verschiedenen GH-Branchen deuten dabei darauf hin, daß das Thema Kundenbindung auch für den GH von großer Bedeutung ist. Bei der Frage nach der Ausrichtung der Marketingziele auf die Bindung von Kunden einerseits oder die Gewinnung von Neukunden andererseits antworteten beispielsweise 72% der von uns befragten Großhandelsbetriebe aus den Branchen Getränke-GH, Chemie-GH und Elektro-GH (n=92), daß sie den Schwerpunkt ihrer marketingpolitischen Aktivitäten im Bereich Kundenbindung ansiedeln (Neudeck 1997). Für diese Untersuchung wurden bewußt möglichst heterogene GH-Branchen ausgewählt, um zumindest eine ansatzweise Generalisierbarkeit der späteren Untersuchungsergebnisse zu ermöglichen. Die Tatsache, daß sich die Antworten bzgl. der Kundenbindungsfokussierung zwischen den einzelnen Branchen nur unwesentlich unterscheiden, mag als zusätzliches Indiz für eine allgemeinere Problemrelevanz der Thematik Kundenbindung im GH gelten.

Ähnliche Rückschlüsse lassen auch die in *Abbildung 1* dargestellten Untersuchungsergebnisse einer anderen Studie aus den Branchen EDV und Elektroartikel zu. Über 90% der dort befragten GH-Unternehmen unterstreichen die *zunehmende Bedeutung* langfristig angelegter Geschäftsbeziehungen. Trotz erkennbarer Branchenunterschiede läßt sich dieser Wert als Hinweis auf die offensichtlich vorhandene Sensibilisierung des GH für geschäftsbeziehungsrelevante Aspekte und kundenbindende Maßnahmen interpretieren. Wenn zugleich etwa 60% der befragten Unternehmen konstatieren, daß die Bindung von Kunden zusehends *schwieriger* werde, deutet dieses Resultat zugleich auf eine gewisse Verschärfung des Problems Kundenbindung im GH hin.

In diesem unternehmenspolitischen Umfeld und vor dem Hintergrund einer sehr schnell voranschreitenden Verbreitung Neuer Medien (Rengelshausen 1997, S. 102) gilt es zu untersuchen, welches Kundenbindungspotential diesen Medien im Rahmen ihres Einsat-

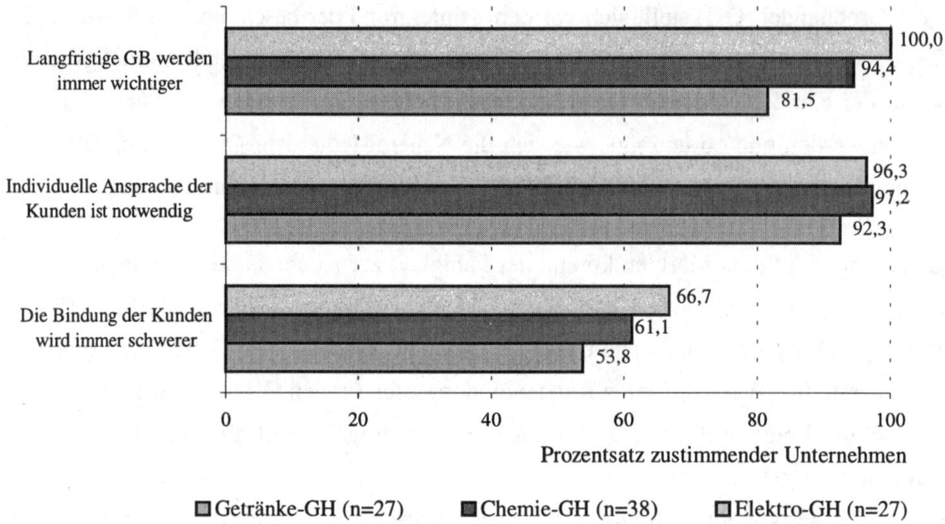

Abbildung 1: Das kundenpolitische Problembewußtsein in ausgewählten GH-Branchen

Quelle: eigene GH-Studie in den GH-Branchen EDV/Computer und Elektro, n=126, 1997

zes im Sinne des Beziehungsmarketing beizumessen ist, welchen Nutzen sie aus Kunden- und Anbietersicht aufweisen, welche Kosten bei ihrer Implementation und ihrem Betrieb anfallen und nicht zuletzt, welche Probleme ihr Einsatz ggf. aufweisen kann. Letztlich ist also zu hinterfragen, wie effektiv und effizient sich die Neuen Medien im Rahmen der Kundenbindungspolitik des GH einsetzen lassen.

2 KUNDENBINDUNGSPRINZIPIEN UND NEUE MEDIEN IM GROSSHANDEL

Der folgende Abschnitt dient einer Erörterung der Frage, ob sich der Einsatz Neuer Medien im Sinne des Beziehungsmarketing anbietet und inwieweit ein solcher das Ziel der Optimierung von Kundenbindungsbestrebungen des GH nachhaltig zu unterstützen in der Lage ist. Dazu wird auf die fünf von Diller (Diller 1995a, S. 442 ff.) formulierten *Prinzipien des Beziehungsmarketing* zurückgegriffen. Sie bieten ein geeignetes Raster für die Überprüfung der Frage, welchen potentiellen Beitrag die Neuen Medien im GH zur Kundenbindung leisten können.

2.1 Informationsprinzip und Neue Medien

Zur Ausgestaltung eines erfolgreichen Beziehungsmarketing ist der GH auf vielfältige Informationen über seine Kunden angewiesen. Nur auf Basis kundenspezifischer Informationen läßt sich eine wirklich kundenorientierte, individuelle Kundenbearbeitung betreiben. Insofern ist die fundamentale Bedeutung des Informationsprinzips kaum zu überschätzen. Bedingt durch das spezifische business-to-business-Umfeld, in welchem der GH agiert, verfügt er dabei traditionell bereits über relativ vielfältige und vergleichsweise detaillierte Kundeninformationen. Zu hinterfragen ist deshalb, inwieweit die Neuen Medien geeignet sind, zusätzliche Informationen über die Kunden bereitzustellen, Informationsflüsse zu beschleunigen, die Informationsqualität bestehender Informationen zu erhöhen, Informationskosten zu senken, neue Informationsquellen zu erschließen oder Kapazitäten, die bisher zur Informationsgewinnung eingesetzt wurden, für andere Aktivitäten freizustellen.

Die Neuen Medien bieten dem GH verschiedene Möglichkeiten zur Optimierung der Informationsgewinnung. Online-Anfragen der Kunden lassen sich automatisch erfassen und ermöglichen es, aktuelle Produkttrends (gehäufte Produktanfragen oder Bestellmengen bei/ von bestimmten Produkten), aber auch mögliche Problemfelder schneller zu erkennen und auf diese entsprechend zu reagieren. Auch kundenspezifische Bestellhäufigkeiten, Zeiten der Bestellabgabe, durchschnittliche Auftragsvolumina sowie Arten und Mengen bestellter Produkte können erfaßt und zielgerichtet für eine individuellere Kundenansprache ausgewertet werden. In ausgefeilterer Form sind solche Erkenntnisse (im Rahmen einer Querschnittsanalyse) auch zum Aufbau eines Kundenbewertungssystems einzusetzen (Cornelsen 1996), dem im Zeitablauf ein Kundenbewertungstracking (Längsschnittanalyse) angegliedert werden könnte. Ein solches Tracking würde dann – im Idealfall – sogar fehlende Kosten-Nutzen-Analysen für Kundenbindungsmaßnahmen und somit Aussagen zu deren Effektivität und Effizienz zulassen.

2.2 Investitionsprinzip und Neue Medien

Das Investitionsprinzip im Beziehungsmarketing bedeutet, daß jede Geschäftsbeziehung und damit jeder Kunde als Investitionsobjekt zu verstehen ist. Diese Betrachtungsweise erfordert Selektion und Priorisierung von Kunden entsprechend deren langfristigen Potentialen sowie damit einen periodenübergreifenden Betrachtungshorizont (Kundenlebenszyklusbetrachtung). Während das Selektionsprinzip zunächst eine binäre Ja/ Nein-Entscheidung darstellt (welcher Kunde wird über eine entsprechende Kundenbindungsmaßnahme angesprochen), führt das Priorisierungsprinzip zu graduell abgestuften Entscheidungen (wieviel wird in eine bestimmte Kundenbindungsmaßnahme bei welchem Kunden investiert bzw. welcher Kunde erhält welches Ausmaß an möglichen Leistungen).

Unter der Prämisse rationaler Entscheidungen werden zugleich nur solche Investitionen in Kundenbeziehungen getätigt, die (zumindest langfristig) "lohnend" erscheinen. Auch Kundenbindungsmaßnahmen stellen aus Unternehmenssicht Investitionen in bestehende Geschäftsbeziehungen dar, womit auch bei derartigen Maßnahmen gilt, daß sie nur dann eingesetzt werden sollten, wenn die langfristig zu erwartenden Rückflüsse die zuvor verausgabten Investitionssummen zumindest nicht unterschreiten, wenn – investitionstheoretisch betrachtet – der Kapitalwert der Investition positiv ist. Im Sinne der Zielsetzung beim Einsatz von Kundenbindungsmaßnahmen lassen sich solche Investitionen auch als Instandhaltungs- oder Erweiterungsinvestitionen in bestehende Geschäftsbeziehungen ansehen. Ein derartiges Denkraster unterstellt zudem – quasi per definition – einen Zeithorizont, der über ein kurzfristig orientiertes Agieren in Einzelperioden und über eine gelegentlich zu beobachtende Gewinnmitnahmementalität einiger Unternehmen hinausgeht.

Für den GH bietet sich aus diesem Blickwinkel heraus der Einsatz der Neuen Medien in unterschiedlicher Weise an. Im einfachsten Fall kann man Serviceleistungen gestaffelt nach der Attraktivität des jeweiligen Kunden anbieten. Entweder werden dabei ganze Kundengruppen völlig von einer möglichen Leistung ausgeschlossen (z. B. im Rahmen von geschlossenen Nutzergruppen oder beim EDI), oder der Nutzerkreis bestimmter Anwendungen (z. B. bei Bereitstellung spezieller Software, die den GH-Kunden bei dessen eigener Tätigkeit unterstützt) wird auf einzelne Kunden eingeschränkt. So wird insbesondere ein Datenaustausch mittels EDI nur mit jenen Kunden stattfinden, deren Bestellhäufigkeit und -volumen diesbezügliche Investitionen insgesamt überhaupt gerechtfertigt erscheinen lassen.

Mit einer geeigneten Selektion und Priorisierung von Kunden läßt sich auch dem potentiellen Problem begegnen, daß beim Einsatz der Medien nicht a priori sichergestellt werden kann, daß ein aus Anbietersicht (kostenverursachendes) Angebot von Informationen und

Serviceleistungen kausal mit späteren Bestellungen einhergeht. Denkbar wäre nämlich eine Situation, in der sich ein Kunde bei einem Lieferanten A informiert, um danach seine Bestellung beim günstigeren Lieferanten B abzugeben. Dieses Beispiel läßt sich in etwa mit einem Urlauber vergleichen, der sich ausgiebig und kostenlos von einem Reisebüro beraten läßt, um danach seine Reise bei einem günstigen Direktanbieter im Internet zu buchen. Insofern erscheint aus Sicht des GH zumindest ein gestaffeltes Leistungsprogramm sinnvoll, das eigenen oder ausgewählten (= guten) Kunden erweiterte Optionen bei der Nutzung der Neuen Medien ermöglicht und/ oder diesen Kunden weitergehende Leistungen oder einen vergrößerten Funktionsumfang anbietet. Ein solches Vorgehen entspricht den Kundenbindungsprinzipien Information und Investition.

2.3 Interaktionsprinzip und Neue Medien

Das Kundenbindungsprinzip Interaktion läßt sich in eine qualitative und eine quantitative Komponente unterteilen. Einerseits ist es für Geschäftsbeziehungen zwischen dem GH und seinen Kunden typisch, daß es zu einer Vielzahl von Interaktionen pro Zeitintervall (quantitativer Aspekt) kommt. Als Interaktion gilt dabei jeder Kontakt zwischen Kunde und GH mit zweiseitiger Kommunikation, also z. B. Bestellungen, Einladungen, Besuche des Außendienstes, Mustermessenteilnahme, telefonische Anfragen, Abholvorgänge etc. Zusätzlich ist zu berücksichtigen, daß jede Transaktion durch einen qualitativen Aspekt gekennzeichnet ist und insofern die Qualität der Geschäftsbeziehung beeinflußt. Nur wenn die Interaktionsepisoden aus Sicht des jeweiligen Kunden zufriedenstellend verlaufen, ist eine hohe (bzw. erhöhte) Interaktionsfrequenz grundsätzlich sinnvoll.

Der Einsatz Neuer Medien bietet sich auch in diesem Sinne zur Interaktion zwischen GH und GH-Kunden an. Mögliche Interaktionsvorteile beim Einsatz Neuer Medien ergeben sich dabei sowohl auf Lieferanten- als auch auf Kundenseite. Als erste Nutzenkategorie sind in diesem Zusammenhang *zeitliche Nutzenaspekte* zu nennen. Werden vom GH Informationen für seine Kunden via Internet bereitgestellt, sind diese dann quasi überall (weltweit) und jederzeit für den Kunden verfügbar bzw. abrufbar (so auch außerhalb der eigentlichen Geschäftszeiten). Ähnliches gilt, sofern diese Option in dem eingesetzten Medium implementiert ist, für Bestellvorgänge. Die sog. kanaleigene Echtzeit-Interaktivität (vgl. hierzu Diller 1997, S. 530) ermöglicht dabei eine schnellere Befriedigung der Kundenbedürfnisse. Weiterhin bietet der Einsatz Neuer Medien Ansatzpunkte für *Kostensenkungen.* Zu denken ist in diesem Zusammenhang an finanzielle Einsparungen im Innen- und Außendienst, der nun nicht mehr (bzw. in geringerer Zahl oder seltener) bei Routinebestellungen und -anfragen am Telefon präsent sein oder zum Kunden fahren muß. Auch kann eine automatisierte Bestellerfassung zu sinkenden Fehlerraten beitragen.

Im weiteren sind bei der Interaktion über Neue Medien zwei mögliche Effekte zu unterscheiden: Einerseits kann eine *Verlagerung* von zuvor schon anderweitig existenten Interaktionen auf die Neuen Medien erfolgen (Entlastung des Außendienstes von Routinetätigkeiten beim Kundenkontakt und Verlagerung hin zu einer Interaktion zwischen Kunde und Maschine). Auf der anderen Seite stellt das Internet u. U. im Rahmen von typischen Problemlösungsbeispielen (Technischer Support, FAQ etc.) dem Kunden *zusätzliche* Informationen zur Verfügung, die zu einer *Erhöhung* der Interaktions*frequenz* führen. Die jederzeitige, räumlich ungebundene, quasi verzögerungsfreie und dabei nahezu kostenlose Verfügbarkeit dieser Informationen (vgl. auch oben) ermöglicht eine intensivierte Informationsnachfrage und insofern eine Interaktionsbelebung. Als Zufriedenheitstreiber ist hierbei der Umstand zu werten, daß der Interaktionsprozeß vom Kunden gesteuert wird und insofern auf dessen individuelle Informationsbedarfe abgestimmt ist (On-Demand-Prinzip), soweit das Informationsangebot des GH dies zuläßt (vgl. hierzu Diller, 1997, S. 525 ff.). Durch die potentielle Entlastung des Außendienstes lassen sich zudem mittelbare Effekte auf die qualitative Beurteilung der Interaktionen erwarten. Die Zufriedenheit der Kunden mit dem Außendienst könnte sich erhöhen, weil sich der Außendienstmitarbeiter nun vermehrt beratenden Tätigkeiten zuwenden kann. Ferner könnten andere Kunden von der Entlastung profitieren, weil der Außendienstmitarbeiter die gewonnene Zeit nunmehr für deren Betreuung einsetzen kann. In beiden Fällen führt die Entlastung des Außendienstes von Routinetätigkeiten der Informationsübermittlung dazu, daß dieser selber vermehrt kundenbindend tätig werden kann. Dazu zählen insbesondere die persönliche Kontaktpflege und das Gespräch über kundenspezifische Probleme und deren Lösbarkeit. Darüber hinaus bieten sich mehr Möglichkeiten für eine individuelle Beschwerdebehandlung. Alternativ kann die beschriebene Entlastung des Außendienstes von Routinetätigkeiten auch zu einer Senkung von Außendienstkosten im GH beitragen (im Form von sinkenden Personal- und Fahrtkosten).

Es stellt sich weiterhin die Frage, inwieweit die Neuen Medien eine Substitution der klassischen Kundenansprache des GH ermöglichen. Einige Argumente sprechen in diesem Zusammenhang dafür, daß sie auch in Zukunft eher ergänzenden bzw. unterstützenden Charakter aufweisen werden. Gelegentlich wird in der Diskussion dazu angemerkt, der Einsatz Neuer Medien "entpersönliche" vorhandene Geschäftsbeziehungen, die ja auch – und gerade – vom persönlichen Kontakt des Kunden via Außendienstmitarbeiter mit dem Lieferanten lebten. Eine völlige Substitution des Außendienstes würde demnach zu einem Bindungsverlust führen und erscheint von daher eher ungeeignet. Dieser Zusammenhang zeigt auch, daß sich insbesondere (nicht erklärungsbedürftige) Standardprodukte und -transaktionen sowie wiederkehrender Bedarf für multimediale Transaktionen mittels Neuer Medien anbieten. In diesen Bereichen ist dann auch eine Substitution des Außendienstes durch Neue Medien denkbar.

Weitere Möglichkeiten zur Interaktion zwischen Lieferant und Kunde offeriert der Einsatz von e-mails, Bildtelefon, Chatforen (vgl. hierzu Diller, 1998) und Hotlines. Einigen dieser Optionen kommt für den GH-Einsatz allerdings nur eine eingeschränkte Relevanz zu. Lediglich größere GH-Unternehmen werden bspw. einen Kundenchat sinnvoll einsetzen können und auch die (derzeit) mit dem Aufbau eines Bildtelefonsystems verbundenen Kosten und das diesbezüglich notwendige Know-how dürften in vielen Fällen an der Realität und den finanziellen Möglichkeiten vieler GH-Betriebe (noch) vorbeigehen (vgl. hierzu auch Kysela 1994, S. 47 ff.). Andererseits bieten gerade solche innovativen Serviceangebote gute Möglichkeiten zur Profilierung bei den dafür ausgewählten Kunden.

2.4 Individualisierungsprinzip und Neue Medien

Hinsichtlich des Prinzips Individualisierung ist zu diskutieren, inwieweit die Neuen Medien geeignet sind, vorhandene Geschäftsbeziehungen kundenindividuell(er) auszugestalten. Grundsätzlich lassen sich auch hier verschiedenste Möglichkeiten nennen, die einer individuelleren Kundenbearbeitung dienlich sein können. Im Rahmen einer Informationsüberlastung, der sich auch gewerbliche Kunden zusehends ausgesetzt sehen, und vor dem Hintergrund zu reduzierender Streuverluste scheint es bspw. sinnvoll, dem einzelnen Kunden individuell auf seine konkreten Bedürfnisse zugeschnittene Informationen anzubieten. Eine relativ einfache Möglichkeit stellen dazu elektronische Mailing-Listen dar, die in Form von e-mails an Kunden versandt werden und aktuelle Angebote oder sonstige für den Kunden relevante Informationen enthalten (z. B. aktuelle Tagespreise und Preisveränderungen). Der GH-Kunde kann dabei zunächst auswählen, aus welchen Produktbereichen er informiert werden möchte. Zugleich ist eine jederzeitige Modifikation des angeforderten Informationsumfangs oder ein komplettes Abbestellen des Mailings möglich. Die dabei stattfindende Verschiebung der "Aktionshoheit" in Richtung Kunde und das zugleich greifende "Information-On-Demand"-Prinzip (Diller 1997, S. 530) stellen zwei zentrale Aspekte bei der Individualisierung der Kommunikation beim Einsatz Neuer Medien im GH dar. Sie resultieren dabei quasi *automatisch* in einer Individualisierung der Kommunikation zwischen Lieferant und Kunde.

Eine Angebotsindividualisierung ist auch möglich, wenn der Lieferant aus eigenen Erkenntnissen über die Kaufhistorie von Kunden (Informationsprinzip) *selbst* irrelevante Bereiche aus seinem eigenen Sortiment und Leistungsangebot bei der Kundeninformation ausschließt und somit die mediale Angebotsdarbietung von unnötigem "Ballast" für den Kunden befreit. Ein derart individualisiertes Angebot bietet aus Sicht des Kunden den Vorteil einer reduzierten Informationsvielfalt und -komplexität und führt zugleich zu einem entsprechend verminderten Suchaufwand.

Ebenso ist eine Bereitstellung von Rabattstaffeln, Kreditlinien, Lieferkonditionen, technischem Support etc. kundenindividuell möglich. Der Kunde wird dabei u. a. durch den reduzierten Eingabeaufwand und beschleunigten Informationszugriff entlastet. Die Darstellung solcher Informationen kann über das Internet mittels entsprechender Masken oder Berechnungsroutinen erfolgen. Nach Eingabe der Kundennummer erscheint dann ein Formular mit den individuellen Kundendaten (Name, Anschrift, artikelgenaue individuelle Rabattstaffeln etc.). Ebenso läßt sich die Berechnung von Rechnungsbeträgen, Lieferzeiten etc. an die kundenspezifischen Besonderheiten anpassen.

2.5 Integrationsprinzip und Neue Medien

Auch eine Integration von GH-Kunden in die Abläufe ihrer Lieferanten und damit in die eigentliche Leistungserbringung wird mit dem Einsatz Neuer Medien möglich. Zu denken ist hier an Zugriffsmöglichkeiten des Kunden auf aktuelle Lagerbestandsdaten, Produktverfügbarkeiten und Lieferfristen seines Lieferanten. Der Kunde übernimmt bei solchen Systemen Aufgaben, die früher der Auftragsabwicklung oblagen, bis hin zur Autorisierung zum Lagerabruf oder zur Tourenmodifikation. Derartige Möglichkeiten helfen dem Kunden bei seiner eigenen Beschaffungsplanung, bergen aber auch ein gewisses Risikopotential für den Anbieter in sich. Einerseits ist nämlich nicht auszuschließen, daß auch die Konkurrenz Einblick in die Bevorratung erhält, andererseits erscheint es durchaus vorstellbar, daß sich Lagerbestände tendenziell erhöhen werden, will der GH mit dem Aufbau einer hohen sofortigen Lieferbereitschaft seine entsprechende Kompetenz demonstrieren. Für den sensiblen Bereich individuell ausgehandelter Preise und Rabatte besteht die Gefahr, daß Kunden (z. B. über den entsprechenden Außendienstmitarbeiter) der Konkurrenz Einblick in die eigenen Konditionen verschaffen bzw. bei anderen Kunden derartige Informationen erhalten. Insofern entsteht ein Gefahrenpotential, daß Lieferanten gegeneinander ausgespielt werden und eine (weitere) Verschärfung des Preis- und Rabattwettbewerbs zuungunsten des GH eintritt.

Die vorangegangenen Abschnitte haben gezeigt, daß der Einsatz Neuer Medien durchaus den Prinzipien des Beziehungsmarketing entspricht und sich insofern grundsätzlich als Kundenbindungsinstrument für den GH anbietet. Über quantifizierbare Nutzeffekte lassen sich derzeit aber noch keine endgültigen Aussagen treffen. Neben Fragen zur absoluten Stärke der kundenbindenden Wirkung (Effektivitätsproblem) wäre zusätzlich zu prüfen, in welchem Verhältnis die potentiellen Nutzeffekte zu den anfallenden Kosten stehen (Effizienz).

3 KUNDENBINDUNG MIT NEUEN MEDIEN – DIE SICHT DES GROSSHANDELS

Nach eher theoretisch ausgerichteten Überlegungen zum möglichen Beitrag Neuer Medien zur Kundenbindung ist nun zu fragen, welche Einschätzungen der GH selber äußert, welche Entwicklungstendenzen von ihm erwartet und welche Potentiale, aber auch welche Hemmnisse im konkreten Zusammenhang wahrgenommen werden. Einer solchen Analyse dient der folgende Abschnitt. Die dort diskutierten Ergebnisse entstammen aus zwei unterschiedlichen GH-Studien in den Branchen EDV/ Computer-GH und Elektro-GH (Schult 1997) und Getränke-GH, Elektro-GH und Chemie-GH (Neudeck 1997).

3.1 Erwartete Entwicklungstendenzen

Da Investitionsentscheidungen nicht zuletzt von den Erwartungen der Entscheider über mögliche Umweltzustände in der Zukunft beeinflußt werden, erscheint es zunächst angebracht zu analysieren, welche Bedeutung der GH den Neuen Medien heute und in der

Zukunft beimißt (Schult 1997). Dazu wurde im Rahmen einer empirischen Studie in den Branchen Elektro-GH und EDV/ Computer-GH untersucht, welcher Prozentsatz der Unternehmen welchen elektronischen Medien eine *hohe* bis *herausragende Bedeutung* zuweist. Um einen Vergleichswert zu erhalten, erfolgte zugleich eine parallele Analyse für "etablierte" Medien wie das Faxgerät und die Diskette. Die Resultate der Untersuchung finden sich in *Abbildung 2*.

Dem Faxgerät kommt derzeit in der Wahrnehmung der befragten GH-Betriebe unter sämtlichen untersuchten Medien mit Abstand die größte Bedeutung zu. Allerdings wird allgemein erwartet, daß es in Zukunft an Bedeutung verlieren wird. Im Vergleich dazu ist die Diskette in ihrem Lebenszyklus schon weit(er) vorangeschritten und wird offensichtlich in Zukunft nicht mehr von nennenswerter Bedeutung sein. Während für die CD-ROM (quasi dem der Diskette hinsichtlich Speicherkapazität technisch überlegenen Substitut) noch mit Bedeutungszuwächsen gerechnet wird, trifft dieser Sachverhalt insbesondere für die Neuen Medien und hier allen voran die Online-Dienste zu. Die sog. Offline-Medien (z. B. Diskette und CD-ROM) scheinen sich also zusehends zu überleben und Online-Anwendungen Platz zu machen. Dieser Umstand zeigt sich auch daran, daß für geschlossene Nutzergruppen, EDI und e-mail-Anwendungen ebenfalls ein deutlicher Bedeutungszuwachs erwartet wird. Danach werden sich also die Online-Medien in Zukunft an die Spitze der (technischen) Kundenkommunikation setzen und die klassischen Medien – zumindest partiell – substituieren können. Einschränkend sei allerdings darauf hingewiesen, daß die der Untersuchung zugrundeliegenden Branchen technisch eher als fortschrittlich einzustufen sind.

Einige zusätzliche Analysen über die Einschätzung des GH hinsichtlich der heutigen und zukünftigen Bedeutung von Online-Medien erbringen differenziertere Einsichten. So zeigt sich zunächst, daß der Unternehmensumsatz in *keinem* eindeutigen Zusammenhang zur geäußerten *Bedeutung* von Online-Medien für die eigene Unternehmenspraxis steht, wenngleich sich aber ein Zusammenhang zum Medien*einsatz* feststellen läßt. Umsatzschwächere und -stärkere GH-Unternehmen sind sich in ihrer Einschätzung hinsichtlich der deutlich zunehmenden zukünftigen Bedeutung Neuer Medien weitgehend einig, kleinere GH-Unternehmen setzen die Neuen Medien aber bisher seltener ein. Etwas anders gestaltet sich die Situation bei der Analyse der Kundenzahl sowie dem regionalen Betätigungsfeld der jeweiligen GH-Unternehmen. Hier zeigt sich, daß die Online-Medien für Unternehmen mit höherer Kundenanzahl und/ oder einem größeren regionalen Betätigungsfeld heute eindeutig größere Bedeutung besitzen. Andererseits unterscheiden sich die Unternehmen bei der Frage nach der *zukünftigen* Bedeutung der Medien nur unwesentlich.

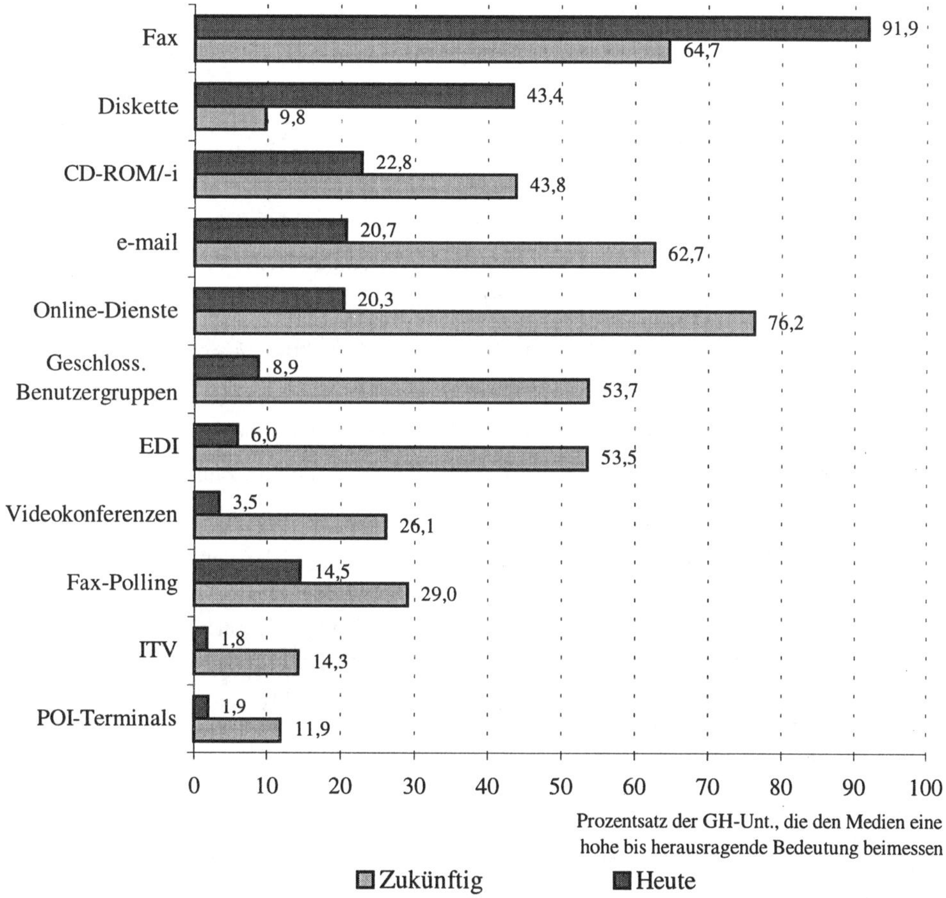

Abbildung 2: Bedeutung verschiedener elektronischer Medien aus Sicht des Großhandels

Quelle: eigene GH-Studie in den GH-Branchen EDV/Computer und Elektro, n=126, 1997

Angesichts des durchweg erkennbaren Trends hin zu den Online-Medien stellt sich nun die Frage, welches konkrete Kundenbindungspotential von diesen in der Einschätzung seitens der GH-Unternehmen ausgeht. Dieser Fragestellung widmet sich der nächste Abschnitt.

3.2 Einsatz- und Kundenbindungpotentiale Neuer Medien

Die folgende Analyse untersucht, welche marketingpolitischen Zielsetzungen der Großhandel mit dem Einsatz verschiedener kommunikationspolitischer Instrumente verfolgt bzw. verbindet. In diesem Zusammenhang läßt sich auch untersuchen, welcher Stellenwert dem Marketingziel Kundenbindung beim Einsatz der Neuen Medien in der Einschätzung des GH zukommt.

Bei den in der folgenden *Tabelle 1* angegebenen Werten handelt es sich jeweils um Prozentangaben und es zeigt sich bspw., daß 47,8% aller 92 befragten Unternehmen aus dem EDV/ Computer- und Elektro-GH angeben, bereits Neue Medien (absatzgerichtet) einzusetzen (erster Wert der letzten Zeile). Von *diesen* Unternehmen weisen genau 40% (erster Wert der ersten Zeile) den Neuen Medien das Ziel einer Bekanntheitserhöhung des eigenen Unternehmens zu, womit im Vergleich mit den Werten anderer Ziele ersichtlich wird, daß aus Anbietersicht darin derzeit ein Hauptnutzen der Neuen Medien gesehen wird (vgl. zu den Marketingzielen beim Interneteinsatz auch Rengelshausen, 1997, S. 124 ff.).

Tabelle 1: Medieneinsatz und Marketingziele im Großhandel

Medien → Ziele ↓	Neue Medien	Außen-dienst	Telefon-market.	Verk.-förderg.	Direkt-market.	PR	klass. Werbung	Messen	Haus-messen
Bekannt-heit	40,0	27,5	12,3	15,7	40,3	60,7	56,1	56,9	35,6
Image-gewinn	34,9	18,7	6,8	22,9	14,9	51,8	36,8	58,8	57,8
Verkaufs-ziele	30,2	69,2	86,3	64,3	52,2	12,5	36,8	37,3	48,9
Kunden-bindung	16,3	80,2	47,9	34,3	38,8	10,7	10,5	27,5	51,1
Information	51,2	53,8	46,6	32,9	59,7	41,1	43,9	74,5	73,3
Vertrauens-bildung	11,6	71,4	24,7	15,7	26,9	25,0	7,0	17,6	35,6
% der Unt.:	47,8%	98,9%	79,3%	76,1%	72,8%	60,9%	62,0%	56,5%	50,0%
n =	(45)	(91)	(73)	70	67	56	57	51	(45)

Quelle: eigene Studie in den GH-Branchen Chemie, Getränke und Elektro, n=92, 1997

Auffällig ist auch, daß die Neuen Medien nur zu einem vergleichsweise geringen Anteil *bewußt* zur Erreichung von Kundenbindungszielen eingesetzt werden. Ihr Einsatz erfolgt außer zur Erhöhung des Bekanntheitsgrades insbesondere zur Erreichung der Ziele (Verbesserung der) Kundeninformation sowie zur Verbesserung des Unternehmensimages. Unterstützt wird der Eindruck einer gewissen Skepsis des GH bzgl. der Eignung Neuer Medien zur Kundenbindung durch Antworten auf eine Anzahl von zusätzlichen, offen gestellten Fragen. Einige Unternehmen äußern dabei die Befürchtung, daß der Medieneinsatz eher kundenbindungs*senkend* wirke und/ oder zum Verlust des wichtigen persönlichen Kontaktes zum Kunden führe. Als Gegenargument läßt sich erneut ins Feld führen, daß der Einsatz Neuer Medien zur Entlastung von Innen- und Außendienst von Routinetätigkeiten beitragen kann und insofern *nicht* zwingend mit einem Verlust des Kundenkontaktes gleichzusetzen ist. Offensichtlich versteht (verkennt) der GH also die Neuen Medien derzeit eher als "Werbemedium" denn als Interaktionsmedium. Die theoretische Analyse hatte aber bereits gezeigt, daß es sich bei einer solchen Einschätzung um eine verkürzte Sichtweise der Problematik handelt.

Zur expliziten Erreichung von Kundenbindungszielen gelangen (vgl. *Tabelle 1*) vornehmlich der Außendienst, das Telefonmarketing (incl. Innendienst) und verschiedene Arten von Hausmessen zum Einsatz. Auch dieser Sachverhalt deutet darauf hin, daß die GH-Unternehmen Kundenbindung primär synonym zum *persönlichen* Kontakt zwischen Kunde und Lieferant verstehen.

Einer weitergehenden Analyse möglicher Hemmnisse beim Einsatz Neuer Medien dient der nun folgende Abschnitt.

3.3 Hemmnisse beim Einsatz Neuer Medien im Großhandel

Abbildung 3 zeigt eine Rangfolge von Hemmfaktoren, die von den befragten GH-Betrieben als Begründung *gegen* einen (bisherigen) Einsatz Neuer Medien angegeben werden. Es handelt sich bei den Zahlenwerten in der Darstellung jeweils um Antworthäufigkeiten derjenigen GH-Unternehmen, die bis zum Zeitpunkt der Erhebung noch *keine* Neuen Medien absatzgerichtet einsetzten.

Der am häufigsten genannte Grund gegen den bisherigen Einsatz Neuer Medien betrifft

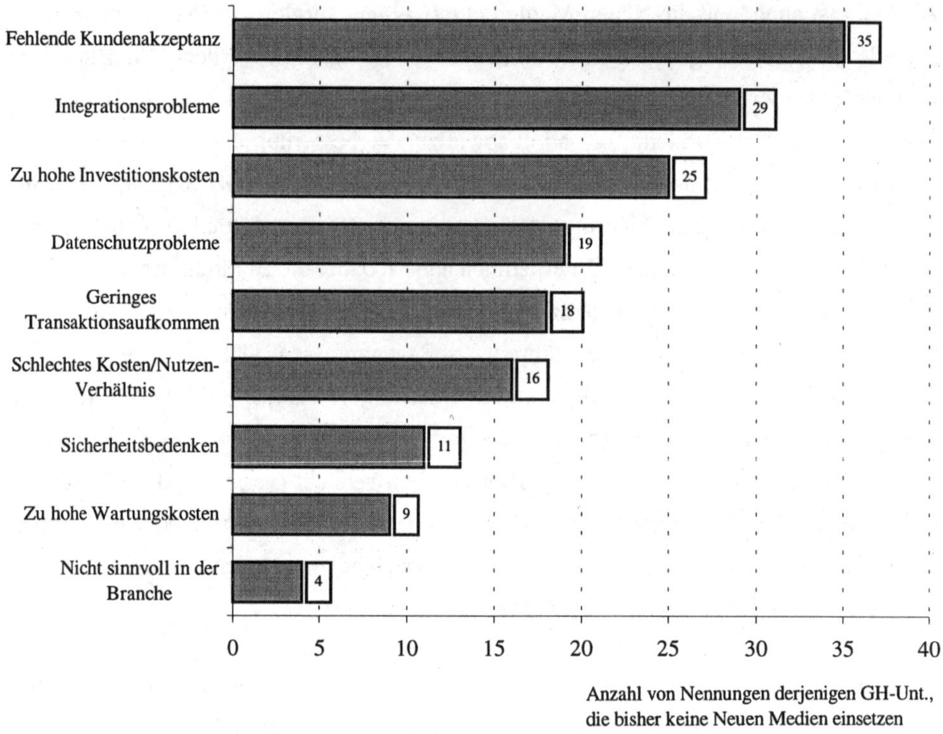

Abbildung 3: Wahrgenommene Hemmnisse beim Einsatz Neuer Medien aus Sicht des GH

Quelle: eigene Studie in den GH-Branchen EDV/ Computer und Elektro, n=59, 1997

die (von den GH-Unternehmen unterstellte) fehlende Akzeptanz auf seiten der Kunden. Dabei sind allerdings deutliche Branchenunterschiede auszumachen. Während Akzeptanzprobleme im EDV/ Computer-GH nur sehr selten genannt werden, ist dieses Argument im Elektro-GH wesentlich häufiger anzutreffen. Ein Zusammenhang zwischen Produktaffinität und Medienakzeptanz läßt sich deshalb nicht generell ausschließen. Darum ist auch zu erwarten, daß in "technikferneren" GH-Branchen höhere Akzeptanzbarrieren existieren als in EDV-nahen. Die fortschreitende Diffusion der entsprechenden Computertechnologie und die zunehmende Verbreitung des notwendigen Know-hows lassen aber erwarten, daß angenommene Akzeptanzprobleme in Zukunft an Bedeutung verlieren werden. Dennoch ist aus heutiger Sicht, bedingt durch die Akzeptanz der Neuen Medien in den einzelnen Branchen und den Diffusionsgrad notwendiger Technologien bei den jeweiligen GH-Kunden, das beim Einsatz der Medien erzielbare Bindungpotential zu relativieren. Auf der anderen Seite ist bei anstehenden Entscheidungen über den zukünftigen Einsatz Neuer Medien nicht zu vernachlässigen, daß gerade eine derartige Situation die Möglichkeit zu positiven Pioniereffekten für innovative Anbieter (zur Zeit noch) bietet.

Einen weiteren Hemmfaktor stellen Integrationsprobleme von Online-Medien in bestehende unternehmensinterne Abläufe dar. Es läßt sich davon ausgehen, daß die Ursachen für die angenommenen Probleme vielschichtig sind und verschiedenste unternehmensspezifische Einzelprobleme betreffen. Dennoch erscheint es plausibel, daß es sich unter anderem um Fragen wie die Anbindung der Online-Medien an das eigene Warenwirtschaftssystem handelt und daneben unternehmensinterne Marketingprozesse sowie organisatorische Strukturen von dem Integrationsproblem betroffen sein werden.

Von einem weiteren Teil der GH-Unternehmen werden (zu) hohe Investitionskosten bei der Implementierung von Online-Medien als Hinderungsgrund genannt. In diesem Zusammenhang fällt auf, daß anfallende Wartungskosten deutlich seltener genannt werden, was mit der fehlenden Erfahrung in diesem zeitlich eher nachgelagerten (Kosten-)Bereich einhergehen mag. Ein letztes Argumentenbündel betrifft schließlich Bedenken hinsichtlich des Datenschutzes und der nicht gewährleisteten Transaktionssicherheit.

Insgesamt und trotz der geäußerten Bedenken ist aber hervorzuheben, daß nur sehr wenige GH-Unternehmen (etwa 3%) die Sinnhaftigkeit des Einsatzes von Online-Medien in ihrer Branche *grundsätzlich* in Frage stellen. Insofern sind die diskutierten Ablehnungsgründe eher an aktuellen, temporären oder unternehmensinternen Besonderheiten festzumachen.

4 ZUSAMMENFASSUNG DER ERGEBNISSE UND AUSBLICK

Abschließend stellt sich die Frage, welches Fazit die zuvor dargestellten Ausführungen über die Eignung Neuer Medien als Kundenbindungsinstrumente für den Einsatz im Großhandel zulassen. Dazu werden in der Folge zentrale Erkenntnisse noch einmal thesenhaft zusammengefaßt:

- Aus Sicht der fünf Prinzipien des Beziehungsmarketing bieten sich die Neuen Medien grundsätzlich *ohne Einschränkung* als Kundenbindungsinstrumente für den GH an. Die spezifische Eignung muß Kosten-Nutzen-Analysen im Einzelfall vorbehalten bleiben.

- Die untersuchten Großhandelsbranchen erwarten, daß insbesondere den *Online*-Medien in Zukunft eine hohe bis herausragende Bedeutung zukommen wird, während *Offline*-Medien tendenziell an Bedeutung verlieren werden. Den zwischenmenschlichen Kontakt werden Neue Medien nicht völlig ersetzen (können) und insofern mittelfristig eher flankierend zur Entlastung des Außen- und Innendienstes von Routinetätigkeiten beitragen.
- Trotz der hohen Erwartungen für die Zukunft spielen die Neuen Medien in vielen GH-Branchen derzeit noch eine eher untergeordnete Rolle, wenngleich, dies zeigen auch eigene vergleichende Untersuchungen aus den Vorjahren, die entsprechenden Diffusionsgrade stetig nach oben zu korrigieren sind.
- Der Einsatz Neuer Medien bietet sich insbesondere bei nicht erklärungsbedürftigen Standardprodukten, wiederkehrendem Bedarf und standardisierten Bestellprozessen an. In diesen Fällen werden Kapazitäten an Personal (und/ oder Kosten) für anderweitig notwendige Beratungs- und verbesserte Serviceleistungen frei.
- Als Hauptgründe gegen einen derzeitigen Einsatz Neuer Medien im GH werden insbesondere Akzeptanzprobleme in den jeweiligen Branchen, Kostenaspekte und Schwierigkeiten bei der Integration in etablierte Unternehmensabläufe genannt. Angenommene Akzeptanzbarrieren werden mit einer weiter voranschreitenden Diffusion Neuer Medien zukünftig an Bedeutung verlieren.
- Mögliche Bindungseffekte beim Einsatz Neuer Medien lassen sich bislang nicht quantifizieren. Daher verbieten sich zum derzeitigen Zeitpunkt auch exakte Effizienzanalysen, die derartige Bindungseffekte im Vergleich zu den finanziellen Aufwendungen relativieren würden.
- Für manche GH-Unternehmen dürfte sich auch in absehbarer Zukunft der (absatzgerichtete) Einsatz von Online-Medien aus Kostengründen verbieten. Diese Aussage gilt insbesondere dann, wenn neben dem Aufbau einer einfachen Homepage eine Anbindung der Neuen Medien an das eigene Warenwirtschaftssystem erfolgen soll (Integrationsproblematik).
- Der Großhandel schätzt die Eignung der Neuen Medien zur Bindung von Kunden derzeit eher skeptisch ein. Statt dessen erfolgt ihr Einsatz insbesondere zur (Verbesserung der) Kundeninformation, Erhöhung des eigenen Bekanntheitsgrades und zum Zwecke eines eigenen Imagegewinns. Dies steht freilich im Widerspruch zum tatsächlichen Einsatz- und Nutzenpotential.
- Tendenziell bringt der Einsatz der Neuen Medien im GH auch Gefahrenpotentiale

mit sich. Durch eine Integration von Kunden in unternehmensinterne Abläufe ist nicht auszuschließen, daß Informationen an die Konkurrenz weitergegeben werden.

Zuletzt ist festzustellen, daß innovative GH-Unternehmen in vielen Branchen noch auf Pioniergewinne hoffen können und ggf. Standards zu setzen in der Lage sind, die ebenfalls zu einer Bindung von Kunden führen, wenngleich es sich hierbei dann zunächst u. U. um eine sog. "Fesselung" (Diller 1995c, S. 20) handelt. Während die zentrale Frage also derzeit eher lautet: "Eignen sich die Neuen Medien im Sinne der Kundenbindung für den GH?", wird sie mit einer weiter voranschreitenden Verbreitung derselben mehr und mehr in Richtung "Wie müssen die Medien ausgestaltet sein, um im Vergleich zu anderen Angeboten überlegen zu sein?" zu relativieren sein.

LITERATUR

Biber, J.: Kundenpolitik im Großhandel, Unveröffentlichte Diplomarbeit am Lehrstuhl für Marketing der Universität Erlangen-Nürnberg, Nürnberg 1996.

Cornelsen, J.: Kundenwert – Begriff und Bestimmungsfaktoren, Arbeitspapier Nr. 43 des Lehrstuhls für Marketing an der Universität Erlangen-Nürnberg, Nürnberg 1996.

Diller, H.: Beziehungsmarketing. In: WiSt-Wirtschaftswissenschaftliches Studium, 24 1995a, Heft 9, S. 442–447.

Diller, H.: Kundenmanagement. In.: Köhler, R.; Tietz, B.; Zentes, J. (Hrsg.): Handwörterbuch des Marketing, Stuttgart 1995b, Sp. 1363–1376.

Diller, H.: Kundenbindung als Zielvorgabe für das Beziehungsmarketing, Arbeitspapier Nr. 40 des Lehrstuhls für Marketing an der Universität Erlangen-Nürnberg, Nürnberg 1995.

Diller, H.: Kundenbindung als Marketingziel. In: MARKETING-ZFP, 18 (1996), Heft 2, S. 81–94.

Diller, H.: Veränderungen im Marketing durch Online-Medien. In: Bruhn, M.; Steffenhagen, H. (Hrsg.), Marktorientierte Unternehmensführung, Wiesbaden 1997, S. 513–537.

Diller, H.: Kundenchats als innovative Kommunikationsinstrumente im Beziehungsmarketing, Arbeitspapier Nr. 67 des Lehrstuhls für Marketing an der Universität Erlangen-Nürnberg, Nürnberg 1998.

Dohet-Gremminger, A.: Marktstrategien im Großhandel, Wiesbaden 1997.

Gömann, S.: Interaktive multimediale Medien im Marketing, Arbeitspapier Nr. 49 des Lehrstuhls für Marketing an der Universität Erlangen-Nürnberg, Nürnberg 1996.

Hünerberg, R.; Heise, G.: Multi-Media und Marketing – Grundlagen und Anwendungen. In: Hünerberg, R.; Heise, G. (Hrsg.): Multi-Media und Marketing, Wiesbaden 1995, S. 1–22.

Kysela, K. D.: Großhandelsmarketing, Bergisch Gladbach und Köln 1994.

Neudeck, I.: Kommunikationsprobleme und Kommunikationskonzepte im Großhandel, Unveröffentlichte Diplomarbeit am Lehrstuhl für Marketing der Universität Erlangen-Nürnberg, Nürnberg 1997.

Rengelshausen, O.: Werbung im Internet und in kommerziellen Online-Diensten. In: Silberer, G. (Hrsg.): Interaktive Werbung, Stuttgart 1997.

Russi, D. P.: Elemente einer strategischen Planung im Großhandel, Bergisch Gladbach und Köln 1993.

Schult, S.: Neue Medien in der Großhandels-Kommunikation, Unveröffentlichte Diplomarbeit am Lehrstuhl für Marketing der Universität Erlangen-Nürnberg, Nürnberg 1997.

Tietz, B.: Großhandelsperspektiven für die Bundesrepublik Deutschland bis zum Jahre 2010, Frankfurt a. M. 1993.

Tietz, W. (1996): Kundenbindung im Großhandel, Arbeitspapier Nr. 47 des Lehrstuhls für Marketing an der Universität Erlangen-Nürnberg, Nürnberg 1996.

Strategische Überlegungen des Handels zum Category Management – Das Aktivitätenportfolio

Bartho Treis und Olaf Holzkämper, Göttingen

Category Management wird zur Zeit als innovatives Handelskonzept ausgiebig diskutiert. Häufig geschieht dies mit einem positiven Tenor oder unter Betonung der operativen Probleme, die im Rahmen der Umsetzung auftreten. Aus der Sicht des Handels können sich aus dem kooperativen Category Management jedoch auch erhebliche strategische Probleme ergeben, wenn Händler durch Kooperation in wichtigen Aktivitäten Know-How verlieren und so in Abhängigkeit von Herstellern geraten.

Als Lösung dazu wird in der folgenden Ausarbeitung das Aktivitätenportfolio vorgeschlagen. Mit dessen Hilfe können Händler die Kooperationsmöglichkeiten (hinsichtlich Kategorie, Kooperationspartner, Grad der Kooperation, ...) detailliert betrachten und mit Hilfe dieser Erkenntnisse die Kooperationsentscheidung bewußt fällen und die Kooperation differenziert gestalten

1 KOOPERATIVES CATEGORY MANAGEMENT: FÜR DEN HANDEL EINBAHNSTRASSE UND SACKGASSE ZUGLEICH?

Angesichts der immer wieder beklagten Konsumflaute versuchen Hersteller und Händler ihren Dauerkonflikt auszusetzen und unter dem Titel "*kooperatives Category Management*" (für einen Überblick: Möhlenbruch 1997, S. 115 ff.; Treis 1995, S. 329) einen Burgfrieden zu schließen.

Die Wertschöpfungsaktivitäten zwischen Herstellern und Händlern sollen nach diesem innovativen Konzept so neu verteilt werden, daß jeweils derjenige sie ausführt, der die Aktivität am besten beherrscht – aus der Perspektive des Gesamtoptimums sicherlich nicht falsch. Die daraus folgende Umverteilung der Aktivitäten bringt aber auch mit sich, daß Hersteller und Händler in den Aktivitäten, die sie jeweils nicht ausüben, an Know-How verlieren. Dieses Know-How wieder aufzubauen ist zeit- und kostenintensiv, d. h. diese Aktivitäten werden die Betroffenen nach einiger Zeit nicht mehr selbst durchführen oder umfassend kontrollieren können. Bildlich gesprochen begeben sich die Unternehmen also in eine Einbahnstraße.

Durch diese Kooperation wird jedoch der grundsätzliche Gewinnverteilungskonflikt zwischen Hersteller und Händler nicht aufgehoben (o.V. 1997, S. 53; Heinemann 1997, S. 40; Bretzke 1996, S. 46). Es gilt weiterhin: Der Gewinn des einen ist der Verlust des anderen. Über den Ausgang dieses Interessenkonflikts entscheidet letztlich das Machtverhältnis der betrachteten Hersteller und Händler. Eine Determinante dieses Machtverhältnisses ist die Abhängigkeit vom anderen, die aus den Aktivitäten erwächst, die der andere ausführt. Aktivitäten, die im Streben nach dem Gesamtoptimum im Rahmen des kooperativen Category Managements vom Handel abgegeben wurden, können sich jetzt als Quelle der Abhängigkeit erweisen. Mit anderen Worten: Die Einbahnstraße kann sich zusätzlich auch noch als Sackgasse herausstellen.

Händler müssen sich daher aus der strategischen Perspektive dieser Abhängigkeitsüberlegungen fragen, welche Aktivitäten sie Herstellern oder anderen Kooperationspartnern überlassen und welche sie, um ebendiese Abhängigkeit zu vermeiden, selbst durchführen – eine typische Make-or-Buy-Frage.

Ausgehend von der dargestellten Situation ist das Ziel dieser Ausarbeitung, dem Handel ein theoretisch fundiertes Werkzeug für derartige Überlegungen zu bieten.

2 THEORETISCHE GRUNDLAGEN EINES LÖSUNGSANSATZES

2.1 Definition des kooperativen Category Managements

Category Management ist die Strukturierung des Konsumgütergeschäftes (für den Hersteller und den Händler) in Kategorien, die aus für den Kunden zusammengehörenden

Produkten bestehen, und die Führung des Unternehmens mittels dieser Struktur (Vgl. ähnlich (jedoch ohne Kostenberücksichtigung) auch Dölle Managementberatung und Handelsmarketing 1997, S. 13). Ein Beispiel für Produkte, die aus Kundensicht zusammengehören, sind Babynahrung, Windeln, Babykleidung, Kleinkinderbuggy und -autositz etc. Diese ließen sich zur Kategorie "Baby" zusammenfassen. Die Führung eines Unternehmens mittels dieser Struktur impliziert zum einen die Ausrichtung der Aufbauorganisation an dieser Gliederung: Dabei werden in einer organisatorischen Einheit "Baby" beispielsweise der entsprechende Ein- und Verkauf zusammengefaßt.

Um Category Management zum anderen in der Ablauforganisation zu verankern wird ein Category Management-Prozeß erstellt, der die verschiedenen Schritte des Category Managements umfaßt.

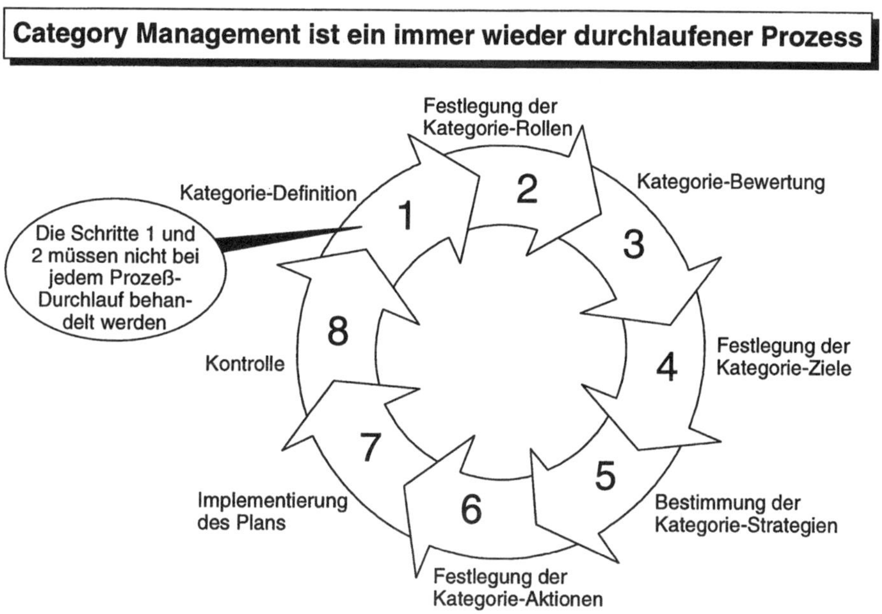

Abbildung 1: Category Management-Prozeß

Aus dieser Abfolge ist Schritt 6 hervorzuheben. Unter Kategorie-Aktionen sind (a) die Sortimentsgestaltung, (b) die Preisgestaltung und (c) die Aktionsgestaltung zu verstehen (Holzkämper 1998, S. 85, und die dort angegebenen Quellen). Wegen der grundlegenden Bedeutung der Sortimentsbildung für Handelsbetriebe wird nachfolgend eine neue Lösung für das oben genannte Make-or-Buy-Problem am Beispiel der Sortimentsgestaltung vorgestellt.

2.2 Das Aktivitätenportfolio als Make-or-Buy-Lösungsansatz

Als Verfahren zur Lösung dieser Make-or-Buy-Problematik wird das Aktivitätenportfolio vorgeschlagen (Holzkämper 1998, S. 186). Ein Portfolio-Ansatz ist immer durch drei Elemente gekennzeichnet: Objekt, Dimensionen und Empfehlungen (Vollmer 1983, S. 34). Anhand dieser Aspekte wird das Aktivitätenportfolio im folgenden vorgestellt.

(1) Objekt:
Als Objekte werden *Prozeßschritte/Wertschöpfungsaktivitäten* herangezogen.

(2) Dimensionen:
Wie im allgemeinen Modell eines Portfolio-Ansatzes gibt es auch im Aktivitätenportfolio eine Dimension, die die Chancen und Gefahren der Unternehmensumwelt repräsentiert und eine andere, die die Stärken und Schwächen eines Unternehmens wiederspiegelt. Die Dimension der Chancen und Risiken kann mit "*strategischer Bedeutung*" des Prozeßschrittes überschrieben werden. Als Dimension der Unternehmensstärken und -schwächen wird die Größe "*relative Qualität der internen Ausführung*" verwandt. "Relativ" bedeutet dabei "im Verhältnis zu dem Unternehmen, das diesen Schritt am besten ausführt" – sei es ein Konkurrent (ein anderer Händler), sei es ein Lieferant/Kunde (z. B. ein Hersteller) oder aber ein ganz anderes Unternehmen.

(3) Empfehlungen:
Die Empfehlungen des Aktivitätenportfolios entspringen einer zweistufigen Logik:

- Je größer die Bedeutung eines Prozeßschrittes, um so eher sollte ein Unternehmen die Ausführung des Schrittes unmittelbar selbst kontrollieren. Da der Aspekt der Kontrolle das Kontinuum zwischen Make und Buy begründet (Holzkämper 1998, S. 126), sollte ein Unternehmen diesen Schritt dann auch tendenziell selbst ausführen.
- Je mehr ein Unternehmen wiederum einen Schritt selbst ausführen will, um so besser sollte es diesen Schritt beherrschen. Bzw.: Je besser ein Unternehmen einen Schritt beherrscht, desto eher kann es ihn selbst ausführen.

Aus dieser grundsätzlichen Logik des Aktivitätenportfolios werden im folgenden zwei sich ergänzende Interpretationen des Portfolios abgeleitet.

Da Endpunkt der ersten Stufe und Anfangspunkt der zweiten Stufe dieser Argumentation gleich sind, läßt sich diese Aussage zur Herleitung der ersten Interpretation des Portfolios zusammenfassen zu:

Je größer die Bedeutung eines Prozeßschrittes, um so besser sollte ein Unternehmen diesen Schritt beherrschen (Abbildung 2).

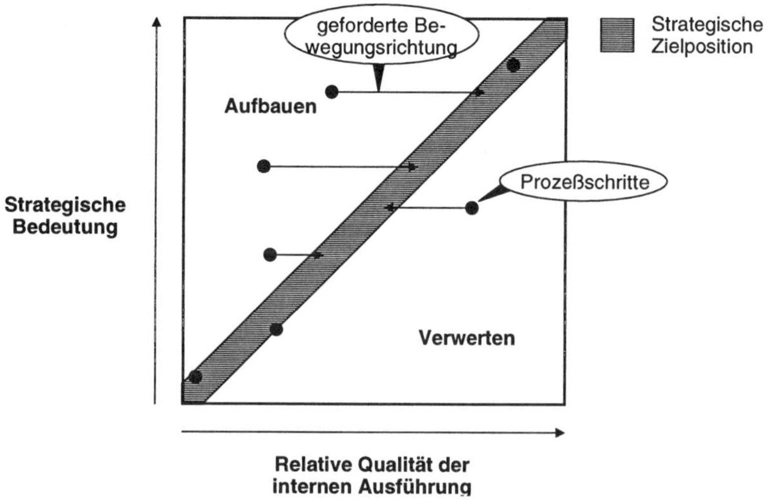

Abbildung 2: Aktivitätenportfolio mit strategischer Zielposition

Wenn ein Unternehmen also einen Prozeßschritt nicht gut genug beherrscht, muß es diesen lernen. Beherrscht es hingegen einen Prozeßschritt besser als von der strategischen Zielposition gefordert, so soll es versuchen, diese Stärke zu verwerten (z. B. versuchen, das Know-How zu verkaufen). Diese Stärke sollte nicht weiter gepflegt werden, da andernfalls die Gefahr des Verzettelns besteht und das Unternehmen damit daran gehindert wird, die wirklich wichtigen Qualifikationen aufzubauen, zu erlernen. Demzufolge sind die Felder links und rechts des Zielkanals mit den Empfehlungen "aufbauen" und "verwerten" zu versehen.

Mit dieser ersten Interpretation des Aktivitätenportfolios ist bisher noch keine ausreichend detaillierte Antwort auf die Make-or-Buy-Frage gegeben. Dennoch wurde das Problem bereits angesprochen – und zwar auf der ersten Stufe der anfangs vorgestellten zweistufigen Logik: "Je größer die Bedeutung eines Prozeßschrittes ist, um so eher sollte ein Unternehmen die Ausführung des Schrittes unmittelbar selbst durchführen." Unabhängig von der Ausführungsqualität entscheidet langfristig die strategische Bedeutung eines Prozeßschrittes über die Make-or-Buy-Frage. Bezüglich der Graphik bedeutet dies, daß sich für alle wenig bedeutenden Prozeßschritte ein Buy-Bereich horizontal über alle Ausführungsqualitäten erstreckt. Ebenso wird den Prozeßschritten mit hoher Bedeutung ein Make-Bereich zugeordnet. Horizontal dazwischen liegt die Zone der verschiedenen Kooperationsformen. Die Lage der Übergänge kann dabei nicht genau definiert werden – allein die beiden Extreme des Kontinuums sind – zumindest theoretisch – jeweils dem oberen und unteren Rand der Matrix zuzuordnen.

Diese Zuteilung mißachtet jedoch die praktischen Möglichkeiten eines Unternehmens, d. h. die Ausführungsqualität. So wurde eingangs festgehalten: "Je besser ein Unternehmen einen Schritt beherrscht, um so eher kann es ihn selbst ausführen." Daher kann z. B. ein bedeutender Prozeßschritt nicht durch das Unternehmen selbst durchgeführt werden, wenn die Qualität der internen Ausführung nicht ausreichend hoch ist. Nach dem "Können" des Unternehmens sollten also die "Iso-Make/Buy-Linien" vertikal verlaufen, während sie nach dem strategischen "Wollen" horizontal verlaufen.

Als Kompromiß, der den Ideen beider Argumente gerecht wird, wird das Make-or-Buy-Kontinuum diagonal in das Portfolio eingetragen (vgl. *Abbildung 3*) (Zu dieser Einteilung der Matrixfläche vgl. auch Becker 1994, S. 22; Quinn; Hilmer, F. G. 1994, S. 48; Oetinger 1989, S. 149; Roever 1991, S. 246; Benkenstein; Henke, S. 88).

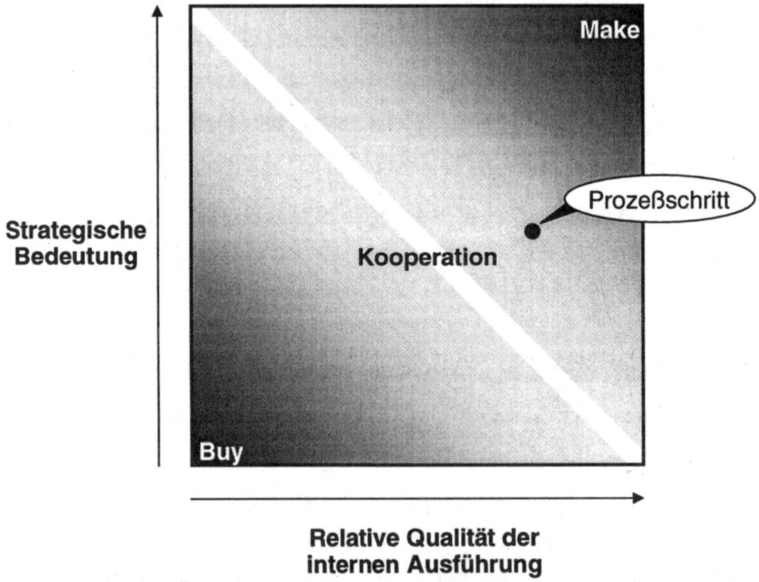

Abbildung 3: Make-or-Buy im Aktivitätenportfolio

Haben also Prozeßschritte eine hohe strategische Bedeutung, so ist aus strategischer Sicht eine Make-Ausrichtung gefordet. Liegen diese Prozeßschritte dann aber im Aufbau-Bereich, d. h. die interne Ausführungsqualität ist nicht so hoch, wie für die entsprechende Make-Lösung notwendig, so wird zunächst eine der Kooperation nähere Lösung gewählt, um zu lernen. Haben demgegenüber Prozeßschritte eine geringe Bedeutung, so ist aus strategischer Sicht eine Buy-Ausrichtung gefordert. Liegen diese Prozeßschritte dann aber im Verwert-Bereich, d. h. die interne Ausführungsqualität ist höher, als für die entsprechende Buy-Lösung gefordert, so wird auch hier eine der Kooperation nähere Lösung gewählt, um das vorhandene Wissen im Rahmen der Kooperation zu verwerten.

Ferner läßt sich festhalten, daß die langfristige Zielposition der vertikalen Strategie eines Unternehmens sich auch allein anhand der Dimension der strategischen Bedeutung bestimmen läßt. Langfristig bestimmt allein die Bedeutung einer Aktivität über die Wahl von Make oder Buy. Die Dimension der Ausführungsqualität zeigt zusätzlich den Weg dorthin. Sie bildet damit den dynamischen Aspekt des Portfolios.

In der Anwendung ergänzen sich die beiden Interpretationen des Aktivitätenportfolios: Die zweite Matrix, die "Make-Kooperation-Buy"-Interpretation, gibt an, welche Ausprägung der Kooperation auf dem Make-or-Buy-Kontinuum zu wählen ist. Die erstgenannte Interpretation gibt das Ziel – den strategischen Zielbereich – und damit auch gleichzeitig (falls notwendig) die Entwicklungsrichtung – Aufbauen oder Verwerten – vor. Die erste Matrix (*Abbildung 2*) ergänzt also die zweite (*Abbildung 3*) um das mit der jeweiligen Make-or-Buy-Entscheidung verfolgte Ziel. So können aufgrund des Aktivitätenportfolios z. B. Aufbau-Kooperationen von Verwert-Kooperationen unterschieden werden.

3 ANWENDUNG DES AKTIVITÄTENPORTFOLIOS AUF DIE SORTIMENTSGESTALTUNG IM CATEGORY MANAGEMENT

3.1 Definition der Entscheidungsobjekte

Als Entscheidungsobjekte für das Aktivitätenportfolio können Prozeßschritte/Wertschöpfungsaktivitäten angenommen werden. Im Fall des kooperativen Category Managements bietet sich jedoch eine Modifikation an, da die Make-or-Buy-Frage sich nicht nur für einzelne Prozeßschritte stellt. Daneben gibt es noch die Kategorien, d. h. die Objekte, auf die der Category Management-Prozeß angewendet wird. Für die Kategorien kann die Make-or-Buy-Frage gestellt werden, da die Betreuung der Kategorien im Handelsunternehmen nach dem Category Management-Ansatz aufbauorganisatorisch getrennt behandelt wird, so daß je nach Kategorie eine andere Make-or-Buy-Lösung gewählt werden könnte.

Aufgrund dieser beiden Differenzierungen liegt ein zweidimensionales Entscheidungsfeld vor:

Eine Aktivität sei ein Prozeßschritt, der auf eine bestimmte Kategorie angewandt wird

Prozeßschritt / Kategorie	Analyse Konzept	Intern. Daten	Marktforschung	Verhandeln	Berechnung	Entsch.-vorb.	Entscheidung	Überwachung
Kategorie A	Aktivität 1	Aktivität 2	Aktivität 3	Aktivität ...				
Kategorie B	Aktivität ...							
Kategorie C								
...								

Abbildung 4: Entscheidungsfeld einer Make-or-Buy-Entscheidung des Handels im Rahmen des Category Managements

Anhand dieser beiden Dimensionen lassen sich die Unterschiede in den möglichen Bereichen der Kooperation für verschiedene Kooperationspartnertypen erläutern. Kooperationen mit Herstellern/Großhändlern werden in erster Linie einige Aktivitäten einer oder weniger Kategorien umfassen, da diese Kooperationspartner dort ihre Stärken besitzen. Kooperationen mit EDV-Dienstleistern, die auch als Partner in Betracht kommen, werden hingegen auf bestimmte Prozeßschritte (z. B. Berechnung der formulierten Analysen) konzentriert sein, weil der Beitrag dieser "branchenfremden" Kooperationspartner von der Kategorie unabhängig ist.

Durch die Zusammenführung der Differenzierung in Prozeßschritte einerseits und Kategorien andererseits wird der Begriff der Aktivität gebildet: Eine *Aktivität* ist ein Prozeßschritt, der auf eine bestimmte Kategorie angewandt wird. Für jede dieser Aktivitäten muß die Make-or-Buy-Frage gestellt und entschieden werden.

3.2 Bestimmung der Dimensionen des Aktivitätenportfolios

Wie bereits angedeutet, verfolgt das Aktivitätenportfolio die grundlegende Logik, daß Aktivitäten von großer Bedeutung vom betrachteten Unternehmen selbst ausgeführt werden sollten. Positiv ausgedrückt steht dahinter der Gedanke, daß dadurch die wichtigen Elemente des Geschäftes vom betroffenen Unternehmen selbst kontrolliert werden können. Negativ formuliert heißt das, daß eine Abhängigkeit von anderen Unternehmen vermieden werden soll. Mit anderen Worten: Kein anderes Unternehmen soll große Macht über das betrachtete Unternehmen gewinnen.

Daraus folgt, daß eine Aktivität bedeutend ist, wenn ein anderes Unternehmen durch die Ausführung dieser Aktivität Macht über das betrachtete Unternehmen gewinnen kann. Das Ausmaß der *Bedeutung einer Aktivität* ergibt sich daher aus dem Ausmaß der Gefahr, die von der Macht ausgeht, der das betrachtete Unternehmen gegebenenfalls ausgesetzt sein könnte. Um eine Aktivität in den Lösungsansatz einordnen zu können, muß diese Gefahr quantifiziert werden ebenso wie auch die relative Qualität der internen Ausführung quantitativ bestimmt werden muß. Ersteres läßt sich wie in *Abbildung 5* dargestellt operationalisieren. Anhand dieses Struktur-Baumens ist eine Quantifizierung der Bedeutung einer Aktivität mittels einer Nutzwertanalyse möglich (zur Nutzwertanalyse: Weber; Krahnen; Weber 1996; Strebel 1975; Rinza; Schmitz 1992; Dreyer 1975; Terry 1963; Lillich 1992).

Die Bedeutung einer Aktivität (d. h. die Ausprägung der ersten Dimension des Aktivitätenportfolios) wird also durch das Ausmaß der Gefahr, die von der Macht ausgeht, die einem eventuellen Kooperationspartner zuwachsen könnte, bestimmt. Diese entspricht dem Erwartungswert des Schadens, der sich aus der Abhängigkeit ergibt, die zwangsläufig mit einem Outsourcing einher geht.

Dieser Erwartungswert, d. h. die *Bedeutung einer Aktivität*, ist das Produkt aus dem

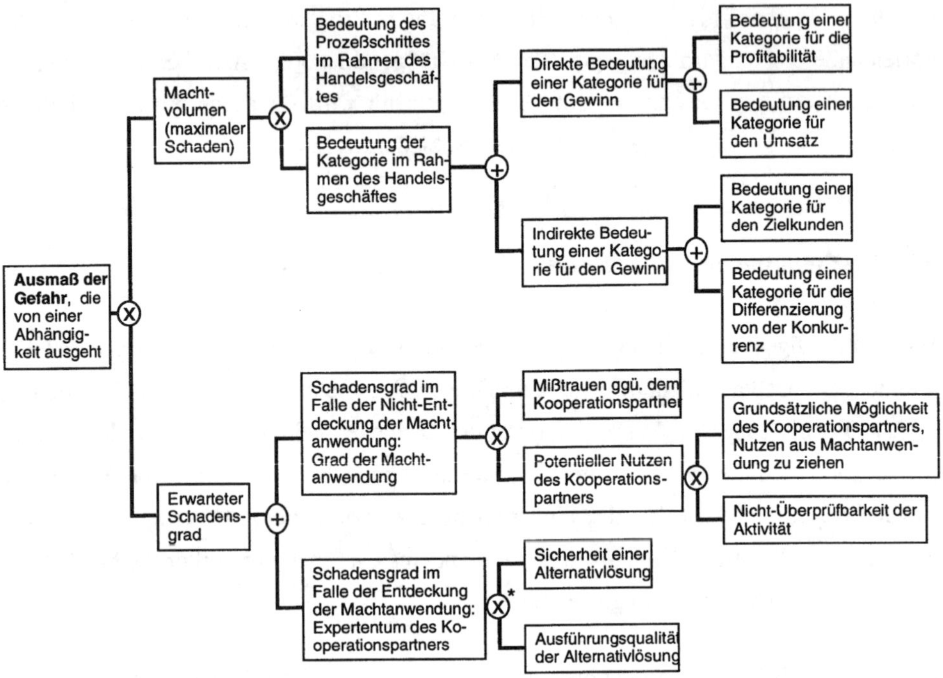

* *Expertentum des Kooperationspartners* = 1– *erwartete Alternativqualität*

Abbildung 5: Operationalisierung der Bedeutung einer Aktivität als Ausmaß der Gefahr, die von einer Abhängigkeit des Händlers ausgeht (eigene Darstellung)

Machtvolumen einerseits und aus dem *erwarteten Schadensgrad* andererseits (Herleitung bei Holzkämper 1998, S. 17 ff.). Die Größe "Machtvolumen" läßt sich als maximaler Schaden interpretieren, der durch die Aktivität für den Händler entstehen kann.

Daher sind die beiden Kriterien "Machtvolumen" und "erwarteter Schadensgrad" nutzenabhängig. Diese beiden Komponenten der strategischen Bedeutung einer Aktivität werden daher im Rahmen einer Nutzwertanalyse multiplikativ verknüpft.

(1) Machtvolumen

Das *Machtvolumen* entspricht der Bedeutung, die die Aktivität im Rahmen des Handelsgeschäftes hat. Gemäß der Definition einer Aktivität kann die Bedeutung einer Aktivität im Rahmen des Handelsgeschäftes unterschieden werden in die Bedeutung, die einerseits der damit betrachtete Prozeßschritt und andererseits die betrachtete Kategorie im Rahmen des Handelsgeschäftes besitzen.

Die Bedeutung des Prozeßschrittes im Rahmen des Handelsgeschäftes und die Bedeutung der Kategorie im Rahmen des Handelsgeschäftes sind multiplikativ zu aggregieren, da auch hier Nutzenabhängigkeit der beiden Größen gegeben ist. Eine Aktivität, die eine im Rahmen des Handelsgeschäftes völlig unbedeutende Kategorie betrifft, wird nicht dadurch bedeutender, daß der involvierte Prozeßschritt eine hohe Bedeutung im Rahmen des Handelsgeschäftes aufweist. Die Abbildung dieses Zusammenhangs wird durch die Multiplikation sichergestellt.

Die *Bedeutung eines Prozeßschrittes* im Rahmen des Handelsgeschäftes, also der Schaden, der mit einem Prozeßschritt maximal anzurichten ist, ist abhängig von den Kosten der Rückgängigmachung der durch diesen Schritt ausgelösten Aktivitäten. Theoretisch wäre hier eine weitere Untergliederung – z. B. in den Umfang der Auswirkungen, die Zahl der angestoßenen Aktivitäten und die zeitliche Verzögerung zwischen der Ausführung des betrachteten Prozeßschrittes und dem Eintritt der Folgen – auszumachen, aber eine derartige Detailtiefe ist nicht mehr umsetzbar. Diese einzelnen Faktoren können aber als Denkhilfe herangezogen werden, um die Ausprägung der Kosten der Rückgängigmachung der angestoßenen Aktivitäten zu schätzen. So ist beispielsweise die Bedeutung des Prozeßschrittes "Entscheidung" im Rahmen der Sortimentsgestaltung relativ hoch, weil durch die Entscheidung die tatsächliche, für den Kunden sichtbare Veränderung im Sortiment ausgelöst wird. Eine solche Veränderung wieder rückgängig zu machen ist problematisch, weil dadurch "Unruhe" in das Sortiment getragen wird, die ein Handelsunternehmen gerade zu vermeiden sucht. Demzufolge ist die Entscheidung ein Prozeßschritt, der c.p. tendenziell eher von Händlern selbst durchgeführt werden sollte.

Daneben ist die *Bedeutung der Kategorie* im Rahmen des Handelsgeschäftes zu beachten. Im Rahmen des Category Managements ist die Bedeutung einer Kategorie durch die Rolle determiniert, die der Kategorie im Rahmen des Category Managements zugewiesen wird. Liegen also bereits Rollen für die verschiedenen Kategorien vor, so können diese als Maßstab zur Bestimmung der Bedeutung einer Kategorie herangezogen werden. *Tabelle 1* enthält Hinweise zur Bestimmung von Kategorie-Rollen.

Allgemein kann die Bedeutung einer Kategorie für ein Handelsgeschäft wie im entsprechenden Ausschnitt der *Abbildung 5* dargelegt ermittelt werden. Für die verschiedenen Kriterien wird eine additive Verknüpfung vorgeschlagen. Im Falle der Aggregation der direkten und der indirekten Bedeutung für den Gewinn ist dies sicherlich problemlos. Hier ist keine Nutzenabhängigkeit gegeben.

Hinsichtlich der Zusammenfassung der Bedeutung der Kategorie für die Profitabilität und für den Umsatz ließe sich anführen, daß diese beiden Kriterien multiplikativ zur *direkten Bedeutung der Kategorie für den Gewinn* verknüpft werden müssen, da dies dem rechnerischen Zusammenhang von Gewinn, Profitabilität und Umsatz entspricht. Dies ist sicherlich richtig und vertretbar.

Dieser Meinung wird aber hier nicht gefolgt, sondern die Ausprägungen der Bedeutung einer Kategorie für die Profitabilität und für den Umsatz werden addiert. Begründen läßt sich dieses Vorgehen mit der Definition der unterschiedlichen Kategorie-Rollen, die in diesem Teil des Struktur-Baumes als Bedeutung der Kategorie im Rahmen des Handelsgeschäftes erhalten werden. Bei der Beschreibung der Rollen wird weniger auf den Gewinn abgezielt, den eine Kategorie erwirtschaftet, als vielmehr die jeweilige Bedeutung für die Profitabilität bzw. den Umsatz getrennt hervorgehoben. Daß trotzdem schließlich ein Gewinn entsteht, läßt sich dabei z. B. durch die Nutzung von Verbundeffekten zwischen umsatzstarken und profitablen Artikeln erklären.

Auch der nächste Aspekt ist nicht gänzlich unproblematisch. Die Bedeutungen einer Kategorie für den Zielkunden und für die Differenzierung von der Konkurrenz werden ebenfalls additiv verknüpft, um die *indirekte Bedeutung einer Kategorie für den Gewinn* zu erhalten. Damit wird Nutzenunabhängigkeit zwischen diesen beiden Determinanten vorausgesetzt. Diese Voraussetzung ist jedoch immer dann verletzt, wenn die Konkurrenten des betrachteten Handelsunternehmens einen völlig unterschiedlichen Zielkunden definieren und die Handelskonkurrenz sich gleichzeitig vollkommen an ihrem Zielkunden ausrichtet. In diesem Fall hätte nämlich eine große Bedeutung einer Kategorie für den Zielkunden des betrachteten Handelsunternehmens immer auch eine große Bedeutung derselben Kategorie für die Differenzierung von der Handelskonkurrenz zur Folge. Allerdings ist kaum zu erwarten, daß die beiden Prämissen zutreffen. Entscheidend ist dabei v.a., daß die verschiedenen Zielkunden sehr selten vollkommen unterschied-

Tabelle 1: Kategorie-Rollen:

Kategorie-Rolle	Beschreibung
Profilierung	• Kunde soll den Händler als führend in dieser Kategorie ansehen • Kategorie sollte das Bild des Kunden vom Händler maßgeblich definieren • Händler sollte für Zielkunden die Einkaufsquelle schlechthin für diese Kategorie sein • Kategorie sollte dem Kunden immer ein überlegenes Preis/Leistungs-Verhältnis bieten • Kategorie soll beim Händler führend sein hinsichtlich des Umsatzes, des Marktanteils, der Kundenzufriedenheit, des Service Levels • Aufgrund des sehr hohen Umsatzes dieser Kategorie lohnt sich eine sehr weitgehende Nutzung der Kostensenkungsmöglichkeiten auf der "Supply-side" • ca. 5–7% der Kategorien eines Händlers erhalten die Profilierungs-Rolle
Routine	• Pflichtsortiment • Kategorie sollte das Bild des Kunden vom Händler mitbestimmen • Händler sollte für Zielkunden die bevorzugte Einkaufsquelle für diese Kategorie sein • Kategorie sollte dem Kunden ein sehr wettbewerbsfähiges Preis-/Leistungsverhältnis bieten • Kategorie sollte für Händler die führende Rolle hinsichtlich der Erzeugung von Gewinn, Cash Flow und Return on Assets spielen (Gewinn entsteht hierbei deutlich mehr aus hohem Umsatz als aus einer starken Marge) • ca. 55–60% der Kategorien eines Händlers erhalten die Routine-Rolle
Saisonale Profilierung/ Saisonale Ergänzung	• Profilierung: Saisonale Aufwertung der Profilierung • Ergänzung: Saisonales Ergänzungssortiment • Kategorie sollte das existierende Bild des Kunden vom Händler verstärken • Händler sollte für Zielkunden eine wichtige Einkaufsquelle für diese Kategorie sein • Kategorie sollte dem Kunden zumeist ein wettbewerbsfähiges Preis/Leistungsverhältnis bieten • Bezüglich Gewinn/Profitabilität etc. sollte Kategorie sich ähnlich verhalten wie eine Profilierungs- bzw. Ergänzungs-Kategorie • ca. 15–20% der Kategorie eines Händlers haben saisonalen Charakter
Ergänzung	• Ergänzungssortiment, daß im Rahmen eines One-Stop-Einkaufs gerne mitgenommen wird • Kategorie sollte das existierende Bild des Kunden vom Händler verstärken und v.a. den Händler als Möglichkeit für einen One-Stop-Einkauf profilieren • Kategorie sollte dem Kunden ein akzeptables Preis-/Leistungsverhältnis bieten • Kategorie sollte einiges zum Gewinn, dabei weniger zum Umsatz aber viel zur Durchschnittsmarge beitragen • ca. 15–20% der Kategorien eines Händlers werden mit der Ergänzungs-Rolle belegt.

Quellen: Biehl 1997, S. 43; ECR Europe, S. 43

liche Verhaltensweisen zeigen werden. Sie haben wahrscheinlich z. B. unterschiedliche Schwerpunkte in ihren Bedürfnissen, aber es werden sich immer mehr oder weniger große Überschneidungen finden. Zusätzlich wäre zu hinterfragen, wie konsequent sich die Handelskonkurrenz tatsächlich an ihren Zielkunden orientiert.

Also ist zum Problem der Nutzenabhängigkeit zwischen den Determinanten "Bedeutung einer Kategorie für den Zielkunden" und "Bedeutung einer Kategorie für die Differenzierung von der Konkurrenz" festzuhalten, daß die Nutzenunabhängigkeit in der Realität wohl im wesentlichen gegeben sein dürfte. Darüber hinaus werden schwache Nutzenabhängigkeiten in einem Struktur-Baum als häufig unvermeidbar angesehen (Vgl. hierzu ausführlich bei Utermarck 1996, S. 38ff).

Somit wurde dargelegt, wie das Machtvolumen (der maximale Schaden) operationalisiert werden kann. Als nächstes muß dies auch für den erwarteten realisierten Schadensgrad geschehen. Im folgenden wird also die zweite Hälfte des Struktur-Baumes zur Bedeutung einer Aktivität besprochen.

(2) Erwarteter Schadensgrad

Der *erwartete Schadensgrad* ist das Ausmaß, zu dem das Machtvolumen realisiert wird. Gleichzeitig ist der erwartete Schadensgrad – wie der Begriff bereits andeutet – selbst ein Erwartungswert. Er setzt sich zusammen aus zwei Komponenten, die jeweils mit ihren Eintrittswahrscheinlichkeiten gewichtet werden. Die beiden Komponenten des erwarteten realisierten Schadensgrades sind (a) der Schadensgrad, der dem Händler im Falle der Nicht-Entdeckung der Machtanwendung des Kooperationspartners ensteht, und (b) der Schadensgrad, der im Falle der Entdeckung der Machtanwendung entsteht. Sie müssen mit der Wahrscheinlichkeit der Nicht-Entdeckung bzw. der Entdeckung der Machtanwendung gewichtet und additiv aggregiert werden.

Der Schadensgrad im Falle der Nicht-Entdeckung hängt vom Grad der Anwendung der Macht durch den Kooperationspartner ab. Da diese Machtanwendung vom Händler nicht entdeckt wird, ist der Grad, zu dem der Kooperationspartner seine Macht einsetzt, voll wirksam. Damit entspricht – unter der Annahme, daß jeder Nutzen für den Kooperationspartner auch immer in demselben Maße zu einem Schaden für den Händler wird – in diesem Fall der realisierte Schadensgrad dem Grad der Machtanwendung.

Zu fragen bleibt also noch, wovon der *Grad der Machtanwendung durch den Kooperationspartner* abhängt. Es ist davon auszugehen, daß die Kooperationspartner prinzipiell versuchen, ihren Nutzen zu maximieren. Voraussetzung ist dafür zunächst einmal, daß der betrachtete Kooperationspartner grundsätzlich Nutzen aus einer Anwendung der Ausführungsmacht in der Kooperation ziehen kann. Bei einem Hersteller ist das sicherlich gegeben. Im Falle eines Großhändlers ist dieser Punkt auch erfüllt. EDV-Dienstleister oder Marktforschungsinstitute verfolgen bei der Sortimentsgestaltung hingegen keine eigenen Interessen.

Ferner kann ein Kooperationspartner diesen *Nutzen* nur erwarten, wenn der Händler die Anwendung der Macht nicht bemerkt. Je stärker der Kooperationspartner jedoch seine Macht anwendet (d. h. je stärker beispielsweise ein Hersteller Marktanteilsdaten, die er an den Händler liefert, zu seinen Gunsten fälscht), um so einfacher ist die Ausübung der Macht zu bemerken. Also richtet ein Kooperationspartner den Grad seiner Machtausübung an der *Nicht-Überprüfbarkeit der Aktivität* aus.

Entsprechend ergibt sich der potentielle Nutzen eines Kooperationspartners, den er aus einer Machtausübung ziehen kann, aus der grundsätzlichen Möglichkeit, Nutzen aus der Machtanwendung zu ziehen und aus der Nicht-Überprüfbarkeit der Aktivität. Diese beiden Determinanten werden multiplikativ verknüpft, da dies als eine Aggregation von Wahrscheinlichkeiten interpretiert werden kann.

Um den Grad der Anwendung der Ausführungsmacht zu beurteilen, spielt zusätzlich das *Mißtrauen* gegenüber dem Kooperationspartner eine Rolle. Das Vertrauen zum Kooperationspartner läßt sich aber nur bestimmen, wenn hinsichtlich des Kooperationspartners das Aktivitätenportfolio sehr detailliert auf der Ebene der Identität des Kooperationspartners (d. h. das Unternehmen ist bekannt) angewandt wird. Das Vertrauen bildet sich aus den Einstellungen der beteiligten Personen und aus dem Verhalten der Unternehmungen und den daraus resultierenden Erfahrungen.

Auch auf der Ebene der Identität eines Kooperationspartners kann das Vertrauen eventuell schon für das Gesamtunternehmen des Kooperationspartners bestimmt werden. Wenn der betrachtete Kooperationspartner in seinen verschiedenen Unternehmensbereichen jedoch eine sehr unterschiedliche Vertrauenswürdigkeit genießt, ist sogar gegebenenfalls die Vertrauenswürdigkeit des in die Aktivitäten involvierten Bereiches heranzuziehen. Zu beachten ist, daß eventuelle Personalwechsel beim Kooperationspartner die Vertrauenswürdigkeit aber sehr schnell verändern können. Die Determinanten des Grades der Anwendung der Ausführungsmacht bei Nichtentdeckung sind – da Nutzenabhängigkeit vorliegt – multiplikativ zu verknüpfen.

Im Falle der *Entdeckung* ist aufgrund mangelhafter Macht des Kooperationspartners von einer Beendigung der Kooperation auszugehen. Der Händler muß dann versuchen, eine Alternativlösung zur Ausführung der Aktivität zu finden, die der vorher gewählten Lösung hinsichtlich der Ausführungsqualität möglichst entspricht. Der Schadensgrad richtet sich danach, wie sehr diese Lösung für die Durchführung der Aktivität (Händler übernimmt Aktivität vollkommen selbst oder findet einen anderen Kooperationspartner) in ihrer Qualität vom Optimum, das der zuerst gewählte Kooperationspartner definiert hatte, abweicht. Mit anderen Worten: In diesem Fall wird der *Schadensgrad* durch das Ausmaß des Expertentums dieses ersten Kooperationspartners bestimmt.

Dieses wiederum läßt sich an zwei Kriterien festmachen: Zum einen sind die Qualitäten der nächstbesten Ausführungsmöglichkeiten der Aktivität von Bedeutung. Zum anderen muß die Sicherheit beachtet werden, mit der diese Möglichkeiten zur Verfügung stehen. Darüber, wie diese beiden Determinanten letztendlich kombiniert werden, muß der jeweilige Entscheider nach seinen Präferenzen befinden.

Damit sind die Betrachtungen zur ersten Dimension des Aktivitätenportfolios, der Bedeutung einer Aktivität, abgeschlossen. Die zweite Dimension, die relative Qualität der internen Ausführung einer Aktivität, ließe sich ähnlich, jedoch einfacher operationalisieren. An dieser Stelle wir darauf verzichtet (eine Möglichkeit wird dargestellt bei Holzkämper 1998, S. 228 ff.).

3.3 Erstellen des Portfolios und Ermittlung der Handlungsempfehlungen

Ziel dieses Abschnittes ist zu erklären, wie das Portfolio konkret gestaltet und Handlungsempfehlungen daraus abgeleitet werden können.

Dabei determinieren die mittels der Nutzwertanalysen ermittelbaren zwei Werte je Erfolgsobjekt (ein Wert je Portfolio-Dimension) die Position jedes Erfolgsobjektes im Portfolio. Auf den Achsen des Portfolios werden dazu die im Rahmen der Nutzwertanalyse verwendeten Skalen abgetragen.

Anschließend müssen die Felder für die strategischen Handlungsempfehlungen eingezeichnet werden, d. h. der strategische Zielkanal und die Lage einiger der "Iso-Kooperationslinien" des Make-or-Buy-Kontinuums.

Anhand der Lage der Erfolgsobjekte einer Aktivität auf dem Übergang von Make zu Buy steht die *Position* fest, die die Make-or-Buy-Lösung für diese Aktivität derzeit auf dem Make-or-Buy-Kontinuum, v. a. *relativ zu den anderen Aktivitäten*, haben sollte.

Darüber hinaus läßt sich durch die Lage der Aktivität im Verhältnis zum strategischen Zielkanal ablesen, ob eine *Entwicklung* notwendig ist, d. h. die Lösung des Make-or-Buy Problems mehr zum Insourcing oder zum Outsourcing bewegt werden sollte. Auch die entsprechende *Richtung* läßt sich im Portfolio erkennen. Ferner bietet der horizontale Abstand der Aktivität vom Zielkanal einen Anhaltspunkt für die *Dringlichkeit* der Entwicklung.

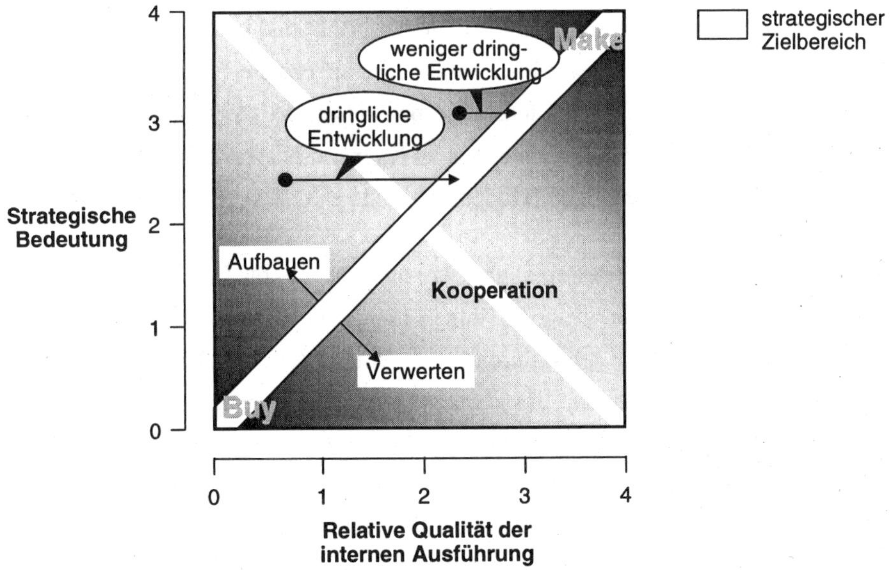

Abbildung 6: Eintragung von Aktivitäten als Erfolgsobjekte in das Aktivitätenportfolio

4 FAZIT

Das Ziel dieser Ausarbeitung war, dem Handel ein theoretisch fundiertes Werkzeug zu bieten, um die Gefahren des kooperativen Category Managements erfolgreich umgehen zu können und so die möglichen Vorteile zu realisieren.

Daher wurde das Aktivitätenportfolio als Vorgehensweisen zur Ermittlung einer differenzierten Lösung hergeleitet. Diese Lösung richtet sich langfristig nach der folgenden Logik: Je größer die strategische Bedeutung einer Aktivität, um so größer ist das Ausmaß der Gefahr, die von einer Abhängigkeit ausgeht, und um so eher sollte eine Aktivität vom Handelsunternehmen selbst durchgeführt werden. Auf dem Weg zu diesem Optimum darf hiervon nur zum Aufbau oder zur Verwertung von Kompetenzen abgewichen werden. Mit anderen Worten: Die Tatsache allein, daß Hersteller bestimmte Aktivitäten besser durchführen können als ein Händler, darf für diesen Händler noch lange kein hinreichender Grund sein, eine Kooperation einzugehen!

Gerade diese Aspekte werden aber derzeit im Category Management als Gründe für Kooperationen zwischen Herstellern und Händlern genannt und werden auch von Händlern als Begründung der Outsourcing-Entscheidung herangezogen (Vgl. Feige 1996, S. 4. Für die Feststellung dieses Verhaltens auch bei Industrie-Unternehmen, Argyres 1996, S. 147 f.). Daher ist hier eine Veränderung im Kooperationsverhalten des Handels unbedingt notwendig! Dazu benötigen Handelsunternehmen eine vertikale Strategie.

Das Aktivitätenportfolio bietet eine klare Vorgehensweise zur Ermittlung einer vertikalen Strategie. Mittels dieser Methode können Handelsunternehmen erkennen, inwieweit sie langfristig eine Aktivität selbst durchführen sollten oder inwiefern ein Outsourcing in Frage kommen könnte. Gleichzeitig können sie ermitteln, ob ihre Kompetenz in dieser Aktivität ausreicht, um diese langfristige Zielposition zu realisieren. Das Aktivitätenportfolio gibt auch an, wie groß die strategische Lücke zwischen aktueller und notwendiger Kompetenz ist. Bei Kompetenz-Defiziten kann die Größe dieser Lücke als Dringlichkeitsmaßstab für den Kompetenzaufbau angesehen werden.

Handelsunternehmen, die eine Kooperation eingehen, sollten zu Beginn der Kooperation ihr Kooperationsziel genau definieren können: Ist diese Kooperation eine Dauerlösung oder dient sie zum Aufbau von Kompetenzen oder sollen Kompetenzen verwertet werden? Die Antwort auf diese Frage sollte das Verhalten der Händler in der Kooperation bestimmen. Das Aktivitätenportfolio kann im konkreten Anwendungsfall einen entscheidenden Beitrag zur Beantwortung dieser Frage leisten.

Ferner lassen sich aus den Darstellungen zum Aktivitätenportfolio folgende *allgemeine Schlüsse* ziehen:

- *Gerade Nicht-Hersteller bieten sich als Kooperationspartner an!*
  Category Management wurde von Herstellern an die Händler herangetragen. Eine Motivation der Hersteller war dabei sicherlich, die einflußreiche Position eines Kategorie-Beraters einzunehmen. Daraus resultiert für den Händler die o.g. Gefahr. Andere Typen von Kooperationspartnern (z. B. Großhändler, Netzwerkanbieter, Marktforschungsinstitute etc.) haben jedoch weniger oder kein Interesse daran, sich im Rahmen der Kooperation *nicht* im Sinne des Händlers zu verhalten. Die Gefahr, die dann von einer Abhängigkeit ausgeht, ist bei ihnen relativ geringer. Gerade diese Nicht-Hersteller bieten sich daher für Kooperationen an. In der gängigen Diskussion zum Category Management, die wesentlich durch Hersteller beeinflußt ist, wird dies oft übersehen.
- *Zur Analyse von möglichen Kooperationen sind die betrachteten Aktivitäten zu identifizieren und hinreichend eng zu definieren!*
  Derzeit wird im Rahmen des kooperativen Category Managements über Kooperationen im Rahmen kompletter Kategorien diskutiert. Daher werden Begriffe wie Category-Captain o.ä. (Schneider 1995, S. 47; Münzberg 1996, S. 9) geprägt. Es kann aber durchaus sinnvoll sein, Kooperationspartner nur für bestimmte Prozeßschritte einzubeziehen. Gerade dadurch werden auch Kooperationen mit branchenfremden Unternehmen möglich, da deren Kompetenzen nicht Kategorie-bezogen, sondern Prozeßschritt-bezogen sind. Ein Netzwerkanbieter kann z. B. als Mehrwert-Dienstleister auftreten und Berechnungen mit großen Datenmengen für einen Händler durchführen. Um diese Möglichkeiten der Kooperation zu erkennen, müssen die betrachteten Aktivitäten hinreichend eng definiert werden. Dazu müssen Prozeßschritte identifiziert werden, damit Klarheit über die zur Disposition stehenden Aktivitäten herrscht. Bevor also Make-or-Buy-Betrachtungen angestellt werden können, müssen zunächst auch Prozesse und Prozeßschritte definiert werden.

- *Das ganze Kontinuum zwischen der Make- und der Buy-Lösung ist in Betracht zu ziehen!*
  Selbst wenn Aktivitäten sehr detailliert betrachtet werden, so wird doch zumeist von einer "klaren Aufgabenteilung" zwischen den beteiligten Partnern gesprochen. Zwischenformen des Make-or-Buy-Spektrums scheinen im Handel nur eine sehr untergeordnete Rolle zu spielen (z. B. die Bildung von gemeinsam arbeitenden Teams, die mit Hersteller- und Handelsmitarbeitern besetzt sind, oder gar die Gründung eines Joint Ventures). Gerade diese Formen des unmittelbaren Kontaktes würden den Händlern aber erlauben, Kompetenzen vom Hersteller zu erlernen. Daher sollte das ganze Spektrum der Kooperations-Möglichkeiten zwischen Make und Buy in Betracht gezogen werden.
- *Den Kooperationen zum Kompetenzaufbau sind die verfügbaren Mittel des Händlers entsprechend ihrer Dringlichkeit zuzuordnen!*
  Anhand des Aktivitätenportfolios läßt sich erkennen, wie dringlich der Aufbau von Kompetenzen ist. Vor dem Hintergrund meist nur begrenzter Mittel, sollte diese Dringlichkeit die Prioritäten der Mittelverwendung bestimmen.
- *Aktivitäten von geringer strategischer Bedeutung sind konsequent einer Outsourcing-Lösung zuzuführen!*
  Viele Entscheider zögern, für "angestammte" Aktivitäten – auch wenn diese inzwischen von geringer strategischer Bedeutung sind – eine Outsourcing-Lösung zu wählen. Dieses Verhalten ist verständlich, führt aber zum strategischen "Verzetteln": Angesichts knapper Ressourcen können so die strategisch wichtigen Aktivitäten nicht mehr ausreichend gefördert werden. Daher müssen Händler sich langfristig auf die strategisch bedeutenden Aktivitäten konzentrieren. Konsequenz im Outsourcing ist dabei unverzichtbar.
- *Für langfristige Kooperationen kommen auch Unternehmen in Frage, die aktuell nur das Potential aufweisen, bestimmte Aktivitäten auszuführen!*
  Für einige Aktivitäten von geringer strategischer Bedeutung kann es passieren, daß Handelsunternehmen keine Kooperationspartner finden, die diese in entsprechender Qualität ausführen. In dieser Situation besteht die Gefahr, daß Handelsunternehmen diese Aktivität weiterhin selbst durchführen. In diesen Fällen müßten Handelsbetriebe potentielle Kooperationspartner suchen, die bereit und fähig sind, die erforderlichen Kompetenzen zu entwickeln.

Zum Schluß dieser Arbeit sei nochmals die Ausgangsfrage aufgegriffen:

Kooperatives Category Management – Einbahnstraße und Sackgasse zugleich?

Kooperatives Category Management kann sich sicherlich als Sackgasse erweisen: Wenn eine Kooperation im Rahmen des Category Managements beendet werden muß (z. B. weil ein Kooperationspartner versucht, die ihm zugewachsene Macht anzuwenden), stellt sich der Weg dieser Kooperation als eine Sackgasse heraus. Der Händler muß zurück zum Ausgangspunkt, um einen anderen Weg zu wählen.

Ob dieser Rückweg beschwerlich ist, hängt vom Außmaß der Abhängigkeit ab, in die der Händler geraten ist. Immer dann, wenn der Händler im Rahmen der Kooperation eine große Abhängigkeit vom Kooperationspartner eingegangen ist, ist das Lösen von diesem Kooperationspartner problematisch. Der Händler hat dann den Weg zur Einbahnstraße werden lassen. Das Fahr-"Rad des Handels" muß mühsam zurück "geschoben" werden.

Dabei hat es ein Händler doch selbst in der Hand, als sein eigener Verkehrsplaner aufzutreten:

Einbahnstraßen kann er vermeiden, indem er keine größeren Abhängigkeiten von Kooperationspartnern aufkommen läßt. Dazu muß er strategisch bedeutende Aktivitäten selbst ausführen. Unvermutete Sackgassen kann er umgehen, indem er die "richtigen" Kooperationspartner auswählt.

Genau dies ermöglicht das Aktivitätenportfolio. So können Handelsunternehmen die strategischen Voraussetzungen schaffen, um den vom Category Management versprochenen Nutzen zu realisieren.

LITERATUR

Argyres, N.: Evidence on the Role of Firm Capabilities in Vertical Integration Decisions. In: SMJ, H. 2, 1996, S. 129–150.

Becker, L.: Outsourcing von Marketingprozessen: Wege zur virtuellen Marketingorganisation. In: GM, H. 8, 1994, S. 20–22.

Benkenstein, M.; Henke, N.: Der Grad vertikaler Integration als strategisches Entscheidungsproblem – eine transaktionskostentheoretische Interpretation. In: DBW, H. 1,

1993, S. 77–91.

Biehl, B.: Gute Gründe für ein Category Management – Category Management als Instrument einer ECR-Strategie. In: LZ Nr. 10 vom 7.3.1997, S. 42–45.

Bretzke, W.-R.: Nagelprobe für die Kooperation – ECR stellt neue Anforderungen an das Beziehungsmanagement. In: LZ Nr. 29 vom 19.7.1996, S. 46.

Dölle Managementberatung und Handelsmarketing: ECR – Efficient Consumer Response oder Efficient Cost Reduction, Gemeinschaftsstudie der Unternehmen Dölle Managementberatung und Handelsmarketing (Inhalt und Studiendurchführung) und Lebensmittel, Praxis Verlag (Publikation und Vertrieb), Bad Homburg, Neuwied 1997.

Dreyer, A.: Nutzwertanalyse als Entscheidungsmodell bei mehrfacher Zielsetzung – Eine Untersuchung zu Grundlagen und Durchführung der Nutzwertanalyse, Diss., Hamburg 1975.

ECR Europe: Category Management Best Practices Report, erstellt durch: The Partnering Group, Roland Berger & Partner, o.O. 1997.

Feige, S.: Handelsorientierte Markenführung – Strategien zur Profilierung von Konsumgüterherstellern beim Handel, Diss., Frankfurt a.M. 1996.

Heinemann, G.: Kooperative Effizienzstrategien im Absatzkanal – was der Handel bei ECR bedenken sollte. In: Thexis, H. 4, 1997, S. 38–40.

Lillich, L.: Nutzwertverfahren, Heidelberg 1992.

Münzberg, H.: Kostenorientiertes Managen eines Bezirks: ECR (4) / Wie sich Außendienst und Marketing verändern. In: BddW Nr. 166 vom 28.8.1996, S. 9.

O.V.: Verschiedene ECR-Visionen bei Handel und Industrie – Erfahrungen und Perspektiven auf der Logistikseite / Unvereinbarkeit der Interessen, in: LZ Nr. 47 vom 21.11.1997, S. 53.

Oetinger, B. v.: “Make or Buy”: Flexibilität durch Wertschöpfungspartnerschaften, in Walter, H. (Mitverf.): Make or Buy – Eine neue Dimension der strategischen Führung, Zürich 1989.

Quinn, J. B.; Hilmer, F. G.: Strategic Outsourcing. In: SMR, H. Summer, 1994, S. 43–55.

Rinza, P.; Schmitz, H.: Nutzwert-Kosten-Analyse, 2. Auflage, Düsseldorf 1992.

Schneider, A.: Teamwork und soziale Intelligenz – Ein Category Management-Pionier zieht Bilanz. In: LZ Nr. 40 vom 6.10.1995, S. 44–48.

Strebel, H.: Forschungsplanung mit Scoring-Modellen, Baden-Baden 1975.

Treis, B.: Handelsmarketing, Göttingen 1995.

Utermarck, J.: Anwendung der Nutzwertanalyse im Beschaffungsbereich des Industriebetriebs, Diss., Northeim 1996.

Weber, M.; Krahnen, J.; Weber, A.: Scoring-Verfahren – häufige Anwendungsfehler und ihre Vermeidung. In: Der Betrieb, H. 33 vom 18. August 1995, S. 1621–1626.

Holzkämper, O.: Category Management: Strategische Positionierung des Handels im Wertschöpfungssystem am Beispiel der Sortimentsgestaltung, Diss., voraussichtlich Oktober, Göttingen 1998.

Möhlenbruch, D.: Kundenorientierung durch Category Management – Kritische Analyse eines Kooperationsmodells zwischen Industrie und Handel. In: Trommsdorff, V. (Hrsg.): Handelsforschung 1997/1998, Kundenorientierung im Handel, Jahrbuch der Forschungsstelle für den Handel Berlin (FFH) e.V., Wiesbaden 1997, S. 113–133.

Trommsdorff, V. (Hrsg.): Handelsforschung 1997/1998, Kundenorientierung im Handel, Jahrbuch der Forschungsstelle für den Handel Berlin (FFH) e.V., Wiesbaden 1997.

Innovationsmanagement im Handel

Aspekte eines integrierten Innovationsmanagements für Handelsunternehmen

Alexander Frank und Hubert F. Marschner, Innsbruck

Für das routinemäßige Innovationsmanagement im Handel haben sich Einzelprinzipien als Managementtechniken herangebildet, es mangelt aber noch an systematischen Erkenntnissen zu einem integrierten Innovationsmanagement. Nach Analyse der Voraussetzungen und Besonderheiten eines integrierten Innovationsmanagements in Handelsunternehmen werden Aspekte der Innovationsorientierung behandelt. Die Autoren schließen eine Lücke der Handelswissenschaft, indem sie ein integratives Management-Modell zur Steuerung von Innovationsprojekten entwerfen, sie sich in verschiedenen Entwicklungsstadien befinden

1 EINFÜHRUNG: RERUM NOVARUM CUPIDUS – GIERIG NACH NEUEM

Nachdem Schumpeter (1912, 1942) den Motor des dynamischen Unternehmers und seines Wirtschaftssystems für die industrielle Gesellschaft als Erklärungsmodell (Brockhoff 1995, Sp. 981 f.) skizziert hatte, befaßte sich die betriebswirtschaftliche Innovationsforschung vor allem mit technologisch-naturwissenschaftlichen Aspekten von neuen Produkten und Produktionsmethoden (Trommsdorff 1994, S. 459). Hingegen blieb das handelsbetriebliche Innovationsmanagement ein bislang weitgehend unbearbeitetes Forschungsgebiet (Marschner 1986).

Die derzeit zu beobachtende Umsatzstagnation im europäischen Einzelhandel läßt sich als Desorientierung des Handelsmanagements interpretieren: High-Tech-Konzerne in der Industrie und "Alles-für-Alle"-Konzepte im Handel mit ungezügelter Diversifizierung (o. V. 1998) kennzeichnen die Wirtschaftsszene (European Retail Round Table 1996).

Das zentrale Anliegen dieser Arbeit ist die Schaffung konzeptioneller Grundlagen zu einem effizienten, integrierten Innovationsmanagement im Handel.

Um eine ökonomische Lösung zu erreichen, wird

a) auf das Innovationsverständnis im Handel in der wissenschaftlichen Diskussion und der Handelspraxis Bezug genommen;
b) der Prämissenrahmen für ein effektives Innovationsmanagement in Handelsunternehmen diskutiert;
c) die Implementierung eines integrierten Innovationsmanagements skizziert.

Als Informationsbasis zum Innovationsverhalten und -management dienen bisherige Analysen, ferner wurden 15 Geschäftsberichte führender deutscher Handelsunternehmen und Expertengespräche mit Führungskräften aus zehn großen österreichischen Handelsgruppen ausgewertet. Im Bereich des Innovationsmanagements von Handelsunternehmen gibt es im Vergleich zu anderen Wirtschaftsbereichen Defizite, vor allem in der systematischen Anwendung neuer Managementerkenntnisse.

2 INNOVATION IN HANDELSUNTERNEHMEN

2.1 Stand der wissenschaftlichen Diskussion

Die zumindest seit Plato dokumentierte Diskussion um die begriffliche Erfassung der handelsbetrieblichen Gesamtleistung wird u. a. von Buddeberg (1959, S. 10) aufgenommen und Henzler (1962, S. 143 ff.) hebt die "*ökonomische Leistungsnovation*" als Erreichung einer höheren Verwendungs- und Konsumreife von Waren durch die Handelstätigkeit hervor.

Der Integrationsgedanke findet – ebenso wie der Innovationstatbestand und die Prozeßorientierung – schon sehr früh Eingang in die Handelswissenschaft. Einen Überblick über jüngste Erkenntnisse zur Innovationsforschung im Handel bieten Möhlenbruch; Nickel (1995, S. 108 f.) welche u. a. folgende Innovationskategorien bilden:

a) Sozialinnovation (betreffen den Humanbereich des Unternehmens);

b) Leistungsinnovation (betreffen die Marktleistung für Absatzmärkte);

c) Prozeßinnovation (betreffen die Ökonomisierung (Klein-Blenkers 1964) der Faktorkombination).

Die *Betriebstypeninnovation* (Kuhlmeier 1980) wird als Sonderfall von Leistungs- und Prozeßinnovationen gesehen. Andere Autoren versuchen, den Betriebstyp als finalen Leistungsprozeß, also als relevantes Leistungsergebnis zu sehen und Barth (1996, S. 40 ff.) sieht den innovativen Betriebstyp einerseits als 'Leistungsprodukt', andererseits als 'Produktionsverfahren' des Handels.

Die herrschenden Marktkonstellationen auf handelsrelevanten Märkten führten dazu, die wissenschaftliche und unternehmerische Aufmerksamkeit vor allem auf Innovationen für Absatzmärkte zu richten. Diese – bei Henzler noch nicht beobachtbare – verkürzte Sichtweise wird von uns mit dem Ziel korrigiert, die Integration aller betrieblichen Funktionsbereiche in die systematische handelsbetriebliche Innovationsforschung zu erreichen. Erste Hinweise auf integrative Ansätze im Handelsmanagement finden sich bei Barth (1996, S. 44 f) und Möhlenbruch; Nickel (1995, S. 112 f.).

2.2 Innovationsverhalten von Handelsunternehmen

Die Pionierarbeit von Solow (1957) belegte die Schlüsselrolle von Innovationen. Die Erklärung makroökonomischer Phänomene ist für die Handelsforschung jedoch wenig befriedigend, da nicht aufgezeigt werden kann, welche Arten von Prozessen dem Verhalten von Wirtschaftssektoren zugrunde liegen und überdies der Handelssektor unberücksichtigt bleibt (Machlup 1960; Marschner 1997; Schneider 1985).

2.2.1 Institutionelle und verhaltensorientierte Erklärungsansätze

Handelsunternehmen nehmen unterschiedliche Rollen in Wertketten ein und können aus *institutionenökonomischer Perspektive* als 'autonome Marktteilnehmer', 'Distribution Agents' oder 'Supply Agents' betrachtet werden (Williamson 1975, 1985, Marschner 1997). Sie können ihre Freiheitsgrade gegenüber Marktpartnern im Rahmen von relationalen (offenen) Verträgen in Richtung Kundenorientierung oder Lieferantenorientierung (Vertriebsbindung) einschränken oder ausweiten (Gruner 1997, S. 48 f.; Bowen; Jones 1986, S. 430; Williamson 1975, S. 98 ff.; Jaworski; Kohli 1996, S. 119). Es lassen sich daher zwei grundsätzliche Antriebskräfte für Innovationsverhalten ableiten und daraus weitere gedankliche Mischformen bilden:

a) Transaktionskostentheoretische Überlegungen führen (ebenso wie betriebswirtschaftliche Kostenvergleichsrechnungen) zur internen Ökonomisierung und/ oder externen Senkung der Beschaffungskosten (Marschner 1997, S. 58 ff.).

b) *Transaktionsnutzenüberlegungen* (Edgeworth 1881) führen zu einem innovativen Suchprozeß für neue Leistungskombinationen, die durch 'Residualgewinn' honoriert werden.

c) *Mischformen* nutzen in integrativer Weise sowohl Kosten- als auch Nutzenüberlegungen, die entweder parallel (simultan) oder seriell (sequentiell) erfolgen können.

Die *verhaltenwissenschaftlichen Grundlagen* (Sheth; Ram 1987) zur Erklärung des Innovationsverhaltens werden durch Anreiz-Beitrags- und Koalitions-theoretische sowie sozial-psychologische Konzeptionen (z. B. organisationales Lernen) geschaffen. Das innovationsbezogene Managementverhalten in Handelsunternehmen ist bisher wenig erforscht. Deshalb wird auf der Basis von Metaanalysen, eigenen Beobachtungen, durchgeführten Expertengesprächen und Erkenntnissen aus Action Learning (Morgan; Ramirez 1983, S. 1 ff.; Whyte 1991; Probst; Raub 1995, S. 3 ff.) eine Differenzierung von Innovationen im Handel zur Diskussion gestellt. Sie dient der Evaluierung von Innovationsfeldern in Handelsunternehmen.

2.2.2 Verhaltensorientierte Differenzierung von Handelsinnovationen

• Innovationsverhalten kompetitiver Betriebstypen

Der Betriebstyp (Marschner 1993) als wissenschaftliches Konstrukt bündelt auf hohem Abstraktionsniveau die als signifikant erachteten Merkmale und stellt für sich ein Aussagesystem dar. Veränderungen des Erkenntnisobjekts 'Betriebstyp' werden in der Literatur allenfalls als evolutorische "Betriebstypen-Generationen" ausgewiesen.

Hingegen interessiert im Rahmen der Innovationsdiskussion der *kompetitive Betriebstyp* eines real am Markt agierenden konkreten Handelsunternehmens. Das als neuartige Betriebsstätte entworfene Konzept bezieht sich häufig nur auf eine 'Spielart' von bestehenden theoretischen Betriebstypen. Trotz der umfangreichen Literatur zur Dynamik der Betriebsformen entstanden in den letzten 40 Jahren nur eine bescheidene Zahl radikal neuartiger Betriebstypen.

Nach dem Innovationsverhalten lassen sich im Rahmen der Evolution von Handelsunternehmen und deren kompetitven Betriebstypen Zusammenhänge charakterisieren:

a) *Passives Innovationsverhalten* führt zu *statischen Betriebstypen*: Sie zeigen wenig oder gar keine Systemveränderungen im Zeitablauf.
b) *Adaptive Innovationsfolgerschaft* führt zu *innovativen Betriebstypen*: Durch permanente Optimierung und einfache Schwelleninnovationen führen Verbesserungs-, Erweiterungs- oder Ablöseinnovationen zur 'Nachfolgegeneration'.
c) *Aktive Innovationsführerschaft* führt zu *kompetitiven Betriebstypeninnovationen*: Sie sind für die fokussierte Zielgruppe absolut neu und benötigen deren Akzeptanz um sich bewähren zu können. In wenigen seltenen Fällen läßt sich ein neuer *abstrakter Betriebstyp* erkennen.

Allgemeines und spezielles Innovationsverhalten im Handel

Unsere Analyse von 'Trends' in Einzelhandelsbranchen führte zu drei weiteren Kategorien von Innovationsverhalten in Handelsunternehmen:

a) *Allgemeines Innovationsverhalten*: Es betrifft mehrere, viele oder alle Handelssektoren. Wenngleich sich führende Branchen abzeichnen, werden die Trends für alle Handelsbereiche relevant (z. B. Informationsvernetzungen).
b) *Spezielles Innovationsverhalten* im Handel bezieht sich überwiegend auf die Entwicklung bzw. Übernahme der spezifischen Prozeßtechnik in einzelnen Branchen (z. B. SB-Waagen im Lebensmitteleinzelhandel).

c) *Individuelles Innovationsverhalten* fokussiert die Neugestaltung der Beschaffungs- und Absatzmarktleistungen, speziell die Sortimentsleistung und die Gestaltung des kompetitiven Betriebstyps (z. B. Frische-Konzepte im Lebensmitteleinzelhandel).

2.3 Defizite im Innovationsmanagement von Handelsunternehmen

Die dramatische Dynamisierung von Märkten hat in allen Bereichen des Handels zu neuen Formen des Expansionswettbewerbs, insbesondere zu Internationalisierung und Innovationswettbewerb geführt. Trotz des beobachtbaren Verhaltens belegen empirische Befunde, daß beträchtliche Defizite im Innovationsmanagement von Handelsunternehmen vorherrschen. Grob lassen sich zwei Defizit-Kategorien bilden: Einerseits solche, die sich auf den Inhalt und Stellenwert von Innovation im Handelsunternehmen beziehen und anderseits jene Defizite, die sich im Innovationsmanagement erkennen lassen.

1. Die *Relevanz von Innovationen* für das Handelsunternehmen als erste Kategorie, bezieht sich auf die systematische Erfassung und Bewertung von Innovationsinhalten. Analysen der Geschäftsberichte von 15 deutschen Handelsunternehmen zeigten, daß Innovation in keiner Weise strategisch in Unternehmensleitbildern bzw. -leitsätzen verankert ist.

   Im Gegensatz dazu, sieht sich das britische Handelsunternehmen Marks & Spencer auch als "...great British innovator" und bemerkt bezüglich seiner Marktführerschaft: "Our leading position in the highly competitive retail marketplace depends on our ability to stay one step ahead of other retailers, both in the products and service we offer our customers and in the way we organise our business to deliver them." (Marks & Spencer o. J.).

   Ergänzend dazu zeigte der Großteil der Gespräche mit Vertretern führender österreichischer Handelsketten, daß ein *diffuses* und somit undifferenziertes *Verständnis* von Innovation vorherrscht. Innovation wird häufig als Produktinnovation und damit als Aufgabe der Industrie betrachtet. Die aktuellen und daher primär interessierenden Phänomene im Handel scheinen Internet, ECR, Logistik etc. zu sein (EHI 1998, S. 6), ohne daß konkrete Vorstellungen über 'Innovationsinhalte' erkennbar werden. Hinzu kommt, daß der Handel aufwendige Eigenentwicklungen meidet.

   Der österreichische Handel erweckt den Eindruck – bis auf wenige Ausnahmen – die Diskussion um *systematische Innovation* als wenig relevant anzusehen. Offen bleibt, ob dies auf die begriffliche Determinierung von 'Innovation' im Sinne von Produktinnovation und –entwicklung zurückzuführen ist oder andere Ursachen hat. Mit dem Begriff 'Innovation' jedenfalls scheint die Handelspraxis derzeit keine präzisen Vorstellungen zu verbinden.

2. Die zweite Kategorie der Defizite bezieht sich auf das *Management von Innovationen* in Handelsunternehmen. Beobachtungen von reell am Markt umgesetzten Innovationen (speziell Betriebstypeninnovationen) lassen auf ein überwiegend adaptives Verhalten schließen, d. h. neue Betriebstypen entstehen vorwiegend durch Anpassung von in Großbritannien und den USA bereits bestehenden Konzepten an kontinentaleuropäische Verhältnisse.

   Der Ursprung innovativer Konzepte ist weniger das 'Kundenproblem' an sich, als bereits die fertige Lösung eines 'Benchmarks'. Bis auf wenige Ausnahmen beschränkt sich Marktforschung – insbesondere im Lebensmitteleinzelhandel – auf die Auswertung von Nielsen-Daten, die aber nur ein eingeschränktes Bild der zukünftigen Entwicklung erlauben und somit keine Hinweise auf Innovationsfelder geben können.

   Die durchgeführten Expertengespräche zeigten ferner, daß Innovations- bzw. Projektentwicklung in unsystematischer Weise durchgeführt wird, d. h. ohne vorher genaue Kriterien für die Erfolgsträchtigkeit oder für entwicklungsbezogene Ablaufprozesse festgelegt zu haben.

   Eine weitere Lücke im Innovationsmanagement von Handelsunternehmen besteht in der Kooperation und Konfliktbewältigung mit der Industrie. Es werden zwar Rufe nach für das jeweilige Handelsunternehmen exklusiven und individuell zugeschnittenen Waren und Promotions laut, die Umsetzung und Entwicklung dieser wird jedoch der Industrie überlassen.

3 INTEGRIERTES INNOVATIONSMANAGEMENT IN HANDELSUNTERNEHMEN

3.1 Grundlagen eines integrierten Innovationsmanagements

Für das routinemäßige Innovationsmanagement haben sich Einzelprinzipien als *Managementtechniken* (Corsten 1989) herangebildet:

- Screening-Techniken zur Früherkennung: z. B. Trendscouts bei H&M, Future Units, Fortschrittsgruppen (Tietz 1993, S. 919);
- Ideengenerierungstechniken: z. B. Kreativitätstechniken;
- Implementierungsmodelle: z. B. Phasenkonzepte, Grid-Modelle (Netzplantechnik);
- organisatorische Lösungen: z. B. Produktionsrat, Sortimentsrat (Ikea).

Innovationsprozeßmanagement im Handelsunternehmen zielt darauf ab, systematisch wiederholbare Arbeitsschritte und Verfahrensregeln zu entwerfen, die auf ökonomisch-rationale Problemlösungen abstellen.

Handelsunternehmen verfügen aber kaum über komplexe Managementtechniken zur Ermittlung von Innovationszielen, zur systematischen Entwicklung von Innovationsprojekten oder zur effizienten Implementierung von Innovationsvorhaben. Und Hinweise auf integrierende Managementsysteme zur innovationsorientierten "Zukunftsbewältigung" sind in Handelsunternehmen bisher nicht nachweisbar.

Kennzeichen einer *integrativen Innovationskonzeption* ist die Vernetzung von handelsorientierter, funktionaler, struktureller und prozessualer Sichtweise zu einer systemischen Betrachtung. Es gibt kein Kriterium, welches es erlauben würde, irgendeinen Management-Aspekt im Zusammenhang mit Innovationen zu vernachlässigen. Eine *integrierte strategische Managementkonzeption* würde es erlauben, die bedeutsamen *innovativen Entwicklungslinien* des Handelsunternehmens auf der Basis von integrierten Strukturen (inkl. Ressourcen), Funktionen und Prozessen festzulegen, abzugrenzen, umzusetzen und in Abstimmung mit den relevanten Teilmärkten zu justieren.

3.2 Voraussetzungen zu einem integrierten Innovationsmanagement

Oates (1997) sieht die folgenden Faktoren als zentral für das Thema Innovationen an:

" ... You have to *know your customer* in order to produce products and services that people want, ... organisations *have to have the right culture* with an environment which allows ideas to develop, ... *partnerships* are important, ... *Trials and experiments* must be encouraged in all areas throughout the business ... "

Die Voraussetzungen zu einem effektiven Innovationsmanagement in Handelsunternehmen lassen sich demnach in vier Bereiche gliedern:

- **Organisationskultur**
  In der Innovationsliteratur wird immer öfter die Ansicht vertreten, den Innovationsprozeß als Lernprozeß, der die Brücke zwischen 'working' und 'innovation' bildet, zu verstehen (Henderson; Lentz 1996). Hughes und Chafin (1996) sehen in der Organisationskultur die Grundbedingung für das Entstehen und die Entwicklung kreativer Ideen und Projekte. Eine innovationsfördernde Kultur zeichnet sich demnach dadurch aus, daß "Experimente" zugelassen und gefördert (etwa durch Anreizsysteme) und Fehlschläge nicht mit einem sofortigen 'Ausschluß' aus der Organisation geahndet werden.
- **Top-Management**
  Wie oben aufgezeigt, bestehen Defizite im Innovations-Verständnis des Handelsmanagements. Innovative Ideen und Konzepte müssen vom Top-Management mitgetragen und deren Bedeutung durch symbolhaftes Handeln quer durch die Organisation getragen werden (Henderson; Lentz 1996).
- **Externe Netzwerke**
  Sundbo (1997) kommt zu dem Ergebnis, daß externe Netzwerke mit Universitäten, Lieferanten, Designern etc. in Dienstleistungs- und Handelsunternehmen eine noch bedeutendere Rolle spielen als in der Industrie. Marks & Spencer (Oates 1997) sieht in der Zusammenarbeit aller Supply-Chain-Partner den Schlüssel zum Erfolg, wobei diese Beziehungen nicht temporär, sondern auf langfristiges Bestehen ausgelegt sind.
- **Integriertes Innovationsmanagement**
  Unter integriertem Innovationsmanagement verstehen wir die Existenz einer effektiven Innovationsstrategie und eines effizienten Innovationsprozesses (vgl. Quadrant IV in *Tabelle 1*). Viele Unternehmen beschränken sich auf die Bewältigung ihres täglichen 'Jobs'. Die Zeit für Innovationen ist scheinbar nicht vorhanden und kreative Ideen werden mehr oder weniger dem Zufall überlassen (Pearson 1988). Die Anwendbarkeit von systematisierten Entwicklungsprozessen auf die Innovationsproblematik im Handel soll in Abschnitt 3.5 dieses Beitrages geprüft werden.

Zuletzt muß die Frage gestellt werden, warum es nicht einfach genügt eine Funktion; Stabstelle "Innovation" (vergleichbar zur F&E-Abteilung der Industrie) zu bilden und ein

Tabelle 1: Strategie und Prozeß im Innovationsmanagement

Quelle: in Anlehnung an Cooper; Edgett; Kleinschmidt 1998

Strategie Prozeß	Keine Neu-Projekt-Strategie	Definierte Innovationsstrategie
keine Innovationsprozesse	I. • keine Innovationsstrategie • kein strukturierter Innovationsprozeß	II. • Innovationsstrategie vorhanden • kein strukturierter Innovationsprozeß
definierte Innovationsprozesse (Einzelkonzepte, integrierte Innovationsprozesse)	III. • keine Innovationsstrategie • strukturierter Innovationsprozeß vorhanden	IV. • Innovationsstrategie vorhanden • strukturierter Innovationsprozeß vorhanden

"F&E"-Budget zuzuweisen. Sundbo (1997) bemerkt diesbezüglich, daß "....service firms innovate on the basis of quick ideas, not from scientific results, and they develop the innovations in ad hoc organisations, not in permanent R&D departments".

3.3 Strategische Innovationsorientierung

Die Innovationsorientierung beinhaltet die Richtungsfindung für das strategische Innovationsmanagement von Handelsunternehmen. Die handelsorientierte Innovationsforschung bietet diesbezüglich nur wenig Anhaltspunkte. Aus der Industrieforschung sind zwei Denkrichtungen bekannt:

a) Das Konzept der internen Technologie- und Forschungszentrierung vernachlässigt Markt- bzw. Kundenbedürfnisse.

b) Das Konzept der externen Markt-, Marketing- und Kundenorientierung (Dreher 1996) als wiederentdeckte 'neuartige' Denkform ist einseitig auf die Absatzseite ausgerichtet.

Eine *strategische Innovationsorientierung* in Handelsunternehmen bezieht sich hingegen auf alle richtungsweisenden Innovationsaspekte. Dazu gehören:

- **Integrierte Ermittlung des Innovationsbedarfs**
  Die zu konstatierende Konzeptlosigkeit in der Ermittlung von Investitionszielen und in der Abschätzung des erforderlichen Innovationsbedarfs erfordert den systematischeren Einsatz von mittel- und langfristigen Prognoseinstrumenten. In Handelsunternehmen als Marktsystemen per se (Mattmüller 1993) wird die integrative Orientierung an Beschaffungs- *und* Absatzmärkten sowie internen Innovationsbereichen im Vordergrund stehen. Eine systemische Innovationsorientierung muß konsequenterweise mehrdimensional vernetzt sein und erfordert zu ihrer komplexen Handhabung eine integrative Betrachtungsweise. Jede verkürzte Orientierung kann hingegen nur einseitig und temporär Gültigkeit haben.
- **Integrierte Ermittlung von Innovationsfeldern**
  Die Suche nach einem systematischen Werkzeug zur Bildung von abgrenzbaren Innovationsfeldern für Handelsunternehmen bildet in den von uns befragten Handelsunternehmen ein Hauptanliegen. Die Zerlegung von Sortiments- und Leistungsprogrammen bzw. deren neuartige Ausrichtung und Gestaltung bieten nach den Prinzipien der Komplexitätshandhabung (Ulrich; Probst 1991; Malik 1992) eine Fülle von Innovationsmöglichkeiten. Darüberhinaus gelten Serviceleistungen für Europa als 'Neuland' und in der kundenorientierten Betriebstypen-Standortwahl und -Entwicklung finden sich genügend *Innovationsgeneratoren* (Drucker 1985, S. 65 ff.). Über kundenbezogene Innovationsfelder hinaus bilden Beschaffungsmarkt und interne Bereiche weiteren Handlungsspielraum. Als dritte Dimension eines Suchrasters für Innovationen bieten sich die Unternehmensumwelten an. In jedem so gebildeten Würfel (vgl. *Abbildung 1*) finden sich Innovationsmöglichkeiten für Handelsunternehmen. Andere Dimensionen sind denkbar. Letztlich bleibt es der systematischen Kreativität überlassen, nach welchen Grundmustern Innovationsfelder gebildet werden.
- **Institutionalisierter Ideengenerierungsprozeß**
  Die marktstrategische, integrierte Innovationsorientierung als Funktion erfordert ein *Leitkonzept* zur Innovationsbereitschaft. Darüberhinaus erfordert ein integriertes Innovationsmanagement die permanente und systematische Ideengenerierung zur Entwicklung von Innovationsprojekten. Als permanenter Prozeß installiert (Ideen-Screening, Ideenpools), wird die Überwachung von Innovationspositionierung und Innovationsimplementierung ermöglicht.

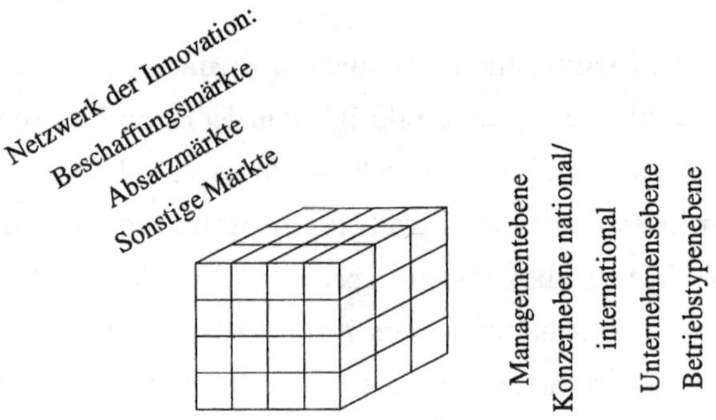

Abbildung 1: Suchraster für Innovationen in Handelsunternehmen
Quelle: eigene Zusammenstellung

3.4 Selektion von Innovationsfeldern und Innovationsprojekten

Die strategische *Selektionsfunktion* bezieht sich sowohl auf interne als auch externe innovationsrelevante Informationen über Strukturen, Funktionen, Prozesse sowie über sachliche Ressourcen, Mitarbeiter und Verhaltensweisen. Die operationale Selektionsfunktion führt zu Entscheidungen über Fortführung oder Abbruch konkreter Innovationsvorhaben im Handelsunternehmen. Unterschiedliche zeitliche Perspektiven im Rahmen des Innovationsmanagements erfordern entsprechende Werkzeuge:

- **Dynamisches Portfolio-Reviewing: Die langfristige Perspektive**
  Unter der Vielzahl von Managementtechniken hat sich eine dynamische Form des Portfolio-Reviewing-Prozesses für Innovationsprojekte entwickelt (Cooper; Edgett; Kleinschmidt 1998). Damit wird es möglich, den strategischen Innovationsbedarf in einzelnen Innovationsfeldern zu strategischen Vorgaben für Handelsunternehmen umzuformen. Die sich ergebenden Prioritäten sollten ein ausgewogenes strategisches Innovationsprogramm ergeben.
- **Integrierte Innovationsprojekt-Entwicklung: Die mittelfristige Perspektive**
  Die Installierung eines systematischen Screening-Prozesses führt zu einer Reihe von potentiellen Innovationsprojekten, für die alternative Ziel-/ Strategie-Systeme zu entwickeln sind. Die systematische Gewichtung und Reihung von Innovationsprojekten in Handelsunternehmen ist bisher kaum entwickelt. Sie kann durch

Scoring-Modelle, Ertragswertprognosen und andere Verfahren erreicht werden.

- **Integrierte Realisierung von Innovationsprojekten: die Real-Zeit-Perspektive**
  Die Steuerung der relevanten Innovationsprojekte findet in der Handelswissenschaft nur geringe methodische Beachtung. Die Literatur nennt eine Reihe von Projekt-Managementtechniken zur Entwicklung, Einführung und Betreuung. Neben Netzplantechniken werden Komponenten- und Phasensysteme (Müller-Mehrbach 1982, Corsten 1989) genannt.

3.5 Integrierter Innovationsprozeß für das Handelsmanagement

Systematische, formalisierte und institutionalisierte Neuproduktentwicklungsprozesse halten verstärkt Einzug in Industrie- und Dienstleistungsunternehmen (Cooper 1991, 1995, 1998). Im folgenden wird die Übertrag- bzw. Anwendbarkeit dieser Konzepte für Handelsunternehmen geprüft.

3.5.1 Strukturierte Neuproduktentwicklungsprozesse

Unternehmen wie Philip Morris, Procter & Gamble, Visa und andere, steuern schon seit Jahren ihre Neuproduktentwicklungsprojekte durch Phasenprozesse mit genau definierten Abläufen und Kriterien. Mittlerweile ist die vierte Generation dieser Konzepte im Einsatz. Die *Hauptleistung* von systematisierten Entwicklungsprozessen wird in der Einbindung von Marktpartnern (Kunden und Lieferanten), in der Unterstützung für Projektmitarbeiter in der systematischen bzw. zeitlichen Koordination und in den (vorher) genau definierten Kriterien, die ein optimiertes Vorgehen und eine bessere Vergleichbarkeit zwischen Innovationsprojekten ermöglichen, gesehen.

Cooper und Kleinschmidt (1991) zeigen, daß niedrigere Flopraten, höhere Kundenzufriedenheit, bessere bzw. genauere Erfüllung von zeitlichen Zielen, Kosten- und Qualitäts-Zielen die Erfolgspotentiale dieser Vorgangsweise sind. Die Entscheidung, solche formalen Entwicklungsprozesse in Unternehmen zu implementieren, resultiert demnach aus drei Beweggründen:

a) verbesserte Kooperation, Koordination und Kommunikation im Entwicklungsteam,

b) schnellere und hochwertigere Ausführung der Teamaufgaben und

c) optimierte Steuerbarkeit, Disziplin und Information im Rahmen eines Innovationsmanagements.

Die erste Generation von Neuproduktentwicklungsprozessen wird als ‘Phase-Review-Process’ bezeichnet. Innerhalb jeder Phase werden definierte Aufgaben zur Erledigung vorgeschrieben. Abgeschlossen wird sie im Teammeeting durch ‘Go-/ Stop’-Entscheidungen.

Stage-Gate-Prozesse, die zweite Generation, bauen auf interdisziplinären Teams auf, die während des gesamten Produkentwicklungsprozesses zusammenarbeiten, daher gibt es keine “Marketingphase” oder “Forschungsphase”. Jede Phase (die sog. ‘Stages’) basiert auf *parallelen Aktivitäten* und dem permanenten Versuch die “Stimme des Kunden” einzubauen. Entscheidungen über die Fortführung bzw. den Abbruch verschiedener Projekte werden vom Top-Management anhand vorher genau *definierter Kriterien* (in sog. ‘Gates’) gefällt.

In der dritten Generation dieser Stage-Gate-Prozesse wird durch Überlappung der Phasen der Nachteil sequentieller Abläufe vermieden. Durch die Einbindung des Kriteriums ‘customer value’ wird die Kundenorientierung verstärkt.

In der zu erwartenden vierten Generation wird durch Einsatz von Experten-gestützten Reviewing- und Konsensbildungsprozessen der operative Innovationsprozeß weiter optimiert (Hughes; Chafin 1996).

3.5.2 Übertragbarkeit von Stage-Gate-Prozessen auf Handelsunternehmen

Die Frage nach der Anwendbarkeit dieser in der Industrie erfolgreich eingeführten und praktizierten Konzepte wirft zwei Hauptprobleme auf: Erstens, die Frage nach dem ‘Produkt’ eines Handelsunternehmens, und zweitens, die Frage nach der Bedeutung von ‘Innovation’ im Handelsunternehmen, die bereits oben diskutiert wurde.

Aus Kundenperspektive kann nur ein bestimmtes Bündel an Nutzen marktfähig und erwerbbar sein. Die innovative Marktleistung bezieht sich demzufolge auf die innovative Kombination von Waren und Diensten. Nicht unter diese Betrachtungsweise fallen zunächts jene Handelsinnovationen, die in den Augen des Konsumenten 'irrelevant' sind, d. h. keinen direkten Nutzen bringen (z. B. ein revolutionäres Artikelsicherungssystem).

Die Frage, ob Handelsunternehmen überhaupt innovieren, wird in der Literatur bejaht (Sundbo 1997). Ein Problem stellen in diesem Zusammenhang die unzähligen Definitionen von Innovation im Handel dar, die den Nachteil beinhalten, daß ihr Beschreibungs- und Erklärungswille sehr umfassend ist, d. h. sich als Innovation prinzipiell jede Neuerung abbilden läßt.

In einem nächsten Schritt muß die Frage geklärt werden, für welche Kategorien von Innovationen ein strukturierter Produktentwicklungsprozeß von Nutzen sein kann. Cooper (1998) stellt fest, daß – unabhängig von Branchen – Stage-Gate-Prozesse dann anwendbar sind, wenn es sich bei den Innovations-Projekten um für Kunden relevante 'bundles of benefits' handelt.

Demnach muß jede Idee, die im Handelsunternehmen entsteht, vorerst einen Screening-Prozeß durchlaufen, der anhand von Kriterien jene Projekte, bei denen die Durchführung eines formalisierten Produktentwicklungsprozesses als sinnvoll erscheint, von denen, deren Entwicklung nicht mittels Stage-Gate erfolgen soll, trennt.

a) Die *Relevanz für Kunden* bildet in diesem Zusammenhang das erste Kriterium. Dabei handelt es sich um Ideen, deren Einführung für Kunden einen zusätzlichen Wert darstellen (z. B. eine neue Dienstleistung oder etwa die Einführung eines Erlebniskonzeptes).
b) Die Anwendung von Stage-Gate-Prozessen bindet je nach Intensität zeitliche, personelle und finanzielle Ressourcen und ist daher unserer Ansicht nach nur für echte Innovationen (Barth 1996; Möhlenbruch; Nickel 1995) zu rechtfertigen. Deshalb wird als zweites Kriterium die *Radikalität* (Schumpeter 1961) von Innovationen herangezogen. Damit kann organisationales Lernen von Innovation unterschieden werden, wobei "... the latter means a jump in turnover and profit while the first means a lower and continuous growth..." (Sundbo 1997).

Abbildung 2 zeigt einen an Cooper angelehnten idealtypischen Stage-Gate-Prozeß. In der Stage-Gate-Anwendungsmatrix (vgl. *Abbildung 3*) wird die Stage-Gate-Tauglichkeit von Innovationsprojekten als Ergebnis eines Screening-Prozesses abgebildet. Die unter

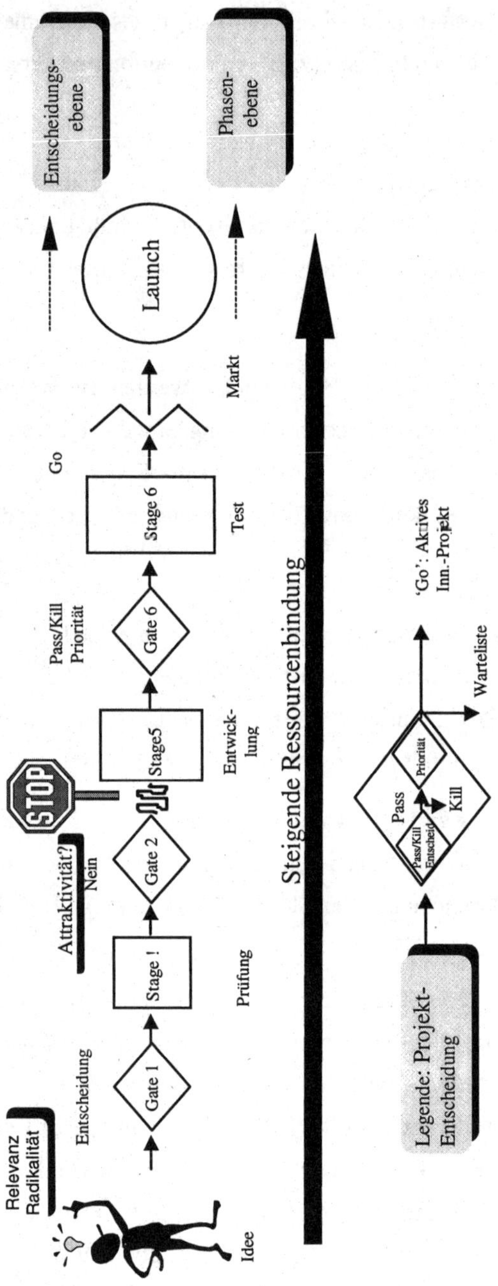

Abbildung 2: Idealtypischer Stage-Gate-Prozeß

Quelle: Cooper; Edgett; Kleinschmidt 1998

'nicht-tauglich' eingestuften Innovations-Projekte sind nicht generell abzulehnen, sondern mit Hilfe anderer Methoden (etwa einfachen Scoring-Modellen) umzusetzen.

Stage-Gate-Prozesse lassen sich aufgrund ihrer Komplexität für Leistungsinnovationen einsetzen, wenn diese die genannten Kriterien erfüllen. Die Entwicklung weiterer Kriterien ist denkbar. Ersetzt man Kunden und Kundenbeziehung durch die Beziehung zu Marktakteuren, können Stage-Gate-Prozesse analog auch auf die Beschaffungsseite und auf interne komplexe Innovationsprojekte übertragen werden. Prinzipiell ist eine Anwendung des Konzeptes auf Verfahrensinnovationen denkbar (z. B. EDI, ECR), wenn von Seiten der Marktpartner eines Handelsunternehmens keine zufriedenstellenden Lösungen für Verfahrensprobleme angeboten werden (Möhlenbruch; Nickel 1995; Marschner 1997). Marks & Spencer und Walmart etwa zeigen sehr deutlich, wie in enger Zusammenarbeit mit Lieferanten Innovationen – unter Federführung des Handelsunternehmens – vorangetrieben werden können (Oates 1997).

		Radikalität für Handelsunternehmen		
		hoch	mittel	nieder
Relevanz für Kunden	hoch	Stage-Gate **tauglich** neue Betriebsformen	Stage-Gate **tauglich** Kundenorientierungssysteme	Stage-Gate **untauglich** (anderer Prozeß) Reorganisation
	mittel	Stage-Gate **tauglich** neue Sortimentsleistungen	Stage-Gate denkbar Erlebniskonzepte	Stage-Gate **untauglich** (anderer Prozeß) neue Handelsmarken
	nieder	Stage-Gate denkbar Artikelsicherungssysteme	Stage-Gate **untauglich** (anderer Prozeß) neue Kommissioniersysteme	-/-

Abbildung 3: Stage-Gate-Anwendungsmatrix

Quelle: eigene Zusammenstellung

4 ASPEKTE DER IMPLEMENTIERUNG EINES INTEGRIERTEN INNOVATIONSMANAGEMENTS

“The ultimative performance of ... targeting and decision rests on how well the ... strategy is implemented and managed on a continuing basis” (Craven 1997, S. 453). Wenn davon ausgegangen wird, daß auch in modernen Handelsunternehmen kein integriertes Innovationsmanagement vorhanden ist, stellt die Implementierung eines integrierten Innovationsmanagements eine eigenständige Verfahrensinnovation für Handelsunternehmen dar. Aus bisherigen Arbeiten zum Innovationsmanagement lassen sich folgende Implementierungsaspekte aufzeigen:

a) *Zielorientierte Aspekte:* Strategische Ermittlung des Innovationsbedarfs und die systemische Marketing-/ Markt-/ Zielorientierung charakterisieren ein integriertes Innovationsmanagement (Lambin 1997, S. 421).

b) *Organisatorische Aspekte:* Untersuchungen in der amerikanischen Industrie belegen, daß die Einstellung des CEO bzw. des Top-Managements für die Initiierung von Innovationen entscheidend ist (Damaoupour 1996). Die Innovationsprojekt-Entwicklung sollte in der Folge bei einem (mulitfunktionalen) Team liegen.

c) *Informationsaspekte:* Die laufende Berichterstattung aus dem mulitfunktionalen und funktionsübergreifenden Projektteam ermöglicht die zeit- und inhaltsgerechte Information der vom Projekt betroffenen Funktionsbereiche.

d) *Ressourcenzuteilung:* Effektives Innovationsmanagement erfordert ein eigenständiges Budget. Bisher haben sich Handelsunternehmen nur in Ausnahmefällen, z. B. IKEA (Tietz 1993, S. 875 f.), mit eigenständiger Forschung und Entwicklung (Covi; Marschner 1996) beschäftigt.

e) *Zeitliche Aspekte:* Der strikte Zeitbezug durch Terminvorgaben ermöglicht Kosteneinsparung und Wettbewerbsvorteile gegenüber Konkurrenten.

Ein integriertes Innovationsmanagement ist durch das Vorhandensein von effektiver Innovationsstrategie, definierten Innovationsprojekten, effizientem Innovationsprozeßmanagement und zugeteilten Ressourcen gekennzeichnet (vgl. *Abbildung 4*).

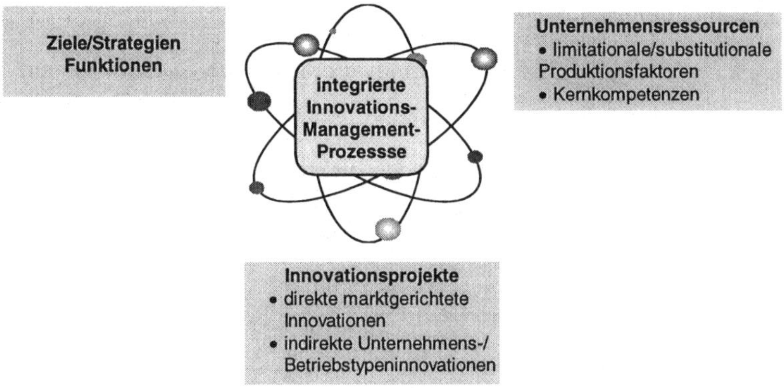

Abbildung 4: Integriertes Innovationsmanagement im Handel

Quelle: eigene Zusammenstellung

5 ZUSAMMENFASSUNG

Das Innovationsmanagement in Handelsunternehmen weist unserer Ansicht nach Defizite auf, die durch systematische Anwendung wissenschaftlicher Erkenntnisse aus der Innovationsforschung reduziert werden können. Innovationsverhalten ist letztlich die Repräsentation der Einstellung gegenüber der Zukunftsbewältigung. Dazu wurden in diesem Beitrag die Grundlagen einer strategischen Innovationsorientierung dargelegt und die Integrationsmöglichkeiten von Innovationsprojekten und -prozessen dargestellt. Die Adaptierung von Stage-Gate als integrierendem, überlappenden Phasenkonzept steht im Mittelpunkt eines integrierten Innovationsmanagements, für dessen Implementierung fünf Faktoren sprechen:

a) *Komparative Nutzen- und Kostenvorteile:* Wettbewerbsvorsprung, Zeitersparnis durch straffe Terminführung und Kosteneinsparung durch kürzere Entwicklungsprozesse.

b) *Kompatibilität:* Ein bisher diffuser Innovationsbegriff wird handhabbar und das Innovationsprojekt präzisiert. Innovationen werden besser in das System der 'Zukunftsbewätigung' integrierbar. Strukturierte Innovationsprojekte sind leicht verständlich und passen eher in die tradierten 'Innovations-Vorstellungen' des Handelsmanagements.

c) *Kommunizierbarkeit:* Bisher schwer zu kommunizierende Innovationsvorteile werden durch 'must meet'-/' should meet'-Kriterien transparent. Die Unsicherheit in der Entscheidungsfindung wird reduziert.

d) *Zerlegbarkeit:* Stage-Gate bricht Innovationsprojekte in diskrete und definierte Phasen auf.

e) *Komplexitätshandhabung:* Innovationsprojekte werden strukturiert, systematisiert, Nutzen-orientiert und transparent.

Der wirtschaftswissenschaftliche Systemansatz (Meyer 1986; Marschner 1996, S. 125 ff.) ermöglicht es unserer Ansicht nach, die Kernvorstellungen darüber zu entwickeln, welche Funktionsbereiche, Strategiemuster und Innovationsprozesse im Rahmen eines systematischen Innovationsmanagements für Handelsunternehmen integriert betrachtet und entwickelt werden sollen.

LITERATUR

Barth, K.: Betriebswirtschaftslehre des Handels, 3. Auflage, 1996.

Bowen, D.; Jones, G.: Transaction Cost Analysis of Service Organization – Customer Exchange. In: Academy of Management Review, 11/1986, S. 428–441.

Brockhoff, K.: Innovationsmanagement. In: Tietz B.; Köhler R.; Zentes J. (Hrsg.): Handwörterbuch des Marketing, Enzyklopädie der Betriebswirtschaftslehre IV, 2. Auflage 1995, Sp. 982–995.

Buddeberg, H. H.: Betriebslehre des Binnenhandels, Wiesbaden 1959.

Cooper, R. G.; Edgett, S. J.; Kleinschmidt, E. J.: Portfolio Management for New Products, Reading 1998.

Cooper, R. G.; Kleinschmidt, E.: Formal Processes for Managing New Products: The Industry Experience, McMaster University, Ontario 1991.

Cooper, R. G.: Third-Generation New Product Processes. In: Journal of Product Innovation Management, 1994 (11), S. 2–14.

Cooper, R. G.: Workshop zum Thema Product Innovation Management, Institut für Handel, Absatz und Marketing, Innsbruck, 27./28. März 1998.

Cooper, R. G.: Winnning at New Products – Accelerating the Process from Idea to Launch, 2. Auflage 1995.

Corsten, H. Überlegungen zu einem Innovationsmanagement, Organisationale und personale Aspekte. In: Corsten H. (Hrsg.): Die Gestaltung von Innovationsprozessen,

Berlin 1989.

Covi, A.; Marschner, H. F.: Internationale Handelsforschung in Europa. In: Trommsdorff, V. (Hrsg.): Handelsforschung 1994/95, Jahrbuch der Forschungsstelle für den Handel, Wiesbaden 1994, S. 255–269.

Craven, D. W.: Strategic Marketing, Chicago et al. 1997.

Damaoupour, F: Organizational Complexity and Innovation. In: Management Science, Vol. 42, 5/1996, S. 693–717.

Dreher, A.: Marketingorientierung als kognitives Phänomen, Dissertation, Innsbruck 1996.

Drucker, P. F.: Innovations-Management für Wirtschaft und Politik, Düsseldorf, Wien, 1985.

Edgeworth, F. I.: Mathematical Physics, London 1881.

EHI (Hrsg.): Flächenmangement. Ein Baustein des Category Management, Eine Veröffentlichung des EuroHandelsinsitut e. V., Köln 1998.

European Retail Round Table (Hrsg.): Der europäische Handel, Mehr Wohlstand für Europa, o. O. 1996.

Gruner, K. E.: Kundeneinbindung in den Produktinnovationsprozeß, Wiesbaden 1997.

Henderson, J.; Lentz, Ch.: Learning, working and innovation: a case study in the insurance industry. In: Journal of Management Information Systems, Winter 1995/1996, Vol. 12, Iss. 3, S. 43 ff.

Henzler, R.: Die Ware als handelsbetrieblicher Leistungsfaktor. In: Mellerowicz K. (Hrsg.): Handelsberieb und Marktordnung, Festschrift für C. Ruberg, Wiesbaden 1962, S. 141–147.

Hughes, G. D.; Chafin, D. C.: Turning New Product Development into a Continuous Learning Process. In: Journal of Product Innovation Management, 1996, Iss.13: S. 89–140.

Jaworski, B. J.; Kohli, A. K.: Market Orientation: Review, Refinement and Roadmap. In: Journal of Market-Focused Management (1) 2/1996, S. 119–135.

Klein-Blenkers, F.: Ökonomisierung der Distribution, Köln u. Opladen, 1964.

Kuhlmeier, A.: Die Betriebstypeninnovation als Bestandteil der Absatzpolitik im Einzelhandel, Göttingen 1980.

Lambin, J. J.: Strategic Marketing Management, London et.al, 1997.

Machlup, F.: Der Wettstreit zwischen Mikro- und Makroökonomie in der Nationalökonomie, Tübingen 1960.

Malik, F.: Strategie des Managements komplexer Systeme, 4. Auflage, Bern, Wien 1992.

Marks, & Spencer: Management Careers – the whole story, o. O., o. J.

Marschner, H. F.: Eine Typologie europäisch-internationaler Handelsunternehmen. In: Trommsdorf V. (Hrsg.): Handelsforschung 1992/93, Jahrbuch der Forschungsstelle für den Handel, Wiesbaden, 1993, S. 211–229.

Marschner, H. F.: Die Eignung des Transaktionskostenansatzes zur Beurteilung internationaler einzelwirtschaftlicher Austauschbeziehungen, In: Wacker, W. H. (Hrsg.): Neue Theorieformen bei komplexen internationalen Fragestellungen, Göttingen 1997, S. 58–81.

Marschner, H. F.: Diffusions- und Akzeptanzprobleme von Innovationen im Handel. In: Marketing-ZFP, (8) 1/1986, S. 35–40.

Marschner, H. F.: Modellierung flexibilitätsorientierter integrierter Warenwirtschaftssysteme (IIWWS) für internationale Handelsunternehmen, in JfB 3/1996, S. 125 – 141.

Mattmüller, R.: Handels-Marketing. In: Meyer, P. W.; Meyer, A. (Hrsg.): Marketing-Systeme, 2. überarbeitete Auflage, Stuttgart, Berlin, Köln 1993.

Meyer, P. W. (Hrsg.): Integrierte Marketingfunktionen, 2. Auflage, Stuttgart et al 1986.

Möhlenbruch, D.; Nickel, S.: Innovationen und Informationsmanagement – Ansatzpunkte zur Entwicklung innovativer Strategien im Einzelhandel. In: Trommsdorff, V. (Hrsg.): Handelsforschung 1995/96, S. 107–122.

Morgan, G.; Ramirez, R.: Action learning: A holographic metaphor for guiding social change. In: Human, Relations, Vol. 37, 1/1983, S. 1–28.n

Müller-Mehrbach, H.: Projektorganisation nach dem Komponentenkonzept. In: Bauer, W. (Hrsg.): Programmiersprachen und Programmentwicklung, Berlin 1982.

o.V.: BAG-Online, Titelthema, in BAG – Handelsmagazin, 1,2/1998, S. 2.

Oates, K.: Innovation is everybody's business. In: Management Services, 1997, Vol. 41, Iss. 5, S. 8–13.

Pearson, A. E.: Tough-minded ways to get innovative. In: Harvard Business Review, May/June 1988, S. 99–107.

Probst, G.; Raub, St.: Action Research. In: Die Unternehmung, 1/95, S. 3–19.

Schneider, D.: Die Unhaltbarkeit des Transaktionskostenansatzes für die "Markt oder Unternehmung"-Diskussion. In: ZfB (55) 12/1985, S. 1237–1255.

Schumpeter, J.: Capitalism, Socialism and Democracy, New York 1942.

Schumpeter, J.: The Theory of Economic Development, new edition, Harvard 1961.

Schumpeter, J.: Theorie der wirtschaftlichen Entwicklung, Leipzig 1912.
Sheth, J. N.; Ram, S.: Bringing Innovation to Market, New York et al 1987.
Solow, R.: Technological Change and the Aggregate Production Function, In: Review of Statistics, 3/1957, S. 312–320.
Sundbo, J.: Management of innovation in services. In: The Service Industries Journal, 1997, Iss. 3, S. 432–455.
Tietz, B.: Der Handelsbetrieb, 2. Auflage, München 1993.
Trommsdorff, V.(Hrsg.): Innovationsmanagement in kleineren und mittleren Unternehmen, München 1990.
Trommsdorff, V.: Innovation. In: Diller H. (Hrsg.): Vahlens Großes Marketing-Lexikon, München 1994, S. 459–460.
Ulrich, H.; Probst, G. J. B., Anleitung zum ganzheitlichen Denken, 3. erweiterte Auflage, Bern 1991.
Whyte, W. F.: Social Theory for Action, Newbury Park: Sage 1991.
Wiliamson, O. E.: The Economic Institutions of Capitalism, New York, London 1985.
Williamson, O. E.: Markets and Hierarchies, Analysis and Antitrust Implications, New York 1975.

Tiefgreifende Veränderungsprozesse in Handelsunternehmen

Anton Meyer und Lars Fend, München

Verschärfte Wettbewerbsbedingungen im Handel erfordern oftmals eine strategische Neuausrichtung bestehender Handelsunternehmen. Dabei avancieren neben der *Entwicklung* innovativer und kundenorientierter Handels-Konzepte vor allem deren *Umsetzung* und der damit einhergehende *Veränderungsprozess* zu einem kritischen Erfolgsfaktor. Gleichzeitig reichen dazu die in der modernen Managementliteratur diskutierten Veränderungskonzepte wie Business Reengineering, Lean Management oder Kaizen oftmals nicht aus, um eine langfristige Steigerung der Kundenorientierung zu erzielen. Vielmehr muß eine ganzheitlichere, integrative Vorgehensweise gewählt werden, die neben sachlich-rationalen auch verhaltensorientierte sowie kulturelle Gestaltungsziele und -instrumente berücksichtigt, um schließlich dauerhafte Kunden- und Wettbewerbsvorteile zu generieren

1 PROBLEMHINTERGRUND

Der Handel sieht sich mit einer Vielzahl gravierender, die Wettbewerbsverhältnisse weiter verschärfenden Veränderungen im Marktumfeld konfrontiert: Beispielhaft seien das Eindringen immer neuer, international agierender Wettbewerber in den heimischen Markt, der zunehmende Einsatz moderner Informations- und Kommunikationstechnologien sowie die sich weiter verändernden Verhaltensweisen und steigenden Anspruchshaltungen der Verbraucher genannt.

Der aus diesen Entwicklungen resultierende, zunehmende Veränderungs- und Innovationsdruck hat bereits zu einer stärkeren Veränderungsbereitschaft und Beachtung von Konzepten zur Steigerung der Service- und Kundenorientierung im Handel geführt. Obwohl die Ergebnisse des *Deutschen Kundenbarometers* erstmals für die Drogeriemärkte/-geschäfte, Lebensmittelmärkte/-geschäfte sowie für die Versandhäuser bessere Kundenzufriedenheitswerte als in den Vorjahren aufweisen (Meyer; Dornach 1997, S. 26), befinden sich auch diese Handelsbranchen (mit Ausnahme der Versandhäuser) im Branchenvergleich der Globalzufriedenheitswerte weiterhin nur im Mittelfeld. Die Notwendigkeit, in den Bemühungen zur Steigerung der Service- und Kundenorientierung nicht nachzulassen und entsprechende Veränderungen zu beschleunigen ist offensichtlich. Dennoch wird die aus diesen Zielen folgende und vor allem durch Konzepte wie Business Reengineering popularisierte Diskussion zur Gestaltung kundengerichteter Veränderungsprozesse fast ausschließlich für den Konsum- und Investitionsgüterbereich geführt (z. B. Buschor 1996; Hammer; Champy 1993; Stricker 1997). Für den Handel liegen mit sehr wenigen Ausnahmen (z. B. Ottenjann 1995) kaum Beiträge vor. Gleichzeitig weisen verschiedene Autoren in konzeptionellen und empirischen Beiträgen auf den oftmals geringen Erfolg bzw. das Scheitern von Reorganisationsbestrebungen hin (Homburg; Hocke 1996, S. 14; Perlitz et al. 1995, S. 2).

Vor diesem Hintergrund erscheint es erforderlich, ein auf den Handel abgestimmtes, tiefgreifendes Veränderungskonzept zu diskutieren. Dabei gilt es, die im Bereich der Investitions- und Konsumgüterindustrie oftmals zu kurzfristig orientierten Reorganisationsbestrebungen sowie die übliche einseitige Kostenfokussierung zu erweitern und durch die Einbeziehung der gesamten Palette relevanter Veränderungsbereiche und -maßnahmen zu einem strategisch orientierten, handelsspezifischen Veränderungsmanagement zu gelangen.

2 ANALYSERAHMEN FÜR VERÄNDERUNGEN

Um die Vielschichtigkeit von Veränderungsprozessen im Handel abzubilden, soll zunächst ein mehrdimensionaler Bezugsrahmen herangezogen werden, der es ermöglicht, zentrale Forschungsbereiche und Fragenkomplexe sowie Lösungsmöglichkeiten zur Veränderungsproblematik im Handel zu strukturieren. Der nachfolgende in *Abbildung 1* dargestellte Analyserahmen, der das "Context-Content-Process"-Modell des englischen Strategieforschers Pettigrew (Pettigrew 1987, S. 5) für den Handel erweitert und konkretisiert, erlaubt dabei nicht nur die Berücksichtigung der Inhalte einer veränderten Strategie, sondern auch die Einordnung wesentlicher Ursachen von Veränderungen sowie die Diskussion bestehender bzw. noch ausstehender Erkenntnisse zu den Bereichen der Gestaltung von Veränderungen.

In den folgenden Abschnitten wird ein dieser Struktur folgender Überblick über die drei wesentlichen Dimensionen des Veränderungsmanagement im Handel gegeben.

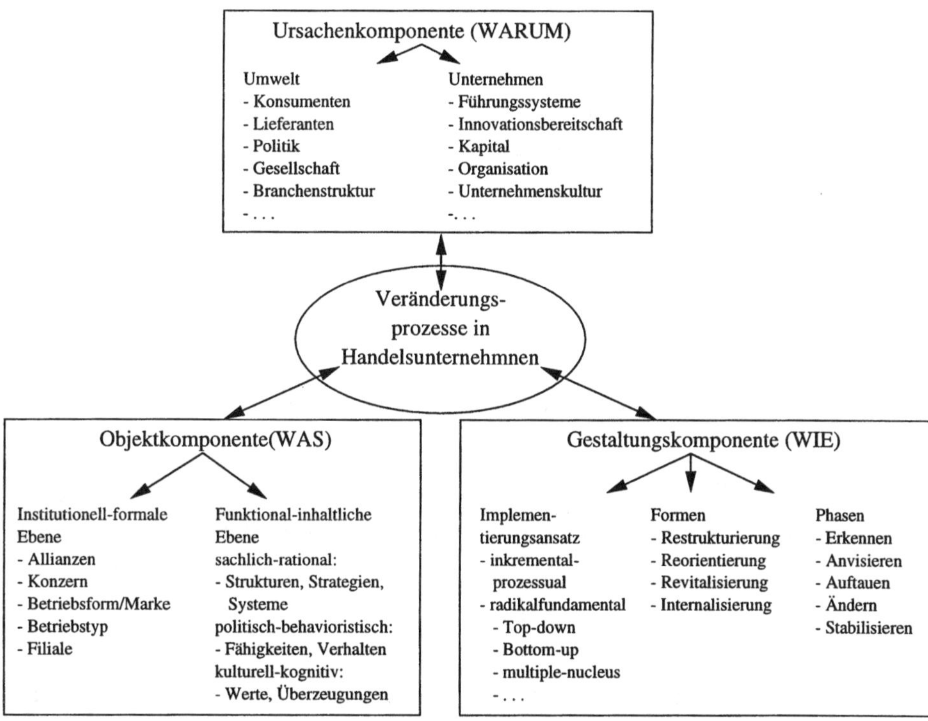

Abbildung 1: Analyserahmen für Veränderungsprozesse im Handel

Quelle: Erweiterung der Autoren nach Pettigrew 1987, S. 5

2.1 Objekte und Ebenen der Veränderung

Stehen Handelsunternehmen im Mittelpunkt der Betrachtung, so lassen sich Veränderungen, die hier allgemein als "von Störungen begleitete Prozesse des Übergangs von einem

Zustand in einen anderen" charakterisiert werden sollen (Lehmann 1992, Sp. 1839), vor allem auf einer

- institutionell-formalen sowie einer
- funktional-inhaltlichen Ebene

näher kennzeichnen.

Im Rahmen der *institutionell-formalen* Sichtweise läßt sich die Veränderungsthematik vor allem auf die unterschiedlichen Analyseeinheiten Allianzen, Konzerne, Betriebsformen/Marken, Betriebstypen oder Filialen beziehen.

Veränderungen innerhalb *Allianzen* beziehen sich auf die Elemente von Wertschöpfungssystemen bzw. Hersteller-Handel-Beziehungen. Derzeit wird diese Diskussion vor allem im Rahmen des ECR-Konzepts geführt (Laurent 1996). Auf *Konzernebene* beziehen sich Veränderungen insbesondere auf die Zusammensetzung eines ausgewogenen Konzern-Portefeuilles. So war insbesondere Anfang der 90er Jahre die Diskussion über Zusammenschlüsse und Diversifikationsentscheidungen Gegenstand zahlreicher Diskussionen (Greune 1997). Stellt die Analyseeinheit die *Betriebsform/Marke* dar, findet die Veränderungsproblematik vor allem Berücksichtigung in der Diskussion der Dynamik der Betriebsformen, also der Frage nach der Entstehung, Veränderung und Ablösung bestimmter Betriebsformen (Böhler 1993) sowie der Analyse markenpolitischer Aspekte (Berry 1997, Brauer 1997). Auf einer noch konkreteren Ebene sind ebenfalls Veränderungen des *Betriebstyps* verstanden als spezifische Ausprägung einer Betriebsform (z. B. Markendiscounter Plus) oder auch einzelner *Filialen* vorstellbar.

Veränderungsprozesse umfassen neben Bestimmung einer *institutionell-formalen* Analyseeinheit immer auch eine *funktional-inhaltliche* Betrachtungsebene. So stellt sich im Anschluß an die Festlegung einer Analyseeinheit, z. B. der Marke Kaufhof, die Frage, welche markeninhärenten Inhalte und Funktionen (z. B. Wettbewerbsstrategien, Sortimentsstruktur, Ladengestaltung usw.) im Mittelpunkt weiterer Untersuchungen stehen sollen.

Um ein möglichst vollständiges und systematisches Bild dieser funktional-inhaltlichen Perspektive zu erhalten, sollen folgende drei unterschiedliche Ansatzebenen für Veränderungen differenziert werden (Perich 1992, S. 135; Tichy 1983, S. 9), die:

- sachlich-rationale,
- politisch-behavioristische und
- kulturell-kognitive Ebene.

Im Rahmen der *sachlich-rationalen* Perspektive sind vor allem Veränderungen hinsichtlich Wettbewerbsstrategien, Informationstechnologien, Prozessabläufe, Organisationspläne, Sortimentsstrukturen, Laden- oder Servicekonzepte Gegenstand der Betrachtung. Auf der *politisch-behavioristischen* Ebene stehen vor allem Veränderungen von Interaktionszusammenhängen, insbesondere Führungsstilen, Verhaltensweisen oder Zielkonflikten im Mittelpunkt der Analyse. Veränderungen im Hinblick auf *kulturell-kognitive* Aspekte fokussieren vor allem Werte, Überzeugungen und Symbole, die von Handelsunternehmen getragen und gelebt werden.

Betrachtet man in diesem Zusammenhang die wissenschaftliche und praxisorientierte Handels-Literatur, kann festgestellt werden, daß allenfalls Aussagen über sachlich-rationale Aspekte wie Organisationsstrukturen, die Formulierung von Leitbildern, Strategien und Stellenbeschreibungen existieren (Drexel 1981, S. 268 ff.; Schenk 1995, S. 135 ff.; Tietz 1993, S. 908 ff.). Dabei fällt auf, daß sich Handelsunternehmen im Bereich des Managements und der Veränderung dieser "*harten*", leichter meßbaren Faktoren im Rahmen von Restrukturierungsmaßnahmen am ehesten fortentwickelt haben (Rolz; Lehmann 1994). Im Gegensatz hierzu weist die Berücksichtigung der "*weichen*" Faktoren noch beträchtliches Integrationspotential auf. Es entsteht der Eindruck, daß mikropolitische Prozesse, kognitive Strukturen, Rollen- und Zielkonflikte, Verhaltensgewohnheiten, Einstellungen oder Wertvorstellungen eher als Störfaktor oder nicht änderbar angesehen und entsprechend vernachlässigt werden.

2.2 Gründe für Veränderungen

Die Erfassung und Erklärung von Wandelprozessen im Handel ist seit Jahrzehnten ein die Handelswissenschaft faszinierender Forschungsbereich (Müller-Hagedorn 1993, S. 72). Dabei liegt der Fokus der Analysen primär auf der Neuentstehung, Veränderung und Ablösung von *Betriebsformen*. Versucht man die Treiber von Veränderungen bzw. diejenigen Faktoren, die einer solchen entgegenstehen herauszufinden, so lassen sich vor allem solche Ansätze unterscheiden, die als Ursachen für Veränderungsprozesse überwiegend endogene Antriebskräfte oder vor allem exogene Antriebskräfte analysieren. Greift man auf die Terminologie der allgemeinen Organisationstheorie zurück, lassen sich als Ausdruck des Verhältnisses zwischen interner Veränderungsdynamik und externem Veränderungseinfluß Entwicklungs-, Selektions- sowie Adaptionsansätze unterscheiden (Perich 1992, S. 160).

Dabei erklären *Entwicklungsansätze* Veränderungen vor allem über unternehmensinterne Managementhandlungen. So sieht das von Nieschlag vorgestellte "Gesetz der Dynamik der Betriebsformen" vor allem in den Befürchtungen der Handelsunternehmer, daß ihre Betriebsform an Attraktivität verlieren könnte einen wesentlichen Grund für Veränderungsprozesse (Nieschlag 1974, Sp. 371 f.). *Selektionsansätze* verstehen Veränderungen von Unternehmen nicht als managementgesteuerte Entwicklungen, sondern überwiegend als umweltinduzierte Variations- und Ausleseprozesse (Kieser 1995, S. 238). Ein in diese Richtung zielender Ansatz stellt – neben dem Gegenmachtkonzept von Galbraith (Galbraith 1952) – vor allem das in der Handelsliteratur im Rahmen der lebenszyklustheoretischen Ansätzen bekannte Konzept der Store-Erosion von Berger dar (Berger 1977). Danach tritt bereits am Tag der Eröffnung eines Handelsgeschäftes der Prozeß der Veralterung ein. Dabei beinhaltet diese Veralterung vor allem eine Betriebsformen-, Laden- bzw. Standortentwertung, bei der die Leistungskomponenten des Handelsunternehmens im Zeitablauf zunehmend an Attraktivität verlieren (Berger 1977, S. 66 ff.).

Am häufigsten werden für den Handel die in der Organisationstheorie auch als Adaptionsmodelle subsumierten Erklärungsansätze angeboten. Adaptionsmodelle betonen mit unterschiedlicher Schwerpunktsetzung die wechselseitige Beeinflussung zwischen Umwelt- und Unternehmensfaktoren. Wesentliche Ansätze und Vertreter dieser Erklärungsrichtung sind der anpassungstheoretische Ansatz von Moser (Moser 1974) sowie die eher volkswirtschaftlich orientierten Ansätze wie der marktlückentheoretische Ansatz (Woll 1964), der transaktionskostentheoretische Ansatz (Gümbel 1985), der mikroökonomische Ansatz (Betancourt; Gautschi 1986) oder der makroanalytische Ansatz (Böhler 1993). Gemeinsam ist diesen Ansätzen die Erklärung von Veränderungen aufgrund von Interaktionen des Handelsunternehmens mit der Umwelt und dem Aufgreifen und Umsetzen von Veränderungswünschen vor allem der Konsumenten. Insbesondere der Ansatz von Böhler zeigt dabei die Möglichkeit auf, daß sich große Handelsunternehmen bei hohen Markteintrittschranken und geringem Nachfragewachstum oftmals auch keinem bzw. sehr geringem Veränderungsdruck ausgesetzt sehen, wodurch sich die Veränderungsträgheit von bestimmten Handelsunternehmen in ausgewählten Handelsbranchen wie z. B. dem Lebensmittelhandel erklären läßt (Böhler 1993, S. 203 ff.).

Abschließend läßt sich feststellen, daß es keinem Ansatz gelingt, eine vollständige Erklärung der Dynamik der Betriebsformen vorzustellen. Insbesondere ältere Ansätze folgen teilweise einer zu restriktiven Perspektive und sind wenig operationalisierbar (z. B. Nieschlags Dynamik der Betriebsformen) oder zu pauschal (z. B. Mosers Anpassungstheorie) formuliert. Allerdings lassen sich z. B. unter Berücksichtigung neuerer Ansätze wie des "Betriebsformen-Evolutions-Raumes" von Böhler (Böhler 1993, S. 204) erste Hinweise zur Erklärung der hohen bzw. niedrigen Veränderungsdynamik verschiedener Handelsbranchen ableiten. Allerdings werden auch hier einzelne die Dynamik beeinflussende Faktoren, wie z. B. neue Informations- und Kommunikationstechnologien, die ein Aufbrechen bestehender Strukturen bewirken können, nur bedingt berücksichtigt.

Insgesamt macht der kurze Überblick über die Theorien zur Erklärung des Wandels im Handel deutlich, daß sich die Handelswissenschaft mit der Problematik, warum Handelsunternehmen sich verändern (Ursachenkomponente), intensiver auseinandergesetzt hat. Obwohl die Veränderungsdynamik insbesondere für den Handel immer wieder bestätigt wird, findet in der Handelswissenschaft eine Diskussion darüber, wie Veränderungsprozesse gestaltet werden können, bislang kaum statt. Deshalb sollen im folgenden als dritte Veränderungsdimension zentrale Ansatz- und Gestaltungsaspekte für Veränderungsprozesse aufgezeigt werden.

2.3 Gestaltung von Veränderungen

Aus Sicht der Gestaltung von Veränderungsprozessen erscheint es hilfreich, zwischen grundlegenden *Implementierungsansätzen, Gestaltungsformen* und einzelnen *Phasen* im Rahmen von Veränderungsprozessen zu unterscheiden. In Abhängigkeit des gewählten Implementierungsansatzes ergeben sich dann wiederum unterschiedliche inhaltliche und zeitlichen Ausgestaltungen der konkreten Phasen von Veränderungsprozessen.

In der einschlägigen Literatur (u. a. Hillig 1997, S. 72; Hinterhuber; Popp 1994, S. 119; Perich 1992, S. 195) werden üblicherweise unter Rückgriff auf Kriterien wie inhaltliche

Reichweite und Art der Durchsetzung zwei grundlegende Implementierungsansätze unterschieden, und zwar der

- *inkremental-prozessuale* sowie der
- *radikal-fundamentale* Ansatz.

Hierbei wird im Rahmen einer *inkrementalen* Vorgehensweise insbesondere auf die Übereinstimmung mit bestehenden Strukturen im Handelsunternehmen geachtet. Neben der Zielorientierung steht vor allem die Prozessorientierung, eine auf das Prinzip der kleinen Schritte beruhende Vorgehensweise im Mittelpunkt. Mit dieser Vorgehensweise soll insbesondere die Problematik berücksichtigt werden, daß viele Veränderungsvorhaben an den Organisationsmitgliedern scheitern. Dabei wird oftmals ein Verlauf gewählt, bei dem Veränderungsprozesse von der Mitarbeiterbasis zur obersten Unternehmensspitze (bottom-up) initiiert werden (Perich 1992, S. 200).

Die *radikale* Vorgehensweise bei Veränderungen verfolgt primär das Ziel, ganzheitliche und weitgehende Änderungen zu bewirken, um aus dem bestehenden organisationalen Kontext auszubrechen (Hillig 1997, S. 72). Hierbei werden die Veränderungen unter anderem von der obersten Unternehmensleitung (top-down) oder durch gleichzeitige Berücksichtigung der Mitarbeiterbasis und der mittleren Managementebene (multiple-nucleus Strategie) ausgelöst. Gemeinsam ist dieser auch als Bombenwurf-Strategie bezeichneten, radikalen Vorgehensweise die oftmals nur schwer mögliche Umkehrbarkeit geplanter Veränderungen (Kirsch et al. 1979, S. 180).

Festzuhalten bleibt, daß sich die beiden Implementierungsansätze im Zeitablauf komplementär verhalten können, eine klare Grenzziehung zwischen den Ansätze in praxi nur teilweise möglich ist (Roth 1997, S. 48). In Abhängigkeit z. B. von den Veränderungsinhalten ist eine Abfolge/Parallelität sowohl eher radikal-fundamentaler Vorgehensweisen (z. B. "harte" Faktoren: Einführung neuer Scanner-Technologien) als auch inkremental-prozessualer Vorgehensweisen (z. B. "weiche" Faktoren: Einführung einer Dienstleistungskultur) vorstellbar.

Zur weiteren systematischen Analyse der Gestaltung von Veränderungsprozessen lassen sich einzelne Gestaltungs*formen* unterscheiden, die an verschiedenen inhaltlichen Aspekten der Veränderung anknüpfen. Dabei sollen ausgehend von den Interventionsvariablen

Struktur, Strategie, Verhalten und Kultur – ohne die Diskussion möglicher kausaler Zusammenhänge an dieser Stelle vertiefen zu wollen – folgende vier Formen untergliedert werden (Krüger 1994, S. 199; Perich 1992, S. 154):

- Restrukturierung,
- Reorientierung,
- Revitalisierung,
- Internalisierung.

Im Rahmen der *Restrukturierung* steht vor allem die Veränderung sogenannter "hard facts" wie z. B. die zuvor angesprochenen Elemente der Organisationsstruktur, Prozessabläufe oder die Einführung von Computer Supported Cooperative Work zur Erhöhung der Wirtschaftlichkeit und Arbeitszufriedenheit (Fend 1998, S. 1445). *Reorientierungen* umfassen Veränderungen der grundsätzlichen Ziele und Strategien von Unternehmen. Als Beispiele können z. B. die Hervorhebung der Kundenorientierung als strategische Zielgröße, die Entwicklung neuer Absatzwege unter Integration des Internet oder die Einführung neuer Sortimentsbestandteile aufgeführt werden. Veränderungen die eine Änderung grundlegender Fähigkeiten und Verhaltensweisen beinhalten, lassen sich als *Revitalisierung* charakterisieren. Gewährung größerer Entscheidungsspielräume, Schulung von Mitarbeitern oder Etablierung eines Teamgedankens stellen entsprechende Steuerungsmöglichkeiten dar. Darüber hinaus können sich Veränderungen auch auf den Prozeß der Schaffung neuer Einstellungen, Wertvorstellungen und Interpretationsschemata beziehen. Die damit angesprochene Veränderung der Unternehmenskultur, hier als *Internalisierung* konkretisiert, kann z. B. im Hinblick auf die Schaffung einer Servicekultur bzw. Dienstleistungsmentalität erfolgen.

Abschließend sollen kurz wesentliche Ablaufphasen eines Veränderungsprozesses skizziert werden, da sie grundsätzlich für jede der jeweiligen Gestaltungsformen wie z. B. eine angestrebte Restrukturierung oder auch bei einer Internalisierung relevant sind. Dabei stehen bei den Ablaufphasen neben den inhaltlichen vor allem zeitliche, ablaufbezogene Aspekte angestrebter Veränderungen im Vordergrund. Unter Berücksichtigung unterschiedlicher Ansätze zur Charakterisierung verschiedener Veränderungsphasen lassen sich fünf zentrale, zeitablaufbezogene Phasen des Veränderungsprozesses herauskristallisieren (z. B. Schein 1994, S. 331; Krüger 1994, S. 213; Gattermeyer; Neubauer 1996, S. 332): "Erkennen" (Beachtung eines Veränderungsbedarfs), "Anvisieren" (proaktive

Zielformulierung), "Auftauen" (Destabilisierung, Bewußtseinswandel), "Ändern" (Überwindung von Fähigkeits- und Willensbarrieren), "Stabilisieren" (Akzeptanz und Festigung von Veränderungen).

Im Anschluß an diesen strukturierenden Überblick über die verschiedenen Dimensionen des komplexen Phänomens der Veränderung werden im nachfolgenden Kapitel erste Wege aufgezeigt, wie das derzeit in der Literatur als auch in der Handelspraxis vorzufindende Gestaltungsdefizit im Rahmen von Veränderungsprozessen erfolgreich überwunden werden kann.

3 ANFORDERUNGEN AN EIN DIE GESTALTUNG VON VERÄNDERUNGEN

Im Mittelpunkt der nachfolgenden Ausführungen steht die systematische Analyse der vier zentralen Gestaltungsformen Restrukturierung, Reorientierung, Revitalisierung und Internalisierung als Kernbereiche einer erfolgreichen Gestaltung von tiefgreifenden Veränderungsprozessen in Handelsunternehmen. Dabei wird durch die gleichzeitige Berücksichtigung aller Gestaltungsformen und insbesondere die Integration "weicher" Anforderungen im Rahmen von Revitalisierungs- und Internalisierungsprozessen die aktuelle Problematik aufgegriffen, daß die Nichtbeachtung derartiger verhaltens- und kulturorientierter Inhalte den Erfolg von Veränderungen häufig gefährdet (Benkenstein 1993, S. 1112; Homburg; Hocke 1996, S. 18). Die nachfolgende *Abbildung 2* verdeutlicht diese Problematik: Im Veränderungsprozess sind in der Regel sämtliche Gestaltungsformen relevant, gleichzeitig werden Veränderungen oftmals zu früh abgebrochen und dies ohne die für das Ziel der Kundenorientierung oftmals notwendigen kulturellen Anpassungen. Verdeutlicht wird dies durch die Revitalisierungs- bzw. Internalisierungslücken in *Abbildung 2.* Gerade diese beiden verhaltens- und kulturbezogenen Lücken zu schließen stellt für den Handel als Anbieter von Sortiments- *und* Dienstleistungskombinationen eine zentrale Herausforderung dar.

Allerdings ist die in *Abbildung 2* aufgezeigte zeitliche Abfolge der Gestaltungsformen bei Veränderungsprozessen nicht zwingend. Wenngleich sie zwar nachvollziehbar und in praxi – insbesondere bei der Veränderung durch Business Reenineering Programme – häufig vorzufinden ist, variiert die zeitliche Abfolge und die Gewichtung der Gestaltungsformen

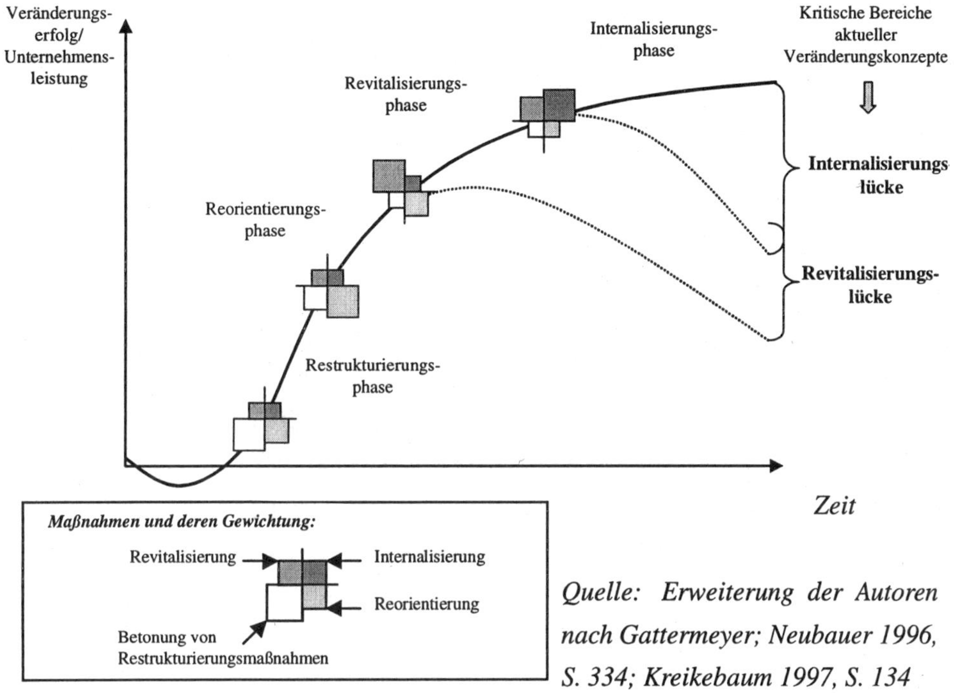

Quelle: Erweiterung der Autoren nach Gattermeyer; Neubauer 1996, S. 334; Kreikebaum 1997, S. 134

Abbildung 2: Gestaltungsmaßnahmen und -lücken im Verlauf von Veränderungsprozessen im Handel

in Abhängigkeit von der jeweiligen Ausgangssituation der Handelsunternehmen sowie der gewählten Vorgehensweisen bei Veränderungsprozessen. So ist es ebenfalls denkbar, daß die Reorientierung vor der Restrukturierung erfolgt oder – gerade bei Konzepten wie Total Quality Managmement – zuerst eine Revitalisierung und Internalisierung als zentrales Veränderungsziel angestrebt wird, bevor strukturelle Anpassungen eingeleitet werden.

Es ist Aufgabe der nächsten Abschnitte wesentliche Ziele, Widerstände und Maßnahmen innerhalb einzelner Gestaltungsformen, insbesondere bei der Revitalisierung und Internalisierung zu analysieren. Als übergeordnetes Ziel von Veränderungsmaßnahmen soll dabei insbesondere eine Veränderung mit dem Ziel der Erhöhung der Kundenorientierung fokussiert werden. Wenngleich dieses übergeordnete Ziel im Handel stärker als in vielen anderen Branchen in hohem Maße systemimmanent erscheint, erfordern zahlreiche Faktoren wie veränderte Verbrauchergewohnheiten und -erwartungen, innovative und kundenorientierte Konzepte internationaler Wettbewerber, neue Managementansätze oder Technologien mehr denn je strategische Neuausrichtungen mit dem Ziel einer zeitgemäßen Kundenorientierung. Die nachfolgenden Ausführungen konzentrieren sich beispielhaft auf die Objektebene der Betriebsform/Marke, viele Überlegungen sind aber in modifizierter Form auch auf andere Ebenen wie z. B. Konzernebene übertragbar.

3.1 Anforderungen an eine Restrukturierung

Im Mittelpunkt von *Restrukturierungen* stehen vor allem Veränderungen hinsichtlich wesentlicher Elemente der Aufbau- und Ablauforganisation, aber auch Systeme, die das arbeitsteilige Zusammenwirken verschiedener Organisationsmitglieder koordinieren. Zentrale Ziele derartiger Veränderungen werden im allgemeinen unter den Aspekten der Kostenreduzierung, Zeitersparnis, Fehlervermeidung und Erhöhung der Servicequalität diskutiert (Rolz; Lehmann 1994, S. 145). Wesentliche Maßnahmen sind die Verflachung von Hierarchien, Einsatz von Teams, Bildung von Profit-Centern, prozeßorientierte Strukturen und der Einsatz prozeßunterstützender Technologien.

Als Beispiel derartiger Restrukturierungsbemühungen läßt sich der Versender Quelle heranziehen. Um Bedarfe der Kunden zu wecken und auf verändertes Kundenverhalten besser eingehen zu können, sollen die Dominanz der Funktionsbereiche bzw. Ressort-Egoismen aufgehoben werden. So ist es zentrales Anliegen der Restrukturierung, die zahlreichen Schnittstellen bestehender Funktionsabteilungen wie Einkauf, Werbung, Marketing und Qualitätsmanagement für jede Warengruppe durch Einführung eines Category-Management-Teams unter Leitung eines Senior-Category-Managers aufzuheben. Insgesamt sollen somit die bisher zwischen vier und fünf verschiedenen Schnittstellen auf nur eine zwischen Category-Management und Vertriebs-Management im Rahmen einer Matrixorganisation reduziert werden. Als Konsequenzen dieser Neustrukturierung und insbesondere der Aufhebung einer reinen Einkaufsabteilung ist das Category-Management-Team nicht nur verantwortlich für den Einkauf des Sortiments, sondern auch für kundenorientierte Kommunikation, Qualitätssicherung, Preisstellung und schließlich den Gewinn der Category. Insbesondere sollen die bis dahin getrennten Funktionskompetenzen von Einkäufern, Werbeleuten, Marketingexperten und Qualitätsmanagement "in den Prozeß hineingearbeitet" werden (Vossen 1997, S. 38–41).

Insgesamt stellen Restrukturierungsmaßnahmen sachlich-rationale Maßnahmen in den

Vordergrund. *Widerstände* resultieren hierbei vor allem aus finanziellen, organisatorischen und technologischen Barrieren. So erfordert die Verschmelzung und Prozessualisierung von Funktionen oftmals auch eine räumliche Zusammenlegung bisher in verschiedenen Standorten erbrachter Funktionen. Allerdings können derartige Barrieren in der Regel durch relativ einfache und leicht zu überprüfende *Maßnahmen* beseitigt werden. Die Überwindung technologischer Barrieren, wie z. B. die Einführung von Data-Warehousing (Westerman 1997) kann vor dem Hintergrund sich zunehmend dynamisierender Technologiesprünge lediglich als eine Frage der Zeit angesehen werden. Eine größere Problematik stellt allerdings die Akzeptanz und Anwendung neuer Technologien dar, aber auch die Akzeptanz neuer Kompetenzspielräume bzw. der drohende Verlust bestehender Positionen (Willens- und Risikobarrieren). Beide Aspekte werden im nachfolgenden Abschnitt der Revitalisierung als zentrale verhaltensorientierte Barrieren noch einmal aufgegriffen.

3.2 Anforderungen an eine Reorientierung

Veränderungen von Handelsunternehmen können ebenfalls auf einer zweiten Inhaltsebene ansetzen, die über eine oftmals auf operative Maßnahmen begrenzbare Restrukturierung hinausgeht. Im Rahmen einer solchen Reorientierung stehen die Veränderung expliziter Aussagen hinsichtlich strategischer Zielsetzungen oder die Aufgabe alter und Entwicklung neuer Geschäftskonzepte oder -bestandteile im Vordergrund.

Durch Entwicklung neuer Geschäftskonzepte versucht derzeit u. a. Tesco, einer der größten britischer Lebensmittelhändler, eine derartige Reorientierung. So betreibt Tesco seit 1996 nicht mehr alleine stationäre Filialen, sondern erweitert sein Geschäftskonzept – nach eigenen Angaben bereits profitabel – mit Tesco Direct um den Versand seiner Sortimente. So können derzeit über 25.000 Kunden in London und Leeds ihre Waren via Internet, Telefon und Fax nach Hause bestellen. Logistischer Ausgangspunkt sind dabei zehn sog. Kommissionierfilialen, die im Rahmen des "storebasierten Pickingsystems" die Zusammenstellung sowie Auslieferung der vom Kunden bestellten Ware ermöglichen. Durch diese strategische Neuorientierung gilt Tesco zur Zeit auch als führender Anbieter von Homeshopping-Diensten im Lebensmittelbereich (Szász 1998).

Probleme im Rahmen einer Reorientierung sind vor allem in den mangelnden Fähigkeiten der Unternehmensleitung "schwache Signale" (Ansoff 1976) aus der Unternehmensum- und -inwelt wahrzunehmen. Weitere Hemmnisse auf dem Weg einer Neuorientierung können sich aus sog. Mobilitätsbarrieren ergeben, deren Überwindung oftmals nur unter erheblichem Kosten- und Zeitaufwand sowie unter Unsicherheit hinsichtlich der Zielerreichung möglich ist (Hatten; Hatten 1987, S. 334). So stellen im Handel unter anderem Standorte, Unternehmensgröße, Warenbereiche oder Personalstrukturen Quellen für Mobilitätsbarrieren dar (Heinemann 1989, S. 60 f.).

Zentrale *Maßnahmen* zur Überwindung von Mobilitätsbarrieren können in der Formulierung strategischer Eintrittspfade gesehen werden. So könnten Handelsunternehmen zuerst diejenige von Mobilitätsbarrieren geschützte strategische Gruppe aussuchen, deren Mobilitätsbarrieren leicht zu überwinden sind, um in einem weiteren Schritt von einer höheren strategischen Plattform aus in eine andere bis hin zur angestrebten strategischen Gruppe zu wechseln, die die gewünschten Kundenpotentiale oder Markterfolge aufweist (Caves; Porter 1977, S. 255 f.). Gleichzeitig ermöglicht eine kontinuierliche Umwelt- und Inweltbetrachtung mittels verschiedenster Marktforschungs- und Analyseinstrumente wie z. B. dem *Deutschen Kundenbarometer*, der SWOT-Analyse oder der Portfoliotechnik die Sensibilisierung gegenüber "schwachen Signalen" und damit die rechtzeitige Identifikation zentraler Entwicklungen, die eine Neuausrichtung begründen können (Meyer; Dornach 1997; Kreikebaum 1991).

3.3 Anforderungen an eine Revitalisierung

Während die bisherigen Anforderungen überwiegend sachlich-rationalen Charakter aufwiesen und eine Anpassung und Überprüfung durch die Unternehmensleitung leichter möglich waren, umfaßt die Revitalisierung die grundsätzlich schwerer zu bewirkende Veränderung von Bereitschaften, Fähigkeiten und Verhaltensweisen (politisch-verhaltensorientierte Ebene) verschiedenster Unternehmensmitglieder.

So lassen sich personenbezogene Veränderungs*widerstände* hinsichtlich Willens-, Fähigkeits- und Risikobarrieren (Witte 1973, S. 6 ff.; Thom 1976, S. 411 ff.) unterscheiden. Dabei wird die Bereitschaft Veränderungen anzunehmen u. a. durch die Angst vor neuer Belastung eingeschränkt, z. B. wenn verlängerte Ladenöffnungszeiten eingeführt oder Verantwortungsbereiche für die Mitarbeiter ausgeweitet werden (Willensbarriere).

Ebenfalls stellt die Furcht, neuen Anforderungen nicht gewachsen zu sein, wie etwa im Rahmen einer Kompetenzausweitung oder Einführung neuer Technologien, einen zentralen Veränderungswiderstand dar (Fähigkeitsbarriere). So wäre es im oben genannten Quelle-Beispiel durchaus vorstellbar, daß der ehemalige Funktionsbereichsleiter "Werbung" aufgrund der Furcht eine Warengruppe auch unter kosten- und leistungsbezogenen Aspekten zu führen eine Zusammenlegung der Bereiche nicht unterstützt. Ebenfalls sind mit Veränderungsprozessen oftmals verschiedene Risiken wie z. B. die Furcht vor Arbeitsplatzverlust, Statusverlust oder Autonomieverlust verbunden (Risikobarriere).

Geeignete *Maßnahmen*, um Willensbarrieren zu überwinden, sieht Schein in der Vermittlung von Informationen, die Unruhe auslösen oder im Zusammenhang mit zentralen Zielen Angst-/oder Schuldgefühle wecken (Schein 1994, S. 327). Dabei muß dieser Prozeß begleitet werden durch eine psychologische Sicherheit, die den Blick auf neue Lösungen frei macht und es Mitarbeitern ermöglicht, eine Veränderungsnotwendigkeit, aber auch eigene Veränderungsprobleme ohne Verlust ihrer Identität und Integrität zu akzeptieren, statt sie zu verleugnen (Schein 1994, S. 328). Darüber hinaus bieten sich zur Überwindung von Willensbarrieren zentrale Maßnahmen wie Partizipation, Information oder Einführung von Anreizsystemen an, die ein Verhalten im Sinne der Veränderungsziele unterstützen.

Das Management des Handelsunternehmens Globus versucht, mögliche Willensbarrieren seiner Mitarbeiter u. a. durch regelmäßige Mitarbeitergespräche, den Einsatz verschiedenster Informationsmedien, angefangen von der Mitarbeiterzeitung bis hin zu Videos, zu überwinden. Darüber hinaus existiert ein Anreizsystem, das Mitarbeiter am Erfolg des Unternehmens beteiligt: Globus-Mitarbeiter können in Abhängigkeit ihrer Einkommensstruktur an einem Globus-Immobilienfonds partizipieren sowie Anteile einer stillen Beteiligung an einzelnen Filialen (Plus 1000) bzw. an der Globus-Holding (Plus 2000) erwerben. Hierbei wird die Verzinsung des eingesetzten Kapitals mit dem jeweiligen Erfolg der Filiale/Holding gekoppelt (Koch 1998, S. 45).

Fähigkeits- sowie Risikobarrieren zu überwinden erfordert neben der bereits angesprochenen psychologischen Sicherheit durch die Vorgesetzten (u.a. Fehlertoleranz) primär Schulungs-, Informations-, aber auch Partizipationsmaßnahmen. Allerdings ist eine Überwindung sämtlicher Fähigkeits- und Risikobarrieren durch derartige Maßnahmen kritisch zu sehen. Insbesondere Aspekte, die unter den Begriffen Entgegenkommen und Einfühlungsvermögen subsumiert werden, wie etwa Freundlichkeit oder Aufmerksamkeit (Nel; Pitt 1993, S. 41 f.), scheinen einer direkten Erlernbarkeit nur bedingt zugänglich, sondern eher in der Person angelegte schwer veränderbare Persönlichkeitsmerkmale. Auch lassen sich Risikobarrieren, insbesondere die Furcht des Arbeitsplatzverlustes nicht immer vollständig reduzieren, allerdings durch mitarbeiterfreundliche Abfindungsregelungen und Berücksichtigung von Outplacementkonzepten vermindern.

Insgesamt verdeutlichen derartige – von Macht-, Fach-, und Prozeßpromotoren zu begleitende Prozesse (Hauschildt; Chakrabarti 1988, S. 384) – die Vielzahl möglicher Maßnahmen zur Erhöhung der verhaltens- und fähigkeitsbezogenen Veränderungsbereitschaft. Allerdings sind solche Maßnahmen der Gefahr ausgesetzt nur zeitlich befristet zu wirken, wenn nicht langfristig auch eine Anpassung bzw. Internalisierung der für ein solches Verhalten notwendigen Einstellungen, Wertvorstellungen und Interpretationsschemata erfolgt.

3.4 Anforderungen an eine Internalisierung

Gerade im Handel wird der Aufbau einer wirklichen Dienstleistungsmentalität und -kultur vermißt und zunehmend gefordert (Meyer; Fend 1996, S. 79). Gleichzeitig erscheint aber gerade das Phänomen der Unternehmenskultur schwer operationalisierbar, die Erfolgsrelevanz nur bedingt nachweisbar und der Weg zu einer wirksamen Veränderung der Unternehmenskultur nicht zuletzt aufgrund der langen Dauer des Prozesses schwierig (z. B. Rohrmoser 1997, S. 48).

Aufbauend auf der unabdingbaren Überwindung von Willens-, Fähigkeits- und Risikobarrieren durch die oben aufgezeigten Maßnahmen lassen sich vor allem verbale, schriftliche oder symbolische Medien als bedeutende Mittel bei der Kulturvermittlung heranziehen. Deren zentrales Ziel ist dabei die Überwindung der für Kulturveränderungen oftmals entscheidenden emotionalen Barriere (Homburg; Werner 1998, S. 227). So lassen sich als sprachliche Medien u. a. Lieder, Slogans, Mottos oder bestimmte Namensgebungen einsetzen. Mittels Leitlinien, Grundsätzen, Unternehmenszeitungen lassen sich schriftliche Kulturvorstellungen vermitteln. Ebenfalls sind Logos, Urkunden oder Kleidung als symbolische Kulturträger einsetzbar. Darüber hinaus können Karrierepfade, Entlassungen, freiwillige Kündigungen, aber auch Feiern, Theateraufführungen, Vorstandsbesuche oder Kongresse als interaktive Maßnahmen kulturelle Werte transportieren (Rohrmoser 1997, S. 47).

Als Beispiel für die hohe Bedeutung, die eine Unternehmenskultur haben kann, wird immer wieder das amerikanische Bekleidungshaus Nordstrom genannt. Wenngleich hier keine vollständige Erfassung der komplexen Unternehmenskultur erfolgen kann, geben nachfolgende Aussagen erste Hinweise auf kulturelle Werte. So stehen kunden- und leistungsorientierte Einstellungen und Verhaltensweisen im Mittelpunkt allen Handelns:

> "Our number one goal is to provide outstanding customer service. Set both your personal and professional goals high. ... Rule # 1: Use your good judgement in all situations. There will be no additional rules" ... "Working at Nordstrom is not for everybody. The company has very high expectations. If you don´t meet them, you´re gone." (Spector; McCarthy 1995, S. 16 u. S. 181).

Gleichzeitig werden Interpretationsschemata vorgegeben, wenn Mitarbeiter aufgefordert werden, Entscheidungen immer zugunsten des Kunden und nicht des Unternehmens zu treffen und kommuniziert wird, die Mitarbeiter niemals dafür zu kritisieren, daß sie für den Kunden zu viel, sondern allenfalls dafür, daß sie zu wenig versucht haben. Namen wie die Bezeichnung der Mitarbeiter als "Nordies", aber auch Auszeichnungen bei hervorragenden Verkaufszahlen, Ideen oder Vorschlägen werden ergänzend als symbolische Träger eingesetzt (Spector; McCarthy 1995, S. 95 u. S. 130). Abschließend erscheint die von Nordstrom gewählte Grundhaltung zur Verbesserung der Dienstleistungsmentalität und damit zur Möglichkeit der Überwindung entsprechender Willens- und Fähigkeitsbarrieren erwähnenswert. Sie ist zentraler Bestandteil und verdichtet die kunden- und leistungsorientierte Unternehmenskultur:

> "Nordstrom would rather hire nice people and teach them to sell, than hire salespeople and teach them to be nice. Nordstrom, it is said, "hires the smile and trains the skill" (Spector; McCarthy 1995, S. 181).

Insgesamt läßt sich festhalten, daß eine rein instrumentelle, technokratische Vorgehensweise, die den alleinigen Fokus auf die Entwicklung und den Einsatz geeigneter Instrumente legt, kaum erfolgsversprechend sein kann. Insbesondere da einer solchen Vorgehensweise oftmals die Vermutung zugrunde liegt, Unternehmenskultur ließe sich in kurzer

Zeit internalisieren (Homburg; aaWerner 1998, S. 226). Vielmehr kann nur durch ein unternehmensweites Gesamtkonzept und durch die Berücksichtigung wesentlicher Wechselwirkungen zwischen sämtlichen strukturellen, strategischen, verhaltens- sowie wertorientierten Einflußgrößen eine Internalisierung hin zu einer neuen Zielkultur erreicht werden. Mit *Abbildung 3* werden noch einmal die wichtigsten Ziele, Barrieren und Maßnahmen der einzelnen Gestaltungsformen überblicksartig zusammengefaßt.

	Restrukturierung	Reorientierung	Revitalisierung	Internalisierung
Wesentliche **Ziele**	Verbesserung durch - Kostenreduzierung - Zeitersparnis - Fehlervermeidung - Erhöhung der Servicequalität	Überdenken von - Wettbewerbs-strategien - Handelskonzepten: ▪ Absatzwege ▪ Sortimentsstrateg. ▪ ...	Veränderung individueller - Bereitschaften - Fähigkeiten - Verhaltensweisen	Veränderung von - Einstellungen - Überzeugungen - Werthaltungen - Interpretations-schemata
Wesentliche **Widerstände**	- Finanzielle Barrieren - Akzeptanz neuer Technologien - Risikobarrieren	- Problem d. Identifikation „schwacher Signale" - Mobilitätsbarrieren ▪ finanziell ▪ know-how ▪ ... - Risikobarrieren	- Fähigkeitsbarrieren - Risikobarrieren - Willensbarrieren	- Emotionale Barrieren - Fähigkeitsbarrieren - Willensbarrieren
Wesentliche **Maßnahmen**	- Abbau von Hierarchien - Reduzierung von Schnittstellen - Dezentralisierung - Einsatz moderner Technologien - Schulung	- Branchenanalyse - Kontinuierliche Kundenanalyse - Portfolio-Analyse - SWOT-Analyse - Entwicklung strategischer Eintrittspfade	- Empowerment - Information - Outplacement - Partizipation bei Entscheidungen - Schulung - Serviceorientierte Anreizsysteme	- Partizipation - Einsatz ▪ verbaler, ▪ schriftlicher, ▪ symbolischer u. ▪ interaktiver Kulturträger

○ = Phasen des Erkennens, Anvisierens, Auftauens, Änderns und Stabilisierens

Abbildung 3: Ausgewählte Ziele, Widerstände und Maßnahmen zur Gestaltung von Veränderungsprozessen im Handel

Abschließend ist festzustellen, daß ein integratives Management von Veränderungsprozessen neben der gleichzeitigen Berücksichtigung der verschiedenen Dimensionen von Veränderungen, also Ursachen, Gegenstandsbereichen und Gestaltungsvariablen, vor allem auch die Abstimmung und Berücksichtigung der Interdependenzen einzelner Elemente innerhalb der Veränderungsdimensionen beinhaltet.

Insbesondere die zuletzt vertieften vier Gestaltungsformen Restrukturierung, Reorientierung, Revitalisierung und Internalisierung bedürfen einer ganzheitlich vernetzten Sichtweise. So ist offensichtlich, daß die Veränderung bestimmter Verhaltensweisen oder kultureller Werte z. B. oftmals eine Anpassung bestehender organisatorischer Abläufe und Entlohnungssysteme oder sogar eine Neuorientierung strategischer Ziele erfordert. Gleichzeitig können Restrukturierungs- zusammen mit Revitalisierungsmaßnahmen (z. B. Dezentralisierung und Empowerment) die Fähigkeit des Unternehmens erhöhen, "schwache Signale" zu erkennen, um dann proaktiv kundenorientierte Veränderungen einzuleiten. Daß eine erfolgreiche strategische Neuorientierung auch eine Veränderung bestehender Verhaltens- und Denkschemata notwendig machen kann, wird bei Tesco deutlich: So sieht man dort im Anschluß an die Reorientierung und die Einführung eines weiteren Distributionskanals durch Tesco Direct die "größte Hürde" nicht in der Verbesserung technologischer oder logistischer Systeme und Strukturen, sondern vielmehr darin, den "Mitarbeitern in den Filialen die richtige "Denke" und den Umgang mit einer völlig neuen Kundengruppe beizubringen" (Szász 1998, S. 57).

4 FAZIT UND AUSBLICK

Ausgangspunkt des Beitrages war der seit einigen Jahren festzustellende, zunehmende Innovations- und Veränderungsdruck, mit dem sich bestehende Handelsunternehmen derzeit konfrontiert sehen. Die vorangegangenen Ausführungen zielten darauf ab, ein erstes systematisches, handelsbezogenes Veränderungkonzept zu entwerfen. Dabei wurden zentrale theoretisch-konzeptionelle und empirische Erkenntnisse der bisher vor allem im Konsum- und Investitionsgüterbereich diskutierten Veränderungsprogramme analysiert, deren Schwächen hervorgehoben, um schließlich zu einer handelsbezogenen Diskussion wichtiger Gestaltungsbereiche zu gelangen, die zum Erfolg/Mißerfolg von tiefgreifenden Veränderungsvorhaben im Handel führen können.

Insgesamt konnten zu folgenden Problembereichen Lösungsansätze entwickelt werden:

1. Um die Vielschichtigkeit von Veränderungsprozessen im Handel abzubilden, läßt sich ein mehrdimensionaler Bezugsrahmen heranziehen, der eine strukturierte Analyse zentraler Ursachen, Ansatzpunkte und Gestaltungskomponenten von Veränderungsprozessen ermöglicht (vgl. *Abbildung 1*).
2. Anhand des entwickelten Bezugsrahmens wurden wesentliche wissenschaftliche

und praktische Erkenntnisse zu den einzelnen Problemkreisen systematisch aufgezeigt; insbesondere konnte eine Fokussierung auf die Erklärung von Betriebsformenveränderungen gegenüber einer Vernachlässigung der Gestaltung derartiger Veränderungen festgestellt werden.

3. Aufbauend auf diesem Erkenntnisdefizit bei der Gestaltung von Veränderungen wurden zentrale Implementierungsansätze, Gestaltungsformen und -phasen unterschieden. Bei der Diskussion der zentralen Gestaltungsformen Restrukturierung, Reorientierung, Revitalisierung und Internalisierung wurden vor allem die bestehende Internalisierungs- und Revitalisierungslücke als kritische Erfolgsbereiche bei tiefgreifenden Veränderungsprozessen aufgezeigt (vgl. *Abbildung 2*). Schließlich ließen sich für alle Gestaltungsformen wesentliche Ziele, Widerstände und Maßnahmen für einen dauerhaften Veränderungserfolg herausarbeiten (vgl. *Abbildung 3*).

Die wirkungsvolle Gestaltung unternehmerischer Veränderungsprozesse erfordert ein integriertes Vorgehen, welches Umwelt- und Inweltkräfte, verschiedene Inhaltsebenen und einzelne Gestaltungsmaßnahmen miteinbezieht. Mehr denn je sind dabei Führungskräfte von Handelsunternehmen gefordert, sich der vielschichtigen und vernetzten Anforderungen bei Veränderungen bewußt zu werden. Allerdings liegen nach unserem Erkenntnisstand für den Handel kaum entsprechende Forschungsergebnisse vor. Weiterreichende und tiefergehende Fragen zu den in diesem Beitrag zum Teil nur skizzierten Problemkreisen und komplexen Wirkungszusammenhängen verschiedener Veränderungsmaßnahmen eröffnen ein weites Forschungsfeld. Es ist nicht zuletzt auch Aufgabe der Handelswissenschaft sich mit dieser wichtigen Problematik in Zukunft verstärkt auseinanderzusetzen.

LITERATUR

Ansoff, H.I.: Managing surprise and discontinuity. Strategic responses to weak signals. In: ZfbF, 28 (1976), S. 129–152.

Benkenstein, M.: Dienstleistungsqualität. Ansätze zur Messung und Implikationen für die Steuerung. In: ZfB, 63 (1993), H. 11, S. 1095–1116.

Berger, S.: Ladenverschleiß (Store Erosion). Ein Beitrag zur Theorie des Lebenszyklus von Einzelhandelsgeschäften, Göttingen 1977.

Berry, L.L.: Branding the Store. In: Retailing Issues Letter, 9 (1997), H. 5, S. 1–4.

Betancourt, R.; Gautschi, D.A.: The evolution of retailing. A suggested economic interpretation. In: International Journal of Research in Marketing 3 (1986), S. 217–232.

Böhler, J.: Betriebsform, Wachstum und Wettbewerb, Wiesbaden 1993.

Brauer, W.: Die Betriebsform im stationären Einzelhandel als Marke, München 1997.

Buschor, F.: Baustellen in einer Unternehmung. Das Problem des unternehmerischen Wandels jenseits von Restrukturierungen, Bern u.a. 1996.

Caves, R.E.; Porter, M.E.: From Entry Barriers to Mobility Barriers. In: The Quaterly Journal of Economics, 91 (1977), H. 2, S. 241–261.

Drexel, G.: Strategische Unternehmensführung im Handel, Berlin u.a. 1981.

Fend, L.: Stand und Perspektiven im Handels-Marketing. In: Meyer, A. (Hrsg.), Dienstleistungs-Marketing, Stuttgart 1998, Bd. 2, S. 1439–1453.

Galbraith, J.K.: American Capitalism: The Concept of Countervailing Power, Boston 1952.

Gattermeyer, W.; Neubauer, R.M.: Change Management zur Umsetzung von Strategien. In: Hinterhuber, H. et al. (Hrsg.), Das Neue Strategische Management, Wiesbaden 1996, S. 321–341.

Greune, M.: Der Erfolg externer Diversifikation im Handel, Heidelberg 1997.

Gümbel, R.: Handel, Markt und Ökonomik, Wiesbaden 1985.

Hammer, M; Champy, J.: Reengineering the Corporation, New York 1993.

Hatten, K.J.; Hatten, M.L.: Strategic Groups, Asymmetrical Mobility Barriers and Contestability. In: Strategic Management Journal, 8 (1987), S. 329–342.

Hauschildt, J.; Chakrabarti, A.: Arbeitsteilung im Innovationsmanagement – Forschungsergebnisse, Kriterien und Modelle. In: Zeitschrift Führung und Organisation, 57 (1988), H. 6, S. 378–388.

Heinemann, G.: Betriebstypenprofilierung und Erlebnishandel. Eine empirische Analyse am Beispiel des textilen Facheinzelhandels, Wiesbaden 1989.

Hillig, A.: Die Kooperation als Lernarena in Prozessen fundamentalen Wandels – Ein Ansatz zum Management von Kooperationskompetenz, Bern u.a. 1997.

Hinterhuber, H.H.; Popp, W.: Der Beitrag der strategischen Führung zu unternehmerischen Veränderungsprozessen. In: Gomez, P. et al. (Hrsg.), Unternehmerischer Wandel. Wiesbaden 1994, S. 107–134.

Homburg, C.; Hocke, G.: Change Management durch Reengineering? Eine Bestandsaufnahme, Arbeitspapier des Zentrums für Marktorientierte Unternehmensführung,

Koblenz 1996.

Homburg, C.; Werner, H.: Kundenorientierung mit System. Mit Customer Orientation Management zu profitablem Wachstum, Frankfurt a.M u. a. 1998.

Kieser, A.: Evolutionstheoretische Ansätze. In: Kieser, A. (Hrsg.), Organisationstheorien, 2. Aufl., Stuttgart u. a. 1995, S. 237–268.

Kirsch, W; Esser, W.M.; Gabele, E.: Das Management des geplanten Wandels von Organisationen, Stuttgart 1979.

Koch, G.: Auf dem Weg zum Kunden – Strategien der Mitarbeiterbindung. In: Bundesverband der Filialbetriebe und Selbstbedienungswarenhäuser (BFS) e.V. (Hrsg.), Der verunsicherte Konsument – wie erreichen wir ihn?, Dokumentation zum BFS-Unternehmerkongreß 2. und 3. März 1998, Gräfelfing 1998, S. 40–45.

Kreikebaum, H.: Strategische Unternehmensplanung, 6. Aufl., Stuttgart u. a. 1997.

Krüger, W.: Umsetzung neuer Organisationsstrategien: Das Implementierungsproblem. In: Frese, E; Maly, W. (Hrsg.), Organisationsstrategien zur Sicherung der Wettbewerbsfähigkeit, ZfbF (1994), Sonderheft 33, S. 197–221.

Laurent, M.: Vertikale Kooperationen zwischen Industrie und Handel – Neue Typen und Strategien zur Effizienzsteigerung im Absatzkanal, Frankfurt a.M. 1996.

Lehmann, H.: Organisationstheorie, systemtheoretisch-kybernetisch orientierte. In: Frese, E. (Hrsg.), Handwörterbuch der Organisation, 3. Aufl., Stuttgart 1992, Sp. 1837–1853.

Meyer, A.; Dornach, F.: Jahrbuch der Kundenzufriedenheit in Deutschland 1997, München 1997.

Meyer, A.; Fend, L.: Servicequalität im Handel. In: Trommsdorff, V. (Hrsg.), Handelsforschung 1996/97, Positionierung des Handels, Wiesbaden 1996, S. 67–85.

Moser, D.: Neue Betriebsformen im Einzelhandel. Eine Untersuchung der Entstehungsursachen und Entwicklungsdeterminanten, Frankfurt a.M. u.a. 1974.

Müller-Hagedorn, L.: Handelsmarketing, 2. Aufl., Stuttgart u. a. 1993.

Nel, D.; Pitt, L.: Service Quality in a Retail Environment: Closing the Gaps. In: Journal of General Management, 18 (1993), H. 3, S. 37–56.

Nieschlag, R.: Betriebsformen des Handels. In: Tietz, B. (Hrsg.), Handwörterbuch der Absatzwirtschaft, Stuttgart 1974, S. 366–376.

Ottenjann, M.: Lernende Unternehmungen im Handel, Berlin et al. 1995.

Perich, R.: Unternehmensdynamik. Zur Entwicklungsfähigkeit von Organisationen aus zeitlich-dynamischer Sicht, Bern u. a. 1992.

Perlitz, M.; Offinger, A.; Reinhardt, M.; Schug, K.; Bufga, J.: Business Process Reengineering. Ergebnisse einer empirischen Untersuchung, Arbeitspapier des Lehrstuhls für Allgemeine Betriebswirtschaftslehre und Internationales Management, Universität Mannheim, 1/1995.

Pettigrew, A.: Introduction: Researching Strategic Change. In: Pettigrew, A. (ed.), The Management of Strategic Change, Oxford 1987, S. 1–13.

Rohrmoser, H.: Die Veränderung der Unternehmenskultur. Möglichkeiten, Grenzen und empirische Erkenntnisse, München1997.

Rolz, G.; Lehmann, P.: Aktuelle Reorganisationstendenzen bei der Quelle. In: Frese, E; Maly, W. (Hrsg.), Organisationsstrategien zur Sicherung der Wettbewerbsfähigkeit, ZfbF (1994), Sonderheft 33, S. 143–162.

Roth, S.: Neue Denkweisen statt wechselnde Konzepte. Die Erschließung neuer Kreativitätspotentiale. In: Maier, P. (Hrsg.), Reengineering – Fluch oder Segen, Wiesbaden 1997, S. 37–68.

Schein, E.: The Role of the CEO in the Management of Change: The Case of Information Technology. In: Allen, T.J.; Morton M.S. (ed.), Information Technology and the Corporation of the 1990s. Research Studies, New York u. a. 1994, S. 325–345.

Schenk, H.-O.: Handelspsychologie. Eine Einführung, Göttingen 1995.

Spector, R.; McCarthy, P.D.: The Nordstrom Way. The Inside Story of America´s # 1 Customer Service Company, New York u. a. 1995.

Stricker, G.: Beobachtung fundamentalen Wandels von Unternehmen – Bausteine einer "Erfolgsmessung" organisationalen Lernens, Bern u.a. 1997.

Szász, T.: "Tesco – ganz Direct". In: Dynamik im Handel (1998), H. 2, S. 56–58.

Thom, N.: Zur Effizienz betrieblicher Innovationsprozesse. Vorstudie zu einer empirisch begründeten Theorie des betrieblichen Innovationsmanagement, Köln 1976.

Tichy, N.M.: Managing Strategic Change. Technical, Political and Cultural Dynamics, New York u. a. 1983.

Tietz, B.: Der Handelsbetrieb. Grundlagen der Unternehmenspolitik 2. Aufl., München 1993.

Vossen, M.: Quelle startet mit neuer Entscheidungsmatrix. In: Lebensmittel Zeitung, 38 (1997), 19.9.1997, S. 38–41.

Westerman, P.: Wal-Mart: Wettbewerbsvorteil durch Data Warehouse. In: Dynamik im Handel (1997), H. 9, S. 30–34.

Witte, E.: Organisation für Innovationsentscheidungen: Das Promotoren-Modell, Göttingen 1973.

Woll, A.: Der Wettbewerb im Einzelhandel. Zur Dynamik der modernen Vertriebsformen, Berlin 1964.

Projektmanagement – Ein vielversprechender Ansatz zur Förderung von Innovation im Handel

Thomas Rudolph, St. Gallen

Innovationsprojekte fallen in der Regel komplex und risikoreich aus. Auch beeinflussen sie den Unternehmungserfolg überdurchschnittlich stark. Nach den Ergebnissen einer empirischen Untersuchung bestehen für Innovationsprojekte im Handel erhebliche Reserven. Etliche Innovationsvorhaben scheitern bereits vor oder kurz nach der Implementierung. Ausgehend von einem Vergleich zwischen Innovationsprojekten und Projektarten mit anderer Schwerpunktsetzung werden erste Ansatzpunkte skizziert, die eine Steigerung des Projekterfolges versprechen.

Der Beitrag befasst sich mit der Planung und Realisierung von Innovationsvorhaben im Handel. Systemtheoretische Überlegungen leiten die prozessorientierte Betrachtung, nach der Innovationserfolge ein integriertes Management erfordern, das weit mehr als einer kreativen Idee bedarf. Deshalb steht letztere nicht im Mittelpunkt der Ausführungen. Vielmehr zielt der Artikel darauf ab, für das Management von Innovationsvorhaben zweckdienliche Hinweise hervorzubringen. Damit soll es insbesondere gelingen, das oftmals beklagte Defizit bei der Implementierung von innovativen Marktlösungen zu reduzieren

1 PROJEKTMANAGEMENT IM HANDEL

Die vergangenen Jahre haben gezeigt, daß auch Handelsunternehmungen von gesamtwirtschaftlichen Wandlungsprozessen nicht verschont bleiben. Vor allem die fortschreitende

Marktliberalisierung, das zunehmend ambivalente Kundenverhalten und die rasante Entwicklung neuer Technologien zwingen Handelsmanager, stetig Innovationen entlang der gesamten Wertschöpfungskette voranzutreiben.

Erfolgreicher unternehmerischer Wandel erfordert Innovationen, welche sich auch als Neuerungen bezeichnen lassen und Produkte, Verfahren sowie Ideen betreffen können (Dichtl 1988, S. 114). Neuerungen verlangen nach Veränderungsprozessen, deren Ausmaß und Intensität unterschiedlich groß ausfallen. Davon betroffen sind in der Regel Programm bzw. Konzept, Struktur und Kultur der Unternehmung.

Unternehmen versuchen in der Regel exogen und endogen bedingte Innovationspotentiale unter Zuhilfenahme des Projektmanagement-Ansatzes auszuschöpfen. Dieser empfiehlt die Bildung eines Projektteams, das losgelöst von der Linienorganisation nach erfolgversprechenden Ansatzpunkten sucht.

Projekte lassen sich nach Litke als abgrenzbare, neuartige, risikoreiche und komplexe Einzelvorhaben mit definiertem Anfang und Ende charakterisieren. Sie unterliegen einem hohen Termindruck, setzen Veränderungen in den organisatorischen Rahmenbedingungen voraus und besitzen einen großen Einfluß auf den Unternehmungserfolg (Litke 1991, S. 14).

Die Literatur behandelt den Projektmanagement-Ansatz vornehmlich im Kontext der Investitionsgüterbranche, aber auch die Handelspraxis greift immer öfter auf diesen Ansatz zurück. Konsultiert man die beiden bekanntesten wissenschaftlichen Zeitschriften zu dieser Thematik, das "Project Management Journal" und das "International Journal of Project Management", so findet sich in diesen zum Projektmanagement im Einzelhandel kein einziger Artikel.

Obwohl also einerseits einschlägige Publikationen zum Projektmanagement im Einzelhandel fehlen, finden sich andererseits in der betriebswirtschaftlichen Literatur viele Hinweise, welche die generell hohe Bedeutung des Projektmanagements unterstreichen. Der Ansatz des Projektmanagements ist nach Russel-Hodge dafür prädestiniert, Wandlungsprozesse erfolgreich zu bewältigen (Russell-Hodge 1995, S. 11). Projektmanagement helfe Unternehmungen, Inputfaktoren entsprechend der Kundenerwartungen dergestalt zu kombinieren, daß daraus ein möglichst hoher Kundennutzen entsteht (Russel-Hodge

1995, S. 11 ff.). Im Vergleich zu früher sei dieser Kombinationsprozeß wesentlich komplexer, weil sich Wandel nicht nur gegenüber Kunden vollziehen müsse, sondern immer stärker auch bestehende interne Abläufe betreffe. In der Möglichkeit, komplexe Veränderungen zum Wohle von Kunden und Mitarbeitern kosteneffizient voranzutreiben und umzusetzen, liege der Hauptvorteil des Projektmanagements gegenüber anderen Managementansätzen.

1.1 Begriffliche Grundlagen

Projekte bestehen aus verschiedenen Aktivitäten, welche darauf abzielen, ein gemeinsam definiertes Ziel zu erreichen (Davies 1951, S. 268). Generell lassen sich drei Zielbereiche für das Projektmanagement unterscheiden. Projekte sollen innerhalb eines bestimmten Zeitraumes und unter Einhaltung bestimmter Kosten (Budget) eine bestimmte Leistung hervorbringen, die den Erwartungen der Anspruchsgruppe (z. B. der Endkonsument, Unternehmungspartner, Vorgesetzte, Projektmitarbeiter, Lieferanten, gesellschaftliche Gruppen usw.; Ireland 1992, S. 123) entspricht. Gelingt es dem Management, die drei Teilziele koordiniert zu realisieren, so kann von einem erfolgreichen Projekt gesprochen werden. Der Ansatz des Projektmanagements bietet damit die "Plattform", um neuartigen Unternehmungsherausforderungen kostenbewußt und kundenorientiert zu begegnen. "Das Neue beim Projektmanagement liegt in der integralen Denkweise" (Madauss 1991, S. 11). Sachverhalte werden im Ganzen durchdacht und unterschiedliche Interessen in einem gemeinsam vereinbarten Projektziel zusammengeführt (Bölkows 1982, S. 28). Dadurch entsteht im Sinne Weizsäckers die Chance, jeweils in den Sprachen der anderen Denkweisen "zu sagen, was die Phänomene von dort gesehen bedeuten" (von Weizsäcker 1977, S. 19). Dies ist eine wichtige Voraussetzung, um Veränderungen in der Unternehmungsführung abteilungsübergreifend durchzusetzen. Die Möglichkeit, Veränderungen effektiver voranzutreiben, beruht auf der höheren Flexibilität, den der Ansatz der Unternehmungsleitung in Aussicht stellt (Seidenberg 1989, S. 36). Wegen "ihres interdisziplinären Querschnittcharakters können Projekte eine vorübergehende organisatorische Veränderung und damit verbunden auch eine Neufestlegung der Aufgabenbereiche bewirken" (Madauss 1991, S. 31). Auch der größere Handlungs- und Entscheidungsspielraum von Projektmitarbeitern schafft zeitlich begrenzte Freiräume, die von Hierarchien nicht eingeengt werden.

Die Arbeitsform des Projektmanagements ist auf Anpassungsfähigkeit, Schlagkraft und

Innovationsfähigkeit ausgerichtet (Kutscherer 1981, S. 91). Den Mitarbeitern einer Unternehmung und insbesondere dem Projektteam kommt eine Schlüsselrolle für den Projekterfolg zu. Getragen von einer Unternehmungskultur, welche den Umgang der Mitarbeiter untereinander und deren Einstellung gegenüber externen Partnern (Kunden, Lieferanten, Beratern usw.) positiv beeinflußt, muß eine zielorientierte Systemintegration gelingen. Erfüllt eine Unternehmung diese Voraussetzungen, so führt die mit dem Projektmanagement verbundene Denkhaltung bzw. Philosophie zu

- verbesserter zielorientierter Kooperation der betroffenen Abteilungen,
- einer Förderung persönlicher und fachlicher Qualifikation der Projektmitarbeiter,
- zu gesteigerter Kreativität und Innovationskraft,
- einer Risikoreduktion,
- zu einem besseren Informationsfluß und -austausch sowie zu
- höherer Effizienz und Effektivität (Zielasek 1995, S. 11).

1.2 Besonderheiten der Projektherausforderungen im Handelsmanagement

Projektherausforderungen im Handel unterscheiden sich von denjenigen in anderen Wirtschaftszweigen. Auf die wesentlichen Unterschiede geht der nachfolgende Abschnitt ein.

Wirkungsgefüge zwischen verschiedenen Einflußfaktoren: nicht eindeutig, sondern mehrdeutig

Komplexe Projektherausforderungen des Einzelhandels besitzen keine eindeutige Struktur, basieren auf vielschichtigen Problemursachen, unterliegen oftmals keinen kausalen Wirkungszusammenhängen und können daher auch auf verschiedenen Wegen gelöst werden. In der Investitionsgüterindustrie ist es möglich, Problemlösungen klarer zu strukturieren. Der Bau eines Schiffes mit einer bestimmten Ladekapazität erfordert beispielsweise eine technologisch richtige Lösung (vgl. Russel-Hodge 1995, S. 11). Auch wenn zwischenmenschliche Beziehungen für das Ergebnis relevant sind, entscheidet maßgeblich die technologische Leistungsfähigkeit des Produktes über den Gesamterfolg.

Erfolgsfaktor des Projektmanagements: nicht das technologische Know-how, sondern die Fähigkeit, unterschiedliche Interessen zu koordinieren

Das Projektmanagement befaßt sich in der Investitionsgüterindustrie in erster Linie mit der Entwicklung von Neuprodukten, Anlagen usw. Der Ingenieur- und Erfinderleistung kommt bezogen auf die Projektaufgabe hohe Bedeutung zu. Im Einzelhandel liegt die Komplexität oftmals anderweitig begründet. Nicht das ingenieurmäßige Konstruieren verursacht Komplexität, sondern z. B. das Zusammenstellen von Produkten zu Sortimenten und der dabei notwendige Abstimmungsprozeß zwischen verschiedenen Interessengruppen. Aufgrund der vielen Schnittstellen zwischen unterschiedlichen Funktionsbereichen ist das Mitarbeiterverhalten mit großer Wahrscheinlichkeit ein wichtiger Erfolgsfaktor, was der steigende Zeitdruck zusätzlich akzentuiert.

Projektverlauf: nicht exakt planbar, sondern iterativ zu koordinieren

Im Gegensatz zu Investitionsgüterprojekten erweisen sich Handelsprojekte als weniger exakt planbar. Im Gegensatz zu technologielastigen Projekten, die zumeist einen naturwissenschaftlich geprägten Verlauf aufweisen, fehlen derart verbindliche Vorgaben in den meisten Handelsprojekten. Daraus resultiert in der Regel ein iterativer Projektverlauf. Hervorgerufen durch Rückschläge in einzelnen Projektphasen, sind diese teilweise mehrfach zu durchlaufen. Die höhere Unsicherheit wird neben Veränderungen in der Aufgabenumwelt auch von den bereits erwähnten menschlichen Konflikten und Spannungen verursacht.

1.3 Gründe für die steigende Bedeutung des Projektmanagements

Die nachfolgenden Ergebnisse basieren auf einer empirischen Untersuchung zum Projektmanagement im Handel (Rudolph 1998). *Tabelle 1* erläutert die Beurteilung einzelner Statements in der Reihenfolge ihrer Bedeutung. 87 von 90 Managern stimmen der Aussage zu, daß dem Projektmanagement eine wachsende Bedeutung zukommt und haben deshalb die Frage nach den Gründen für diese Entwicklung beantwortet (vgl. *Tabelle 1*).

Die größte Zustimmung findet der Grund "Schnittstellenprobleme zwischen verschiedenen Funktionsbereichen mittels der Projektmanagement-Methodik besser lösen". Korrespondierend mit Forschungsergebnissen aus anderen Wirtschaftsbranchen (Meredith; Mantel 1995, S. 9; Madauss 1991, S. 7) gewichten 94% der Handelsmanager diesen Vorteil besonders hoch.

Ferner eignet sich der Projektmanagement-Ansatz dafür, neue Marktleistungen markt-

Tabelle 1: Gründe für die steigende Bedeutung des Projektmanagements

Grund	Mittelwert	Zustimmung (1–3) in %	Neutral (4) in %	Ablehnung (5–7) in %
Schnittstellenprobleme besser lösen	1.78	94	5	1
Neue Marktleistungen entwickeln und kosteneffizienter realisieren	1.97	91	8	1
Auf Marktveränderungen schneller reagieren	2.63	87	9	4
Den unternehmungsinternen Wandel beschleunigen	2.32	86	6	8
Neue Marktchancen effektiver nutzen	3.01	70	15	15
Synergien (integriertes Management) gezielter erschließen	1.97	91	8	1
Funktionenübergreifende Herausforderungen besser bewältigen	2.07	91	6	3
Um die Unterstützung der Mitarbeiter bei Veränderungen zu erhalten	2.22	86	12	2

Erklärung:
1) Die Werte 1, 2 und 3 der siebenstufigen Ratingskala wurden zusammengefaßt. 1 bedeutet "stimme voll zu", 7 bedeutet "lehne voll ab".
2) Die Werte 5, 6 und 7 der siebenstufigen Ratingskala wurden zusammengefaßt. 1 bedeutet "stimme voll zu", 7 bedeutet "lehne voll ab".

gerecht und zugleich kosteneffizient zu realisieren. Die damit einhergehende Profitsteigerung (Davies 1974) basiert auf der funktionenübergreifenden Zusammenarbeit von Teams. 91% der befragten Handelsmanager stimmen dieser Einschätzung zu. Zu weiteren Ergebnissen siehe *Tabelle 1*.

2 ARTEN DES PROJEKTMANAGEMENTS

Handbücher des Projektmanagements unterscheiden recht selten zwischen verschiedenen Projekttypen (Shenhar; Dvir 1996, S. 609). Das "Project Management Institute" vertritt beispielsweise folgende Auffassung: "treat all projects as similar, and identify the universal set of functions, tools, and techniques needed for managing a project" (Project Management Institute, 1987, S. 1 ff.). Diese Forderung ist für das Handelsmanagement in Frage zu stellen, zumal der Projektmanagement-Ansatz sowohl für hochinnovative als auch für komplexe Aufgaben mit geringem Neuigkeitsgrad zum Einsatz kommt. Es ist davon auszugehen, daß hochinnovative Projekte andere Methoden des Projektmanagements verlangen als Routineprojekte. Beispielsweise erfordert die Konzeption eines neuen Betriebstyps im Vergleich zur Sortimentsoptimierung eine andere Projektvorgehensweise. Eine Betriebstypenkonzeption macht es erforderlich, kreative und ganzheitliche Lösungsideen zu entwikeln. Die Projektherausforderung liegt in erster Linie im Erfinden, Modellieren und Konkretisieren von Kundenwünschen. Ohne visionäre, aber gleichzeitig marktorientierte Ideen kann sich dabei kein Erfolg einstellen. Hingegen fordert das Projekt "Sortimentsoptimierung" Handelsunternehmungen wesentlich stärker in der Umsetzungsphase des Projektes heraus. In dieser müssen verschiedene Funktionsbereiche gemeinsam das Konzept vorantreiben und umsetzen, woraus erhebliche Abstimmungsprobleme resultieren können.

2.1 Typologisierungsansätze

Fast alle auffindbaren Typologisierungsansätze, von denen die wichtigsten anschließend benannt werden, entstammen der Investitionsgüterbranche.

Zentrales Kategorisierungskriterium ist in den meisten Fällen das "Ausmaß an Veränderung". So unterscheidet Blake beispielsweise zwischen Projekten mit geringem (alpha projects) und hohem Ausmaß des erforderlichen Wandels (beta projects; Blake 1978). Wheelwright und Clark messen das Ausmaß der Veränderung an der Betroffenheit des Produktportfolios. Wird das bestehende Produktportfolio grundsätzlich in Frage gestellt, so handelt es sich in der Regel um ein Forschungs- und Entwicklungsprojekt. Daneben unterscheiden die Autoren "derivative", "platform-" und "breakthrough-" Projekte (Weelwright; Clark 1992). Shenhar und Dvir unterscheiden zwischen der Bekanntheit notwendiger Technologien und dem Grad der Vernetztheit innerhalb der Unternehmung. Daraus leiten die Autoren 12 unterschiedliche Projekttypen ab (Shenhar; Dvir 1996, S. 610 f.), die sich auf den Einzelhandel allerdings nicht übertragen lassen. Wie bei allen anderen Typologisierungsvorschlägen dominieren auch in diesem Fall technologische Aspekte. Im Anlagenbau, aber auch bei der Entwicklung von kostenintensiven Investitionsgütern wie Schiffen und Flugzeugen ist der größte Wertschöpfungsanteil mit der technologischen Entwicklung verbunden. Die Kernleistung des Einzelhandels besteht im Vergleich dazu nicht in der Entwicklung neuer Technologien, sondern den neuen Technologien kommt lediglich eine Unterstützungsfunktion zu.

Weitere Typologisierungsraster entwickelten Pinto; Slevin 1989, Cash 1988, Ahituv; Neumann 1984, Pearson 1990, Steele 1975 und Belz 1997 (Belz 1997, S. 46). Eine allgemein anerkannte Typologie hat sich aber in der Literatur noch nicht durchgesetzt, was insbesondere mit der Notwendigkeit zusammenhängt, situativ und branchenspezifische Typologievorschläge zu unterbreiten.

2.2 Die Produkt-/Marktmatrix nach Ansoff als Typologisierungsraster für Handelsprojekte

Für die Unterschcidung komplexer Projektvorhaben nach unterschiedlichen Projekttypen unterbreitet das strategische Marketing zweckdienliche Hinweise. Projekte leiten sich in der Regel aus der Marketingstrategie ab oder müssen zumindest mit dieser abgestimmt werden. Projektaufgaben, verstanden als konkrete Erscheinungsformen des strategischen Managements, lassen sich bezogen auf die Marktwahlstrategie nach Ansoff vier möglichen Strategierichtungen zuordnen (Ansoff 1966, S. 132).

Die in *Abbildung 1* dargestellte Projekttypologie orientiert sich an wesentlichen Managementaufgaben. Sie ist insbesondere deshalb geeignet, weil komplexe Projektvorhaben in der Regel durch eine Veränderung des Absatzmarktes und/oder des Leistungsprogrammes ausgelöst werden. Die theoriegeleitete Gruppenbildung anhand von zwei Gruppierungsvariablen (Leistungsprogramm und Absatzmarkt) besitzt gegenüber anderen Verfahren der Gruppenbildung (vgl. zu den Vor- und Nachteilen der verschiedenen Verfahren Brosius 1989, S. 175 f.) den Vorteil, daß Probanden die Zuordnung (direkt) selbst vornehmen. Dadurch gelingt es, situative Gegebenheiten einzelner Unternehmungen besser zu berücksichtigen, weil in der Bewertung auch (dem Forscher) verborgene Einflußfaktoren zum Ausdruck kommen. Betrachten wir *Abbildung 1*, so fallen mehrere Überschneidungen auf. Beispielsweise wurde die Neupositionierung einer Betriebsform gleichzeitig als Neuausrichtungs- und als Innovationsprojekt aufgeführt. Die unterschiedliche Einstufung beruht auf der subjektiven Einschätzung durch die Probanden, inwieweit das ausgewählte Projekt dem Kunden einen neuen oder bestehenden Absatzmarkt sowie eine neue oder bestehende Leistung verspricht.

Leistungen	Märkte: gegenwärtig	Märkte: neu
neu	**Neuausrichtungsprojekte** Bildung von Sortimentstypen Einführung eines neuen Kassensystems Einführung eines Qualitätsmanagement Einführung von Scannerkassen Dauerniedrigpreis-Strategie Neupositionierung einer Betriebsform Sortimentsneupositionierung Langzeitgarantie Verbesserung von Sortiment/Warenfluss Sortimentsneupositionierung Umorganisation der EDV	**Innovationsprojekte** Aufbau Warenwirtschaftssystem Betriebsformenneupositionierung ECR-Sortimentsüberarbeitung Entwicklung einer ökologischen Eigenmarke Entwicklung eines neuen Betriebstyps Erstellen einer Fachmarkt-Strategie Etablierung des EG-Öko-Audits Expansion Möbel-Recycling Neue Produkte und Dienstleistungen kreieren Neupositionierung einer Vertriebsschiene
gegenwärtig	**Optimierungsprojekte** Einführung von SAP/R3 Einführung von Scanner-Kassen am POS Entwicklung eines (einheitlichen) Vertriebskonzepts Ertragssteigerung für bestimmte Läden Erweiterung der Verkaufsfläche Geschäftsprozessoptimierung im Bereich Logistik ISO-Zertifizierung Marktanalyse Einführung neuer Warenwirtschaftssoftware Optimierung der Werbeabläufe	**Expansionsprojekte** Aufbau Euro-Sortiment Ausweitung der Veredelung im Metzgereibereich Eröffnung neuer Standorte Kauf einer Unternehmung Marktexpansion Neuordnung der Kundensegmente Neuer Distributions-Typ Produktneupositionierung

Von 90 zugeordneten Projekten führt diese Abbildung aus Platzgründen nur einige ausgewählte Vorhaben exemplarisch auf.

Abbildung 1: Projekttypen im Handel

Aufgrund der Expertenangaben wurden die verschiedenen Projektaufgaben den vier Kategorien der Produkt-/Marktmatrix zugeordnet. So kann die Einführung eines Kassensystems in Abhängigkeit situativer Begleitumstände, welche in der subjektiven Expertenbeurteilung zum Ausdruck kommen, zugleich mehreren Kategorien zugeordnet werden. Während einige Unternehmungen Scannerkassen erstmals einführen, planen andere bereits die Verbesserung der dritten Generation. Dementsprechend handelt es sich im ersten Fall um ein Neuausrichtungs- und im zweiten Fall um ein Optimierungsprojekt.

2.3 Projektcharakter

Die Verteilung der insgesamt 90 komplexen Projekte auf die vier Kategorien in *Abbildung 1* fällt unterschiedlich aus. 39% der Herausforderungen betreffen Innovationsprojekte, 30% Optimierungsprojekte, 19% Neuausrichtungsprojekte und 11% Expansionsprojekte. Die Verteilung deutet auf eine intensive Suche nach neuen Marktleistungen hin. Offensichtlich streben etliche Firmen eine Abkehr von den einseitigen Rationalisierungsbestrebungen der vergangenen Jahre an. Zur näheren Beschreibung der verschiedenen Projekttypen bietet *Tabelle* 2 einen guten Überblick.

Tabelle 2: Kennzeichen unterschiedlicher Projekttypen

Kennzeichen der Projektorganisation	IP	EP	NP	OP	Durchschnitt
1. Durchschnittliche Personenzahl in der Projektgruppe	7,3	7,8	6,3	7,8	7,3
2. Anzahl Projektgruppen	4,3	4,1	4	4,7	4,3
3. Anzahl Projektmitarbeiter insgesamt	27,5	31	33,2	77	44,0
4. Projektdauer in Monaten	12,1	9,8	14,8	14,6	13,1

Legende:
IP = Innovationsprojekte, EP = Expansionsprojekte, NP = Neuausrichtungsprojekte, OP = Optimierungsprojekte

Handelsprojekte beanspruchen im Durchschnitt eine Zeitspanne von 13 Monaten. Unabhängig vom Projekttyp arbeiten durchschnittlich 4 Projektgruppen zu je 7 Personen gemeinsam an einem Projekt (vgl. *Tabelle* 2). Die Anzahl an Projektmitarbeitern variiert erheblich. Während bei Innovationsprojekten durchschnittlich 27 Personen mitwirken, steigt diese Zahl bei Optimierungsprojekten auf 77.

3 MANAGEMENT VON INNOVATIONSPROJEKTEN IM HANDEL

3.1 Besonderheiten von Innovationsprojekten

Innovationsprojekte weisen nach den Analyseergebnissen gegenüber Expansions- und Optimierungsprojekten eine höhere Komplexität auf. Die damit einhergehende hohe Unsicherheit zwingt Handelsmanager im Gegensatz zu Optimierungsprojekten dazu, ein hohes Risiko einzugehen. Auch fällt die Bedeutung von Innovationsprojekten bezogen auf den Unternehmungserfolg gegenüber Expansionsprojekten signifikant höher aus. Ferner erhalten Projektmitarbeiter, beispielsweise im Vergleich zu Optimierungsprojekten, einen wesentlich höheren Handlungsspielraum.

Interessanterweise stufen Handelsmanager, die Innovationsprojekte verantworten, den

Projekterfolg recht positiv ein. Ein möglicher Grund könnte in der professionelleren Projektselektion bestehen. So kommen quantitative Marktanalysen, welche für die Projektselektion potentielle Erfolgsreserven aufzeigen, überdurchschnittlich häufig zum Einsatz. Gleiches gilt für qualitative Marktforschungsmethoden. Ferner liegt der Grund für den Start von Innovationsprojekten, verglichen mit Optimierungsprojekten, wesentlich öfter im Konkurrenzverhalten begründet.

3.2 Problemphasen

Um aussagekräftige und differenzierte Hinweise für das Management von Innovationsprojekten ableiten zu können, helfen die Ergebnisse aus der Analyse problembehafteter Managementebenen und Projektphasen.

Im Rahmen von Handelsprojekten können Probleme auf der Konzept-, Organisations- und Verhaltensebene auftreten. Diese drei Ebenen leiten sich aus dem St. Galler Managementansatz ab (Bleicher 1991, S. 55 ff.). Mit Problemen auf der Konzeptebene sind programmatische bzw. inhaltliche Schwachpunkte angesprochen. Probleme auf der Struktur- bzw. Organisationsebene resultieren aus einer schlechten Projektorganisation oder einer mangelhaften Abstimmung mit der Linienorganisation. Probleme auf der Verhaltensebene beruhen hauptsächlich auf einer zu geringen Mitarbeitermotivation.

Prozeß- bzw. phasenbezogen findet die Projektselektion in der Vorprojektphase statt. In der Problemidentifizierungsphase wird das Problem konkretisiert und strukturiert. Alternative Lösungen werden in der Konzeptionsphase entwickelt, miteinander verglichen, und schließlich wählt das Management die beste aus. Diese Lösung implementieren die Mitarbeiter in der Umsetzungsphase. Unter Vorgabe dieser Phasenbeschreibung waren die Probanden aufgefordert, für das selbst ausgewählte Projekt Felder anzugeben, in denen Probleme auftraten (vgl. *Tabelle 3*).

Über alle Managementebenen hinweg erweist sich bei Innovationsprojekten die Umsetzungsphase als problematisch (vgl. *Tabelle 3*). Dies trifft insbesondere für die Verhaltensebene zu. Ferner entstehen auf der konzeptionellen Ebene überdurchschnittlich viele Probleme während der Problemidentifizierungs-Phase. In der Konzeptionsphase häufen sich Probleme auf der strukturellen Ebene, was auf erste Schnittstellenprobleme mit anderen Funktionsbereichen hindeutet.

Tabelle 3: Kritische Projektphasen bei Innovationsprojekten

Management-ebene	Phase			
	Vorprojektphase	Problemidentifizierung	Konzeption	Umsetzung
Konzept	23.5 %	27.5 %	19.6 %	29.4 %
Struktur	17.9 %	17.9 %	28.2 %	36.0 %
Verhalten	23.7 %	21.0 %	13.2 %	42.1 %

3.3 Ansatzpunkte zur Steigerung des Erfolges von Innovationsprojekten

Nach den Ergebnissen der empirischen Untersuchung verleiht ein integriert ausgerichteter Projektmanagement-Ansatz der Marktorientierung im Handel mehr Schubkraft (Ru dolph 1998). Diese Aussage betrifft vor allem die Planung und Umsetzung komplexer Veränderungsvorhaben. Mit der Abstimmung konzeptioneller, struktureller und verhaltensbezogenerr Problemlösungsansätze über alle Projektphasen hinweg kann es gelingen, Implementierungsdefizite, die sich gerade bei Innovationsprojekten in der Umsetzungsphase häufen, nachhaltig zu reduzieren. Betrachten wir Innovationsprojekte im Vergleich mit anderen Projektarten, so stellt sich die Frage nach projektspezifischen Besonderheiten. Erste Ergebnisse werden in diesem Artikel vorgestellt.

Die nachfolgenden, empirisch abgesicherten Ansatzpunkte zur Steigerung des Projekterfolges leiten sich aus verschiedenen Expertengesprächen ab. Dabei waren die Probanden aufgefordert, erstens die generelle Eignung dieser Ansatzpunkte zur Steigerung des Projekterfolges für ein bereits abgeschlossenes Projekt anzugeben und zweitens die spezifische Relevanz der Ansatzpunkte zu bewerten. Mittels Multiplikation beider Urteile kam ein Punktwert zustande, der das Erfolgssteigerungspotential je Ansatzpunkt bei ähnlichen Projekten in der Zukunft zum Ausdruck bringt. Je geringer der Punktwert ausfällt, desto wichtiger ist der Ansatzpunkt zur Steigerung des Projekterfolges.

Gemäß den Ergebnissen aus *Tabelle 3* weisen Innovationsprojekte in einigen Projektphasen eine überdurchschnittliche Problemintensität auf, wobei alle Managementebenen betroffen sind.

Durch das Aufstellen konkreter Projektziele samt einer marktorientierten Vision lassen

Tabelle 4: Ansatzpunkte zur Steigerung des Projekterfolges

Ansatzpunkt	Gesamt	IP	EP	NP	OP
Sorgfältigere Problemanalyse	11.6	13.8	14.7	10.6	8.8
Marktorientierung der Projekte anhand geeigneter Methoden prüfen	7.7	8.7	2.2	7.8	8.4
Projektmitarbeiter im Rahmen eines Selbsterfahrungstrainings sensibilisieren	11.2	7.8	11.0	7.3	17.9
Projektkoordination (-führung) verbessern	9.5	12.7	8.4	8.2	8.2
Bei Projektbeginn konkrete Projektziele samt Vision aufstellen	8.3	7.0	4.2	9.5	10.0
Doppelbelastung für Projektmitarbeiter vermeiden	11.7	11.7	10.4	10.1	13.0
Anreizsysteme verbessern	15.9	17.1	20.8	11.0	16.5
Zusammenarbeit mit externen Partnern optimieren	16.1	20.8	10.6	8.4	17.9
Informationen über Markt- und Projektveränderungen transparenter gestalten	13.3	13.0	9.8	12.4	14.8
Projektcontrolling kompetenter betreiben	8.7	13.4	5.8	5.8	7.4

Legende:
Die theoretische Spannweite des Punktwertes liegt zwischen 1 und 42 Punkten. Je geringer der Punktwert ausfällt, desto erfolgversprechender werden die Ansatzpunkte bewertet.
IP = Innovationsprojekte, EP = Expansionsprojekte, NP = Neuausrichtungsprojekte, OP = Optimierungsprojekte

sich gemäß den Ergebnissen von *Tabelle 4*, Probleme auf der konzeptionellen Ebene zu Beginn von Innovationsprojekten verhindern. Gleichzeitig werden damit wahrscheinlich auch Probleme auf der Verhaltensebene entschärft. Ferner empfehlen die Ergebnisse aus *Tabelle 4*, Projektmitarbeiter frühzeitiger als bisher zu informieren und auf Veränderungen einzustimmen bzw. zu sensibilisieren. Möglicherweise steigt dadurch die Unterstützung aller Projektbeteiligten in der Umsetzungsphase. Darüber hinaus sollte bei Innovationsprojekten die Marktorientierung zu Projektbeginn intensiver geprüft werden. Offensichtlich lassen sich damit einige Projektflops schon in der Startphase erkennen.

Neben diesen besonders relevanten Ansatzpunkten lassen sich aus *Tabelle 4* weitere Anregungen entnehmen. Allerdings fällt der Informationsgehalt weniger ergiebig aus, weshalb weiterführende Forschungsarbeiten unumgänglich sind. Dabei bleibt beispielsweise für

Innovationsprojekte zu prüfen,

- welche Managementebene pro Projektphase die größte Erfolgssteigerung verspricht,
- in welcher Art und Weise die bereits angesprochenen Schnittstellenprobleme insbesondere auf der Verhaltensebene idealerweise zu lösen sind und
- welche Methoden sich eignen, um die Marktrelevanz frühzeitig beurteilen zu können.

LITERATUR

Ahituv, N.; Neumann, S.: A flexible approach to informationsystem development. In: MIS Quarterly, June-July, 1978, S. 40–47.

Ansoff, H. I.: Management-Strategic, München 1966.

Belz, Chr. et al.: (Direct Marketing) Strategisches Direct Marketing: Vom sporadischen Direct Mail zum professionellen Database Management, St. Gallen/Wien 1997.

Blake, S. B.: Managing for Responsive Research and Development, San Francisco 1978.

Bleicher, K.: (Organisation) Organisation: Strategien-Strukturen-Kulturen, Wiesbaden 1991.

Bölkows, L.: Systemtechnik heißt, Verhalten vorhersehen. In: VDI-Nachrichten, Nr. 26, 1982, S. 28.

Brosius, G.: SPSS, PC+ advanced statistics and tables, Hamburg/New York 1989.

Cash, J. I. et al.: Corporate Information Systems Management, Homewood/IL 1988.

Davies, R. C.: The Fundamentals of Top Management, New York 1951.

Davies, E. W.: CPM Use in Top 400 Construction Firms. In: Journal of the Construction Division, American Society of Civil Engineers, 1974.

Ireland, L. R.: Customer satisfaction: The project manager's role. In: International Journal of Project Management, Vol. 10, Heft 2, 1992, S. 123–127.

Litke, H.-D.: Projektmanagement – Methoden, Techniken, Verhaltensweisen, München/Wien 1991.

Kutscherer, A.: Ist Projektmanagement und Organisationsentwicklung auch für mittlere Unternehmen wirtschaftlich und effizient? Batelle-Tagungsband, Management von Entwicklungsprojekten, Frankfurt 1981.

Madauss, B. J.: Handbuch Projektmanagment, 4. Auflage, Stuttgart 1991.

Meredith, J. R.; Mantel, S.: Project management: A managerial approach, 3rd. ed., New

York 1995.

Pearson, A. W.: Innovation strategy. In: Technovation, Vol. 10, Nr. 3, 1990, S. 185–192.

Pinto, J. K.; Slevin, D. P.: Critical success factors in R&D projects. In: Res. Technol. Management, January-February, 1989, S. 31–35.

Project Management Insitute, Project Management Body of Knowledge, Drexel Hill/PA 1987.

Rudolph, T.: Marktorientiertes Management komplexer Projekte im Handel. In: Schriftenreihe Betriebswirtschaftliche Abhandlungen, Schäffer-Poeschel Verlag 1998 (in Vorbereitung).

Russel-Hodge, J.: Total project management: The customer-led organisation. In: International Journal of Project Management, Vol. 13, Nr. 1, 1995, S. 11–17.

Seidenberg, U.: Auslöseinformationen im organisatorischen Gestaltungsprozeß – Voraussetzung einer flexiblen Organisation, Frankfurt/Bern/Paris 1989.

Shenhar, A. J.; Dvir, D.: Toward a typological theory of project management. In: Research Policy, Vol. 25, 1996, S. 607–632.

Steele, L. W., Innovation in Big Business, New York 1975.

Weizsäcker, C. F. von: Der Garten des Menschlichen, München 1977.

Weelwright, S. C.; Clark, K. B.: Revolutionizing Product Development, New York 1992.

Zielasek, G., Projektmanagement – Erfolgreich durch Aktivierung aller Unternehmensebenen, Berlin/Heidelberg 1995.

Prozeßinnovationen im Großhandel – Relevanz und Anknüpfungspunkte für ein Innovationsmanagement

Kai Hudetz, Köln

Der Beitrag zeigt die Relevanz von Prozeßinnovationen für Großhandelsunternehmen auf und liefert Anknüpfungspunkte für ein spezifisches Innovationsmanagement. Nachdem einleitend die Bedeutung von Innovationen für die Ökonomie dargestellt wird, werden die Innovationen objekt- und prozeßbezogen betrachtet und die Innovationswiderstände skizziert. Es folgt eine Beschreibung der aktuellen Situation und der wichtigsten Entwicklungen des Großhandels in Deutschland, welche den Innovationsdruck in diesem Sektor verdeutlichen. Beispielhaft wird anhand der Einführung eines Warenwirtschaftssystems in einem Großhandelsbetrieb die Relevanz von Prozeßinnovationen aufgezeigt und dargestellt, welche Widerstände in den einzelnen Innovationsphasen zu überwinden sind. Darauf basierend werden Handlungsempfehlungen für das Innovationsmanagement eines Großhandelsunternehmens abgeleitet

1 EINLEITUNG – RELEVANZ VON INNOVATIONEN FÜR DIE ÖKONOMIE

Der Begriff 'Innovation' durchdringt seit spätestens Mitte der siebziger Jahre in immer stärkerem Maße breite Schichten unserer Gesellschaft und ist seit einigen Jahren wesentlicher Bestandteil wirtschaftswissenschaftlicher und wirtschaftspolitischer Diskussionen. Politiker, Ökonomen, Unternehmensführer und Unternehmensberater betonen die Bedeutung der Innovationsthematik. Die Steigerung der Innovationsfähigkeit wird häufig als wichtigste Managementaufgabe angesehen (Arthur D. Little 1988, S. 15). Schlagwörter wie 'Innovationszwang' oder 'Innovationsnotwendigkeit' bestimmen die Diskussion. Innovation gilt als wichtigster Erklärungsfaktor wirtschaftlichen Wachstums (Oppenländer 1995, S. 102 f.). Innovationen sind auch aus der einzelwirtschaftlichen Sicht eines Unternehmens von überragender Bedeutung. Dies erkannte Argyris bereits 1965: 'It is becoming increasingly clear, that modern organizations may not survive unless they are able to innovate.' (Argyris 1965, S. 1). Die sprunghaft ansteigende Komplexität und Dynamik der Umwelt zwingt Betriebe zu permanenten Anpassungen bzw. Veränderungen (Thom 1997, S. 201 ff.). Eine Organisation ist folglich angehalten, ihre Innovationsfähigkeit zu steigern. Innovationen können sich auf die Leistung eines Unternehmens vielfältig auswirken (Schlicksupp 1980, S. 8):

- durch Steigerung der Wirtschaftlichkeit der Leistungserstellung,
- durch Verbesserung der Angebotsqualität,
- durch die Ausweitung der Anwendungsfelder bisheriger Tätigkeiten oder
- durch völlig neue Tätigkeiten.

Die Steigerung der Wirtschaftlichkeit der Leistungserstellung sowie die Verbesserung der Angebotsqualität durch Prozeßinnovationen stehen im Mittelpunkt dieses Beitrags.

2 INNOVATIONEN

2.1 Grundlagen

Für den Begriff der ≪Innovation≫ existieren in der Literatur unterschiedliche Definitionen. Dies ist vor allem durch den interdisziplinären Charakter der Innovationsforschung bedingt (Grupp; Schmoch 1995, S. 228 ff.). Innovationen können sowohl objekt- als auch prozeßbezogen betrachtet werden. Zum einen stellen sie als *Objekt* das Ergebnis einer Veränderung dar, zum anderen aber auch den *Prozeß* dieser Veränderung an sich (Meißner 1989, S. 16). Der Innovationsbegriff dieses Beitrags schließt beide Aspekte ein.

Als einer der ersten hat sich Schumpeter mit Innovationen beschäftigt und den wirtschaftswissenschaftlichen Innovationsbegriff nachhaltig geprägt. In seinem 1911 erstmals erschienenen Werk 'Theorie der wirtschaftlichen Entwicklung' definiert er Innovation als "Durchsetzung neuer Kombinationen" (Schumpeter 1952, S. 111). Diese sehr allgemein gehaltene Definition war seither Grundlage zahlreicher umfassender Innovationsbeschreibungen. So charakterisiert Witte Innovation als "die erstmalige (ökonomische) Nutzung einer Erfindung. Das Erfundene (die Invention) muß nicht unbedingt aus dem Forschungs- und Entwicklungsbereich der Naturwissenschaft hervorgegangen sein, sondern schließt auch neuartige Objekte und Verfahren der Betriebswirtschaftslehre und der Sozialwissenschaften im weitesten Sinne ein." (Witte 1973, S. 17). Zahlreiche Wissenschaftler engen Innovation hingegen auf Produkte des technischen Fortschritts ein (Oppenländer; Poser 1989, S. 268). Diese technologische Sichtweise hat einen ganzen Untersuchungszweig entscheidend geprägt, dessen Hauptaugenmerk auf dem FuE-Bereich und der Umsetzung der dort entwickelten Technologien liegt. Dieser Aspekt spielt als Innovationswettbewerb insbesondere bei der sogenannten Standortdebatte eine entscheidende Rolle (Albach et. al. 1991, S. 309 ff.).

Von Bedeutung ist auch die Frage, wann eine Veränderung als 'neu' im Sinne einer Innovation bezeichnet werden kann. In der betriebswirtschaftlichen Forschung hat sich die Ansicht durchgesetzt, daß die *subjektive Neuerung* für eine Innovation entscheidend ist (Domsch et. al. 1995, S. 3). Daher wird in diesem Beitrag eine Innovation für eine Unternehmung dann konstatiert, wenn es eine "Neuerung erstmalig nutzt, unabhängig davon, ob andere Unternehmungen den Schritt vor ihr getan haben oder nicht"(Witte 1973, S. 3).

2.2 Der objektbezogene Innovationsbegriff

Innovationen können in vielen Dimensionen wie z. B. Objekt, Planbarkeit oder Schwierigkeitsgrad charakterisiert und eingeteilt werden. Die wichtigste Einteilung wird nach dem *Innovationsobjekt* vorgenommen. Die gängigste Klassifikation unterscheidet hierbei zwischen

- Produktinnovationen,
- Prozeß- oder Verfahrensinnovationen und
- sozialen Innovationen (Domsch et. al. 1995, S. 15; Corsten 1989, S. 3).

Unter *Produktinnovation* versteht man eine Neuerung im Sachziel von Organisationen. Es kann sich hierbei um materielle Güter (Produkte) oder immaterielle Güter (Dienstleistungen) handeln. Diese können grundlegend neu oder stark modifiziert sein. Als *Prozeß- oder Verfahrensinnovationen* werden Veränderungen im Prozeß der Leistungserstellung bezeichnet. Diese Änderungen sind nicht auf die eigentliche Produktion beschränkt, sondern können auch andere betriebliche Funktionen, wie z. B. den Einkauf, die Lagerhaltung, die Auftragsabwicklung, den Transport oder die Montage betreffen. Als *Sozialinnovationen* werden Veränderungen im Humanbereich eines Unternehmens bezeichnet.

Den traditionellen Forschungsschwerpunkt der wirtschaftswissenschaftlichen Untersuchungen bildeten Prozeß- und vor allem Produktinnovationen. Im Rahmen einer ganzheitlichen Betrachtungsweise hat sich aber mehr und mehr eine Berücksichtigung der Interdependenzen zwischen den zuvor erwähnten Innovationsarten durchgesetzt (Damanpour et. al. 1989, S. 298). Die Eingliederung einer Produktinnovation eines investitionsgüterproduzierenden Unternehmens in einen Betrieb führt zu einer Veränderung des Produktionsprozesses und eventuell zu Änderungen im Arbeitsablauf und damit zu Prozeß- bzw. Sozialinnovationen.

2.3 Der prozessuale Innovationsbegriff

“Der Innovationsprozess stellt den Änderungsablauf dar, der alle Aktivitäten und Hilfsmittel umfaßt, die von der Gewinnung neuer Erkenntnisse über deren Verarbeitung bis hin zu ihrer Anwendung in sozialen Systemen verlaufsbestimmend sind.” (Aregger 1976, S. 118). Der Innovationsverlauf kann in mehrere Phasen gegliedert werden. Diese Einteilung wird äußerst uneinheitlich vorgenommen, was sich bereits in der differierenden Anzahl von Phasen zeigt; diese variiert zumeist zwischen zwei und sechs (Schroeder et. al. 1989, S. 109 ff.). Aufgrund der Fülle unterschiedlicher Phasenmodelle für die Innovation kommt man schnell zu dem Schluß, “daß fast soviele Modelle wie Autoren existieren, die sich mit dem Innovationsproblem beschäftigen.” (Meißner 1989, S. 21). Eine genaue Differenzierung einzelner Teilschritte ist sehr schwierig, daher gehen einige Ansätze von Fließprozessen ohne eindeutige Phasenabgrenzungen aus (Schroeder et. al. 1989, S. 113–134). Da die unterschiedlichen Phasen jedoch verschiedene Anforderungen an den einzelnen und die Unternehmung stellen, wird eine Phaseneinteilung trotz der bekannten Bedenken hier als sinnvoll erachtet.

Eine Gliederung des Innovationsprozesses in nur zwei Phasen (Innovationsbildung, Innovationsdurchsetzung), so wie sie vielfach vorgenommen wird (Jacobs 1988, S. 168), erscheint zu grob, da sie die Komplexität und Heterogenität des innovativen Entscheidungs-

und Ausführungsprozesses nur ungenügend berücksichtigt (Jacobs 1988, S. 168 f.; Thom 1980, S. 52 f.). Eine zu detaillierte Aufteilung des Prozesses in einzelne Phasen birgt die Gefahr, daß keine differenzierten Aussagen über die Anforderungen dieser spezifischen Teilphasen zu erwarten sind (Köhler; Tebbe 1985, S. 12). Diese Untersuchung orientiert sich daher an der gängigsten Aufteilung des Innovationsprozesses in drei Phasen.

Diese ist in *Abbildung 1* dargestellt (angelehnt an: Domsch et. al. 1995, S. 17). In der Phase der *Ideengenerierung* wird das Innovationsdefizit festgestellt, der Innovationsbedarf festgelegt und darauf basierend konkrete Innovationsziele formuliert. Die gesammelten Informationen dienen als Grundlage, um mittels geeigneter Methoden Lösungswege zu konzipieren. Aus dem generierten Ideenpool werden in der Phase der *Ideenakzeptierung* die erfolgversprechenden Ideen ausgefiltert. Für diese werden dann konkrete Realisierungspläne ausgearbeitet. Ausgehend von diesen Plänen wird die Entscheidung getroffen, welches Projekt oder welche Projekte realisiert werden sollen. In der letzten Phase, der *Ideenrealisierung*, wird das bzw. die selektierten Vorhaben realisiert und auf seine/ihre Akzeptanz hin überprüft.

Solche linearen Modelle sind mit Recht heftig kritisiert worden, da sie die Wirklichkeit nur ungenügend abbilden und insbesondere Rückkopplungsvorgänge vernachlässigen (Grupp; Schmoch 1995, S. 213 f.). Die Rückkopplungen zwischen den einzelnen Stufen wurden daher in *Abbildung 1* berücksichtigt. Zudem muß man sich im klaren darüber sein, daß auch innerhalb der einzelnen Phasen Rückkopplungsprozesse stattfinden.

2.4 Innovationsbarrieren

Innovationen fallen keineswegs vom Himmel, sondern sie erfordern erhebliche Anstrengungen, um Widerstände in jeder Phase des Innovationsprozesses zu überwinden. Diese Hindernisse werden 'Innovationsbarrieren' genannt. Die Einteilungen sind z. T. widersprüchlich, vor allem jedoch stellen sie häufig nur einen Ausschnitt der Barrieren dar. In *Abbildung 2* werden die bisherigen Klassifizierungen in einem Gesamtkonzept der Innovationsbarrieren integriert.

Als *unternehmensexterne Barrieren* werden hier Innovationswiderstände aus dem Umfeld der Unternehmung, z. B. von Staat, Gewerkschaften, Lieferanten, Kunden oder bestimm-

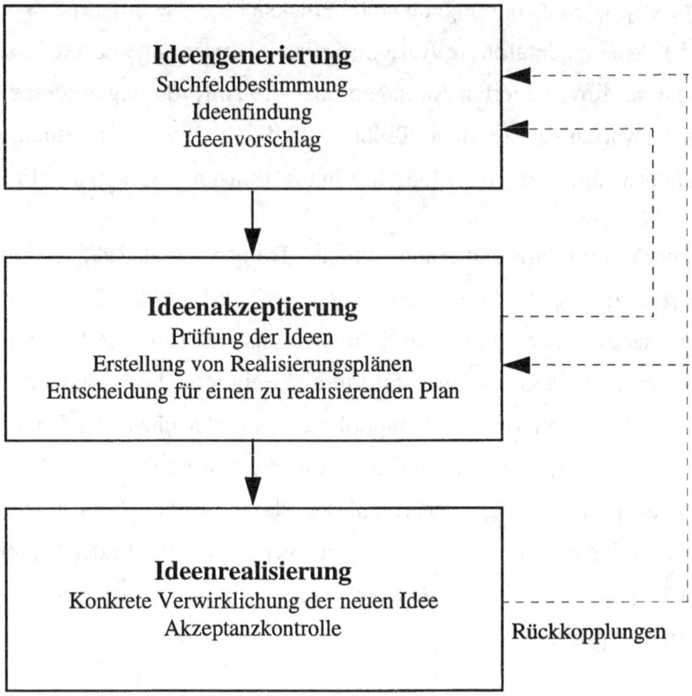

Abbildung 1: Phasengliederung des Innovationsprozesses

ten gesellschaftlichen Gruppen, bezeichnet. Bei Prozeßinnovationen spielen staatliche Reglementierungen eine große Rolle, da der Staat durch Auflagen in vielfacher Weise den Leistungsprozeß der Unternehmen einschränkt (Hotz-Hart 1994, S. 233). Umweltschutzgesetze und -auflagen sollen verhindern, daß die Leistungserstellung von Betrieben die Allgemeinheit über Gebühr schädigt. Eine für Arbeitsprozesse besonders bedeutende Einschränkung stellen die Gesetze zur Arbeitszeit dar, da sie oftmals den Einsatz innovativer und flexibler Produktionsverfahren verhindern. Weitere einschränkende staatliche Auflagen stellen z. B. Sicherheitsvorschriften, garantierte Mindestlöhne oder Bauvorschriften dar. Auch von Kunden oder Lieferanten können Innovationswiderstände ausgehen, wenn die Prozeßinnovation die Zusammenarbeit mit diesen beeinträchtigt.

Die *unternehmensinternen Innovationsbarrieren* sind in zahlreichen Arbeiten untersucht worden. Daraus können vielfältige Einteilungen abgeleitet werden. Eine klare Klassifizierung nimmt Hauschildt bei der Beschreibung der Initiierung eines Innovationspro-

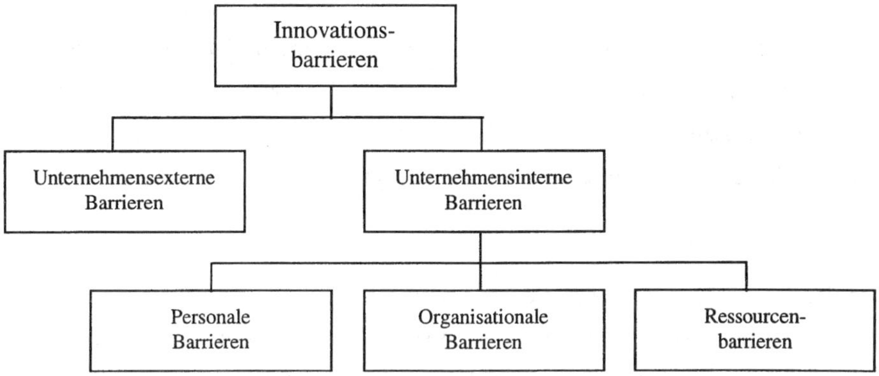

Abbildung 2: Barrieren im Innovationsprozeß

zesses vor: Er unterscheidet zwischen personalen und organisationalen Barrieren, die ein Innovationsprozeß zu überwinden hat (Hauschildt 1998, S. 15). Basierend auf dieser Einteilung entwarf Schulz ein um die *Ressourcenbarriere* erweitertes Barrierenkonzept für den Initiativprozeß, dessen grobe Struktur hier übernommen wird. Er unterscheidet drei (unternehmensinterne) Kernbarrieren, die im folgenden detaillierter beschrieben werden (Schulz 1977, S. 61 ff.):

- die personale Barriere,
- die organisationale Barriere und
- die Ressourcenbarriere.

Als *personale Innovationsbarrieren* werden "alle Widerstände gegen ein sachgerechtes Entscheidungsverhalten verstanden, die in der Person der Entscheidungsträger begründet liegen und sich auf den Prozeßablauf auswirken." (Bronner 1993, S. 732). In der relevanten Literatur finden sich eine Vielzahl ähnlicher Gliederungen der personalen Barrieren (Knoblauch 1996, S. 32 f., Witte 1987, S. 151; Täger; Uhlmann 1984, S. 95 ff.). Als sinnvoll und praktikabel hat sich dabei die Dreiteilung in Wahrnehmungs-, Willens- und Fähigkeitsbarrieren erwiesen, wie sie von Bronner sowie mit leicht veränderten Bezeichnungen von Knoblauch sowie Täger und Uhlmann vertreten wird.

Als *organisationale Barrieren* werden Hindernisse im Bereich der Organisation bzw. Organisationsstruktur bezeichnet. Sie verhindern, daß die Person, die eine Innovationschance erkannt hat und willens und fähig ist, diese durchzusetzen, sie auch umsetzen kann.

Dies ist immer dann der Fall, wenn dieser Person die nötige Entscheidungskompetenz fehlt und sie keinen kompetenten Ansprechpartner innerhalb der Unternehmung findet (Schulz 1977, S. 73). Die Organisationstheorie hat sich bereits intensiv mit der Frage beschäftigt, wie diese organisationalen Barrieren entstehen bzw. wie sie abgebaut werden können, so daß sich hier zahlreiche Anknüpfungspunkte für ein *Innovationsmanagement* bieten.

Unter '*Ressourcenbarriere*' wird die Knappheit der Ressourcen des Unternehmens in bezug auf eine Innovation bezeichnet. Ressourcenbarrieren bewirken, daß ein Unternehmen eine Innovation nicht durchführt, obwohl die personalen und organisationalen Barrieren überwunden wurden. Zwei Engpässe stehen immer wieder im Vordergrund der Untersuchungen: Der Mangel an qualifiziertem Personal und finanzielle Engpässe (Hotz-Hart 1994, S. 233). Solche Hemmnisse treten verstärkt vor allem in kleinen und mittleren Unternehmen (KMUs) auf, da diese im Wettbewerb um die qualifiziertesten Mitarbeiter den Großunternehmen oftmals unterlegen sind und vor allem große Probleme bei der Beschaffung von Risikokapital haben.

3 GROSSHANDEL

"*Großhandel im funktionellen Sinne* liegt vor, wenn Marktteilnehmer Güter, die sie in der Regel nicht selbst be- oder verarbeiten (Handelswaren), vom Hersteller oder anderen Lieferanten beschaffen und an Wiederverkäufer, Weiterverarbeiter, gewerbliche Verwender (z. B. Behörden, Bildungsstätten) oder an sonstige Institutionen (z. B. Kantinen, Vereine), soweit es sich nicht um private Haushalte handelt, absetzen." (Ausschuß für Begriffsdefinitionen aus der Handels- und Absatzwirtschaft 1995, S. 35). Als *Großhandelsunternehmen* werden Betriebe bezeichnet, deren wirtschaftliche Tätigkeit überwiegend oder ausschließlich dem Großhandel im funktionellen Sinne zuzuordnen sind (Barth 1996, S. 46 f.).

Die wirtschaftliche Bedeutung des Großhandels darf keinesfalls unterschätzt werden, wie die Gegenüberstellung wichtiger Kennzahlen mit dem Einzelhandel in *Tabelle 1* zeigt (Statistisches Bundesamt 1996, S. 20 f., Statistisches Bundesamt 1997, S. 24 f.).

Wenngleich diese Zahlen aus verschiedenen Gründen nicht überinterpretiert werden dür-

Tabelle 1: Kennzahlen des Handels 1994

	Großhandel (ohne GH mit Kfz.)	Einzelhandel (ohne EH mit Kfz. und Tankstellen)
Anzahl Betriebe	92.828	329.850
Anzahl Beschäftigte	1.327.682	2.724.800
Umsatz in Mill. DM (ohne Umsatz- bzw. Mehrwertsteuer)	1.059.777	612.614
Rohertrag in Mill. DM	195.648	204.106

fen (Müller-Hagedorn 1997, S. 253 f.; Müller-Hagedorn; Schuckel 1997, S. 130 f.), so zeigen sie doch, daß der Großhandel weiterhin eine wichtige Rolle im Wirtschaftsleben der Bundesrepublik Deutschland spielt.

Die Entwicklung des Großhandels wird schon seit längerem zumeist skeptisch beurteilt (Nieschlag; Kuhn 1972, S. 1). Es verwundert daher nicht, daß sie Gegenstand zahlreicher Untersuchungen war und ist. Die wichtigsten generellen Ergebnisse werden an dieser Stelle gegliedert und zusammengefaßt.

Im Großhandel herrscht ein sich weiter verstärkender Wettbewerbsdruck, der durch verschiedene Faktoren hervorgerufen wird:

- Es gibt eine Tendenz zur Ausschaltung der Großhandels (Schmidt; Freund 1995, S. 230 ff.). Hersteller versuchen vielfach, diese Handelsstufe durch Direktabsatz und die Errichtung eigener Absatzorgane zu umgehen, um sich einen Teil der Großhandelsspanne zu sichern (Batzer et. al. 1991, S. 162 ff.). Diese herstellereigenen Vertriebsorgane stellen überwiegend Konkurrenten und nur zu etwa einem Drittel Ergänzungen des selbständigen Großhandels dar (Batzer; Lachner; Meyerhöfer; Täger 1984, S. 46 f.). Zudem versuchen auch Einzelhändler durch Direktabnahme beim Hersteller den Großhandel zu umgehen (Tietz 1993, S. 216 ff.). Diese Tendenz wird durch den fortschreitenden Konzentrationsprozeß und die wachsende Bedeutung von Kooperationen im Einzelhandel verstärkt (Batzer et. al. 1991, S. 167).
- Obige Problematik wird durch die Verbreitung neuer Kommunikationstechnologien, die eine bessere und vor allem schnellere Kommunikation zwischen Hersteller und Einzelhändler erlauben, verschärft (Schmidt; Freund 1995, S. 216).

- Neue Informations- und Kommunikationstechnologien (IuK-Technologien) schaffen neue Logistikkonzepte, welche die Handelsfunktionen beeinflussen. Durch das Just-in-time-Prinzip hat z. B. die Lagerhaltungsfunktion an Bedeutung verloren (Tietz 1993, S. 351 ff.; Batzer; Lachner; Täger 1991, S. 8 f.).
- Die Leistungsanforderungen der Hersteller als auch der Abnehmer an den Großhandel haben stark zugenommen. Dies betrifft beinahe alle Funktionsbereiche wie Sortiments-, Lager-, Finanzierungs- oder Servicefunktion (Tietz 1993, S. 708 ff.; Batzer et. al. 1984, S. 51 ff.).

Durch die vorgenannten Entwicklungen hat sich der Wettbewerb im Großhandel seit Anfang der siebziger Jahre deutlich verschärft, die Situation muß jedoch differenziert betrachtet werden: erstens ist sie je nach Wirtschaftszweig stark unterschiedlich, zweitens spielt die Leistungsfähigkeit des Unternehmens eine entscheidende Rolle: "Die Großhandelsunternehmen müssen generell in allen Funktions- und Gestaltungsbereichen permanente Marktanpassung betreiben." (Batzer; Lachner; Täger 1991, S. 7). Es können dennoch einige charakteristische Entwicklungen festgestellt werden:

- Die scharfen Wettbewerbsbedingungen führen zu zunehmender Unternehmenskonzentration und -kooperation sowie nicht zuletzt zur selektiven Auslese von Betrieben (Tietz 1996, S. 110). Auch werden immer häufiger vertragliche Bindungen mit Herstellern eingegangen (Batzer et. al. 1991, S. 170).
- Der Großhandel bemüht sich, dem Kostendruck durch Produktivitätssteigerungen zu begegnen, dies ist ihm seit 1970 vielfach gelungen (Lerchenmüller 1995, S. 27). Auch zukünftig wird die Erhöhung der Produktivität eine wesentliche Aufgabe der Unternehmensleitungen im Großhandel darstellen.
- Der Großhandel dringt verstärkt in die Einzelhandelsstufe ein, d. h. der Absatz an Endverbraucher bildet vielfach bereits ein Standbein des Großhandels (Tietz 1993, S. 208 ff.).
- Der Großhandel weitet seine Funktionen planmäßig aus. So wird z. B. oftmals eine gezielte Sortimentspolitik in Form von Sortimentserweiterungen oder Spezialisierungen betrieben. Um die Finanzierungsfunktion besser auszufüllen, wird die Preis-, Konditionen- und Kreditgestaltung flexibler betrieben. Es findet vielfach auch eine komplette Neuorientierung im Marketingbereich statt (Schmidt; Freund 1995, S. 257; Batzer; Lachner; Täger 1991, S. 10 ff.).
- Neue Technologien zur Optimierung von Distribution und Logistik stellen einen

immer wichtigeren Bestandteil zur Sicherung der Wettbewerbsfähigkeit dar. Beispielhaft seien an dieser Stelle intelligente Lagersysteme, Self-Scanning, Managementinformationssysteme (MIS) und Warenwirtschaftssysteme genannt (Lerchenmüller 1995, S. 497 ff.; Tietz 1993, S. 92 ff.).

- Die Serviceleistungen wie z. B. Absatzförderung, Marketingberatung, Verkäuferschulung, technische Beratung, Übernahme des Rechnungswesens etc. gewinnen immer mehr an Bedeutung (Lerchenmüller 1995, S. 75). Die Beratungs- und Informationsleistungen werden gerade in wachsenden Märkten und bei immer schnelleren Marktveränderungen zunehmend wichtiger. Auch im Bereich Umweltschutz entstehen z. B. beim Recycling Dienstleistungen, deren Bedeutung in Zukunft noch steigen wird (Tietz 1996, S. 109; Batzer et. al. 1991).

Zusammenfassend kann gesagt werden, daß der Großhandelssektor durch scharfen Wettbewerb und große Veränderungen gekennzeichnet ist. Die Großhandelsbetriebe werden dadurch zu bedeutenden Anpassungsprozessen gezwungen. Nach wie vor nimmt der Großhandel eine wichtige Stellung in der Distributionskette ein, an die einzelnen Unternehmen werden jedoch immer höhere Leistungsanforderungen gestellt. Diese unter dem Schlagwort "*Funktionsausweitung im Großhandel*" (Lerchenmüller 1995, S. 75) beschriebenen Veränderungen stellen oftmals vor allem für kleine und mittlere Großhandelsunternehmen ein Problem dar. Diese sind daher auch in Zukunft einem verschärften Wettbewerbsdruck ausgesetzt (Schmidt; Freund 1995, S. 241).

4 RELEVANZ DER PROZESSINNOVATIONEN IM GROSSHANDEL

Die Relevanz der Prozeßinnovationen für den Großhandel ergibt sich aus dessen spezifischer Situation, die von großen Veränderungen und erhöhten Leistungsanforderungen geprägt ist. Verfahrensinnovationen stellen eine bedeutende Möglichkeit für einen Großhandelsbetrieb dar, diesen veränderten Bedingungen Rechnung zu tragen und seine eigene Leistungsfähigkeit zu erhöhen. Die Zielsetzung bei Prozeßinnovationen ist weniger strategischer Natur, das Hauptaugenmerk liegt hier auf einer deutlichen Verbesserung der Wettbewerbsfaktoren Kosten, Zeit und Qualität (Wirtz 1996, S. 1026). Neben den daraus resultierenden 'klassischen' Innovationszielen

- Senkung der Kosten,

- Beschleunigung des Leistungsprozesses und
- Erhöhung der Leistungsqualität

haben in den letzten Jahren die Verringerung der Umweltbelastung und die menschgerechte Gestaltung des Arbeitsprozesses als Ziele von Verfahrensinnovationen an Bedeutung gewonnen (Thom 1992, S. 255).

Um die Bedeutung der Prozeßinnovationen für den Großhandel aufzuzeigen, bietet sich die folgende grobe Gliederung des Leistungsprozesses an (Petermann 1979, S. 239):

- Beschaffung,
- innerbetriebliche Leistungen wie z. B.
    - Lagerung,
    - Qualitätsüberprüfung und
    - Manipulation (z. B. Umverpackung, Zerteilen von Fleisch etc.) sowie
- Absatz.

Beschränkt man sich auf das Innovationsziel der Verbesserung der Wettbewerbsfaktoren Kosten, Zeit und Qualität, so erkennt man, daß dieses durch Prozeßinnovationen in allen Phasen des Leistungsprozesses erreicht werden kann. In *Tabelle 2* sind einige Beispiele für relevante Prozeßinnovationen zusammengefaßt.

Tabelle 2: Beispiele für Prozeßinnovationen im Großhandel

Leistungsprozeß	**Prozeßinnovation**	**mögliche Auswirkungen**
Beschaffung	Einsatz neuer IuK-Technologien und -Dienste, z. B. Bildtelefon, Internet, EDI (Electronic Data Interchange)	Beschleunigung der Beschaffungsvorgänge, Kostenreduktion
Lagerung	Reduziertes Lager durch Einsatz eines Warenwirtschaftssytems	Kostenreduktion, erhöhte Flexibilität
Qualitätsüberprüfung	Einsatz neuester Technologien	Erhöhung der Qualität
Manipulation	Einsatz neuester Maschinen	Kostenreduktion, Erhöhung der Qualität, Zeitreduktion
Absatz	Werbung über Internet	Kostenreduktion, Erhöhung der Werbequalität

Angesichts der hohen Wettbewerbsintensität und der Funktionsausweitung im Großhandel erscheint es für das einzelne Großhandelsunternehmen dringend erforderlich, Prozeßinnovationen durchzuführen, um die Wettbewerbsfähigkeit zu erhöhen. Wie *Tabelle 2* zeigt, existieren vielfältige Ansatzpunkte. Verfahrensinnovationen können sowohl zur Kostenreduktion als auch zur Erhöhung der Leistung durch gesteigerte Qualität und beschleunigte Arbeitsprozesse beitragen. Wenn den Entscheidungsträgern in Großhandelsunternehmen die Relevanz von Prozeßinnovationen bewußt ist, so stellt sich für sie die Frage, wie diese von den Entscheidungsträgern eines Unternehmens gefördert werden können. Im nächsten Teil werden daher exemplarisch die Widerstände bei der Einführung eines Warenwirtschaftssystems (WWS) in einem Großhandelsunternehmen skizziert und Ansatzpunkte für ein Innovationsmanagement zur Beseitigung dieser Barrieren geliefert.

5 ANSÄTZE FÜR EIN INNOVATIONSMANAGEMENT IM GROSSHANDEL

Ergebnisse der Organisationsforschung, der Verhaltensforschung als auch der betriebswirtschaftlichen Entscheidungsforschung bilden die Grundlage für Theorien zum *Innovationsmanagement.* Unter Innovationsmanagement wird hierbei die bewußte Gestaltung eines arbeitsteiligen Innovationsprozesses unter betriebswirtschaftlichen und organisatorischen Kriterien verstanden (Trommsdorff et. al. 1991, S. 567; Hauschildt 1988, S. 1). Das Innovationsmanagement ist verantwortlich "für die systematische Entwicklung von Zielen, Grundsätzen und Strategien, die wiederum zu einer konzeptionellen Gesamtsicht der Unternehmenspolitik verdichtet werden." (Becker 1987, S. 49). Seit geraumer Zeit häufen sich die Forschungsarbeiten zu diesem Themenschwerpunkt.

An dieser Stelle wird eine zweifache Betrachtungsweise vorgeschlagen. Zum einen werden die einzelnen Phasen des Innovationsprozesses untersucht, zum anderen die unterschiedlichen Innovationsbarrieren. Aus dieser doppelten Betrachtung können konkrete Ergebnisse für das Innovationsmanagement in der Praxis ableitet werden.

Die Untersuchung der einzelnen Innovationsphasen ist vor allem aus organisatorischer Sicht besonders wichtig, da sich bereits seit längerem die Erkenntnis durchgesetzt hat, daß verschiedene Innovationsphasen durch unterschiedliche, z. T. gegensätzliche organisatorische Maßnahmen unterstützt werden können (Meier 1982, S. 180 ff.). Eine solche

Betrachtung ermöglicht die konkrete Beseitigung von Problemen, die in einzelnen Phasen der Innovation festgestellt werden. Die Ergebnisse der relevanten Arbeiten hinsichtlich der Ausgestaltung innovationsfördernder Organisationsstrukturen auf die einzelnen Innovationsphasen (Corsten 1989, S. 27–33; Hauschildt 1988, S. 14–23; Thom 1980, S. 195–340) können ohne größere Probleme auf den Großhandel übertragen werden. Eine solche Betrachtung würde sich auch für Elemente der Unternehmenskultur und diverse Anreizsysteme anbieten. Besondere Beachtung verdient die Gestaltung der Außenkontakte und ihr Einfluß auf die Innovationsphasen, da hier für den Großhandel aufgrund seiner Mittlerposition spezielle Faktoren zu berücksichtigen sind.

Um einen Innovationsprozeß zu starten und erfolgreich durchzuführen, müssen die Innovationswiderstände überwunden werden. Betrachtet man die unternehmensinternen Innovationsbarrieren (siehe *Abbildung 2*) im Hinblick auf ihre Relevanz für die Prozeßinnovationen im Großhandel, so ist festzustellen, daß die genannten Widerstände alle von Bedeutung sind, lediglich das Ausmaß ist unklar. Es stellt sich nun die Frage, durch welche Maßnahmen die Innovationswiderstände abgebaut werden können, denn nur wenn die Innovationsbarrieren weitestgehend reduziert werden, ist eine effiziente Durchführung von Prozeßinnovation möglich. Da spezielle Untersuchungen zu Widerständen bei Prozeßinnovationen im Großhandel bisher fehlen, bietet sich auch hier ein Transfer der relevanten Untersuchungsergebnisse allgemeiner Art oder aus anderen Branchen an.

Diese zweifache Betrachtung der Phasen und Barrieren des Innovationsprozesses soll im folgenden für die Implementierung eines Warenwirtschaftssystems in ein Großhandelsunternehmen skizziert werden. Die traditionellen Funktionsbereiche eines WWS bestehen aus Einkauf/Bestellwesen, Lagerverwaltung und Verkauf/Auftragsabwicklung (Bullinger et. al. 1990, S. 27). Solche Systeme ermöglichen eine flexible Logistik und liefern der Unternehmensführung wichtige Informationen für strategische und operative Entscheidungen und können sowohl Kosten senken als auch die Leistung des Unternehmens steigern (Marschner 1996, S. 127). Sie weisen einen hohen Innovationsgrad auf, d. h. ihre Implementierung in den Leistungserstellungsprozeß eines Großhandelsunternehmens verändert diesen erheblich. Es ist daher mit großen Widerständen gegen eine solche Innovation zu rechnen.

In der Phase der *Ideengenerierung* sind vor allem *personale Innovationsbarrieren* von

Bedeutung. Es besteht zunächst die Gefahr, daß der Innovationsbedarf nicht erkannt wird (Wahrnehmungsbarriere), d. h. die Entscheidungsträger interpretieren die ihnen zur Verfügung stehenden Informationen über ihre Logistik gar nicht oder falsch. In diesem Fall wird keine Innovationstätigkeit ausgelöst (Bronner 1993, S. 733; Schulz 1977, S. 68 ff.). Wenn der Innovationsbedarf erkannt worden ist, muß die Motivationsbarriere überwunden werden. Viele Mitarbeiter sind vor allem an der Sicherung des Status Quo interessiert und lehnen daher Innovationen ab, da sie die einhergehenden Veränderungen in Struktur und Organisation fürchten (Hielscher et. al. 1982, S. 29). Ein Lagerleiter könnte z. B. durch ein Warenwirtschaftssystem seine Stellung gefährdet sehen, da sein spezifisches Fachwissen überflüssig werden könnte. Zudem können der Person die zur Durchsetzung der Innovation notwendigen Fähigkeiten fehlen (Fähigkeitsbarriere), in diesem Fall vor allem Know-how über Warenwirtschaftsysteme.

In der *Phase der Ideenakzeptierung* stehen oftmals die *organisationalen Innovationswiderstände* im Vordergrund. Von besonderer Bedeutung ist der Fall, daß der Person, die den Innovationsbedarf erkannt hat, die Entscheidungskompetenz fehlt und sie aufgrund der Organisationsstruktur keinen direkten Ansprechpartner findet (Schulz 1977, S. 73). Der Lagerleiter eines Großhandelsunternehmens wird im Regelfall nicht selbständig über die Einführung eines Warenwirtschaftssystems entscheiden können, vielmehr wird diese Entscheidung der Geschäftsführung überlassen bleiben. Fehlt hier ein direkter Kontakt, so besteht die Gefahr, daß die Initiative nicht oder nur in veränderter Form aufgegriffen wird. Ein mangelhafter Informationsfluß stellt eine weitere Behinderung des Innovationsprozesses dar, da er die Einschätzung desselben erschwert. Bei den *personalen Innovationsbarrieren* ist vor allem der Fall zu beachten, daß den Entscheidungsträgern das Fachwissen fehlt, um die Innovation problemadäquat zu planen. Im vorliegenden Fall wäre dies fehlendes Know-how über Warenwirtschaftssysteme, welches die Auswahl aus über 300 Systemen für Großhandelsunternehmen alleine im deutschsprachigen Raum (Bullinger et. al. 1990, S. 12) und die Erstellung von Realisierungsplänen behindern würde.

In der *Ideenrealisierungsphase* sind neben den geschilderten personalen Innovationswiderständen vor allem die *Ressourcenbarrieren* von hoher Bedeutung. Die Implementierung eines Warenwirtschaftssystems ist eine kostspielige Investition, die zudem qualifiziertes Personal erfordert. Dies stellt vor allem für kleine und mittlere Großhandelsunternehmen ein Problem dar. Für Großhandelsunternehmen sind zudem die *unternehmen-*

sexternen Innovationswiderstände bei Prozeßinnovationen immer dann von besonderer Bedeutung, wenn auch Beschaffung und Absatz von den Veränderungen betroffen sind. Für ein leistungsfähiges Warenwirtschaftssystem ist die Vernetzung mit den Lieferanten Vorraussetzung, da sie die Grundlage für das 'Just-in-Time'-Prinzip bildet, wodurch die Reduzierung des Lagers ermöglicht wird (Bullinger et. al. 1990, S. 31). Widersetzen sich bedeutende Lieferanten einer solchen Vernetzung, so kann der Großhändler das Warenwirtschaftssystem nur in eingeschränkter Form implementieren. Kunden können sich ebenfalls gegen die durch die Einführung eines WWS verbundenen Änderungen im Bestellwesen oder der Lieferung wehren und damit die Realisierung behindern. Die wichtigsten Innovationswiderstände bei Implementierung eines Warenwirtschaftssystems sind in *Tabelle 3* zusammengefaßt.

Tabelle 3: Wichtige Innovationsbarrieren bei der Einführung eines Warenwirtschaftssystems in einem Großhandelsunternehmen

	Phasen des Innovationsprozesses		
Innovationsbarrieren	Ideengenerierung	Ideenakzeptierung	Ideenrealisierung
unternehmensexterne Barrieren			keine Akzeptanz bei Lieferanten oder Kunden
personale Barrieren	fehlende Wahrnehmung/ Motivation, Sicherheitsdenken	fehlendes Know-how, mangelnde Durchsetzungskraft	mangelnde Durchsetzungskraft, fehlende Motivation
organisationale Barrieren	mangelhafte Informationskanäle, fehlende Anreize für Mitarbeiter	starre Organisationsstrukturen, mangelhafte Informationskanäle	
Ressourcenbarrieren			fehlendes Kapital, Personal

Ansatzpunkte für ein gezieltes Innovationsmanagement in Großhandelsunternehmen können aus der relevanten Literatur abgeleitet werden. Abschließend seien daher aus der Fülle der Ergebnisse der empirischen Studien zu innovationsfördernden Organisationsstrukturen, Unternehmenskulturen und Führungsinstrumenten wesentliche Erkenntnisse zum Abbau von Innovationsbarrieren kurz angeführt:

- *Einfache Führungssysteme* mit *wenigen Hierarchieebenen* fördern die Innovationstätigkeit stärker als bürokratische Strukturen mit vielen Hierarchiestufen (Meffert 1998, S. 422; Kieser 1993, S. 70 ff.; Witte 1973, S. 22).
- Ein *niedriger Zentralisierungsgrad* wirkt sich allgemein positiv auf die Innovationstätigkeit in einem Unternehmen aus, dies gilt ebenfalls für den Formalisierungs-, Spezialisierungs- und den Stratifikationsgrad (Kieser 1993, S. 70 ff.; Corsten 1989, S. 27 ff.; Jacobs 1988, S. 153 ff.). Die einzelnen Faktoren wirken sich jedoch in den einzelnen Phasen unterschiedlich aus. Diese Problematik wird als 'organisatorisches Dilemma' bezeichnet. In der Phase der Ideengenerierung sind z. B. dezentrale und informale Strukturen hilfreich, in der Phase der Ideenrealisierung wirken sich ein niedriger Zentralisierungs- und Formalisierungsgrad negativ auf die Umsetzung der Innovation aus (Trommsdorf et. al. 1991, S. 569 f.; Köhler; Tebbe 1985, S. 30 ff.; Kasper 1982, S. 63 ff.). Eine einheitliche, in allen Innovationsphasen optimale Organisationsstruktur gibt es nicht.
- Von besonderer Bedeutung sind *offene Kommunikationsstrukturen.* Der Informationsfluß sollte innerhalb des Unternehmens nicht behindert werden, zudem muß sichergestellt sein, daß ausreichende Informationen aus der Umwelt aufgenommen und an die relevanten Stellen weitergeleitet werden (Meffert 1998, S. 422; Rothwell 1995, S. 14).
- *Kooperationen* mit Konkurrenten, Lieferanten und/oder Abnehmern können insbesondere kleinen und mittelständischen Unternehmen helfen, Ressourcenbarrieren wie z. B. Kapitalmangel oder fehlendes qualifiziertes Personal zu überwinden (Schmidt 1995, S. 103 ff.; Hagemeister 1988, S. 96 ff.).
- Neben strukturellen Maßnahmen ist jedoch auch der Einfluß des allgemeinen Klimas innerhalb einer Unternehmung auf die Innovationstätigkeit zu beachten. Es herrscht Einigkeit darüber, daß diese durch die gezielte Gestaltung der Organisationskultur im Hinblick auf eine *Innovationskultur* deutlich gefördert werden kann (Boutellier; Völker 1997, S. 149 ff.; Rothwell 1995, S. 14; Arthur D. Little 1988, S. 161).
- Da Innovationen konfliktfördernd sind und z. T. auf heftige personale Widerstände stoßen, ist die *Einbeziehung des Top-Managements* unerläßlich, um diese Barrieren durch Machtpotentiale abzubauen (Meffert 1995, S. 46; Rothwell 1995, S. 14;

Schroeder et. al. 1989, S. 129 f.).

Für das Innovationsmanagement eines Großhandelsunternehmens empfiehlt sich zunächst die Schaffung möglichst guter Rahmenbedingungen für Innovationstätigkeiten, d. h. die Überprüfung und Anpassung der eigenen Organisationstruktur im Hinblick auf die obigen Erkenntnisse. Dies sowie die Schaffung einer innovationsfreundlichen Organisationsstruktur erfordert Zeit. Aber bereits kurzfristig können gezielte Maßnahmen des Managements den Innovationsprozeß fördern. In dem angeführten Beispiel der Implementierung eines WWS wären insbesondere eine aktive Informationspolitik, die Kooperation mit wichtigen Lieferanten und die Einbeziehung des Top-Managements zu nennen. Empirische Untersuchungen im Großhandel mit der gleichzeitigen Betrachtung von Innovationsphasen und Innovationsbarrieren könnten in Zukunft konkretere Handlungsempfehlungen liefern.

LITERATUR

Albach, H.; Pay, D. de; Rojas, R.: Quellen, Zeiten und Kosten von Innovationen. In: Zeitschrift für Betriebswirtschaft, 61 (1991), Heft 3, S. 309–324.

Aregger, K.: Innovation in sozialen Systemen – Einführung in die Innovationstheorie der Organisation, Bern, Stuttgart 1976.

Argyris, C.: Organization and Innovation, Homewood 1965.

Ausschuß für Begriffsdefinitionen aus der Handels- und Absatzwirtschaft: Katalog E, Köln 1995.

Barth, K.: Betriebswirtschaftslehre des Handels, Wiesbaden 1996.

Batzer, E.; Lachner, J.; Meyerhöfer, W.; Seyler, H.:Der Handel in der Bundesrepublik Deutschland – Strukturelle Entwicklungstrends und Anpassungen an veränderte Markt- und Umfeldbedingungen , München 1991.

Batzer, E.; Lachner, J.; Meyerhöfer, W.; Täger, U. C.: Die Warendistribution in der Bundesrepublik Deutschland – Struktur und Entwicklungsbild, München 1984.

Batzer, E.; Lachner, J.; Täger, U. C: Der Großhandel in den neuen Bundesländern, München 1991.

Becker, F. G.: Innovationsfördernde Anreizsysteme. In: Zeitschrift für Personalforschung, 1 (1987), Heft 1, S. 29–60.

Boutellier, R.; Völker, R.: Erfolg durch innovative Produkte: Bausteine des Innovationsmanagements, München, Wien 1997.

Bronner, R.: Entscheidungsverhalten. In: Hauschildt, J.; Grün, O. (Hrsg.), Ergebnisse empirischer betriebswirtschaftlicher Forschung, Stuttgart 1993, S. 713–745.

Bullinger, H.-J.; Georgiadis, G.; Huber, H.; Niemeier, J.: Warenwirtschaftssysteme für den Großhandel, Baden-Baden 1990.

Corsten, H.: Überlegungen zu einem Innovationsmanagement – organisationale und personale Aspekte. In: Corsten, H. (Hrsg.): Die Gestaltung von Innovationsprozessen, Berlin 1989, S. 1–56.

Damanpour, F.; Szabat, K. A.; Evan, W. M.: The Relationship between Types of Innovation and Organizational Performance. In: Journal of Management Studies, 26 (1989), Heft 11, S. 587–601.

Domsch, M.; Ladwig, D.; Siemers, S: Innovation durch Partizipation, Stuttgart 1995.

Grupp, H.; Schmoch, U.: Beschreibung und Erklärung innovationsgerichteter Vorgänge. In: Halfmann, J.; Bechmann, G.; Rammert, W. (Hrsg.): Technik und Gesellschaft, Frankfurt/Main 1995, S. 227–243.

Hagemeister, S.: Innovation und innovatorische Kooperation von Unternehmen als Instrumente der regionalen Entwicklung, München 1988.

Hauschildt, J.: Innovationsmanagement, Kiel 1988.

Hielscher, U.; Dorn, G.; Lampe, G.: Innovationsfinanzierung mittelständischer Unternehmen, Stuttgart 1982.

Hotz-Hart, B.: Innovationsverhalten der Schweizer Industrie. In: Die Unternehmung, 48 (1994), Heft 4, S. 223–238.

Jacobs, F.: Produktinnovationen bei komplexer Technologie, Frankfurt a. Main u. a., 1988.

Kasper, H.: Innovation in Organisationen, Wien 1982.

Kieser, A.: Organisationsstruktur. In: Hauschildt, J.; Grün, O. (Hrsg.), Ergebnisse empirischer betriebswirtschaftlicher Forschung, Stuttgart 1993, S. 55–82.

Knoblauch, T.: Die Möglichkeit des Neuen: Innovation in einer lernenden Umgebung, Stuttgart 1996.

Köhler, R.; Tebbe, K.: Die Organisation von Innovationsprozessen, Köln 1985.

Lerchenmüller, M.: Handelsbetriebslehre, Ludwigshafen 1995.

Little, Arthur D.: Innovation als Führungsaufgabe, Frankfurt/Main, 1988.

Marschner, H. F.: Modellierung flexibilitätsorientierter integrierter Warenwirtschaftssysteme (IWWS) für internationale Handelsunternehmen. In: Journal für Betriebswirtschaft, 47 (1996), Heft 3, S. 125–141.

Meffert, H.: Marketing – Grundlagen marktorientierter Unternehmensführung, Wiesbaden 1998.

Meffert, H.: Marktorientiertes Innovationsmanagement – Erfolgsvoraussetzungen von Produkt- und Dienstleistungsinnovation. In: Oppenländer, K. H.; Popp, W. (Hrsg.): Innovation und wirtschaftlicher Fortschritt: Betriebs- und volkswirtschaftliche Perspektiven, Bern, Stuttgart, Wien, 1995, S. 27–49.

Meier, B.: Die Bedeutung der Organisationsstruktur für Innovationsprozesse. In: Engeleitner, H.-J.; Corsten, H. (Hrsg.): Innovationen und Technologietransfer, Berlin 1982, S. 173–199.

Meißner, W.: Innovation und Organisation – Die Initiierung von Innovationsprozessen in Organisationen, Stuttgart 1989.

Müller-Hagedorn, L.: Zur Wettbewerbsfähigkeit des Großhandels. In: Mitteilungen des Institituts für Handelsforschung, 49 (1997), Heft 12, S. 253–261.

Müller-Hagedorn, L.; Schuckel, M.: Der Handel in der amtlichen Statistik, In: Von der Lippe, Peter u. a. (Hrsg.), Wirtschafts- und Sozialstatistik heute, Ludwigsburg, Berlin 1997, S. 110–140.

Nieschlag, R.; Kuhn, G.: Binnenhandel und Binnenhandelspolitik, Berlin 1972.

Oppenländer, K. H.: Innovation als Erfolgsfaktor des wirtschaftlichen Wachstums. In: Oppenländer, K. H.; Popp, W. (Hrsg.): Innovation und wirtschaftlicher Fortschritt: Betriebs- und volkswirtschaftliche Perspektiven, Bern, Stuttgart, Wien 1995, S. 99–108.

Oppenländer, K. H.; Poser, G. (Hrsg.): Handbuch der Ifo-Umfragen, Berlin, München 1989.

Petermann, G.: Absatzwirtschaft, Stuttgart, Köln, Mainz 1979.

Rothwell, R.: The Fifth Generation Innovation Process. In: Oppenländer, K. H.; Popp, W. (Hrsg.): Innovation und wirtschaftlicher Fortschritt: Betriebs- und volkswirtschaftliche Perspektiven, Bern, Stuttgart, Wien 1995, S. 9–26.

Schlicksupp, H.: Innovation, Kreativität und Ideenfindung, Würzburg 1980.

Schmidt, A.: Der mögliche Beitrag der Kooperation zum Unternehmenserfolg für kleine und mittelgroße Unternehmen (KMU). In: Zeitschrift für Betriebswirtschaftslehre, 1995, Ergänzungsheft 1 (Effizienzsteigerung im Innovationsprozeß), S. 103–131.

Schmidt, A.; Freund, W.: Strukturwandel im mittelständischen Großhandel der Bundesrepublik Deutschland, Stuttgart 1995.

Schroeder, R. G.; Van de Ven, A. H.; Scudder, G. D.; Polley, D.: The Development of Innovative Ideas. In: Van de Ven, A. H.; Angle, H. L.; Poole, M. S. (Hrsg.): Research on the management of innovation, New York 1989, S. 107–134.

Schulz, D. H.: Die Initiative zu Entscheidungen, Tübingen 1977.

Schumpeter, J. A.: Theorie der wirtschaftlichen Entwicklung, Berlin 1952.

Statistisches Bundesamt (Hrsg.): Fachserie 6, Reihe 1.2: Beschäftigung, Umsatz, Wareneingang, Lagerbestand und Investitionen im Großhandel, Wiesbaden 1996.

Statistisches Bundesamt (Hrsg.): Fachserie 6, Reihe 3.2: Beschäftigung, Umsatz, Wareneingang, Lagerbestand und Investitionen im Einzelhandel, Wiesbaden 1997.

Thom, N.: Der Organisator als Innovator. In: Die Unternehmung, 46 (1992), Heft 4, S. 253–266.

Thom, N.: Grundlagen des betrieblichen Innovationsmanagements, Königsstein 1980.

Thom, N.: Management des Wandels – Grundelemente für ein differenziertes und integriertes ≪Change Management≫. In: Die Unternehmung, 51 (1997), Heft 3, S. 201–214.

Tietz, B.: Großhandelsperspektiven für die Bundesrepublik Deutschland bis zum Jahre 2010, Frankfurt, Main 1993.

Tietz, B.: Organisationsformen im Westen. In: Pohl, H. (Hrsg.): Organisationsformen im Absatzbereich von Unternehmen, Stuttgart 1996, S. 103–112.

Trommsdorff, V.; Reeb, M.; Riedel, F.: Produktinnovationsmanagement. In: Wirtschaftswissenschaftliches Studium, 20 (1991), Heft 11, S. 566–572.

Täger, U. C.; Uhlmann, L.: Der Technologietransfer in der Bundesrepublik Deutschland – Grundstrategien auf dem Technologiemarkt, Berlin, München 1984.

Wirtz, B. W.: Business Process Reengineering – Erfolgsdeterminanten, Probleme und Auswirkungen eines neuen Reorganisationsansatzes, In: Zeitschrift für betriebswirtschaftliche Forschung, 48 (1996), Heft 11, S. 1023–1036.

Witte, E.: Innovationsfähige Organisation. In: Zeitschrift für Organisation, 42 (1973), Heft 1, S. 17–24.

Witte, E.: Organisation für Innovationsentscheidungen, Göttingen 1973.

Preisdifferenzierung im Einzelhandel – Innovative Konzepte zur systematischen Ertragsoptimierung

Michaela Stoffl, Duisburg

Der hohe Stellenwert des Preises im Verkaufsgeschehen ist nicht zu bezweifeln. Nach Tietz ist der Preis 'das Nadelöhr, durch das die Ware hindurch muß'. Das bestätigt seit einiger Zeit auch die Einzelhandelspraxis: die Einkaufsmentalität hat sich gewandelt, preisaggressive ausländische Anbieter forcieren den Kampf um Umsatzanteile, für die Discounter wird bis zum Jahr 2000 ein Marktanteil von 40 Prozent prognostiziert. Leider sind viele Einzelhandelsunternehmungen dieser Herausforderung bislang lediglich mit einer unsensiblen Niedrig- bzw. Sonderangebotspolitik entgegengetreten. Sollen die beachtlichen Ertragspotentiale der Wettbewerbswaffe Preis in Zukunft genutzt werden, sind jedoch innovative und kreative Konzepte gefordert, die von der Einzeltransaktion weg- und zu wertvollen, kundenbindenden Geschäftsbeziehungen hinführen

1 EINLEITUNG

Steigende Kosten und verhaltene Nachfrage sowie strukturelle Gegebenheiten haben den Druck auf die Preise verstärkt. So haben Discounter und Partievermarkter niedrige Preise zu ihrem konstitutiven Marketingelement erklärt, Überkapazitäten haben die Preise in einigen Branchen nach unten gedrückt, neue Betriebstypen haben gemäß den Hypothesen des wheel of retailing (McNair 1931, S. 30 ff.) den Markteinstieg über niedrige Preise vollzogen usw. Die aktuelle Diskussion um die Factory Outlet Center zeigt zudem, daß selbst im Premiumbereich keine Immunität gegen Preisattacken besteht. Neue Herausforderungen an die Preispolitik sind auch durch die zunehmende Verbreitung neuer Technologien zu erwarten. Erste Netz-Anbieter nutzen nicht mehr nur ominöse Zusatznutzen oder die Annehmlichkeit des Home-Shopping zur Anlockung von Online-Kunden, sondern bieten im Vergleich zum stationären Handel knallharte Preisvorteile.

Auch aktuelle Analysen der Kundenpräferenzen bestätigen die weiter zunehmende Bedeutung des Preises im Marketing-Mix. Das vom Markenverband in Zusammenarbeit mit Nielsen 1996 erstellte Nachfragebarometer zeigt einen Trend zu mehr Preisbewußtsein in vielen Food- und Nonfoodbereichen (o. V. 1998, S. 9). Für Märkte mit hohem Preiswettbewerb wird vermutet, "daß die Sensibilität in bezug auf den Preis die Sensitivitäten in bezug auf die anderen Marketinginstrumente dominant schlägt" (Sabel; Weiser 1998, S. 198).

Das Wissen um die Bedeutung des Preises am Absatzmarkt wird bislang noch sehr zurückhaltend in entsprechende Konzepte transformiert. Meist beherrschen Preiskämpfe das Ringen um die Gunst des Kunden, die allerdings weniger dem Kundenbindungsziel dienen, sondern die Kunden eher zum Geschäftsshopping animieren. Denn: die Preisreduktion dient in der Regel nicht der längerfristigen Profilierung, sondern ist für jeden Anbieter die einfachste Form der Nachahmung.

Die Einsicht, daß eine Abkehr vom Massenmarketing hin zum Individualmarketing bzw. One-to-one-Marketing zwecks Vermeidung von Streuverlusten erforderlich wird, ist grundsätzlich nicht neu. In puncto Preispolitik sind die Optimierungspotentiale durch eine Trennung der einst umfangreichen, homogenen Zielgruppen in Splittersegmente allerdings noch wenig erschlossen. Auf nahezu allen Einzelhandelsmärkten gibt es Käufersegmente mit heterogenen Preiszahlungsbereitschaften bzw. Verhalten bei der Wahrnehmung und Beurteilung von Preisinformationen. Vor diesem Hintergrund liegt eine Auseinandersetzung mit Fragen der Preisdifferenzierung quasi auf der Hand.

2 DIE BEDEUTUNG DES PREISES

Der Preis ist die monetäre Gegenleistung (Entgelt) für ein mengen- und wertmäßig spezifiziertes Leistungsangebot und kann als Angebotspreis (Preisforderung), Nachfragepreis (Preisgebot) oder Marktpreis (akzeptierter Preis) zustande kommen (Diller 1991, S. 20).

Die unmittelbare Preisforderung entspricht dem ausgezeichneten Verkaufspreis (Informationspreis) sowie den damit untrennbar verbundenen Preiszusätzen. Nach PAngV § 1 sind die Einzelhandelsunternehmungen zur Angabe der Endpreise verpflichtet, die die Umsatzsteuer sowie sonstige Preisbestandteile berücksichtigen. Keine Auszeichnungspflicht besteht im Hinblick auf eine Rabattgewährung. Der Rabatt ist nach RabattG § 1 ein Nachlaß von dem Preis, der angekündigt oder allgemein gefordert, oder ein Sonderpreis, der wegen Zugehörigkeit zu bestimmten Kundenkreisen eingeräumt wird. Tatsächlicher Transaktionspreis und ausgezeichneter Verkaufspreis können demzufolge voneinander abweichen. Die deutsche Gesetzgebung, insbesondere das Rabattgesetz mit den Vorschriften zum geschäftlichen Verkehr des täglichen Bedarfs sowie die Zugabeverordnung, setzt hier allerdings enge Grenzen.

Aus Kundensicht ist der Preis das Opfer, das für den Erwerb einer Leistung aufzubringen ist. Insofern darf der Preis niemals isoliert betrachtet werden, denn er spiegelt die Stärken bzw. Schwächen einer Leistung, ihren Kundennutzen und ihre Stellung im Wettbewerb wider und hat enorme Auswirkungen auf den Umsatz oder die Marktanteile. Der Kunde entscheidet letztlich darüber, ob die angebotene Leistung ihren Preis wert ist. Eine wichtige preispolitische Aufgabe besteht folglich darin, die Preiszahlungsbereitschaft der Kunden auszuloten und im Rahmen der Preisstellung zu berücksichtigen. Preissetzungen auf Basis von Intuition, Erfahrung oder logischer Rechenformalismen, nicht selten mangels informationstechnischer Fundierung, sind vor diesem Hintergrund unzureichend.

Ein wichtiges Ziel preispolitischer Maßnahmen ist zweifelsohne die *Optimierung des Gewinns* als absolute oder relative Größe. Mit Blick auf den Absatzmarkt spielen als Zwischenziele dabei der Umsatz bzw. die Absatzmenge, der Marktanteil, Kundenzahl, die Kaufhäufigkeit, das durchschnittliche Einkaufsvolumen usw. als quantitative Größen eine Rolle. Voraussetzung für die Erreichung dieser Ziele ist die Behauptung gegenüber der Konkurrenz sowie die Akzeptanz seitens der Marktpartner. Um zukünftige Probleme längerfristig meistern zu können, sind als weitere Ziele die *Akquisition und Bindung von Kunden* explizit in das preispolitische Zielsystem aufzunehmen. Gerade im Hinblick auf die Kundenbeziehung dürfte klar sein, daß die Preispolitik nicht rein statischer Natur ist, sondern vor allem längerfristige Erfolgswirkungen zu berücksichtigen hat. In diesem Zusammenhang spielen bspw. das Preisimage, das Preisvertrauen der Kunden oder das Wiederkaufverhalten eine wichtige Rolle.

3 ZUM BEGRIFF DER PREISDIFFERENZIERUNG

Grundidee differenzierter Preise ist die Tatsache, daß es den Durchschnittskunden oder die durchschnittliche Preiszahlungsbereitschaft nicht gibt und uniforme Preiskonzepte insofern kaum marktorientiert sind. Das Wesen differenzierter Preise ist zunächst dadurch zu kennzeichnen, daß die *Einheitlichkeit der Preisforderung durchbrochen* wird. Berücksichtigt man die One-Price-Stores als Einpreisgeschäfte, wie sie in den USA zu beobachten sind (z. B. For One Dollar bietet jeden Artikel zu 1 US-$ an), wird jedoch eine weitere Kennzeichnung erforderlich. Preisdifferenzierung liegt nicht bereits dann vor, wenn eine Handelsunternehmung verschiedene Preise fordert, sondern wenn *Leistungen gleicher Art* zu unterschiedlichen Preisen angeboten werden.

Über den Begriff der Preisdifferenzierung bestehen in der Literatur recht unterschiedliche Auffassungen, die hauptsächlich in dem unterschiedlichen Verständnis von *Leistungen gleicher Art, Einheitlichkeit der Leistung* o. ä. begründet sind. Die Mehrheit der Autoren lassen in ihren Definitionen Leistungsvariationen zu (bspw. Diller 1991, S. 220; Jacob 1971, S. 138). Ott hingegen vertritt eine sehr enge Definition, indem er auf eine absolut einheitliche Leistung besteht (Ott 1979, S. 189). Die Bedingung einer homogenen Leistung ist allerdings insofern unrealistisch, als jedes Handelsprodukt (als Kombinat aus Sach- und Dienstleistung) selbst bei identischem Warenangebot infolge der Dienstleistungskomponente eine Einzelfertigung darstellt und in Abhängigkeit von Zeit, Raum oder Kunde regelmäßig variiert. Der völlige Ausschluß von Leistungsvarianten wäre also kaum empirisch relevant. Dennoch soll hier eine enge Begriffsauffassung insofern vertreten werden, als Leistungsvarianten nur in dem Ausmaß zugelassen werden, als sie nicht zum Zwecke einer segmentspezifischen Marktbearbeitung planmäßig gestaltet werden. Liegt hingegen die Situation vor, daß der Kunde zwischen verschiedenen Dienstleistungsgraden mit unterschiedlichen Preisen wählen kann, damit der weniger Dienstleistung beanspruchende Kunde den "full service" anderer nicht mitbezahlen muß, so soll *nicht* von Preisdifferenzierung gesprochen werden. Würde also einem Net-Shopper aufgrund des Verzichtes auf physische Warenpräsenz, persönliche Beratung und Bedienung etc. die gleiche Ware zu einem günstigeren Preis angeboten als den Kunden im stationären Bereich oder wird für einen Home-Delivery-24-Stunden-Service im Vergleich zur zeitlich verzögerten Warenlieferung ein höherer Preis in Rechnung gestellt, beruht die Zahlungsbereitschaft hauptsächlich auf der Differenzierung des Handelsproduktes, es liegt keine

Preisdifferenzierung im hier verstandenen Sinne vor.

Auch im Hinblick auf das Maß der Preisdifferenzierung besteht keine Einheitlichkeit. Während einige Autoren Preisdifferenzierung über Preisunterschiede erklären, die nicht auf unterschiedliche Kosten zurückzuführen sind (insbesondere Ott 1979, S. 189 f.), ist das Kriterium einer anderen Gruppe von Autoren die Kosten-Preis-Beziehung (Gutenberg 1966, S. 335; Simon 1995, Sp. 2082). Zweifelsohne müssen die Kosten (z. B. saisonabhängige Beschaffungskosten im Textilbereich, standortabhängige Transportkosten) bei der Preiskalkulation Berücksichtigung finden. Eine Fokussierung der Kosten-Preis-Beziehung kann allerdings dazu führen, daß allein eine Kostenveränderung zu einer Preisdifferenzierung führt, obwohl der Kunde einen gleichen Preis zu zahlen hätte (Theisen 1960, S. 79 f.). Dies würde einerseits nicht der Definition des Preisbegriffs Rechnung tragen, denn nicht der Preis, sondern der Gewinn wird bei dieser Vorgehensweise differenziert. Diesem Verständnis kann andererseits insofern nicht gefolgt werden, als die *Markt- bzw. Kundenorientierung* als wichtigste Funktion der Preisdifferenzierung herausgestellt werden soll.

Vor diesem Hintergrund wird Preisdifferenzierung folgend als bewußte absatzpolitische Maßnahme verstanden, bei der ein Handelsprodukt zu unterschiedlichen Verkaufspreisen angeboten wird, wobei allein der Preis, nicht aber weitere Marketinginstrumente planmäßig zur Ansprache unterschiedlicher Käufer variiert werden. Die in der Literatur häufig unter dem Begriff der qualitativen Preisdifferenzierung zu findende Diskussion, die die Preisbündelung durch Zusammenfassen verschiedener Leistungen und die Preisdifferenzierung über Betriebstypen einschließt, soll hier vernachlässigt werden, da bei diesen Konzepten der engere Rahmen der Preispolitik verlassen wird.

4 ZIELE DER PREISDIFFERENZIERUNG

Mit der Preisdifferenzierung können vielfältige Zielsetzungen verfolgt werden. Im Mittelpunkt sollte die Intensivierung der Kundenbindung bzw. die Abschwächung der Wechselbereitschaft stehen, indem eine Einkaufsstättenprofilierung durch *innovative Belohnung von Kundenloyalität* realisiert wird. Ähnlich den leistungsorientierten Vergütungssystemen im internen Kundenverhältnis soll den externen Kunden ein monetärer Anreiz geboten werden, damit sie sich im Sinne der Unternehmungsziele verhalten. Als Subziele sind bspw. die Erhöhung der Einkaufsfrequenz oder der Einkaufssumme, die Förderung des Cross-Selling oder positives Weiterempfehlungsverhalten zu nennen. Zwecks Aufbau von Innovations- bzw. Zeitvorteilen als first mover empfiehlt sich eine frühzeitige Entwicklung von Differenzierungskonzepten mit hoher Kundenakzeptanz.

Systeme der Preisdifferenzierung suchen darüber hinaus im Sinne einer flexible response-Strategie die *divergierende Preissensitivität* der Nachfrager zu nutzen, um die unterschiedlichen Konsumentenrenten und somit Deckungsbeitragspotentiale auszuschöpfen. Dabei ist zum einen an die abweichende Preissensibilität unterschiedlicher Käufertypen (intersegmentbezogen) zu denken. Zum anderen sind Differenzierungssysteme zu überlegen, die den intrasegmentbezogenen unterschiedlichen Preiszahlungsbereitschaften im Zeitablauf Rechnung tragen.

Insbesondere bei Vorliegen preislicher Wettbewerbsnachteile kann ein Ziel der Preisdifferenzierung auch darin bestehen, die preisliche Transparenz für die Nachfrager zu reduzieren. Dadurch lassen sich allenfalls kurzfristige Umsatz- oder Gewinnsteigerungen realisieren (Diller 1997, S. 21). Mit Blick auf langfristige Ziele wie Preisvertrauen oder Preiszufriedenheit scheint diese Zielsetzung allerdings zweifelhaft. In diesem Kontext ist bei Ausgestaltung der Differenzierungsformen auch darauf zu achten, daß die Preisunterschiede aus Nachfragersicht gerechtfertigt sind, da anderenfalls der Eindruck einer Übervorteilung erweckt wird und damit Abwanderungsgefahr besteht.

Die Grenzen der Preisdifferenzierung liegen einerseits da, wo eine übermäßige Sensibilisierung der Kunden für Preise verursacht würde. Denn je preissensibler der Kunde, desto niedriger wird der Preisspielraum. Die Differenzierung muß andererseits ökonomisch sinnvoll sein. Die Preisdifferenzierung stößt dort an ihre Grenzen, wo die aus der Marktspaltung resultierenden Mehrkosten die Grenzerlöse übersteigen. Mit Blick auf die abwicklungstechnische Umsetzung ist in diesem Zusammenhang auch zu überlegen, ob die Differenzierung unmittelbar über den ausgezeichneten Verkaufspreis oder über geänderte Konditionen bei gleichbleibender Preisforderung erfolgen soll. Die Entscheidung für eine der Varianten ist in Abhängigkeit von Differenzierungskosten wie Preisauszeichnung, Zahlungsabwicklung etc., aber auch unter Abwägung rechtlicher Aspekte sowie zu erwartender Nachfragerreaktionen auf die Preissetzung zu treffen.

5 DIE MARKTSEGMENTIERUNG ALS INFORMATORISCHE GRUNDLAGE

Voraussetzung für eine kundengerichtete Differenzierung des Preises ist die Kenntnis preisrelevanter Kriterien sowie deren Ausprägung in den Käufergruppen. Bei der Definition der Kriterien ist darauf zu achten, daß diese segmenttypisch, erfaßbar und möglichst zeitstabil sind und Anknüpfungspunkte für eine Preisdifferenzierung bieten. Neben allgemeinen Käuferkriterien sind vor allem Kauf- bzw. Preisverhaltensmerkmale zu berücksichtigen (*Abbildung 1*) (Simon 1995, S. 99).

Erklärungsbedürftig sind vor allem die Subkriterien zur Preiswahrnehmung. Die Preiskenntnis ist abhängig von Preiserfahrungen bzw. -empfindungen im Hinblick auf ein bestimmtes Produkt. Schmalen spricht in diesem Zusammenhang von Ankerpreis (Schmalen 1995, S. 15). Auch wenn die Kunden selten über eine exakte Preiskenntnis verfügen, so ist der Ankerpreis als Ergebnis zurückliegender Preisinformationen für die Preisstellung von hoher Bedeutung. Denn der Kunde mißt die aktuelle Preisinformation an seinem Ankerpreis und urteilt dementsprechend über die Preisgünstigkeit. Das Kriterium Preisinteresse spiegelt das Bedürfnis eines Nachfragers wider, Preisinformationen zu gewinnen und im Rahmen des Kaufentscheids zu berücksichtigen (Diller 1991, S. 86). Die Einschätzung des Verhältnisses Preis-Qualität ist insofern wichtig, als der Kunde auf dieser Basis das Preiswürdigkeitsurteil fällt.

Voraussetzung für kundensegmentgerichtete Preise sind individualisierte Kundendaten, vom Käufernamen, Geburtsdatum u. ä. bis hin zu den Käuferbedürfnissen, die im Rahmen eines permanenten Käufermonitoring zu aktualisieren sind. Eine der vordringlichsten Maßnahmen ist die erfolgreiche Einführung einer Kundenkarte, im Bedarfsfall durch Schaffung entsprechender Anreize. Bei Knauber erhält der Inhaber der "gelben Karte" z. B. einen zinslosen Kreditspielraum bis zu fünf TDM, einen warenbereichsabhängigen Treuebonus und eine Kundenzeitschrift. Auf großes Interesse stößt vor allem das Seminar- oder Workshop-Angebot zu Tips und Tricks in Haus und Garten (o. V. 1998, S. 88). Zahlreiche Handelshäuser, z. B. Quelle, Hertie, Breuninger, Douglas oder Ikea, haben bereits Kundenkarten eingeführt. In der Entwicklung ist derzeit eine multifunktionale Chipkarte, die verschiedene Anwendersysteme integrieren wird. Auf dieser sog. Lifestyle-Card können Anwendungen von örtlichen Einzelhändlern oder Parkhäusern so-

allgemeine Käufermerkmale	Kaufverhaltens-merkmale	Preisverhaltens-merkmale
❐ *demographische* • Region • Geschlecht • Alter • Haushaltsgröße • etc. ❐ *sozioökonomische* • Einkommen • Beruf • etc. ❐ *psychographische* • Lebensstil • Persönlichkeit • etc.	❐ *Käufer* • Kaufhäufigkeit • ∅ Einkaufssumme • Warenkorb • Stammkunden/ Spontankäufer • etc. ❐ *Nichtkäufer*	❐ *Preissensibilität* • Preiselastizität • Reaktion auf Preisabschriften • Preiszahlungs-bereitschaft • etc. ❐ *Preiswahrnehmung* • Preiskenntnis • Preisinteresse • Trade-off-Preis/ Qualität • etc.

Abbildung 1: Preisrelevante Segmentierungskriterien

wie Daten über Beruf, Hobby u. a. gespeichert werden (o. V. 1998, S. 73). Ein hoher Einsatz wird vor allem noch im Hinblick auf die EDV-Kapazitäten, z. B. durch Aufbau eines Data Warehouse, erforderlich (Biehl 1998, S. 44).

Ohne Zweifel sind vor allem die verhaltensbezogenen Merkmale, die für die Preisdifferenzierung unmittelbare Bedeutung haben, mit nicht unbeachtlichen Erhebungsproblemen behaftet. Betrachtet man bspw. die Preiszahlungsbereitschaft für einen Artikel bzw. bestimmte Artikeleinheiten, so gestaltet sich deren Messung mit Blick auf die heterogene Nachfragestruktur nicht einfach. Erschwerend kommt hinzu, daß der beobachtbare Käufer nicht dem Kaufentscheider entspricht, wenn Einkaufsentscheidungen von einem buying center getroffen werden. Nicht zuletzt wird die Erhebung durch die zeitliche Dynamik der Kaufverhalten sowie der sortimentsabhängigen Ausprägung der Kriterien problematisiert. Nach einer in 1997 von der GfK bundesweit durchgeführten Untersuchung (Basis 2.600 Haushaltsvorstände) ist rund ein Drittel der Befragten äußerst preisorientiert (klassische Schnäppchenjäger) und rund ein Drittel primär qualitätsorientiert, wobei die Segmentzuordnung in hohem Maße vom Haushaltseinkommen abhängt (o. V. 1998, S. 10 f.). Bereits jeder fünfte Proband zählt zu dem Segment der multioptionalen Käufer oder Smart Shopper. Er zeichnet sich durch ein verändertes Preis-Leistungs-Bewußtsein aus: nicht Schnäppchenjagd um jeden Preis, keine unkritische Akzeptanz der Überlegenheit einer Marke, Preis als primärer Kaufentscheidungsfaktor in low-interest-Kategorien usw. In dieser Kundengruppe laufen Trends bzw. Themen nicht zeitlich nacheinander sondern zeitparallel ab, das "In"-Syndrom hat kaum noch Beständigkeit. Die neue Erlebnisgeneration hat geradezu Angst davor, "out" zu sein. Nach dem Motto "born to shop" suchen sie fortwährend nach neuen sinnerfüllenden Erlebnismöglichkeiten in Einkaufszentren und Passagen, um ihre Lust am Geldausgeben zu stillen (Pogrell 1998, S. 12).

Analytische Modelle stoßen hier schnell an ihre Grenzen. Sofern kundenspezifische Kaufdaten verfügbar sind, kann ex post eine Schätzung auf Basis von Vergangenheitsdaten vorgenommen werden. Haushaltspanels können bspw. Aufschluß darüber geben, zu welchem Preis Haushalte mit welchen demographischen Merkmalen eingekauft haben. Neuere Technologien ermöglichen heute zudem, die Preis-Absatz-Beziehungen bzw. die Eckpunkte ihrer elastischen Bereiche mit Hilfe von Simulationsalgorithmen in ausgewählten Filialen zu ermitteln (Barth; Kloth 1998, in Druck). Durch systematische Variation der Preisparameter können die artikel- bzw. segmentspezifischen Preisabsatzfunktionen simuliert und zumindest näherungsweise die optimale Preisstruktur bestimmt werden. Nicht zuletzt bietet sich auch eine Variante der Conjoint-Analyse an, wobei den Kunden verschiedene Preis-Mengen-Kombinationen präsentiert werden (Simon; Tacke 1992, S. 57). Anhand eines Ranking, eines Paarvergleichs oder per Skala erhält man ex ante die Präferenzurteile der Kunden.

6 ALTERNATIVE DIFFERENZIERUNGSKONZEPTE

Pigou unterscheidet in der Theorie der Preisdifferenzierung im Monopol die Differenzierung ersten, zweiten und dritten Grades (Pigou 1932, S. 275 ff.). Die *Differenzierung ersten Grades* ist vergleichbar mit dem feilschenden Einzelhändler im Orient: von jedem Käufer wird der individuelle Maximalpreis gefordert. Eine derartige 1:1-Differenzierung ist mit zunehmender Verbreitung des Electronic Retailing insbesondere über Internet keineswegs abwegig. Einschränkungen bestehen allerdings durch die PAngV, die zu einer Preisauszeichnung verpflichtet. Ausnahmen sind Sortimentsbereiche wie Kunstgegenstände, Antiquitäten, Blumen/Pflanzen, auf den Einzelfall abgestellte Leistungen (z. B. Gebrauchtwagen) etc. Die Vorschriften der PAngV gelten nicht für Warenangebote bei Versteigerungen. Fluggesellschaften wie bspw. die LTU nutzen diesen Ausnahmetatbestand, indem Flüge per Auktionen im Internet an die Meistbietenden verkauft werden

(Rechtsgrundlage: Gesetz über das Versteigerungsgewerbe). Aus Kundensicht liegt der Hauptvorzug der Auktion darin, daß eine aktive Mitwirkung an der Preisbildung möglich wird. Für den Einzelhändler ergibt sich daraus der Vorteil, daß die Preiszahlungsbereitschaften unmittelbar ersichtlich werden. Vor allem Wirtschaftlichkeitsaspekte werden die Einführung kundenindividueller Preise in den meisten Sortimentsfeldern allerdings verhindern. Vor allem im Bereich der fast moving consumer goods dürften organisatorische Hindernisse und Einsparungsmöglichkeiten durch Ausrichtung an größeren homogenen Käufersegmenten einer individuellen Preisdifferenzierung im Wege stehen.

Eine *Differenzierung zweiten Grades* liegt dann vor, wenn eine an der Kundensegmentierung orientierte Preisstruktur entwickelt wird und jeder Kunde selbst über die Zuordnung in ein Segment entscheiden kann ("self selection"). Diese Annahme gilt nicht für die *Preisdifferenzierung dritten Grades*. Der Anbieter setzt für jedes Segment einen optimalen Preis fest, ein Wechsel zwischen den Segmenten ist aufgrund einer hohen Isolierung der Marktsegmente nicht oder nur schwer möglich. Der Erfolg hängt davon ab, inwiefern eine Abschottung der Segmente gelingt und insofern eine Arbitrage verhindert werden kann. Hier ist allenfalls die räumliche Preisdifferenzierung einzuordnen, bei der regional unterschiedliche Preise gefordert werden. In Zeiten hoher Kundenmobilität, zunehmender Verbreitung von Bringkonzepten, hoher Bedeutung des Versandhandels und steigenden Marktanteils des Electronic Retailing dürfte die Preisdifferenzierung dritten Grades eine nur geringe Rolle spielen.

Die umfassendsten Möglichkeiten bietet zweifelsohne die Differenzierung zweiten Grades. In Abhängigkeit der primär gewählten Segmentierungskriterien können die standort-, zeit-, mengenabhängige Preisdifferenzierung sowie die Bonusprogramme unterschieden werden, wobei Überschneidungen denkbar sind. Sämtliche Formen bieten im Vergleich zur Preisdifferenzierung dritten Grades den Vorzug, daß Diskriminierungsvermutungen aufgrund einer Zwangssegmentierung verhindert werden, die letztendlich in eine Preisunzufriedenheit und damit Kundenabwanderung münden können.

6.1 Standortbezogene Preisdifferenzierung

Bei der standortabhängigen Preisdifferenzierung werden in verschiedenen Absatzgebieten unterschiedliche Preise gefordert. Sie setzt eine vertikale Absatzentfaltung durch Filialisierung voraus. Je nach Größe der gewählten Absatzsegmente ist eine Differenzierung nach Ländern, Regionen, Städten oder einzelnen Outlets denkbar. Dabei wird unterstellt, daß Kaufkraft bzw. Preiszahlungsbereitschaft standortbezogene Unterschiede aufweisen. Dies ist einerseits auf die örtliche Konkurrenzsituation zurückzuführen. Die Referenzpreise im Wettbewerbsumfeld zwingen quasi zu einer outletbezogenen Preisdifferenzierung, um im Sinne einer hohen Preiszufriedenheit sicherzustellen, daß ein Kunde die gleiche Ware im Betrieb um die Ecke nicht günstiger kaufen kann. Andererseits spielt die Standortattraktivität in diesem Zusammenhang eine erhebliche Rolle. So ist zu vermuten, daß der Preis besonders an Flughäfen oder Bahnhöfen die Kaufentscheidung nur unwesentlich beeinflußt. Auch in Einkaufsstättenagglomerationen oder in unmittelbarer Nähe zu einem Magnetbetrieb wie Aldi nimmt der Kaufentscheidungsfaktor Preis zugunsten von Aspekten wie Einkaufsschnelligkeit, Warenverfügbarkeit u. ä. an Bedeutung ab, so daß eine relativ höhere Preissetzung durchsetzbar wird.

Die standortspezifische Differenzierung wird durch die Entwicklung des Electronic Retailing bzw. infolge medialer Preisvergleichsmöglichkeiten in Zukunft allerdings kaum an Bedeutung gewinnen.

6.2 Zeitliche Preisdifferenzierung

Bei der zeitlichen Preisdifferenzierung gestaltet eine Einzelhandelsunternehmung die Preise im Zeitablauf flexibel. Einerseits liegt die Idee zugrunde, daß die Leistungsangebote einem Lebenszyklus unterliegen und je nach Zyklusphase bzw. Kaufzeitpunkt unterschiedliche Preiszahlungsbereitschaften bestehen. Daran anknüpfende Preisänderungen sind in der Regel reaktive Maßnahmen im Sinne des Mottos *Preis folgt Kunde*. Gerade die zeitliche Preisdifferenzierung bietet andererseits auch die Möglichkeit zur aktiven Marktgestaltung. In diesem Zusammenhang ist zu untersuchen, inwiefern die Nachfrage durch zeitlich differenzierte Preise zwischen verschiedenen Zeitabschnitten verschoben bzw. in bestimmten Zeiten eine Nachfrageaktivierung bzw. -dämpfung vorgenommen werden kann (*Kunde folgt Preis*). Hier ist einerseits die strategisch ausgerichtete Skimming- und Penetration-Strategie (Schmalen 1995, S. 129 ff.) einzuordnen, die aufgrund eines eher geringen Neuigkeitsgrades aus Einzelhandelsperspektive hier nicht näher verfolgt werden soll. Besondere Aufmerksamkeit wird in diesem Zusammenhang hauptsächlich der Differenzierung nach Wochentagen bzw. Tageszeiten und der Sonderpreisaktion sowie deren Innovations- bzw. Ertragsoptimierungspotential zuteil.

(1) Lebenszyklusabhängige Differenzierung

Lebenszyklusabhängige Preise spielen vor allem in mode-/ stilabhängigen Sortimenten (z. B. Bekleidung) oder Warenbereichen mit technischem Alterungsprozeß (z. B. Computer) eine große Rolle. Es gilt die Annahme, daß es aufgrund der engen Verknüpfung von Preis und Leistung entsprechend der Stellung im Produktlebenszyklus einen Zyklus an Preiszahlungsbereitschaften gibt.

Betrachtet man bspw. den textilen Bereich, so ist zu beobachten, daß sog. Lead-user mit hohem Leistungsinvolvement und niedrigem Preisinteresse ein innovatives Angebot bereits in der ersten Lebenszyklusphase nachfragen. Die preissensiblen Segmente werden hingegen erst dann gewonnen, wenn die Ware zwar von geringerem Neuigkeitsgrad ist, der Preis allerdings auf ihr niedrigeres Zahlungsbereitschaftsniveau reduziert wird. Besondere Bedeutung kommt in diesem Zusammenhang dem Schlußverkauf zu, dessen Vorteil aufgrund des allgemein bekannten und rechtlich fixierten Termins einerseits in einer enormen Promotion und andererseits in dem Bündelungseffekt liegt. Auch wenn sich in der Handelspraxis eine entgegen den starren Regelungen in UWG § 7 Abs. 3 (z. B. Verkaufszeit 12 Tage, Start am letzten Montag im Januar bzw. Juli) losere Schlußverkaufs- bzw. Preisabschriftenmentalität eingebürgert hat, ist man hierzulande im Gegensatz zu vielen europäischen Nachbarländern (Schweiz, Großbritannien, Österreich, Niederlande, Dänemark) noch weit entfernt von einer Liberalisierung des Schlußverkaufsgesetzes. Bedenkt man zudem, daß der Einzelhandel auch Möbel, Elektrogeräte, Haushaltsartikel u. a. nicht zum gesetzlich bestimmten Schlußverkaufssortiment zählende Waren in dieser Zeit zu reduzierten Preisen anbietet, sind die rechtlichen Regelungen zweifelsohne zu hinterfragen.

Abgesehen von diesen Rechtsschranken ist allerdings zu bezweifeln, ob der Schlußverkauf den Differenzierungszielen tatsächlich Rechnung trägt. Denn ein Verzicht am Schlußverkauf wird zwar Kundenunzufriedenheit und kurzfristige Umsatzeinbußen nach sich ziehen, die Teilnahme fördert jedoch kaum die Bereitschaft zur Kundenbindung, da keine Wettbewerbsvorteile aufgebaut werden. Gegebenenfalls fühlen sich Kunden sogar betrogen, wenn die Preise rein konkurrenzgetrieben reduziert werden. In diesem Zusammenhang scheint es auch wenig zielführend, den Preisabschriftenzyklus zu verkürzen, indem bspw. sechs oder acht Preissaisons geschaffen werden. Dadurch würde die Preissensibilität weiter gefördert, die Zielgruppe der bisher wenig Preisinteressierten würde sich verkleinern. Im Ergebnis wäre also eher mit Deckungsbeitragseinbußen zu rechnen. Die Bestrebungen der Einzelhandelsbetriebe sollten vielmehr dahin gehen, die Fehler in der Sortimentsplanung als häufige Ursache für den Bedarf an Preisabschriften zu beheben und im Ergebnis ein nachfrageorientiertes Sortiment anzubieten, das den Bedarf an Preisabschriften minimiert und somit die Erträge verbessert.

(2) Wochentagbezogene bzw. tageszeitabhängige Differenzierung

Die Tatsache, daß die Preissensibilitäten der Käuferschaft insbesondere aufgrund des unterschiedlichen Dringlichkeitsgrades eines Bedarfs *zeitlich divergieren*, ist nicht neu. So akzeptiert der Kunde in späten Einkaufszeiten (Beispiel Tankstellen) oder zu Hochsaisonzeiten (Beispiel Wintersportbedarf) nicht selten höhere Verkaufspreise. Noch recht zurückhaltend ist der Einzelhandel hingegen mit der Idee, die Nachfrage mittels einer einkaufstag- oder -zeitabhängigen Preisdifferenzierung aktiv zu steuern, indem in Zeiten hoher Nachfrage ein hoher Preis und in nachfrageschwächeren Zeiten die gleiche Leistung im Sinne eines Incentive zu einem günstigeren Preis angeboten wird.

Eine in 1997 durchgeführte Studie zu den Einkaufsgewohnheiten der deutschen Endverbraucher zeigt, daß der Freitag (29,2 Mio. Kunden) und Samstag (28,5 Mio. Kunden; im Vergleich: Montag bis Donnerstag kaufen 26,8 bis 27, 6 Mio. Kunden ein) die bevorzugten Shopping-Tage sind (Kalthoff 1998, S. 18). Hermans, ein Sportausstatter in den USA, hat aus solchen Gründen bspw. einen zehn prozentigen Preisnachlaß für "Senior Customers" (> 65 Jahre) eingeführt, die zwischen Dienstag und Donnerstag einkaufen (Klos 1996, S. 149). Betrachtet man Einkaufsbesuche im Tagesverlauf, so liegen die ruhigen Tageszeiten vor allem zwischen 12.00 und 15.00 Uhr (Ausnahme: Samstag) (Kalthoff 1998, S. 18). Eine wochentag- oder tageszeitbezogene Preisdifferenzierung bietet sich also geradezu an.

Seyffert hat schon im Jahr 1932 auf die preisliche Differenzierung durch "Vormittagsrabatte" hingewiesen, um die Käufer in ruhigen Geschäftszeiten anzulocken (Seyffert 1932, S. 552). Er hat gleichzeitig Bedenken dahingehend formuliert, daß benachteiligte Käufergruppen, insbesondere Berufstätige mit fehlender Zeit für Vormittagseinkäufe, durch eine derartige zeitliche Differenzierung abwandern könnten. Ein Blick in Nachbarbranchen zeigt allerdings, daß diese Bedenken einer zeitlichen Preisdifferenzierung anscheinend nicht allzu vehement im Wege stehen dürften. In der Touristikbranche sind mittlerweile nicht mehr nur nach Jahreszeiten gestaffelte Preise gängig. Eine wochenbezogene Preisdifferenzierung bei Veranstaltern von Urlaubsreisen oder wochentagbezogene Preise bei Hotels, Erlebnisparks etc. sind keine Ausnahme mehr. Auch in anderen Dienstleistungsbereichen wie z. B. Theater-/ Kinovorführungen, Tennis-/ Squashplätze, Telefondienste u. a. hat sich die zeitliche Differenzierung trotz Diskriminierung bestimmter Nachfragergruppen erfolgreich durchgesetzt. Insgesamt dürfte also davon auszugehen sein, daß das Diskriminierungsproblem auch im Einzelhandel nach einer Phase der "Kundenerziehung" in den Hintergrund rücken dürfte.

Dennoch ist die zeitliche und insbesondere die tageszeitliche Preisdifferenzierung nicht unkritisch zu sehen. Einschränkungen ergeben sich einerseits mit Blick auf das Ziel der *Preistransparenz*. Je variabler die Preissetzung, desto mehr verliert der Kunde den Überblick und gegebenenfalls sein Preisvertrauen in eine Betriebsstätte. Übertriebener Flexibilisierungseifer ist also fehl am Platz. Hier empfiehlt es sich, bestimmte, längerfristig gültige Preiszonen (z. B. ab 18.30 Uhr oder zwischen 12.00 und 15.00 Uhr) zu definieren und vor allem zu kommunizieren, in denen ein bestimmter niedrigerer oder höherer Preis Gültigkeit hat.

Dem schließt sich die Frage nach der *technischen Durchsetzbarkeit* an. Je größer die Sortimentsvielfalt, desto dringlicher wird unter Effizienzaspekten die Ablösung der manuellen durch eine computergestützte Preisauszeichnung. US-amerikanische Supermarktketten wie bspw. Walmart haben die elektronische Etikettierung in einigen Stores bereits eingeführt. Auch im europäischen Handel gab es Ende 1997 bereits 130 Installationen (so bspw. die C&C Märkte der Metro in Düsseldorf und St. Augustin/ Bonn) (o. V. 1997, S. 62). Eine Kopplung elektronischer Etikettendisplays für jeden Regalplatz mit einem Softwarepaket zur drahtlosen Ansteuerung (per Funk) dieser Displays von einer zentralen Einheit aus läßt eine problemlose und parallele Veränderung von Auszeichnungs- und Kassenpreis zu. Bedenken bestehen allerdings dahingehend, daß die Zeitpunkte der Warenentnahme durch den Kunden und des Checkout in der Regel auseinander liegen. Zwischenzeitliche Preisänderungen, insbesondere Preiserhöhungen, würden den aufmerksamen Kunden, der über einen anderen Preis informiert wurde, an der Kasse also verärgern. Dieses Problem kann mit der Selfscanning-Technik behoben werden, im Rahmen derer die Zeitpunkte der Warenentnahme und der Preiserfassung identisch werden. Allerdings dürften die Anschaffungskosten noch beachtlich sein, so daß eine hohe zeitliche Flexibilisierung zumindest vorerst noch großen Handelsketten vorbehalten bleibt.

Praktische Hindernisse ergeben sich in Deutschland vor allem durch die *Gesetzgebung*. Die Zulässigkeit einer tageszeitabhängigen Preisdifferenzierung ist von der rabattrechtlichen Einordnung aus Sicht der Verbraucher abhängig. Der Gesetzgeber setzt sich hier insbesondere mit der Frage auseinander, ob bspw. ein niedrigerer Preis in den Mittagsstunden aus Kundensicht als Preisnachlaß und damit als Rabatt oder als generelle Preisherabsetzung und damit nicht als Rabatt verstanden wird (Hefermehl 1995, S. 1444 f.). Im letzten Fall liegt kein Verstoß gegen das Rabattgesetz vor, *wenn* zudem auf einen Gebrauch des Begriffes Nachlaß o. ä. verzichtet und der neue Normalpreis nicht als individueller Preisnachlaß verstanden wird, denn dies würde den Kaufentscheid "unsachlich" beeinflussen. Im Grunde müßte eine Einzelhandelsunternehmung also zunächst eine Kundenbefragung durchführen, um das umgangssprachliche Verständnis einer tageszeitlichen Preisdifferenzierung zu erfragen. Abgesehen von dem hohen Interpretationsbedarf und Auslegungsspielraum, der eine allgemeine Aussage zur Zulässigkeit der zeitlichen Preisdifferenzierung kaum möglich macht, ist der Nutzen einer derartigen Reglementierung sowohl aus Einzelhandels- als auch aus Kundensicht zweifelsohne kritisch zu hinterfragen.

(3) Sonderpreisaktionen

Nach marketingpolitischem Verständnis wird unter Sonderangebotspolitik die zeitlich befristete Herausstellung einer Ware durch absatzpolitische Aktivitäten verstanden. Nachfolgend soll analog zu der juristischen Begriffsauffassung die Herausstellung durch Preisreduktion im Vordergrund stehen. Ziel ist eine Erhöhung der Einkaufsstättenattraktivität zur Aktivierung bestehender Kundenkontakte, Anlockung neuer Kunden über Probierkäufe, Provozierung von Impulskäufen, Steuerung des Kaufzeitpunktes u. ä. Trotzdem Sonderpreisaktionen nach wie vor praktische Relevanz zukommt – der Umsatzanteil typischer Sonderangebotsartikel liegt häufig bei über 60 Prozent (Simon; Dolan 1997, S. 273) –, wird deren Vorteilhaftigkeit häufig bezweifelt (Schmalen 1995, S. 157 ff.; Schmalen; Pechtl; Schweitzer 1996, S. 72 ff.). So wird zwar grundsätzlich eine Absatzsteigerung der aktionierten Ware angenommen, die tatsächliche Umsatzsteigerung bestimmt sich allerdings nach der Preiselastizität und langfristig nach dem Anteil an Hortungskäufen. Unsicher ist zudem das Ausmaß, in dem solche Kunden angelockt werden können, die weitere Einkäufe tätigen, und inwiefern Verbundkäufe zur Kompensation der Preisreduktion stattfinden. Denkbar wäre bspw. auch, daß Preisaktionen zu einem switching zwischen den Warenkategorien (Fleisch statt Fisch) und die Absatzsteigerung einer Ware zu Lasten des Absatzes eines Substitutionsartikels führt. Nicht zuletzt fördern Sonderangebote auch eine sinkende Preiszahlungsbereitschaft.

Werden Sonderpreisaktionen breit gestreut bzw. zielgruppenunspezifisch und gegebenenfalls im Sinne eines buying-in (unter-Einstandspreis) umgesetzt, bergen sie also die Gefahr, daß bevorzugt die Schnäppchenjäger angesprochen werden, die keine Überzeugungs-, sondern lediglich Vorteilskäufe tätigen. Preisaktionen führen dann im Extremfall dazu, daß die zum Normalpreis kaufenden Stammkunden die Einmalkäufer subventionieren, so daß das wichtige Ziel der Stammkundenbindung gefährdet wird. Gerade hier setzen die Dauerniedrigpreisprogramme an, bei denen bestimmte Artikel konstant zu niedrigen Preisen angeboten werden, während Sonderangebote entfallen. Die diesbezüglichen Erfahrungen einer amerikanischen Handelsunternehmung, Ukrop´s Supermarket, sind sehr positiv: die Kundenloyalität wird gefördert, der Umsatz gesteigert und die Hersteller bemühen sich um Aufnahme in das Every-Day-Low-Price-Programm (Howe 1990, S. J19).

Bei Verwendung von Kundenkarten besteht allerdings die Möglichkeit, *Preisangebote* auf das kundenindividuelle Kaufverhalten *maßzuschneidern*. Im Optimalfall würde der Kunde beim Einscannen vor dem Einkauf über die ggf. auf einige Stunden begrenzten reduzierten Preisangebote informiert, bei Kauf können die speziellen Preise dann automatisch am Checkout erfaßt werden. Erhalten die Kunden über mehrere Kundenkarten oder eine überbetriebliche Karte verschiedene Angebote, kann ein cherry picking zwar nicht gänzlich ausgeschlossen werden. Einen Wettbewerbsvorsprung wird allerdings jene Handelsunternehmung erreichen, deren Preisangebote den Kaufwünschen bestmöglich entsprechen. Gerade hier treten jedoch rechtliche Barrieren auf.

Grundsätzlich werden Sonderangebote zwar im UWG § 7 Abs. 2 geregelt und fallen insofern nicht unter das Rabattgesetz. Werden Sonderangebote allerdings zielgruppenorientiert bzw. einzelnen Kundengruppen gewährt, ist im Einzelfall zu prüfen, ob ein unzulässiger Sonderpreis nach RabattG § 9 vorliegt. Rechtlich zulässig ist ein ermäßigter Preis (unechter Sonderpreis), der als allgemein geforderter Normalpreis anerkannt wird und an objektive Bedingungen geknüpft ist, die von jedem Verbraucher erfüllt werden können (Hefermehl 1995, S. 1451). Entscheidend ist also die Begriffsauslegung.

6.3 Mengenabhängige Preisdifferenzierung durch nichtlineare Preise

Bei nichtlinearen Preisen sinkt der Preis pro Einheit mit zunehmender Menge. Grundannahme ist ein abnehmender Grenznutzen mit steigender Bezugsmenge (1. Gossensche Gesetz), der kundenspezifisch variieren kann und insofern zu segmentspezifischen Preisabsatzfunktionen führt. Logische Ableitung daraus ist, daß zur Ausschöpfung des sinkenden Grenznutzens nicht ein mengenneutraler Einheitspreis gefordert, sondern der Preis für jede Einheit gemäß der jeweiligen Zahlungsbereitschaft bestimmt wird. Im übrigen kann in diesem Zusammenhang auch von einem Preisbündel gesprochen werden, bei dem das Leistungspaket das Vielfache *eines* Produktes darstellt.

Grundsätzlich sind in diesem Zusammenhang zwei Varianten denkbar. Einerseits besteht die Möglichkeit, daß die Artikel einzeln angeboten werden und der Kunde die mengenmäßige Bündelung selbst vornimmt. So werden im deutschen Lebensmitteleinzelhandel bspw. zehn Brötchen häufig zu einem günstigeren Stückpreis angeboten als ein einzelnes Brötchen, wobei der Kunde die Menge frei wählen kann. Eine mengenbezogene Preisdifferenzierung kann andererseits durch alternative Verpackungsgrößen, Multipacks usw. erfolgen, so daß sich der Kunde für eine bestimmte vorgegebene Menge bzw. einen bestimmten Gesamtpreis entscheiden muß. Diese Variante wird hier nur dann berücksichtigt, wenn die Bündelung und damit die Preisdifferenzierung vom Einzelhandelsbetrieb, nicht aber vom Hersteller initiiert wird.

Die Frage, inwiefern nichtlineare Preise zu einer Ertragsverbesserung beitragen, kann nicht eindeutig beantwortet werden. So ist wohl nur in Ausnahmefällen von einer Mehrnachfrage bei einem Artikel durch einen Kunden auszugehen. Vielmehr wird der Kunde dazu animiert, Vorratskäufe zu tätigen, um seine Einkaufskosten durch Mengenbündelung zu reduzieren. Gegebenenfalls können jedoch Partizipationseffekte erzielt werden, wenn eine Kundenabwerbung durch die Preismaßnahme gelingt. Die Einzelhandelsunternehmungen sind zudem gut beraten, wenn sie die Verbundbeziehungen im Sortiment bei der Auswahl von Artikeln für die nichtlineare Preissetzung berücksichtigen. Insbesondere die

Selektion verbundzentraler Artikel fördert Bedarfserweiterungseffekte. Nicht zuletzt sind die mengenabhängigen Deckungsbeitragsverluste vor allem aber als Investition in eine stärkere Kundenbindung zu begreifen.

Allerdings stehen rechtliche Einschränkungen, insbesondere RabattG § 7, der mengenabhängigen Preisdifferenzierung im Wege. Hiernach sind Preisnachlässe zwar zulässig, sofern sie nach Art und Umfang handelsüblich sind. Der Begriff der Handelsüblichkeit wird allerdings eng ausgelegt. So ist bereits ein Mengenrabatt auf ein Kilo Fleisch im Vergleich zu 100 Gramm aufgrund der möglichen Diskriminierung von Personen ohne geeignete Bevorratungsmöglichkeiten oder in Kleinsthaushalten rechtlich unzulässig (o. V. 1982, S. 130). § 7 verbietet allerdings nicht grundsätzlich eine Preisstellung, die sich an der Warenmenge orientiert (Hefermehl 1995, S. 1453 f.). Den Einzelhandelsunternehmungen ist es durchaus erlaubt, unterschiedliche Warenmengen zu verschiedenen Normalpreisen anzubieten. Voraussetzung für dic Anerkennung unterschiedlicher Normalpreise ist zum einen, daß der günstigere Mengenpreis jedem Kunden zugängig ist. Zum zweiten darf nicht der Eindruck eines Rabattes entstehen. Dies wird bspw. vermieden, indem die größere Warenmenge als eigenständige Verkaufseinheit (im einfachsten Fall durch Klebeband als solche kenntlich gemacht) angeboten wird. Allerdings wird ein mengenabhängiger zweiter oder dritter Normalpreis nur anerkannt, wenn die Zusammenfassung nicht willkürlich oder ungewöhnlich ist. Während bspw. das Angebot einer Drei-Paar-Packung Strümpfe zu einem günstigeren Gesamtpreis zulässig ist, wird ein Angebot einer Zehnerpackung elektronischer Taschenrechner als unüblich und damit rechtlich unzulässig erachtet (Hefermehl 1995, S. 1454).

6.4 Bonusprogramme

Im Rahmen der Bonussysteme wird dem Käufer in Abhängigkeit seines Nachfrageverhaltens ex post eine Ersparnis bzw. ein Bonus gewährt. Während bei der reinen linearen Preissetzung allein die Abnahmemenge *eines* Artikels Basis für einen Preisnachlaß ist, sind die möglichen Anknüpfungspunkte von Bonusprogrammen sehr vielfältig. Ziele sind vor allem die Erhöhung des Durchschnittsbons von Stammkunden bzw. die Vergrößerung des Gesamtumsatzes in der Einkaufsstätte durch Gewährung eines monetären Anreizes sowie die Gewinnung neuer Kunden durch ein wettbewerbsstarkes Preis-Leistungs-Verhältnis.

Systematisierung von Bonusprogrammen
Ein *durchgerechnetes* Bonussystem liegt vor, wenn die Vergünstigung auf die gesamte Bezugsmenge berechnet wird. Ist nur eine bestimmte Menge Bemessungsgrundlage, so ist das Bonussystem *angestoßen* (Simon; Tacke 1992, S. 50 f.).

Nach der Art der Bemessungsgrundlage sind die *quantitativen* von den *qualitativen* Bonussystemen zu unterscheiden. Im ersten Fall wird bspw. der Absatz bzw. Umsatz pro Einkaufsakt oder pro definiertem Zeitrahmen zugrunde gelegt. Im Gegensatz zu der reinen linearen Preissetzung ist also nicht nur ein Artikel, sondern der gesamte vom Kunden zusammengestellte Warenkorb Bemessungsgrundlage, so daß man auch von nichtlinearer Preisbildung im Mehrproduktfall sprechen könnte. Die Grenzen zur gemischten Preisbündelung sind im übrigen fließend (Simon 1995, S. 135 ff.). Denkbar ist auch, daß nur der Kauf bestimmter Produkte, z. B. jene mit höheren Margen, Artikel mit regulären Preisen oder Eigenmarken, im Bonussystem berücksichtigt werden. Bedenkt man, daß die loyalen Kunden im Laufe der Zeit die höchsten Deckungsbeiträge bringen, sollte nicht nur der Absatz bzw. Umsatz, sondern auch die Anzahl der Kaufakte oder auch die Regelmäßigkeit der Einkaufsakte als Basis für einen Preisnachlaß in Erwägung gezogen und somit eine Preisdifferenzierung in Abhängigkeit der zeitlichen Dauer von Kunde-Händler-Beziehung entwickelt werden. Eine unterschiedliche Behandlung von Kunden mit unterschiedlicher aktueller oder zukünftiger Bedeutung (Beispiel: Bonusgewährung gegenüber Kindern als Käufer von morgen), wie sie in anderen Wirtschaftsstufen im Rahmen der ABC-/ XYZ-Analyse bspw. berücksichtigt wird, ist nach RabattG §§1, 9 verboten.

In Anlehnung an den gewährten Bonus können die Rabattsysteme von den Punkte- oder Couponsystemen unterschieden werden, wobei die Übergänge mittlerweile jedoch fließend sind.

Der *Rabatt* kann in Form eines Barabzuges, als Naturalrabatt oder als Gutschein gewährt werden, der innerhalb eines definierten Zeitraums zum Warenbezug oder zur Rückvergütung berechtigt. Inhaber der Grosso/ Magnet-Card erhalten bei Tengelmann für jeweils DM 2.000 Einkaufssumme einen 20,00 DM-Gutschein. Bei Kriegbaum erhalten die Kartenkunden bis zu 1,5 Prozent Rabatt (o. V. 1997, S. 1). Der schwedische Einzelhändler Flygfyren verwendet bspw. eine progressive Rabattstaffel in Abhängigkeit der Höhe des Gesamteinkaufs in einem halben Jahr: ab 5000 Skr ein Prozent, 10.000 (entspricht ca.

DM 2.500) bis 15.000 Skr zwei Prozent, ab einem Halbjahreseinkauf von 35.000 Skr erreicht man das Maximum von fünf Prozent Preisnachlaß (Biehl 1998, S. 44). Der amerikanische Herrenausstatter Davids´ nutzt das Konzept des “buy one, get one free”, indem er an definierten “Dollar Days” beim Kauf eines Anzugs zum regulären Preis einen zweiten für ein US-$ dazu gibt (Klos 1996, S. 148).

Eine vor allem im amerikanischen Einzelhandel gebräuchliche Variante ist das *Punktesystem*, bei dem jedem Frequent Shopper pro Dollar Umsatz eine bestimmte Punktzahl gutgeschrieben wird (Howe 1990, S. J18). Ist der Handelsbetrieb mit einem Scannersystem ausgestattet, können die Preispunkte direkt beim Einlesen der Waren berücksichtigt werden. Bei Erreichen einer bestimmten Höhe können die auf einem Konto gesammelten Punkte gegen die von der Einzelhandelsunternehmung angebotenen Preise oder auch gegen einen Preisnachlaß beim nächsten Kauf eingelöst werden.

Weltweit führend in Sachen Coupons (Rabattmarken) ist die USA (“Coupon Society”) mit rund 80 Coupons pro Haushalt (Klos 1996, S. 147). Die Handelsunternehmungen werben breit gestreut mit Blanko-Rabattmarken für den Kauf in ihrer Einkaufsstätte. Das Ziel der Kundenbindung wird sicherlich eher bei Albert Heijn, führender Lebensmittel- und Getränkehändler in Holland, erreicht. Hier gibt es schon seit Jahren ein Rabattmarkensystem, bei dem Rabatthefte in Anteile an einem Stammkundenfonds eingelöst werden können. Eine Drogeriemarktkette nutzt erfolgreich das klassische Rabattmarkensystem dazu, den Abverkauf der Eigenmarken zu forcieren, indem Treuepunkte nur bei Kauf von Eigenmarken und damit in der Regel spannenträchtigeren Artikeln vergeben werden (Simon; Tacke; Woscidlo 1998, S. 95). Nicht zuletzt ist eine Standortkooperation zu überlegen, indem verschiedene Einzelhändler in einem bestimmten Einzugsgebiet einheitliche Rabattmarken einführen.

Denkbar ist auch die Zusammenarbeit mit Partnerunternehmungen, die ihrerseits von dem Kundenzustrom profitieren. Beispiele für solche Merchandise-Tradeout-Promotions (Howe 1990, S. J18) sind Kultur- oder Sportveranstaltungen, Reisen, ein Dinner für Zwei, Autoverleih o. ä. Die Auswahl der Partnerunternehmungen ist in Abhängigkeit der Käuferinteressen vorzunehmen. Meist werden die Preise von der Partnerunternehmung finanziert, während die Einzelhandelsunternehmung die Merkmale und den Vorzug der Veranstaltung kommunizieren.

Aus Einzelhandelssicht sind besonders die Punktesysteme vorzuziehen, die nicht mit einem Preisnachlaß und damit Spanneneinbußen verbunden sind. Zudem empfehlen sich primär solche Boni, die erst bei einem nächsten Kauf eingelöst werden können und somit die Wiederkaufrate erhöhen.

Grundlegende Voraussetzungen für eine erfolgreiche Umsetzung

Eine erste Bedingung ist die Verfügbarkeit einer entsprechenden *Informationsbasis* sowie DV-Unterstützung. Bislang dienen Frequent Shopper Programme aufgrund fehlender Informationen weniger dazu, treue Kunden zu belohnen. Meist unterstützen sie über Kundenkarten o. ä. erst den Aufbau einer Datenbank, so daß in den meisten Fällen jeder Kunde angesprochen wird. Liegt eine gute Datenbasis über die Kunden erst einmal vor, werden nicht nur zielgruppenspezifische Pricing-Konzepte und deren Kundenakzeptanz möglich. Das gesamte Direct-Marketing wird wesentlich effektiver und der Einzelhändler wird immer mehr auf die klassischen Werbemedien verzichten können.

Wichtige Voraussetzung ist zum zweiten eine für die Kunden hinreichende *Transparenz* des Bonussystems sowie eine Orientierung an den Kundenpräferenzen. Wird statt dessen eine verwirrende Vielfalt von Boni angeboten, kommt die Treuebotschaft beim Endverbraucher nicht an. Wenig vorbildlich ist bspw. die schweizerische Migros, bei der Karteninhaber umsatzabhängig Punktegutschriften erhalten, die zum Versand von Frankenbons führen. Zudem werden beim Kauf bestimmter Produkte Checks übergeben, die erst in Verbindung mit Sonderbons gültig werden (o. V. 1998, S. 34). Das ganze wird begleitet von bunten Zetteln mit verschiedensten Angeboten. Die Mailings sind nicht nur erklärungsbedürftig, der Anbieter verliert vor allem das Vertrauen seiner Kunden, von Mikromarketing kann keine Rede sein.

Aus Einzelhandelssicht ist zudem über eine zuverlässige Prüfung der *Anspruchsberechtigung* des Bonus zu verhindern, daß der Bindungseffekt durch Nachfragebündelung unterlaufen wird. Werden Preisvorteile durch buying center an Dritte weitergegeben, entgehen der Handelsunternehmung im Extremfall Deckungsbeiträge, ohne daß es tatsächlich zu Mehrkäufen kommt. Denkbar ist jedoch auch ein "Freunde+Familien"-Programm, bei dem Einkaufszusammenschlüsse seitens der Käufer transparent werden, was eine entsprechende Berücksichtigung im Bonussystem erlaubt. Zu überlegen sind bspw. Gruppenpreissysteme, bei dem das erste Gruppenmitglied mehr zahlt als das zweite, dieses wiederum mehr als das dritte usw. Ein Zusatznutzen besteht darin, daß umfassendere Kundeninformationen gewonnen werden. Vor allem ist auch von einer stärkeren Bindungswirkung auszugehen, denn eine Abwerbung ganzer Käufergruppen dürfte schwieriger sein als die von Einzelkunden.

Nicht zuletzt ist auf eine *kreative Gestaltung* der Bonusprogramme zu achten, denn sie bedürfen immer wieder neuer Spielarten, damit das Interesse des Marktes nicht erlahmt. So bietet die umsatzabhängige Rabattgewährung allein auf lange Sicht kaum Wettbewerbsvorteile, wenn auch die Mitbewerber dieses Instrument nutzen. Auf diese Weise gerät man schnell in einen Rabattkampf und manövriert sich in eine Kostenspirale. Kunden zum Einkauf motivieren und ihnen mehr Nutzen zu bieten als die Konkurrenz, dazu bedarf es an Kreativität. Auch wenn die Existenz kultureller und rechtlicher Probleme es zuweilen nicht erlaubt, Beispielhaftes aus anderen Ländern zu kopieren, sollte das geographische Suchfeld des Benchmarking zwecks Ideengenerierung keine Grenzen haben.

Rechtliche Einschränkungen

Während andere Wirtschaftsstufen mit vielfältigen Rabattvarianten gesegnet sind und die Gesetzgebung in anderen Ländern als liberal zu bezeichnen ist, schränken Rabattgesetz und Zugabeverordnung in Deutschland die Möglichkeiten für Preisnachlässe zur Belohnung von Kundentreue ganz erheblich ein. Das Rabattgesetz läßt neben dem Barzahlungsrabatt von 3 %, sofern er jedem Käufer angeboten wird, einen handelsüblichen Mengenrabatt nur dann zu, wenn die Waren in einer Lieferung veräußert werden (RabattG § 7 Abs. 1). Allerdings darf der Umsatz, von dem die Gewährung eines Preisnachlasses oder eines Gutscheines abhängig gemacht wird, nach RabattG § 4 Abs. 1 nicht mehr als 50 DM betragen – diese Grenze wurde im Jahr 1933 festgelegt. Sogenannte Jahresrabatte, die nach Menge oder Umsatz gestaffelt werden, sind gesetzlich verboten. So wurde ein Bonusprogramm von Kaufhof Anfang 1998 vom Kölner Landgericht als Verstoß gegen das Rabattgesetz erklärt (Wiechmann 1998, S. 28). Kaufhof hatte seinen Kunden ab einer Kaufsumme von 5000 DM eine Rückvergütung von 3 % vom Warenwert zugesagt, wobei dieses Programm bereits seit rund 10 Jahren besteht, allerdings bisher mit einem Mindestumsatz von 3000 DM. Hauptgrund: Die versprochene Rückvergütung wird von einem großen Teil der Verbraucher als Mengenrabatt verstanden.

Auch Zugaben sind in Deutschland grundsätzlich verboten (ZugabeVO § 1). Aktionen wie buy one, get one free sind nicht möglich. Jede Verknüpfung eines Geldgeschenkes mit dem Kauf einer Ware ist nach UWG § 1 ein Verstoß (Hefermehl 1995, S. 1466).

7 SCHLUSSBEMERKUNGEN

Trotz Verzicht auf eine Darlegung weiterer bestehender Verbote im deutschen Rabatt-/ Zugabewesen dürfte deutlich geworden sein, wo im deutschen Einzelhandel der größte Hemmschuh für eine Professionalisierung der Preisdifferenzierung zur Ertragsoptimierung liegt. Wenn auch die Berechtigung einer gesetzlichen Sonderregelung des Rabattwesens für den Verkauf an den Letztverbraucher zunehmend kritisiert und im europäischen Recht langfristig wohl kaum standhalten wird (in den meisten europäischen Ländern gibt es keine Rabattregelung im deutschen Sinne), ist von einer Aufhebung zunächst nicht auszugehen. Ziel kann es wohl kaum sein, jede für die Käufer wirtschaftlich vorteilhafte Preisgestaltung undifferenziert den tatbestandlich begrenzten Verboten zu unterwerfen, sondern eine wettbewerbskonforme Auslegung von Einzelvorschriften bzw. ausfüllungsbedürftigen Begriffen zu finden. Auch kann es nicht im Sinne des Gesetzgebers sein, wenn die Einzelhandelsunternehmungen eine innovative und vom Kunden akzeptierte Preisdifferenzierung nur so lange betreiben können, bis sie von irgendeiner Ecke aus angefochten werden. Fest steht doch sicherlich, daß der Verbraucher von heute nicht mehr dem Verbraucher von 1933 als Entstehungsjahr des Rabattgesetzes entspricht. Nicht zuletzt ist doch ohnehin davon auszugehen, daß sich neue Preiskonzepte am Markt langfristig nur durchsetzen werden, wenn für beide Partner eine win-win-Situation erreicht wird.

LITERATUR

Barth, K.; Kloth, R.: Efficient Consumer Response (ECR). In: A. Hermanns; W. Schmitt; U. K. Wißmeier (Hrsg.): Handbuch Mode-Marketing, Frankfurt am Main 1998, in Druck.

Biehl, B.: Beziehung per Karte. In: LZ, Nr. 2, 09.01.1998, S. 43–44.

Diller, H.: Preis-Management im Zeichen des Beziehungs-Marketing, Arbeitspapier des Lehrstuhls für Marketing Nr. 52, Nürnberg 1997.

Diller, H.: Preispolitik, 2. Aufl., Stuttgart et al. 1991.

Gutenberg, E.: Grundlagen der Betriebswirtschaftslehre, 2. Band, Der Absatz, 4. Aufl., Berlin et al. 1966.

Hefermehl, W.: Wettbewerbsrecht, 18. Aufl., München 1995.

Howe, U.: Mehr Umsatz mit den Stammkunden. In: LZ-Journal, Nr. 14, 06.04.1990, S. J18–J20.

Jacob, H.: Preispolitik, Wiesbaden 1971.

Kalthoff, M.: Kein Shopping ohne Schubidu. In: Der Handel, Heft 3 1998, S. 17–18.

Klos, H.: Preis-, Rabatt- und Konditionenpolitik: Grenzenlose Phantasie. In: Zentes, J.; Liebmann, H.-P. (Hrsg.): GDI-Trendbuch Handel No. 1, Düsseldorf 1996, S. 137–152.

McNair, M. P.: Trends in Large-Scale-Retailing. In: Harvard Business Review, Vol. 10, 1931, S. 30–39.

Ott, A. E.: Grundzüge der Preistheorie, 3. Aufl., Göttingen 1979.

o. V.: Preis und Marke im Clinch? In: MHM, Heft 3 1998, 43. Jg., S. 9–11.

o. V.: Zukunft nur mit Zusatzanwendungen. In: LZ, Nr. 11, 13.03.1998, S. 73.

o. V.: Cumulierte Peinlichkeiten. In: LZ, Nr. 10, 06.03.1998, S. 34.

o. V.: Treuebonus und Informationen für Käufer. In: LZ, Nr. 5, 30.01.1998, S. 88.

o. V.: Boni kommen in Mode. In: LZ, Nr. 50, 12.12.1997, S. 1.

o. V.: Den ganzen Markt drahtlos steuern. In: LZ, Nr. 12, 21.03.1997, S. 62.

o. V.: Kein Mengenrabatt für ein Kilo Fleisch. In: Markenartikel, Heft 3 1982, 44. Jg., S. 130.

Pigou, A. C.: The Economics of Welfare, 4th Edition, London 1932.

Pogrell, H. v.: Lebenslust und Langeweile. In: BAG Handelsmagazin, Heft 3–4 1998, S. 10–12.

Sabel, H.; Weiser, Ch.: Dynamik im Marketing, 2. Aufl., Wiesbaden 1998.

Schmalen, H.: Preispolitik, 2. Aufl., Stuttgart 1995.

Schmalen, H.; Pechtl, H.; Schweitzer, W.: Sonderangebotspolitik im Lebensmittel-Einzelhandel: eine empirische Analyse, Stuttgart 1996.

Seyffert, R.: Handbuch des Einzelhandels, Stuttgart 1932.

Simon, H.: Preismanagement kompakt, Wiesbaden 1995.

Simon, H.; Dolan, R. J.: Profit durch Power Pricing, Frankfurt-New York 1997.

Simon, H.: Preispolitik. In: Tietz, B.; Köhler, R.; Zentes, J. (Hrsg.): Handwörterbuch des Marketing, Bd. 4, 2. Aufl., Stuttgart 1995, Sp. 2068–2086.

Simon, H.; Tacke, G.: Mit nichtlinearer Preisbildung zu höheren Gewinnen. In: Harvard Manager, Nr. 14 1992, S. 48–62.

Theisen, P.: Die betriebliche Preispolitik im Einzelhandel, Köln-Opladen 1960.

Wiechmann, D.: Karten-Rückvergütung wurde untersagt. In: LZ, Nr. 14, 03.04.1998, S. 28.

Innovationsorientierte Handels-Marktforschung und -Werbung

Händlerzufriedenheit mit Telekommunikationsgroßhändlern – Eine empirische Untersuchung zum Methodenvergleich zwischen Conjoint-Analyse und Kano-Modell

Cornelia Zanger und Gundolf Baier, Chemnitz

Auf dem dynamisch wachsenden und gleichwohl sehr wettbewerbsintensiven Markt für Telekommunikationsleistungen haben sich bislang kaum stabile Strukturen herausgebildet. Eine große Zahl unterschiedlicher Akteure stehen im Wettbewerb um Kunden, die bislang eine äußerst hohe Wechselbereitschaft auszeichnet. Um Ansatzpunkte für eine Strategie der Kundenzufriedenheit und der Kundenbindung zu finden, wird deshalb für den Marktakteur des Telekommunikationsgroßhändlers untersucht, welche relevanten Leistungsmerkmale zur Erzielung von Zufriedenheit führen. Im Rahmen einer explorativen Untersuchung kommen dabei die Conjoint-Analyse und das Kano-Modell zum Einsatz. Sowohl die Ergebnisse als auch die Praktikabilität der beiden Verfahren werden vergleichend betrachtet

1 EINLEITUNG

Der Markt für Telekommunikationsleistungen ist nicht erst seit dem endgültigen Wegfall des Telekom-Monopols mit Beginn des Jahres 1998 ein dynamisch wachsender Markt. Insbesondere im Bereich der Mobilkommunikation haben sich schon seit Februar 1990 die Bedingungen eines teilliberalisierten Marktes auswirken können (Welfens; Graack 1996, S. 177).

Neben einer Vielzahl unterschiedlicher Telekommunikationshersteller haben diese Bedingungen auch unterschiedlichste Handelsunternehmen auf dem Markt hervorgebracht. Zu den typischen Erscheinungen dieses jungen Wachstumsmarktes gehören bislang noch ein hohes Maß an Marktintransparenz und Instabilität. Insbesondere die Endkunden im Segment der mobilen Sprachkommunikation zeigen ein ausgeprägtes Wechselverhalten (Schröther 1998, S. 39 f.), was auf nur wenig stabile Beziehungen und geringe Loyalität gegenüber den Anbietern schließen läßt.

Durch die vollständige Freigabe der Sprachkommunikation ist mit weiteren Turbulenzen am Telekommunikationsmarkt zu rechnen. Neben starkem Preisdruck auf Endgeräte und Gebühren werden verbesserte Leistungen, neue technische Möglichkeiten und besserer Service in allen Segmenten der Telekommunikation erwartet.

Der zunehmende Wettbewerbsdruck wirkt sich dabei nicht nur auf die Beziehungen zwischen Endkunden und Einzelhandel aus, sondern erfaßt alle Handelsstufen vom Endkunden bis zum Hersteller der Telekommunikationsleistungen.

Eine allein am Preis orientierte strategische Grundkonzeption erweist sich unter diesen Bedingungen für viele Unternehmen zunehmend als Sackgasse. Eine Strategie der Kundenzufriedenheit und der Kundenbindung verspricht hingegen eine Stabilisierung und damit eine deutliche Verbesserung der eigenen Wettbewerbsposition. Dies betrifft sowohl die Beziehungen zwischen Anbietern und Endkunden als auch, wie in unserem Beispiel, die Beziehungen zwischen Einzelhandel und Großhandel.

Um Kundenzufriedenheit und darauf aufbauend Kundenbindung zielgerichtet beeinflussen zu können, ist die vorherige Kundenzufriedenheitsmessung unerläßlich. Aus diesem Grund werden hier zwei Instrumente zur Messung der Kundenzufriedenheit vorgestellt und anhand einer empirischen Untersuchung zur Händlerzufriedenheit mit Telekommunikationsgroßhändlern sowohl einem Ergebnis- als auch einem Praktikabilitätsvergleich unterzogen.

2 DIE STELLUNG DER GROSSHÄNDLER AUF DEM TELEKOMMUNIKATIONSMARKT

Die mit der dritten Stufe der Postreform erreichte Öffnung des gesamten Telekommunikationsmarkts geht nach Ansicht von Experten mit einem erheblichen Marktwachstum einher (Hungenberg; Hutzschenreuter 1998, S. 16). Über alle Marktsegmente hinweg wird mit einem Wachstum von fünf bis zehn Prozent gerechnet. Im Bereich der Mobilkommunikation werden sogar Wachstumsraten von bis zu 30 Prozent pro Jahr erwartet.

Die Dynamik und das Potential des Marktes dürfen demgegenüber nicht darüber hinwegtäuschen, daß ein harter Kampf um Marktanteile und Gewinnmargen im Gange ist (Schröther 1998, S. 38), der nicht nur Unternehmen der jeweils gleichen Distributionsstufe, sondern die verschiedenster Stufen umfaßt.

Die hier im Vordergrund stehenden Telekommunikationsgroßhändler stehen dabei sowohl im Wettbewerb mit weiteren Großhändlern als auch mit den anderen Anbietergruppen in den verschiedenen Segmenten des Telekommunikationssektors.

Bei einer systematischen Betrachtung lassen sich insgesamt sieben Gruppen von Akteuren voneinander unterscheiden.

Zu nennen sind die Hardware-Hersteller, die Netzbetreiber, die Diensteanbieter (Service Provider), die Großhändler, die auf dem Telekommunikationsmarkt aktiven Handelsketten, die kleinen und mittleren Fachhändler für Funktechnik sowie Rundfunk- und Fernsehtechnik und schließlich die Endkunden, die selbst wiederum Unternehmen jeglicher Größe oder aber private Konsumenten sein können.

Als Hardware-Hersteller werden in diesem Zusammenhang die Produzenten der Telekommunikationsendgeräte und sonstiger zur Nutzung der Telekommunikationsdienste erforderlicher Hardware bezeichnet.

Neben dem klassischen indirekten Distributionsweg vom Hersteller über Groß- und Einzelhandel zum Endkunden, versuchen Hersteller auch über Netzbetreiber und Service Provider oder direkt über den Einzelhandel ihre Waren zu verkaufen. Selbst der unmittelbare Verkauf direkt an den Endkunden findet zunehmend statt.

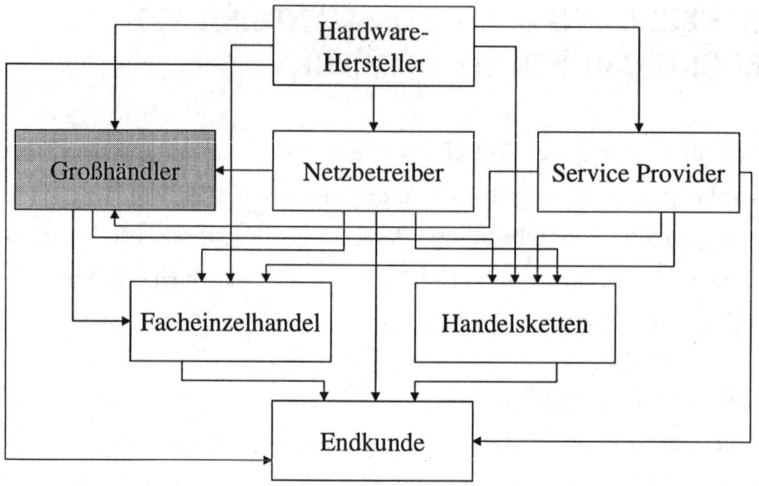

Abbildung 1: Die Beziehungen zwischen den Akteuren auf dem Telekommunikationsmarkt

Die Netzbetreiber sind Eigentümer der Funknetze und verkaufen Gesprächszeiten im sogenannten Kartengeschäft an Endkunden oder an Service Provider, die die gekauften Gesprächszeiten im eigenen Namen an Endkunden weiterverkaufen. Sowohl Netzbetreiber als auch Service Provider verkaufen dabei außerdem die für die Nutzung der Gesprächszeiten erforderliche Mobilfunktechnik.

Die Großhändler nehmen hier eine Bündelungsfunktion wahr, indem sie von Herstellern, Netzbetreibern und Service Providern die jeweiligen Produkte einkaufen, um den resultierenden Sortimentsmix an Handelsketten und Facheinzelhändler zu verkaufen.

Insbesondere die direkten Vertriebswege der Hersteller, aber auch die der Netzbetreiber und der Service-Anbieter stellen die Großhändler vor neue Herausforderungen, um ihr Bestehen auf dem Markt zu sichern.

Wie eingangs bereits festgestellt, eröffnet eine Strategie der Kundenzufriedenheit den Großhändlern Möglichkeiten zur Stabilisierung und Festigung ihrer Kundenbeziehungen. Hierfür ist es allerdings notwendig, mit geeigneten Instrumenten diejenigen Leistungsbestandteile zu ermitteln, die Kundenzufriedenheit hervorrufen, und durch den zielgerichteten Einsatz der Informationen bei der Leistungsgestaltung die Kundenzufriedenheit darauf aufbauend zu steuern.

Aus Effizienzgründen ist auch die Ermittlung solcher Leistungsbestandteile sinnvoll, denen im Hinblick auf die Erzeugung von Kundenzufriedenheit keine gesonderte Beachtung geschenkt werden muß.

3 ZWEI AUSGEWÄHLTE METHODEN ZUR KUNDENZUFRIEDENHEITSMESSUNG

Für die Umsetzung einer Strategie der Kundenzufriedenheit stellt ihre Messung einen entscheidenden ersten Schritt dar. Die vorhandenen Meßansätze sind dabei sehr zahlreich (Homburg; Rudolph 1997, S. 45).

Zunächst werden objektive Verfahren, bei denen Zufriedenheit anhand mit Zufriedenheit korrelierter objektiv meßbarer Indikatoren ermittelt wird, von subjektiven Verfahren unterschieden, die Zufriedenheit mit von Kunden subjektiv wahrgenommenen Zufriedenheitswerten erfassen.

Die Klasse der subjektiven Verfahren läßt sich weiter in merkmalsorientierte und ereignisgestützte Verfahren einteilen, je nach dem, ob für das Verfahren die Zerlegung in die die Zufriedenheit determinierenden Merkmale oder aber die Betrachtung von für die Zufriedenheit bedeutsamen Ereignissen im Vordergrund steht.

Auf eine mögliche weitere Verfeinerung der existierenden Meßansätze soll an dieser Stelle verzichtet werden (ausführlich bei Homburg; Rudolph 1997, S. 45). Zur Einordnung der nachfolgend betrachteten Meßansätze sei nur festgehalten, daß es sich um merkmalsgestützte Verfahren handelt, die mittels multiattributiver Messung eine genaue Bestimmung derjenigen Leistungsbestandteile ermöglichen, die beim Kunden Zufriedenheit erzeugen.

Bei den beiden Meßansätzen handelt es sich um die Conjoint-Analyse und das Kano-Modell. Während das erstgenannte Verfahren mittlerweile eine sehr große Verbreitung im Marketing gefunden hat (Weiber; Rosendahl 1997, S. 107), ist die Resonanz auf das Kano-Modell als äußerst gering zu bezeichnen.

Zunächst werden beide Ansätze in ihren Grundzügen dargestellt, um den Methodenvergleich im anschließenden Abschnitt vornehmen zu können.

3.1 Conjoint-Analyse als Instrument zur Kundenzufriedenheitsmessung

Mittlerweile existieren zahlreiche conjoint-analytische Ansätze, die sich z. T. erheblich voneinander unterscheiden. Im folgenden soll deshalb, sofern nicht explizit etwas anderes angegeben ist, stets die klassische Conjoint-Analyse gemeint sein (Weiber; Rosendahl 1997, S. 108 f.).

Die Conjoint-Analyse soll als Instrument zur Kundenzufriedenheitsmessung eingesetzt werden, mit dem Ziel, die für die Zufriedenheit wichtigen Eigenschaften zu ermitteln.

3.1.1 Grundlagen

Die Conjoint-Analyse ist ein Verfahren, um Präferenzen von Auskunftspersonen als eindimensionalen Indikator zu messen (Büschken 1994, S. 72). Der Grundgedanke der Conjoint-Analyse besteht dabei darin, aus diesen Präferenz- oder Gesamtnutzenurteilen auf Basis eines multiattributiven Präferenzmodells die Teilnutzen von Einzeleigenschaften in einem dekompositionellen Verfahren mathematisch zu bestimmen (Backhaus et al. 1996, S. 497).

Um die Teilnutzen bestimmen zu können, ist eine Annahme darüber zu treffen, welches Präferenzbildungsmodell der Situation angemessen ist.

Das Präferenzbildungsmodell setzt sich dabei aus einer Bewertungsfunktion, die den Zusammenhang zwischen Eigenschaftsausprägungen und Nutzenverlauf wiedergibt, und einer Verknüpfungsfunktion, die die bewerteten Einzeleigenschaften zu einem Gesamturteil verdichtet, zusammen (Mengen 1993, S. 75 f.).

Ohne auf die möglichen Ausprägungen im einzelnen einzugehen, sei nur auf die in der praktischen Anwendung der Conjoint-Analyse vorherrschenden und hier ebenfalls verwendeten Bewertungs- und Verknüpfungsfunktionen hingewiesen.

Als Bewertungsfunktion liegt das Teilnutzenmodell zugrunde, das keine Annahmen über den Nutzenverlauf zwischen den diskreten Nutzenwerten trifft. Als Verknüpfungsfunktion liegt das additiv-kompensatorische Modell zugrunde, das die Berücksichtigung aller Merkmale mit der Möglichkeit, sich gegenseitig auszugleichen, vorsieht.

3.1.2 Vorgehensweise

Die Durchführung der Conjoint-Analyse kann in fünf Schritte zerlegt werden (Backhaus 1996, S. 500):

1. Definition der Eigenschaften und ihrer Ausprägungen
2. Definition des Erhebungsdesigns
3. Bewertung der Stimuli durch die Befragten
4. Schätzung der Nutzenwerte
5. Aggregation der Nutzenwerte

Die Definition der für die Untersuchung relevanten Eigenschaften und ihrer Eigenschaftsausprägungen ist, wie noch gezeigt wird, für beide Meßansätze von herausragender Bedeutung und soll deshalb für beide Ansätze gemeinsam in Abschnitt vier vorgenommen werden.

Die Definition des Erhebungsdesigns umfaßt im besonderen die Aufgabe der Stimulidefinition und die Festlegung der Stimulizahl.

Bei der Stimulidefinition werden grundsätzlich die Profil- und die Zwei-Faktor-Methode voneinander unterschieden. Während bei ersterer die Stimuli aus der Kombination je einer Ausprägung jeder Eigenschaft bestehen, werden bei letzterer Matrizen von Eigenschaftspaaren gebildet. Bei der Profilmethode erfolgt anschließend eine simultane Bewertung aller durch systematische Eigenschaftskombinationen gebildeter Stimuli. Bei der Zwei-Faktor-Methode werden die Stimuli hingegen isoliert betrachtet und die Bewertung der Eigenschaftsausprägungskombinationen je eines Stimulus vorgenommen.

Die Vorteile der einen Methode sind zugleich die Nachteile der anderen, so daß es ausreicht, die im Rahmen der Untersuchung verwendete Profilmethode kurz zu charakterisieren. Sie zeichnet sich gegenüber der Zwei-Faktor-Methode durch einen höheren Realitätsbezug, aber gleichzeitig durch höhere Bewertungskomplexität und höheren zeitlichen Bewertungsaufwand aus (Mengen 1993, S. 81 f.).

Die Festlegung der Stimulizahl wird im wesentlichen durch die in Schritt eins definierte Zahl von Eigenschaften und Eigenschaftsausprägungen festgelegt. Sofern in Schritt zwei die Profilmethode zur Stimulidefinition gewählt wird, existiert allerdings eine Möglichkeit zur Verringerung der Stimulizahl. Während die Gesamtzahl aller Stimuli als vollständiges Design bezeichnet wird, nennt man die nach speziellen Regeln verringerte Stimulizahl, die das vollständige Design möglichst gut repräsentiert, das reduzierte Design (Backhaus et al. 1996, S. 506).

Zur Handhabung der mit der Zahl der Eigenschaften und Eigenschaftsausprägungen schnell wachsenden Komplexität der Beurteilungsaufgabe hat die Möglichkeit zur Bildung eines reduzierten Designs eine große Bedeutung.

Jeder Befragte gibt dann seine Präferenz- bzw. Nutzenurteile für die definierten Stimuli ab. Aus diesen Informationen lassen sich Präferenz- bzw. Nutzenwerte für jede Merkmalsausprägung ableiten.

Aufgrund der Annahme eines additiv-kompensatorischen Modells kann durch additive Zusammenfassung dieser Teilnutzenwerte der individuelle Gesamtnutzen für jede Merkmalskombination, d. h. für jedes Produktkonzept, bestimmt werden.

Durch Mittelwertbildung über alle Teilnutzenwerte läßt sich schließlich eine Aggregation der Individualanalysen zu einer Gesamtanalyse aller Befragten bewerkstelligen.

Die relative Wichtigkeit der einzelnen Eigenschaften läßt sich sowohl für die individuelle als auch für die aggregierte Analyse als Anteil der Nutzenspannweite der Eigenschaft an der Summe der Nutzenspannweiten aller Eigenschaften ermitteln.

3.2 Das Kano-Modell als Instrument der Kundenzufriedenheitsmessung

Mit dem Kano-Modell zur Kundenzufriedenheitsmessung wird nun ein Ansatz vorgestellt, der nicht nur den Einfluß verschiedener Leistungskomponenten auf die Zufriedenheit des Kunden offenlegt, sondern darüber hinaus Aussagen ermöglicht, in welchem

Umfang ein Merkmal in der Lage ist, Zufriedenheit oder Unzufriedenheit zu erzeugen.

3.2.1 Grundlagen

Der Kano-Methode liegt die Überlegung zugrunde, daß Zufriedenheit und Unzufriedenheit nicht die Gegenpole eines bipolaren Kontinuums sind, sondern vielmehr zwei getrennte Faktoren, die die Gegenpole der Nicht-Zufriedenheit bzw. Nicht-Unzufriedenheit besitzen (Berger et al. 1993, S. 4).

Obwohl diese Aufspaltung des Konstrukts bereits in der Zwei-Faktoren-Theorie von Herzberg eine bedeutende Rolle spielt, wird sie in weiten Bereichen der Kundenzufriedenheitsforschung noch vernachlässigt (Homburg; Rudolph, 1997, S. 43; Berger et al. 1993, S. 23 ff.).

Homburg und Rudolph gehen zwar in ihrer Diskussion theoretischer Perspektiven der Kundenzufriedenheit auf die Sichtweise von Herzberg ein, verfolgen sie aber mit dem Hinweis der bislang nicht erfolgten empirischen Bestätigung nicht weiter (Homburg; Rudolph 1997, S. 43 f.).

Im Kano-Modell wird angenommen, daß neben dem durchgehend linearen Zusammenhang zwischen Erfüllung einer Eigenschaft und dem Zufriedenheits- bzw. Unzufriedenheitsgrad weitere Beeinflussungsmuster existieren. Es werden insgesamt drei Arten von Anforderungen unterschieden: Basisanforderungen, Leistungsanforderungen und Begeisterungsanforderungen (Berger et al. 1993, S. 4; Bailom et al. 1996, S. 118).

Basisanforderungen sind Mußeigenschaften einer Leistung, die wie selbstverständlich erwartet werden. Sind sie vorhanden, führt dies beim Kunden aufgrund seiner Erwartungshaltung nicht zu erhöhter Zufriedenheit. Sind sie jedoch nicht vorhanden, führt dies zu extremer Unzufriedenheit.

Leistungsanforderungen entsprechen dem linearen Zusammenhangsmuster. Die Zufriedenheit verhält sich hier proportional zur Erfüllung der Anforderung und die Unzufriedenheit proportional zur Nicht-Erfüllung.

Begeisterungsanforderungen schließlich sind solche Eigenschaften einer Leistung, die

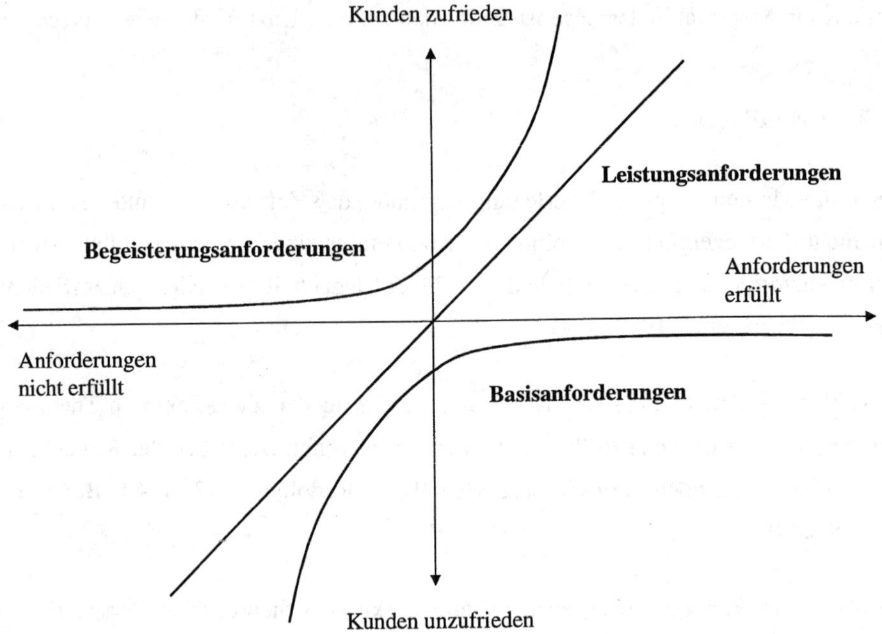

Abbildung 2: Anforderungsarten im Kano-Modell (Berger et al. 1993, S. 4)

nicht explizit erwartet werden und bei ihrer Erfüllung deshalb positive Überraschung oder Begeisterung hervorrufen. Sind Begeisterungsanforderungen nicht erfüllt, tritt demgegenüber keine Unzufriedenheit ein, sondern lediglich keine erhöhte Zufriedenheit.

3.2.2 Vorgehensweise

Die Durchführung eines Kano-Projekts wird in vier Schritte eingeteilt (Bailom et al. 1996, S. 119):

1. Identifikation der Produktanforderungen
2. Konstruktion des Fragebogens
3. Durchführung der Interviews
4. Auswertung und Interpretation

Wie bei der Conjoint-Analyse steht am Anfang des Kano-Projekts die Ermittlung der für die Untersuchung relevanten Eigenschaften, die die Grundlage für sinnvolle und verwertbare Ergebnisse darstellen. Auf sie wird für beide Methoden gemeinsam in Abschnitt vier eingegangen.

Die Konstruktion des Fragebogens stellt gezielt darauf ab, die im Kano-Modell definierten Anforderungsarten ermitteln zu können. In dem speziellen Erhebungsinstrument werden für jede als relevant identifizierte Eigenschaft zwei Fragen gestellt, die die Wirkung der Eigenschaft in Bezug auf die Zufriedenheit des Kunden untersuchen (Berger et al. 1993, S. 5).

Eine Frage zielt auf die Reaktion des Kunden, sofern die Eigenschaft erfüllt ist (funktionale Frage), die andere auf die Reaktion, wenn sie nicht erfüllt ist (dysfunktionale Frage). Die in beiden Fragen vorgegebenen fünfstufigen Antwortskalen sind benannt mit "würde mich sehr freuen", "setze ich voraus", "das ist mir egal", "könnte ich evtl. in Kauf nehmen" und "würde mich sehr stören" (Bailom et al. 1996, S. 120). In der englischen Originalliteratur werden die Begriffe "like", "must-be", "neutral", "live with" und "dislike" verwendet (Berger et al. 1993, S. 6).

Durch die Kombination der zwei Antworten entsteht ein funktional/dysfunktionales Antwortpaar, das mittels der nachfolgenden Auswertungstabelle eine Zuordnung der Eigenschaft zu einer der drei Anforderungsarten erlaubt.

Tabelle 1: Die Kano-Auswertungstabelle (Bailom et al. 1996, S. 121)

Produktanforderung		Dysfunktionale Frage				
		1. Würde mich sehr freuen	2. Setze ich voraus	3. Das ist mir egal	4. Könnte ich evtl. in Kauf nehmen	5. Würde mich sehr stören
Funktionale Frage	1. Würde mich sehr freuen	Q	A	A	A	O
	2. Setze ich voraus	R	I	I	I	M
	3. Das ist mir egal	R	I	I	I	M
	4.Könnte ich evtl. in Kauf nehmen	R	I	I	I	M
	5.Würde mich sehr stören	R	R	R	R	Q

mit
A(ttractive): Begeisterungsanforderung
O(ne dimensional): Leistungsanforderung
M(ust-be): Basisanforderung
R(everse): Entgegengesetzt
Q(uestionable): Fragwürdig
I(ndifferent): Indifferent

Die Auswertungstabelle gibt zunächst einen Eindruck der Eigenschaftszuordnung auf individueller Ebene. Eine Aggregation für eine Gruppe von Befragten erfolgt in der einfachsten Form durch eine Häufigkeitsanalyse, in der die Zuordnung zu den Anforderungsarten ausgezählt wird und die häufigste Zuordnung für die Gruppe maßgeblich ist.

Sind die Unterschiede in den Zuordnungshäufigkeiten nicht groß, so daß sich kein klares Bild ergibt, kann entweder eine segmentspezifische Analyse vorgenommen werden oder für die definierte Ausgangsgruppe mit der Auswertungsregel "$M > O > A > I$" eine Entscheidung herbeigeführt werden, in welcher Reihenfolge die Eigenschaften zu berücksichtigen sind (Bailom 1996, S. 123).

Die Auswertungsregel besagt dabei, daß zunächst die Eigenschaften berücksichtigt werden sollen, die den größten Einfluß auf die Unzufriedenheit des Kunden haben.

Für die Ermittlung des Einflusses einer Eigenschaft auf die Zufriedenheit bzw. Unzufriedenheit wird ein zweiwertiger Kundenzufriedenheitskoeffizient (CS-Koeffizient) vorgeschlagen, der folgendermaßen definiert ist (Berger et al. 1993, S. 18):

- Ausmaß der Zufriedenheitsstiftung als: $\frac{A+O}{A+O+M+I}$
- Ausmaß der Unzufriedenheitsstiftung als: $\frac{O+M}{A+O+M+I}$

Der Absolutbetrag beider Teilkoeffizienten reicht von 0 bis 1, wobei der Einfluß auf Zufriedenheit bzw. Unzufriedenheit um so höher ist, je näher der Absolutbetrag bei 1 liegt. Das Ausmaß der Zufriedenheitsstiftung zeigt an, wie stark die durchschnittliche Zufriedenheit zunimmt, wenn diese als Begeisterungs- bzw. Leistungsanforderung angesehene Eigenschaft erfüllt ist. Umgekehrt zeigt das Ausmaß der Unzufriedenheitsstiftung an, wie stark die durchschnittliche Unzufriedenheit zunimmt, wenn die als Leistungs- bzw. Basisanforderung angesehene Eigenschaft nicht erfüllt ist.

4 EMPIRISCHE STUDIE ZUM METHODENVERGLEICH

Um die beiden Methoden im Hinblick auf Ergebnisübereinstimmung und auf Praktikabilität miteinander zu vergleichen, wurde eine explorative empirische Untersuchung für einen Telekommunikationsgroßhändler durchgeführt, die nachfolgend beschrieben wird.

4.1 Ermittlung der relevanten Eigenschaften

Bevor mit der eigentlichen vergleichenden Studie begonnen werden konnte, mußten zunächst die für die Zufriedenheit relevanten Eigenschaften und deren Ausprägungen ermittelt werden.

Die Forderung nach Relevanz der betrachteten Eigenschaften wurde durch Sekundärforschung, durch Gespräche mit dem auftraggebenden Großhändler und durch neun qualitative Interviews mit Fachhändlern für Funktechnik berücksichtigt.

Im Ergebnis ergab sich das in *Tabelle 2* wiedergegebene Bild häufig geforderter Eigenschaften, aufgetretener Probleme und zukünftig erwünschter Leistungen.

Neben der schon angesprochenen Relevanz der Eigenschaften werden mit der Beeinflußbarkeit, der Realisierbarkeit, der Unabhängigkeit und der Aufwandsbegrenzung weitere Forderungen an die für die Untersuchung auszuwählenden Eigenschaften gestellt (Mengen 1993, S. 84 f.; Weiber; Rosendahl 1997, S. 111).

Die Beeinflußbarkeit und Realisierbarkeit der Eigenschaften betreffen dabei die Umsetzungsfähigkeit der Ergebnisse durch das Unternehmen. Nur wenn die Eigenschaften im Handlungsspielraum des Unternehmens liegen und auch technisch umsetzbar sind, können die möglicherweise erforderlichen Handlungskonsequenzen aus den Ergebnissen gezogen werden.

Die Unabhängigkeit der Eigenschaften fordert, daß sich Eigenschaften nicht gegenseitig in ihrer Nutzenwahrnehmung beeinflussen sollen. Diese Forderung hat vor allem in Bezug auf die Anwendung der Conjoint-Analyse ihre Berechtigung, weil bei Abhängigkeit von Eigenschaften Ergebnisverzerrungen bei additiver Verknüpfungsfunktion entstehen können (Mengen 1993, S. 85). Für das Kano-Modell hat diese Forderung keine besondere Relevanz, weil die bewerteten Eigenschaften jeweils isoliert betrachtet werden.

Die Forderung nach Aufwandsbegrenzung schließlich ist wiederum für beide Ansätze relevant und zielt auf eine Beschränkung auf möglichst wenige Merkmale und Merkmalsausprägungen.

Wird die Forderung mißachtet, kann durch eine übermäßige zeitliche Beanspruchung der

Befragten als auch durch eine nicht mehr handhabbare Beurteilungskomplexität das Forschungsziel gefährdet werden. Hierbei ist die Conjoint-Analyse deutlich empfindlicher gegenüber einer Forderungsverletzung als das Kano-Modell.

Während beim Kano-Modell die zeitliche Beanspruchung linear mit den befragten Eigenschaften zunimmt und die Beurteilungskomplexität weitgehend konstant bleibt, nimmt bei der Conjoint-Analyse der Zeitaufwand exponentiell zu und die Beurteilungskomplexität erreicht sehr schnell die Grenzen der kognitiven Belastbarkeit der Befragten.

Tabelle 2: Geforderte Eigenschaften, zukünftig erwünschte Leistungen und aufgetretene Probleme

Geforderte Eigenschaft	n
günstiger Preis	8
24h-Lieferserivce	7
umfangreiches Angebot	7
persönliche telefonische Betreuung (Hotline)	5
kompetente technische Betreuung	5
kostenlose Schulungen	4
kurze Reparaturzeiten	3
keine Versandkosten	3
Außendienstbesuche	2
Vorschläge zur Schaufenstergestaltung	2
Liefergenauigkeit	2
faire Betreuung	2
EDV-Anbindung	1
Vorschläge für Lagerbevorratung	1
Mailbox für Download von Software	1

Für die Zukunft gewünscht	n
Bereitstellung von Austauschgeräten	5
Lagerwertausgleich	4
Online-Anbindung	3
lange Zahlungsziele	3
bessere Prämien bei Freischaltungen	1
Kommission für häufig benötigte Ersatzteile	1
Vorabinformation über Serienfehler	1

Aufgetretene Probleme	n
zu lange Wartenzeiten bei Reparaturen	4
keine Lieferfähigkeit bei Neugeräten	4
Schnelligkeit der Lieferung	3
keine Fachhandelstreue	1
Ersatzteile für ältere Geräte nicht vorhanden	1
verspätete Provisionszahlungen	1

n = Häufigkeit der Nennung bei insgesamt 9 Interviews

Den genannten Forderungen möglichst entsprechend, wurden aus den oben ermittelten Eigenschaften die wichtigsten ausgewählt und zusammengefaßt, wobei solche Kriterien unberücksichtigt blieben, die vom auftraggebenden Distributor als nicht realisierbar angesehen wurden. Im Ergebnis ergab sich eine Liste zu untersuchender Eigenschaften bestehend aus 24h-Lieferservice, Sortimentsbreite, Sortimentstiefe, einem als günstig wahrgenommenen Preis, Reparaturzeiten kleiner zwei Wochen, einer Hotline, kostenloser Schulungen, Online-Verbindungen, einem Zahlungsziel bis zum 30. des Folgemonats und Werbeunterstützungsmaßnahmen.

4.2 Vorgehen und Ergebnisse der Conjoint-Analyse

Für die Conjoint-Analyse wurden die vorangehend aufgezählten Eigenschaften weiter reduziert, um die Zahl der gemäß Vollprofilmethode möglichen Stimuli von vornherein auf ein vertretbareres Maß zu reduzieren.

Mit den ursprünglich zehn Eigenschaften hätten sich bei je zwei Eigenschaftsausprägungen $2^{10} = 1024$ Stimuli ergeben, die durch die Beschränkung auf sechs Eigenschaften bereits auf $2^6 = 64$ Stimuli reduziert wurden.

Die für die Conjoint-Analyse ausgewählten binären Merkmale waren der 24h-Lieferservice, der als günstig wahrgenommene Preis, das Zahlungsziel bis zum 30. des Folgemonats, eine Reparaturzeit kleiner zwei Wochen, eine hohe Sortimentstiefe und eine hohe Sortimentsbreite.

Zur weiteren Reduktion der 64 Kombinationsmöglichkeiten wurde ein reduziertes orthogonales Design generiert, das eine Repräsentation des vollständigen Designs anhand von acht Stimuli ermöglicht. Diese acht Stimuli waren dann von den Befragten in eine Rangordnung der Vorziehenswürdigkeit zu bringen.

Die Auswertung der Rangfolgen mit der Schätzung der Teilnutzenwerte erbrachte folgendes Ergebnis für die 38 Befragten.

Tabelle 3: Das Ergebnis der Conjoint-Analyse

Merkmal	relative Wichtigkeit	Teilnutzen der positiven Ausprägung	Teilnutzen der negativen Ausprägung
24h-Lieferservice	17,30%	0,8357	-0,8357
niedriger Preis	19,71%	0,9357	-0,9357
Zahlungsziel bis zum 30. des Folgemonats	18,36%	0,8929	-0,8929
Reparaturzeit kleiner zwei Wochen	19,44%	0,9357	-0,9357
hohe Sortimentstiefe	12,79%	0,5857	-0,5857
hohe Sortimentsbreite	12,39%	0,5429	-0,5429

Die Übereinstimmung der empirisch ermittelten Präferenzrangfolge mit der durch die Teilnutzenwerte reproduzierten Rangfolge ergibt eine sehr gute Übereinstimmung, die in einem Wert von Kendall's Tau mit 1,0 bei einer Irrtumswahrscheinlichkeit von 0,03 zum

Ausdruck kommt.

4.3 Vorgehen und Ergebnisse des Kano-Modells

Für die Untersuchung mit Hilfe des Kano-Modells wurden die in Abschnitt 4.1 aufgelisteten Eigenschaften zusammen mit den auf Wunsch des auftraggebenden Großhändlers zusätzlich aufgenommenen Eigenschaften Verpackungspauschale und Jahresboni in funktionaler und dysfunktionaler Form befragt.

Darüber hinaus wurde in Ergänzung zu den eigentlichen Kano-Fragen eine direkte Befragung der Eigenschaftswichtigkeit (Self-stated-importance-Messung) vorgenommen, die zur Erhöhung der Aussagekraft der Ergebnisse und gleichzeitig zur besseren Vergleichbarkeit mit anderen Methoden empfohlen wird (Berger et al. 1993, S. 12).

Die Auswertung der Fragekombinationen mit Hilfe der Kano-Auswertungstabelle und ihre Aggregation über alle 46 Befragten ergibt folgende Zuordnung der Eigenschaften zu Anforderungskategorien:

Tabelle 4: Eigenschaftszuordnung zu Anforderungskategorien

Merkmal	A	O	M	I	R	Q	Kategorie
24h-Lieferservice	19,5%	19,5%	54,3%	4,3%	0,0%	2,1%	M
hohe Sortimentstiefe	28,2%	28,2%	21,7%	19,5%	0,0%	2,1%	O
hohe Sortimentsbreite	50,0%	21,7%	13,0%	13,0%	2,1%	0,0%	A
als günstig wahrgenommener Preis	4,3%	80,4%	10,8%	2,1%	2,1%	0,0%	O
Reparaturzeit kleiner zwei Wochen	10,8%	21,7%	65,2%	2,1%	0,0%	0,0%	M
vorhandene Hotline	26,0%	19,5%	43,4%	10,8%	0,0%	0,0%	M
kostenlose Schulungen	60,8%	13,0%	15,2%	10,8%	0,0%	0,0%	A
Online-Verbindung	58,7%	8,7%	6,5%	26,0%	0,0%	0,0%	A
keine Verpackungspauschale	43,4%	28,2%	28,2%	0,0%	0,0%	0,0%	A
Gewährung von Jahresboni	45,6%	21,7%	23,9%	8,7%	0,0%	0,0%	A
Zahlungsziel bis 30. des Folgemonats	69,5%	13,0%	2,1%	13,0%	2,1%	0,0%	A
Werbeunterstützung	47,8%	17,3%	26,1%	8,7%	0,0%	0,0%	A

Zusammenfassend läßt sich festhalten, daß zu den Basisanforderungen die Kriterien 24h-Lieferservice, eine Reparaturzeit kleiner zwei Wochen sowie das Vorhandensein einer Hotline gehören. Als Leistungsanforderungen können die Kriterien Preis und mit einer recht großen Unsicherheit die Sortimentsbreite identifiziert werden. Die Begeisterungsanforderungen sind Sortimentstiefe, Schulungsangebote, Online-Verbindungen, keine Verpackungspauschalen, die Gewährung von Jahresboni, ein Zahlungsziel bis zum 30. des Folgemonats und die Unterstützung bei Werbemaßnahmen.

Die aus der Auswertungstabelle abgeleitete Zuordnung wird auch durch die Betrachtung der Zufriedenheitskoeffizienten bestätigt, die das Maß der Zufriedenheits- bzw. der Unzufriedenheitsstiftung der einzelnen Eigenschaften ausdrücken.

Tabelle 5: Zufriedenheitskoeffizienten der Eigenschaften

Merkmal	Kategorie	Ausmaß der Zufriedenheitsstiftung	Ausmaß der Unzufriedenheitsstiftung
24h-Lieferservice	M	0,40	-0,76
hohe Sortimentstiefe	O	0,58	-0,51
hohe Sortimentsbreite	A	0,74	-0,35
als günstig wahrgenommener Preis	O	0,87	-0,93
Reparaturzeit kleiner zwei Wochen	M	0,33	-0,87
vorhandene Hotline	M	0,46	-0,63
kostenlose Schulungen	A	0,74	-0,28
Online-Verbindung	A	0,68	-0,15
keine Verpackungspauschale	A	0,72	-0,56
Gewährung von Jahresboni	A	0,67	-0,46
Zahlungsziel bis 30. des Folgemonats	A	0,85	-0,15
Werbeunterstützung	A	0,65	-0,43

4.4 Gegenüberstellung der Ergebnisse

Bei der Gegenüberstellung der Ergebnisse lassen sich zunächst die relativen Wichtigkeiten der Eigenschaften im Rahmen der beiden Teiluntersuchungen vergleichen. Hierbei handelt es sich um einen Vergleich der durch die Conjoint-Analyse ermittelten relativen Wichtigkeiten mit denen der Self-stated-importance-Messung. Dieser Vergleich ist insofern kein unmittelbarer Vergleich zwischen Conjoint-Analyse und Kano-Modell als die Self-stated-importance-Messung kein integraler Bestandteil des Kano-Modells, sondern eher eine Ergänzung ist (Berger 1993, S. 14).

Zur Ermittlung der relativen Wichtigkeiten aus der Self-stated-importance-Messung wurden eine Normierung der Wichtigkeitsskala auf Werte zwischen null und eins vorgenommen und die Anteile an der Summe der Wichtigkeitswerte errechnet.

Es zeigt sich, daß sich die relativen Wichtigkeiten zwar nicht wesentlich voneinander unterscheiden, sich aber deutliche Abweichungen der aus den relativen Wichtigkeiten

Tabelle 6: Vergleich der durch Conjoint-Analyse und durch direkte Befragung ermittelten Wichtigkeiten

Merkmal	relative Wichtigkeiten der Conjoint-Analyse	Rang	relative Wichtigkeiten der direkten Befragung	Rang
niedriger Preis	19,71%	1	17,13%	3
Reparaturzeit kleiner zwei Wochen	19,44%	2	18,52%	1
Zahlungsziel bis zum 30. des Folgemonats	18,36%	3	15,20%	5
24h-Lieferservice	17,30%	4	18,31%	2
hohe Sortimentstiefe	12,79%	5	15,95%	4
hohe Sortimentsbreite	12,39%	6	14,88%	6

ableitbaren Wichtigkeitsrangfolgen ergeben.

Dies ist ein Hinweis darauf, daß, insbesondere bei absolut nur kleinen Wichtigkeitsunterschieden der Merkmale, vorsichtig mit einer Wertetransformation wie dies die Bildung einer Rangfolge darstellt, umzugehen ist.

Für den eigentlichen Ergebnisvergleich zwischen Conjoint-Analyse und Kano-Modell muß zunächst auf die Probleme des Vergleichs hingewiesen werden, die in den konzeptionellen Unterschieden zwischen den beiden Ansätzen liegen.

Sie führen dazu, daß die Conjoint-Analyse keine Aussagen darüber ermöglicht, ob ein Merkmal bei Vorhandensein eher Zufriedenheit oder bei Nicht-Vorhandensein eher Unzufriedenheit stiftet, während dies gerade das Anliegen des Kano-Modells ist. Demgegenüber vermag die Kano-Methode keine Auskunft darüber zu geben, welche relative Wichtigkeit die Merkmale besitzen.

Trotz dieser konzeptionellen Inkompatibilität soll ein direkter Vergleich vorgenommen werden. Dies ist unter der Annahme möglich, daß bei hohen Nutzenwerten von Eigenschaften die Eigenschaftserfüllung entsprechend hohe Zufriedenheitswerte erzeugt.

Für den Vergleich wurde sich auf die in beiden Analysen übereinstimmend enthaltenen Merkmale konzentriert und die relativen Wichtigkeiten aus der Conjoint-Analyse den Zufriedenheitskoeffizienten aus den Ergebnissen des Kano-Modells gegenübergestellt.

Das Merkmal mit der höchsten relativen Wichtigkeit ist nach den Ergebnissen der

Tabelle 7: Vergleich der Ergebnisse der Conjoint-Analyse mit denen des Kano-Modells

Merkmal	relative Wichtigkeit der Conjoint-Analyse	Ausmaß der Zufriedenheits-stiftung	Ausmaß der Unzufrieden-heitsstiftung	Kategorie
Preis	19,71%	0,87	-0,93	O
Reparaturzeit	19,44%	0,33	-0,87	M
Zahlungsziel	18,36%	0,85	-0,15	A
Lieferservice	17,30%	0,40	-0,76	M
Sortimentstiefe	12,79%	0,74	-0,35	A
Sortimentsbreite	12,39%	0,58	-0,51	O

Conjoint-Analyse ein als günstig wahrgenommener Preis. Gemäß den Ergebnissen des Kano-Modells ist ein günstiger Preis eine Leistungsanforderung, die proportional zum Erfüllungsgrad Zufriedenheit bzw. Unzufriedenheit hervorruft. In Übereinstimmung mit der relativen Wichtigkeit sind die Zufriedenheitskoeffizienten auch die jeweils höchsten.

Das nach der Conjoint-Analyse nächstwichtigere Merkmal ist eine Reparaturzeit kleiner zwei Wochen. Nach dem Kano-Modell ist dieses Merkmal eine Basisanforderung, welche bei Nicht-Erfüllung den zweithöchsten negativen und bei Erfüllung den niedrigsten positiven Zufriedenheitskoeffizienten liefert.

Hier wird bereits deutlich, daß je nach Kano-Merkmalskategorie eine unterschiedliche Auswahl der zum Vergleich heranzuziehenden Zufriedenheitskoeffizienten sinnvoll ist.

Während bei Leistungsanforderungen beide Koeffizienten verglichen werden sollten, ist bei Basisanforderungen der negative Koeffizient heranzuziehen. Genau umgekehrt verhält es sich bei den Attraktivitätsfaktoren, bei denen der für den Vergleich relevante Koeffizient der positive ist.

Setzt man den Vergleich unter Beachtung dieser Vergleichsvorschrift fort, ergibt sich für die hier vorliegenden Untersuchungsergebnisse eine vollkommene Übereinstimmung der durch die relativen Wichtigkeiten und der durch die Höhe der Zufriedenheits- bzw. Unzufriedenheitskoeffizienten entstehenden Merkmals-Rangordnungen.

Für den hier betrachteten Fall läßt sich ableiten, daß beide Methoden keine gegensätzlichen Ergebnisse liefern, sondern eine grundsätzliche Ergebniskompatibilität versprechen.

Andererseits macht der Vergleich deutlich, daß die Ergebnisse des Kano-Modells mehr Informationen enthalten als die der Conjoint-Analyse.

Der Nachteil der Conjoint-Analyse, nicht nach Zufriedenheits- und Unzufriedenheitswirkung unterscheiden zu können, kann im Rahmen des Verfahrens nicht behoben werden. Der Nachteil des Kano-Modells, nicht unmittelbar Aussagen über die relative Wichtigkeit der Merkmale machen zu können, ist nach den vorliegenden Vergleichsergebnissen durch die Zufriedenheitskoeffizienten zumindest in Form einer Wichtigkeitsrangfolge abmilderbar.

4.5 Vergleich der Praktikabilität der Instrumente

Im Hinblick auf die Praktikabilität der Instrumente schneidet die Kano-Methode aus den Erfahrungen der vorliegenden Untersuchung besser ab als die Conjoint-Analyse.

Vor allem die Beurteilungskomplexität, die sehr rasch die Beurteilungsfähigkeit der Befragten übersteigt, mindert dabei die Praktikabilität der klassischen Conjoint-Analyse. Auch die Lösung bzw. Verminderung des Problems durch Merkmals- und Eigenschaftsreduktion ist aufgrund des damit verbundenen Informationsverlusts und der Verminderung der Aussagekraft der Ergebnisse nicht unproblematisch.

Während bei der Conjoint-Analyse die Zahl der als relevant ermittelten Eigenschaften für die Erhebung mit Rücksicht auf die Durchführbarkeit der Untersuchung weiter reduziert werden mußte, konnten beim Kano-Modell sogar zusätzliche Eigenschaften aufgenommen werden.

Hierzu muß allerdings einschränkend festgehalten werden, daß es vielfältige Weiterentwicklungen der Conjoint-Analyse gibt, die an diesem Problem ansetzen. Zu nennen sind zunächst der Hybrid- und der Adaptiv-Ansatz, die beide mit Hilfe einer Kombination von kompositioneller und dekompositioneller Analyse die Zahl der in der Untersuchung insgesamt betrachteten Merkmale vergrößern, ohne die Beurteilungskomplexität auf individueller Ebene zu erhöhen (Green; Srinivasan 1990; Johnson 1987).

Weitere Ansätze wie die Choice-Based Conjoint-Analyse versprechen ebenfalls Vorteile gegenüber der klassischen Conjoint-Analyse nach dem Vollprofil-Ansatz, entfernen sich allerdings im Hinblick auf die Bewertung der Stimuli derartig weit von ihm, daß sie hier nicht weiter betrachtet werden sollen (Weiber; Rosendahl 1997, S. 108 ff.)

Aufgrund der Vielzahl existierender, unterschiedlicher Ansätze sowie der innerhalb jedes Ansatzes möglichen Variationen durch Erhebungsdesign-Entscheidungen sowie nicht zuletzt durch unterschiedliche Formen der Computerunterstützung bei Durchführung der jeweiligen Analyse, beschränken sich die vergleichenden Aussagen auf die klassischen Conjoint-Ansätze.

Wie schon angedeutet, ist allerdings auch bei einer Erhebung nach dem Kano-Modell die Forderung nach Aufwandsbegrenzung zu berücksichtigen, auch wenn die Beantwortung der Kano-Fragen aufgrund der geringeren Komplexität wesentlich einfacher ist.

Als Kritikpunkte an den Kano-Fragen lassen sich die für die Befragten unter Umständen unverständliche Fragendoppelung in funktionaler und dysfunktionaler Form und die Anordnung der Kano-Antwortmöglichkeiten nennen.

Die Fragendoppelung ist dabei nicht nur im Hinblick auf mögliche Verständnisprobleme kritisch, sondern führt auch zu vorzeitigen Ermüdungserscheinungen bei den Befragten, sofern größere Merkmalsbatterien abgefragt werden sollen.

Mit dem Kritikpunkt einer unverständlichen Anordnung der Kano-Antwortmöglichkeiten ist schließlich dann zu rechnen, wenn die Befragten bei den Antwortmöglichkeiten nicht – wie im Kano-Modell beabsichtigt – eine qualitative, sondern eine intensitätsmäßige Abstufung erwarten und dann fragen, warum die Antwortmöglichkeit "das würde mich sehr freuen" eine höheres Zufriedenheitsniveau anzeigt als die Antwortmöglichkeit "das setze ich voraus" (Berger et al. 1993, S. 25).

5 ZUSAMMENFASSUNG DER ERGEBNISSE

Zum Abschluß der explorativen Untersuchung sollen zunächst die methodischen Aspekte des Vergleichs zwischen Conjoint-Analyse und Kano-Modell zusammengefaßt werden. Im Anschluß daran erfolgt eine zusammenfassende Darstellung der Ergebnisse zur Händlerzufriedenheit mit Telekommunikationsgroßhändlern.

In der vergleichenden Gegenüberstellung von Conjoint-Analyse und Kano-Modell ist zunächst festzuhalten, daß die Conjoint-Analyse ein dekompositionelles Verfahren ist, während dem Kano-Modell ein kompositioneller Ansatz zugrunde liegt.

Beide Verfahren erfordern die vorherige Ermittlung der zu untersuchenden Merkmale und ihrer Ausprägungen. Die Ergebnisse beider Verfahren hängen entscheidend von der Güte dieses separaten Forschungsschrittes ab.

Aufgrund des dekompositionellen Ansatzes erfordert die Conjoint-Analyse Annahmen darüber, welches Präferenzbildungsmodell (Bewertungs- und Verknüpfungsfunktion) angemessen ist. Im Kano-Modell sind darüber keine Annahmen zu treffen.

Im Ergebnis erhält man durch die Conjoint-Analyse den Nutzenbeitrag der untersuchten Merkmalsausprägungen und die relative Wichtigkeit der Merkmale für die Gesamtpräferenz. Beides ist uneingeschränkt auf der Ebene einer Individualanalyse als auch auf der Ebene einer aggregierten Analyse verfügbar.

Das Kano-Modell führt demgegenüber zunächst zu einer Merkmalskategorisierung in Basis-, Leistungs- und Begeisterungsanforderungen. Auf der Ebene einer aggregierten Analyse lassen sich daraus Zufriedenheitskoeffizienten errechnen, die das Ausmaß der Zufriedenheits- bzw. Unzufriedenheitsstiftung angeben.

Im Hinblick auf die Praktikabilität läßt sich festhalten, daß die Conjoint-Analyse für eine große Merkmalszahl weniger geeignet ist als das Kano-Modell. Dies ist in dem mit der Merkmalszahl exponentiell wachsenden Beurteilungsaufwand und der hohen Beurteilungskomplexität der Conjoint-Analyse begründet. Demgegenüber sind beim Kano-Modell nur einer lineares Aufwandswachstum und eine vergleichsweise geringe Komplexität der Beurteilungsaufgabe festzustellen.

Trotz einer nach unseren Erfahrungen besseren Verständlichkeit der Beurteilungsaufgabe im Rahmen der Conjoint-Analyse, führen die deutlich geringeren Ansprüche, die das Kano-Modell im Hinblick auf Beurteilungsaufwand und -komplexität an die Befragten stellt, zu der Einschätzung, daß es gegenüber der Conjoint-Analyse Praktikabilitätsvorteile besitzt.

Tabelle 8: Vergleichende Gegenüberstellung von Conjoint-Analyse und Kano-Modell

Vergleichskriterium	klassische Conjoint-Analyse	Kano-Modell
Verfahrenstyp	dekompositionell	kompositionell
Definition untersuchungsrelevanter Merkmale	vorher durch separate Forschungsschritte	vorher durch separate Forschungsschritte
Präferenzbildungsmodell (Bewertungs- und Verknüpfungsfunktion)	geeignete Annahmen durch den Marktforscher	keine Annahmen erforderlich
Erhaltene Informationen	Bedeutung (Nutzenbeitrag) der Merkmale; relative Wichtigkeit der Merkmale	Merkmalsklassifikation in Basis-, Leistungs- und Begeisterungsanforderungen; Wirkung des Merkmals auf Zufriedenheit und Unzufriedenheit
Individualanalyse	ja	eingeschränkt (nur Merkmalsklassifikation)
Eignung für große Merkmalszahl	schlecht	gut
Abhängigkeit des Beurteilungsaufwands von der Zahl der Merkmale und der Merkmalsausprägungen	exponentiell	linear
Beurteilungskomplexität	hoch	gering
Verständlichkeit der Beurteilungsaufgabe	gut	zufriedenstellend

Inhaltlich hat die explorative Untersuchung gezeigt, daß trotz der konzeptionellen Unterschiede zwischen den Ansätzen kompatible Ergebnisse erwartet werden können.

Eine zusammenfassende Visualisierung der Ergebnisse liefert die folgende Abbildung, in der die Zufriedenheitskoeffizienten des Kano-Modells zusammen mit den relativen Wichtigkeiten der Conjoint-Analyse dargestellt werden. Wie in *Abbildung 2* sind auch hier die Trennlinien zur Unterscheidung in Begeisterungs-, Leistungs- und Basisanforderungen eingezeichnet.

Es ist dabei zu beachten, daß nur für diejenigen Merkmale, für die sowohl Kano- als auch Conjoint-Ergebnisse vorliegen, die relativen Wichtigkeiten durch einen ihrer Wichtigkeit entsprechenden Kreisdurchmesser repräsentiert werden können. Solche Merkmale sind dunkelgrau eingefärbt.

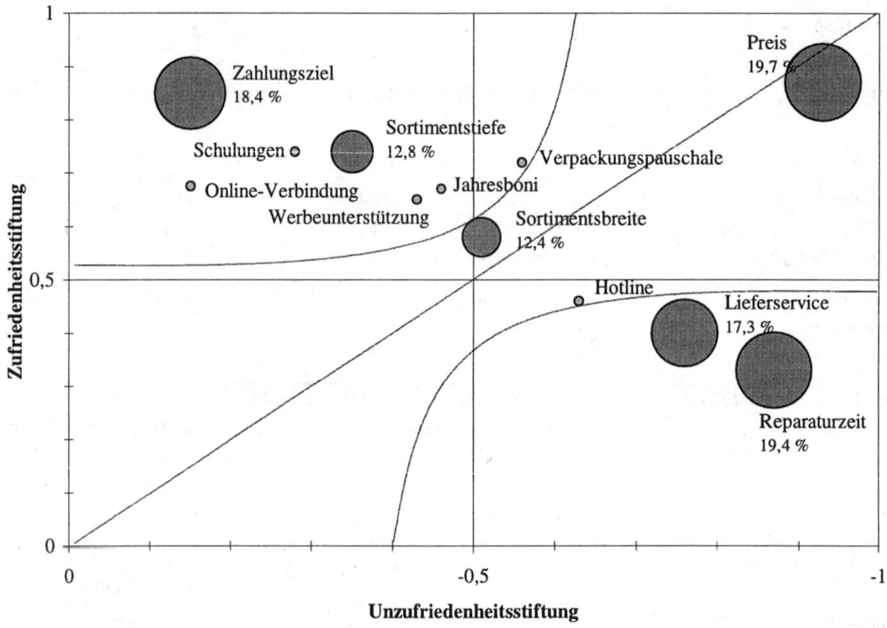

Abbildung 3: Ergebnisse von Kano-Modell und Conjoint-Analyse

Für den untersuchten Distributor ergeben sich basierend auf den Ergebnissen beider Ansätze folgende Anknüpfungspunkte zur positiven Einflußnahme auf die Kundenzufriedenheit:

- Die Basisanforderungen des 24h-Lieferservice, der Hotline und der kurzen Reparaturzeit sind unbedingt zu erfüllen. Sowohl die relative Wichtigkeit der Merkmale als auch die hohen Unzufriedenheitskoeffizienten legen dies nahe.
- Die beiden Leistungsanforderungen niedriger Preis und hohe Sortimentsbreite sind von deutlich unterschiedlicher Wichtigkeit. Während der Preis ein hohes Potential an Zufriedenheits- bzw. Unzufriedenheitsstiftung besitzt, ist die Sortimentsbreite weniger zufriedenheitswirksam.
- Die restlichen Merkmale sind Begeisterungsanforderungen, welche zur Differenzierung gegenüber Mitwettbewerbern dienen können. Sowohl im Hinblick auf die relative Wichtigkeit als auch auf die Zufriedenheitskoeffizienten ist dabei die Gewährung eines Zahlungsziels bis zum 30. des Folgemonats besonders erfolgversprechend.

In Übereinstimmung mit der eingangs erfolgten Analyse des Telekommunikationsmarkts, ist der Preis nach wie vor ein dominierendes Wettbewerbskriterium. Gleichwohl zeigen die Ergebnisse vor allem im Hinblick auf die Begeisterungsanforderungen deutlich, daß es zahlreiche Ansatzpunkte zur Erweiterung des wettbewerblichen Instrumentariums gibt.

Selbstverständlich gilt auch bei den hier eingesetzten Methoden, daß nur eine regelmäßig wiederholte Messung davor schützt, Vergangenheitswerte als verabsolutierte Zielgrößen der Kundenzufriedenheit festzuschreiben, die den sich verändernden Anforderungen der Kunden früher oder später nicht mehr gerecht werden.

Eine Kombination beider Ansätze in einer Untersuchung ist, wie gezeigt wurde, durchaus vorstellbar. Hier könnte die Conjoint-Analyse die regelmäßig mit dem Kano-Modell verbundene Self-stated-importance-Messung ersetzen.

DANKSAGUNG

Die Verfasser danken den Diplomanden Herrn Udo Müller und Herrn Robert Weiß für die Erhebung der Daten.

LITERATUR

Backhaus, K.; Erichson, B.; Plinke, W.; Weiber, R.: Multivariate Analysemethoden – Eine anwendungsorientierte Einführung, 8. Aufl., Berlin, 1996.

Bailom, F.; Hinterhuber, H.J.; Matzler, K.; Sauerwein, E.: Das Kano-Modell der Kundenzufriedenheit. In: Marketing Zeitschrift für Forschung und Praxis, Heft 2, 1996, S. 117–126.

Berger, C.; Blauth, R.; Boger, D; Bolster, C.; Burchill, G.; DuMouchel, W.; Pouliot, F.; Richter, R.; Rubinoff, A.; Shen, D.; Timko, M.; Walden, D.: Kano's Methods of Understanding Customer defined Quality. In: The Journal of the Japanese Society for Quality Control, Fall 1993, S. 3–35.

Büschken, J.: Conjoint-Analyse. In: Tomczak, T.; Reinecke, S. (Hrsg.): Marktforschung, St. Gallen 1994, S. 72–89.

Dömer, F.: Flexibilität hat ihren Preis. In: Diebold Management Report, Heft 8/9 1995, S. 25–30.

Green, P. E.; Srinivasan, V.): Conjoint Analysis in Marketing: New Developments with Implications for Research and Practice. In: Journal of Marketing, 54 (1990), Heft 4, S. 3–19.

Homburg, C.; Rudolph, B.: Theoretische Perspektiven zur Kundenzufriedenheit. In: Simon, H.; Homburg, C. (Hrsg.): Kundenzufriedenheit: Konzepte – Methoden – Erfahrungen, 2. Aufl. Wiesbaden, 1997, S. 31–51.

Hungenberg, H.; Hutzschenreuter, T.: Postreform – Umgestaltung des Post- und Telekommunikationssektors in Deutschland. In: Die Betriebswirtschaft, Jg. 58, H. 1, 1998, S. 7–21.

Johnson, R. M.: Adaptive Conjoint Analysis. In: Sawtooth Conference on Perceptual Mapping, Conjoint Analysis and Computer Interviewing, Ketchum ID, 1987, S. 253–265.

Mengen, A.: Konzeptgestaltung von Dienstleistungsprodukten – Eine Conjoint-Analyse im Luftfrachtmarkt unter Berücksichtigung der Qualitätsunsicherheit beim Dienstleistungskauf, Stuttgart, 1993.

Scharf, A.; Schubert, B.; Volkmer, H.-P.: Conjoint-Analyse und Multimedia. In: Silberer, G. (Hrsg.): Beiträge zur Marketingwissenschaft, Universität Göttingen, Göttingen, 1996.

Schröther, E.: Der Technologiefortschritt fordert Marketing. In: absatzwirtschaft, Heft 2, 1998, S. 38–41.

Weiber, R.; Rosendahl, T.: Anwendungsprobleme der Conjoint-Analyse. In: Marketing ZFP, Heft 2, 1997, S. 107–118.

Welfens, P. J. J.; Graack, C.: Telekommunikationswirtschaft – Deregulierung, Privatisierung und Internationalisierung, Berlin et al., 1996.

Der Wert von Handelsmarken – Eine empirische Analyse

Henrik Sattler, Jena

Das Problem der Markenbewertung ist in der Literatur bisher fast vollständig im Hinblick auf Herstellermarken diskutiert worden. Ziel des vorliegenden Beitrags ist es, anhand eines Beispiels aus dem Körperpflegebereich die Vorgehensweise bei der Wertmessung von Handelsmarken mit Hilfe der Conjoint-Analyse zu illustrieren. Als Ergebnis zeigt sich für eine kleinere Zufallsstichprobe von Konsumenten u. a., daß Nachfrager in der unteren Preisklasse für ein mit der Handelsmarke SPAR bzw. MILDEEN (von Aldi) ausgezeichnetes Shampoo durchschnittlich 0,69 DM bzw. 0,54 DM mehr als für ein No-name-Shampoo zahlen würden. Es zeigt sich allerdings auch, daß etablierte Herstellermarken gegenüber einem No-name-Produkt eine deutlich höhere durchschnittliche zusätzliche Zahlungsbereitschaft in Höhe von 1,79 (Schauma) bzw. 1,95 (Gard) realisieren können. Demzufolge haben die Handelsmarken SPAR und MILDEEN zwar einen Markenwert, der aber deutlich geringer ausfällt als bei Herstellermarken

1 PROBLEMSTELLUNG

Das Problem der Messung eines Markenwerts gehört zu den in den vergangenen 10 Jahren am meisten diskutierten Themenbereichen im Marketing. Über 50 wissenschaftliche Beiträge sind zu diesem Thema bislang erschienen (zusammenfassend Shocker; Srivastava; Ruekert 1994; Barwise 1993; Sattler 1998). Unter dem Markenwert (Brand Equity) eines Produkts versteht man denjenigen Wert, der mit dem Namen oder Symbol der Marke verbunden ist. Der Wert kann als inkrementaler Wert aufgefaßt werden, der gegenüber einem technisch-physikalisch gleichen, jedoch namenlosen Produkt besteht (Aaker 1991;

Sattler 1995). Die Messung eines Markenwerts bedarf also eines Referenzpunktes in Form eines namenlosen Produktes. Bei der praktischen Umsetzung einer Markenbewertung ergibt sich allerdings das Problem, daß in vielen Warengruppen keine namenlosen Produkte existieren. In diesen Fällen behilft man sich zumeist damit, eine Handelsmarke als Referenzpunkt zu verwenden, so daß der Markenwert als inkrementaler Wert gegenüber einer Handelsmarke definiert ist (Park; Srinivasan 1994; Srivastava; Shocker 1991). Gemäß dieser Operationalisierung wäre der Wert einer Handelsmarke definitionsgemäß gleich Null.

Im Gegensatz zu dieser Auffassung sind verschiedene Entwicklungstendenzen zu beobachten, nach denen Handelsmarken ein nicht unerheblicher Wert zukommt. Ein Indiz hierfür kann in der zwar langsamen, aber kontinuierlichen Zunahme des Marktanteils von Handelsmarken gesehen werden. So hat sich der wertmäßige Marktanteil der Handelsmarken in Westdeutschland im Verbrauchsgüterbereich in kleinen Schritten von 11,7% im Jahre 1975 auf 20,5% im Jahre 1995 erhöht (GfK Panel Services 1996). Dabei ist allerdings zu beachten, daß diese Entwicklung wesentlich auf die verstärkte Bedeutung von Aldi-Handelsmarken zurückzuführen ist. Für die Zukunft haben sich jedoch auch andere Handelsunternehmen Marktanteilsziele in Höhe von 15 bis 20% für ihre Handelsmarken gesetzt (*Abbildung 1*). Aus der Abbildung geht hervor, daß in den meisten Fällen eine Verdoppelung des Marktanteils von Handelsmarken bis zum Jahre 2010 angestrebt wird.

Neben dem Marktanteil als quantitativer Proxivariable für den Wert einer Handelsmarke (Barnard; Ehrenberg 1990) scheint sich auch ein inhaltlicher Wandel der Handelsmarke abzuzeichnen. Die Boston Consulting Group unterscheidet vier Handelsmarkengenerationen (*Tabelle 1*). Ausgehend von gegenwärtig dominierenden "Quasimarken" (weitgehend synonym mit klassischen Handelsmarken, Meffert; Bruhn 1984) und Dachmarken des Handels (sowie insbesondere Anfang der 70er Jahre zu beobachtende No-names) sollen sich zukünftig verstärkt "Gestaltmarken" als segmentierte Handelsmarken entwickeln. Aus dem in *Tabelle 2* beschriebenen Positionierungskonzept von Handelsmarken der dritten und insbesondere vierten Generation geht hervor, daß diese Handelsmarken weit entfernt von namenlosen Produkten sind und sich wie Herstellermarken qualitäts- und imagemäßig zu profilieren versuchen. Für diese Typen von Handelsmarken ist es eindeutig nicht sinnvoll, sie im Rahmen einer Markenwertmessung als Referenzpunkt mit namenlosen Produkten gleichzusetzen. Sie besitzen zweifelsohne genau wie Herstellermarken einen

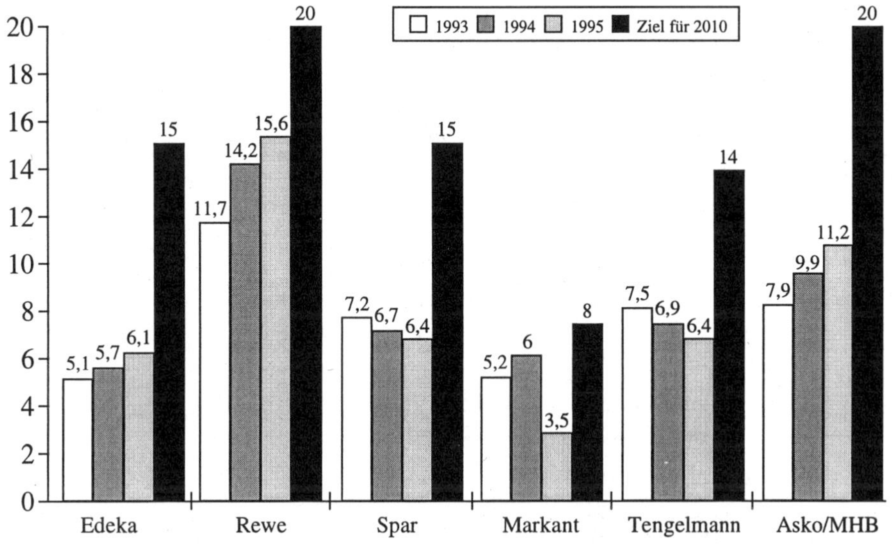

Abbildung 1: Entwicklung der Marktanteile von Handelsmarken in verschiedenen Handelsunternehmen

Quelle: A.C. Nielsen, zitiert nach Dölle 1997, S. 192

mehr oder minder großen Markenwert.

Weniger klar ist die Situation bei derzeit im Handel (im Verhältnis zu den anderen Handelsmarkengenerationen) noch dominierenden klassischen Handelsmarken bzw. "Quasimarken". Kommt auch ihnen ein Markenwert zu, der sich insbesondere in einer zusätzlichen Zahlungsbereitschaft von Nachfragern gegenüber einem No-name-Produkt zeigt, oder unterscheiden sie sich kaum von namenlosen Produkten und haben demzufolge einen Markenwert von nahe Null? Angesichts der Tatsache, daß auch für klassische Handelsmarken nicht unerhebliche Investitionen in die Marke vorgenommen werden (wenn auch deutlich weniger als für Herstellermarken), ist diese Frage für den Handel von erheblicher Relevanz. Bei keinen oder nur geringen Unterschieden zwischen klassischen Handelsmarken und No-names kann auf die Markierung und die hiermit verbundenen Investitionen verzichtet werden und ein erhebliches Einsparungspotential realisiert werden. Um dieser Fragestellung nachzugehen, stellt sich auch für Handelsmarken das Problem einer adäquaten Markenwertbestimmung.

Von der Literatur ist das Problem der Wertbestimmung für Handelsmarken bisher vernachlässigt worden. Sie hat sich auf die Markenwertmessung für Herstellermarken kon-

Tabelle 1: Generationen von Handelsmarken

Quelle: Boston Consulting Group, zitiert nach Bruhn 1997, S. 126

	Erste Generation	Zweite Generation	Dritte Generation	Vierte Generation
1.Marke	No-name	"Quasimarke"	Dachmarke des Handels	Segmentierte Handelsmarken "Gestaltmarken"
2.Produkte	Basislebensmittel	Großvolumige Einzelartikel	Große Kategorie	Imagebildende Produkte
3.Technologie	Basistechnologie mit niedrigen Barrieren	Eine Generation im Rückstand gegenüber Marktführer	Näher an Marktführer	Innovativ
4.Qualität/ Image	Geringer als Herstellermarkenprodukt	Mittel, aber als geringer wahrgenommen	Wie führende Marken, Qualitätsgarantie des Handels	Besser/genauso gut wie führende Marke, Imageaura des Handels
5.Kaufmotivation	Preis	Preis	Produktqualität/ Preis	Besseres Produkt
6.Hersteller	National, meist nicht spezialisiert	National, z. T. auf Handelsmarken spezialisiert	National, meist auf Handelsmarken spezialisiert	International, meist auf Handelsmarken spezialisiert

zentriert. Ziel des vorliegenden Beitrags ist es, anhand eines Beispiels aus dem Körperpflegebereich die Vorgehensweise bei der Wertmessung von Handelsmarken mit Hilfe der Conjoint-Analyse zu illustrieren.

Im folgenden Abschnitt 2 wird zunächst das Untersuchungsdesign der hier vorliegenden empirischen Studie beschrieben. Neben der Schilderung des konkreten Untersuchungsablaufs wird hierbei auch allgemein auf die Auswahl eines adäquaten Verfahrens zur monetären Wertbestimmung einer Handelsmarke eingegangen. In Abschnitt 3 erfolgt dann eine Beschreibung der Befunde und in Abschnitt 4 werden die Ergebnisse der Arbeit zusammenfassend bewertet.

2 UNTERSUCHUNGSDESIGN

2.1 Auswahl eines Markenbewertungsansatzes

Als Untersuchungsmethode zur Messung des Werts einer Handels- oder Herstellermarke kommen grundsätzlich nicht-monetäre und monetäre Ansätze in Frage (Sattler 1995). Aufgrund des höheren Aussagegehalts und weiteren Anwendungsfelds monetärer Markenbewertungsinstrumente sollen hauptsächlich letztere für die vorliegende Studie zum Einsatz kommen. Um den Komplexitätsgrad der Bewertung in Grenzen zu halten, werden hierbei jedoch lediglich kurzfristige Wertkomponenten erfaßt, d. h. es soll eine kurzfristige monetäre Messung des Werts einer Handelsmarke vorgenommen werden.

Allgemein verfolgen monetäre Markenbewertungsverfahren der beschriebenen Art das Ziel, die zusätzliche Zahlungsbereitschaft zu ermitteln, die Nachfrager für eine bestimmte Marke (z. B. eine Handelsmarke) gegenüber einer Referenzmarke (z. B. einer unbekannten Marke) zeigen. Vielfach wird diese Zahlungsbereitschaft auf individueller Konsumentenebene erhoben. Kennt man die Nachfragemengen pro Konsument innerhalb der gegenwärtigen Periode (z. B. innerhalb des laufenden Jahres) und hat man ein für den relevanten Produktmarkt repräsentatives Sample von Konsumenten hinsichtlich der zusätzlichen Zahlungsbereitschaft befragt, so läßt sich der gegenwärtige Wert der Marke hochrechnen.

Die bisher von der Literatur vorgeschlagenen monetären Markenwertmaße lassen sich grundsätzlich in drei Typen untergliedern (Sattler 1998). Bei der ersten Gruppe von Ansätzen wird der Wert durch direkte Fragen an potentielle Markenkäufer nach dem Geldbetrag (Price-Premium) ermittelt, bei dem der/die Befragte indifferent zwischen der betrachteten und einer unbekannten oder konkurrierenden Marke ist (z. B. Park; Srinivasan 1994; Agarwal; Rao 1996). Beim zweiten Typ von Ansätzen wird das Price-Premium indirekt ermittelt. Dabei geben Konsumenten Präferenzurteile hinsichtlich einer Anzahl von Marken mit unterschiedlichen (systematisch variierten) Preisen ab, beispielsweise indem sie die Marke auswählen, die sie am ehesten kaufen würden (z. B. Swait, et al. 1993), oder die Marken in eine Präferenzrangfolge (z. B. Brockhoff; Sattler 1996) bringen. Durch Schätzung von Parametern eines spezifizierten Modells mit den Präferenzurteilen als abhängige und den Preisen sowie ggf. Eigenschaften als unabhängige Variablen kann dann das

Price-Premium für die Marke ermittelt werden. Die Marken werden entweder ausschließlich anhand von Markennamen und Preisen (Crimmins 1992; Swait, et al. 1993) oder zusätzlich auch durch bestimmte Eigenschaften (Brockhoff; Sattler 1996) im Rahmen einer Conjoint-Analyse beschrieben. Ein dritter Ansatz zur Ermittlung einer zusätzlichen Zahlungsbereitschaft besteht auf aggregierter Ebene in der Schätzung einer hedonischen Preisfunktion (Sander 1994). Bei einer hedonischen Preisfunktion wird versucht, die am Markt beobachtbaren Preisvariationen verschiedener Produktvarianten einer Produktklasse durch die Unterschiede der diese Produkte beschreibenden Eigenschaften (hier unter anderem die Marke) zu erklären (Rosen 1974). Hierzu kann eine Regressionsanalyse mit den beobachteten Preisen als abhängige und den Produkteigenschaften als unabhängige Variable(n) eingesetzt werden. Die geschätzten Regressionskoeffizienten für die Marken können dann als durchschnittliche zusätzliche Zahlungsbereitschaft im Vergleich zu einer unbekannten Marke interpretiert werden. Der Ansatz ist allerdings an verschiedenc Annahmen gebunden (wie z. B. vollständige Informationen bei Nachfragern und Anbietern sowie unendlich hohe Reaktionsgeschwindigkeiten der Marktpartner), die vielfach nicht gegeben sind (Weber 1986). Von daher ist dieser Ansatz für eine Markenwertermittlung nur für die Fälle bzw. Warengruppen geeignet, in denen die Annahmen näherungsweise erfüllt sind (z. B. Automobile).

Für die vorliegende Untersuchung wurde auf den zweiten Typ von Ansätzen (indirekte Erfassung eines Price-Premium) in Form einer Conjoint-Analyse zurückgegriffen. Gegenüber einer direkter Befragung (Ansätze des ersten Typs) weist die Conjoint-Analyse den Vorteil auf, daß die Befragung tendenziell einer realen Kaufentscheidung ähnelt, da die Hauptaufgabe der Auskunftspersonen darin besteht, eine Wahlentscheidung zwischen einer bestimmten Anzahl von Marken vorzunehmen. Weiterhin mag es durch die direkten Fragen eher zu Verzerrungen kommen als bei indirekten, da die Befragten bei direkten Fragen eher sozial erwünschte Antworten zeigen (z. B. Angabe eines hohen Price-Premium für Marken mit einem hohen Prestigewert). Für den Einsatz einer Conjoint-Analyse sprechen auch die Befunde einer Studie von Francois; MacLachlan (1995), die bei einem umfassenden empirischen Vergleich unterschiedlicher Markenbewertungsinstrumente zu dem Ergebnis kommen, daß Conjoint-Analysen die höchste Validität unter den getesteten Instrumenten aufweisen.

2.2 Untersuchungsablauf

Aus Abschnitt 1 geht hervor, daß mit dem vorliegenden Beitrag beispielhaft die Vorgehensweise bei der Wertmessung von Handelsmarken illustriert werden soll. Von daher spielen Repräsentativitätsgesichtspunkte bei der Auswahl von Konsumenten zur Durchführung der Markenwertmessung eine nur untergeordnete Rolle. Dementsprechend wurde zufällig eine kleine Konsumentenstichprobe von 90 Personen in einem Handelsgeschäft (EUROSPAR) in Thüringen gezogen. Als Untersuchungsobjekte wurden Handels- und Herstellermarken in der unteren Preisklasse der Warengruppe "Haarshampoos" gewählt. Diese Warengruppe ist durch eine relativ hohe Hersteller- und eine relativ geringe Handelsmarkenbedeutung gekennzeichnet (Kornobis 1997; Wolters 1997). Die Auswahl der Konsumenten erfolgte zufällig unter denjenigen Kunden des untersuchten EUROSPAR-Markts, die ein prinzipielles Kaufinteresse an Haarshampoos in der unteren Preisklasse hatten. Die Beschränkung auf die untere Preisklasse erschien insofern sinnvoll, als daß Marken der mittleren und oberen Preisklasse nicht oder nur sehr eingeschränkt in Konkurrenz mit den untersuchten Handelsmarken stehen.

Die Markenwertmessung wurde zum einen für die aus Sicht der Befragten bedeutendsten Handelsmarken SPAR und MILDEEN (Handelsmarke der Aldi Gruppe) durchgeführt. Zum anderen wurden zu Vergleichszwecken die zwei aus der unteren Shampoo-Preisklasse bedeutendsten Herstellermarken SCHAUMA und GARD in die Untersuchung einbezogen. Als Referenzpunkt der Wertmessung (vgl. Abschnitt 1) für die jeweils zwei Handels- und Herstellermarken wurde eine fiktive Gattungsmarke (d. h. ein No-name-Produkt) verwendet.

Hauptaufgabe der Befragten war es, insgesamt 15 auf Karten beschriebene Shampoos in die Reihenfolge zu bringen, in der sie die Produkte kaufen würden. Die 15 Shampoos unterschieden sich systematisch hinsichtlich der Marke (SPAR, MILDEEN, SCHAUMA, GARD, No-name-Produkt) und des Preises (1,99 DM, 2,49 DM, 2,99 DM). Die übrigen Produkteigenschaften der Shampoos wie z. B. Packungsgröße und PH-Wert wurden über alle 15 Produkte konstant gehalten. Letzteres erscheint sinnvoll, da gemäß den Ergebnissen einer Vorbefragung in der betrachteten Preisklasse neben der Marke und dem Preis weitere Produkteigenschaften entweder von deutlich untergeordneter Bedeutung waren oder als kaum unterschiedlich empfunden wurden. Zur inhaltlichen Interpretation möglicher Markenwertunterschiede wurde in einem zweiten Befragungsschritt eine Imagemessung für die Marken SPAR, MILDEEN, SCHAUMA und GARD in Form eines Multi-Item-Profils (eine Modifikation des Semantischen Differentials, Trommsdorff 1975; Trommsdorff; Zellerhoff 1994) vorgenommen. Die Ableitung der Items erfolgte auf Grundlage einer Vorbefragung und einer Literaturanalyse (Hüttner 1997). Schließlich wurden Daten zu Kaufgewohnheiten in der untersuchten Warengruppe, Markenkenntnissen und soziodemografischen Sachverhalten erfaßt.

3 BEFUNDE

3.1 Monetärer Handelsmarkenwert

Als Grundlage für die Ermittlung eines monetären Handelsmarkenwerts wurden zunächst für sämtliche Marken und Preise auf individueller Ebene Teilnutzenwerte geschätzt. Dazu wurde für jede Auskunftsperson eine Regressionsanalyse in Form einer Kleinstquadratschätzung mit den Präferenzrangwerten hinsichtlich der 15 Untersuchungsprodukte als abhängige Variable und den Ausprägungen der Marke und Preise als unabhängige Variablen durchgeführt (Green; Srinivasan 1978; Darmon; Rouziès 1994).

Die so geschätzten Teilnutzenwerte wurden zunächst einer Validitätsprüfung unterzogen. Dabei wurde zum einen eine Prüfung der internen Validität in der Form vorgenommen, daß für jeden Konsumenten die Übereinstimmung zwischen der empirisch beobachteten Präferenzrangfolge hinsichtlich der 15 Testprodukte mit der sich nach Maßgabe der geschätzten Gesamtnutzenwerte ergebenen Nutzenrangfolge der 15 Produkte ermittelt wurde. Der Grad der Übereinstimmung kann mit Hilfe des Rangkorrelationskoeffizienten nach Kendall geprüft werden, wobei hohe Korrelationen auf intern valide Daten schließen lassen (Green; Srinivasan 1978). Als Ergebnis wurde ein durchschnittlicher Korrelationskoeffizient in Höhe von 0,906 berechnet, was (angesichts des relativ günstigen Verhältnis zwischen zu schätzenden Parametern und erhobenen Datenpunkten) auf eine sehr hohe interne Validität hindeutet (Sattler 1991). Zum anderen wurde die externe Validität überprüft, indem auf Basis der geschätzten Markennutzen unter Verwendung eines Choice-Simulators (First-Choice-Annahme, Green; Krieger 1988) Kaufhäufigkeiten für die vier Marken geschätzt wurden und die sich hieraus ergebende Reihenfolge der Kaufhäufigkeiten (SCHAUMA, GARD, MILDEEN, SPAR) mit der Rangfolge der im Markt zu beobachtenden Marktanteile dieser Marken verglichen wurde. Im Ergebnis zeigte sich eine vollkommene Übereinstimmung zwischen den beiden Rangfolgen, was auf eine hohe externe Validität hindeutet (auch wenn die mit Hilfe der Conjoint-Analyse geschätzten Kaufhäufigkeiten Wiederkaufraten, Bekanntheits- und Distributionsgrade außer acht lassen).

In einem nächsten Analyseschritt wurden die für die vier Marken geschätzten Teilnutzenwerte für jede Auskunftsperson in ein Price-Premium (synonym Preisäquivalent) im Verhältnis zum untersuchten No-name-Produkt transformiert (Brockhoff; Sattler 1996). Dieses Preisäquivalent gibt denjenigen Geldbetrag an, den ein Konsument für eine Handels- bzw. Herstellermarke im Vergleich zu einer unbekannten Marke (bei sonst gleichen Produkteigenschaften) auszugeben bereit ist. Dazu wird im Rahmen der Conjoint-Analyse die Differenz zwischen den Teilnutzenwerten zweier Preise (z. B. 1,99 DM und 2,49 DM) berechnet und derart umgeformt, daß sich ein äquivalenter Nutzenwert für eine Geldeinheit ergibt (den Nutzen für eine Geldeinheit erhält man im Beispiel durch Multiplikation des Differenzbetrages des Nutzens von 1,99 DM und 2,49 DM mit zwei, da 2 x (2,49 DM - 1,99 DM) = 1,- DM). Dividiert man anschließend den Betrag der Differenz zwischen den Teilnutzenwerten einer Marke (z. B. SPAR) und dem No-name-Produkt durch den Nutzenwert für eine Geldeinheit, so erhält man das Preisäquivalent für die Handelsmarke. Betragen z. B. der geschätzte Nutzen für die Handelsmarke SPAR 6 Einheiten, jener für das No-name-Produkt 2 Einheiten und der Nutzen für 1 DM 8 Einheiten, so ist das Preisäquivalent für die Handelsmarke SPAR gleich (6–2)/8 = 0,50 DM.

In *Tabelle 1* sind die durchschnittlichen Preisäquivalente für die Handelsmarken MILDEEN und SPAR und die Herstellermarken SCHAUMA und GARD wiedergegeben. Hierbei wurden von den 90 Personen der Gesamtstichprobe nur diejenigen berücksichtigt, die eine negative Preiselastizität aufweisen, was für 75 Auskunftspersonen der Fall war. Bei den übrigen 15 Personen war die Preiselastizität entweder gleich Null oder sie wies positive Werte auf. Der erste Fall kann z. B. dadurch erklärt werden, daß keine Preisbeachtung stattgefunden hat. Im zweiten Fall einer positiven Preiselastizität kann insbesondere eine preisorientierte Qualitätsbeurteilung vorliegen (Sattler; Rao 1997). Für beide Fälle ist eine monetäre Markenwertberechnung in der aufgezeigten Art nicht sinnvoll, so daß die 15 Personen von der weiteren Analyse ausgeschlossen wurden.

Die Befunde in *Tabelle 2* zeigen, daß für beide untersuchten Handelsmarken sich im Durchschnitt positive Preisäquivalente ergeben. Durchschnittlich sind Shampookäufer der unteren Preisklasse bereit, im Vergleich zu einem No-name-Produkt 0,54 DM bzw. 0,69 DM mehr für MILDEEN (Aldi) bzw. SPAR auszugeben. D. h., daß sich als Ergebnis der Markierungen in Form von Handelsmarken bei den Konsumenten positive zusätzliche Zahlungsbereitschaften im Vergleich zu einem nicht markierten Produkt entwickelt haben. Auffallend ist jedoch auch, daß die durchschnittlichen Preisäquivalente der Handelsmarken deutlich geringer ausfallen als diejenigen der Herstellermarken SCHAUMA und GARD in Höhe von 1,79 DM bzw. 1,95 DM. Dieses Ergebnis deutet darauf hin, daß im von Herstellermarken dominierten Haarpflegemarkt (Kornobis 1997; Wolters 1997) die betrachteten Handelsmarken noch einen erheblichen Aufholbedarf gegenüber Herstellermarken haben.

Tabelle 2: Durchschnittliche Preisäquivalente der untersuchten Handels- und Herstellermarken (n = 75)

Marke	Mittelwert des Preisäquivalents	Standardabweichung des Preisäquivalents
MILDEEN (Aldi)	0,54 DM	1,27
SPAR	0,69 DM	1,37
SCHAUMA	1,79 DM	2,08
GARD	1,95 DM	2,01

Ein etwas differenzierteres Bild ergibt sich, wenn man nicht nur die durchschnittlichen Preisäquivalente der beiden Handelsmarken betrachtet, sondern die Häufigkeitsverteilungen der *individuellen* Preisäquivalente (*Abbildungen 2* und *3*). Hier zeigt sich für beide Handelsmarken, daß die zusätzliche Zahlungsbereitschaft bei etwas weniger als der Hälfte der Befragten nicht wesentlich von Null abweicht. Die übrigen Auskunftspersonen haben entweder positive oder negative Zahlungsbereitschaften gegenüber einem No-name-Produkt. Dies könnte beispielsweise auf positive oder negative Erfahrungen mit den Handelsmarken zurückgeführt werden.

Um ein noch fundierteres Bild hinsichtlich potentieller Nachfragersegmente zu erhalten, wurde eine Clusteranalyse zur Identifikation von Nachfragergruppen (Clustern) durchgeführt, die homogene Urteilsstrukturen hinsichtlich der Preisäquivalente aufweisen. Zur Durchführung dieser Segmentierungsanalyse wurde separat für jede der beiden Handels-

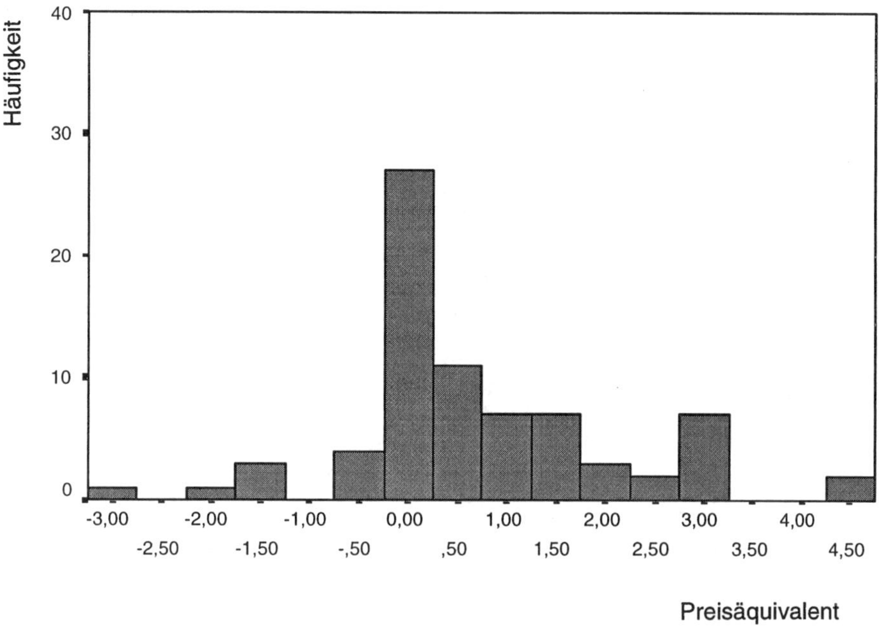

Abbildung 2: Häufigkeitsverteilung der individuellen Preisäquivalente für die Handelsmarke SPAR (n = 75)

marken eine zweistufige Clusteranalyse mit den Preisäquivalenten als Clusterungsvariable eingesetzt. In einem ersten Schritt wurden zunächst Ausreißer mit Hilfe des Single-Linkage-Verfahrens identifiziert (Punj und Stewart 1983). Als Ergebnis dieses ersten Schritts wurden im Dendrogramm eindeutig identifizierbare Personen (2 Personen bei der Marke SPAR und 3 Personen bei MILDEEN) als Ausreißer von der weiteren Analyse ausgeschlossen. Die verbleibenden Probanden wurden in einem zweiten Schritt einer Clusteranalyse nach dem Ward-Verfahren unterworfen (Backhaus, et al. 1996). Die Bestimmung der Clusterzahl erfolgte anhand einer Analyse des Dendrogramms. Dabei wurde eine Lösung gewählt, bei der deutlich weniger als die Hälfte der Fehlerquadratsumme erreicht wurde. Dies ist bei beiden Handelsmarken für eine 3-Clusterlösung der Fall. Eine alternative heuristische Regel in Form des "Elbow-Kriteriums" führte hingegen zu keiner eindeutigen Lösung (Backhaus, et al. 1996). Eine Analyse der F-Werte läßt darauf schließen, daß beide abgeleiteten 3-Clusterlösung als weitgehend homogen betrachtet werden können (Backhaus, et al. 1996).

Die Ergebnisse der beiden Clusteranalysen sind in den *Tabellen 3* und *4* zusammenge-

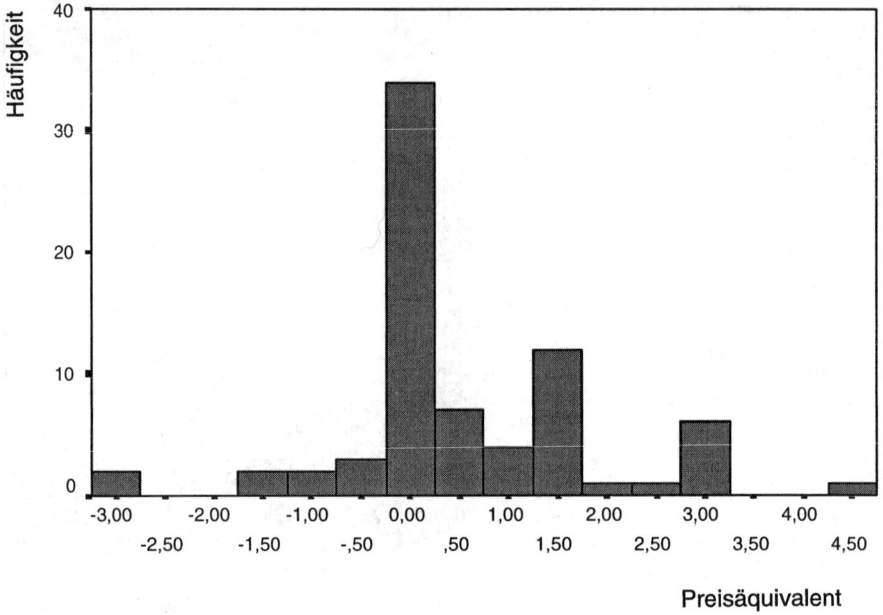

Abbildung 3: Häufigkeitsverteilung der individuellen Preisäquivalente für die Handelsmarke MILDEEN (Aldi) (n = 75)

faßt. Sowohl für SPAR als auch MILDEEN ergeben sich für das jeweils über die Hälfte der Befragten umfassende Cluster 1 durchschnittliche Preisäquivalente von nahe Null. Auch wenn bei SPAR das mittlere Preisäquivalent in diesem Cluster mit 0,07 DM im Gegensatz zu MILDEEN (-0,05 DM) leicht positiv ist, ist das Cluster 1 bei beiden Handelsmarken dadurch gekennzeichnet, daß keine wesentlichen Unterschiede hinsichtlich der Zahlungsbereitschaft im Vergleich zu einem No-name-Produkt bestehen. Für dieses Nachfragesegment ist davon auszugehen, daß sich eine Markierung in Form der realisierten Handelsmarkenstrategie aus Sicht des Handels nicht lohnt. Für das sehr kleine Nachfragersegment des Clusters 3 (7% der Befragten) ergeben sich bei SPAR sogar negative Preisäquivalente, d. h. hier besteht eine positive Zahlungsbereitschaft für ein No-name-Produkt im Vergleich zu SPAR. Ein entsprechendes Cluster kann bei MILDEEN nicht identifiziert werden. Hier weisen die Cluster 2 bzw. 3 mit 11% bzw. 12% der Auskunftspersonen sehr hohe (2,80 DM) bzw. hohe (1,37 DM) mittlere zusätzliche Zahlungsbereitschaften auf. Auch bei SPAR kann ein ähnliches Segment in Cluster 2 (Preisäquivalent von 1,91 DM) mit 36% der Befragten ermittelt werden. In diesen Fällen erreichen die Preisäquivalente Werte, welche die durchschnittlichen Zahlungsbereitschaften von Herstellermarken erreichen oder sogar überschreiten. Es kann also festgehalten werden, daß für bestimmte Segmente mit insgesamt ca. einem Drittel der Konsumenten ein vergleichbar hoher monetärer Markenwert wie bei Herstellermarken besteht. Für die übrigen zwei Drittel der Konsumenten gibt es hinsichtlich der Zahlungsbereitschaft hingegen nur geringe Unterschiede zu No-name-Produkten. In Ausnahmefällen schneiden die untersuchten Handelsmarken sogar deutlich schlechter als nicht markierte Produkte ab.

Tabelle 3: Durchschnittliche Preisäquivalente der Handelsmarke SPAR bei 3 Clustern

Cluster 1 n = 42 (58%)	Cluster 2 n = 26 (36%)	Cluster 3 n = 5 (7%)
0,07 DM (0,24)	1,91 DM (0,80)	-1,93 DM (0,66)

Anmerkung: In Klammern sind die Standardabweichungen der Preisäquivalente angegeben

Tabelle 4: Durchschnittliche Preisäquivalente der Handelsmarke MILDEEN (Aldi) bei 3 Clustern

Cluster 1 n = 48 (67%)	Cluster 2 n = 8 (11%)	Cluster 3 n = 16 (22%)
-0,05 DM (0,43)	2,80 DM (0,38)	1,37 DM (0,18)

Anmerkung: In Klammern sind die Standardabweichungen der Preisäquivalente angegeben

Neben der Ermittlung des monetären Handelsmarkenwerts wurde auch eine Imageanalyse hinsichtlich der untersuchten Marken vorgenommen. Letztere ist insbesondere für Zwecke der Markensteuerung von Interesse (Sattler 1995).

3.2 Imageanalyse

Wie in Abschnitt 2.2 beschrieben wurde die Imageanalyse für die Marken SPAR, MILDEEN, SCHAUMA und GARD in Form eines vergleichenden Multi-Item-Profils durchgeführt. Die Ergebnisse finden sich in *Abbildung 4*. In der Grafik sind die jeweiligen Mittelwerte der Itemeinschätzungen für die vier Marken wiedergegeben. Auffallend sind zunächst die Unterschiede zwischen den Einschätzungen der Items der Handelsmarken einerseits und den Herstellermarken andererseits. Zur Prüfung auf Signifikanz der Unterschiede wurden t-Tests auf Mittelwertunterschiede zwischen den einzelnen Itemeinschätzungen im Vergleich SPAR versus GARD, SPAR versus SCHAUMA, MILDEEN versus GARD sowie MILDEEN versus SCHAUMA vorgenommen. Im Ergebnis konnten bis auf einzelne Ausnahmen jeweils signifikante ($p < 0{,}05$) Unterschiede festgestellt werden. Als nicht signifikant erwiesen sich lediglich die Mittelwertunterschiede zwischen den Items "sportlich" und "pflanzlich" beim Vergleich SPAR versus GARD, "sportlich", "pflanzlich" und "handlich" beim Vergleich SPAR versus SCHAUMA, "pflanzlich" beim Vergleich MILDEEN versus GARD sowie "sportlich" und "pflanzlich" beim Vergleich MILDEEN versus SCHAUMA.

Allgemein kann festgestellt werden, daß die Handelsmarken hinsichtlich der einzelnen Items bis auf die Eigenschaft "preiswert" weniger positiv beurteilt werden als die Herstellermarken. Dieser Befund deckt sich mit den Ergebnissen aus Abschnitt 3.1. Die höhere Zahlungsbereitschaft der Herstellermarken im Vergleich zu einem No-name-Produkt korrespondiert mit einem stärker positivem Image dieser Marken.

Betrachtet man speziell das Segment von Konsumenten, daß eine relativ hohe Zahlungsbereitschaft gegenüber Handelsmarken hat – z. B. bei SPAR das Cluster 2 (*Tabelle 3*), – so kann bei einem Vergleich der Itemeinschätzungen von Handels- und Herstellermarken zwar eine Verringerung der Differenz zwischen den mittleren Itembeurteilungen festgestellt werden (die entsprechenden Imageprofile sind hier aus Platzgründen nicht abgebildet), allerdings werden auch bei diesem Segment die Herstellermarken hinsichtlich der einzelnen Items signifikant positiver eingeschätzt als die Handelsmarken.

4 FAZIT

Der vorliegende Beitrag illustriert anhand eines Beispiels aus dem Körperpflegebereich die Vorgehensweise bei der Wertmessung von Handelsmarken mit Hilfe der Conjoint-Analyse. Im Gegensatz zu teilweise in der Literatur zu findende Auffassungen zeigt sich, daß (klassische) Handelsmarken für Nachfragersegmente mit nicht unerheblicher Bedeu-

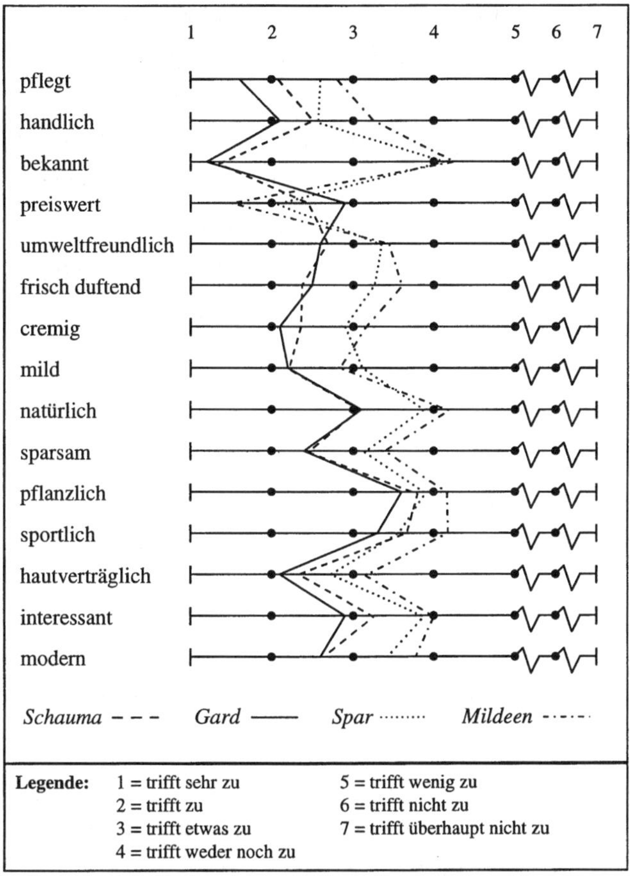

Abbildung 4: Imageprofile der untersuchten Handels- und Herstellermarken

tung einen Wert haben können, der sich auch in einer zusätzlichen Zahlungsbereitschaft gegenüber No-name-Produkten äußert. Beim Vergleich mit etablierten Herstellermarken konnte jedoch festgestellt werden, daß die untersuchten Handelsmarken im Gesamtdurchschnitt sowohl hinsichtlich der Zahlungsbereitschaft als auch zentraler Imagedimensionen deutliche Defizite aufweisen. Von daher sind für den untersuchten Produktbereich vielfach zitierte Zukunftsvisionen, nach denen sich Handelsmarken bis zum Ende des Jahrtausends dahingehend entwickeln werden, daß sie deutliche Vorteile gegenüber starken Herstellermarken erringen werden, eher skeptisch zu beurteilen.

Vor dem Hintergrund der hier realisierten kleinen Stichprobe und der Beschränkung auf eine Warengruppe sind die Befunde der vorliegenden Studie hinsichtlich der Verallgemeinerbarkeit sehr stark eingeschränkt. Hauptziel des Beitrags war es jedoch nicht, repräsentative Ergebnisse abzuleiten, sondern die Wertmessung anhand eines konkreten Beispiels zu verdeutlichen. Für einzelne Handelsunternehmen lassen sich die aufgezeigten Analysen ohne Schwierigkeiten und mit relativ geringen Kosten bei einem repräsentativem Sample von Konsumenten anwenden. Hierauf aufbauend können u. a. ökonomische Überlegungen für oder gegen den Ausbau von Handelsmarken in Richtung Herstellermarken mit einem äquivalenten oder sogar überlegenen Markenwert angestellt werden.

DANKSAGUNG

Für wesentliche Hilfestellungen bei der empirischen Untersuchung dieses Beitrags danke ich Herrn Karsten Hoffmann.

LITERATUR

Aaker, D. A.: Managing Brand Equity: Capitalizing on the Value of a Brand Name, New York, 1991.

Agarwal, M. K.; V.R. Rao: An Empirical Comparison of Consumer-Based Measures of Brand Equity. In: Marketing Letters, 7 (July), 1996, S. 237–247.

Backhaus, K.; Erichson B., Plinke W.; Weiber R.: Multivariate Analysemethoden. Eine anwendungsorientierte Einführung, 8. Aufl., Berlin et al., 1996.

Barnard, N.R.; Ehrenberg A. S. C.: Robust Measures of Consumer Brand Beliefs. In: Journal of Marketing Research, 27 (November), S. 477–484, 1990.

Barwise, P.: Introduction to the Special Issue on Brand Equity. In: International Journal of Research in Marketing, 10 (1), 1993, S. 3–8.

Brockhoff, K.; Sattler H.: Schwartauer Werke. Markenwert und Qualitätszeichen. In: E. Dichtl und W. Eggers (Hrsg.): Markterfolg mit Marken, München, 1996, S. 207–224.

Bruhn, M.: Das Konzept des Markentypenlebenszyklus. In: M. Bruhn (Hrsg.): Handelsmarken. Entwicklungstendenzen und Zukunftsperspektiven der Handelsmarkenpolitik, Stuttgart, 1997, S. 117–152.

Crimmins, J. C.: Better Measurement and Management of Brand Value. In: Journal of Advertising Research, 32 (July/August), 1992, S. 11–19.

Darmon, R. Y.; Rouziès D.: Reliability and Internal Validity of Conjoint Estimated Utility Functions under Error-free versus Error-full Conditions. In: International Journal of Research in Marketing, 11 (5), 1994, S. 465–476.

Dölle, V.: Konzepte und Positionierung der Handelsmarken – dargestellt an ausgewählten Beispielen. In: M. Bruhn (Hrsg.): Handelsmarken. Entwicklungstendenzen und Zukunftsperspektiven der Handelsmarkenpolitik, Stuttgart, 1997, S. 183–197.

Francois, P.; MacLachlan D. L.: Ecological Validation of Alternative Customer-Based Brand Strength Measures. In: International Journal of Research in Marketing, 12, 1995, S. 321–332.

GfK Panel Services: Markenartikel und Handelsmarken im Wettbewerb, Gutachten erstellt für die G.E.M., Nürnberg, 1996.

Green, P. E.; Krieger A. M.: Choice Rules and Sensitivity Analysis in Conjoint Simulators. In: Journal of the Academy of Marketing Science, 16 (Spring), 1988, S. 114–127.

Green, P. E.; Srinivasan V.: Conjoint Analysis in Consumer Research: Issues and Outlook. In: Journal of Consumer Research, 5, 1978, S. 103–123.

Hüttner, M.: Grundzüge der Marktforschung, 5. Aufl., München, 1997.

Kornobis, K.-J.: Die Entwicklung von Handelsmarken – Untersuchungen und Zukunftsperspektiven im Verbrauchsgüterbereich. In: M. Bruhn (Hrsg.): Handelsmarken. Entwicklungstendenzen und Zukunftsperspektiven der Handelsmarkenpolitik, Stuttgart, 1997, S. 237–264.

Meffert, H.; Bruhn M.: Markenstrategien im Wettbewerb. Empirische Untersuchung zur Akzeptanz von Hersteller-, Handels- und Gattungsmarken (No-names), Wiesbaden, 1984.

Park, C. S.; Srinivasan V.: A Survey-Based Method for Measuring and Understanding Brand Equity and its Extendibility. In: Journal of Marketing Research, 31 (May), 1994, S. 271–288.

Punj, G.; Stewart D. W.: Cluster Analysis in Marketing Research: Review and Suggestions for Application. In: Journal of Marketing Research, 20 (May), 1983, S. 134–148.

Rosen, S.: Hedonic Prices and Implicit Markets: Product Differentiation in Pure Competition. In: Journal of Political Economy, 82 (January/February), 1974, S. 34–55.

Sander, M.: Die Bestimmung und Steuerung des Wertes von Marken. Eine Analyse aus Sicht des Markeninhabers, Heidelberg, 1994.

Sattler, H.: Herkunfts- und Gütezeichen im Kaufentscheidungsprozeß. Die Conjoint-Analyse als Instrument der Bedeutungsmessung, Stuttgart, 1991.

Sattler, H.: Markenbewertung. In: Zeitschrift für Betriebswirtschaft, 65 (6), 1995, S. 663–682.

Sattler, H.: Markenbewertung als Instrument zur wertorientierten Unternehmensführung. In: Bruhn M.; Lusti M.; Müller W.; Schierenbeck H.; Studer T.(Hrsg.): Wertorientierte Unternehmensführung, 1998.

Sattler, H.; Rao V. R.: Die Validität eines Ansatzes zur Separierung der Allokations- und Informationsfunktion des Preises. In: Zeitschrift für Betriebswirtschaftslehre, 67 (12), 1997, S. 1285–1307.

Shocker, A. D.; Srivastava R. K.; Ruekert R. W.: Challenges and Opportunities Facing Brand Management: An Introduction to the Special Issue. In: Journal of Marketing Research, 31 (May), 1994, S. 149–158.

Srivastava, R. K.; Shocker A. D.: Brand Equity: A Perspective on Its Meaning and Measurement. In: Marketing Science Institute, Report Number 91–124, 1991, (October).

Swait, J.; Erdem T.; Louviere J.; Dubelaar C.: The Equalization Price: A Measure of Consumer-Perceived Brand Equity. In: International Journal of Research in Marketing, 10 (1), 1993, S. 23–45.

Trommsdorff, V.: Die Messung von Produktimages für das Marketing, Köln et al., 1995.

Trommsdorff, V.; Zellerhoff C.: Produkt- und Markenpositionierung. In: M. Bruhn (Hrsg.): Handbuch Markenartikel, Stuttgart, 1994, S. 349–373.

Weber, M.: Der Marktwert von Produkteigenschaften, Berlin, 1986.

Wolters, U.: Handelsmarken und Handelsmarkenpolitik – Erfahrungsberichte aus der Perspektive eines Handelsunternehmens. In: M. Bruhn (Hrsg.): Handelsmarken. Entwicklungstendenzen und Zukunftsperspektiven der Handelsmarkenpolitik, Stuttgart, 1997, S. 301–315.

Vergleichende Werbung im Einzelhandel – Anmerkungen zur "neuen" Rechtslage

Jürgen Keßler, Berlin

Mit Wirkung vom 6. Oktober 1997 hat der europäische Gesetzgeber die Richtlinien zur vergleichenden Werbung in Kraft gesetzt. Der Bundesgerichtshof (BGH) hat seinerseits bereits vor der Transformation der Richtlinie in nationales Recht den dort enthaltenen Regelungen eine normative Vorauswirkung zugesprochen. Das Verbot der vergleichenden Werbung entbehrt folglich mit sofortiger Wirkung einer gesetzlichen Grundlage; der Vergleich mit dem Angebot eines Konkurrenten ist damit unter den in der Richtlinie formulierten Bedingungen zulässig.

Der Beitrag schildert die Entwicklung und politische Zielrichtung der Richtlinie und gibt erste Hinweise für die Auslegung und praktische Ausgestaltung der dort enthaltenen "unbestimmten Rechtsbegriffe". Dabei stehen insbesondere die Zulässigkeitskriterien der vergleichenden Werbung für Werbetreibende aber auch für die in den Vergleich einbezogenen Wettbewerber im Blickpunkt der Betrachtung

1 WERBERECHT IM UMBRUCH

Die antike Erkenntnis Heraklits, daß 'alles fließt', beschreibt mit bemerkenswerter Aktualität den gegenwärtigen Zustand unseres Werberechts, also jenes Teils der normativ verfaßten Wettbewerbsordnung, der mittelbar oder unmittelbar die juristischen Grenzen der betrieblichen Kommunikationspolitik bestimmt. Dabei sind die Bestimmungsfaktoren dieser sich ständig beschleunigenden Veränderung sowohl empirischer als auch originär rechtlicher Natur. So sind es sowohl die Entwicklung neuer Technologien – die ökonomischen und sozialen Implikationen der globalen Vernetzung mittels des Internet mögen insofern als "pars pro toto" dienen – als auch der zunehmende Angleichungsprozeß im Rahmen der europäischen Rechtsordnung, welche auf die Umgestaltung und Ausdifferenzierung des deutschen Werberechts hinwirken (Keßler 1991, S. 107 ff.; ders. 1993, S. 571 ff.) . Dabei ist kaum zu übersehen, daß zwischen beiden Entwicklungslinien ein mehr als nur zufälliger Zusammenhang besteht. Insofern geraten nach und nach vor allem die Erscheinungsformen einer grenzüberschreitenden Marktkommunikation in den Blickpunkt der Rechtsanwender.

Gleichzeitig – wenn auch eher verhalten – ändert sich das Verhältnis der unternehmerischen Absatzwirtschaft zu den sie "begleitenden" rechtlichen Bestimmungen. Galten die normativen Vorgaben des Wettbewerbsrechts aus Sicht des Marketing – aber auch nach dem Selbstverständnis des Gesetzgebers – bisher als – mitunter eher lästige – Grenzziehungen bei der Ausgestaltung der Kommunikationspolitik, so gerinnen die seitens der Rechtsordnung eröffneten Freiräume zunehmend zu Gestaltungsmustern der betrieblichen Absatzwerbung (Ahlert; Schröder 1996, S. 53 ff., 397 ff.). Dies betrifft beispielsweise die Werbung mit den Ergebnissen neutraler Testveranstalter aber auch die zunehmende Verwendung ökologischer Gütezeichen bei der Produktkennzeichnung (Keßler 1997, S. 261 ff.).

Der hier zutage tretende partielle Paradigmenwechsel vom Wettbewerbsrecht als Mittel zur Beschränkung der unternehmerischen Handlungsfreiheit zum Wettbewerbsrecht als Gestaltungsmittel verdankt die "Bedingungen seiner Möglichkeit" im wesentlichen der Konzeption des europäischen Gesetzgebers und dem darin zum Ausdruck kommenden – von der überkommenen deutschen Sichtweise abweichenden – Politikverständnis. Stand bisher im Mittelpunkt der dogmatischen Verankerung des Wettbewerbsrechts der Schutz individueller Interessen – sei es der Anbieter oder der Verbraucher – und kam demgegenüber den diffusen Interessen der "Allgemeinheit" eine eher randständige Bedeutung zu, so haben sich unter den Auspizien des entwickelten Binnenmarktes die Gewichte wenn nicht umgekehrt so doch verschoben. Gerinnt nach den Vorstellungen des Gemeinschaftsgesetzgebers die Schaffung eines Raums "ohne Binnengrenzen, in dem der freie Verkehr von Waren, Personen, Dienstleistungen und Kapital gemäß den Bestimmungen dieses

Vertrages gewährleistet ist" (Art. 7a Abs.2 EGV) zu der maßgeblichen Zielprojektion der europäischen Marktordnung, so kommt dem Aspekt einer wettbewerblichen Einbindung und Ausgestaltung des Werberechts gegenüber dem tradierten Schutz von Individualinteressen eine notwendig gesteigerte Bedeutung zu (Niederleithinger 1993, S. 11). So postuliert denn auch die europäische Rechtsordnung die Gewährleistung eines Systems, " ... das den Wettbewerb innerhalb des Binnenmarkts vor Verfälschung schützt" (Art. 3 lit. g EGV) und damit einen deutlichen Vorrang kompetitiver Erwägungen vor dem Aspekt einer normativen "Verfestigung" individueller Rechtsgüter. Daß hierbei dem Gemeinschaftsgesetzgeber im Unterschied zur Sichtweise der nationalen Rechtsetzungsorgane ein stärker wettbewerbliches Verständnis auch und gerade des Werberechts eigen ist, hat einen leicht zugänglichen Grund: Das Zusammenwachsen der bisher getrennten nationalen Märkte zum europäischen Binnenmarkt und die Gewährleistung eines "funktionsfähigen" Wettbewerbs, setzt notwendig eine umfassende Information der Marktakteure, insbesondere der Verbraucher, über das vielfältige und differenzierte Angebot voraus. Die Konfrontation mit bisher wenig vertrauten Erzeugnissen und Konsumgewohnheiten aus anderen Mitgliedstaaten der EU ist ohne begleitende Kommunikationsmaßnahmen der Anbieter kaum erreichbar (EuGH (Slg) 1987, S. 1227 – "Reinheitsgebot für Bier"; Keßler 1993, S. 571 ff., 576 f.). So nimmt es denn nicht wunder, wenn im Lichte der normativen Zielprojektionen des EG – Vertrages (EGV) die wettbewerbsfördernde und -sichernde Funktion des Werberechts zumindest gleichberechtigt neben den tradierten Schutz der Wettbewerber und Konsumenten tritt (Howells; Wilhelmsson, 1997, S. 143 ff.).

Die vorstehend skizzierten Einflußgrößen erzeigen ihre Wirkung – nolens volens – auch in der deutschen Rechtsordnung. Dem kommt nicht zuletzt die dogmatisch – methodische Struktur des nationalen Werberechts (Keßler 1990, S. 73 ff., 80 ff.) entgegen, welches – von produkt- und medienspezifischen Spezialregelungen abgesehen – seine Verortung im wesentlichen in den Generalklauseln des Lauterkeitsrechts, des Gesetzes gegen unlauteren Wettbewerb (UWG) findet. Insoweit die dort bestehenden "Ermächtigungsnormen" der Ausfüllung und Konkretisierung seitens der Rechtsprechung bedürfen, erweist sich das Werberecht in seinem Kernbestand durchgängig als Richterrecht, als "case law" und somit als normativer Bestand von hoher Anpassungsflexibiltät, geeignet und bestimmt, tatsächliche und rechtliche Veränderungen des Regelungsfeldes nahezu "osmotisch" in sich aufzunehmen und durch die Ausprägung einer entsprechenden "Fallnorm" widerzuspiegeln. Dies gilt nicht zuletzt hinsichtlich des Verhältnisses der wettbewerbsrechtlichen

Generalklauseln der §§ 1 und 3 UWG zu den Bestimmungen des primären und sekundären Gemeinschaftsrechts.

Stand in der Vergangenheit die Korrektur der im Lichte der europäischen Vorgaben überzogenen Strenge des deutschen Irreführungsverbots (§ 3 UWG) und damit letztlich die Modifikation des der "kleinen Generalklausel" zugrunde liegenden, wenig praktikablen Verbraucherleitbilds im Mittelpunkt des Interesses (Keßler 1991, S. 107 ff.; ders. 1995, S. 90 ff., Deutsch 1996, S. 541 ff.; Reuthal 1997, S. 1154 ff.), so gilt es unter den Auspizien der aktuellen Entwicklung das Augenmerk auf die "große Generalklausel" des § 1 UWG und das hieraus abgeleitete Verbot der "vergleichenden Werbung" zu richten (Lindacher 1996, S. 399 ff.). Mit Wirkung vom 6. Oktober 1997 haben das Europäische Parlament und der Rat die Richtlinie 97/55 EG verabschiedet und hierdurch die Richtlinie 84/450/EWG vom 10 September 1984 über "irreführende Werbung" geändert und durch Einbeziehung der vergleichenden Werbung ergänzt (ABl. 1997 L 290/18). Gegenstand der Regelung ist die Harmonisierung der divergierenden Bestimmungen der Mitgliedstaaten hinsichtlich der vergleichenden Werbung im Sinne einer grundsätzlichen – wenn auch nicht unbedingten – Zulässigkeit der werblichen Bezugnahme. Insofern widerspricht die Regelung in ihrer Grundtendenz der bisherigen deutschen Rechtslage (vgl. unten 2.2). Gem. ihres Art. 3 ist die Richtlinie bis Ende April 2000 in die nationale Rechtsordnung zu transformieren. Soweit es sich bei dem dem Inhalt der Richtlinie widersprechenden nationalen Recht um Richterrecht handelt, haben die Gerichte der Mitgliedstaaten nach dem Gebot einer "europarechtskonformen Auslegung" nationaler Rechtsnormen die Vorgaben der Richtlinie auch bereits vor deren Umsetzung zu berücksichtigen (Sack 1998, S. 241 ff.). Mit seinen Entscheidungen vom 5.2.1998 (I ZR 211/95) und 23.4.1998 (I ZR 2/96) hat der erste Zivilsenat des BGH daher im Vorgriff auf die Richtlinie die vergleichende Werbung unter den dort bestimmten Voraussetzungen für zulässig erklärt. Die Wettbewerber aber auch die übrigen Marktteilnehmer werden sich folglich mit sofortiger Wirkung auf die neue Rechtslage einstellen müssen. Im folgenden gilt es, die seitens der europäischen Rechtsordnung postulierten Zulässigkeitskriterien einer knappen Betrachtung zu unterziehen und für die Beteiligten so weit als möglich praktikabel zu machen. Doch sei – des besseren Verständnisses und der deutlichen "Konturierung" halber – zunächst ein "Blick zurück" auf die bisherigen Rechtslage gestattet.

2 BEGRIFF UND ZULÄSSIGKEIT DER VERGLEICHENDEN WERBUNG NACH BISHERIGEM RECHT

2.1 Zur Begriffsbildung

Üblicherweise unterscheiden Rechtsprechung und Literatur zwischen "kritisierender", "anlehnender" und "persönlicher (personenbezogener)" vergleichender Werbung (Baumbach; Hefermehl 1996, § 1 UWG, Rdnr. 339 ff.) . Anknüpfungspunkt für die hier zutage tretende systematische Differenzierung sind die Art und Weise der Bezugnahme, d. h. deren inhaltliche Argumentation sowie das jeweilige Bezugsobjekt bzw. -subjekt. So ist es im Rahmen des "kritisierenden" Werbevergleichs dem Werbetreibenden darum zu tun, die durch ihn angebotene Marktleistung gegenüber dem Angebot des in Bezug genommenen Mitbewerbers als vorteilhaft erscheinen zu lassen. Demgegenüber geht es beim "anlehnenden" Werbevergleich darum, das eigene Angebot als qualitativ gleichwertig im Verhältnis zu der Leistung des Konkurrenten darzustellen, also an dessen anerkanntem Ruf (Image) zu partizipieren. Hiervon abweichend bezieht sich bei der persönlichen vergleichenden Werbung der Vergleich nicht oder nicht ausschließlich auf die Marktleistung des Konkurrenten, sondern auf bestimmte persönliche Eigenschaften des Unternehmensträgers, seiner Organe oder seiner Mitarbeiter.

Notwendige Voraussetzung einer rechtlichen Zuordnung der Werbemaßnahme zur Kategorie der "vergleichenden Werbung" ist, daß die Bezugnahme das individuelle Vergleichsobjekt (Produkt) oder Vergleichssubjekt (Unternehmensträger) erkennbar werden läßt (BGH GRUR 1952, S. 416 ff., 417 – "Dauerdose"; GRUR 1952, S. 582 ff., 584 – "Sprechstunden"; GRUR 1966, S. 327 ff., 333 – "Richtpreiswerbung"). Dies kann unmittelbar – beispielsweise durch namentliche Nennung – oder mittelbar – durch Hinweis auf "den Marktführer", durch Verwendung des konkurrierenden Werbeslogans oder ähnliche Mittel – geschehen (Baumbach; Hefermehl, a.a.O., Rdnr. 339). Schlagwortartige Herabsetzungen einer ganzen Produktgruppe ("Schenken Sie Kaffee statt Blumen!") oder die Behauptung einer eigenen "Spitzenstellung" des Werbetreibenden ("der Größte", "unerreicht", "nur dieser" etc.) sind möglicherweise wettbewerbsrechtlich relevant, insbesondere unter dem Aspekt einer Irreführung (§ 3 UWG), erfüllen jedoch nicht den Tatbestand der vergleichenden Werbung.

2.2 Zur rechtlichen Bewertung

Betrachtet man die normative Bewertung der vergleichenden Werbung im Lichte der bisherigen Rechtsordnung, so erweist sich diese in allen ihren Ausprägungen als grundsätzlich verboten, wenn auch hinsichtlich der "kritisierenden" (BGH GRUR 1987, S. 49 ff., 50 – "Cola – Test") und – in zaghaften Ansätzen – auch bezüglich der "anlehnenden" vergleichenden Werbung (BGH GRUR 1976, S. 375 ff. – "Raziol") in den vergangenen Jahren in der Rechtsprechung mehr oder weniger ausgeprägte "Auflockerungstendenzen" erkennbar wurden (Köhler; Piper, 1995, § 1 UWG, Rdnr. 129 ff.). Dabei gilt das Verbot unabhängig von der Frage, ob die Werbeaussage wahr ist. Die Unzulässigkeit einer irreführenden oder unwahren vergleichenden Werbung folgt insoweit bereits aus den Vorgaben der §§ 3 und 14 UWG: Seine dogmatische Verankerung findet (oder besser: fand) diese restriktive Sichtweise der Judikatur in § 1UWG, d. h. der "großen" Generalklausel des Lauterkeitsrechts (Eichmann 1967, S. 21 ff.). Danach verstößt die werbliche Bezugnahme auf einen – erkennbaren – Konkurrenten oder dessen Produkt im Regelfall gegen die "guten Sitten" und damit das "Anstandsgefühl (?) des verständigen Durchschnittsgewerbetreibenden" oder gar "aller billig und gerecht Denkenden" (sic. !). Die – fragwürdige – Begründung dieser Beschränkung ergibt sich im wesentlichen bereits aus der insofern grundlegenden Entscheidung des Reichsgerichts (GRUR 1931, S. 1299 ff., 1301 – "Hellegold"): Kein Mitbewerber müsse es sich gefallen lassen, in fremden Anpreisungen als Mittel zur Herausstellung der eigenen Leistungsfähigkeit verwendet zu werden (sog. "Hellegold – Motiv"). Zudem könne der Werbetreibende nicht "Richter in eigener Sache" sein. Es ist hier nicht der Ort, die Entwicklungslinien dieser Rechtsprechung im Detail nachzuverfolgen, doch drängt sich der Verdacht auf, daß die Verschärfung der Rechtsprechung – bis zu dieser Entscheidung wurde auch seitens der Rechtsprechung überwiegend von der Zulässigkeit des Werbevergleichs ausgegangen – nicht zuletzt die Entwicklung und Zuspitzung der damaligen Weltwirtschaftskrise widerspiegelt.

Der BGH hat die Rechtsprechung des RG und damit das Verbot der vergleichenden Werbung im Grundsatz übernommen, jedoch unter dem Einfluß der in den sechziger Jahren seitens der Literatur einsetzenden Kritik zunehmend durch Ausnahmen aufgelockert, ohne jedoch das Regel – Ausnahme – Verhältnis zugunsten eines grundsätzlichen Verbots in sein Gegenteil zu verkehren. Danach ist der (kritische) Werbevergleich jedenfalls dann zulässig, wenn seitens des Werbetreibenden ein "hinreichender Anlaß" für die Bezugnahme besteht. Die hierbei zu berücksichtigen Rechtfertigungsgründe (Anlässe) waren nach der Judikatur ursprünglich streng limitiert: Dies betraf zunächst den "Auskunftsvergleich" auf konkrete Nachfrage eines Kunden. Aus verständlichen Gründen mußte dem Anbieter die Möglichkeit eröffnet werden, einem Auskunftsverlangen seiner Abnehmer nachzukommen, auch wenn insofern die Bezugnahme auf konkurrierende Erzeugnisse von Wettbewerbern unvermeidlich war (BGH GRUR 1960, S. 384 ff., 386 – "Mampe Halb und Halb"; GRUR 1986, S. 618 ff., 620 – "Vorsatz – Fensterflügel"). Als zulässig galt auch der "Abwehrvergleich" – als legitime Reaktion auf unlautere Werbemaßnahmen, insbesondere unwahre oder irreführende Behauptungen eines Mitbewerbers (BGH GRUR 1962, S. 45 ff., 48 – "Betonzusatzmittel"). Vom Verbotstatbestand freigestellt blieb zudem der "Systemvergleich", durch Gegenüberstellung der Arbeits- und Funktionsweise unterschiedlicher Systeme (BGH GRUR 1958, S. 485 f. – "Odol"; BGH GRUR 1961, S. 288 – "Zahnbürsten"). Allerdings ist es mehr als fraglich, ob es sich hierbei tatsächlich um eine Ausnahmeregelung im behaupteten Sinne handelt, da es bei dem abstrakten Vergleich technischer oder wirtschaftlicher Systeme im Regelfall an einer konkreten Bezugnahme auf einen bestimmten Wettbewerber mangelt. Hier fehlt es meist bereits am Grundtatbestand der Erkennbarkeit des Mitbewerbers (Baumbach; Hefermehl a.a.O., Rdnr. 345). Etwas anderes mag für den – zulässigen – "Fortschrittsvergleich" gelten, innerhalb dessen ein Marktteilnehmer auf das Erzeugnis eines Konkurrenten bezug nimmt, um so einen bestimmten (technischen) Entwicklungsfortschritt hinsichtlich der eigenen Leistung zu verdeutlichen.

In jüngster Zeit hat die höchstrichterliche Rechtsprechung über die erwähnten Ausnahmen hinaus weitere – fallbezogene – Durchbrechungen des allgemeinen Verbotstatbestandes anerkannt. Die bisherigen Fallgruppen enthielten keine abschließende Regelung hinsichtlich eines die Bezugnahme rechtfertigenden "hinreichenden" Anlasses". So sei auch das Interesse der Öffentlichkeit an einem bestimmten Umstand – beispielsweise einer Gefährdung der Produktsicherheit – geeignet, den Vergleich zu legitimieren (BGH GRUR 1971, S. 159 f. – "Motoryacht"). Eine generelle Zulässigkeit der vergleichenden Werbung hat der BGH demgegenüber bis zur Verabschiedung der modifizierten Richtlinie seitens der EU verneint (BGH GRUR 1989, S. 668 ff., 669 – "Genericum – Preisvergleich"; WRP 1989, S. 572 ff. – "Bioäquivalenz"; GRUR 1992, S. 625 ff., 626 – "Therapeutische Äquivalenz").

3 DIE VERGLEICHENDE WERBUNG NACH DER RICHTLINIE 97/55/EG

3.1 Werdegang und Zielsetzung der Richtlinie

Die nunmehr vorliegende Gemeinschaftsregelung zur vergleichenden Werbung, ist das Ergebnis einer längeren Entwicklung und eines ausführlichen und mitunter kontroversen Diskussionsprozesses innerhalb der Organe der EU – aber auch zwischen den Mitgliedstaaten der Gemeinschaft und der Kommission. Insbesondere die deutsche Seite hat sich lange Zeit "erfolgreich" einer Regelung widersetzt. So enthielt bereits der ursprüngliche Entwurf der "Irreführungsrichtlinie" 84/450/EWG aus dem Jahre 1984 Regelungen bezüglich unlauterer und vergleichender Werbung. Diese im Impetus weit ausgreifende Regelungsabsicht wurde mit der Verabschiedung der endgültigen Fassung zunächst aufgegeben. Nach den maßgeblichen Erwägungsgründen war allerdings beabsichtigt, " in einer zweiten Phase anhand entsprechender Vorschläge der Kommission die unlautere Werbung und, soweit erforderlich, auch die vergleichende Werbung zu behandeln." Erst 1991 legte die Kommission einen erneuten Entwurf zur Harmonisierung der Bestimmungen der Mitgliedstaaten zur vergleichenden Werbung vor. Der Inhalt der jetzt verabschiedeten Regelung wurde – trotz des Widerstands der deutschen Seite – im wesentlichen durch einen "Gemeinsamen Standpunkt" des Rates im März 1996 festgelegt.

Schon die seitens der Gemeinschaft gewählte Legitimationsgrundlage des Art. 100a EGV verdeutlicht den Markt- und damit den Wettbewerbsbezug der mit der Richtlinie bezweckten Regelung, geht es doch um "Maßnahmen zur Angleichung der Rechts- und Verwaltungsvorschriften der Mitgliedstaaten, welche die Errichtung und das Funktionieren des Binnenmarktes zum Gegenstand haben" (Art. 100a Abs. 1 S.2 EGV). Die hier zutage tretende originär wettbewerbliche, binnenmarktbezogene Zielorientierung der Direktive verdeutlichen die Erwägungsgründe: Mit der Vollendung des Binnenmarktes werde das Angebot immer vielfältiger. Die Werbung sei ein "sehr wichtiges" Instrument, "mit dem überall in der Gemeinschaft wirksam Märkte für Erzeugnisse und Dienstleistungen erschlossen werden können". Aus diesem Grunde sei es notwendig, die zur Zeit noch divergierenden Regelungen zu harmonisieren. Die vergleichende Werbung könne dazu beitragen, "die Vorteile der verschiedenen vergleichbaren Erzeugnisse objektiv herauszustellen". Sie sei zudem geeignet, "den Wettbewerb zwischen den Anbietern von Waren und Dienstleistungen im Interesse der Verbraucher zu fördern." (Erwgr. 2).

Gleichgewichtig verweist die Richtlinie auf die Zielvorgabe des Verbraucherschutzes. Dabei betont sie erneut das im Konzept des Gemeinschaftsrecht zunehmend deutlicher betonte "Informationsmodell" des Konsumentenschutzes (Reich 1996, Anm. 143a ff.) und das dieser Vorstellung zugrundeliegende Verbraucherleitbild eines "information searcher" Zu den zentralen Anliegen des gemeinschaftlichen Verbraucherschutzprogramms zähle "das Recht auf Unterrichtung" des Verbrauchers. Vergleichende Werbung könne, "wenn sie wesentliche, relevante, nachprüfbare und typische Eigenschaften" vergleiche und nicht irreführend sei "ein zulässiges Mittel zur Unterrichtung der Verbraucher über ihre Vorteile darstellen."

3.2 Die Einzelregelungen der Richtlinie

3.2.1 Der Anwendungsbereich

Versucht man sich Bedeutung und Wirkungsweise der Richtlinie – insbesondere in ihrer Auswirkung auf den nationalen Markt zu verdeutlichen –, so richtet sich das Augenmerk notwendig und in erster Linie auf den materiellen Geltungsbereich der Norm. Innerhalb des durch die Richtlinie definierten Anwendungsbereichs besteht keine Befugnis der Mitgliedstaaten, inhaltlich abweichende Regelungen zu treffen. Andererseits verbleibt es außerhalb der Reichweite der Richtlinie nach wie vor bei der Kompetenz des nationalen Gesetzgebers, sofern einer entsprechenden Regelung nicht sonstige Bestimmungen des primären oder sekundären Gemeinschaftsrechts entgegenstehen. Dies betrifft insbesondere das Verbot jeglicher Handelsbeschränkungen zwischen den Mitgliedstaaten gem. Art. 30 und 59 EGV.

Sieht man hiervon ab, so erfaßt die Richtlinie nach ihrem Wortlaut und der in den Erwägungsgründen niedergelegten Regelungsfunktion nur die vergleichende Werbung im oben erwähnten Sinne, d. h. unter erkennbarer Bezugnahme auf den Mitbewerber oder seine Marktleistung. Gem. Nr. 2 lit. a handelt es sich bei vergleichender Werbung um "jede Werbung, die unmittelbar oder mittelbar einen Mitbewerber oder die Erzeugnisse und Dienstleistungen, die von einem Mitbewerber angeboten werden, erkennbar macht". Allgemeine Bezugnahmen auf Marktverhältnisse ohne Individualisierung einzelner oder einzelner Gruppen von Konkurrenten unterliegen weiterhin der autonomen Regelungsbefugnis der Mitgliedstaaten (Tilmann 1997, S. 790 ff., 795 ff.; Plassmann 1996, S. 377 ff., 378 f.) . Dies betrifft insbesondere die verbreiteten "Alleinstellungsbehauptungen" bzw. die "Spitzengruppenwerbung" ("nur den", "der Meistverkaufte", "einzigartig").

Darüber hinaus erfaßt die Richtlinie nicht die – ohnedies problematischen – Fallgestaltungen der persönlichen vergleichenden Werbung, also unter Bezugnahme auf die persönlichen Eigenschaften eines Mitbewerbers. Dies folgt unmittelbar aus Art. 3a Nr.1 lit. b der Richtlinie. Demgemäß ist eine werbliche Bezugnahme im Lichte des Gemeinschaftsrechts zulässig, soweit sie "Waren oder Dienstleistungen für den gleichen Bedarf oder dieselbe Zweckbestimmung" miteinander vergleicht. Zwar enthält die Richtlinie kein Verbot einer persönlichen Bezugnahme, doch folgt im Rahmen der deutschen Rechtsordnung das entsprechende Verbot aus § 1 UWG (BGH GRUR 1954, S. 333 ff, 335 – "Molkereizeitung"; GRUR 1966, S. 92 ff., 94 – "Bleistiftabsätze"). Die Vorgaben der Richtlinie stehen jedenfalls einer entsprechenden Betrachtungsweise nicht entgegen (Tilmann, a.a.O., S. 795).

Demgegenüber erfaßt der Regelungsgehalt der Richtlinie sowohl die "kritisierende" als auch die "anlehnende" vergleichende Werbung (vgl. oben) – wenn auch in unterschiedlicher Sichtweise. So ist die anlehnende Bezugnahme auf das konkurrierende Angebot nur zulässig, soweit dies aus Sicht der Rezipienten objektiv "nachprüfbare" Dimensionen der einbezogenen Marktleistungen betrifft (Art. 3a Abs.1 lit.c). Damit können allgemeine, d. h. "pauschalierende" Bezugnahmen ("wir sind so gut wie ... ") nicht durch die Richtlinie legitimiert werden. Zudem errichtet Art. 3a Nr.1 lit. h eine zusätzliche Grenze: Danach ist ein Vergleich unzulässig, soweit sich "eine Ware oder eine Dienstleistung als Imitation oder Nachahmung einer Ware oder einer Dienstleistung mit geschützter Marke" darstellt. Sieht man von diesen Restriktionen ab, so unterfallen dem durch die Richtlinie eröffneten "Freiheitsraum" vorbehaltslos auch die Erscheinungsformen des "anlehnenden" Werbevergleichs.

3.2.2 Irreführende Vergleiche

Unabdingbare Zulässigkeitsvoraussetzung einer vergleichenden Werbung ist gem. Art. 3a Abs.1 lit.a der Richtlinie die Vermeidung einer Irreführung "im Sinne des Artikels 2

Nummer 2, des Artikels 3 und des Artikels 7 Abs.1." Das hier postulierte "Irreführungsverbot" erscheint "prima vista" einsichtig, ist es doch dem europäischen Gesetzgeber mit der Zulassung der vergleichenden Werbung im Interesse einer Belebung des Wettbewerbs und einer besseren Information der Verbraucher in erster Linie um eine Verbesserung der Markttransparenz zu tun (vgl. oben 3.1). Irreführende Werbeaussagen trüben jedoch die Marktübersicht und wirken insofern dysfunktional. Allerdings steckt der Teufel – wie so oft – im Detail. Dies betrifft zunächst die deutliche Divergenz zwischen dem deutschen und europäischen Irreführungsbegriff und damit letztlich die abweichendenden Referenzmodelle des jeweiligen Verbraucherleitbilds (Keßler 1991, S. 107 ff., 111 ff.; ders. 1993, S. 571 ff., 575 ff.).

Bekanntlicherweise bejaht die deutsche Rechtsprechung bereits dann den Tatbestand einer Irreführung im Lichte des § 3 UWG, wenn ein "nicht völlig unerheblicher Teil der angesprochenen Verkehrskreise" einer Täuschung unterliegt (BGH GRUR 1963, S. 482 f., 483 – "Hollywood – Duftschaumbad"). Wann dies der Fall ist, läßt sich kaum abschließend definieren. Maßgebend ist vielmehr eine auf den Einzelfall bezogene Interessenabwägung (BGH GRUR 1966, S. 445 ff. – "Glutamal"; GRUR 1971, S. 313 ff. – "Bockbeutelflasche"). Zwar sind Irreführungsquoten von 5% (BGH GRUR 1973, S. 361 ff. – "San - Remo") sowie weniger als 9% (BGH GRUR vom 17.11.1972 – I ZR 97/71 – zitiert nach BGH GRUR 1976, S. 356 f.) regelmäßig unbeachtlich, doch kann bereits eine Täuschung von 10% der Rezipienten den Erfordernissen des § 3 UWG genügen (BGH GRUR 1979, S. 716 ff. – "Kontinent - Möbel"). Bezugspunkt des Irreführungstatbestandes ist dabei das Leitbild des "flüchtigen Durchschnittsverbrauchers" , welcher den Aussagegehalt der Werbung allenfalls oberflächlich zur Kenntnis nimmt.

Weist somit der Irreführungsbegriff des UWG in seiner Interpretation durch den Wettbewerbssenat des BGH im Ansatz eine empirische Verankerung auf und ist folglich einer Verifikation oder Falsifikation in Form einer Meinungsumfrage zugänglich, so ist der binnenmarktbezogene Irreführungstatbestand des Europäischen Gerichtshofs (EuGH) durchgängig normativer Natur. Entscheidend ist ausschließlich eine an den Zielen des EGV orientierte "wertende" Betrachtungsweise. Bezugspunkt ist insofern das Modell eines aufgeschlossenen Konsumenten, der die vorhandenen Produktinformationen kritisch nutzt und zur Grundlage seines Entscheidungsaktes macht. Eine wettbewerbsrechtlich relevante Irreführung scheidet unter den Auspizien der europäischen Marktordnung jedenfalls dort aus, wo lediglich geringere Irreführungsgefahren zu verzeichnen sind und einer ausufernden Interpretation des Irreführungstatbestandes integrationspolitische Bestrebungen entgegenstehen (EuGH NJW 1993, 3187 ff. – "Yves Rocher"; EuGH WRP 1994, S. 380 ff., 382 – "Clinique"; EuGH WRP 1995, S. 678 ff., 679 – "Mars"). Es ist hier nicht der Ort, den evident zutage tretenden Normenkonflikt einer vertiefenden Analyse zuzuführen – dies ist bereits an andere Stelle geschehen (Keßler 1993, S. 571 ff.) – , doch verdeutlichen die divergierenden Betrachtungsweisen der nationalen sowie der europäischen Rechtsordnung, daß es hinsichtlich der praktischen Bedeutung, die dem Verbot der Irreführung als Zulässigkeitsvoraussetzung der vergleichenden Werbung zukommt, von entscheidender Bedeutung ist, welcher Irreführungsbegriff der Interpretation der Richtlinie zugrunde zu legen ist.

Leider weisen Wortlaut und Systematik der Richtlinie insofern gewisse Unstimmigkeiten auf. Zwar verweist Art. 3a Nr.1 lit. a insofern auf Artikel 2 und 3 der ursprünglichen Fassung der Richtlinie und damit ohne Zweifel auf den Irreführungsbegriff, wie er durch die Rechtsprechung des EuGH seine konkrete Ausprägung gefunden hat, doch beinhaltet die Bestimmung gleichermaßen einen Verweis auf Art.7 Abs.1. Nach dieser Vorschrift sind die Mitgliedstaaten nicht gehindert, "Bestimmungen aufrechtzuerhalten oder zu erlassen, die einen weiterreichenden Schutz ... vorsehen". Insofern postuliert die "Irreführungsrichtlinie" nach ihrer ausdrücklichen Zielsetzung nur einen Mindeststandard, der durch die Wettbewerbsregeln der Mitgliedstaaten – und folglich auch die Bestimmungen des UWG – "verschärft" werden darf. Hier tritt ein wesentlicher Unterschied im Regelungskonzept verglichen mit der nun erfolgten Erweiterung des Wirkungsfelds der Richtlinie auf den Bereich der vergleichenden Werbung zutage. Gemäß dem neu angefügten Art. 7 Abs.2 gilt die den Mitgliedstaaten gewährte Freiheit, strengere Bestimmungen zu erlassen, "nicht für vergleichende Werbung, soweit es sich um den Vergleich handelt". Offensichtlich war es der Gemeinschaft darum zu tun, durch die Postulation eines "Verschärfungsverbots" zu verhindern, daß einzelne Mitgliedstaaten – wie im vergleichbaren Falle der Irreführung – durch überzogene Schutzstandards dysfunktionale Schranken gegen eine grenzüberschreitende Werbung und damit gegen eine am Konzept eines "Euromarketing" orientierte Absatzstrategie errichten. Dabei sollte die bisher gegebene Gestaltungsfreiheit bei der Bekämpfung irreführender Werbepraktiken jedoch nicht beschränkt werden.

Versucht man, die divergierenden Vorgaben in ein möglichst widerspruchsfreies Lösungskonzept einzubinden, so ergeben sich – im Anschluß an Tilmann (1997, S. 790 ff., 791 ff.)– folgende Leitlinien: Die in dem Vergleich enthaltene Wertung und damit folglich das Vergleichsergebnis ("haltbarer als", "erheblich preiswerter", "gleiche Wirkungsweise") unterliegt ausschließlich den – großzügigeren – Anforderungen der europäischen Rechtsordnung. Jede andere Interpretation liefe der Intention der Richtlinie, den Marktakteuren mit der vergleichenden Werbung einen neuen Wettbewerbsparameter zu eröffnen, entgegen. Soweit es Aussagen über das in Bezug genommene Erzeugnis des Wettbewerbers betrifft, unterliegt dieser Sachverhalt bereits nach der deutschen Rechtsordnung nicht den Bestimmungen des § 3 UWG. Kontrollmaßstab sind insofern ausschließlich § 1 und 14 UWG. Es bleibt folglich bei den abschließenden Zulässigkeitsvoraussetzungen des Art. 3a Nr.1 lit d-h (vgl. unten). Lediglich die Angaben über die Marktleistung des Werbetreibenden selbst unterliegen insofern der Irreführungskontrolle entsprechend des strengeren Maßstabs der nationalen Rechtsordnung. Dabei gilt es allerdings zu beachten, daß die nationalen Kontrollnormen ihrerseits den marktpolitischen Anforderungen der Art.30 und 59 EGV in ihrer Ausprägung durch die Cassis – Rechtsprechung des EuGH Rechnung zu tragen haben (Keßler 1991, S. 107 ff., 111 f.; ders. 1993, S. 571 ff., 574 f.; Micklitz 1995, S. 112 ff). Auch nach der Modifikation der Entscheidungspraxis des Gerichtshofs infolge der Entscheidungen "Keck; Mithouard (EuGH GRUR 1994, S. 296 ff.) und "Hünermund" (EuGH GRUR 1994, S. 299 ff.) unterfallen jedenfalls solche Werbemaßnahmen den Gewährleistungen der Warenverkehrs- und Dienstleistungsfreiheit, die sich als Teil eines grenzüberschreitenden Werbekonzepts im Rahmen des europäischen Binnenmarktes darstellen.

Sieht man hiervon ab, so eröffnet Art. 6 lit. a zugunsten des durch einen Vergleich betroffenen Klägers erhebliche Beweiserleichterungen durch die Möglichkeit, "vom Werbenden Beweise für die Richtigkeit seiner Tatsachenbehauptungen zu verlangen, wenn ein solches Verlangen unter Berücksichtigung der berechtigten Interesse des Werbenden und anderer Verfahrensbeteiligter im Hinblick auf die Umstände des Einzelfalls angemessen erscheint, und bei vergleichender Werbung vom Werbenden zu verlangen, die entsprechenden Beweise kurzfristig vorzulegen".

Im übrigen enthält die Richtlinie in Art. 3a Nr. 1 lit. d einen eigenständigen Sondertatbestand der Irreführung. Danach ist der Vergleich nur zulässig, soweit die Werbung "auf dem Markt keine Verwechslung zwischen dem Werbenden und einem Mitbewerber oder zwischen den Marken, den Handelsnamen, anderen Unterscheidungszeichen, den Waren oder den Dienstleistungen des Werbenden und denen eines Mitbewerbers" herbeiführt. Vor allem bei der "anlehnenden" vergleichenden Werbung wird der Werbetreibende dafür Sorge zu tragen haben, daß Gestaltung und Aufmachung seines Erzeugnisses den gebotenen Abstand zu dem in Bezug genommenen Konkurrenzprodukt wahren.

Besonderheiten gelten zudem gem. Art. 3a Nr.1 lit. f für Waren mit Ursprungsbezeichnungen. Hier darf zur Vermeidung einer Irreführung der angesprochenen Verkehrskreise ein Vergleich nur unter Erzeugnissen "mit der gleichen Bezeichnung" erfolgen.

3.2.3 Der Vergleichsmaßstab

Gem. Art. 3a Nr.1 lit. c ist der Vergleich "von Waren und Dienstleistungen für den gleichen Bedarf oder dieselbe Zweckbestimmung" (Nr.1 lit. b) zulässig, soweit er "objektiv" erfolgt und "wesentliche, relevante, nachprüfbare und typische Eigenschaften dieser Waren und Dienstleistungen" betrifft. Es muß sich somit stets um solche Dimensionen der jeweiligen Marktleistung handeln, die einerseits – aus Sicht der Rezipienten – für das Entscheidungsverhalten der Marktgegenseite von Relevanz sind und andererseits – bei objektiver Betrachtungsweise – zu den maßgeblichen Bestimmungsgrößen bei der Bewertung des Wirtschaftsgutes gehören. Ausdrücklich betont die Richtlinie, daß hierzu "auch der Preis gehören kann". Damit sind wahrheitsgemäße Bezugnahmen auf die Preisgestaltung eines Wettbewerbers – Vergleichbarkeit der Erzeugnisse vorausgesetzt – künftig grundsätzlich zulässig.

Dies gilt jedoch nur unter der ergänzenden Voraussetzung, daß die in den Vergleich einbezogenen Eigenschaften nachprüfbar sind. Allerdings ist nicht erforderlich, daß damit jedem einzelnen Werbeadressaten die persönliche Möglichkeit der Nachprüfung eröffnet wird (so wohl im Ergebnis trotz gewisser Zweifel: Tilmann, 1997, S. 790 ff., 11; Plassmann 1996, S. 377 ff., 379). Ein entsprechendes Postulat würde den seitens der Richtlinie eröffneten Freiheitsbereich durch die "Hintertür" auf eine "quantité négligeable" reduzieren. Dem anerkennenswerten Bedürfnis nach prozeduraler Gewährleistung der "Vergleichswahrheit" wird durch die mittels Art. 6 lit. a eröffnete Beweislastregel (vgl. oben 3.2.2) ausreichend Rechnung getragen. Der Begriff "nachprüfbar" ist daher in dem Sinne zu verstehen, daß die im Vergleich enthaltene Aussage von ihrer logischen Struktur einem Beweis zugänglich sein muß, mit anderen Worten: diese muß – zumindest auch – ein sachliches Substrat enthalten. Reine Wertungen ohne "materielle Substanz" sind nicht geeignet, den Vergleich im Sinne der Richtlinie zu legitimieren.

Der Vergleich muß zudem "objektiv" erfolgen, ohne daß deshalb die subjektive Intention des Werbetreibenden einer "Camouflage" bedarf. Dabei ist im Lichte des zunehmenden "Unterhaltungswert" der Werbung grundsätzlich auch die Verwendung "ironischer" oder "satirischer" Mittel zulässig. Die hierbei einzuhaltende Grenze ergibt sich aus Art. 3a Nr.1 lit. e. Hiernach dürfen durch den Vergleich "weder die Marken, die Handelsnamen oder andere Unterscheidungszeichen noch die Waren, die Dienstleistungen , die Tätigkeiten oder die Verhältnisse der Mitbewerber herabgesetzt oder verunglimpft" werden. Die mit dem "kritischen" Vergleich notwendig verbundene Herabsetzung des einbezogenen Produkts hat der Mitbewerber jedoch grundsätzlich hinzunehmen (So im Ergebnis auch Tilmann 1997, S. 790 ff., 797; Plassmann 1996, S. 377 ff., 380).

Allerdings darf der Werbetreibende bei der Durchführung des Vergleichs "den Ruf einer Marke, eines Handelsnamens oder andere Unterscheidungszeichen eines Mitbewerbers oder der Ursprungsbezeichnung von Konkurrenzerzeugnissen nicht in unlauterer Weise ausnutzen (Art.3a Nr.1 lit. g). Grundsätzlich stellt der Hinweis auf oder das Zitat einer fremden Produktkennzeichnung keine tatbestandliche Verletzung des Markenschutzes dar. Der Bezug auf eine fremde Kennzeichnung ist insoweit "vergleichsnotwendig" und liegt "in der Natur der Sache". Der Zweck der Norm liegt demgemäß in der funktionalen Ergänzung des Markenschutzes (vgl. § 14 Abs.2 MarkenG) in einer besonderen Konstellation. So besteht vor allem beim Preisvergleich werbeintensiver Luxusgüter mit hohem Zusatznutzen mit preiswerten Billigangeboten mit gleichem Grundnutzen die Gefahr einer Rufbeeinträchtigung. Das mit erheblichem finanziellen Aufwand im Rahmen des "Marketing – Mix" errichtete "Image" des Vergleichsprodukts und die damit erfolgte "emotionale" Produktdifferenzierung kann durch entsprechende "Vergleichsstrategien" anderer Anbieter beeinträchtigt werden. Allerdings wird die Grenzziehung zwischen Erlaubtem und Verbotenem in diesem Bereich erhebliche Schwierigkeiten bereiten. Hier gilt es die ersten Entscheidungen abzuwarten und vorerst vorsichtig zu agieren. Mit der Bestimmung der lit. g ist jedenfalls der normative Boden für einen erweiterten Markenschutz bereitet

4 SCHLUSS: VERGLEICHENDE WERBUNG IM EINZELHANDEL

Wie zu Beginn der Darstellung erwähnt, hat der europäische Gesetzgeber den Marktakteuren mit der vergleichenden Werbung einen weiteren Freiraum im Wettbewerb eröffnet und damit den beteiligten Anbietern ein neues Gestaltungsmittel im Kampf um Marktanteile in die Hand gegeben. Vergleichende Werbung dürfte aufgrund ihres "Neuigkeitswerts" zumindest vorübergehend von großem Interesse sein. Sie ist zudem – verglichen mit anderen Techniken der "emotionalen Aktivierung und Konditionierung" der Konsumenten – verhältnismäßig preiswert. Sie dürfte folglich – vor allem in Form des Preisvergleichs – nach Abbau der anfänglich unvermeidlichen Rechtsunsicherheit im Einzelhandel alsbald eine gewisse Bedeutung gewinnen. Vor allem "wettbewerbsaktiven" Filialisten und Dicountern eröffnet sich ein völlig neues Kommunikationskonzept im Wettbewerb um den zunehmend "preisbewußteren" Verbraucher. Allerdings ist die "Irreführungsgefahr", insbesondere aufgrund der hohen Preisflexibilität vor allem im Lebensmitteleinzelhandel ("Angebotswettbewerb"), besonders ausgeprägt. Der europäische Gesetzgeber trägt dem mit einer Sonderregelung in Art. 3a Nr.2 der Richtlinie Rechnung: "Bezieht sich der Vergleich auf ein Sonderangebot, so müssen klar und deutlich der Zeitpunkt des Endes des Sonderangebots und, wenn das Sonderangebot noch nicht gilt, der Zeitpunkt des Beginns des Zeitraums angegeben werden, in dem der Sonderpreis oder andere besondere Bedingungen gelten; gegebenenfalls ist darauf hinzuweisen, daß das Sonderangebot nur so lange gilt, wie die Waren und Dienstleistungen verfügbar sind". Es ist kaum anzunehmen, daß mit der Bestimmung alle Wettbewerbsstreitigkeiten aus dem Weg geräumt sind. Zumindest bis zur Klärung einiger Streitfragen tut juristische Vorab – Beratung Not. Auch die Hersteller sind vom Preiswettbewerb im Einzelhandel und den entsprechenden Vergleichsmaßnahmen zumindest mittelbar betroffen. Sie können die Verwendung ihrer Markenzeichen in der Preisgegenüberstellung der Händler kaum verhindern (siehe oben 3.2.3). Dies wird Raum schaffen für unangenehme Nachfragen der Abnehmer. Auch insofern scheint eine umfassende Beratung und Aufklärung angebracht. Die vergleichende Werbung kann hier nicht unerheblich zur Verschärfung der Wettbewerbsbedingungen beitragen. Dies gilt zwischen den Händlern aber auch im Stufenwettbewerb zwischen Einzelhandel und Hersteller. Ob dies zur weiteren Konzentration zu Lasten des Mittelstands beiträgt, wird sich zeigen. Wie gesagt: "Alles fließt".

LITERATUR

Ahlert; Schröder: Rechtliche Grundlagen des Marketing, 2.A., Stuttgart, Berlin, Köln 1996.

Baumbach; Hefermehl: Wettbewerbsrecht, 19. Auflage, München 1996.

Deutsch, V.: Der Einfluß des europäischen rechts auf den Irreführungstatbestand des § 3 UWG. In: Gewerblicher Rechtsschutz und Urheberrecht, 1996, S. 541–547.

Eichmann, H.: Die vergleichende Werbung in Theorie und Praxis, Köln, Berlin, Bonn, München 1967.

Howells, G.; Wilhelmsson, T.: EC Consumer Lax, Aldershot, Brookfield, Singapore, Sydney 1997.

Keßler, J.: Wettbewerbstheoretische Aspekte des Irreführungsverbots. In: Wettbewerb in Recht und Praxis, 1990, S. 73–85.

Keßler, J.: Wettbewerbsrechtliches Irreführungsverbot und Freiheit des Warenverkehrs. In: Europäische Zeitschrift für Wirtschaftsrecht, 1991, S. 107–112.

Keßler, J.: Wettbewerbsrechtliches Irreführungsverbot und Verbraucherinformation. In: Wettbewerb in Recht und Praxis, 1993, S. 571 –577.

Keßler, J.: Werbung mit dem Umweltschutz – zur ökologischen Leistungsfähigkeit des Lauterkeitsrecht. In: Stiftung Verbraucherinstitut (Hrsg.), Umweltbezogene Werbung – Irreführung oder Orientierung für den Verbraucher?, Berlin 1995, S. 90–111.

Keßler, J.: Der Unternehmenstest im Lichte der Rechtsordnung. In: Institut für Markt Umwelt und Gesellschaft (Hrsg.), Unternehmenstest, Neue Herausforderungen für das Management der sozialen und ökologischen Verantwortung, München 1997, S. 261–292.

Köhler; Piper: Gesetz gegen den unlauteren Wettbewerb, München 1995.

Lindacher, W.F.: Kritisierende vergleichende Werbung. In: Pfeiffer, G.; Kummer, J.; Scheuch, S. (Hrsg.): Festschrift für Hans Erich Brandner, 1996, S. 399–414.

Niederleithinger, E.: Chancen und Risiken des deutschen Wettbewerbsrechts in der Europäischen Gemeinschaft. In: Forschungsinstitut für Wirtschaftsverfassung und Wettbewerb (Hrsg.), Harmonisierung des Rechts des unlauteren Wettbewerbs in der EG?, Köln, Berlin, Bonn, München 1993, S. 11–24.

Reich, N.: Europäisches Verbraucherrecht, 3.Auflage, Baden-Baden 1996.

Plassmann, C.: Vergleichende Werbung im gemeinsamen Markt. In: Gewerblicher

Rechtsschutz und Urheberrecht, 1996, S. 377–382.

Reuthal, K.P.: Verstößt das deutsche Irreführungsverbot gegen Artikel 30 EGV? In: Wettbewerb in Recht und Praxis, 1997, S. 1154–1161.

Sack, R.: Die Berücksichtigung der Richtlinie 97/55/EG über irreführende und vergleichende Werbung bei der Anwendung der §§ 1 und 3 UWG. In: Wettbewerb in Recht und Praxis, 1998, S. 241–244.

Tilmann, W.: Richtlinie vergleichende Werbung. In: Gewerblicher Rechtsschutz und Urheberrecht, 1997, S. 790–799.

Literaturdienst

Literaturdienst zur Handelsforschung 1998/99

1 STRATEGISCHE WETTBEWERBSVORTEILE

BRAUER, W., **Die Betriebsform im stationären Einzelhandel als Marke, Dissertation, München 1997 (168 Seiten).** In seiner Dissertation überträgt BRAUER bisherige Erkenntnisse der Markenforschung auf Betriebsformen des stationären Einzelhandels mit dem Ziel des Aufbaus von Betriebsformen als Marke. Nach Darstellung der begrifflichen Grundlagen seiner Arbeit werden unternehmensexterne Rahmenbedingungen (rechtliche, technologische, angebots- und nachfragebezogene) sowie unternehmensinterne Rahmenbedingungen für Betriebsformenmarken im stationären Einzelhandel näher beleuchtet. Im folgenden geht der Verfasser auf konzeptionelle Entscheidungen im Handelsunternehmen ein und arbeitet Ansatzpunkte und Ziele der Markenpolitik sowie Markenstrategien auf Betriebsformenebene heraus. Der vierte Teil der Arbeit geht auf Gestaltungsdimensionen bei der Planung von Betriebsformen des stationären Einzelhandels als Marke ein. Hier werden u. a. die innere Differenzierung der Marke – Formulierung des Markenkerns, Positionierung – und die äußere Differenzierung – Markierung, Qualität, Rückkopplungsmöglichkeiten zum Markenanbieter – betrachtet. Des weiteren wird die Kommunikation für Betriebsformenmarken im stationären Einzelhandel beleuchtet. Subjektive Dimensionen wie die Markenwirkung (Markenbild und -wahl, Markentreue und -persönlichkeit) werden untersucht. Die Arbeit schließt mit der Herausarbeitung zentraler Aspekte bei der organisatorischen und personalpolitischen Umsetzung von Betriebsformen als Marke sowie deren Kontrolle. (Constanze Hess)

DOHET-GREMMINGER, A., **Marktstrategien im Großhandel, Bausteine des Unternehmenserfolgs, Dissertation, Wiesbaden 1997 (314 Seiten)** ist eine Mannheimer Dissertation bei Erwin Dichtl. Der im vertikalen Verdrängungswettbewerb durch Integration und Umgehung bedrohte Großhandel reagiert auf diese Situation unterschiedlich. Die Autorin analysiert dieses Verhalten in gängigen marktstrategischen Kategorien und bewertet die Befunde durch einen erfolgsfaktorentheoretisch begründeten Evaluationsmaßstab im Hinblick auf die Wettbewerbs- und Überlebensfähigkeit der Großhandelsunternehmen. An zwei Branchen-Fallstudien (Baustoff- und pharmazeutischer Großhandel) werden die theoretischen Analysen untermauert und branchenspezifisch differenziert. Das Buch liefert allgemeine Hinweise über hoffnungsvolle Großhandelsmarktstrategien und ruft nach weiteren branchenspezifischen Analysen, um auch für andere als die untersuchten Branchen spezifischere Empfehlungen zu gewinnen. (Volker Trommsdorff)

OHLBRICH, R., **Unternehmenswachstum, Verdrängung und Konzentration im Konsumgüterhandel, Stuttgart 1998 (554 Seiten)** ist eine Münsteraner Habilitationsschrift, mit der die Forschung über Handelskonzentration des Instituts für Handelsmanagement vertieft wird. Olbrich untersucht das Konzentrationsphänomen an seiner Quelle, indem er das Wachstum von Handelsunternehmen theoretisch und empirisch zu erklären sucht. Handelssysteme, die sich einem harten Verdrängungswettbewerb gegenübersehen, werden so ausgerichtet, daß der eigene Verdrängungsspielraum möglichst groß wird, weniger durch schiere Größe als durch Innovation, insbesondere der Betriebsform. Diese zentrale These wird in vier empirischen Untersuchungen untermauert. Das Werk liefert den derzeit wohl umfassendsten und aktuellsten Stand der Theorie zu Konzentration und Unternehmenswachstum, zur Betriebsformen- und Handelssystemlehre sowie zum Systemwettbewerb im deutschen Konsumgüterhandel. Dazu wird ein eigener transaktionskostentheoretischer Theorieansatz entwickelt, und es wird umfangreiches, auch kausalanalytisch durchdrungenes empirisches Material vorgelegt. Wer sich vor der Lektüre des ganzen Werkes einen komprimierten Einblick verschaffen will, dem sei der Artikel des Autors im vorliegenden Jahrbuch empfohlen. (Volker Trommsdorff)

SEIDERS, K., TIGERT, D. J., **Impact of market entry and competitive structure on store switching / store loyality, The International Review of Retail, Distribution and Consumer Research, (3) 1997, S. 227–248.** Das Geschäftstreue- bzw. -wechselverhalten, wichtige Zielgröße im Einzelhandelsmarketing, wird hier in Abhängigkeit vom Markteintritt neuer Händler untersucht. Exploratorisch wird das Kundenverhalten in vier Märkten mit unterschiedlichen Wettbewerbsverhältnissen untersucht, in welche eine oder mehrere Einzelhandelsketten neu eingetreten ist. Die Ergebnisse besagen, daß der Wechsleranteil nach dem Neueintritt abhängt vom Differenzierungsgrad, der Anzahl und der Marketingstrategie des neuen Wettbewerbers. Die Wechsler, differenziert nach ihrem häufigst besuchten Geschäft, reagieren spezifisch auf die Marketingstrategie des Newcomers. Das eintretende Unternehmen muß also eine Differenzierungsstrategie gegenüber den vorhandenen Geschäften entwickeln. (Volker Trommsdorff)

2 HERSTELLER-HANDELSBEZIEHUNGEN

FRANKE, N., **Das Herstellerimage im Handel. Eine empirische Untersuchung zum vertikalen Marketing, Dissertation, Berlin 1997 (315 Seiten).** Zentrale Überlegung ist, daß sich die Einstellung des Händlers gegenüber den Produzenten nicht nur auf das Hersteller-Händler-Verhältnis, sondern auch auf die Händler-Verbraucher-Beziehung auswirkt. Damit befaßt sich Franke erstmals theoretisch und empirisch umfassend mit dem "Durchgriff" des Herstellerimages über die Handelsstufe bis hin zum Konsumenten. Nach einem theoretischen Abriß zu Imagetheorie und vertikalem Marketing entwickelt Franke ein umfassendes Hypothesengerüst, das er im Markt für Taschenbücher empirisch überprüft. Das Herstellerimage wird unterschiedlich wahrgenommen, abhängig davon, ob der Händler lediglich als Geschäftspartner des Herstellers (Image 1. Art), als kritischer Beobachter des Produkterfolgs (Image 2. Art) oder als privater Nutzer – in diesem Fall als Leser – des Produktes (Image 3. Art) auftritt. Die verschiedenen Sichtweisen stehen in gegenseitigen Wechselbeziehungen und erklären einen Großteil des Verkaufs- und Kaufverhaltens. Die Strategie, die auf alle drei Subimages und jeweils den zugrundeliegenden service- und programmbezogenen Imagedimensionen gleichermaßen ausgerichtet ist, scheint die erfolgreichste zu sein. Dagegen erweist sich eine einseitige Spezialisierung als weniger sinnvoll. Zusätzlich untersucht der Autor den situativen Kontext der Hersteller-Händler-Beziehung, d. h. unter welchen Rahmenbedingungen die Verhaltensrelevanz des Images hoch bzw. niedrig ist. So beeinflußt z. B. die hierarchische Stellung oder der Handlungsspielraum des Händlers die Auswirkung des Herstellerimages auf das Verkaufsverhalten. Mit diesem Ansatz eruiert Franke die Gültigkeitsbedingungen des hypothetischen Modells. Frankes Arbeit, die u. a. mit dem Förderpreis der deutschen Marktforschung des BVM 1997 ausgezeichnet wurde, ist umfassend, sehr differenziert und von hoher praktischer Relevanz im vertikalen Marketing. (Margit Binsack)

KLÖPPNER, V., **Kommunikation zwischen Hersteller und Vertragshändler, Dissertation, Wiesbaden 1997 (160 Seiten)** liefert einen Beitrag zur Gestaltung situationsadäquater und effizienter Kommunikation zwischen Herstellern und Händlern in vertraglichen Vertriebssystemen. Dabei ist es nicht Ziel, einzelne Störungen der Hersteller-Händler-Kommunikation zu überwinden, sondern vielmehr die Implementation eines prozeßorientierten Managementkonzepts zu betonen. Klöppner legt einen Ansatz zugrunde, der Ergebnisse der Distributions- und der Kommunikationsforschung integriert. Durch die systematische Aufarbeitung von Hersteller-Händler-Kommunikationsprozessen gelingt es, den hohen Komplexitätsgrad der Hersteller-Händler-Kommunikation zu reduzieren und Ursachenfelder ineffektiver Kommunikation in vertraglichen Vertriebssystemen darzustellen. Einflüsse des situativen Bedingungsrahmens innerhalb der Vertriebssysteme sind ebenfalls Gegensand der Analyse, ehe dann das oben genannt Konzept abgeleitet wird. (Andrea Bookhagen)

Mollá, A.; Sánchez, M., **Interfirm influence strategies in marketing channels, The International Review of Retail, Distribution and Consumer Research, 7 (1997), S. 249–262:** Es geht um eine faktorenanalytische Beschreibung von Herstellerstrategien im vertikalen Marketing am Beispiel des Computermarktes in Spanien. Die Autoren unterscheiden Macht- (coercive) und Nicht-Macht-Strategien und stellen fest, daß beide Arten und ihre Mischung angewendet werden. Es gibt deutliche Unterschiede zwischen den untersuchten Herstellern. Die Wahrnehmung, welche der beiden Arten überwiegt, unterscheidet sich zwischen anwendenden Herstellern und betroffenen Händlern, wie nicht anders zu erwarten. (Volker Trommsdorff)

MURRY, J. P.; HEIDE, JR. & J. B., **Managing Promotion Program Participation Within Manufacturer – Retailer Relationships, Journal of Marketing, (1) 1998, S. 58–69.** Die Autoren präsentieren die Ergebnisse einer empirischen Untersuchung, in der die Bereitschaft von Händlern zur Teilnahme an von Herstellern gesponsorten Promotion-Programmen analysiert wird. Es werden vorwiegend zwei Aspekte der Teilnahme untersucht: Zustimmung der Händler, an POS-Programmen teilzunehmen und ihre Zufriedenheit mit etablierten Absprachen. Bisherige Theorien unterstellen, daß die Teilnahme von zweierlei Variablentypen determiniert wird: Interpersonellen Beziehungen zwischen Mitarbeitern von Hersteller und Händler sowie organisationalen Variablen, u. a. Incentives und Kontrollanstrengungen der Hersteller. Die Autoren untersuchen unabhängige und zusammenhängende Einflüsse dieser Faktoren auf die Teilnahme der Händler. Als Ergebnis einer Conjoint-Analyse führen sie an, daß das Vorhandensein starker interpersoneller Beziehungen die Wichtigkeit anderer Variablen wie Incentives, nicht abschwächt. Des weiteren wird festgestellt, daß interpersonelle Beziehungen schwächere Determinanten der Teilnahme sind als ökonomische Anreize. Implikationen der Untersuchung für Marketingtheorie und -praxis werden untersucht. (Constanze Hess)

3 INFORMATIONSMANAGEMENT UND INFORMATIONSTECHNOLOGIE

CHU, W.; MESSINGER, P. R., **Information and Channel Profits, Journal of Retailing, (4) 1997, S. 487–500.** Gegenstand der vorliegenden Untersuchung ist die Auswirkung der durch neue Informationstechnologien (insb. Universal Product Code) verfügbaren Informationen hinsichtlich der Nachfragegewohnheiten der Kunden. Scannertechnologien versetzen Handelsunternehmen in die Lage, über dieselben Informationen wie der Hersteller zu verfügen. Betrachtet wird der Effekt unterschiedlicher Informationsstände verschiedener Unternehmen. Mit Hilfe eines spieltheoretischen Ansatzes werden unterschiedliche Informationsstände hinsichtlich ihrer Auswirkungen auf die Gewinne der Unternehmen betrachtet. (Oliver Jost)

KOTZAB, H., **Neue Konzepte der Distributionslogistik von Handelsunternehmen, Wiesbaden 1997 (274 Seiten)** befaßt sich vor allem mit der Adaption des Just-In-Time-Prinzips für die Distributionslogistik, das maßgeblich auf Kooperationsmodelle im Logistikkanal und auf nachfragesynchrone Belieferung aufbaut. Die künftigen Chancen moderner Distributionslogistik bestehen darin, mit geringeren Logistikkosten einen höheren Service zu erreichen. Der Autor setzt sich insbesondere mit informations- und kommunikationstechnologischen Voraussetzungen für neue Logistikansätze im Handel auseinander. Als Bausteine der neuen Logistikkonzepte diskutiert er Möglichkeiten und Grenzen des Elektronik-Data-Interchange (EDI), der Strichcode- und Scannertechnologie. Zukunftsgerichtete Distributionskonzepte integrieren schließlich die von Kotzab ausführlich beschriebenen modernen Ansätze: 1) Efficient Consumer Response (die Just-In-Time-Orientierung der Konsumgüterbranche), 2) Quick Response (die informatorische Verbindung aller Stufen im Kanal zwecks flexibler Reaktionsfähigkeit), 3) Continiuous Replenishment (der automatische Warennachschub zwischen Hersteller- und Handelsunternehmen, bei dem die Lagerfunktion an den Hersteller rückintegriert wird) und 4) Crossdocking in ein mehrstufiges Lagersystem (die Just-In-Time-Orientierung im Lagerbereich). Der Autor wirft schließlich Fragen auf, ob die moderne IuK-Technologie zu Veränderungen der Handelsfunktionen führt, ob Informationen Lagerbestände ersetzen, oder ob moderne Distributionszentren traditionelle Lagerhäuser substituieren. Die Kombinationsmöglichkeiten von Logistik, Warenwirtschaftssystemen und neuen Informations- und Kommunikatiostechnologien gelten als Herausforderungen des Handels. Damit greift

Kotzab ein aktuelles, zukunftsweisendes Thema mit hoher Praxisrelevanz auf. (Margit Binsack)

LAMBRECHT, A., **Elektronischer Datenaustausch (EDI) in Verbundgruppen, Dissertation, Wiesbaden 1998 (375 Seiten).** In seiner Dissertation erarbeitet Lambrecht zunächst die theoretische Basis, die die Entscheidungsgrundlage zur Einführung des Elektronischen Datenaustausch (EDI) in Verbundgruppen darstellt. Der Komplexität entsprechend nähert sich Lambrecht aus einer interessenpolitischen, technisch-organisatorischen sowie wirtschaftlichen Perspektive, denn in diesen Dimensionen sind Widerstände gegen EDI zu erwarten. Auf der Grundlage seiner Ausarbeitungen ermittelt der Autor forschungsrelevante Fragen, denen er im Rahmen seiner empirischen Arbeit nachgeht. Ziel seiner explorativen Studie ist es, Erfahrungswissen zu sammeln, entsprechend ist das Untersuchungsdesign gestaltet: Beobachtung, Dokumentenanalyse, Befragung. Auch hier arbeitet Lambrecht mit den zuvor identifizierten Perspektiven. Ergebnis sind unterschiedliche Faktoren, die die Entscheidung für EDI positiv oder negativ beeinflussen. Aufbauend auf diesen Ergebnissen erarbeitet der Autor strategische Ansätze zur Einführung und Gestaltung von EDI in Verbundgruppen und formuliert operative Gestaltungsempfehlungen für die relevanten Gruppen des Entscheidungsprozesses. (Sabine Globisch)

RUSSELL, G.; KAMAKURA, W., **Modelling Multiple Category Brand Preference with Household Basket Data, Journal of Retailing, (4) 1997, S. 439–462.** Category Management wird mehr und mehr als effiziente Marketingstrategie angesehen, um Marketingaktivitäten innerhalb und über verschiedene Produktkategorien zu koordinieren. Der verwendete Ansatz liefert Informationen über die Wettbewerbsstruktur innerhalb und zwischen Produktkategorien und identifiziert Synergien zwischen Produktkategorien. Darüber hinaus werden Effekte von gemeinsamer Promotion, Produktbündelung und Produktmischung diskutiert. (Oliver Jost)

4 CONTROLLING UND KOSTENMANAGEMENT

MÖHLENBRUCH, D.; MEIER, CH., **Defizite im Handelscontrolling, Controlling, (5) 1997, S. 318–25.** Zunehmend wird die Notwendigkeit qualitativer Kontrollgrößen für ein zukunftsorientiertes Controllingsystem des Handels deutlich. Entsprechende Ergebnisse einer Befragung zu Zielsystemen in Handelsunternehmen stellen die Autoren vor. Es besteht ein Defizit an qualitativen Informationen aus bestehenden Controllingsystemen, so daß die Autoren Anforderungen an ein integriertes Handelscontrollinginstrument, incl. einer Synopse relevanter Instrumente der Datengewinnung, -analyse und -aufbereitung vorstellen. (Sabine Globisch)

MÖHLENBRUCH, D., MEIER, CH., **Komponenten des integrierten Controlling-Systems im Einzelhandel, Controlling, (2) 1998, S. 318–325.** Basierend auf eigenen empirischen Erhebungen erarbeiten die Autoren die wesentlichen Komponenten, die Bestandteil eines zu entwickelnden ganzheitlichen und konsistenten Controllingsystems sein sollten. Für die Kernbereiche Finanzen und Personal sowie für die zentralen Systeme, die ein funktionsfähiges Handelsmanagement ausmachen, werden konkrete Umsetzungshinweise gegeben. Wesentliche Aspekte eines integrierten Controlling-Systems sind Informationfluß und Schnittstellenorganisation in intra- und interorganisationalen Unternehmensbereichen. Abschließend fassen die Autoren die Anforderungen auch an nebengelagerte Entscheidungsfelder zusammen, die ein Controllingsystem funktional für das Management machen. (Sabine Globisch)

MÜLLER-HAGEDORN, L.; TOPOROWSKI, W., **Kostenrechnung in Handelsbetrieben, in FREIDANK, C.-CH.; GÖTZE, U.; HUCH, B.; WEBER, J., (Hrsg.), Kostenmanagement. Aktuelle Konzepte und Anwendungen, Berlin, Heidelberg, NewYork 1997, S. 445–477**, liefert zunächst einen Überblick über traditionelle Verfahren der Kostenrechnung zur Steuerung von Handelsbetrieben. Die Autoren stellen das Umsatz- und Gesamtkostenverfahren vor und gehen auf differenzierte Methoden wie die Deckungsbeitragsrechnung ein. Der Beitrag beschäftigt sich schließlich mit handelsspezifischen Problemen der Kostenrechnung. Neue Wege der Kostenrechnung bereitet z. B. die Prozeßkostenrechnung, wobei nicht nur Erfolgsbeiträge einzelner Größen, z. B. die Sortimentsteile, gemessen, sondern Informationen über optimale Gestaltungsmöglichkeiten einzelner betrieblicher Prozesse geliefert werden. Solche Prozesse können Einkäufe über die Zentrale, über Direktlieferanten oder Verbundgruppen sein. In diesem Zusammenhang diskutieren die Autoren Fragen zum Ausmaß der Dezentralisierung von Entscheidungen und der Bedeutung von Transaktionskosten. Sie zeigen schließlich am Beispiel der Bestellmengenplanung und der Verkaufsflächenaufteilung Möglichkeiten und Grenzen der Kosteninformationen im Handel auf. (Margit Binsack)

ROHKOHL, C., **Prozeßorientiertes Kostenmanagement in Einzelhandelsbetrieben, Dissertation, Göttingen 1997 (320 Seiten).** Einzelhandelsbetriebe zeichnen sich durch eine vergleichsweise große Angebotspalette aus, bei denen die Grenzen des Wachstums erreicht zu sein scheint. Die überwiegend verfolgte Strategie von Einzelhandelsbetrieben, Umsatzsteigerungen durch Neugründungen zu erreichen, ist allein in der Zukunft nicht erfolgversprechend. Konjunkturelle Effekte und ein zunehmender Verdrängungswettbewerb sind die Hauptursachen für diese Entwicklung. Die Autorin stellt daher im Rahmen ihrer Dissertation die Kostenseite von Einzelhandelsbetrieben in den Vordergrund. Ausführlich werden die Instrumente des prozeßorientierten Kostenmanagements dargestellt und im Zusammenhang mit des Spezifika von Einzelhandelsbetrieben betrachtet. Diese Gesamtprozeßorientierung ist insofern von besonderem Interesse, da die Optimierung von Teilprozessen aufgrund der fehlenden Betrachtung von den Zusammenhängen zwischen diesen Teilprozessen nicht den gewünschten Erfolg brachte. Die Prozeßorientierung hat seinen Niederschlag auch in dem in letzter Zeit verstärkt diskutierten Konzept des Efficient Consumer Response (ECR) gefunden. (Oliver Jost)

5 STANDORT UND INTERNATIONALISIERUNG

HELFFERICH, E.; HINFELAAR, M.; KASPER, H., **Towards a clear terminology on international retailing, The International Review of Retail, Distribution and Consumer Research, (3) 1997, S. 287–308.** Die Autoren sind besorgt um die uneinheitliche Terminologie zum Einzelhandels-Internationalisierungsphänomen. So werden die Begriffe Kultur, internationaler und transnationaler Handel, Internationalisierung und Globalisierung zwischen Wissenschaft und Praxis sowie innerhalb dieser Communities unterschiedlich verwendet. Der Beitrag systematisiert die Dimensionen derartiger Begriffe (georaphisch, kulturell, nach Marketing- und Managementmerkmalen) und schlägt ein einheitliches Begriffssystem vor, das mit Beispielen der Strategien diverser international agierender Handelsunternehmen illustriert wird. (Volker Trommsdorff)

HOFFMANN, M., **Außenhändler im Wettbewerb auf den Weltmärkten, Dissertation, Wiesbaden 1998 (274 Seiten).** In seiner Dissertation untersucht der Autor die Rolle der Außenhändler im internationalen Handel aus mikroökonomischer Perspektive. Die Wirtschaftssubjekte traditioneller Außenhandelstheorien werden beschrieben und den Wirtschaftssubjekten in Porters Diamant-Konzept gegenübergestellt sowie evaluiert. Der

Verfasser kommt zu dem Ergebnis, daß die Tätigkeit von Außenhändlern durch keines der bestehenden theoretischen Modelle erschöpfend beschrieben wird. Das vorgestellte eigene Konzept bezieht Personen als Wirtschaftssubjekte des Welthandels mit ein. Des weiteren werden die Kosten der Leistungserstellung und die Leistung des institutionellen Außenhandels berücksichtigt. Schließlich wird auf die Funktion der Nachfrager als Entscheidungsinstanz über Richtung, Ausmaß und Struktur der Außenhandelsströme eingegangen. Dynamische und innovatorische Aspekte der Außenhandelstätigkeit werden herausgearbeitet. (Constanze Hess)

6 ORGANISATION UND PERSONALPOLITIK

STUPNANEK, K.-P.; GEILHARDT, T., **Personal- und Organisationsentwicklung als Erfolgsfaktor des integrierten Handelsmanagements, Thexis, (4) 1997, S. 28–32.** Die Autoren thematisieren ein Konzept der Mitarbeitermotivation, daß seit einem Jahr praktische Umsetzung in der Kaufring-AG findet. Aufgrund einer Bedarfsanalyse bei 40 Unternehmen der Kaufring-AG entstand ein Personal- und Organisationsentwicklungskonzept, das den Handlungsbedürfnissen der Unternehmen entsprach. Der Darstellung des Kerns des Konzepts (Mitarbeiterorientierung im Verbund mit zielorientierter Organisationsentwicklung) folgt ein konkretes Beispiel für die Umsetzung des Konzepts. (Sabine Globisch)

AHLERT, D.; ALVERS, R., **Neue Führungskonzepte für das Handelsmanagement – eine kritische Auseinandersetzung am Beispiel von Filialsystemen, Thexis, (4) 1997, S. 32–37.** Insbesondere Filialsysteme erfordern eine Managementorganisation, die den Anforderungen entsprechend dezentral, flach, vernetzt und mit offenen Kommunikationsstrukturen aufgebaut ist. Die Autoren bieten Einsicht in die spezifischen Probleme filialisierter Unternehmen, vor allem in komplexe Kommunikationsstrukturen, die erforderliche Informationsverarbeitung für eine Unternehmensprozeßsteuerung, die Nutzung von Synergiepotentialen sowie eine entsprechende Mitarbeitermotivation. Ansatzpunkte zur Verbesserung sehen die Autoren in einer verstärkten Verbraucherorientierung und den damit verbundenen schlanken, effizienten und qualitätsorientierten Managementkonzepten. Ausblick ist ein neuer integrierter Führungsansatz, der die Vorzüge klassischer Führungskonzepte um neue Impulse ergänzen sollte, die teilweise Reorganisationsmaßnahmen in Unternehmen erforderlich machen werden. (Sabine Globisch)

7 PREIS-, PRODUKT- UND SERVICEPOLITIK

DANAHER, P. J., **Using Conjoint-Analysis to Determine the Relative Importance of Service Attributes Measured in Customer Satisfaction Surveys, Journal of Retailing, (2) 1997, S. 235–261.** Die Bestimmung der relativen Wichtigkeiten von Service-Attributen ist wesentliches Ziel der Kundenzufriedenheitsmessung und wurde bisher mit der Gap-Analyse sowie Linearer Regression vorgenommen. Danaher liefert eine neue Methode, die vom Management dazu eingesetzt werden kann, Strategien zur Verbesserung der Servicequalität umzusetzen. Die vorgestellte Methode basiert auf einer Conjoint-Analyse mit neun fiktiven Service-Szenarios und verwendet die Conjoint-Informationen, um Kundenzufriedenheiten auf einer Response-Oberfläche abzubilden. Manager können ihr aktuelles Service-Level angeben und erhalten Informationen über die maximal erreichbare Kundenzufriedenheit. Durch die Kenntnis der Wichtigkeiten einzelner Service-Attribute können Handlungsempfehlugen zur Steigerung der Kundenzufriedenheit gegeben werden. (Constanze Hess)

DEPPISCH, C. G., **Dienstleistungsqualität im Handel, Dissertation, Wiesbaden 1997 (283 Seiten).** Gegenstand der Arbeit ist die Entwicklung eines quantitativen Meßmodells zur Bestimmung der Dienstleistungsqualität im Handel. Die Messung der von den Kunden wahrgenommenen Dimensionen ist insofern von besonderem Interesse, da – bedingt durch zunehmenden Verdrängungswettbewerb und Veränderungen der Konsumentenbedürfnisse – die Kundenzufriedenheit stärker in den Mittelpunkt der Unternehmensstrategie zu stellen ist. Die Beurteilung der Dienstleistungsqualität wird in direktem Zusammenhang mit den entscheidenden Variablen Kaufverhalten, Kundenbindung und Abverkauf betrachtet. Grundlage des theoretischen Modells ist ein multiattributiver Ansatz zur Messung der Dienstleistungsualität. Im Rahmen der empirischen Untersuchung betrachtet der Autor das theoretische Modell methodisch durch den LISREL-Ansatz. Schließlich wird ein Verfahren zur kundenintegrierten Produktentwicklung auf den Bereich der Dienstleistungsqualität übertragen (Oliver Jost)

DILLER, H., **Preisehrlichkeit – Eine neue Zielgröße im Preismanagement des Einzelhandels, Thexis, (2) 1997, S. 16–21.** Preisehrlichkeit ist nach Diller ein zentrales Instrument eines auf Vertrauen und Kundbindung zielenden Marketing. Dieses Konstrukt umfaßt mehrere Beurteilungsdimensionen der Kunden im Hinblick auf Preisinformationspolitik und die Fairness des Kalkulationsgebahrens von Güter- oder Diensteanbietern. Nach einer theoretischen Konzeptionalisierung beinhaltet der Beitrag eine erste explorativ-empirische Überprüfung dieser Preisehrlichkeit aus Sicht von Kunden des Lebensmitteleinzelhandels. Faktoranalytisch identifiziert Diller die wesentlichen Preisehrlichkeitskomponenten: 1) Preisinformation, d. h. Preiswahrheit und -klarheit des Anbieters, 2) Preisfairness, d. h. Preis-Leistungsverhältnis über das gesamte Sortiment, 3) Kulanz/Eigennutz, eher moralische Faktoren des Preisgebahrens und 4) Preisgebahren des Anbieters im Zeitablauf, also flexible Reaktionen auf Preisänderungen im Markt und Anpassung an die Wettbewerbssituation. Der Autor belegt, daß einzelne Anbieter auf den verschiedenen Dimensionen der Preisehrlichkeit Profilierngsvorsprünge besitzen. Damit liegt die Vermutung nahe, daß Preisehrlichkeit zur Imageprofilierung herangezogen werden kann, wobei keine Aussagen über den Beitrag zur Gesamtpräferenz getroffen werden. (Margit Binsack)

HERMANN, A.; HUBER, F., **Utility-oriented product distribution, The International Review of Retail, Distribution and Consumer Research, (4) 1997, S. 369–382.** Conjoint-Analysen werden meist zur Evaluierung verschiedener Produktalternativen eingesetzt. Herrmann und Huber demonstrieren ihre Eignung zur Gestaltung nutzenorientierter Distributionsalternativen. Sie messen am Beispiel des Lieferservices im Waschmaschinenmarkt den Beitrag einzelner Serviceattribute zur Präferenz. Die untersuchten Attribute sind Preis, Lieferort (zum Händler oder Käufer), Lieferzeiten und -turnus, Rücknahme alter Einrichtungen und Unterstützung bzw. Durchführung der Installation sowie Lieferung innerhalb bzw. außerhalb der Geschäftszeiten. Hermman und Huber kommen zum Ergebnis, daß der Preis den höchsten relativen Präferenzbeitrag liefert (rd. 34,3 %), gefolgt von Lieferung zum Käufer (19 %), Installation (16 %) und Rücknahme gebrauchter Geräte (12,2 %). Während Faktoren der Lieferzeiten eher unwichtig sind und nur in geringe Zahlungsbereitschaft münden, ist der Konsument bereit, für die Rücknahme zusätzlich 106 DM zu zahlen, für die Installation 140 DM und die Lieferung ins Haus sogar 166 DM. Folglich stiften Service-Pakete, die Anlieferung und Installation bei gleichzeitiger Rücknahme des alten Gerätes integrieren, den höchsten Nutzen. (Margit Binsack)

8 KOMMUNIKATIONSPOLITIK

KUMAR, V.; PEREIRA, A., **Assessing the Competitive Impact of Type, Timing, Frequecy, and Magnitude of Retail Promotions, Journal of Business Research, (1) 1997, S. 1–14.** Die Autoren gehen in ihrem Beitrag der Frage nach, inwiefern Entscheidungen auf Handelsebene die Wettbewerbssituation von Marken auf dem Gesamtmarkt beeinflussen können. Die Entscheidungen werden dabei unterteilt nach Häufigkeit, Art, Timing und Umfang. Das aufgestellte Hypothesenset umfaßt Unterschiede hinsichtlich Handelsketten und Marken, Einfluß von Händlerentscheidungen und asymmetrische Wettbewerbseffekte (z. B. asymmetrische Kreuzpreiselastizitäten). Methodisch wird der Ansatz anhand eines varianzanalytischen Modells überprüft. (Oliver Jost)

9 VERHALTENSWISSENSCHAFTLICHE HANDELSFORSCHUNG

DICHTL, E.; HARDOCK, P.; OHLWEIN, M.; SCHELLHASE, R., **Die Zufriedenheit des Lebensmitteleinzelhandels als Anliegen von Markenartikelunternehmen, Die Betriebswirtschaft, (4) 1997, S. 490–505** liefern ein Orientierungssystem zur Beurteilung der Zufriedenheit von Handelsunternehmen als Kunden der Markenartikelindustrie. Abgeleitet aus der inzwischen umfangreichen Zufriedenheitsliteratur, aus empirischen Untersuchungen der Zufriedenheit von Handelsunternehmen mit ihren Lieferanten und aus Expertengesprächen entwickeln und validieren die Autoren ein mehrdimensionales Meßinstrument. Markenartikler können mit dieser Skala die Zufriedenheit ihrer Handelskunden analysieren und steuern. (Volker Trommsdorff)

JUNGWIRTH, G., **Geschäftstreue im Einzelhandel. Determinanten – Erklärungsansätze – Meßkonzepte, Dissertation, Wiesbaden 1997 (287 Seiten)** erarbeitet das für den stationären Handel immer wichtiger werdende Konstrukt der Geschäftstreue. Eine Intensivierung des Einsatzes der klassischen Marketingintrumente reicht nicht mehr aus, um ausreichend Kunden zu binden und die Kundenzufriedenheit zu erhöhen. Das genannte Konstrukt wird inhaltlich präzisiert und aus verhaltenswissenschaftlicher Perspektive analysiert. Neben traditionellen Erklärungsansätzen, wie der Theorie der Nutzenmaximierung oder der Transaktionskostentheorie wird u. a. auch auf lerntheoretische, risikotheoretische und dissonanztheoretische Ansätze eingegangen. Die wichtigsten Konzepte zur Messung der Geschäftstreue werden ebenfalls kritisch analysiert. Gleiches gilt für die aus Sicht des Einzelhandels wichtigen Determinanten der Geschäftstreue, die in einkaufsstättenspezifische und kundenspezifische Einflußgrößen unterteilt werden. Empirische Befunde aus der Literatur sowie Ergebnisse eigener Untersuchungen werden integriert. Für die Wissenschaft und den Handelspraktiker liefert Jungwirth viele Anregungen. (Andrea Bookhagen)

STÖHR, A., **Air-Design als Erfolgsfaktor im Handel. Modellgestütze Erfolgsbeurteilung und strategische Empfehlungen, Dissertation, Wiesbaden 1997 (262 Seiten)** untersucht die stimmungsinduzierende und verhaltensbeeinflussende Wirkung von Düften und deren Relevanz für das PoS-Marketing von Handelsunternehmen. Sie sind neben visuellen, auditiven, taktilen und thermalen Reizen wesentlicher Bestandteil der Mensch-Umwelt-Beziehung. Olfaktorische Stimuli am PoS bewirken eine positive Anmutung des PoS, beeinflussen Gefühle und das Verhalten der Kunden positiv. Eine Analyse der Ergebnisse der Duftforschung, der in der Literatur bisher diskutierten Erkenntnisse in Hinblick auf die Gestaltung des PoS und der Bedeutung der PoS-Umwelt bilden den konzeptionellen Rahmen für die Entwicklung eines integrativen Duftwirkungsmodells sowie für eigene empirische Studien der Autorin. Sie leitet darauf aufbauend Empfehlungen für die olfaktorische PoS-Gestaltung ab. Dazu gehören nicht nur Empfehlungen strategischer Art. Sondern auch Hinweise zur Auswahl der Düfte, zur Intensität und Dauer der Beduftung sowie zur technischen Durchführbarkeit. (Andrea Bookhagen)

TAI, S.; FUNG, M.C. **Application of an environmental psychology model to in-store buying behaviour, The International Review of Retail, Distribution and Consumer Research, (4) 1997, S. 311–338.** Schwerpunkt der Studie, die in CD-Gechäften in Hongkong durchgeführt wurde, liegt in der Relevanz von Instrumenten der Ladengestaltung für das Kaufverhalten. Die Autoren legen das Mehrabian Russell Modell (M-R-Modell) zugrunde. Sie kommen zum Ergebnis, daß Stimuli der Ladengestaltung (etwa Informationspräsentation) positiv auf das wahrgenommene Gefühl des Gefallens wirken, gleichzeitig korrelieren die emotionalen Zustände – induziert durch die Ladenatmosphäre – hoch mit dem Einkaufsverhalten, respektive Zu- und Abwendungsreaktionen. Laut Tai und Fung ist der kausale Einfluß der Variablen nicht unidirektional, wovon z. B. das M-R-Modell ausgeht. Das Kaufverhalten im Laden beeinflußt ebenso die subjektiv wahrgenommenen Gefühlszustände sowie die eingeschätzte Qualität der jeweiligen Stimuli. Die Autoren fordern schließlich dynamische und bidirektionale Modellierung der Zusammenhänge zwischen Ladenatmospäre und Kaufverhalten. (Margit Binsack)

Autorenverzeichnis

Autorenverzeichnis

ANTRETTER, Christoph, Dipl.-Kfm., Wissenschaftlicher Mitarbeiter, Institut für Handel, Absatz und Marketing, Universität Innsbruck

BAIER, Gundolf, Dipl.-Wirtsch.-Inf., Lehrstuhl für Marketing und Handelsbetriebslehre, Fakultät für Wirtschaftswissenschaften, Technische Universität Chemnitz

BILLEN, Peter, Dipl.-Kfm., Wissenschaftlicher Mitarbeiter, Lehrstuhl für Betriebswirtschaftslehre insbes. Marketing, Universität Trier

DILLER, Hermann, Prof. Dr., Lehrstuhl für Marketing, Universität Erlangen-Nürnberg

ESCH, Franz-Rudolf, Prof. Dr., Direktor des Instituts für Marken- und Kommunikationsforschung, Justus-Liebig-Universität Gießen

FEND, Lars, Dipl.-Kfm., Wissenschaftlicher Mitarbeiter, Lehrstuhl für Betriebswirtschaftslehre, Ludwig-Maximilian-Universität München

FOSCHT, Thomas, Dr., Universitätsassistent, Institut für Handel, Absatz und Marketing, Karl-Franzens-Universität Graz

FRANK, Alexander, Mag., Wissenschaftlicher Mitarbeiter, Institut für Handel, Absatz und Marketing, Universität Innsbruck

FRANKE, Nikolaus, Dr., Habilitand, Institut für Innovationsforschung und Technologiemanagement, Ludwig-Maximilian-Universität München

FUCHS, Marcus, Dipl.-Kfm., Wissenschaftlicher Mitarbeiter, Institut für Marken- und Kommunikatinsforschung an der Justus-Liebig-Universität Gießen

FUNCK, Dirk, Dr., Institut für Marketing und Handel, Georg-August-Universität Göttingen

GÖRZ, Nicole, Dipl.-Kffr., Wissenschaftliche Mitarbeiterin, Institut für Marketing II, Humboldt Universität Berlin

GOTTWALD, Irene, Institut für Absatzwirtschaft, Abteilung für Werbewissenschaft und Marktforschung, Wirtschaftsuniversität Wien

GRÖPPEL-KLEIN, Andrea, Prof. Dr., Lehrstuhl für Internationales Marketing, Europa-Universität Viadrina, Frankfurt (Oder)

HILDEBRANDT, Lutz, Prof. Dr., Institut für Marketing II, Humboldt Universität Berlin

HOLZKÄMPER, Olaf, Doktorand, Institut für Marketing und Handel, Georg-August-Universität Göttingen

HUDETZ, Kai, Dipl.-Wirtschaftsing., Wissenschaftlicher Mitarbeiter, Institut für Handelsforschung, Universität zu Köln

JUNGWIRTH, Georg, Dr., Universitätsassistent, Institut für Handel, Absatz und Marketing, Karl-Franzens-Universität Graz

KESSLER, Jürgen, Prof. Dr., Präsident, Fachhochschule für Technik und Wirtschaft, Berlin

KOPPE, Peter, Mag. Wissenschaftlicher Mitarbeiter, Institut für Absatzwirtschaft, Abteilung für Werbewissenschaft und Marktforschung, Wirtschaftsuniversität Wien

LANGNER, Tobias, Dipl.-Kfm., Wissenschaftlicher Mitarbeiter, Institut für Marken- und Kommunikationsforschung, Justus-Liebig-Universität Gießen

MARSCHNER, Hubert F., Prof. Dr., Institut für Handel, Absatz und Marketing, Universität Innsbruck

MAYERHOFER, Wolfgang, Dr., Assistenzprofessor, Institut für Absatzwirtschaft, Abteilung für Werbewissenschaft und Marktforschung, Wirtschaftsuniversität Wien

MEYER, Anton, Prof. Dr., Lehrstuhl für Betriebswirtschaftslehre, Ludwig-Maximilian-Universität München

MÖHLENBRUCH, Dirk, Prof. Dr., Lehrstuhl für Betriebswirtschaftslehre, insb. Marketing und Handel, Martin-Luther-Universität Halle-Wittenberg

NICKEL, Sylvia, Dipl.-Ök., freiberuflicher Consultant, Halle (Saale)

OLBRICH, Rainer, Prof. Dr., Lehrstuhl für Betriebswirtschaftslehre, insbesondere Marketing, Fernuniversität GHS Hagen

POPP, Monika, Dipl.-Geographin, Wissenschaftliche Mitarbeiterin, Geographisches Institut, Technische Universität München

RUDOLPH, Thomas, PD Dr., Dozent für Marketing und Leiter des Kompetenzzentrums für internationale Handelsdynamik am Forschungsinstitut für Absatz und Handel, Universität St. Gallen

SATTLER, Henrik, Prof. Dr., Unilever-Stiftungslehrstuhl für Allgemeine Betriebswirtschaftslehre, Marketing und Handel, Friedrich-Schiller-Universität Jena

SCHENK, Hans-Otto, Prof. Dr., Lehrstuhl für Betriebswirtschaftslehre, Absatz und Handel, Gerhard-Mercator-Universität – GH Duisburg

SCHWEIGER, Günter, Prof. Dr., Institut für Absatzwirtschaft, Wirtschaftsuniversität Wien

STOFFL, Michaela, Dr., Wissenschaftliche Hochschulassistentin, Lehrstuhl für Allgemeine Betriebswirtschaftslehre, Absatz und Handel, Gerhard-Mercator-Universität Gesamthochschule Duisburg

THELEN, Eva, Dr., Habilitandin, Institut für Handel, Absatz und Marketing, Universität Innsbruck

TIETZ, Wilfried, Dipl.-Kfm., Wissenschaftlicher Mitarbeiter, Lehrstuhl für Marketing, Universität Erlangen-Nürnberg

TREIS, Bartho, Prof. Dr., Direktor des Instituts für Marketing und Handel, Georg-August-Universität Göttingen

WEIBER, Rolf, Prof. Dr., Lehrstuhl für Betriebswirtschaftslehre insbes. Marketing, Universität Trier

ZANGER, Cornelia, Prof. Dr., Lehrstuhl für Marketing und Handelsbetriebslehre, Fakultät für Wirtschaftswissenschaften, Technische Universität Chemnitz